四库提要小传斠补

A Revision of the Brief Biography in *General Catalogue of the Complete Library of the Four Treasuries*

李坚怀 著

上海古籍出版社

2017年度国家社科基金后期资助项目（17FZW038）

国家社科基金后期资助项目
出版说明

后期资助项目是国家社科基金设立的一类重要项目,旨在鼓励广大社科研究者潜心治学,支持基础研究多出优秀成果。它是经过严格评审,从接近完成的科研成果中遴选立项的。为扩大后期资助项目的影响,更好地推动学术发展,促进成果转化,全国哲学社会科学工作办公室按照"统一设计、统一标识、统一版式、形成系列"的总体要求,组织出版国家社科基金后期资助项目成果。

全国哲学社会科学工作办公室

序

杜泽逊

李君坚怀著《四库提要小传斠补》即将出版，来函嘱序。坚怀执教于安徽科技学院，二〇一五年春来山东大学儒学高等研究院从余游，为访问学者，盘桓于校经处者月余。一日出示《四库提要》考订若干篇，皆就小传补其未备，纠其错讹，探幽抉微，多独得之言。因就繁简去取稍作调整，勉其赓续。坚怀孜孜不倦，日有所进，及返中都，积渐成帙，二〇一七年申请国家社科基金后期资助项目，获得批准，问世有期矣。

我国目录学，自刘向《别录》、刘歆《七略》，树立楷模，千古仰望，惜全编久佚，仅存零简残句。至清代乾隆间官修《四库全书总目》出，而高标重铸，士林宗法。唯工程浩大，篇帙逾万，考证或有未到，议论间失公允，不能无白璧微瑕之叹。近人余嘉锡《四库提要辨证》、胡玉缙《四库全书总目提要补正》出，补阙订讹，学者称善。其后文献整理日见进步，检查技术更远胜于前，昔所不能睹者今睹之，昔所难寻绎者今钩索剔抉几于幽隐，宜乎考据成果层出不穷也。坚怀因地制宜，专心致志，逐一核证《四库提要》之作者小传，于各家之后，收获颇丰，殊可喜也。张之洞尝赞《四库提要》为良师，学者读《提要》而佐以诸家辨正，自可正本清源，得其真谛，则坚怀矻矻爬梳，亦足慰藉矣。

二〇二〇年五月十三日夜　滕人杜泽逊序于历城清济堂

前　言

一、《四库全书总目》及"四库学"

清乾隆三十八年(1773),清政府开始纂修《四库全书》,《四库全书总目》(以下简称《总目》)随之编纂并于乾隆四十六年(1781)告竣。乾隆六十年(1795)由武英殿刊行。《总目》的编撰工作由朱筠、翁方纲、邵晋涵、戴震、周永年等数十位纂修官撰写,总其成者乃纪昀、陆锡熊等,前后耗时逾廿年。《总目》全书计二百卷,共著录书籍3 461种、79 309卷,基本上囊括了清乾隆以前我国重要的古籍,著录了清乾隆以前包括哲学、史学、文学以及科学技术等各方面的文化典籍,为我国收书最多的目录,也为学者研究中国封建社会的政治、经济、文化的历史,提供了一部翔实的书目,可谓中国古代目录学集大成之作。其考镜源流,辨章学术,成为封建时代文化工程的里程碑,具有极高的学术价值。

后来众多学者莫不高度评价。周中孚认为:"每书先列作者之爵里,以论世知人,次考本书之得失,权众说之异同,以及文字增删,篇帙分合,皆详为订辨,巨细不遗,而人品学术之醇疵,国纪朝章之法戒,亦未尝不各昭彰瘅,用著劝惩。其上者悉登著录,罔至遗珠,其次者亦长短兼胪,瑕瑜不掩。其有言非立训,义或违经,则附载其名,兼匡厥谬。若夫寻常著述,未越群流,虽咎誉之咸无,究流传之已久,准诸家著述之例,亦并存其目,以备考核。……窃谓自汉以后,簿录之书,无论官撰私著,凡卷第之繁富,门类之允当,考证之精审,议论之公平,莫有过于是编矣。"①

余嘉锡评云:"《四库全书总目》叙作者之爵里,详典籍之源流,别白是非,旁通曲证,使瑕瑜不掩、淄渑以别,持比向、歆,迨无多让。至于剖析条流,斟酌今古,辨章学术,高挹群言,尤非王尧臣、晁公武等所能望其项背。故曰自《别录》以来,才有此书,非过论也。故衣被天下,沾溉靡穷,嘉道以

---

① 周中孚著,黄曙辉、印晓峰标校《郑堂读书记》,第486—487页。

后，通儒辈出，莫不资其津逮，奉作指南，功既巨矣，用亦弘矣。"①

由于《总目》卓越的学术史地位，自其面世之日起就吸引了众多学者对其研究。迄今可以说，围绕《总目》的研究已渐成一门影响巨大的显学，有学者提出"四库总目学"②。

四库学研究中取得较大成就的专题包括：

其一，纂修研究：如黄爱平《四库全书纂修研究》（中国人民大学出版社1989年版）、司马朝军《〈四库全书总目〉编纂考》（武汉大学出版社2005年版）、张升《四库全书馆研究》（北京师范大学出版社2012年版）。纂修研究特别值得关注的是对《总目》的校勘成就予以研究的何灿《〈四库全书〉纂修中的校勘成就》（山东大学2014年博士论文）。

其二，学术思想研究：论文有赵涛《〈四库全书总目提要〉学术思想与方法论研究》（西北大学2007年博士论文）。

其三，经史子集分类之研究：专著有柳燕《〈四库全书总目〉集部研究》（湖北人民出版社2013年版）、何宗美及刘敬《明代文学还原研究——以〈四库总目〉明人别集提要为中心》（人民出版社2014年版）、张佳《四库总目唐集提要会证平议》（中国社会科学出版社2016年版）。论文有陈恒舒《四库全书清人别集纂修研究》（北京大学2013年博士学位论文）、吴亚娜《〈四库全书总目〉宋代文学批评研究——以宋人别集与词集提要为中心》（西南大学2017年博士学位论文）。

其四，提要辨证、订误之研究：专著有余嘉锡《四库提要辨证》（中华书局2007年版）、胡玉缙《四库全书总目提要补正》（上海书店出版社1998年版）、崔富章《四库提要补正》（杭州大学出版社1990年版）、李裕民《四库提要订误》（中华书局2005年版）、杨武泉《四库全书总目辨误》（上海古籍出版社2001年版）、徐亮《四库全书著作籍贯问题辨证》（人民日报出版社2018年版）。

二、《四库全书总目》校正研究综述

《四库全书总目》虽然具有极高的学术地位和影响力，但也不是完美无瑕，由于工程浩大，四库馆臣疏于考证，鲁鱼亥豕之误，马中关五之讹，前后抵牾等错误难免，特别是对撰者姓名、字号、籍里、仕履等因考订未尽详审而造成误书、错植或失载情况并不少见，诸种常识性乖错违失颇多，甚至张冠

---

① 余嘉锡《四库提要辨证》，第48—49页。
② 参见陈晓华《"四库总目学"史研究》绪言。

李戴,有的则前后失应,还有的则未能详加考证,致使著者生平失考。余嘉锡曾指出:"吾人读书,未有不欲知其为何人所著,其平生之行事若何,所处之时代若何,所学之善否若何者。此即孟子所谓知人论世也。……若畏其繁难,置之不考,则无为贵目录书矣。"①而"《四库提要》于撰人必著名字爵里,是矣。然多止就常见之书,及本书所有者载之,不能旁搜博考,故多云始末未详,仕履无考,间有涉及事迹者,皆借以发其议论,于其人之立身行己,固不暇致详也"②。《总目》"硬伤"的存在为进一步研究制造了不必要的麻烦。因此,对《总目》的指误正误成为四库学研究题中应有之义。

涉及《总目》正误的研究专家学者肩摩武接,可谓后先辉映,代不乏人,代表性的学者有余嘉锡、胡玉缙、崔富章、杨武泉、杜泽逊等名师大家。

余嘉锡《四库提要辨证》前后历时逾半个世纪,该书所涉博大精深,对近五百种书中的各种复杂难解的问题,做出了精当科学的解析,所涉如一书作者之归属、成书之始末、内容之分合、流传之完残、传本之真伪等,都有很具体的指正和发明。该书也奠定了余嘉锡在四库学领域的权威地位。

胡玉缙《四库全书总目提要补正》辨正总目达2 090种,几及《总目》总数之四分之一。其对《总目》纠谬补阙,旁征博引,贯穿比较,征引大量资料,为学者的后续研究提供宝贵的线索。

崔富章《四库提要补正》集中于版本补正的特色,区别于余嘉锡、胡玉缙的综合补正,展示了崔富章深厚的版本学功力。

李裕民《四库提要订误》仿余嘉锡著作体例,集中辨正宋代著述。从书名卷数、版本、作者、内容评介方面对《总目》补正,其考证精核,深入收集材料,开拓知人论世的空间,论述公允。

杨武泉《四库全书总目辨误》充分利用前述学者成果,在辨误《总目》的同时,指出了余嘉锡、胡玉缙、崔富章、李裕民诸位学者的疏误,并澄清了他们一些疑而未决的问题,考辨精深。

杜泽逊《四库存目标注》专注于《总目》"存目类"6 791种的版本考证,间及撰者考辨,对《总目》书名、卷数、朝代、撰人、字号、籍里、科第、进呈者及《总目》内容的讹误随时予以订正,涉及每种著作皆为直接接触第一手材料,亲自目验,博览通识,考证详密,功力深厚,填补了四库学领域的一大空白。

硕士论文以《四库全书总目》为题的有十七篇,其中大多着眼于学术史的研究,集中考证《总目》讹误的论文有南京师范大学2006年徐大军《四库

---

① 余嘉锡《目录学发微　古书通例》,第35页。
② 余嘉锡《目录学发微　古书通例》,第37页。

全书总目集部存目提要辨正》，南京师范大学 2007 年胡露《四库全书总目子部存目订误》，南京师范大学 2015 年顾诒《四库全书总目明清别集类存目辨正》；兰州大学 2011 年苑高磊《文溯阁四库全书提要史部提要辨正》，此四篇论文虽侧重不一，而对《总目》辨正皆有独特贡献。

由于四库学的显学地位，新时期以来，《总目》研究的单篇论文时时可见，发表较多的作者如刘远游、周生春、祝尚书、程远芬、何宗美、周录祥、顾宏毅、杨宏升等，皆对《总目》辨正有所新的发明。

迄今为止，针对四库总目的补正研究工作，众多学者成绩斐然，参与四库学领域的学者接连不断，成绩有目共睹，但并不充分，依然存在大量的学术空白点，需要学术界不懈努力。

《总目》人物小传存在以下八种讹误：

1. 人名有误。

如《符司纪》续辑者乃浙江湖州府德清县人章嘉桢，《提要》误为秦嘉桢。《诗经备考》撰者韦调鼎，《提要》误为章调鼎。《韵略易通》作者兰茂，《提要》误字为名。《明祖四大法》作者冯栋如，《提要》误为陈栋如。《嘉靖河间府志》作者樊文深，《提要》误为樊深。《两淮盐法志》作者之一为张榘，《提要》误为张矩。《方氏墨谱》作者方于鲁原名"大激"，《提要》误为"大潋"。《疆识略》作者吴楚材，《提要》误为吴梦材。《倪小野集》汇辑重刻者为倪宗正七世孙倪继宗，《提要》误为倪健宗。《北虞先生遗文》编辑者乃邵圭洁子邵鏊，《提要》误为邵鏊。《元盖副草》作者吴稼登与吴梦旸交游，《提要》误为吴应旸。《采芝堂集》作者陈益祥，《提要》误为周益祥。《燕堂诗钞》作者朱经，《提要》误为朱径。《文翰类选大成》，与李伯玙同编者乃冯厚，《提要》误为冯原。《诗话》作者实为福建福州府闽县人杨成，《提要》误为杨成玉。

2. 字号有误。

《提要》著录人物字号有因字形近而误。如《像象管见》作者钱一本字国端，《提要》误作国瑞。《玩易微言摘抄》作者杨廷筠字作坚，《提要》误作仲坚。《易说存悔》作者汪宪字千陂，《提要》误作千波。《书经旨略》作者王大用号檗谷，《提要》误作蘖谷。《诗经正义》作者许天赠字德夫，《提要》误作德天。

还有音近而误的现象。如《易经图释》作者刘定之字主静，《提要》误作主敬。《周易古文钞》作者刘宗周字启东，《提要》误作起东。

倒乙之误的例子如《周易函书约存》作者胡煦字沧晓，《提要》误作晓沧。《易发》作者董说字若雨，《提要》误作雨若。

有的则是著录错误。《周易卦变图传》作者吕怀字汝德,《提要》误作汝愚。《风姬易溯》作者王宣字化卿,《提要》误作纪卿。《檀弓辑注》作者陈与郊字广野,《提要》误作子野。《三礼会通》作者张必刚字健夫,《提要》误作继夫。

《提要》误号为字现象最为显著。《乔氏易俟》作者乔莱,《周易通论》作者李光地,《周易浅释》作者潘思榘,《易测》作者曾朝节,《蔡氏律同》作者蔡宗兖,《天下名山诸胜一览记》作者慎蒙,《半窗史略》作者龙体刚,《湖湘五略》作者钱春,《雁湖钓叟自在吟》作者王周,等等,《提要》均误号为字。以上略举数则,本书考辨此种讹误约六十种。

3. 籍贯有误。

籍贯著录有误。如卷十八著录《函史》,《提要》载邓元锡南城人,误,应为"新城人"。《总目》卷一百九十三著录潘基庆《古逸书》,解题载潘基庆为松江人,而潘氏实为浙江湖州府乌程人。《今易诠》作者邓伯羔乃镇江府金坛人,《提要》误作常州人。《毛诗微言》作者张以诚乃松江府青浦人,《提要》误作华亭人。《三礼编绎》作者邓元锡乃江西建昌府新城人,《提要》误作南城人。

值得注意的是,《提要》为学术著作,而非文学作品,学术著作地名记载要以概念清晰为基本要求,解题记载著者籍贯地理名称应当与著者时代一致为妥。而《提要》地名著录常以古地名著录,既有体例不一之弊,同样有违学术规范,如《万子迂谈》撰者万衣,为九江府德化人,《提要》著录"浔阳人",浔阳为九江古称。如《周易象义》撰者丁易东,其自署名武陵人,而丁易东为宋末元初人,据《宋史·地理志》记载,宋时为常德府龙阳县。因此,《提要》当著录常德府龙阳人为确。

再者,明清时期存在多县同名现象,《四库总目》有的未予以标识,容易混淆,造成使用不便。据《明史·地理志》记载,新城县,山东济南府、江西建昌府、浙江杭州府、河北保定府均设置。海丰县,济南府、广东均设置。乐安县,山东青州府、江西均设置。河北保定府、河南南阳府均有唐县。安徽池州府有建德县,浙江严州府有建德县。江西九江府有德化县,福建泉州府有德化县。浙江绍兴府有山阴县,山西大同府有山阴县。甚至同一省内也存在同名县,如江西吉安府与广信府均有永丰县。此类事例著录中应予注明隶属何省何府。

4. 仕履有误。

以经部著录为例,《周易冥冥篇》作者苏濬官至贵州按察使,《提要》误作广西参政。《古易汇编》作者李本固官至归德知府,《提要》误作太仆寺少卿。《易学残本》作者卓尔康官至工部员外郎,《提要》误作工部郎中。《周易时论合编》作者方孔炤官至副都御史,《提要》误作右佥都御史。《周易篆》作者朱之俊官至翰林院侍读,《提要》误作翰林院侍讲。《尺木堂学易志》作者马权奇官至工部主事,《提要》误作兵部主事。《左氏释》作者冯时可官至浙江按察使,《提要》误作湖广布政司参政。

5. 时代有误。

如《图书纪愚》作者阮琳乃嘉靖十九年举人,二十五年任恩平知县。其一生行实主要在嘉靖间。《提要》误作"成化、弘治间"。《丽奇轩易经讲义》作者纪克扬卒于崇祯十一年(戊寅,1638),《提要》断为清朝,误。《四书穷钞》作者王国瑚(1557—1637),字夏器,号珍吾,猗氏人。万历癸酉举人,壬辰进士,官至光禄寺少卿。其卒于崇祯十年,一生行实均在明代,《提要》断为清代,误。

6. 科分有误。

如《易芥》作者陆振奇乃万历十三年举人,《提要》误作万历三十四年举人。《礼记日录》作者黄乾行乃嘉靖癸丑(1553)进士,《提要》误作嘉靖癸未(1523)进士。《礼记敬业》作者杨鼎熙中天启元年(辛酉,1621)举人,崇祯元年(戊辰,1628)刘若宰榜进士,《提要》误作崇祯庚午(1630)举人。《读礼窃注》作者孙自务乃优贡生,《提要》误作岁贡生。

7. 生平失考。

《提要》著录人物小传,多部著作作者失考。或始末、或里贯、或仕履未详。如《乡射礼仪节》作者林烈"始末未详"。《李氏乐书》作者李文察"里贯未详"。《六书赋音义》作者张士佩"事迹始末,则史未详也"。《韵略易通》作者兰廷秀"爵里未详"。《宋史质》作者王洙"仕履未详"。《尊圣集》作者陈尧道"里籍未详"。《阙里书》补辑作者陈之伸"仕履未详"。《韩祠录》作者叶性"里籍未详"。《二科志》作者阎秀卿"始末未详"。《为臣不易编》黄廷鹄"爵里未详"。《辨隐录》作者赵凤翀"爵里未详"。《荆门耆旧纪略》作者胡作柄"始末未详"。《养余月令》作者戴羲"里贯未详"。《益部谈资》作者何宇度"里贯未详"。《万历广东通志》作者王学曾"履贯未详"。《南溪书院志》作者叶廷祥、郭以隆、纪延誉、陈翘卿"里贯均未详"。《虔台续志》作者陈灿"里贯未详"。《历代铨选志》作者袁定远"里贯未详"。《洲课条例》作者王侹"始末未详"。《程书》作者程湛"爵里未详"。《花史》作者吴彦匡"爵里未详"。《名义考》作者周祈"始末未详"。《简籍遗闻》作者黄溥"仕履未详"。《榴园管测》作者王元复"里籍未详"。《群书摘草》作者王国宾"未详其终于何官"。《廉平录》作者傅履礼、高为表"始末均未详"。《萃古名言》刊者胡之太"仕履未详"。《苍耳斋诗集》作者方问孝"仕履未详"。《文选尤》作者邹思明"始末未详"。《咏史集解》注者林乔松"始末未详"。《四明风雅》编辑者宋宏之"仕履未详"。《浯溪诗文集》编辑者黄焯"始末未详"。《蓬莱观海亭集》编辑者潘滋"始末未详"。《广中五先生诗选》编辑者陈遑"爵里未详"。《频阳四先生集》编辑者刘兑"始末未详"。《名媛汇诗》编辑者郑文昂"始末未详"。上述撰者、编辑者的始末、里贯、仕履均可考见。《提要》失考。

8. 人物关系讹误。

如《读易绪言》作者钱棻乃钱士晋子，《提要》误作钱士升子。《通鉴纲目前编》许诰为许论之兄，《提要》误作许论之弟。

上述指出的《提要》存在的讹误，有的只有一种谬误，有的几种讹误同时存在，且多种讹误同时存在的例子并非个别现象。如《大学管窥》作者廖纪，《提要》著录其字、科分、仕履、谥号无一正确。

《四库总目》解题中讹误之外，另有众多小传或过于简略，或付之阙如，因此解题补缺亦很重要，作者字号、仕履、行实、里贯等，《提要》未能按照体例一一著录，本书稿亦间或补考，以补史传之缺略，借为知人论世之资。如《学易举隅》作者戴廷槐，《提要》对其仕履、籍贯均付之阙如。《重订易学说海》作者郭宗磐（1541—1607），字渐甫，隆庆辛未进士，官至处州知府。《提要》对其字、科分、仕履均未著录。《易思图解》作者刘日曦，《提要》对其仕履失载。《易宗集注》作者孙宗彝，《提要》仅著录其里贯，其字、科分、仕履均缺，按例当补。《礼记辑览》作者徐养相，《提要》未载其字号、仕履。

基于上述存在诸多不足，订讹正谬成为四库学研究之题中应有之意。余嘉锡、胡玉缙等前辈学者标举于前，杨武泉、崔富章、李裕民、杜泽逊等先生震澜于后，对《四库提要》的纠谬正误做了大量工作。不过，撷摭未尽，余地尚多。借用钱钟书先生话说："拾穗靡遗，扫叶都净，网罗理董，俾求全征献，名实相符。"① 为便于利用，学术界有必要继续努力，以期完善。

三、研究思路、研究方法及学术价值

本书首次从《总目》撰者小传入手，对总目提要之撰者小传纠谬补阙，间及其他讹误。同时，立足于《总目》著录书目撰者不详条目，以期考证更多作者，为四库学研究提供坚实的文献基础。

学术观点：《总目》辨正的研究虽然经过胡玉缙、余嘉锡等前辈及当下

---

① 钱钟书《管锥编》（三），第1377页。

众多学者的大力参与,但《总目》涉及内容极为浩博,存在的讹误依然不容忽视,可以说,《四库总目》的辨误工作远没有尽头,仍需学术界的不断努力方能使其趋于完善。

研究方法:本书采用文献考据法,查阅多种文献如文人别集、笔记、书目及地方志等,对《四库总目》人物小传姓名、字号、籍里、仕履、行实等详加考辨,纠谬正讹,查补阙漏,间及《总目》其他疏谬。

本书采用《总目》版本为中华书局 1997 年出版的《钦定四库全书总目》(整理本)。《四库全书》采用台湾商务印书馆影印的《文渊阁四库全书》。地方志主要参考:① 台北成文出版社影印的《中国方志丛书》。② 江苏古籍出版社、上海书店出版社、巴蜀书社影印的《中国地方志集成》。③ 书目文献出版社影印的《日本藏中国罕见地方志丛刊》。文集则主要参考:① 齐鲁书社影印的《四库全书存目丛书》及《四库全书存目丛书补编》。② 北京出版社影印的《四库禁毁书丛刊》及《四库未收书辑刊》。③ 上海古籍出版社影印的《清代诗文集汇编》。这些丛书保留了历史文献原貌,可靠性更高,同时也是学界普遍征引的文献。此外,黄虞稷《千顷堂书目》也是重要参考书,四库馆编著《总目》时,《千顷堂书目》即为参考书之一。

学术价值:作为显学的四库学虽然经过数代学者的努力,但由于总目涉及内容庞杂繁富,搜采考核,订讹辨异,殊见赅博,惟卷帙既多,不无疏谬。其中依然存在众多讹误没有被发现订正,且由于《总目》的巨大的学术影响力,广被征引,以讹传讹现象屡见不鲜。笔者所见许多工具书亦屡次征引《总目》之错误叙述。因此,《总目》补正的学术研究远没有尽头,仍需学界的持续不断的努力,方能使得这部伟大的目录学著作趋于完善。特别是《总目》收录众多作品的作者依然没有考证出来。据笔者统计,《总目》提要依然存在撰者不详 428 条(另有 131 人"始末未详"),其中部分确为年代邈远难以确考,有的已为学术界考证,而绝大多数依然没有解决。这些作者的无名状态影响了下一步的学术研究,自然谈不上"知人论世"。本书特别针对明清时期的作者进行更为明晰的详细的考证,提供了大量第一手的文献资料,可以为学术界的后续研究提供更多有效的线索。限于学识与文献资料的不足,间有疑义一时未能解决,疏漏之病,知所不免,踵而增之,尚俟博雅君子。

目　　录

序 …………………………………………… 杜泽逊　1
前言 ……………………………………………………… 1

经　　部

易类

1. 读易余言　明崔铣 ………………………………… 1
2. 易经存疑　明林希元 ……………………………… 2
3. 周易辨录　明杨爵 ………………………………… 3
4. 像象管见　明钱一本 ……………………………… 4
5. 易义古象通　明魏濬 ……………………………… 4
6. 乔氏易俟　清乔莱 ………………………………… 4
7. 周易通论　清李光地 ……………………………… 5
8. 周易函书约存　清胡煦 …………………………… 5
9. 楚蒙山房易经解　清晏斯盛 ……………………… 6
10. 周易浅释　清潘思榘 ……………………………… 6
11. 大易择言　清程廷祚 ……………………………… 7
12. 易经图释　明刘定之 ……………………………… 7
13. 图书纪愚　明阮琳 ………………………………… 9
14. 补斋口授易说　不著撰人名氏 …………………… 9
15. 古易世学　明丰坊 ………………………………… 11
16. 易修墨守　明唐枢 ………………………………… 12
17. 周易卦变图传　明吕怀 …………………………… 12

18. 易象会旨　不著撰人名氏 ································· 13
19. 今易诠　明邓伯羔 ····································· 13
20. 易测　明曾朝节 ······································· 14
21. 周易冥冥篇　明苏濬 ··································· 14
22. 周易旁注会通　明姚文蔚 ······························· 15
23. 古易汇编　明李本固 ··································· 16
24. 玩易微言摘抄　明杨廷筠 ······························· 16
25. 周易铁笛子　明耿橘 ··································· 17
26. 周易古文钞　明刘宗周 ································· 17
27. 周易宗义　明程汝继 ··································· 18
28. 易芥　明陆振奇 ······································· 18
29. 易经勺解　明林欲楫 ··································· 19
30. 松荫堂学易　明贾必选 ································· 19
31. 重订易学说海　明郭宗磐 ······························· 20
32. 易学残本　明卓尔康 ··································· 20
33. 易学管见　明洪启初 ··································· 20
34. 易学　明吴极 ··· 21
35. 周易时论合编　明方孔炤 ······························· 21
36. 风姬易溯　明王宣 ····································· 22
37. 易经增注　明张镜心 ··································· 23
38. 周易篡　明朱之俊 ····································· 23
39. 易鼎三然　明朱天麟 ··································· 23
40. 尺木堂学易志　明马权奇 ······························· 24
41. 读易隅通　明来集之 ··································· 24
42. 读易绪言　明钱棻 ····································· 25
43. 丽奇轩易经讲义　清纪克扬 ····························· 25
44. 易史参录　清叶矫然 ··································· 26
45. 大易蓄疑　清刘荫枢 ··································· 26
46. 易说要旨　清李寅 ····································· 27
47. 易说　清田嘉谷 ······································· 27
48. 陆堂易学　清陆奎勋 ··································· 28

书类

49. 书经旨略　明王大用 ··································· 28
50. 尚书口义　清刘怀志 ··································· 29

诗类
　51. 诗经正义　明许天赠……………………………………… 30
　52. 毛诗微言　明张以诚……………………………………… 30
　53. 诗经说通　明沈守正……………………………………… 31
　54. 诗经脉　明魏浣初………………………………………… 31
　55. 诗经备考　明章调鼎……………………………………… 32
　56. 诗触　明贺贻孙…………………………………………… 32
　57. 诗经传说取裁　清张能鳞………………………………… 33
　58. 复庵诗说　清王承烈……………………………………… 33
　59. 诗经汇诂　清范芳………………………………………… 34
礼类
　60. 周礼沿革传　明魏校……………………………………… 34
　61. 礼记日录　明黄乾行……………………………………… 35
　62. 檀弓辑注　明陈与郊……………………………………… 35
　63. 礼记敬业　明杨鼎熙……………………………………… 36
　64. 三礼编绎　明邓元锡……………………………………… 36
　65. 三礼合纂　清张怡………………………………………… 37
　66. 读礼窃注　清孙自务……………………………………… 38
　67. 三礼会通　清张必刚……………………………………… 38
　68. 重刊朱子仪礼经传通解　清梁万方……………………… 38
　69. 乡射礼仪节　明林烈……………………………………… 39
春秋类
　70. 左传属事　明傅逊………………………………………… 39
　71. 左氏释　明冯时可………………………………………… 40
　72. 春秋平义　清俞汝言……………………………………… 40
　73. 春秋集要　明钟芳………………………………………… 41
　74. 春秋四传私考　明徐浦…………………………………… 41
　75. 春秋麟宝　明余敷中……………………………………… 42
　76. 春秋实录　明邓来鸾……………………………………… 42
孝经类
　77. 孝经宗旨　明罗汝芳……………………………………… 43
　78. 孝经正文　清李之素……………………………………… 44
五经总义类
　79. 经咫　清陈祖范…………………………………………… 44

80. 说经札记　明蔡汝楠 …… 44
81. 孙月峰评经　明孙矿 …… 45
82. 拙存堂经质　明冒起宗 …… 46
83. 五经圭约　明蒋鸣玉 …… 46
84. 三经附义　清李重华 …… 47
85. 古学偶编　清张绚 …… 47

四书类

86. 重订四书辑释　元倪士毅 …… 48
87. 四书通义　明刘剡 …… 49
88. 大学管窥　明廖纪 …… 49
89. 大学千虑　明穆孔晖 …… 51
90. 经籍异同　明陈禹谟 …… 52
91. 四书酌言　明寇慎 …… 52
92. 学庸切己录　明谢文洊 …… 53
93. 虹舟讲义　清李祖惠 …… 53
94. 四书穷钞　清王国瑚 …… 54

乐类

95. 乐律表微　清胡彦升 …… 55
96. 蔡氏律同　明蔡宗兖 …… 55
97. 律吕新书分注图纂　明许珍 …… 56
98. 李氏乐书　明李文察 …… 56
99. 钟律陈数　清顾陈垿 …… 57

小学类

100. 历代钟鼎彝器款识法帖　宋薛尚功 …… 58
101. 字孪　明叶秉敬 …… 58
102. 六艺纲目　元舒天民 …… 58
103. 石鼓文正误　明陶滋 …… 59
104. 六书赋音义　明张士佩 …… 59
105. 字义总略　明顾充 …… 60
106. 大明同文集　明田艺蘅 …… 60
107. 六书指南　明李登 …… 61
108. 诸书字考　明林茂槐 …… 61
109. 正韵笺　明杨时伟 …… 62
110. 韵略易通　明兰廷秀 …… 62

111. 古今韵分注撮要　明甘雨 …… 63
112. 韵谱本义　明茅溱 …… 63
113. 声韵源流考　清万斯同 …… 64
114. 韵雅　清施何牧 …… 64
115. 声韵图谱　清钱人麟 …… 65

史　　部

编年类

1. 通鉴纲目前编　明许诰 …… 66
2. 嘉隆两朝闻见纪　明沈越 …… 66
3. 世穆两朝编年史　明支大纶 …… 67
4. 国史纪闻　明张铨 …… 68

别史类

5. 读史备忘　明范理 …… 68
6. 宋史质　明王洙 …… 69
7. 晋史删　明茅国缙 …… 70
8. 识大录　明刘振 …… 70
9. 半窗史略　清龙体刚 …… 71

杂史类

10. 七雄策纂　明穆文熙 …… 71
11. 庚申外史　明权衡 …… 72
12. 南征录　明张瑄 …… 72
13. 平番始末　明许进 …… 73
14. 姜氏秘史　明姜清 …… 74
15. 平汉录　明童承叙 …… 75
16. 茂边纪事　明朱纨 …… 75
17. 平濠记　明钱德洪 …… 76
18. 革除遗事　明符验 …… 77
19. 平夷功次录　明焦希程 …… 77
20. 使琉球录　明郭世霖 …… 78
21. 建文朝野汇编　明屠叔方 …… 79
22. 明祖四大法　明陈栋如 …… 80
23. 使琉球录　明萧崇业、谢杰 …… 80

24. 明宝训 ………………………………………………… 82
25. 逊国正气纪　明曹参芳 ……………………………… 82
26. 安南使事记　清李仙根 ……………………………… 82
27. 交山平寇本末　清夏骃 ……………………………… 83

诏令奏议类

28. 垂光集　明周玺 ……………………………………… 84
29. 文襄奏疏　清靳辅 …………………………………… 84
30. 台省疏稿　明张瀚 …………………………………… 85
31. 小司马奏草　明项笃寿 ……………………………… 85
32. 冲庵抚辽奏议　明顾养谦 …………………………… 86
33. 奏疏遗稿　明吴达可 ………………………………… 87
34. 青琐荩言　明杨东明 ………………………………… 87
35. 湖湘五略　明钱春 …………………………………… 88
36. 于山奏牍　清于成龙 ………………………………… 88
37. 留台奏议　明朱吾弼、李云鹄、萧如松、孙居相 …… 89
38. 奏议稽询　清曹本荣 ………………………………… 89

传记类

39. 忠贞录　明李维樾、林增志 ………………………… 90
40. 夷齐录　明张玭 ……………………………………… 91
41. 尊圣集　明陈尧道 …………………………………… 91
42. 阙里书　明沈朝阳 …………………………………… 92
43. 韩祠录　明叶性、谈伦 ……………………………… 93
44. 奕世增光录　明王道行 ……………………………… 94
45. 夏忠靖遗事　明夏崇文 ……………………………… 94
46. 岳庙集　明徐阶 ……………………………………… 95
47. 吴疏山集　明吴悌 …………………………………… 96
48. 涑水司马氏源流集略　明司马晰 …………………… 97
49. 姑山事录　清吴肃公、杜名齐 ……………………… 97
50. 保台实绩录　不著撰人名氏 ………………………… 98
51. 杨文靖年谱　清张夏 ………………………………… 98
52. 四明文献录　明黄润玉 ……………………………… 99
53. 尊乡录节要　明王弼 ………………………………… 99
54. 备遗录　明张芹 ……………………………………… 100
55. 二科志　明阎秀卿 …………………………………… 101

56. 昆山人物志　明方鹏 …………………………………… 101
57. 名臣言行录前集　明徐咸 ……………………………… 102
58. 毗陵忠义祠录　明叶夔 ………………………………… 103
59. 善行录　明张时彻 ……………………………………… 104
60. 古今廉鉴　明乔懋敬 …………………………………… 104
61. 昆山人物传　明张大复 ………………………………… 105
62. 江右名贤编　明喻均、刘元卿 ………………………… 105
63. 宗谱纂要　明王应昌 …………………………………… 106
64. 貂珰史鉴　明张世则 …………………………………… 107
65. 圣学宗传　明周汝登 …………………………………… 107
66. 大臣谱　明范景文 ……………………………………… 108
67. 宰相守令合宙　明吴伯与 ……………………………… 108
68. 浙学宗传　明刘鳞长 …………………………………… 109
69. 为臣不易编　明黄廷鹄 ………………………………… 109
70. 逊国忠记　明周镳 ……………………………………… 110
71. 辨隐录　明赵凤翀 ……………………………………… 110
72. 国殇纪略　不著撰人名氏 ……………………………… 111
73. 荆门耆旧纪略　清胡作柄 ……………………………… 111
74. 却金传　明王世懋 ……………………………………… 112
75. 两宫鼎建记　明贺仲轼 ………………………………… 112
76. 北行日谱　明朱祖文 …………………………………… 113

史钞类

77. 左国腴词　明凌迪知 …………………………………… 114
78. 宋史存　明文德翼 ……………………………………… 115

载记类

79. 朝鲜国纪　明黄洪宪 …………………………………… 115

时令类

80. 四时气候集解　明李泰 ………………………………… 116
81. 养余月令　明戴羲 ……………………………………… 117
82. 古今类传岁时部　清董縠士、董炳文 ………………… 117

地理类

83. 㵐水志　宋常棠 ………………………………………… 118
84. 至大金陵新志　元张铉 ………………………………… 118
85. 敬止集　明陈应芳 ……………………………………… 118

86. 三吴水考　明张内蕴、周大韶 ⋯⋯⋯⋯⋯⋯⋯⋯⋯⋯⋯⋯⋯⋯ 119
87. 直隶河渠志　清陈仪 ⋯⋯⋯⋯⋯⋯⋯⋯⋯⋯⋯⋯⋯⋯⋯⋯⋯⋯⋯ 120
88. 益部谈资　明何宇度 ⋯⋯⋯⋯⋯⋯⋯⋯⋯⋯⋯⋯⋯⋯⋯⋯⋯⋯⋯ 120
89. 皇舆考　明张天复 ⋯⋯⋯⋯⋯⋯⋯⋯⋯⋯⋯⋯⋯⋯⋯⋯⋯⋯⋯⋯ 121
90. 金华府志　不著撰人名氏 ⋯⋯⋯⋯⋯⋯⋯⋯⋯⋯⋯⋯⋯⋯⋯⋯⋯ 121
91. 徽州府志　明汪舜民 ⋯⋯⋯⋯⋯⋯⋯⋯⋯⋯⋯⋯⋯⋯⋯⋯⋯⋯⋯ 122
92. 赤城会通记　明王启 ⋯⋯⋯⋯⋯⋯⋯⋯⋯⋯⋯⋯⋯⋯⋯⋯⋯⋯⋯ 122
93. 嘉靖江西通志　明林庭㭿、周广 ⋯⋯⋯⋯⋯⋯⋯⋯⋯⋯⋯⋯⋯⋯ 123
94. 全陕政要略　明龚辉 ⋯⋯⋯⋯⋯⋯⋯⋯⋯⋯⋯⋯⋯⋯⋯⋯⋯⋯⋯ 124
95. 吴兴掌故集　明徐献忠 ⋯⋯⋯⋯⋯⋯⋯⋯⋯⋯⋯⋯⋯⋯⋯⋯⋯⋯ 125
96. 广东通志初稿　明戴璟 ⋯⋯⋯⋯⋯⋯⋯⋯⋯⋯⋯⋯⋯⋯⋯⋯⋯⋯ 126
97. 平凉府通志　明赵时春 ⋯⋯⋯⋯⋯⋯⋯⋯⋯⋯⋯⋯⋯⋯⋯⋯⋯⋯ 126
98. 嘉靖河间府志　明樊深 ⋯⋯⋯⋯⋯⋯⋯⋯⋯⋯⋯⋯⋯⋯⋯⋯⋯⋯ 127
99. 万历湖广总志　明徐学谟 ⋯⋯⋯⋯⋯⋯⋯⋯⋯⋯⋯⋯⋯⋯⋯⋯⋯ 127
100. 万历四川总志　明魏朴如、游朴、童良 ⋯⋯⋯⋯⋯⋯⋯⋯⋯⋯ 128
101. 万历衡州府志　明伍让 ⋯⋯⋯⋯⋯⋯⋯⋯⋯⋯⋯⋯⋯⋯⋯⋯⋯ 130
102. 天启赣州府志　明谢诏 ⋯⋯⋯⋯⋯⋯⋯⋯⋯⋯⋯⋯⋯⋯⋯⋯⋯ 130
103. 天台县志　明张宏代 ⋯⋯⋯⋯⋯⋯⋯⋯⋯⋯⋯⋯⋯⋯⋯⋯⋯⋯ 130
104. 续安邱志　清王训 ⋯⋯⋯⋯⋯⋯⋯⋯⋯⋯⋯⋯⋯⋯⋯⋯⋯⋯⋯ 131
105. 浙西水利议答　元任仁发 ⋯⋯⋯⋯⋯⋯⋯⋯⋯⋯⋯⋯⋯⋯⋯⋯ 132
106. 通惠河志　明吴仲 ⋯⋯⋯⋯⋯⋯⋯⋯⋯⋯⋯⋯⋯⋯⋯⋯⋯⋯⋯ 132
107. 新河初议　不著编辑者名氏 ⋯⋯⋯⋯⋯⋯⋯⋯⋯⋯⋯⋯⋯⋯⋯ 133
108. 胶莱新河议　明王献 ⋯⋯⋯⋯⋯⋯⋯⋯⋯⋯⋯⋯⋯⋯⋯⋯⋯⋯ 134
109. 吴中水利通志　不著撰人名氏 ⋯⋯⋯⋯⋯⋯⋯⋯⋯⋯⋯⋯⋯⋯ 135
110. 新浚海盐内河图说　不著撰人名氏 ⋯⋯⋯⋯⋯⋯⋯⋯⋯⋯⋯⋯ 136
111. 海塘录　明仇俊卿 ⋯⋯⋯⋯⋯⋯⋯⋯⋯⋯⋯⋯⋯⋯⋯⋯⋯⋯⋯ 137
112. 江防考　明吴时来 ⋯⋯⋯⋯⋯⋯⋯⋯⋯⋯⋯⋯⋯⋯⋯⋯⋯⋯⋯ 138
113. 两浙海防类考续编　明范涞 ⋯⋯⋯⋯⋯⋯⋯⋯⋯⋯⋯⋯⋯⋯⋯ 138
114. 仙岩志　明王应辰 ⋯⋯⋯⋯⋯⋯⋯⋯⋯⋯⋯⋯⋯⋯⋯⋯⋯⋯⋯ 139
115. 罗浮野乘　明韩晃 ⋯⋯⋯⋯⋯⋯⋯⋯⋯⋯⋯⋯⋯⋯⋯⋯⋯⋯⋯ 140
116. 龙门志　明樊得仁 ⋯⋯⋯⋯⋯⋯⋯⋯⋯⋯⋯⋯⋯⋯⋯⋯⋯⋯⋯ 140
117. 金井志　清姜虬绿 ⋯⋯⋯⋯⋯⋯⋯⋯⋯⋯⋯⋯⋯⋯⋯⋯⋯⋯⋯ 141
118. 西岳神祠事录　明孙仁 ⋯⋯⋯⋯⋯⋯⋯⋯⋯⋯⋯⋯⋯⋯⋯⋯⋯ 141
119. 二楼小志　清程元愈 ⋯⋯⋯⋯⋯⋯⋯⋯⋯⋯⋯⋯⋯⋯⋯⋯⋯⋯ 142

120. 丹霞洞天志　清萧韵 ……………………………………………………… 143

121. 秦录　明沈思孝 …………………………………………………………… 143

122. 四州文献摘抄　清毕振姬 ………………………………………………… 144

123. 天下名山诸胜一览记　明慎蒙 …………………………………………… 144

124. 纪游稿　明王衡 …………………………………………………………… 145

125. 循沧集　明姚希孟 ………………………………………………………… 145

126. 玉山遗响　清张贞生 ……………………………………………………… 146

127. 百夷传　明钱古训 ………………………………………………………… 146

职官类

128. 虔台志　明萧根 …………………………………………………………… 147

129. 郧台志略　明徐桂 ………………………………………………………… 148

130. 虔台续志　明陈灿 ………………………………………………………… 149

131. 南京太常寺志　明汪宗元 ………………………………………………… 150

132. 吏部职掌　明黄养蒙 ……………………………………………………… 150

133. 掖垣人鉴　明萧彦 ………………………………………………………… 151

134. 职官志　不著撰人名氏 …………………………………………………… 152

135. 符司纪　明刘日升 ………………………………………………………… 152

136. 续宋宰辅编年录　明吕邦燿 ……………………………………………… 153

137. 官爵志　明徐石麒 ………………………………………………………… 154

138. 历代铨选志　清袁定远 …………………………………………………… 154

政书类

139. 明臣谥汇考　明鲍应鳌 …………………………………………………… 155

140. 明宫史　明吕毖 …………………………………………………………… 155

141. 辟雍纪事　明卢上铭 ……………………………………………………… 156

142. 洲课条例　明王铤 ………………………………………………………… 156

143. 两淮盐法志　明史起蛰、张矩同 ………………………………………… 157

144. 山东盐法志　明查志隆 …………………………………………………… 158

145. 历代山泽征税记　清彭宁求 ……………………………………………… 158

146. 左司笔记　清吴暻 ………………………………………………………… 159

147. 马政志　明陈讲 …………………………………………………………… 159

目录类

148. 宝文堂分类书目　明晁瑮 ………………………………………………… 160

149. 金陵古金石考　明顾起元 ………………………………………………… 160

150. 金石备考　清来濬 …… 161

史评类

151. 史通评释　明李维桢 …… 162
152. 宋史阐幽　明许浩 …… 162
153. 世史积疑　元李士实 …… 163
154. 翼正录　明何思登 …… 163
155. 尚论编　明邹泉 …… 164
156. 世谱增定　明吕颛 …… 164
157. 洗心居雅言集　明范槚 …… 165
158. 余言　明徐三重 …… 166
159. 汉史亿　清孙廷铨 …… 166
160. 十七史论　清夏敦仁 …… 166
161. 芝坛史案　清张鹏翼 …… 167

子　部

儒家类

1. 近思录集注　清茅星来 …… 168
2. 读书录　明薛瑄 …… 168
3. 温氏母训　明温璜 …… 169
4. 正蒙释　明高攀龙 …… 170
5. 程书　清程湛 …… 170
6. 杂诫　明方孝孺 …… 170
7. 白沙遗言纂要　明张诩 …… 171
8. 慎言集训　明敖英 …… 171
9. 拟学小记　明尤时熙 …… 172
10. 大儒学粹　明魏时亮 …… 173
11. 三儒类要　明徐用检 …… 174
12. 道学正宗　明赵仲全 …… 175
13. 传习录论述参　明王应昌 …… 175
14. 家诫要言　明吴麟征 …… 175
15. 读书札记　明乔可聘 …… 176
16. 西畴日抄　明顾枢 …… 176
17. 紫阳通志录　清高世泰 …… 177

18. 朱子圣学考略　清朱泽沄 …… 177
19. 广祀典议　清吴肃公 …… 178
20. 淑艾录　清祝洤 …… 178
21. 三立编　清王梓 …… 179

兵家类
22. 八阵合变图说　明龙正 …… 179
23. 古今将略　明冯孜 …… 181
24. 历代车战叙略　清张泰交 …… 181

法家类
25. 棠阴比事　宋桂万荣 …… 182

医家类
26. 难经本义　周秦越人 …… 183
27. 薛氏医案　明薛己 …… 184
28. 针灸聚英　明高武 …… 184

天文算法类
29. 中西经星同异考　清梅文鼏 …… 185
30. 星历释义　明林祖述 …… 186

术数类
31. 星学大成　明万民英 …… 186
32. 太微经　明文翔凤 …… 186
33. 纪梦要览　明童轩 …… 187

艺术类
34. 南阳法书表　明张丑 …… 188
35. 小山画谱　清邹一桂 …… 188
36. 法书通释　明张绅 …… 189
37. 射书　明顾煜 …… 189

谱录类
38. 方氏墨谱　明方于鲁 …… 190
39. 酒史　明冯时化 …… 190
40. 花史　明吴彦匡 …… 191

杂家类
41. 名义考　明周祈 …… 192
42. 雪履斋笔记　元郭翼 …… 192
43. 蠡海集　宋王逵 …… 193

44. 蟫精隽　明徐伯龄 …………………………… 194
45. 黎子杂释　明黎久之 ………………………… 195
46. 冬游记　明罗洪先 …………………………… 196
47. 金垒子　明陈绛 ……………………………… 197
48. 东水质疑　明胡衮 …………………………… 197
49. 艺圃琳琅　明蒋以忠 ………………………… 198
50. 无甚高论　明赵鸿赐 ………………………… 198
51. 何之子　明周宏禴 …………………………… 199
52. 证学编　明杨起元 …………………………… 199
53. 因明子　明张恒 ……………………………… 200
54. 进修录　明冯渠 ……………………………… 200
55. 微言　明詹在泮 ……………………………… 201
56. 剩言　明戴君恩 ……………………………… 201
57. 懿言日录　清王喆生 ………………………… 202
58. 茗西问答　清吴学孔 ………………………… 202
59. 千古辨疑　明陈锡 …………………………… 203
60. 简籍遗闻　明黄溥 …………………………… 203
61. 琅琊曼衍　明张鼎思 ………………………… 204
62. 玉唾壶　明王一槐 …………………………… 204
63. 真珠船　明胡侍 ……………………………… 205
64. 郊外农谈　明张铁 …………………………… 206
65. 逌旃琐语　明苏祐 …………………………… 207
66. 黄谷琐谈　明李蓘 …………………………… 207
67. 木几冗谈　明彭汝让 ………………………… 208
68. 累瓦三编　明吴安国 ………………………… 208
69. 阅耕余录　明张所望 ………………………… 209
70. 吕氏笔弈　明吕曾见 ………………………… 209
71. 二楼纪略　清佟赋伟 ………………………… 210
72. 榴园管测　清王元复 ………………………… 210
73. 女教书　元许熙载 …………………………… 211
74. 奚囊手镜　明杨循吉 ………………………… 212
75. 欣赏编　不著撰人名氏 ……………………… 212
76. 续自警编　明黄希宪 ………………………… 212
77. 历代小史　不著编辑者名氏 ………………… 213

- 78. 群书摘草　明王国宾 …… 214
- 79. 警语类抄　明程达 …… 214
- 80. 沈氏学韬　明沈尧中 …… 215
- 81. 廉平录　明傅履礼、高为表 …… 215
- 82. 偶得绀珠　明黄秉石 …… 216
- 83. 萃古名言　明赵民献 …… 216
- 84. 著疑录　明戴有孚 …… 217
- 85. 无事编　清项真 …… 217
- 86. 六诏纪闻　明俞夔 …… 218

类书类
- 87. 经济类编　明冯琦 …… 219
- 88. 读书纪数略　清宫梦仁 …… 220
- 89. 玉海纂　明刘鸿训 …… 220
- 90. 涉览属比　明朱文 …… 221
- 91. 修辞指南　明浦南金 …… 222
- 92. 骈语雕龙　明游日章 …… 222
- 93. 名物类考　明耿随朝 …… 223
- 94. 强识略　明吴梦材 …… 223
- 95. 考古辞宗　明况叔祺 …… 224
- 96. 杂俎　明刘凤 …… 224
- 97. 正音捃言　明王荔 …… 225
- 98. 三才考略　明庄元臣 …… 225
- 99. 何氏类镕　明何三畏 …… 226
- 100. 春秋内外传类选　明樊王家 …… 226
- 101. 诸经纂注　明杨联芳 …… 227
- 102. 朱翼　明江旭奇 …… 228
- 103. 史说萱苏　明黄以升 …… 228
- 104. 事典考略　明徐袍 …… 229
- 105. 行年录　清魏方泰 …… 230
- 106. 杜韩集韵　清汪文柏 …… 230

小说家类
- 107. 方洲杂言　明张宁 …… 231
- 108. 孤树哀谈　明李默 …… 233
- 109. 西吴里语　明宋雷 …… 234

110. 见闻杂记　明李乐……………………………………… 235
111. 贻清堂日抄　明钱养廉…………………………………… 235
112. 见闻纪训　明陈良谟……………………………………… 236
113. 孝经集灵　明虞淳熙……………………………………… 236
114. 耳谈　明王同轨…………………………………………… 237
115. 笔史　清杨忍本…………………………………………… 237

道家类

116. 南华经副墨　明陆西星…………………………………… 238
117. 观老庄影响论　明释德清………………………………… 239

集　部

楚辞类

1. 楚辞灯　清林云铭………………………………………… 240

别集类

2. 庾子山集注　清倪璠……………………………………… 240
3. 甫里集　唐陆龟蒙………………………………………… 241
4. 月屋漫稿　元黄庚………………………………………… 241
5. 吾吾类稿　元吴皋………………………………………… 242
6. 南湖集　元贡性之………………………………………… 242
7. 白云集　明唐桂芳………………………………………… 243
8. 登州集　明林弼…………………………………………… 244
9. 蓝涧集　明蓝智…………………………………………… 245
10. 眉庵集　明杨基…………………………………………… 246
11. 西庵集　明孙蕡…………………………………………… 246
12. 草阁集　明李昱…………………………………………… 247
13. 梁园寓稿　明王翰………………………………………… 248
14. 全室外集　明僧宗泐……………………………………… 249
15. 巽隐集　明程本立………………………………………… 250
16. 易斋集　明刘璟…………………………………………… 250
17. 兰庭集　明谢晋…………………………………………… 251
18. 康斋文集　明吴与弼……………………………………… 251
19. 庄定山集　明庄㫤………………………………………… 252
20. 竹涧文集　明潘希曾……………………………………… 253

21. 小山类稿　明张岳 ················ 253
22. 临皋文集　明杨寅秋 ·············· 254
23. 杜诗会粹　清张远 ················ 255
24. 香山诗钞　清杨大鹤 ·············· 255
25. 东坡守胶西集　明阎士选 ·········· 256
26. 苏诗摘律　明刘宏 ················ 257
27. 待清遗稿　宋潘音 ················ 257
28. 论范　元欧阳起鸣 ················ 258
29. 得月稿　元吕不用 ················ 258
30. 坦斋文集　明刘三吾 ·············· 259
31. 三畏斋集　明朱吉 ················ 259
32. 退庵遗稿　明邓林 ················ 260
33. 尹讷庵遗稿　明尹昌隆 ············ 261
34. 节庵集　明高得旸 ················ 261
35. 寅庵集　明罗肃 ·················· 262
36. 南斋摘稿　明魏骥 ················ 263
37. 东冈集　明柯暹 ·················· 263
38. 半隐集　明陈衡 ·················· 264
39. 凤鸣后集　明郑楷 ················ 264
40. 鸣秋集　明赵迪 ·················· 265
41. 彭文思集　明彭华 ················ 265
42. 余力稿　明徐贯 ·················· 266
43. 东白集　明张元祯 ················ 266
44. 闵庄懿集　明闵珪 ················ 267
45. 龙皋文集　明陆简 ················ 268
46. 滇南行稿　明苏章 ················ 269
47. 虚斋先生遗集　明祝萃 ············ 269
48. 程念斋集　明程楷 ················ 270
49. 东峤集　明李承芳 ················ 270
50. 集古梅花诗　明童琥 ·············· 271
51. 白露山人遗稿　明黄傅 ············ 272
52. 毛文简集　明毛澄 ················ 272
53. 姚东泉文集　明姚镆 ·············· 273
54. 南川稿　明陶谐 ·················· 273

55. 玉岩集　明周广 …………………………………… 274
56. 倪小野集　明倪宗正 ……………………………… 274
57. 行远集　明陆深 …………………………………… 275
58. 少岷拾存稿　明曾玙 ……………………………… 275
59. 常评事集　明常伦 ………………………………… 276
60. 嵩渚集　明李濂 …………………………………… 276
61. 石居漫兴稿　明陈器 ……………………………… 276
62. 东麓稿　明汪佃 …………………………………… 277
63. 少华集　明詹泮 …………………………………… 278
64. 秠山稿　明田顼 …………………………………… 278
65. 董从吾稿　明董沄 ………………………………… 279
66. 佘山人诗集　明佘世亨 …………………………… 279
67. 雁湖钓叟自在吟　明王周 ………………………… 280
68. 世经堂集　明徐阶 ………………………………… 281
69. 海樵先生集　明陈鹤 ……………………………… 281
70. 岳云石集　明岳伦 ………………………………… 283
71. 周汉中集　明周显宗 ……………………………… 283
72. 崔笔山文集　明崔涯 ……………………………… 284
73. 蓉山集　明董燧 …………………………………… 284
74. 承启堂稿　明钱薇 ………………………………… 285
75. 璞冈集　明马汝彰 ………………………………… 285
76. 嵩阳集　明刘绘 …………………………………… 286
77. 沈凤冈集　明沈良才 ……………………………… 286
78. 见沧文集　明茅瓒 ………………………………… 287
79. 陈两湖集　明陈昌积 ……………………………… 288
80. 已宽堂集　明陈鎏 ………………………………… 288
81. 瞿文懿制敕稿　明瞿景淳 ………………………… 289
82. 石龙庵诗草　明徐学诗 …………………………… 290
83. 石室秘抄　明魏文焲 ……………………………… 290
84. 余清堂稿　明汪镗 ………………………………… 291
85. 金舆山房稿　明殷士儋 …………………………… 292
86. 汪次公集　明汪道贯 ……………………………… 292
87. 北虞先生遗文　明邵圭洁 ………………………… 293
88. 平山文集　明何涛 ………………………………… 293

89. 云山堂集　明魏裳 …… 294
90. 苏山集　明陈柏 …… 295
91. 九愚山房诗集　明何东序 …… 296
92. 屏居集　明姚汝循 …… 297
93. 济美堂集　明陈瓒 …… 297
94. 谢山存稿　明陈吾德 …… 298
95. 山居集　明栗应宏 …… 298
96. 吾野漫笔　明许炯 …… 299
97. 大鄣山人集　明吴子玉 …… 300
98. 句漏集　明顾起纶 …… 300
99. 傅山人集　明傅汝舟 …… 301
100. 石西集　明汪子祜 …… 301
101. 松菊堂集　明孙鑨 …… 302
102. 郑京兆集　明郑心材 …… 302
103. 程幼博集　明程大约 …… 303
104. 醒后集　明卢维祯 …… 303
105. 文洁集　明邓以赞 …… 304
106. 赐余堂集　明吴中行 …… 304
107. 苍耳斋诗集　明方问孝 …… 305
108. 快独集　明李尧民 …… 305
109. 可庵书牍　明张栋 …… 306
110. 崇雅堂集　明钟羽正 …… 306
111. 方众甫集　明方应选 …… 307
112. 大云集　明曹璜 …… 308
113. 叶玉成全集　明叶永盛 …… 309
114. 繁露园集　明董复亨 …… 309
115. 骆台晋文集　明骆日升 …… 310
116. 皆春园集　明陈完 …… 311
117. 扫余之余　明刘锡元 …… 311
118. 慧阁诗　明陈翼飞 …… 312
119. 漆园卮言　明庄起元 …… 312
120. 博望山人稿　明曹履吉 …… 313
121. 元盖副草　明吴稼竳 …… 314
122. 自娱斋诗集　明黄应征 …… 314

123. 玩梅亭诗集　明柴惟道…… 314
124. 芜园诗集　明葛征奇…… 315
125. 涂子一杯水　明涂伯昌…… 315
126. 章格庵遗书　明章正宸…… 316
127. 心远堂集　明王永积…… 316
128. 榴馆初函集选　明杨思本…… 317
129. 采芝堂集　明周益祥…… 317
130. 浮云集　清陈之遴…… 318
131. 读史亭诗集　清彭而述…… 318
132. 蓬庐诗　清韩纯玉…… 319
133. 安静子集　清安致远…… 319
134. 涞水编　清翟凤翥…… 320
135. 心远堂诗集　清李霦…… 320
136. 佳山堂集　清冯溥…… 321
137. 退庵集　清李敬…… 321
138. 遂初堂文集　清杨兆鲁…… 322
139. 学源堂文集　清郭棻…… 322
140. 浣亭诗略　清林尧华…… 323
141. 托素斋集　清黎士宏…… 323
142. 陆密庵文集　清陆求可…… 323
143. 澹余轩集　清孙光祀…… 324
144. 闲居草　清董含…… 324
145. 槐轩集　清王曰高…… 325
146. 莱山堂集　清章金牧…… 325
147. 杲堂文钞　清李邺嗣…… 326
148. 孔天征文集　清孔尚典…… 326
149. 一溉堂诗集　清余光耿…… 327
150. 复园文集　清董闻京…… 327
151. 赵恭毅剩稿　清赵申乔…… 328
152. 蓬庐草　清黄钟…… 328
153. 西涧初集　清刘然…… 329
154. 友柏堂遗诗选　清冯协一…… 329
155. 野香亭集　清李孚青…… 330
156. 双溪草堂诗集　清汪晋征…… 330

157. 周广庵全集　清周金然 … 331
158. 匡山集　清王沛恂 … 331
159. 药亭诗集　清梁佩兰 … 332
160. 双云堂文稿　清范光阳 … 332
161. 燕堂诗钞　清朱径 … 332
162. 咸斋文钞　清查旭 … 333
163. 雪鸿堂文集　清李钟璧 … 333
164. 圭美堂集　清徐用锡 … 334
165. 墨麟诗　清马维翰 … 334
166. 最古园二编　清罗人琮 … 335
167. 随村遗集　清施瑮 … 335
168. 明史杂咏　清严遂成 … 336

总集类

169. 柴氏四隐集　宋柴望 … 336
170. 荆南倡和集　元周砥、马治 … 337
171. 三华集　明钱子正 … 338
172. 海岱会集　明石存礼等 … 338
173. 文选尤　明邹思明 … 340
174. 柳黄同声集　明杜桓 … 340
175. 咏史集解　明程敏政 … 341
176. 二戴小简　不著编辑者名氏 … 341
177. 文翰类选大成　明李伯玙、冯原 … 342
178. 古括遗芳　明郑宣 … 343
179. 弘正诗抄　不著编辑者名氏 … 344
180. 四明风雅　明宋宏之 … 346
181. 浯溪诗文集　明黄焯 … 347
182. 名家表选　明陈垲 … 348
183. 越望亭诗集　明陈鹤 … 349
184. 蓬莱观海亭集　明潘滋 … 349
185. 泰山搜玉　明袁稽 … 350
186. 荆溪唱和诗　明俞允文 … 350
187. 广中五先生诗选　明陈遁 … 351
188. 三忠集　明郭惟贤 … 352
189. 诗宿　明刘一相 … 353

190. 频阳四先生集　明刘兑 ………………………………… 353

191. 湛园杂咏　明米万钟 ……………………………………… 354

192. 国玮集　明方岳贡 ………………………………………… 355

193. 古诗解　明唐汝谔 ………………………………………… 355

194. 古文正集二编　明葛鼒、葛鼎 …………………………… 356

195. 吴兴艺文补　明董斯张、闵元衢、韩千秋 ……………… 357

196. 名媛汇诗　明郑文昂 ……………………………………… 357

197. 赋苑　不著编辑者名氏 …………………………………… 357

198. 高言集　清田茂遇、董俞 ………………………………… 358

199. 樵川二家诗　清朱霞 ……………………………………… 359

200. 青溪先正诗集　清鲍椷 …………………………………… 359

201. 三诗合编　清黄光岳 ……………………………………… 360

诗文评类

202. 诗话　明杨成玉 …………………………………………… 361

203. 铁立文起　清王之绩 ……………………………………… 362

人名索引 …………………………………………………………… 363

参考文献 …………………………………………………………… 373

后记 ………………………………………………………………… 381

经　　部

易　　类

1.《读易余言》五卷　（《总目》卷五）

　　明崔铣撰。铣字仲凫，一字子钟，安阳人，弘治乙丑进士，官至南京礼部侍郎，谥文敬。事迹具《明史·儒林传》。是书以程《传》为主，而兼采王弼、吴澄之说，与朱子《本义》颇有异同。

　　按：崔铣谥号误，应为"文敏"，属形似而误①。郭朴《崔文敏公传》记载："崔铣字子钟，一字仲凫，参政升之子也。……弘治十八年举进士，改庶吉士，授编修。……病剧，不克，卒年六十四，赠礼部尚书，谥文敏。……学者尊为后渠先生云。"②沈一贯《南京礼部右侍郎赠礼部尚书谥文敏后渠崔公神道碑铭》记载："公讳铣，字子钟，一字仲凫，河南安阳人。……乙丑举进士，改庶吉士，授编修，预校《孝宗实录》。……嘉靖改元，召修《武宗实录》，已，直日讲，升南祭酒。……己亥，立东宫，起为少詹事兼侍读学士，寻擢南礼部右侍郎。……寻病致仕，卒，赠尚书，谥文敏。……所著有《松窗寤言》、《中庸凡》、《演大学全文》、《士翼》、《政议》、《中说考》、《文苑春秋》、《读易余言》、《彰德府志》、《洹词》，删定《二程遗书》、《朱子大全》。"③查继佐《罪惟录》列传卷十三中记载："崔铣，字子钟，一字仲凫，河南海阳人也。弘治十八年进士。改翰林庶吉士，授编修。……卒，赠礼部尚书，谥文敏。"④谈迁《国榷》卷五十七记载："世宗嘉靖二十年五月戊申，前南京礼部右侍郎崔铣卒。铣字子钟，安阳人，弘治乙丑进士，选馆授编修。忤逆瑾，调南吏部主

---

①　按：周中孚《郑堂读书记》卷三十六记载亦因《四库提要》连带而误（第553页）。
②　郭朴《郭文简公文集》卷一，《四库未收书辑刊》五辑第19册，第421—422页。
③　沈一贯《喙鸣文集》卷十七，《四库禁毁书丛刊》集部第176册，第295—296页。
④　查继佐《罪惟录》，《续修四库全书》史部323册，第60—61页。

事。瑾诛，还翰林，秩满，进侍读。嘉靖初，进南祭酒，改少詹事，兼侍读学士。未几，擢南部。……赠尚书，谥文敏。"①以上文献均记载崔铣（1478—1541）谥号"文敏"。《提要》误。

2.《易经存疑》十二卷　（《总目》卷五）

明林希元撰。希元字茂贞，号次崖，同安人。正德丁丑进士。官至广东提学佥事，见《自序》及王慎中序。《泉州府志》称"官至大理寺丞"，误也。《明史·儒林传》附载《蔡清传》中。

按：《明史·儒林传》载林希元"历官云南佥事，坐考察不谨罢归"②，并非《提要》云"广东提学佥事"也。林希元自序云："予自束发读书，即喜穷研经理，惧其遗亡，类皆札记。然性喜知新，稿成，辄弃去，至有一书而二三易稿者，经传子史多入议思，《周易》《四子》独有全籍。既入仕途，王事经心，中遭斥逐，鸿迹东西。此书虽携以行，曾弗及目而散逸者有之。泗水辞官，始获追修旧业，稍稍就绪。视学岭表，因出以示诸生。一二同志欲广其传，辄谋之梓，《四子》先出，继而入丞大理。"王慎中撰序云："先生以直道为大理，守理断狱，历忤权势。其谪为钦州，稍叙迁为广东佥事。议取交趾，具有谋略，虽不用而其志甚壮。"③嘉靖《钦州志》卷四记载："林希元，（字）茂贞。福建同安县人。进士，嘉靖十五年七月以大理寺丞降任（知州）。十八年十月满去，升广东按察司佥事。"何乔远《闽书》卷九十一记载："林希元，字茂贞。登进士，授南大理评事。……寻荐起为寺副。升广东按察佥事，掌盐、屯二政。……未几，改提督学校。……陪推南大理寺丞。……谪知钦州。……升广东按察佥事，分巡海北，兼管兵备珠池。……坐安南用兵事，以拾遗罢官。"④万历《泉州府志》卷十九本传记载："林希元，字茂贞，同安人。正德九年进士。授南京大理寺评事。世庙登极，条上新政八要。……降泗州判官，复以不屈当路，弃官归。大臣交疏荐之，起为寺正，擢广东盐法佥事，寻改提督学校。……升南京大理寺丞，秩满留内。……谪钦州知州。居久之，会安南不贡，朝廷方议征讨。擢希元海北道兵备佥事，而希元主必征之策，督臣与异议，竟罢归。……所著《易经四书存疑》，皆足羽翼考亭，学

---

① 谈迁《国榷》，第 3613 页。
② 张廷玉等《明史》，第 7235 页。此处记载误。
③ 王慎中《遵岩集》卷九，《文渊阁四库全书》第 1274 册，第 231 页。
④ 何乔远《闽书》，第 2733—2734 页。

者师之。"①据以上数种文献可知，林希元（1483—1567）履历"广东按察佥事"，前后履职各异，最后乃兵备佥事，而非提学佥事。《泉州府志》并未记载"官至大理寺丞"，府志不误。《提要》以不误为误。

3.《周易辨录》四卷 （《总目》卷五）

明杨爵撰。爵字伯修，富平人，嘉靖己丑进士，官至山东道监察御史。以上疏极论符瑞下诏狱，系七年始得释，事迹具《明史》本传。

按：《明史》卷二百九本传未明言何处御史。冯从吾、王心敬《关学编》卷五"斛山杨先生"记载："先生名爵，字伯修，号斛山，富平人。……嘉靖戊子秋，应试长安。……是秋，即以《书》举第三名，明年成进士。授行人。……壬辰，选山东道监察御史。……又五年，庚子秋，以荐起河南道，巡视南城。……辛丑春二月初四日，上封事。……著《周易辨录》及《中庸解》若干卷。……先生没若干年，庄皇帝以世庙遗诏，赠光禄少卿，录其后，今上用礼官议，谥忠介。"②黄虞稷《千顷堂书目》卷二十三记载："杨爵《槲山逸稿》五卷。（字伯修，富平人。河南道监察御史，劾夏言、郭勋，廷杖系狱，追谥忠介。）"③谈迁《国榷》卷五十九记载："世宗嘉靖二十八年十月乙巳，前河南道监察御史杨爵卒。爵字伯修，富平人。嘉靖己丑进士，授行人。……隆庆初，赠光禄寺少卿。万历中，谥忠介。"④光绪《富平县志》卷五本传记载与上述文献大致相同。据此，《提要》误。应修改杨爵（1493—1549）官至"河南道监察御史"。

《提要》又云：

其书前有《自序》，题嘉靖二十四年乙巳。盖即其与周怡、刘魁等在狱中讲论所作，故取《系辞》"困德之辨"一语为名。《明史》本传作《周易辨说》，其名小异，然《艺文志》仍作《周易辨录》，盖刊本字误也。

按：崔富章《四库全书总目提要补正》一书认为书名"辨"为"辩"之讹。但杨爵本人自序云："予久蒙幽系，自以负罪深重，忧患警惕之念，即夙夜而恒存也。困病中日读《周易》以自遣，或有所得，笔之以备遗忘，岁月既久，六十四卦之说略具矣，因名曰《周易辨录》。系曰：'困，德之辨也。'吾以验吾

---

① 《万历泉州府志》第八册，泉州志编纂委员会办公室1985年影印本，第130—132页。
② 冯从吾辑、王心敬增辑《关学编》，《四库全书存目丛书》史部第126册，第426—427页。
③ 黄虞稷《千顷堂书目》，第572页。
④ 谈迁《国榷》，第3740页。

心之所安、力之所胜何如耳。若以为实有所见,而求法于古人焉,则吾死罪之余,万万所不敢也。时嘉靖二十四年乙巳九月。"①

4.《像象管见》九卷 (《总目》卷五)

明钱一本撰。一本字国瑞,武进人,万历癸未进士,官至福建道监察御史,以建言罢归。天启初,追赠太仆寺卿,事迹具《明史》本传。

按:《提要》载钱一本字误,应为"国端",属形似而误。邹元标《钱启新墓铭》记载:"公名一本,字国端,别号启新。"②姚希孟《原任文林郎福建道监察御史诰赠中顺大夫太仆寺少卿启新钱公墓表》记载:"公讳一本,字国端,别号启新。先生常州武进人,登万历癸未进士。始为庐陵令,著循吏声。"③据此可知,钱一本(1546—1617)天启后赠官"太仆寺少卿"(从五品),非"太仆寺卿"(正五品)。

5.《易义古象通》八卷 (《总目》卷五)

明魏濬撰。濬字苍水,松溪人。万历甲辰进士,官至右佥都御史巡抚湖广。

按:康熙《松溪县志》卷九"人物志·名臣"记载:"魏濬,字禹卿,号苍水,本县人。"④康熙《建宁府志》卷二十九"名臣"记载:"魏濬,字禹卿,号苍水,松溪人。"⑤地方志均记载魏濬字"禹卿,号苍水"。同时乡人徐𤊹《徐氏笔精》卷三亦称"魏禹卿"⑥。《提要》盖误号为字。

6.《乔氏易俟》十八卷 (《总目》卷六)

国朝乔莱撰。莱字石林,宝应人。康熙己未召试博学鸿词。官至翰林院侍读。是书杂采宋元后诸家《易》说,而参以己意。前列诸图,不主陈抟"河图"、"洛书"、"先天"、"后天"、"方圆"、"横直"之说。于卦变亦不取虞翻以下诸家,而取来知德之"反对"。

按:撰者字误。潘耒《翰林侍读乔君墓志铭》记载:"若侍读乔君者,诚

---

① 转引自朱彝尊撰、林庆彰等主编《经义考新校》,第986页。
② 黄宗羲《明文海》卷四四五,第4768页。
③ 姚希孟《棘门集》卷二,《四库禁毁书丛刊》集部第178册,第629—632页。
④ 康熙《松溪县志》卷九,(台北)成文出版社1975年影印本,第511—514页。
⑤ 康熙《建宁府志》卷二十九,《中国地方志集成·福建府县志辑5》,第464页。
⑥ 徐𤊹《徐氏笔精》卷三,《文渊阁四库全书》第856册,第486页。

可为拊膺流涕者也。君讳莱，字子静，号石林，宝应人。……癸卯举于乡，丁未成进士，除内阁中书舍人。……戊午，诏举博学鸿儒，君被荐试，列高等，授翰林编修，纂修《明史》。……乙丑春，上御试词臣，君名在第四。间日复试之，君名在第五，上甚悦，有'学问优长，文章古雅'之褒，令充日讲起居注官，寻擢中允，纂修典训，旋升侍讲。五月再迁，俱出特简。……中蜚语罢归。……著《易俟》二十卷，修邑志二十卷。益肆力为古文辞，汪钝翁亟称之，有集若干卷。"①朱彝尊《翰林院侍读乔君墓表》记载："君莱讳，子静字，别字石林，世为宝应人。"②道光《重修宝应县志》卷十七"列传下"记载："乔莱，字子静，号石林，可聘子。……登康熙丁未进士，除内阁中书舍人。……己未，试博学鸿词一等，改授翰林院编修，纂修《明史》。……命充日讲官，知起居注，升翰林院侍讲，转侍读。"③据此，乔莱（1642—1694），字子静，号"石林"。《提要》误号为字。

7.《周易通论》四卷　（《总目》卷六）

国朝李光地撰。光地字厚庵，安溪人。康熙庚戌进士，官至大学士，谥文贞。

按：撰者字误。彭绍升《故光禄大夫文渊阁大学士李文贞公事状》记载："公讳光地，字晋卿，福建安溪人。"④杨名时《光禄大夫文渊阁大学士兼吏部尚书谥文贞李公墓碣》记载："先生讳光地，字晋卿，号厚庵，生安溪之湖头乡。"⑤李绂《赠太子太傅大学士谥文贞李光地传》记载："李光地，字晋卿，安溪人。"⑥李光地孙李清植《文贞公年谱》上记载："崇祯壬午秋九月癸酉公生。公讳光地，字晋卿，号厚庵。先世居剑州，相传为唐江王元祥后。初祖君达，始迁安溪县感化里。"⑦据此，李光地（1642—1718），字晋卿，号厚庵。《提要》误号为字。

8.《周易函书约存》十八卷、《约注》十八卷、《别集》十六卷　（《总目》卷六）

国朝胡煦撰。煦字晓沧，光山人。康熙壬辰进士，官至礼部侍郎。

---

① 潘耒《遂初堂集》卷十九，《四库全书存目丛书》集部第250册，第221—223页。
② 朱彝尊《曝书亭集》卷七十三，《清代诗文集汇编》第116册，第551—552页。
③ 道光《重修宝应县志》卷十七，(台北)成文出版社1983年影印本，第675—676页。
④ 彭绍升《二林居集》卷十五，《清代诗文集汇编》第397册，第496页。
⑤ 杨名时《杨氏文集》卷二十三，《清代诗文集汇编》第207册，第598页。
⑥ 李绂《穆堂别稿》卷二十九，《续修四库全书》集部第1422册，第467页。
⑦ 《北京图书馆藏珍本年谱丛刊》第85册，第131—132页。

按：撰者字误。彭启丰《资政大夫礼部左侍郎胡公墓志铭》记载："公讳煦，字沧晓，河南光山人。……其先自江西迁湖广之麻城。后由麻城迁河南之光山。……康熙二十三年举于乡，官安阳教谕。五十一年成进士。"①《国朝先正事略》卷十五记载："胡公，字沧晓，号紫弦，河南光山人。"②光绪《光州志》卷十六"仕贤列传"记载："胡煦，字沧晓，光山人。"③据此，胡煦（1655—1736），字沧晓。《提要》倒乙之误。

9.《楚蒙山房易经解》十六卷 （《总目》卷六）

国朝晏斯盛撰。斯盛字一斋，新喻人。康熙辛丑进士，官至湖北巡抚。

按：撰者字、仕履均误。晏斯盛为其父晏维旭撰《柘蓝先茔表》云："先考晏公讳维旭，字升如，号闲园。……乾隆十年八月廿有六日，长男巡抚湖北等处地方，督理粮饷，提督军务右副都御史，升户部侍郎，留湖北巡抚任。"④同治《临江府志》卷十九"名臣"记载："晏斯盛，字虞际，号一斋。康熙庚子领乡解，辛丑成进士，改庶吉士。……所著《易解》入《钦定四库全书》，《禹贡解》八卷、文集二十五卷、诗五卷。"⑤朱汝珍《词林辑略》卷二记载："晏斯盛，字虞际，号一斋，江西新喻人。散馆，授检讨。官至户部侍郎，署湖北巡抚。著有《易经解》、《禹贡解》、《楚蒙山房集》。"⑥据此，晏斯盛（1689—1752），字虞际，一斋为其号。官至户部侍郎。《提要》误。

10.《周易浅释》四卷 （《总目》卷六）

国朝潘思榘撰。思榘字补堂，阳湖人。雍正甲辰进士，官至福建巡抚。

按：撰者字误。沈大成《通奉大夫巡抚福建等处地方提督军务都察院右副都御史赠光禄大夫敏惠潘公神道碑》记载："公讳思榘，字洁方，别号补堂，常州阳湖人。"⑦《清代朱卷集成》收录潘思榘七代孙潘鸣球履历，记载：

---

① 彭启丰《芝庭先生集》卷十四，《清代诗文集汇编》第296册，第579页。
② 《清代传记丛刊192》，第543页。
③ 光绪《光州志》卷十六，（台北）成文出版社1976年影印本，第1069页。
④ 晏斯盛《楚蒙山房集·表》，《清代诗文集汇编》第270册，第263页。
⑤ 同治《临江府志》卷十九，（台北）成文出版社1970年影印本，第218—220页。
⑥ 《清代传记丛刊16》，第118页。
⑦ 沈大成《学福斋集》卷十九，《清代诗文集汇编》第292册，第179页。

"七世伯叔祖,思榘,字洁方,号补堂。邑廪生。中式雍正癸卯恩科经魁,甲辰科续榜进士。翰林院庶吉士。"①光绪《武进阳湖县志》卷二十一"名臣"记载:"潘思榘,字洁方。雍正二年进士。选庶吉士。"②据此,潘思榘(1695—1752),字洁方,号补堂。《提要》误号为字。

11.《大易择言》三十六卷 (《总目》卷六)

国朝程廷祚撰。廷祚字锦(绵)庄,号青溪,上元人。

按:撰者字误。袁枚《征士程绵庄先生墓志铭》记载:"有清征士绵庄先生,以乾隆丁亥三月二十三日启手足于白门之如意桥。将葬,其同征友袁枚为志其墓曰:吾友绵庄,深于经者也,卓然独往者也,且能至者也。……先生名廷祚,字启生。……弱冠举茂才。……乾隆元年,天子开鸿词科。十五年,征穷经耆老。江南大府荐先生应诏。……余同试保和殿,通数语。已而官白下,相与为忘年交。"③程晋芳《绵庄先生墓志铭》记载:"先生初名默,后更名廷祚,字启生,别号绵庄。"④同治《上江两县志》卷二十四"耆旧"记载:"程廷祚,字启生。……雍正十三年,开博学鸿词科。安徽巡抚王宏以廷祚荐。……晚年学《易》,自称青溪居士,别号绵庄,学者称绵庄先生。"⑤道光《徽州府志》卷十一"人物志·儒林"记载:"程廷祚,字启生,号绵庄,本歙人。"⑥据上述文献可知,程廷祚(1691—1767),字启生,"绵庄"其号。《提要》误。

12.《易经图释》十二卷 (《总目》卷七)

明刘定之撰。定之字主敬,号呆斋,永新人。正统丙辰进士,官至礼部侍郎兼翰林院学士。谥文安。事迹具《明史》本传。

按:刘定之字、号均误,"敬"乃"静"之误,"呆"乃"保"之误。《国朝列卿记》卷十一记载:"刘定之,字主静,江西吉安府永新县人。"⑦其同年商辂《赠资善大夫礼部尚书谥文安刘公墓志铭》记载:"公姓刘氏,讳定之,字主

---

① 顾廷龙主编《清代朱卷集成》第90册,第362页。
② 光绪《武进阳湖县志》卷二十一,《中国地方志集成·江苏府县志辑37》,第502页。
③ 袁枚著、周本淳标校《小仓山房诗文集》,第1240—1241页。
④ 程晋芳《勉行堂文集》卷六,《清代诗文集汇编》第343册,第501页。
⑤ 同治《上江两县志》卷二十四,《中国地方志集成·江苏府县志辑4》,第605—606页。
⑥ 道光《徽州府志》卷十一,《中国地方志集成·安徽府县志辑49》,第314页。
⑦ 雷礼《国朝列卿记》,《四库全书存目丛书》史部第92册,第600页。

静,别号保斋。……宣德癸丑补邑庠生,乙卯中江西乡试,明年会试第一人,廷试赐进士及第,授翰林院编修。……庚午,充经筵官。壬申,升司经局洗马,仍兼侍讲。……英庙复位,改通政司右参议,……寻改翰林学士,修《大明一统志》,为副总裁。今上嗣位,进太常少卿,翰林侍讲学士,兼经筵官,纂修《英庙实录》,充副总裁。丙戌冬,入内阁,预知机务,明年,《实录》成,升工部右侍郎,兼翰林院学士。又明年,升礼部左侍郎,仍兼学士,赐二品服。未几得疾,疏乞致仕,不允,命赐楮币药物,遣医诊视至再,竟不起,遂卒。时成化己丑八月某日,踞生永乐己丑十二月十七日,寿六十一。……公天分既高,而石潭先生庭训尤严,故其学自六经子史,下至百家之书,靡不精究,为文累数百千言,操笔立就,且随事变化,如惊涛怒澜,势莫能御,由是名重士林,四方求其文者日踵于公门,公悉应酬不厌。所著有《易经图释》十二卷,《宋论》三卷,《策略》十卷,《保斋存稿》十一卷,《续稿》五卷,《藏稿》六卷,《前稿》六卷。"①从这段墓志铭可以看出,刘定之文集是以其号命名的,应为《保斋存稿》为是。因商辂与刘定之"同试礼闱,后同官翰林,今又同处内阁,雅相好也",二者关系非同寻常,因此,此篇墓志铭可信度更高。另,柯潜《竹岩集》卷下《贺渐墓志铭》记载:"翰林学士永新刘保斋先生,命予铭其乡人贺渐之墓。"史杰撰有赠诗《奉谢翰林学士永新保斋刘公定之》②。程敏政《保斋先生刘文安公哀词》:"繄! 先生之不可作兮! ……胡先生之观化兮,遽反袂于故丘也。亦将厌世之鞿掌兮,思与造物而真游也。皇念兹以不忘兮,曰锡命于九原。"③嘉靖《永丰县志》卷四"刘伯川"小传记载:"刘伯川由进士任河南汝州。……保斋刘公定之作文以嘉之。"④喻均、刘元卿《江右名贤编》卷下记载:"刘定之,字主静,永新人,正统进士,授翰林编修。……卒,赠礼部尚书,谥文安。所著有《呆斋存续稿》、《宋史论》。"⑤《明史·刘定之传》记载:"刘定之,字主静,永新人。"⑥

之所以出现书名的错误,其源头在于明刻明万历二十二年杨一桂补刻本《呆斋先生文集》前收录李东阳《呆斋先生文集序》:"我文安刘公先生遗文若干卷,皆所自择。或以类析,或以岁次,自举业程试、讲章奏疏、应制代言,以至著述、赋咏、应答之作,皆备焉。……是集,先生之子府通判稼刻于

---

① 商辂《商文毅公集》卷八,《四库全书存目丛书》集部第35册,第92—93页。
② 史杰《袜线集》卷一,《四库禁毁书丛刊》集部第174册,第14页。
③ 程敏政《篁墩文集》卷六十,《文渊阁四库全书》第1252册,第363页。
④ 嘉靖《永丰县志》卷四,《天一阁藏明代方志选刊》本,第244页。
⑤ 喻均、刘元卿《江右名贤编》卷下,《四库全书存目丛书补编》第74册,第558页。
⑥ 张廷玉等《明史》,第4691页。

庐州，本巨字细，弗便翻阅。其仲子南京太常少卿称重刻之。时先生门下士皆散去，东阳独谢政居京邑，谨为之序其编之首。先生官至礼部左侍郎兼翰林学士，赠尚书，赐谥文安，学者称为呆斋先生。集以斋名者，仍其旧也。"①此处应为刻板疏误。此处疏误影响甚大，其后所有文献均误，无一例外。包括钱谦益《列朝诗集小传》、朱彝尊《明诗综》及《静志居诗话》。

13.《图书纪愚》一卷 （《总目》卷七）

明阮琳撰。琳字廷佩，号晶山，莆田人。尝官教谕，其人在成化、弘治间。朱彝尊《经义考》列诸嘉靖之末，由未见其书故也（《经义考》载此书，不著卷数，注曰"未见"）。其书首载太极、河、洛诸《图》，次及《六十四卦横方图》，终之以《五行生克》，大率因前人旧说，无所发明。

按：撰者时代考证未确。何乔远《闽书》卷一百十二记载："阮琳，字廷佩。……教谕金溪。……擢令恩平。……所著有《经书讲义》、《性理仪礼律历注解》、《图书纪愚》诸集。"②黄虞稷《千顷堂书目》卷二记载："阮琳《礼仪经解》。（字廷佩，莆田人。官恩平知县。）"③乾隆《福建通志》卷五十一记载："阮琳，字廷佩，莆田人。嘉靖庚子举人。除金溪教谕。……擢知恩平，勤抚字，兴学校。文学吏治，一时推奖。以老乞归，结境真会，诱诲后进。所著有《书经讲义》、《性理仪礼律历注解》、《图书记愚》诸集。"④道光《恩平县志》卷十二"职官"记载："阮琳，莆田举人。嘉靖二十五年任（知县）。"⑤据此文献，阮琳嘉靖十九年中举，二十五年任恩平知县。按体例，《提要》应记载，阮琳官至"恩平知县"，其人在嘉靖间，非在"成化、弘治间"也，朱彝尊《经义考》列嘉靖之末，确。

14.《补斋口授易说》无卷数 （《总目》卷七）

不著撰人名氏，题曰"门人永丰周佐编次"，盖"补斋"乃其师之号，佐录所讲授以成书。朱彝尊《经义考》题曰"周氏佐《补斋口授易说》"，盖如胡瑗《口义》，题倪天隐之名，非佐所撰也。补斋不知何许人，佐亦

---

① 《四库全书存目丛书》集部第34册，第76—77页。另，黄宗羲编《明文海》卷二百三十五亦收录该文，个别文字偶有不同。
② 何乔远《闽书》，第3373页。
③ 黄虞稷《千顷堂书目》，第35页。
④ 《闽中理学渊源考》卷五十六，《文渊阁四库全书》第460册，第564页。
⑤ 道光《恩平县志》卷十二，（台北）成文出版社1966年影印本，第124页。

不详其始末。

按：周佐始末可详考。嘉靖《永丰县志》卷四记载："周佐，字廷臣，号北涧。从丁补斋受《易》，耽嗜经史，议论典实。理刑松郡，上民弊二十事，多见采纳。比为祠部郎，草《祷雨仪注》，纂修《诸庙祀礼》。既而出佥湖宪，懋著臬绩。所著有《四书说》、《北涧文稿》若干卷。"①同治《广丰县志》卷八记载与此同。雍正《江西通志》记载，周佐正德八年中举，九年联捷中进士。据此，周佐字廷臣，号北涧，江西吉安府永丰人。正德甲戌（1514年）进士，官至湖广佥事。

《县志》云"从丁补斋受《易》"，则其师无疑姓丁氏。靳贵《明故中顺大夫广东按察司副使补斋先生丁公墓志铭》记载："先生讳玑，字玉夫，别号补斋，镇江丹徒人。年十八，以《周易》领应天乡荐。又三年，举成化戊戌进士。逾年，授中书舍人。……独出先生为普安州判官。……转广信府通判，未三年，再提学荐，皆不果。先生亦以父丧去位，服阕，即家授兴国知州。寻又以母丧去位。服阕，倪文毅公为吏部尚书，收拾名士，起章公懋为南京国子祭酒，先生为南京仪部郎中。未四月，再迁广东按察司副使，奉敕提督学政。岁余入贺，至清远峡，山水暴涨，时舟已发，不可御，先生度不可免。……时弘治癸亥三月十五日也，寿仅四十有七。……所著有《补斋集》八卷、《大学疑义》一卷、《洪范正误》一卷。"②林俊《丁补斋先生传》云："先生讳玑，字玉夫，丁姓，润州人。……先生服习庭训，凝永早悟，慨然求道之志。十岁属文，有趣尚。十八抗颜师席。是岁领乡荐。又四年，成化戊戌第进士，……授中书舍人。……出判普安。……判广信，未三年，凡再上提学，不果。先生以易洞（忧）去位，服阕，即家授兴国知州。居八月，以钱孺人忧去位。服阕，倪文毅公当轴，收拾名士，即家起致仕佥事章公懋为南京国子祭酒，先生为南京仪制郎中。未四月，迁广东按察司副使，奉敕提督学校。岁余入贺，道清远，山水暴涨，舟且覆，先生衣冠祝天，度不免，阖窗端坐，与继室陈氏二女、丁氏伯子咸、叔子尚、季氏启，一家十一人俱殁。惟仲子同与一仆以他舟仅存。呜呼，酷矣！弘治癸酉三月十五日也。生天顺丁丑五月十有九日。……先生号补斋，所著有《补斋集》若干卷，《大学疑义》一卷、《洪范正误》一卷、《四礼仪注》若干卷。"③乾隆《镇江府志》卷三十六有传。另，同治《广信府志》卷六"职官·名宦"引郭子章《豫章书》云："丁玑，字至大，丹徒

---

① 嘉靖《永丰县志》卷四，《天一阁藏明代方志选刊39》，第245—246页。
② 靳贵《戒庵文集》卷十七，《四库全书存目丛书》集部第45册，第639—641页。
③ 林俊《见素集》卷二十四，《文渊阁四库全书》第1257册，第268—270页。

人。成化进士。授中书舍人,以直谏谪普安州判。弘治间迁信州通判。其学严义利之辨,而绪余见于词章,其政以敦化善俗为务,而簿书在所不屑,自奉甘澹泊,终始不渝,以忧去。"①光绪《丹徒县志》卷三十二"儒林"记载张莱传记云其"从补斋丁玑游"②。据此可补《提要》之失考。丁玑生卒年为(1457—1503),当其任广信府通判时期,而《周易》又是其当行本色,周佐得以从其学《易》。

《提要》又云:

> 《经义考》据《聚乐堂书目》定为正、嘉以前人,亦约度之词耳。所言皆科举之学,止《乾》、《坤》二卦及《系辞》上、下传,似乎尚非完本也。

按:据前引靳贵撰墓志铭可知,丁玑卒于弘治十六年。朱彝尊《经义考》据《聚乐堂书目》定为正嘉以前人,确。非《提要》所云"亦约度之词"③,而《经义考》卷五十三记载,朱彝尊所据为"《聚乐堂艺文志》",而非"《聚乐堂书目》"④。朱彝尊《静志居诗话》卷一"朱睦㮮"条目记载:"西亭以好客闻,藏书为海内第一。世所传《万卷堂书目》,不列卷数、撰人,非故籍也。予家藏有《聚乐堂艺文志》四册,俱详列卷数、撰人,系陂上钞本。"⑤

15.《古易世学》十七卷 (《总目》卷七)

> 明丰坊撰。坊字存礼,鄞县人。嘉靖癸未进士,除礼部主事,免官家居,坐法窜吴中,改名道生。事迹附见《明史·丰熙传》。

按:万历《通州志》卷六记载:"丰坊,字存礼,鄞县人。以解元射策高等,为吏部主事。考察,谪丞通州。居官无害,雅有才名。"⑥《明史》卷一百九十一记载:"坊,字存礼。举乡试第一。嘉靖二年成进士。出为南京吏部考功主事。寻谪通州同知。免归。"⑦黄虞稷《千顷堂书目》卷二十三"别集类"记载:"丰坊《南禺先生诗选》二卷。(字存礼,鄞县人,熙子。南京吏部

---

① 同治《广信府志》卷六,第465页。此引丁玑字当属玉夫之讹,《江西通志》卷六十三所引郭子章《豫章书》文完全相同,惟字"至夫"。
② 光绪《丹徒县志》卷三十二,《中国地方志集成·江苏府县志辑29》,第631页。
③ 按:朱彝尊《经义考》卷九十七记载:"丁玑《洪范正误》一卷,未见。陆元辅曰:'丁玑,字玉夫,丹徒人。成化戊戌进士,除中书舍人,以星变言事,谪普安州判官,转广西通判,起礼部仪制司郎中,出为广东提学副使,溺死。'"此引文献,云"转广西通判",乃"广信通判"之误。
④ 朱彝尊撰、林庆彰等主编《经义考新校》,第976页。
⑤ 朱彝尊著、黄君坦校点《静志居诗话》,第16页。
⑥ 《四库全书存目丛书》史部第203册,第182页。
⑦ 张廷玉等《明史》,第5071页。

主事。后更名道生，号人翁。）"①《提要》作"礼部主事"，误。

16.《易修墨守》一卷 （《总目》卷七）

明唐枢撰。枢字惟镇，归安人。嘉靖丙戌进士，官刑部主事。以疏争李福达事斥为民。隆庆初复官，以年老加秩致仕。事迹具《明史》本传。

按：唐枢（1497—1574）字误。据湖州乌程人凌迪知《万姓统谱》卷四十八记载："唐枢，字子镇，归安人。嘉靖丙戌进士。刑部主事。嘉靖初，上言罢归。力求圣贤之道，以讨真心为主，后学多宗之。所著有《木钟台》三集，年七十九卒，祀于乡贤。"万历时，归安人张睿卿《岘山志》卷四记载："唐比部一庵，归安人，年七十九，名枢，字子镇。"②王兆云《皇明词林人物考》卷七记载："唐公名枢，字子镇，号一庵，归安人也。嘉靖丙戌进士。刑部主事，嘉靖初，上言罢归。"③朱彝尊《经义考》引陆元辅记载："唐枢，字子镇，归安人。嘉靖丙戌进士，官刑部主事。《易修墨守》一卷，王思宗序之。"④姜虬绿《金井志》卷首记载："唐枢，字子镇，号一庵，归安人。嘉靖进士，终刑部主事。"⑤

另有一字"惟中"。黄宗羲《明儒学案》卷四十、《明史》卷二百六本传、同治《湖州府志》卷六十九"人物列传"、光绪《归安县志》卷三十五"儒林"均记载唐枢字"惟中"。徐象梅《两浙名贤录》卷四"理学"记载唐枢字"子正"，误；黄虞稷《千顷堂书目》卷二十三记载唐枢字"一庵"，误号为字。

17.《周易卦变图传》二卷 （《总目》卷七）

明吕怀撰。怀字汝愚，号巾石，永丰人。嘉靖壬辰进士，官至南京太仆寺少卿。事迹附见《明史·洪垣传》。

按：嘉靖《永丰县志》卷一"表·选举中"记载："吕怀，（字）汝德。左春坊左司直兼翰林院检讨。"⑥吕怀曾为此县志撰序，记载其字当不误。另，喻均、刘元卿《江右名贤编》记载："吕怀，字汝德，广永丰人。嘉靖进士。由庶

---

① 黄虞稷《千顷堂书目》，第565页。
② 张睿卿《岘山志》卷四，《四库全书存目丛书》史部第234册，第98页。
③ 王兆云《皇明词林人物考》，《四库全书存目丛书》史部第112册，第81页。
④ 朱彝尊撰、林庆彰等主编《经义考新校》，第985页。
⑤ 《四库全书存目丛书》史部第242册，第760页。
⑥ 嘉靖《永丰县志》卷一，《天一阁藏明代地方志选刊39》。

吉士、给事中,历官至南祭酒。以忤分宜,改参南通政,引疾归。……所著有《心统图说》《律吕古义》。"①朱彝尊《明诗综》卷四十一记载:"吕怀,字汝德,广信永丰人。"②友人诗歌往来亦称"汝德",如皇甫涍《吕汝德病中怀柬》(《皇甫少玄集》卷十九)、夏言《小雨次吕汝德吉士韵》(《桂洲诗集》卷十二)、《吕汝德给舍使楚》(《桂洲诗集》卷二十三)。据此,吕怀(1492—1573),字汝德,而非"汝愚"。

18.《易象会旨》一卷 (《总目》卷七)

旧本题曰"延伯生述",不著名氏。前有万历己酉熊惟学序,称为"同年临川文台吴君",亦不著其名。考惟学为隆庆辛未进士,是年榜有临川吴拐谦,或即其人欤?

按:光绪《抚州府志》卷五十一"人物·宦业"本传记载:"吴拐谦,字汝亨,号文台,临川人。隆庆辛未进士。遂安知县。……升南工部主事。……迁南比部郎,出守镇江,……获戾落级,为两浙运判。复升比部郎,守嘉兴。又以他事波及,改司绍兴,备兵温处。……复左迁□淮运判,升南比部郎,金宪西粤。……与邓以赞、李材讲修身之学。著有《问学晰言》《心鉴纂要》。"③卷七十六"艺文志·经部"亦未著录吴拐谦撰有《易象会旨》一书。另,吴骞补黄虞稷《千顷堂书目》卷一"易类"著录,撰者即为吴拐谦(1541—?),临川人,陕西布政司理问④。吴骞所补未云出处,当有所据。

19.《今易诠》二十四卷 (《总目》卷七)

明邓伯羔撰。伯羔字儒孝,常州人。

按:撰者籍贯误。胡应麟《少室山房集》卷二十七载有诗一首,云:《金坛邓孺孝以〈易诠〉见寄赋答,时舟过京口》:"垂髫梦入华阳洞,耳割乖龙兴飞动。茅家兄弟骑赤虬,握手胡生唤珍重。金坛坛上邓伯羔,谪籍何年离大茅。三山长啸俯六合,濯足瀛海霜空高。"乾隆《镇江府志》卷三十七记载:"邓伯羔,字儒孝,金坛人。"⑤民国《重修金坛县志》卷九"隐逸"记载:"邓伯羔,字儒孝。……有《天荒馆诗草》二卷、《卧游集》四卷、《古易诠》二十九

---

① 喻均、刘元卿《江右名贤编》卷下,《四库全书存目丛书补编》第74册,第559—560页。
② 朱彝尊《明诗综》,第2026页。
③ 光绪《抚州府志》卷五十一,(台北)成文出版社1976年影印本,第867页。
④ 黄虞稷《千顷堂书目》,第13页。
⑤ 乾隆《镇江府志》卷三十七,《中国地方志集成·江苏府县志辑28》,第139页。

卷、《今易诠》二十四卷、《艺縠》三卷。"①可见,邓伯羔实乃金坛人,非"常州人"。金坛隶属镇江府,与常州府无隶属关系。

20.《易测》十卷 (《总目》卷八)

明曾朝节撰。朝节字植斋,临武人。万历丁丑进士,官至礼部尚书。

按:顾起元《资政大夫礼部尚书兼翰林学士署詹事府事赠太子少保植斋曾公墓志铭》记载:"公讳朝节,字直卿,号植斋,楚之临武人。"②张弘道、张凝道《皇明三元考》卷十三记载:"万历五年丁丑科大魁。探花曾朝节,湖广临武人,字直卿,号植斋。治《诗》。"③谈迁《国榷》卷七十九记载:"神宗万历三十二年正月癸亥,署詹事府事礼部尚书兼翰林院学士曾朝节卒。朝节,字直卿,湖广临武人。"④据此,曾朝节(1535—1604),字直卿,号植斋。《提要》误号为字。

21.《周易冥冥篇》四卷 (《总目》卷八)

明苏濬撰。濬字君禹,号紫溪,晋江人。万历丁丑进士,官至广西布政司参政。

按:撰者仕履误。张弘道、张凝道《皇明三元考》卷十三记载:"万历元年癸酉科解元。福建苏濬,晋江人,字君禹,号紫溪。治《易》。丁丑进士第十四名。授刑部主事,历按察使。"⑤过庭训《明朝分省人物考》卷七十一记载:"苏濬,号紫溪,晋江人。发解癸酉,丁丑中会试,授南刑部主事。丁忧,复除工部,选礼部员外。升浙江提学佥事。……己丑,升陕西参议、广西副使。癸巳,升本省参政,又升贵州按察使,准致仕。"⑥朱彝尊《明诗综》卷五十三记载:"苏濬,字君禹,晋江人。万历丁丑进士。除南京刑部主事,寻改工部,转礼部员外郎。出为浙江提学佥事,历陕西参议,广西副使,贵州按察使。有《三余集》。"⑦李清馥《闽中理学渊源考》卷七十"按察苏紫溪先生濬"记载:"苏濬,字君禹,晋江人。宋忠勇缄之后。万历元年乡试。……荐

---

① 民国《重修金坛县志》卷九,《中国地方志集成·江苏府县志辑33》,第162页。
② 《明别集丛刊》第4辑第84册,第410页。
③ 张弘道、张凝道《皇明三元考》卷十三,《四库全书存目丛书》史部271册,第188页。
④ 谈迁《国榷》,第4922页。
⑤ 《四库全书存目丛书》史部271册,第185页。
⑥ 过庭训《明朝分省人物考》,广陵书社2015年影印本,第1636页。
⑦ 朱彝尊《明诗综》,第2679页。

为第一,五年成进士。……授南刑部主事。丁外艰,服除,补工部。……癸未,礼闱分校。……寻改礼部,出为浙江提学佥事。……迁陕西参议,领商洛道。……迁广西按察副使,备兵苍梧。寻转参政,领桂林道。……擢贵州按察使,辞病归。……所著《四书解醒》、《易冥冥篇》,在粤修《广西通志》、《三余集》等书,又有《鸡鸣偶记》。"①乾隆《晋江县志》卷九"人物志·列传"记载:"苏濬,字君禹,号紫溪。万历癸酉解元,丁丑会魁。授南刑部主事,忧归。起补工部,癸未分校礼闱。寻改礼部,擢浙江督学佥事。……迁陕西,分守参议。迁广西备兵部副使,寻迁其省参政。……迁贵州按察使。著有《易经儿说》、《四书儿说》、《韦编微言》诸书。"②据此,苏濬(1541—1599)官至"贵州按察使"为确。

22.《周易旁注会通》十四卷 （《总目》卷八）

明姚文蔚撰。文蔚字养谷,钱塘人。万历壬辰进士,官至南京太仆寺少卿。

按：撰者字误。黄汝亨《中顺大夫南京太仆寺少卿姚公行状》记载:"公讳文蔚,字元素,养谷其别号也。其始祖进汧人,以宋南渡徙钱塘,数传至高祖称游建业,占上元籍。永乐初,以艺事隶武功卫,遂为燕人。……宪副公讳良弼,举嘉靖乙未进士,由南刑部累官至云南按察司副使,备兵曲靖。以忤相嵩子,罢曲靖归,仍徙居钱塘,时嘉靖三十八年也。……（公）辛卯举浙江乡荐。明年,中礼部式,赐同进士出身,选翰林院庶吉士。……甲午,出公给事兵科。……明年,升公南京太仆寺少卿。……而公竟拂衣归矣。……所辑有《省括编》、《右编补》、《四书通》、《四书闻》、《易会通》、《文心直指》、《昭代文通》。所著有《掖垣疏草》、《中秘草》、《含清楼素业》、《舟坂小草》、《三游纪》,共若干卷,行于世。《尚书铨义》、《史瞍》、《五灯会元摘抄》、《悟道集》,及所撰诗古文词、赤牍、杂著若干卷,藏于家。"③周中孚《郑堂读书记》卷二十一记载:"姚文蔚,字元素,号养谷,钱塘人。万历壬辰进士,官至太仆寺卿。"④黄汝亨与姚文蔚乃钱塘同乡,记述当为可信。据此,《提要》误将姚文蔚(1558—1620)号作字。

另,《总目》卷五十六著录姚文蔚《右编补》十卷。《提要》云：

---

① 李清馥《闽中理学渊源考》卷七十,《文渊阁四库全书》第460册,第680—682页。
② 乾隆《晋江县志》卷九,(台北)成文出版社1967年影印本,第234—235页。
③ 黄汝亨《寓林集》卷十七,《四库禁毁书丛刊》集部第42册,第388—391页。
④ 周中孚《郑堂读书记》,第369页。

明姚文蔚编。文蔚字元素，钱塘人，万历壬辰进士，官至太仆寺卿。

按：按例，此处作者小传可省略，仅需云"文蔚有《周易旁注会通》，已著录"，即可。

23.《古易汇编》十七卷 （《总目》卷八）

明李本固撰。本固字维宁，临清州人。万历壬辰进士，官至太仆寺少卿。

按：黄虞稷《千顷堂书目》卷一"易类"记载："李本固《古易汇编》十七卷。（字维宁，临清州人。由进士出宰四邑，有异政。历工部郎中，出守归德。丁内艰，以毁卒。）"①乾隆《临清直隶州志》卷八有传，与此记载一致。据此，李本固官至"归德知府"。《提要》作"官至太仆寺少卿"，误。

另，明万历时另有一人亦名李本固（1559—1638），汝阳人。康熙《汝阳县志》卷九记载："李本固，字叔茂。（万历庚辰）进士，授蒲城令。……擢御史。……己丑，起补云南道御史。……削籍归里，筑碧筠馆，著书赋诗，不闻户外事。……光宗初，召起太仆寺少卿，迁光禄卿。……量移南大理，乞身高卧，卒年八十。"②明时两李本固均为万历进士，一庚辰科（1580）进士，一壬辰科（1592）进士，而籍贯、仕履各异。《提要》或以汝阳李本固曾任太仆寺少卿误为临清李本固。

24.《玩易微言摘抄》六卷 （《总目》卷八）

明杨廷筠撰。廷筠字仲坚，钱塘人，万历壬辰进士。是编采诸家说《易》之言汇集成帙，故曰"摘抄"。

按：撰者字、籍贯误，仕履缺。崇祯《松江府志》卷三十三"宦绩"记载："杨廷筠，仁和人。万历辛卯登贤书，壬辰登第。授江西安福知县，擢御史。……丙午，摄学政。……后官至北京兆卒。"③康熙《仁和县志》卷十六"直节"记载："杨廷筠，字作坚。"④民国《杭州府志》卷一百三十四记载："杨廷筠，字作坚，仁和人。万历二十年进士。知湖广安福县，擢御史，巡太仓。……迁按察副使。复以河南副使，迁顺天府丞，会魏忠贤用事，遂乞

---

① 黄虞稷《千顷堂书目》，第 8 页。
② 康熙《汝阳县志》卷九，（台北）成文出版社 1976 年影印本，第 748—749 页。
③ 崇祯《松江府志》卷三十三，《日本藏中国罕见地方志丛刊 22》，第 847—848 页。
④ 康熙《仁和县志》卷十六，《中国地方志集成·浙江府县志辑 5》，第 326 页。

归。"①《浙江通志》卷一百五十八记载："杨廷筠，字作坚，仁和人。万历乙未进士。授安福知县，擢御史。……迁按察副使，请告归。以荐起河南副使，迁顺天府丞。会魏忠贤用事，遂乞归。"②据此可知，杨廷筠（1562—1632）字"作坚"，非"仲坚"，当形似而误；乃仁和人，非"钱塘人"。

25.《周易铁笛子》一卷 （《总目》卷八）

明耿橘撰。橘字庭怀，献县人。万历甲午举人，官至监察御史。

按：张鼐《瀛海耿公墓志铭》记载："耿公讳橘，字庭怀，别号蓝阳，河间献县人也。公令于海虞，虞之人至今思之，称为耿令。公讲道于虞山之麓，学者尊之曰蓝阳先生。……公既内征，拟补谏职。先暂授司马职方郎，而中浮语，速之去。……未几，公寻归矣。公归而奉事八十母，时承欢笑绕膝下。……明晨，而公化矣。"③据此，耿橘官至兵部职方郎中。黄宗羲《明儒学案》卷六十"耿庭怀先生橘"条云："耿橘，字庭怀，北直河间人，不详其所至官。"④康熙《常熟县志》卷十五、民国《河间县志》卷十一均误以号"蓝阳"为其字。

26.《周易古文钞》二卷 （《总目》卷八）

明刘宗周撰。宗周字起东，号念台，山阴人。万历辛丑进士，官至左都御史。南都破后，绝粒而死。事迹具《明史》本传。乾隆乙未赐谥忠介。

按：撰者字误，应为"启东"，盖音近而误。陈济生《启祯遗诗》卷四"刘都宪"条记载："先生讳宗周，字启东，绍兴山阴人。"⑤黄虞稷《千顷堂书目》卷二十六记载："刘宗周《蕺山诗集》。（字启东，绍兴山阴人。左都御史，乙酉六月不食死。）"⑥朱彝尊《明诗综》卷七十三记载："刘宗周，字启东，绍兴山阴人。万历辛丑进士。"⑦《御选明诗·姓名爵里五》记载："刘宗周，字启东，绍兴山阴人。万历辛丑进士。自行人迁礼部主事，历官工部左侍郎，左

---

① 《杭州府志》卷一百三十四，清光绪二十四年修民国十一年排印本，第2574页。
② 乾隆《浙江通志》卷一百五十八，《文渊阁四库全书》第523册，第267页。
③ 张鼐《宝日堂初集》卷十六，《四库禁毁书丛刊》集部76册，第451—452页。
④ 黄宗羲《明儒学案》卷六十，第1483页。
⑤ 陈济生《启祯遗诗》，《四库禁毁书丛刊》集部第97册，第364页。
⑥ 黄虞稷《千顷堂书目》，第641页。
⑦ 朱彝尊《明诗综》，第3623页。

都御史,掌都察院事。有《蕺山诗集》。"据此可知,刘宗周(1578—1645),字启东。《提要》误。黄宗羲《明儒学案》卷六十二及《明史》本传记载均误,周中孚《郑堂读书记补逸》卷二十亦因承此《提要》而误。

27.《周易宗义》十二卷 (《总目》卷八)

明程汝继撰。汝继字志初,朱之蕃序又称其字曰敬承,盖有二字也,婺源人。万历辛丑进士,官至袁州府知府。

按:撰者程汝继字误。民国《杭州府志》卷五"城池"所录邑人金学曾(隆庆戊辰进士)《改建城东启秀楼记》云:"启秀楼者,程侯新余杭东门楼而名。……侯讳汝继,字敬承,别号志初。"①万历《余杭县志》卷四"名宦"记载:"程汝继,字敬承,号志初。徽之婺源人。由进士万历三十年任邑令。"②万历《余杭县志》由余杭知县戴日强所纂。民国《重修蒙城县志》及《余杭县志》记载,戴日强,号兆台,蒙城人。万历戊子(十六年)举人。万历三十七年至四十四年任余杭知县,前后九年。县志编纂成于万历四十四年。程汝继任职余杭知县为万历三十至三十五年。程汝继与戴日强先后任余杭知县职仅数年时间,其编纂县志记载小传当不误。另,康熙《余杭县志》卷四:"程汝继,字敬承,徽州婺源人。"③道光《徽州府志》卷十一"人物志·儒林"记载:"程汝继,字敬承,婺源溪头人。"④据此可知,程汝继(?—1612)字敬承,"志初"乃其号。《提要》误号为字。

28.《易芥》八卷 (《总目》卷八)

明陆振奇撰。振奇字庸成,仁和人。万历丙午举人。

按:撰者籍贯、科分皆误。孙治《亡友陆彦龙赵明镰胡介合传》记载:"陆彦龙,字骧武,钱塘人。其大父正奇以《易经》为大师,弟子著籍者众,皆曰庸成先生。万历乙酉举于乡,不逾月病死。庸成先生与余大父□初公善,称至交,将死,以子汝同相属。"⑤民国《杭州府志》卷一百九"选举三"亦记载,陆振奇,钱塘人⑥。据此,陆振奇(?—1585)为钱塘人,其中举为万历十

---

① 民国《杭州府志》卷五,《中国地方志集成·浙江府县志辑1》,第285页。
② 《四库全书存目丛书》史部210册,第314页。
③ 《故宫珍本丛刊》第92册,第116页。
④ 道光《徽州府志》卷十一,《中国地方志集成·安徽府县志辑49》,第309页。
⑤ 孙治《孙宇台集》卷十五,《四库禁毁书丛刊》集部第149册,第19页。
⑥ 民国《杭州府志》卷一百九,《中国地方志集成·浙江府县志辑2》,第953页。

三年(乙酉,1585)。《提要》误。

29.《易经勺解》三卷 （《总目》卷八）

明林欲楫撰。欲楫字平庵,晋江人。万历丁未进士,官至礼部尚书兼掌詹事府事。是书乃其子华昌所录。

按：乾隆《泉州府志》卷四十四本传记载："林欲楫,字仕济,号平庵。"①乾隆《晋江县志》卷九"人物志·列传"记载："林欲楫,字仕济。欲栋弟,万历癸卯解元,丁未进士。选庶吉士,授编修。……擢礼部尚书,掌詹事府事。……著有《易勺解》、《学庸补注》诸书。"②李清馥撰小传云："林欲楫,字仕济,号平庵,晋江人。万历癸卯乡荐第一,三十五年成进士。选庶吉士,授编修。"③据此,林欲楫(1576—1662),字仕济,号平庵。《提要》误。

30.《松荫堂学易》六卷 （《总目》卷八）

明贾必选撰。必选字直生,上元人。万历己酉举人,官户部主事。以辩倪嘉庆冤谪外,旋升南京工部郎中。

按：撰者别有一字。嘉庆《新修江宁府志》卷三十四"儒林"记载："贾必选,字徙南,上元人,万历己酉举人。"④道光《上元县志》卷十六记载："贾必选,字徙南,万历己酉举人。"⑤同治《上江两县志》卷二十四"耆旧"记载："贾必选,字徙南,上元人。万历己酉举人。官户部主事。……谪九江幕,俄迁桂林司理。……升南工部虞衡司,未任。丁父艰归,即杜门不出,以讲学著书为务。……卒年八十七。所著《松荫堂学易》行世。"⑥地方志记载可备一说。

另按：《四库全书存目丛书》没有收录,或已佚。其门生谢良琦尝修书于乃师《上贾徙南业师论易书》(《醉白堂文集》卷一,《清代诗文集汇编》第90册),可略窥《松荫堂学易》之一斑。

---

① 乾隆《泉州府志》卷四十四,《中国地方志集成·福建府县志辑23》,第457页。
② 乾隆《晋江县志》卷九,(台北)成文出版社1967年影印本,第242页。
③ 李清馥《闽中理学渊源考》卷七十五,《文渊阁四库全书》第460册,第730页。
④ 嘉庆《新修江宁府志》卷三十四,《续修四库全书》史部第695册,第461页。
⑤ 道光《上元县志》卷十六,《中国地方志集成·江苏府县志辑3》,第302页。
⑥ 同治《上江两县志》卷二十四,《中国地方志集成·江苏府县志辑4》,第565页。

31.《重订易学说海》八卷 (《总目》卷八)

明郭宗磐撰。宗磐号鹏海,晋江人。是书成于万历辛亥。

按:撰者字、科分、仕履均缺,据方志可补。乾隆《晋江县志》卷九"人物·列传"记载:"郭宗磐,字渐甫,石湖人。隆庆辛未联捷进士,授新安推官。……丁内艰,起补韶州。……擢南京刑部广东司主事,升处州知府。……以性介为僚曹所中,归。著有《易学说海》、《道德经南华经注释》诸书。"①据此,郭宗磐(1541—1607),字渐甫。隆庆辛未进士,官至处州知府。

32.《易学残本》十二卷 (《总目》卷八)

明卓尔康撰。尔康字去病,仁和人。万历壬子举人,官至工部屯田司郎中,谪常州府检校,后终于两淮盐运通判。

按:撰者仕履未确。李邺嗣《卓有枚墓志铭》记载:"卓氏初居温州,建文时户部侍郎敬死逊国之难。其后人徙居杭州之水西,变姓宋氏。数传至万历中,国子监学录文卿始复卓姓。学录君继子尔康,是为去病先生,官工部员外郎,左迁历两淮盐运司判官。"②康熙《德清县志》卷七"人物传"记载:"卓尔康,字去病,号农山,仁和人,寄籍德清。万历壬子举北闱乡荐。后授祥符教谕,署仪封、封丘,假守许州。……历升工部屯田司员外。……左迁常州府检校,徙大同推官,量移两淮分司运判。岁大祲,涕泣为淮人请赈,语切直多忌,坐是罢归。……诸经皆有解义,《春秋辨义》四十卷。"③据此,卓尔康(1570—1644)官至工部"员外郎",非"郎中"一职。《提要》误。

33.《易学管见》无卷数 (《总目》卷八)

明洪启初撰。启初字尔还,南安人。万历癸丑进士,官兵部主事。是书用《注疏》本,大抵训诂之恒言。至于《系辞》、《说卦》,每章之首皆标首句为章名,亦非古式也。

按:撰者仕履未确。乾隆《晋江县志》卷九"人物志·列传"记载:"洪启初字尔还。秀之孙,先世由南安徙居晋江。万历四十一年进士,授户部主事,出榷浒墅关。……迁兵部郎,丁内艰归,不出。与友人苏庚新相切劘,著

---

① 乾隆《晋江县志》卷九,(台北)成文出版社 1967 年影印本,第 232 页。
② 李邺嗣《杲堂文钞》卷六,《清代诗文集汇编》第 77 册,第 678—679 页。
③ 康熙《德清县志》卷七,(台北)成文出版社 1983 年影印本,第 382—383 页。

书以终焉。"①民国《南安县志》卷二十九"儒林"记载:"洪启初,字尔还,号葆原。英山人。有声子,徙居晋江。万历庚子举顺天乡荐,癸丑成进士。"②按《提要》通例,此应载"官至兵部郎中"。

34.《易学》五卷 （《总目》卷八）

明吴极撰。极字元无,汉阳人。万历丙辰进士,尝官知县,而其所官之地则不可考。

按:撰者仕履可考。乾隆《湖广通志》卷五十二记载:"吴极,字元无,汉阳人。万历丙辰进士。就南武学教授,历广南知府,请辞归里。手不释卷,著有《吴氏易学》、《圣学统宗》、《石经大学疏旨》,里党称为理学。"③同治《续辑汉阳县志》卷二十一"文苑"记载:"吴极,字元无。万历丙辰进士。就南武学教授,历南监助教、户部主事、员外。出知扬州府,未任,改广南,旋引归。性恬退,居官每辞剧差。林下二十年,刻意著述,所编《石经大学疏旨》等书,皆有功圣教者。"④据此可知吴极仕途履历,其由京官外放至广南知府,未尝任职知县。《提要》或误。

35.《周易时论合编》二十二卷 （《总目》卷八）

明方孔炤撰。孔炤字潜夫,号仁植,桐城人。万历丙辰进士,官至右佥都御史,巡抚湖广。为杨嗣昌劾罢,逮治谪戍,久之释归。崇祯末起故官,屯田山东、河北,兼理军务。事迹附见《明史·郑崇俭传》。

按:方孔炤为方以智父,仕履误。徐芳《都御史贞述方先生传》记载:"先生讳孔炤,字潜夫,号仁植。……先生廷尉公子也。负文章名。中万历丙辰进士。筮仕嘉定州守。……移守福宁,治行如嘉定。秩满,擢职方员外郎。……削籍去。时天启乙丑岁,……加尚宝司卿。……戊寅,楚抚缺,台谏合辞举先生,遂召南□卿,转大中丞往抚。……门人私谥曰贞述先生。所著《全边略记》,奏疏、语录、诗文集若干卷,藏于家。"⑤潘江《龙眠风雅》卷十九记载:"方孔炤,字潜夫,以家有连理之祥,别号仁植。万历丙辰进士。初任蜀之嘉定,调福宁,皆有声绩,入为职方郎。……削籍归。崇祯初,起尚

---

① 乾隆《晋江县志》卷九,(台北)成文出版社1967年影印本,第242页。
② 民国《南安县志》卷二十九,《中国地方志集成·福建府县志辑28》,第270页。
③ 乾隆《湖广通志》卷五十二,《文渊阁四库全书》第533册,第157页。
④ 同治《续辑汉阳县志》卷二十一,《中国地方志集成·湖北府县志辑5》,第2页。
⑤ 徐芳《悬榻编》卷三,《四库禁毁书丛刊》集部第86册,第97—99页。

宝卿。……起南玺卿,以副都御史巡抚湖广。……甲申南归。著《周易时论》。"①朱彝尊《明诗综》卷六十一记载:"方孔炤,字潜夫,桐城人。万历丙辰进士。除嘉定州知州。……崇祯初,起尚宝卿,以副都御史巡抚湖广。"②《明史》卷二百六十本传记载有误③。据上述文献可知,方孔炤(1591—1655)官至"副都御史"巡抚湖广。《提要》误。

36.《风姬易溯》五卷 (《总目》卷八)

明王宣撰。宣字纪卿,一字虚舟,金溪人。

按:王宣字误。据乾隆《金溪县志》卷五"儒林"记载:"王宣,字化卿,别字虚舟,世为金溪潘坊人。"④光绪《抚州府志》卷五十七"人物·儒林"本传记载:"王宣,字化卿,别字虚舟,金溪人。父客桐城而生宣,甫冠还籍,补郡庠生,犹家于桐。五十丧妻,不复娶。六十弃诸生,专事著述。与来复、左光斗、方孔炤、曹履吉以文相砥砺。左光斗、方以智皆北面事而受业。七十始去桐返故里。归十年,诸子皆亡,犹嗜学不倦。又四年卒,实国朝顺治五年也。宣幼有异禀而好为深湛之思,自经史以逮诸子百家,靡不覃精研虑,穷究原委,而尤邃于《易》。"⑤卷五十九又载王宣著有《龙马言》、《物理所》、《龙舒诗集》、《等韵切法》、《天人慧钥》、《易象元同》诸书。康熙《桐城县志》卷六"流寓"记载:"王宣,字化卿,别号虚舟,世居江西金溪潘方里。其父客桐,遂生于桐。……弱冠返溪,补郡弟子员,复来桐。一时名辈咸与之游,朝夕唱和,遂□□稽古博极群书,与人论列古今,辄娓娓不倦,后起之英争北面事之。晚而好《易》,著《风姬易溯》,独抒所见,自成一家。尤好因果之说,录所闻见,著《龙马言》。又注《金刚解》行于世。"⑥潘江《龙眠风雅》卷六十三小传记载:"王宣,字化卿,别号虚舟,世居江右金溪之潘方里。父客桐,家焉。……友事者叶文庄灿、方中丞大任、何文端如宠、刘评事胤昌、左忠毅光斗、齐山人鼎名、方司农大铉、林文学胤□、方中丞孔炤、谢处士逸、李山人遇芳、吴水部道新也。师事者周司理岐、方处士文、方简讨以智、孙监军临、吴奉化道凝、方处士豫立也。十三经皆有疏解,尤邃《易》学,著《风姬易溯》,与方中丞《周易时论》互相发明。又有《龙马言》、《物理所》、《金刚

---

① 潘江辑《龙眠风雅》卷十九,《四库禁毁书丛刊》集部第98册,第224页。
② 朱彝尊《明诗综》,第3062页。
③ 张廷玉等《明史》,第6744页。
④ 乾隆《金溪县志》卷五,《故宫珍本丛刊》第113册,第154页。
⑤ 光绪《抚州府志》卷五十七,(台北)成文出版社1975年影印本,第980—981页。
⑥ 康熙《桐城县志》卷六,《中国地方志集成·安徽府县志辑12》,第197页。

解》诸书。"①综合文献可知，王宣一生基本生活在桐城，卒于顺治五年（1648），康熙《桐城县志》编纂于康熙十二年，即 1673 年，距离王宣去世未远，较之光绪《抚州府志》当更为可靠。且古人名、字意义相连，王宣字"化卿"，《提要》云"纪卿"，误；"虚舟"为王宣之号。

37.《易经增注》十卷 （《总目》卷八）

明张镜心撰。镜心字用晦，磁州人。天启壬戌进士，官至兵部尚书。

按：撰者字误。汤斌《前兵部尚书湛虚张公墓志铭》记载："皇清顺治十有三年四月初三日，前明兵部尚书磁州张公卒于家。……公之孙翰林编修榕端持其父故庶常君潛所作状及冲叙改葬事始末来请铭。……公讳镜心，字孝仲，号湛虚，晚号晦臣。先世襄垣人，后迁磁。"②黄运太《张邑侯建子张子祠碑记》记载："邑侯湛虚张公来令萧，利兴蠹剔，期月化行。……侯讳镜心，号湛虚，河南磁州人。壬戌进士。"③民国《磁县县志》卷十七"人物·乡贤"记载："张镜心，字孝仲。"④据此，张镜心（1590—1656），字孝仲，号湛虚。《提要》误。

38.《周易纂》六卷 （《总目》卷八）

明朱之俊撰。之俊字沧起，汾阳人。天启壬戌进士，官至翰林院侍讲。是编用《注疏》本，汇先儒旧说，融以己意，兼主义理、象数，亦采来《注》错综之例。词旨颇为浅显，而随文敷衍者多。

按：撰者字、仕履均误。光绪《汾阳县志》卷八"文苑"记载："朱之俊，字擢秀，邑人。天启二年进士，入翰林，迁国子监司业。国初，为秘书院侍读，兼修国史副总裁。著有《五经四书纂注》《吴越游草》《排青楼诗集》《瑯環选草》《峪园草》《砚庐全集》等书。"⑤据此，朱之俊（1594—1663后），字擢秀，号沧起，官至翰林院侍读。《提要》或误号为字。

39.《易鼎三然》无卷数 （《总目》卷八）

明朱天麟撰。天麟字震青，吴江人，寄籍昆山。崇祯戊辰进士，由

---

① 潘江《龙眠风雅》卷六十三，《四库禁毁书丛刊》集部第 99 册，第 227 页。
② 汤斌《汤子遗书》卷六，《清代诗文集汇编》第 102 册，第 434 页。
③ 嘉庆《萧县志》卷十六，《中国地方志集成·安徽府县志辑 29》，第 517—518 页。
④ 民国《磁县志》卷十七，《中国地方志集成·河北府县志辑 66》，第 84 页。
⑤ 光绪《汾阳县志》卷八，《中国地方志集成·山西府县志辑 26》，第 179 页。

兵部主事改授编修。后桂王由榔僭号，以天麟为大学士，卒于广西。

按：撰者字误。黄宗羲《文渊阁大学士文靖朱公墓志铭》记载："公讳天麟，字游初，别号震青，以沈天英举乡试。后始复姓。世居吴江之太湖滨，为农家。至公而徙昆山。……登崇祯戊辰进士第，授饶州府推官。……庚寅七月，以文渊阁大学士吏兵二部尚书，入直。……著有《道统》《治统》二录、《七观斋文集》《雉城诗集》《孝诠》《一弦草》藏于家。"①潘柽章《松陵文献》卷七记载："朱天麟，字游初。初冒沈姓，名天英，后更今名。……崇祯元年成进士。授饶州推官，久之不调。十一年，征至京，当考馆职，为吏部所抑，补兵部武选司主事。……天麟等五人俱改翰林编修。……迁翰林学士。"②乾隆《震泽县志》卷十六"名臣"记载："朱天麟，字游初，韭溪人。先世并业农，天麟少奋志力学，从师寓昆山，遂隶其籍。崇祯元年成进士。"③据此，朱天麟（？—1652），字游初，"震青"乃其号也。《提要》误号为字。

40.《尺木堂学易志》三卷 （《总目》卷八）

明马权奇撰。权奇字巽倩，会稽人。崇祯辛未进士，官兵部主事。王叠序称权奇才高召忌，甫阅仕版，在系者数月，絷维邸舍者三年。后事白归里，因成是编。

按：撰者仕履误。乾隆《绍兴府志》卷五十三"人物志·儒林"记载："马权奇，字巽倩，会稽人。……辛未成进士。授工部主事。……著有《易经解》《诗经志》《麟经志》《老子解》《名臣言行录》诸书。"④道光《会稽县志稿》卷十七"儒林"记载："马权奇，字巽倩。……崇祯辛未成进士，授工部主事，司琉璃厂。与阉宦相抵牾，为所中，后事白得释。"⑤据此，马权奇（？—1647）官至"工部主事"。《提要》作"兵部主事"，盖误。

41.《读易隅通》二卷 （《总目》卷八）

明来集之撰。集之字元成，萧山人。崇祯庚辰进士，官安庆府推官。

按：撰者仕履误。毛奇龄《故明中宪大夫太常寺少卿兵科给事中来君墓碑铭》记载："君讳集之，字元成。……领己卯乡荐，庚辰成进士。……后

---

① 黄宗羲《南雷文定五集》卷二，《清代诗文集汇编》第33册，第353—357页。
② 潘柽章《松陵文献》卷七，《续修四库全书》史部第541册，第451—452页。
③ 乾隆《震泽县志》卷十六，《中国地方志集成·江苏府县志辑23》，第161页。
④ 乾隆《绍兴府志》卷五十三，《中国地方志集成·浙江府县志辑40》，第252页。
⑤ 道光《会稽县志稿》卷十七，《中国地方志集成·浙江府县志辑41》，第58页。

以他臣荐,仍改兵科,且并进太常少卿。"①乾隆《绍兴府志》卷五十三"人物志·儒林"记载:"来集之,字元成,萧山人。崇正庚辰进士。"②据此,来集之(1604—1682)官至"太常寺少卿"。

42.《读易绪言》二卷 （《总目》卷八）

明钱棻撰。棻字仲芳,嘉善人。崇祯壬午举人。文渊阁大学士士升子也。士升尝作《易揆》,棻作是编,复推衍其未尽之意,故曰"绪言"。

按：撰者钱棻乃钱士晋(1577—1635)子,非钱士升(1575—1652)子。朱国桢为钱士升父钱继科(1548—1608)撰《诰赠中大夫山东布政司右参政忠所钱公暨元配陆太淑人墓志铭》记载:"赠公讳继科,字进甫,别号忠所,江南之钱大约多表忠之裔,元至正间修职郎国冯自临安领嘉兴侯,因家焉,寻析为嘉善人。……子二：长士升,字抑之,丙辰进士第一人,翰林院修撰,升左春坊左中允。次士晋,字□□,癸丑进士,官河南右布政。……孙男五：士升出者二：格,庠生,娶兵部郎中吴蘧庵女；杓,聘孝廉陈发交女。士晋出者三：栴,太学生,娶太学徐伯润女；棻,庠生,娶太学顾见陶女；橚,庠生,聘金宪毛承庵女。"③倪元璐《巡抚云南都察院右佥都御史昭自钱公行状》记载:"公讳士晋,字康侯,别号昭自,系出武肃。元至正间,嘉兴侯国冯者自临安郡徙居武塘,数传至柏峰公而盛,柏峰公名贞,生子吾仁,吾仁生忠所公继科,是为公父。二子：长东阁大学士塞庵先生士升；次即公也,公年十七,补博士弟子员,二十四领乡荐,三十七成进士。筮授刑部福建司主事,出谳三辅。转本部广西司员外郎。擢守大名,迁督饷副使,晋河南右布政,中挡祸归。今天子登极,起山东右布政,视漕五年,拜大中丞,镇抚云南。其明年,以劳卒于官。……二子旃、棻。"④据上述文献可知,钱棻乃钱士晋次子。《提要》作钱士升子,误。

43.《丽奇轩易经讲义》无卷数 （《总目》卷九）

国朝纪克扬撰。克扬字武维,号六息,文安人。是编用《注疏》本,不录经文,但每卦约诂数条,皆略象数而谈义理,详其文义。盖标识于经传之上,而其后人录之成帙者也。

---

① 毛奇龄《西河文集·墓碑铭》卷二,《清代诗文集汇编》第87册,第702页。
② 乾隆《绍兴府志》卷五十三,《中国地方志集成·浙江府县志辑40》,第250页。
③ 朱国桢《朱文肃公集·墓志铭》,《续修四库全书》集部第1366册,第67—69页。
④ 倪元璐《倪文贞集》卷十一,《文渊阁四库全书》第1297册,第138—141页。

按：撰者断代、字均误。秦松龄《赠中宪纪六息传》记载："纪公讳克扬，字令闻，号六息，其先传自山左，移家文安。……著述甚富，兵燹散失。所存《丽奇轩文集论稿》、《四书易经注解》梓行于世。"①高尔俨《纪六息墓志铭》记载："纪氏于文安为望族，其先世为山东之德平人，后徙盐山。七传有讳仲和者生寿，徙居文安。……（公）乃以戊寅之变及于难。……公讳克扬，字令闻，六息其别号。"②光绪《顺天府志》卷九十八记载："纪克扬，字令闻，号六息，文安人。"③民国《文安县志》卷五"人物志"记载："纪克扬，邑诸生。崇祯戊寅，城陷，急归，坐书斋中。兵入，不屈死之。"④据上述文献可知，纪克扬，字令闻，卒于崇祯十一年（戊寅，1638）。《提要》作"字武维"，且断为清人，误。

44.《易史参录》二卷　（《总目》卷九）

国朝叶矫然撰。矫然字思庵，闽县人。顺治壬辰进士，官乐亭县知县。是书于每卦象、爻各证以史事，盖仿李光、杨万里二家《易》传之意，而所举不免于偏枯。夫《易》道广大，无所不包，而不胶柱于一二事。文王、箕子偶引以明卦义，无所不可。至于每象每爻必求其事以实之，则挂漏牵合固其所矣。

按：撰者字误。光绪《乐亭县志》卷七"职官"记载："叶矫然，号思庵，福建闽县人，进士。顺治十五年任（知县）。……著有《龙性堂诗集》。"⑤民国《闽侯县志》卷七十一"文苑上"记载："叶矫然，字子肃。顺治壬辰进士，官工部主事。出知乐亭县，罢归。"⑥另，叶矫然弟在叶矫然《龙兴堂诗集》署名"受业弟尚达子敬"⑦。据此，"子肃"或为叶矫然（1614—1711）字，思庵其别号也。《提要》或误。

45.《大易蓄疑》七卷　（《总目》卷九）

国朝刘荫枢撰。荫枢字乔南，韩城人。康熙丙辰进士，官至贵州巡抚。是编用王弼之本，但有六十四卦而无《系辞》以下，其说多因朱子

---

① 民国《文安县志》卷九，《中国地方志集成·河北府县志辑29》，第184—185页。
② 民国《文安县志》卷九，《中国地方志集成·河北府县志辑29》，第270页。
③ 光绪《顺天府志》卷九十八，《中国地方志集成·北京府县志辑3》，第67页。
④ 民国《文安县志》卷五，《中国地方志集成·河北府县志辑29》，第125页。
⑤ 光绪《乐亭县志》卷七，《中国地方志集成·河北府县志辑23》，第278页。
⑥ 民国《闽侯县志》卷七十一，《中国地方志集成·福建府县志辑2》，第287页。
⑦ 《清代诗文集汇编》第50册，第72页。

《本义》而小变之。然措语謇滞,多格格不能自达其意。

按:撰者字误。陆奎勋《诰授资政大夫贵州巡抚右副都御史刘公墓志铭》记载:"公讳荫枢,字相斗,乔南其别号也。世居韩城之潭马村。……公以康熙己酉举于乡,丙辰成进士。"①钱仪吉《故资政大夫贵州巡抚刘公事状》记载:"公讳荫枢,字相斗,别字乔南,晚自号秉烛子,世居韩城潭马村。康熙十五年进士。……著《春秋蓄疑》四卷、《易经解》二卷、《宜夏轩杂著》二卷。德州孙勷刊行之。又有《梧垣奏议》若干篇。"②乾隆《韩城县志》卷六"贤良"记载:"刘荫枢,字相斗。康熙丙辰进士。……初任兰阳,报最,入谏垣。……寻抚黔。……雍正初,赐金归里。年八十七卒。著有《周易蓄疑》、《春秋蓄疑》、《梧垣奏议》、《宜夏轩杂著》行于世。"③据此可知,刘荫枢(1637—1723),字相斗,乔南为其号。《提要》误号为字。

46.《易说要旨》二卷　(《总目》卷九)

国朝李寅撰。寅字东崖,吴江人。

按:撰者字误。张云章《李东崖先生传》记载:"先生姓李氏,名寅,字露祯,东崖其自号也。私谥曰文孝。吴江县人。其占博士弟子籍则在秀水,两邑虽分省而治,地实邻接。……康熙三十六年以恩贡为岁进士。时年将晚,先生自度无所设施,杜门著书,有文集八卷。……有《淇园集》六卷。……著成《易要旨》一书,以发明程朱之义。……又有《学庸要旨》六卷。"④乾隆《吴江县志》卷三十二"文学"记载:"李寅,字露祯。岁贡生。少颖悟,博览图籍,能诗古文,既而专事经学。……年七十一卒。生平著述甚多。"⑤据此,李寅,字露祯,号东崖。《提要》误号为字。

47.《易说》十卷　(《总目》卷九)

国朝田嘉谷撰。嘉谷字树滋,阳城人。康熙壬辰进士,官翰林院编修。

按:雍正《泽州府志》卷二十七"选举"记载:"田嘉谷,阳城人。掌陕西

---

① 陆奎勋《陆堂文集》卷十八,《清代诗文集汇编》第215册,第556页。
② 钱仪吉《衎石斋记事稿》卷八,《清代诗文集汇编》第541册,第385—387页。
③ 乾隆《韩城县志》卷六,《中国地方志集成·陕西府县志辑27》,第90页。
④ 张云章《朴村文集》卷二十二,《清代诗文集汇编》第175册,第162页。
⑤ 乾隆《吴江县志》卷三十二,《中国地方志集成·江苏府县志辑20》,第133页。

道御史。"①同治《阳城县志》卷七"人物"记载："田嘉谷，字树滋。康熙壬辰进士。入翰林为检讨，擢监察御史。……遂罢归。"②据此，《提要》当载田嘉谷官至"监察御史"。《提要》不确。

48.《陆堂易学》十卷 （《总目》卷九）

国朝陆奎勋撰。奎勋字坡星，平湖人。康熙辛丑进士，官翰林院检讨。

按：撰者字误。王勋撰墓志铭记载："原翰林院检讨当湖陆公卒于乾隆庚申之九月。……公讳奎勋，字聚缑，坡星其别号也。……庚子登乡举。辛丑，成进士，授庶常。雍正甲辰，散馆，改授检讨。"③《清儒学案小传》卷一记载："陆奎勋，字聚侯，号坡星。清献族弟，师事之。康熙辛丑进士。"④《清史稿》卷四八四记载："陆奎勋，字聚侯，世楷子也。……康熙末，年几六十，始成进士。授检讨，充《明史》纂修官。丐疾归，主广西秀峰书院。"⑤光绪《平湖县志》卷十六"人物"记载："陆奎勋，字聚侯，号坡星。思州知府世楷第五子。……庚子，年五十八举于乡。辛丑，成进士。选翰林院庶吉士。散馆，授检讨。"⑥据此，陆奎勋（1665—1740），字聚缑，一作聚侯，号坡星。《提要》误。

书　　类

49.《书经旨略》一卷 （《总目》卷十三）

明王大用撰。大用字时行，号蘖谷，兴化人。正德戊辰进士，官至副都御史。是编不载经文，惟推阐传注之意，载某段某句宜对看，某段某句宜串看，不出科举之学。

按：撰者号、仕履均误。雷礼《少司寇王檗谷墓志铭》记载："公姓王，讳大用，字时行，号檗谷。其先扬之真州人，国初以尺籍隶兴化卫，始为兴化

---

① 雍正《泽州府志》卷二十七，《中国地方志集成·山西府县志辑32》，第193页。
② 同治《阳城县志》卷七，（台北）成文出版社1976年影印本，第553页。
③ 陆奎勋《陆堂文集》卷首，《清代诗文集汇编》第215册，第378页。
④ 《清代传记丛刊5》，第259页。
⑤ 《清史稿》，第13352页。
⑥ 光绪《平湖县志》卷十六，《中国地方志集成·浙江府县志辑20》，第384页。

人。……弘治甲子领乡荐,乙丑上春宫弗第。……正德戊辰举进士,授工部都水司主事,督造漕船。……壬辰,升右都御史。……丙午,升南京刑部右侍郎。……岁癸丑八月二日疾,卒于真。"①王凤灵《通议大夫南京刑部右侍郎檗谷王公达用行状》记载:"公姓王氏,讳大用,字时行,别号檗谷,学者称为檗谷先生。……弘治甲子领乡荐。……正德戊辰进士。……己丑,循资转广西左布政使,寻升应天府尹。继升都察院右副都御史,巡抚顺天。……壬辰,公升右都御史,入掌院事。……丙午,升南京刑部右侍郎。岁癸丑八月二日疾,卒于真州之寓。"②隆庆《仪真县志》卷十记载:"王大用,字时行。正德戊辰进士,授工部主事。……升右都御史。……升南京刑部右侍郎。……所著有《书经指略》、《四书道一编》、《易经安玩录》及《圣学一贯图说》。"③据此,王大用(1480—1553)官至"南京刑部右侍郎",非止于"副都御史";王大用号"檗谷"误为"蘖谷",盖因形近而误。

50.《尚书口义》六卷 （《总目》卷十四）

国朝刘怀志撰。怀志字贞儒,武强人。康熙中左都御史刘谦之父。其孙自洁原跋称为大司空,盖其赠官,然未详何以赠工部尚书也。

按:该书为《四库全书存目丛书》经部第57册收录,《提要》称"其孙自洁原跋称为大司空",跋语原文云:"……先大父司空公所手著",非解题所云"大司空",自然无所谓"赠工部尚书"之说。李澄中《赠中书舍人刘君墓志铭》记载:"君讳怀志,字贞儒,姓刘氏,真定武强人。……丙辰岁,长君成进士,官内阁中书舍人。康熙癸亥,上御弘义阁,赐学士以下诸臣彩币,舍人与焉。……甲子冬,上南巡,推恩封君征仕郎,如舍人官。……康熙丙寅十月,以疾卒于家,得年六十有二。"④道光《武强县志》卷七"选举志·封荫"记载:"刘怀志,生员。以子谦贵,诰封通奉大夫、工部右侍郎。"⑤卷八"人物志"有传。据此可知,刘怀志(1625—1686)曾因其长子刘谦(1645—1728)官而封"中书舍人"、"工部右侍郎",其时俗称"少司空"。刘自洁跋文无误。

---

① 雷礼《镡墟堂摘稿》卷十四,《续修四库全书》集部第1342册,第374—377页。
② 《续修四库全书》史部第527册,第555—558页。
③ 隆庆《仪真县志》卷十,《天一阁藏明代方志选刊15》,第360—362页。
④ 李澄中《白云村文集》卷三,《清代诗文集汇编》第120册,第219—220页。
⑤ 道光《武强县志》卷七,《中国地方志集成·河北府县志辑52》,第563页。

诗　类

51.《诗经正义》二十七卷　（《总目》卷十七）

　　明许天赠撰。天赠字德天，黟县人。嘉靖乙丑进士，官至山东布政使参政。

　　按：撰者字误。王圻《重修两浙盐志》卷十八记载："许天赠，字德夫，直隶黟县人。嘉靖乙丑进士。"①黄虞稷《千顷堂书目》卷一"诗类"记载："许天赠《诗经正义》。（字德夫，黟县人。嘉靖乙丑进士，山东参政。）"②嘉靖乙丑科进士登科录记载："许天赠，贯直隶徽州府黟县，民籍，县学生，治《诗经》。字德夫，行一。"③据此可知，许天赠（1536—?），字德夫。《提要》作"德天"，盖形近误也。

52.《毛诗微言》二十卷　（《总目》卷十七）

　　明张以诚撰。以诚字君一，华亭人。万历辛丑进士第一，官翰林院修撰。是书杂采旧说，无所发明。如丰坊伪《诗传》之类，皆不辨而滥收之。

　　按：撰者籍贯误。顾鼎臣《明状元图考》卷三记载："张以诚，字君一，号瀛海，直隶青浦县人。"④张弘道、张凝道《皇明三元考》卷十四记载："万历二十九年辛丑科大魁：状元张以诚，直隶青浦人，字君一，号瀛海。治《诗》。选贡生。"⑤黄虞稷《千顷堂书目》卷二十六"别集类"记载："张以诚《酌春堂集》十卷。（字君一，青浦人。一甲第一人，右谕德。）"⑥嘉庆《松江府志》卷五十四"古今人物传六"记载："张以诚，字君一，青浦人。弼元孙，……（万历）二十九年成进士，廷对第一，授修撰。旋丁母忧，……服阕，起知起居注，迁左春坊左中允。……四十一年，转右春坊右谕德。壬子，主试福建。……屡乞省归，未报，会使命旋里。父卒，哀毁过度，遂咯血不起，年四十八。著有《国史类

---

① 《四库全书存目丛书》史部第274册，第745页。
② 黄虞稷《千顷堂书目》，第29页。
③ 陈文新、柯坤翁、赵伯陶主撰《明代科举与文学编年》，第2456页。
④ 《故宫珍本丛刊》第60册，第368页。
⑤ 《四库全书存目丛书》史部第271册，第202页。
⑥ 黄虞稷《千顷堂书目》，第641页。

记》、《毛诗微言》、《酌春堂集》、《须有堂集》。"①光绪《青浦县志》卷十八有传。据此可知，张以诚（1576—1623）为青浦人，官至"右谕德"。《提要》或误。

53.《诗经说通》十三卷 （《总目》卷十七）

明沈守正撰。守正字允中，号无回，钱塘人。万历癸卯举人，官国子监博士。是编成于万历乙卯。

按："无回"乃撰者一字，仕履误。沈守正好友钱谦益《都察院司务无回沈君墓志铭》记载："万历时，杭有三士焉，曰胡胤嘉休复、卓尔康去病、沈守正无回，夺乎流俗之中，以文章志节相摩厉，海内称之，如唐人所云四夔者。……无回官都察院司务，卒于官。……所著《雪堂集》、《浚河防倭议》行于世。"②此处杭州三士，胡胤嘉，字休复；卓尔康，字去病；以此推，则沈守正字无回。沈守正文集《雪堂集》附录收有其行状、墓志铭、墓表、传记。其中，李硕《沈无回先生传》记载："无回名守正，字允中，更字无回，盖当世所称杭州沈无回者也。"③朱大辉《无回先生传略》记载："沈无回，浙江省会钱塘人也，讳守正，……今无回以字行。"卓尔康《都察院知杂御史无回沈公行状》记载："（公）会丙辰中乙榜，遂谒选黄岩教谕。……壬戌下第，竟以格例升国子助教。……迁都察院司务。……公名守正，字允中，更无回。"另，黄虞稷《千顷堂书目》卷二十六"别集类"记载："沈守正《雪堂集》二十卷。（字无回。）"④据以上文献可知，无回乃沈守正（1573—1623）一字，其曾官"国子监助教"，非"博士"，官至"都察院司务"。《提要》误。

54.《诗经脉》八卷 （《总目》卷十七）

明魏浣初撰。其标题又曰闵非台先生增补。浣初字仲雪，常熟人。万历丙辰进士，官至布政司参政。闵非台则不知何许人也。

按：增补者闵非台籍里可考。崇祯《乌程县志》卷六"天启壬戌科进士"记载，闵心镜，字非台，现任陕西提学副使⑤。闵宝梁《晟舍镇志》卷五载有小传："闵心镜，字非台，号符娄。天启壬戌进士。授南直当涂令。癸亥，调

---

① 嘉庆《松江府志》卷五十四，《续修四库全书》史部第688册，第616页。
② 钱谦益《牧斋初学集》卷五十四，《清代诗文集汇编》第2册，第161—163页。
③ 《四库禁毁书丛刊》集部第70册，第758页。
④ 黄虞稷《千顷堂书目》，第642页。
⑤ 崇祯《乌程县志》卷六，《日本藏中国罕见地方志丛刊10》，第339页。

知昆山。……调湖孝感令。……又调山东诸城,以权相用事,不就。丁卯,迁顺天府教授。……崇祯戊辰,以不附权贵久淹于外,升礼部主事。壬申,升员外,擢郎中。……癸酉,升湖广按察。……甲戌,提学秦中。……升闽藩大参,将赴任,以校阅积劳,卒于西安朝邑之公署。"①

55.《诗经备考》二十四卷　（《总目》卷十七）

明章调鼎撰。调鼎字玉铉,富顺人。是编因钟惺未成之本增损成书,以攻击朱子《集传》。夫《集传》排斥毛、郑,固未必尽无遗议,先儒亦互有异同。然非钟惺等所可置议也,况又拾惺之余绪乎？

按：撰者名误。民国《富顺县志》卷十一"人物上"记载："韦调鼎,字玉铉,藩之子。崇祯癸酉举人。任南京户部主事,升兵部武库司郎中。文章政事为时所推,未几病卒。所著有《诗经考定》、《古今汇纂》。"②《明史·艺文志》亦记载"韦调鼎《诗经考定》二十四卷"。《四库全书存目丛书》经部第六十七册收录该书,书前韦调鼎署名云"西蜀虎头山人韦调鼎玉铉氏自识"。

56.《诗触》四卷　（《总目》卷十七）

明贺贻孙撰。贻孙字子翼,禾川人。

按：同治《永新县志》卷十六"人物志"记载："贺贻孙,字子翼。九岁能文,称神童。弱冠随父任西安,下帷发奋。每出一艺,即为徐于卿、方孟旋两公所称赏,比之唐荆川、顾泾阳焉。……于书无不读,经史百家、诗词歌赋皆笺注成书。……所著有《易触》、《诗触》、《师筏》、《骚筏》、《史论》、《激书》、《掌录》、《水田居诗古文集》。"③《清史稿》卷四百八十四记载："贺贻孙,字子翼,永新人。"④《清代诗文集汇编》第二十一册收录贺贻孙《水田居文集》,署名即云"永新贺贻孙子翼甫著"。据《永新县志》卷二"地理志"记载,永新县境内有禾山、禾水,地方志记载本地习惯称禾川,以指代永新县。通常而言,《提要》著录人物籍贯至县名,因此,此条目应著录贺贻孙（1605—1688）,吉安府永新人。

---

① 《晟舍镇志》卷三,《中国地方志集成·乡镇志专辑 24》,第 1063 页。
② 民国《富顺县志》卷十一,《中国地方志集成·四川府县志辑 30》,第 481 页。
③ 同治《永新县志》卷十六,（台北）成文出版社 1975 年影印本,第 1317—1318 页。按：贺贻孙传记可参见罗天祥编著《贺贻孙考》,江西人民出版社 1998 年版。
④ 《清史稿》,第 13334 页。

57.《诗经传说取裁》十二卷 （《总目》卷十八）

国朝张能鳞撰。能鳞字西山,顺天人。顺治丁亥进士,官至四川按察使副使。其书以丰坊伪《诗传》为主,而旁采申培《诗说》及《诗六帖》以发明之。宗旨先谬,其余亦不足深诘矣。

按:撰者字、仕履均误。《清儒学案小传》卷二记载:"张能鳞,字玉甲,号西山。大兴人。系出横渠,先世徙京师。家学渊源,以《西铭》、《正蒙》为穷理尽性之本。顺治丁亥进士,授仁和知县。……历官江苏提学,山东、四川巡道。……所著有《诗经传说取裁》十二卷、《西山集》九卷、《孝经衍义补删》若干卷。"①嘉庆《潜县志》卷十七"流寓"记载:"张能鳞,字玉甲,号西山,大兴人。……顺治四年进士。授仁和知县。……迁仪制司员外郎。十一年冬,考取学使,补江南提学佥事。……转四川上川南道参议。……再补青州海防道参议。……年七十告归潜,称觞于家,居数岁,返大兴,年八十七卒。"②康熙《大兴县志》卷五"人物·科目考"记载:"张能鳞,现任青州海防道。"③综合上述文献可知,张能鳞(1618—1704),字玉甲,号西山,官至青州海防道参议④。《提要》或误。

58.《复庵诗说》六卷 （《总目》卷十八）

国朝王承烈撰。承烈字复庵,泾阳人。康熙己丑进士,官翰林院检讨。

按:撰者字误。蔡世远《刑部右侍郎泾阳王公神道碑》记载:"雍正七年十二月甲申,刑部右侍郎王公卒于位。……公讳承烈,字逊功,陕西泾阳人。"⑤朱轼《少司寇王公墓志铭》记载:"少司寇王公讳承烈,字逊功,号复庵,世为陕西西安之泾阳人。……年十九,补博士弟子员。乙酉,以五经领解。己丑成进士,读中秘书。……授翰林院检讨。……今皇上御极之元年,授江南道监察御史。……戊申春,升都察院左副都御史。……旋授工部侍郎,改刑部侍郎。……乞假养疾。"⑥刘绍攽《二南遗音》卷二记载:"王承烈逊功,号复庵,泾阳翰林。讲明正学,居官清介。历湖北粮道、江西布政使,入为少司寇。祖屋

---

① 《清代传记丛刊5》,第398页。
② 嘉庆《潜县志》卷十七,(台北)成文出版社1976年影印本,第839—840页。
③ 康熙《大兴县志》卷五,《中国地方志集成·北京府县志辑7》,第280页。
④ 据张能鳞《二铭堂记》(《西山集》卷三),张能鳞于康熙十三年任青州海防道参议,时年五十七岁。
⑤ 蔡世远《二希堂文集》卷九,《清代诗文集汇编》第250册,第161页。
⑥ 朱轼《朱文端公集》卷三,《清代诗文集汇编》第214册,第546页。

数间而已。有《复庵诗说》、《日省录》。"①据此，王承烈(1666—1730)，字逊功，"复庵"乃其号，官至刑部右侍郎。《提要》误号为字。

59.《诗经汇诂》二十四卷 （《总目》卷十八）

国朝范芳撰。芳字令则，如皋人。

按：《总目》卷十七著录徐光启《诗经六帖重订》十四卷，《提要》云："明徐光启撰。国朝范方重订。……方字令则，如皋人。"字、籍贯均同，而名前后抵牾，必有一误。检嘉庆《如皋县志》卷十六记载："范方，字令则，文正裔孙，自号葆朴子。……著《默镜居文集》二册。……又著《诗传闻疑》二十二卷、《诗经汇诂》二十四卷。"②光绪《通州直隶州志》卷十三"人物志下·文苑传"记载："范方，字令则，自号葆朴子。"③据此，《诗经汇诂》撰者名范方(1622—?)，《提要》作"范芳"，误。

礼 类

60.《周礼沿革传》四卷 （《总目》卷二十三）

明魏校撰。校字子才，号庄渠，昆山人，弘治乙丑进士，官至太常寺卿，迁国子监祭酒，未上，卒，谥恭简。事迹具《明史·儒林传》。

按：撰者仕履叙述未确。徐中行《明太常卿赠正议大夫资治尹礼部右侍郎恭简魏公墓碑》记载："公名校，字子才。……弘治甲子魁应天乡试，乙丑第进士。正德改元，授南京刑部主事，历员外郎、郎中。……九年，改职方。……武宗崩，世宗立，诸嬖悻诛。乃起家为副使，督广东学政。……明年转国子祭酒。……俄改太常，假少卿。已，升卿，提督四夷馆。……明年，致政归。"④万历《重修昆山县志》卷六记载："魏校，字子才。……举进士，任南京刑部主事。……再补河南督学。……甫三月，进大理寺少卿，转国子祭酒。……改太常寺卿。"⑤王兆云《皇明词林人物考》卷五记载："魏恭简。魏

---

① 刘绍攽编《二南遗音》卷二，《四库全书存目丛书》集部第412册，第755页。
② 嘉庆《如皋县志》卷十六，(台北)成文出版社1970年影印本，第1245—1246页。
③ 光绪《通州直隶州志》卷十三，《中国地方志集成·江苏府县志辑52》，第636页。
④ 徐中行《天目先生集》卷十五，《四库全书存目丛书》集部第121册，第758—759页。
⑤ 万历《重修昆山县志》卷六，(台北)成文出版社1983年影印本，第446—447页。

公名校,字子才。苏州昆山人也。……历国子监祭酒兼太常卿,谥恭简。"①《明史》卷二百八十二亦明确记载:"魏校,字子才,昆山人。其先本李姓,居苏州葑门之庄渠,因自号'庄渠'。弘治十八年成进士。历南京刑部郎中。……改兵部郎中,移疾归。嘉靖初,起为广东提学副使。丁忧,服阕,补江西兵备副使。累迁国子祭酒、太常卿,寻致仕。"②据此材料可以充分说明魏校(1483—1543)均实际任"太常寺卿"与"国子监祭酒"二职,且先任国子监祭酒,后改太常寺卿,不存在"未上"的问题。

61.《礼记日录》三十卷 (《总目》卷二十四)

明黄乾行撰。乾行字玉岩,福宁人。嘉靖癸未进士,官至重庆府知府。

按:撰者字、科分均误。万历《福宁州志》卷十一"儒林"记载:"黄乾行,字大同,号玉岩。……登嘉靖癸丑进士。授行人,历户部郎中,出守重庆。锐于诲士阜俗,而病作矣,卒年五十。……所著有《礼记日录》、《春秋录》、《玉岩稿》,而《礼记日录》为海内所宗。"③何乔远《闽书》卷一百二十二记载:"黄乾行,字大同。父子厚,青田训导,言直不阿。……乾行举进士,授行人,历户部郎中,出守重庆。"④《明代进士登科录》记载,黄乾行,字叔阳,号玉岩⑤。据此可知,黄乾行(1515—1564),字大同,一字叔阳,玉岩其号,嘉靖癸丑(1553)进士。《提要》误以号为字。另,按古人习惯,常以号命书名。此误当沿袭黄虞稷《千顷堂书目》卷二"礼类"记载而误⑥。

62.《檀弓辑注》二卷 (《总目》卷二十四)

明陈与郊撰。与郊字子野,海宁人。万历甲戌进士,官至太常寺少卿。

按:撰者字误。李维桢《太常寺少卿陈公墓志铭》记载:"公名与郊,字广野。先世齐高氏,至南宋入浙,居临安。永乐间东园公谅徙海宁,为陈氏

---

① 王兆云《皇明词林人物考》,《四库全书存目丛书》史部第112册,第8页。
② 张廷玉等《明史》,第7250页。
③ 万历《福宁州志》卷十一,《天一阁藏明代方志选刊41》,第242页。
④ 何乔远《闽书》,第3670页。
⑤ 屈万里主编《明代登科录汇编》第12册,第6469页。
⑥ 原文为:"黄乾行《礼记日录》四十九卷。(乾行读《戴礼》,日有所得,则录于其端,故曰《日录》,初仅三十三卷,此更定本也。乾行,字玉岩,福宁州人,嘉靖癸未进士,四川重庆府知府。)"此条目误亦误记导朱彝尊《经义考》,该书卷一百四十五照抄,但亦没有照实抄录。见《经义考新校》,第2665页。

赘婿，因从其姓。"①王本固《郡司理武林陈公去思碑》记载："往，不佞按武林，见武林人祀郡苏公不绝也。越二十年，不佞谢南太宰归。时武林陈公以《春秋》上第，为吾郡司理。又五年，会奉诏入朝。……公名与郊，字广野，杭之海宁人。万历甲戌进士。今为吏科给事中。"②乾隆《海宁县志》卷八"选举志上"记载："陈与郊，原姓高，字广野，号隅阳。会试四名三甲。官至提督四夷馆、太常少卿。"③据此，陈与郊（1544—1611），字广野，《提要》误"广野"为"子野"。

63.《礼记敬业》八卷　（《总目》卷二十四）

明杨鼎熙撰。鼎熙字缉庵，京山人。崇祯庚午举人。

按：撰者字、科分均误。黄虞稷《千顷堂书目》卷二记载："杨鼎熙《礼记敬业》八卷。（号缉庵，京山人，崇祯戊辰进士，吉安知府。）"④康熙《安陆府志》卷二十二记载："杨鼎熙，字伯铉。崇祯戊辰进士，授常熟令。……司理淮安，迁吉安守，擢参湖西，所至抚循有声，乞休卒。著《礼记敬业》行世。"⑤康熙《京山县志》卷七记载："杨鼎熙，字伯铉，号缉庵。崇祯戊辰进士。"⑥康熙《常熟县志》卷十五"宦绩"记载："杨鼎熙，号缉庵，湖广京山县人。宰邑能理繁剧。……在任九年，左迁吉安府照磨，寻升户部主事。"⑦据此，杨鼎熙，字伯铉，"缉庵"乃其号。另据《湖广通志》卷三十五可知，其中天启元年（辛酉，1621）举人，崇祯元年（戊辰，1628）刘若宰榜进士，何以会在中进士后两年（崇祯三年，庚午，1630）再中举人。《提要》误。

64.《三礼编绎》二十六卷　（《总目》卷二十五）

明邓元锡撰。元锡字汝极，南城人。嘉靖乙卯举人，万历中以翰林待诏征，未至而卒。事迹具《明史·儒林传》。

按：邓元锡籍贯误。许孚远《翰林院待诏邓汝极先生墓志铭》记载："君讳元锡，字汝极，别号潜谷。……嘉靖丁未，补邑校弟子员，乙卯举乡试第三

---

① 李维桢《大泌山房集》卷七十八，《四库全书存目丛书》集部第 152 册，第 351—352 页。
② 乾隆《顺德府志》卷十六，《中国地方志集成·河北府县志辑 67》，第 326 页。
③ 乾隆《海宁县志》卷八，（台北）成文出版社 1984 年影印本，第 1028 页。
④ 黄虞稷《千顷堂书目》，第 41 页。
⑤ 康熙《安陆府志》卷二十二，《中国地方志集成·湖北府县志辑 42》，第 386 页。
⑥ 康熙《京山县志》卷七，《中国地方志集成·湖北府县志辑 43》，第 114 页。
⑦ 康熙《常熟县志》卷十五，《中国地方志集成·江苏府县志辑 21》，第 369 页。

人。……著《经绎》、上下《函史》等编。……著《书绎》、《诗绎》、《三礼编绎》。……汝极生嘉靖己丑二月二十八日,卒万历癸巳七月十有四日,享年八十有五。"①黄虞稷《千顷堂书目》卷二十三"别集类"记载:"邓元锡《潜学稿》十九卷。(字汝极,江西建昌新城人。征授翰林院待诏,学者私谥文统先生。)"②乾隆《建昌府志》卷四十二"人物传六"记载:"邓元锡,字汝极,新城人。"③同治《新城县志》卷十"人物·理学"记载:"邓元锡,字汝极,号潜谷,南津人。……年二十七,举嘉靖乙卯乡试第三人。……走吉安,问学于邹守益、刘邦采、刘阳。……自号潜谷,人皆称潜谷先生。……著《书绎》、《诗绎》、《三礼编绎》。……著《易绎》。……诏部予翰林院待诏,特起于家。元锡捧檄行,抵旴江,辞母刘墓仙山而卒,年六十五。"④综合上述文献可知,邓元锡(1529—1593)乃江西"新城人",非"南城人"。

65.《三礼合纂》二十八卷　(《总目》卷二十五)

　　国朝张怡撰。怡一名遗,字自怡,初名鹿征,号瑶星,江宁人。前明登莱总兵官可大之子。崇祯中袁崇焕用陈继儒之言,杀皮岛帅毛文龙,边兵乘机为变,可大死之,荫怡锦衣卫千户。李自成僭位,逼之使降,不从。自成败遁,乃逃入深山中。至康熙三十四年以寿终。

　　按:卓尔堪辑《遗民诗》卷一记载:"张怡,一名遗,字瑶星,号薇庵,人称白云先生,上元人。锦衣卫百户,隐摄山白云庵,纸屏书'忠孝'二大字,麻衣葛巾终其身,五十余年不入城市。著有《玉气剑光集》数百卷。"⑤《摄山志》卷三"人物"记载:"张怡,字瑶星,原名鹿征,应天人。都督可大之子,以府学生承荫,历锦衣卫正千户。甲申,流贼陷京师,不屈受刑,洁身归隐摄山不出,自号白云道者。著有《古镜庵诗内外集》。"⑥方苞《白云先生传》记载:"张怡,字瑶星,初名鹿征,上元人也。"⑦张符骧《白云山人传》记载:"白云山人张怡,一名遗,初名鹿征,字瑶星,江宁人。故明诸生也。父可大,以武科历任至登莱总兵官。……恤子怡锦衣千户。……国

---

① 黄宗羲编《明文海》卷四四五,第4763—4767页。
② 黄虞稷《千顷堂书目》,第597页。
③ 乾隆《建昌府志》卷四十二,《故宫珍本丛刊》第114册,第472—473页。
④ 同治《新城县志》卷十,(台北)成文出版社1975年影印本,第1405—1410页。
⑤ 卓尔堪《遗民诗》卷一,《四库禁毁书丛刊》集部第21册,第407页。
⑥ 《摄山志》卷三,《中国佛寺史志汇刊》第一辑第34册,第219页。
⑦ 方苞《望溪集》卷八,《文渊阁四库全书》第1326册,第841页。

亡，变姓名入山，闭户著书，自号白云山人。"①据此，张怡（1608—1695），"瑶星"其字，非号。

66.《读礼窃注》一卷　（《总目》卷二十五）

国朝孙自务撰。自务字树本，号立庵，安邱人。岁贡生。

按：道光《安邱新志》卷十九"文苑传"记载："孙自务，字树本。优贡生。工诗古文词，师马汉荀（马长淑），与李若千（李潆）相切劘，终身不倦。……著《读礼窃注》、《花石山房集》，入《山左古文钞》。"②咸丰《青州府志》卷四十九记载："孙自务，字树本，安邱人。乾隆六年优贡。"③马长淑《渠风集略》卷四记载："孙自务（字）树本，优贡。"④据此，孙自务乃"优贡生"，非《提要》云"岁贡生"。

67.《三礼会通》二卷　（《总目》卷二十五）

国朝张必刚撰。必刚字继夫，潜山人。乾隆壬戌进士。

按：撰者字误，仕履缺。民国《潜山县志》卷十四"儒林"记载："张必刚，字健夫，号立斋。乾隆壬戌进士，知澄迈县，未几告归，键户著述，所著有《三礼会通》二卷。……子绹，能世其学，著有《古学发微偶编》。"⑤《四库全书存目丛书》子部第59册收录张必刚氏著《濬元》六卷，自序署名云"乾隆乙丑岁季夏朔潜山张必刚健夫氏题"。古人名字同义相协，"刚"、"健"相通，其字当为"健夫"。

68.《重刊朱子仪礼经传通解》六十九卷　（《总目》卷二十五）

国朝梁万方撰。万方字广庵，绛州人。

按：撰者字误。王奂曾《梁广庵先生墓志铭》记载："先生讳万方，字统一，广庵其号也。"⑥民国《新绛县志》卷五"文儒传"记载："梁万方，字统一，号广庵。"⑦据此，梁万方（？—1725），字统一，"广庵"乃其号。《提要》误号为字。

---

① 张符骧《依归草》卷一，《清代诗文集汇编》第212册，第469页。
② 道光《安邱县志》卷十九，《中国地方志集成·山东府县志辑37》，第213页。
③ 咸丰《青州府志》卷四十九，《中国地方志集成·山东府县志辑32》，第294页。
④ 《四库全书存目丛书》集部第411册，第59页。
⑤ 民国《潜山县志》卷十四，《中国地方志集成·安徽府县志辑17》，第206页。
⑥ 王奂曾《旭华堂文集》卷十一，《清代诗文集汇编》第181册，第295—296页。
⑦ 民国《新绛县志》卷五，《中国地方志集成·山西府县志辑59》，第483页。

69.《乡射礼仪节》无卷数　（《总目》卷二十五）

明林烈撰。烈，福州人。始末未详。据嘉靖丙寅烈自序称，尝于其乡之嵩阳社创射圃，择子弟一百七十三人，每月朔、望行古乡射之礼，因作是书。

按：撰者籍贯误，林烈始末可考。叶春及《福建都转运盐使司同知林先生烈墓表》记载："先生名烈，字孔承。系出莆阳。……迁东莞，遂为邑人。……先生生于正德癸酉。……遂应乡书，裁弱冠耳。……丁未，求署江阴学。……甲子服除，补户部郎中。乙丑，同知福建都转运盐使司，分司水口。"①乾隆《福州府志》卷四十六"名宦"记载："林烈，字孔承，东莞人。"②光绪《江阴县志》卷十五"名臣"记载："林烈，字孔承，广东东莞举人。研精理学，私淑白沙先生。嘉靖二十六年署江阴教谕。"③据此，林烈（1513—1567），字孔承，广东广州府东莞人，非"福州人"。《提要》误。

春　秋　类

70.《左传属事》二十卷　（《总目》卷二十八）

明傅逊撰。逊字士凯，太仓人。尝游归有光之门。困顿场屋，晚乃以岁贡授建昌县训导。是书发端于其友王执礼，而逊续成之，仿袁枢《纪事本末》之体，变编年为属事。事以题分，题以国分，传文之后，各櫽括大意而论之。于杜氏《集解》之未安者，颇有更定。

按：撰者籍贯误，应为"嘉定人"。万历《嘉定县志》卷十二"人物"记载："傅逊，字元凯。少好读书，至老不倦，其学长于论古今成败。师事昆山归太仆。……尤好《春秋左氏》，更为之注，参互以订杜氏之讹。"④张大复《梅花草堂集》卷九记载："傅逊，字士凯，其先嘉定人，世居黄浦东。……徙家昆山，仍为诸生。……用岁荐起家，任嵊县训导，迁建昌县教谕。选傅河南王，终老于家。……尤好读《左氏春秋》，尝仿建安袁枢纪事本末体作《春秋左传属事》若干卷。"⑤康熙《宝山县志》卷七记载："傅逊，字符凯，居八

---

① 焦竑《国朝献征录》卷一百四，《续修四库全书》史部第 531 册，第 138 页。
② 乾隆《福州府志》卷四十六，（台北）成文出版社 1967 年影印本，第 925 页。
③ 光绪《江阴县志》卷十五，《中国地方志集成·江苏府县志辑 25》，第 430 页。
④ 《四库全书存目丛书》史部第 209 册，第 65 页。
⑤ 《续修四库全书》史部第 541 册，第 682—683 页。

都。万历三年贡,由嵊县训导,历建昌教谕、周藩长史。"

71.《左氏释》二卷 (《总目》卷二十八)

明冯时可撰。时可字敏卿,号元成,华亭人。隆庆辛未进士,官至湖广布政司参政。事迹附见《明史·冯恩传》。

按:撰者字、仕履均误。乡人何三畏《云间志略》卷二十"冯宪使文所公传"记载:"冯时可,字元成,号文所,华亭人。廷尉南江翁之第八子。……岁庚午,以弱冠魁应天。旋成辛未进士。……余尝终席侍公,见公穆穆落落、噫噫诉诉,颊间不置雌黄,眼底不形青白。而奖借后进,意极勤渠,绝无文人高自夸张,盱衡横臆之状,不失赤子心而雅有长者度,公殆然矣。所著有《超然堂集》、《吴闽集》、《西征集》、《选集》、《滇南集》、《茹茹稿》、《黔中稿》及《易解》、《春秋辨疑》行于世。"①崇祯《松江府志》卷四十记载:"冯时可,字元成。大理恩之第八子。隆庆五年进士。累官按察使。"②据此,"元成"乃冯时可(1546—1619)字,非其号也,官至"按察使",非"湖广布政司参政"。《提要》误。

72.《春秋平义》十二卷 (《总目》卷二十九)

国朝俞汝言撰。汝言字石吉,秀水人,前明诸生。

按:撰者字误。盛百二《俞先生传》记载:"俞渐川先生汝言,字右吉,先世居海盐之于城。……年十九,补秀水县学生,试辄冠军。性好古,于书无所不窥。……所著书曰《渐川集》十卷,曰《先儒语要》六卷,曰《京房易图》,曰《左氏晋军将佐表》,曰《礼服沿革》,曰《汉百官差次考》,曰《宋元举要纪年》,曰《同声录》,曰《崇正大臣年表》,曰《卿贰表》,曰《明世家考》,曰《寇变略》,曰《弇州三述补》,曰《双湖录》,曰《本草摘要》。……一曰《春秋平义》十二卷,《四传纠正》一卷。"③魏禧《处士俞君墓表》记载:"岁己未之七月,嘉兴俞君右吉年六十有六,以病卒。……君讳汝言。"④康熙《秀水县志》卷六"隐逸"记载:"俞汝言,字右吉。"⑤光绪《嘉兴府志》卷五十三"秀水文

---

① 《四库禁毁书丛刊》史部第 8 册,第 567—569 页。
② 崇祯《松江府志》卷四十,《日本藏中国罕见地方志丛刊 22》,第 1046 页。
③ 盛百二《柚堂文存》卷四,《北京师范大学图书馆藏稀见清人别集丛刊》第 11 册,第 42—43 页。
④ 魏禧著、胡守仁等校点《魏叔子文集》卷十八,第 986—987 页。
⑤ 康熙《秀水县志》卷六,《中国地方志集成·浙江府县志辑 31》,第 925 页。

苑"记载:"俞汝言,字右吉。"①据上述文献可知,俞汝言(1614—1679),字右吉。《提要》作"石吉",盖手民之误。

73.《春秋集要》十二卷 (《总目》卷三十)

明钟芳撰。芳字仲实,琼山人。正德戊辰进士,官至户部左侍郎。

按:撰者仕履误。黄衷《钟筼溪先生家藏集序》称:"户部右卿钟公筼溪,博综载籍,夺目海甸,扬历中外余三十年,宦辙所至,治恰化行而纪述弥盛。"②黄衷乃钟芳同乡好友,撰序当不误。黄佐《户部右侍郎钟公芳传》记载:"钟芳,字仲实,先崖州人,改籍琼山。弘治辛酉领乡荐第二。正德戊辰进士,选翰林院庶吉士,授编修,以忤时,左迁宁国推官,升漳州同知。……历官南京户部员外郎,署吏部稽勋司郎中,转考功,升浙江提学副使。……升广西右参政。……升江西右布政。……升南京太常寺卿。……升南京兵部右侍郎,改户部右侍郎,奉敕总督太仓,经略边储,漕政大举。甲午七月南京太庙灾,自陈修省以回天变,言甚恺切,且乞休。上重违其请,准致仕。……甲辰,卒于家。"③万历《四川总志》卷六十一记载:"钟芳,字仲实。崖州人,改籍琼山。少育于外亲,冒姓黄,后始复之。正德戊辰进士。改翰林,授编修。寻谪宁国推官,迁漳州同知。精于吏事,有政绩,入为南京户部员外。转吏部郎中,迁浙江提学副使。……转广西参政。……进江西布政使。……擢南太常寺卿,疏奏祭告礼称旨,进南兵部侍郎,改户部,总督仓场,经略边储,漕政大举。……遂致仕,家居十余年,名其居曰对斋,取对越之义也。……卒,赠右都御史,赐祭葬。……所著有《学易疑议》、《春秋集要》、《皇极经世图赞》、《古今纪要》、《崖志略》及诗文二十卷。"④据此,钟芳(1476—1544)应官至"户部右侍郎",而非《提要》所云"户部左侍郎"。

74.《春秋四传私考》十三卷 (《总目》卷三十)

明徐浦撰。浦字伯源,浦城人,官监察御史。是书举《左氏》、《公》、《穀》、胡《传》之异同,衷以己意。于胡《传》之深刻者,多所驳正,持论颇平允。然每就事论事,不相贯串。如"宋公和卒",谓"不书薨以示褒"。不知外诸侯,经皆书卒也。又凡浦无所论断之条,皆不存

---

① 光绪《嘉兴府志》卷五十三,《中国地方志集成·浙江府县志辑13》,第525页。
② 《四库全书存目丛书》集部第64册,第448页。
③ 焦竑《国朝献征录》卷三十,《明代传记丛刊110》,第418页。
④ 万历《四川总志》卷六十一,《四库全书存目丛书》史部第198册,第531页。

经之原文,似乎删节圣经,亦非体制。

按:撰者科分缺,仕履误。何乔远《闽书》卷一百记载:"徐浦,字伯源。举进士,授弋阳令。……擢工科给事中,出为广西佥事,解绶归。"①《福建通志》卷四十七记载:"徐浦,字伯源,浦城人。嘉靖癸丑进士。授弋阳令。奸民叶世豪聚众煽乱,浦设方略,擒其渠魁三十三人,余党悉定。擢工科给事中,出为广西佥事,解绶归。"②乾隆《弋阳县志》卷八"名宦"记载:"徐浦,浦城进士。知县事,明敏果决,绰有政声。……升广西佥事。"③光绪《续修浦城县志》卷二十二"政绩"记载:"徐浦,字伯源。嘉靖癸丑进士。授弋阳令。……擢工科给事中。……寻丁母忧,服除,补广西按察司佥事,随俞大猷剿广东饶平贼张琏,贼平,解绶归。……流贼侵县境,以身为乡勇先,卒年四十六。所著有《春秋四传私考》十二卷,《谏垣奏议》、《归闲吟稿》若干卷。"④据此可知,徐浦(1524—1569)官至"广西按察司佥事",为正五品,而"监察御史"为正七品,品阶不同,不可混为一谈。

75.《春秋麟宝》六十三卷 (《总目》卷三十)

明余敷中撰。敷中不知何许人。

按:作者可考。嘉庆《西安县志》卷三十四"文苑"记载:"余敷中,字定阳,西安人。少勤学,沉酣子史,工古文词诗赋。辑《春秋》五传,名曰《麟宝》,以乡荐秉铎淳安,与诸生阐析理奥。所著有《太末先生集》、《南园》、《北游》、《青溪》诸诗。"⑤光绪《衢州府志》卷三十三记载:"余敷中《春秋麟宝》。"⑥另据光绪《淳安县志》卷六"秩官表"记载,余敷中于崇祯二年任淳安教谕⑦。据以上文献,余敷中字号、里籍、仕履均可考出,以补《提要》之缺。

76.《春秋实录》十二卷 (《总目》卷三十)

明邓来鸾撰。来鸾字绣青,宜黄人。天启壬戌进士,官至武昌府知府。

---

① 何乔远《闽书》,第3010页。
② 乾隆《福建通志》卷四十七,《文渊阁四库全书》第529册,第618页。
③ 乾隆《弋阳县志》卷八,《故宫珍本丛刊》第110册,第227页。
④ 光绪《续修浦城县志》卷二十二,《中国地方志集成·福建府县志辑7》,第412页。
⑤ 嘉庆《西安县志》卷三十四,(台北)成文出版社1970年影印本,第1307页。
⑥ 光绪《衢州府志》卷三十三,(台北)成文出版社影印本,第1803页。
⑦ 光绪《淳安县志》卷六,(台北)成文出版社1975年影印本,第565页。

按：撰者字、科分均误。道光《宜黄县志》卷二十二"人物"记载："邓来鸾，字绣倩，号鸣和，邑西紫山人。以麟经魁万历丙午乡试。登万历丙辰进士。授湖广武昌司李。……辛未，补授河南汝宁司李，铨南刑部主事，进阶本部郎。……部议：武昌，非公不能镇守。公闻命，单车就道。……以兵兴事繁，劳瘁疾作，乞致仕，章三上，始得解。"①邓来鸾门生程正揆《邓绣倩先生传》记载："先生司李武昌，甲子秋，分房校士，获隽八人，某叨麟经第一。……（先生）中丙午乡试第五名。丙辰捷南宫，壬戌殿试。著《春秋实录》。临川义仍先生谓谭襄敏公而后，先生一人而已。……杨太史为少宰，深知先生，遂举出守武昌。……先生讳来鸾，字鸣和，江西宜黄人，绣倩其别号云。"②门生所撰业师传记，当不误。据此，邓来鸾（？—1643），字鸣和，号绣倩。《提要》误号为字。其中万历丙辰（四十四年，1616）进士，非天启壬戌（二年，1622）科。

孝 经 类

77.《孝经宗旨》一卷　（《总目》卷三十二）

明罗汝芳撰。汝芳字维德，南城人。嘉靖癸丑进士，官至布政使参政。《明史·儒林传》附见《王畿传》中。

按：撰者罗汝芳（1515—1588）字误。王时槐《近溪罗先生传》记载："万历戊子，秋九月，近溪罗先生卒。……先生讳汝芳，字惟德，世为建昌南城人。"③其门生詹事讲《近溪罗夫子墓志》记载："先师近溪罗公以天年终于万历之十六年戊子。……师讳汝芳，字惟德。家世南城四石溪，别号近溪。"④邓元锡《陈一泉先生墓志铭》记载："惟德，则大参罗先生字也。"⑤黄宗羲《明儒学案》"泰州学案三·参政罗近溪先生汝芳"条记载："罗汝芳，字惟德，号近溪，江西南城人。嘉靖三十二年进士。"⑥《提要》所据《明史》本身错误，连带而误。

---

① 道光《宜黄县志》卷二十二，（台北）成文出版社1970年影印本，第255—256页。
② 程正揆《青溪遗稿》卷十九，《四库全书存目丛书》集部第197册，第527—528页。
③ 王时槐《塘南王先生友庆堂合稿》卷三，《四库全书存目丛书》集部第114册，第243页。
④ 詹事讲《詹养贞先生文集》卷三，《四库全书存目丛书》集部第166册，第410—411页。
⑤ 邓元锡《潜学编》卷八，《四库全书存目丛书》集部第130册，第547页。
⑥ 黄宗羲《明儒学案》卷三十四，第760页。

78.《孝经正文》一卷、《内传》一卷、《外传》三卷 （《总目》卷三十二）

国朝李之素撰。之素字定庵，麻城人。是书成于康熙丙辰。

按：撰者字误。民国《麻城县志前编》卷九"耆旧·文学"记载："李之素，字云山。岁贡生。山居积德读书，动静必由礼义，堪为后学式。著有《省身辑要》二十二卷、《孝经内外传》六卷等书行于世。"①"定庵"盖其号也。

五经总义类

79.《经咫》一卷 （《总目》卷三十三）

国朝陈祖范撰。祖范字亦韩，亦字见复，常熟人。雍正癸卯会试中式举人，未及殿试。乾隆辛未荐举经学，特赐国子监司业衔。

按：顾镇《司业陈先生传》记载："先生名祖范，字亦韩，姓陈氏，见复其自号也。上世为侯官人。宋少师古灵先生后有元大者，嘉熙初进士，游子朱子门，学者称北山先生，徙家常熟，故先生为常熟人。……所著有《经咫》上下卷、《掌录》上下卷、《诗文集》八卷。其《掌录》文稿皆经进御，蒙上评骘。又《昭文县志》若干卷、《江南通志》若干卷，今并行世。"②钱大昕《陈先生祖范传》记载："陈先生祖范，字亦韩，自号见复。常熟人。"③同治《苏州府志》卷一百记载："陈祖范，字亦韩，号见复。……雍正元年举乡试。"④据此，"见复"乃陈祖范（1676—1754）号，非其字也。《提要》误。

80.《说经札记》八卷 （《总目》卷三十四）

明蔡汝楠撰。汝楠字子木，号白石，德清人。嘉靖壬辰进士，官至南京工部侍郎。《明史·文苑传》附见高叔嗣传中。

按：各种文献记载蔡汝楠（1516—1565）仕履不一，有"刑部"、"工部"之分。董份《明通议大夫南京刑部右侍郎白石蔡公墓志铭》记载："肃宗皇帝以房事怒本兵，而见公祝厘时足微跛而不悦，因中以飞语，徙南京刑部右

---

① 民国《麻城县志前编》卷九，《中国地方志集成·湖北府县志辑20》，第205页。
② 顾镇《虞东先生文录》卷四，《清代诗文集汇编》第347册，第237页。
③ 钱大昕《潜研堂文集》卷三十八，《清代诗文集汇编》第364册，第369—370页。
④ 同治《苏州府志》卷一百，《中国地方志集成·江苏府县志辑9》，第599页。

侍郎。"①谈迁《国榷》卷六十四记载："世宗嘉靖四十四年七月甲子，南京刑部右侍郎蔡汝楠卒。"②茅坤《通议大夫南京工部右侍郎白石蔡公汝楠行状》作"工部右侍郎"③。徐象梅《两浙名贤录》卷四十七作"工部右侍郎"④。康熙《德清县志》（抄本）卷七《人物传》作"工部右侍郎"⑤。《明儒学案》卷四十记载："改南京工部，卒官。"⑥《明史》卷二百八十七记载："（蔡）汝楠，字子木。儿时随父南京，听祭酒湛若水讲学，辄有解悟。年十八，成嘉靖十一年进士，授行人。从王慎中、唐顺之及叔嗣辈学为诗。寻进刑部员外郎，徙南京刑部。善皇甫涍兄弟，尚书顾璘引为忘年友。廷议改归德州为府，擢汝楠知其府事。以母忧归，聚诸生石鼓书院，与说经。治民有惠政。既去，士民祠祀之。历官江西左、右布政使，擢右副都御史，巡抚河南。召为兵部右侍郎，从诸大僚祝釐西宫，世宗望见其貌寝，改南京工部右侍郎，未几卒。"⑦黄虞稷《千顷堂书目》卷二十三记载："南京工部右侍郎。"⑧朱彝尊《明诗综》卷四十一记载："蔡汝楠，字子木，德清人。嘉靖壬辰进士。……改南京工部。有《自知堂稿》。"⑨最早文献茅坤撰行状及董份撰墓志铭具有同等可信度。具体待考。

81.《孙月峰评经》十六卷　（《总目》卷三十四）

明孙矿撰。矿字文融，月峰其号也。万历甲戌进士，官至南京兵部尚书。

按：撰者孙矿（1543—1613）籍贯失载，按例当补。施沛《南京都察院志》卷三十八记载："孙矿，字文融，浙江余姚人，万历甲戌会试第一。"⑩朱彝尊《明诗综》卷五十二记载："孙矿，字文融，余姚人。万历甲戌进士，历官太子太保，南京兵部尚书。"⑪光绪《余姚县志》卷二十三有传。

---

① 董份《董学士泌园集》卷三十六，《四库全书存目丛书》集部第107册，第548页。
② 谈迁《国榷》，第4014页。
③ 焦竑《国朝献征录》卷五十三，《续修四库全书》史部第527册，第747页。
④ 徐象梅《两浙名贤录》卷四十七，《四库全书存目丛书》史部第114册，第505页。
⑤ 康熙《德清县志》卷七，（台北）成文出版社1983年影印本，第381页。
⑥ 黄宗羲《明儒学案》卷四十，第967页。
⑦ 张廷玉等《明史》，第7369—7370页。
⑧ 黄虞稷《千顷堂书目》，第576页。
⑨ 朱彝尊《明诗综》，第2017页。
⑩ 《四库全书存目丛书补编》第74册，405页。
⑪ 朱彝尊《明诗综》，第2632页。

82.《拙存堂经质》二卷 （《总目》卷三十四）

明冒起宗撰。起宗字宗起，如皋人。崇祯戊辰进士，官至湖广布政使参议。是书凡九十六篇，分条考辨，其中颇有典核之处。

按：撰者仕履误。陈维崧《中宪大夫嵩少冒公墓志铭》记载："公姓冒氏，讳起宗，字宗起，号嵩少，广陵如皋人。……十七补博士弟子员，才名鹊起大江南北间。……戊午举应天乡试。……遂以是年登进士第，盖明思宗登极元年也。释褐，选行人。壬申，应考选南京吏部考功司主事。癸酉，转郎中。……服阕，补粤东高肇道。……半载，调衡永。又半载，调襄阳。……公乃得移宝庆，而乞骸骨归。……先后著述有《得全堂诗文集》若干卷，《七游草》、《律陶》、《集杜》、《经质》、《史拈》，又《古今将相兼资志》共若干卷。"①陈济生《启祯遗诗》卷五"冒知州宪副"条记载："冒知州梦龄，字女九，号玄同，扬州如皋人。……所著有《得全堂稿》。长子起宗，字宗起，号嵩少。万历戊午举人。崇祯元年进士。授行人。五年，考选，授南考功司主事，升郎中。……遂出为兖西佥事。……十二年，起备兵岭西，以卓异闻，旋调湖南衡永参议。十四年五月，张献忠破襄阳，再调襄阳监军。……十七年，起副使，督上江漕储，寻乞休。"②据此，冒起宗（1590—1654）官至"副使"，非"参议"。

83.《五经圭约》无卷数 （《总目》卷三十四）

明蒋鸣玉撰。鸣玉字楚珍，号中完，金坛人。崇祯丁丑进士，官台州府推官。

按：魏裔介《诰授奉政大夫山东按察司佥事蒋中完先生墓表》记载："先生姓蒋，讳鸣玉，字楚珍，号中完。上世居宜兴，称九侯望族，后徙金坛。……庚午举孝廉。……丁丑成进士。任台州司李，荏任两考。……奉召入都，授兵科给事中。数上疏陈国大计，箴砭膏肓，力破庸虚。时事已去，拘牵弗用，先生辄挂冠去。兴朝定鼎，广征前朝遗逸。固起先生于林下，擢山左参藩，驻兖之沂州。……镌级归里。"③汪琬《清故奉直大夫前山东按察司佥事蒋公神道碑铭》记载："故奉直大夫前山东按察司佥事蒋公讳鸣玉，字楚珍。……或分徙丹阳金坛，故公为金坛人。……公举前明崇祯中进士，为

---

① 陈维崧《湖海楼全集》卷六，《清代诗文集汇编》第96册，第547—550页。
② 陈济生《启祯遗诗》，《四库禁毁书丛刊》集部第97册，第454页。
③ 魏裔介《兼济堂文集》卷十七，《清代诗文集汇编》第57册，第134页。

台州府推官。……顺治三年,录从征功,遂擢山东按察司佥事,分巡兖东道。"①施润章为蒋鸣玉子蒋超撰墓志铭亦记载:"大父芝田公有隐德,生子讳鸣玉,举进士,为闻人,累官山东佥事。"②据此,蒋鸣玉(1600—1654)官至"山东按察司佥事"。《提要》未合体例。

84.《三经附义》六卷 （《总目》卷三十四）

国朝李重华撰。重华字君实,号玉洲,吴江人。雍正庚戌进士,官翰林院编修。

按:撰者字、科分均误。刘大櫆《翰林编修李公墓志铭》记载:"公姓李氏,讳重华,字实君,又字玉洲。宋忠定公某之十七世孙,世家常州之无锡,其后迁吴江。……康熙庚子举顺天乡试。雍正甲辰举进士,改官翰林。"③王昶《湖海诗集》卷三记载:"李重华,字实君,号玉洲。吴江人。雍正二年进士,官编修。有《正一斋集》。"④朱汝珍《词林辑略》卷三记载:"李重华,字实君,号玉洲。江南吴江人。散馆授编修。著有《玉洲诗集》。"⑤沈德潜《国朝诗别裁集》卷二十七记载:"李重华,字实君。江南吴江人。雍正甲辰进士,官翰林院编修。著有《玉洲诗集》。"⑥同治《苏州府志》卷一百六"人物"记载:"李重华,字实君。父寅,专精经学。……雍正甲辰成进士,选庶吉士,充玉牒馆纂修。散馆,授编修。……服阕,充《一统志》纂修。十年,典试四川。寻以保举案落职。……乾隆十六年,诏复编修衔。卒年七十四。"⑦据此,李重华(1682—1755),字实君。非"君实"。《提要》倒乙之误。其举进士为雍正甲辰科,非"庚戌"。

85.《古学偶编》一卷 （《总目》卷三十四）

旧本题潜山张纲撰。书中自注云"本之御制《周易述义》"云云,知其为近时人。

按:潜山张纲乃《三礼会通》撰者张必刚之子,清代人。民国《潜山县

---

① 汪琬《钝翁前后类稿》卷四十二,《清代诗文集汇编》第94册,第305页。
② 施润章《施愚山先生文集》卷十九,《清代诗文集汇编》第67册,第167页。
③ 刘大櫆《海峰文集》卷七,《清代诗文集汇编》第286册,第206页。
④ 《续修四库全书》集部第1625册,第557页。
⑤ 《清代传记丛刊16》,第125页。
⑥ 沈德潜等编《历代诗别裁集》,第577页。
⑦ 同治《苏州府志》卷一百六,《中国地方志集成·江苏府县志辑9》,第700页。

志》卷十四"儒林"记载:"张絅,字存中,号潜庵。必刚子。……岁科试,胥第一,旋膺拔萃。入都朝考,以所著书贽见诸名公。当时如刘文正公统勋、窦尚书光鼐皆加优礼。……以亲老辞归。家故贫,以授徒为生。益著书不倦,其书名《古学偶编》。……(乾隆)三十八年,经督抚两宪采录所著《古学偶编》二卷与《三礼会通》汇送四库馆,收入存目中。惜享年不永,仅四十有三而卒。"①据此可略知张絅之行实。

四 书 类

86.《重订四书辑释》二十卷 (《总目》卷三十七)

元倪士毅撰。士毅字仲宏,歙县人。是书前有至正丙戌汪克宽序,称近世儒者取朱子平日所以语诸学者及其弟子训释之词,疏于《四书》之左。

按:撰者倪士毅(1303—1348)籍贯误,应为"休宁人"。赵汸《倪仲弘先生改葬志》记载:"新安有贤行君子曰倪仲弘先生,以其学教授于黟二十有三年,既没而家贫不能葬。逾四年,乃克反葬于休宁故里。……倪氏世家休宁,至先生而益贫,无以为生,居常授徒以养。……先生讳士毅,仲弘其字。……所注书曰《四书辑释》。闽坊购其初稿刻之。尝别为纂释之例甚精,书未脱稿,又将以次及他经,皆未就而卒。"②戴廷明、程尚宽《新安名族志》记载:"休宁·倪干:在邑东南四十里。其先宣城人。……传数世曰寿,宣和中为尚书左司郎中;曰注,始迁休宁赤坵。子孙蕃盛,遂名其地曰倪干。注传十一世曰机,生文虎,文虎生良弼,皆以经学教授乡里。良弼生士毅,为时硕儒,著有《四书辑释》、《历代帝王传授图说》、《易镜》等集,学者称'道川先生'。"③黄虞稷《千顷堂书目》卷二十九"别集类"记载:"倪士毅《道川集》。(字仲弘,休宁人。陈栎弟子。)"④弘治《徽州府志》卷七"儒硕"记载:"倪士毅,字仲弘,休宁倪干人。"⑤据《元史·地理志五》记载,元代徽州路下辖五县,休宁、歙县为其中之二县。

---

① 民国《潜山县志》卷十四,《中国地方志集成·安徽府县志辑17》,第206—207页。
② 赵汸《东山存稿》卷七,《文渊阁四库全书》第1221册,第357—358页。
③ 《新安名族志》,黄山书社2007年点校本,第608页。
④ 黄虞稷《千顷堂书目》,第719页。
⑤ 弘治《徽州府志》卷七,《天一阁藏明代方志选刊21》,第936页。

《提要》又云：

> 卷首有士毅与书贾刘叔简书，述改刻之意甚详。此重订所由名也。此本改题曰《重订辑释章图通义大成》。首行列士毅之名，次列"新安东山赵汸同订"，次列"鄱阳克升朱公迁约旨"，次列"新安林隐、程复心章图，莆田王元善通考"，次列"鄱阳王逢订定通义"。书中亦糅杂蒙混，纷如乱丝，不可复究其端绪。是已为书贾所改窜，非士毅之旧矣。

按：王逢自称鄱阳人，其实为"乐平人"。黄虞稷《千顷堂书目》卷三"四书类"记载："王逢《四书通义》。（字原夫，江西乐平人。）"①同治《饶州府志》卷十八"人物志·理学"记载："王逢，字原夫，乐平人。"②《元史·地理志五》记载，饶州路下辖县三：鄱阳、德兴、安仁；州三：余干、浮梁、乐平；因此，王逢籍贯当改为"乐平王逢"为宜。

87.《四书通义》二十卷 （《总目》卷三十七）

明刘剡撰。剡字用章，休宁人。

按：撰者籍贯误。嘉靖《建阳县志》卷十一小传记载："刘剡，字祖章，自号仁斋，崇化人。世居书坊，博学不仕，凡书坊刊行书籍多剡校正。尝编辑《宋元资治通鉴节要》等书行于世，卒年七十。"③黄虞稷《千顷堂书目》卷四著录，刘剡"字用章，建阳人"④。据此，刘剡乃建阳人⑤。《提要》作"休宁人"，误。

88.《大学管窥》一卷 （《总目》卷三十七）

明廖纪撰。纪字时陈，号龙湾，东光人。弘治乙丑进士，官至吏部尚书。谥靖僖。事迹具《明史》本传。

按：撰者字、科分、仕履误，谥号倒乙。方鹏《大司马龙湾廖公传》记载："公姓廖氏，名纪，字廷陈，别号龙湾。其先本闽人，宋末避乱游海南，赘土官家，遂袭土官数世。入国朝，有讳能者以事逮系京师，卒。厥子讳瑄，号淡庵，时以生员侍行，度不能归，依所亲，寓于东光，因家焉。……（公）领成化

---

① 黄虞稷《千顷堂书目》，第88页。
② 同治《饶州府志》卷十八，（台北）成文出版社1975年影印本，第1983页。
③ 嘉靖《建阳县志》卷十一，《天一阁藏明代方志选刊31》，第899页。
④ 黄虞稷《千顷堂书目》，第120页。
⑤ 可参见乔治忠《〈十八史略〉及其在日本的影响》，《南开学报》2001年第1期，第83页。

庚子京闱乡荐。登弘治庚戌进士。任考功主事。丁内外艰，服阕，改稽勋。升员外郎，调文选，以疾去。……升郎中。……擢太仆少卿。……无何，改太常，进正卿，俱提调四夷馆。……升工部侍郎。……改吏部。……升南京吏部尚书。……改南京兵部，兼守备参赞。……至是求去益力，得致仕。……居常卷不释手，五经四书以次翻阅，每有独见，于《学庸章句》尤致意云。"①李时《明光禄大夫少保兼太子太保吏部尚书赠少傅廖公纪墓志铭》记载："公讳纪，字廷陈，别号龙湾。世居闽，父瑄，商于东光，因家焉。……成化庚子领京闱乡荐。庚戌举进士第。……擢南京吏部尚书。顷又转兵部参赞机务。……丙戌请老。……赠少傅，谥僖靖。"②《明史》卷二百二记载："廖纪，字时陈，东光人。弘治三年进士。授考功主事，屡迁文选郎中。正德中，历工部右侍郎。提督易州山厂，羡金无所私。迁吏部左、右侍郎。世宗立，拜南京吏部尚书。调兵部，参赞机务。被论解职。……年老称病乞归，许之去。初，《献皇实录》成，加太子太保。至是进少保，赐敕乘传夫廪，视故事有加。卒，赠少傅，谥僖靖。"③弘治三年即弘治庚戌。谈迁《国榷》卷五十五记载："世宗嘉靖十一年十月甲午，故少保吏部尚书廖纪赠少傅，谥僖靖。"④据以上文献可知，廖纪中弘治庚戌进士，官至"兵部尚书"，谥"僖靖"。《提要》误。

科分讹误缘由在于弘治时中进士者有二廖纪，一位上述东光廖纪，二为九江廖纪。蒋冕《明故中宪大夫广西等处提刑按察司副使廖公墓志铭》记载："公讳纪，字惟修，姓廖氏。其先自临江迁黄梅，洪武中，初设九江卫于湓城，令近地民三户出一兵，隶戎籍，廖氏与焉，故今为九江人。……弘治十一年以《诗经》中江西乡选，十八年登进士第。"⑤同治《九江府志》卷三十二记载："廖纪，字惟修，弘治乙丑进士。"⑥光绪《黄州府志》卷二十"宦迹上"记载："廖纪，字惟修，以九江卫籍登弘治乙丑进士。"⑦据此，中弘治乙丑进士者乃九江廖纪（1474—1527），非东光廖纪（1455—1532）。《提要》混淆二者身份而致误。

---

① 方鹏《矫亭存稿》卷九，《四库全书存目丛书》集部第61册，第607—608页。
② 焦竑《国朝献征录》卷二十五，《续修四库全书》史部第526册，第281页。按：天津市文化遗产保护中心藏有廖纪墓志铭拓片，见《新中国出土墓志·上海、天津》上册，第220页。
③ 张廷玉等《明史》，第5323页。
④ 谈迁《国榷》，第3472页。
⑤ 蒋冕《湘皋集》卷二十九，《四库全书存目丛书》集部第44册，第294页。
⑥ 同治《九江府志》卷三十二，（台北）成文出版社1975年影印本，第489页。
⑦ 光绪《黄州府志》卷二十，《中国地方志集成·湖北府县志辑14》，第729页。

89.《大学千虑》一卷 （《总目》卷三十七）

明穆孔晖撰。孔晖字元庵，堂邑人。弘治乙丑进士，官至翰林院侍讲学士，谥文简。……《明史·儒林传》附孔晖于《邹守益传》中，称孔晖端雅好学，初不肯宗王守仁说，久而笃信之，自名"王氏学"，浸淫入于释氏。观是书良不诬云。

按：撰者字误。王道《南京太常寺卿赠礼部右侍郎谥文简穆公孔晖墓志铭》记载："穆孔晖，字伯潜，自号玄庵，山东堂邑人。……弘治甲子，举山东乡试第一。乙丑登进士第。被简为庶吉士。……丁卯，授翰林院检讨。……服阕，改翰林侍讲。……壬辰，转南太仆少卿。癸巳，迁南太常寺卿。……甲午夏，以疾自陈，得致仕归。"①王兆云《皇明词林人物考》卷五"穆文简"条记载："穆公孔晖，字伯潜，自号玄庵，世堂邑人。"②张弘道、张凝道《皇明三元考》卷八记载："弘治十七年甲子科解元：穆孔晖，堂邑人，字伯潜，号玄庵。治《易》。乙丑进士。选庶吉士，擢检讨。……历升太常寺卿，谥文简。……有《读易录》等书行世。"③黄虞稷《千顷堂书目》卷二十一记载："穆孔晖《穆文简公宦稿》二卷。（字伯潜，堂邑人。南京太常寺卿，赠礼部右侍郎，谥文简。）"④黄宗羲《明儒学案》卷二十九记载："穆孔晖，字伯潜，号玄庵，山东堂邑人。弘治乙丑进士。由庶吉士除简讨，为刘瑾所恶，调南京礼部主事。瑾败，复官。历司业、侍讲、春坊庶子、学士、太常寺卿。嘉靖己亥八月卒，年六十一。赠礼部右侍郎，谥文简。"⑤宋弼《山左明诗钞》卷五记载："穆孔晖，字伯潜，堂邑人。弘治甲子举乡试第一人。乙丑进士，改庶吉士。历官学士，掌院。以太常卿致仕。赠礼部侍郎，谥文简。有《文简公宦稿》。"⑥康熙《堂邑县志》卷十五"人物上"记载："穆孔晖，字伯潜。少颖悟，下笔即古奥绝人。……弘治甲子，举山东乡试第一。……乙丑成进士，选翰林院庶吉士，授检讨。己巳，与修《孝庙实录》。……壬申，迁南京国子监司业。……丁继母忧，服除，改翰林院侍讲，充经筵日讲。嘉靖壬午，典顺天乡试。乙酉，与修《武庙实录》，成，升左春坊左庶子，兼翰林院侍讲学士，寻掌院事兼撰文官。……明年春，以阴雨误讲，上章自劾，改南京尚宝司卿。……壬辰，转南京太仆寺少卿。癸巳，升南京太常寺卿，明年以疾致仕

---

① 《续修四库全书》史部第528册，第790—791页。
② 王兆云《皇明词林人物考》，《四库全书存目丛书》史部第112册，第12页。
③ 《四库全书存目丛书》史部第271册，第140—141页。
④ 黄虞稷《千顷堂书目》，第542页。
⑤ 黄宗羲《明儒学案》上，第635页。
⑥ 《四库全书存目丛书》集部第412册，第47—48页。

归。……所著《读易录》、《尚书困学》、《前汉通记》、《诸史通编》、《游艺集》、《大学千虑》、《玄庵晚稿》若干卷。卒赠礼部右侍郎，谥文简。"①据上述文献，穆孔晖(1479—1539)，字伯潜，玄庵(元避康熙讳——笔者注)乃其号，非字也；其任职翰林院侍讲学士(正五品)后，官至"太常寺卿"(正三品)，《提要》未确。

90.《经籍异同》三卷 （《总目》卷三十七）

明陈禹谟撰。禹谟字锡元，常熟人。万历中，由举人官至四川按察司佥事。

按：撰者仕履误。钱谦益《贵州布政使司监军都清道右参议兼佥事赠亚中大夫贵州布政使司右参政陈府君墓志铭》记载："万历四十五年冬，黔师有事于匀哈，府君以右参议分巡都清，往监军事，所向克捷。阅四月而振旅以入贺，行则君之病亟矣。次年六月二十二日，舟抵芜湖，遂卒。……府君讳禹谟，字锡玄。……撰《左氏兵略》若干卷。……又辑《骈志》、《说储》、《经言枝指》、《广滑稽志》若干卷，《补北堂书钞》若干卷，皆传于世。"②吴弼补《千顷堂书目》卷三记载："陈禹谟《经籍异同》三卷，小注云：常熟人，字锡玄，号抱冲。万历辛卯举人，贵州布政参议。"③康熙《常熟县志》卷十八小传记载："陈禹谟，字锡玄，号抱冲。庄靖(陈瓒)长子。万历辛卯举人。授获嘉县学教谕，累升兵部郎中，迁四川按察司佥事，备兵川南。……寻迁贵州布政司参议，分巡清都。……入贺，病卒于途。……尝撰《左氏兵略》。……又辑《骈志》、《说储》、《经言枝指》、《广滑稽志》、《补北堂书钞》数百卷，皆传于世。"④据此可知，陈禹谟(1548—1618)官至"贵州布政使参议"，非"四川按察司佥事"。《提要》误。

另按：万历时期另有仁和陈禹谟(1548—1622)，字孟文，万历五年进士，官至刑部左侍郎，著有《奏议》十卷。康熙《仁和县志》有传。

91.《四书酌言》三十一卷 （《总目》卷三十七）

明寇慎撰。慎字永修，号礼亭，自号毬裯逸叟，同官人。万历丙辰进士，官至苏州府知府。天启中周顺昌被逮，颜佩韦等五人击杀缇骑

---

① 康熙《堂邑县志》卷十五，《中国地方志集成·山东府县志辑89》，第93—94页。
② 钱谦益《牧斋初学集》卷五十六，《清代诗文集汇编》第2册，第185—186页。
③ 黄虞稷《千顷堂书目》，第85页。
④ 康熙《常熟县志》卷十八，《中国地方志集成·江苏府县志辑21》，第428页。

后佩韦临刑,称曰,公好官,知我等倡义非倡乱者,即其人也。其学出于姚江,故是编多与朱子立异。

按:撰者仕履误。顾炎武《中宪大夫山西按察司副使寇公墓志铭》记载:"天启六年,寇公为苏州知府。炎武年十四,以童子试见公,被一言之奖,于今五十有四年。……公讳慎,字永修。其先自山西之榆次徙中部,再徙同官。……公中万历四十四年进士。历刑部浙江司、工部营缮司主事、员外,迁虞衡司郎中。迁苏州知府。丁继母及父忧。崇祯元年服阕,补广平知府。在任三月,迁山西按察司副使。……以崇祯八年乞休。"①乾隆《同官县志》卷八"人物"记载:"寇慎,字永修,号礼亭。遵孟子也。万历丙辰进士。授刑部主事,调工部虞衡司郎中,出守苏州。……后升昌平副使,转山西冀宁道。……告归。……著有《四书酌言》《历代史汇》《山居月记》等集。"②据此,寇慎(1578—1670)应官至山西按察司副使。《提要》作"官至苏州府知府",误。

92.《学庸切己录》二卷 (《总目》卷三十七)

明谢文洊撰。文荐字约斋,号程山,南丰人。

按:撰者字误。邹方锷《南丰谢秋水先生墓表》记载:"先生讳文洊,字秋水,号约斋,晚更号曰顾庵。明诸生。国亡,弃去。自其少时刻意学问,历二十年,凡三变,乃一以程朱为宗。当是时,髻山宋之盛之气节,宁都魏禧之经术文章,程山谢文洊之理学,并有闻于世,世称江右三山。……先生筑室程山,构讲堂曰尊洛。与诸弟子讲学其中,而程山之学衣被远近,至于今不衰。……弟子私谥曰明学,世称明学先生。"③乾隆《建昌府志》卷四十五"人物传九"记载:"谢文洊,字秋水,南丰人。明诸生。"④据此,谢文洊(1616—1682),字秋水,"约斋"为其号。《提要》误。

93.《虹舟讲义》二十卷 (《总目》卷三十七)

国朝李祖惠撰。祖惠本姓沈,字屺望,嘉兴人。乾隆壬申进士,官高安县知县。是编大抵涵泳《章句》《集注》之文,一字一句,推求语意,其体会颇费苦心。在时文家亦可云操觚之指南矣。

---

① 顾炎武《亭林余集》,《清代诗文集汇编》第43册,第96—98页。
② 乾隆《同官县志》卷八,《中国地方志集成·陕西府县志辑27》,第366—367页。
③ 吴镇《大雅堂续稿》卷五,《四库未收书辑刊10》第26册,第381页。
④ 乾隆《建昌府志》卷四十五,《故宫珍本丛刊》第114册,第511页。

按：撰者籍贯误。王元文《沈虹舟先生行状》记载："先生讳祖惠，字屺望，号虹舟。世居乌程之马要村。始祖曰扔和翁讳德，元时自洪城始迁焉。十传为明工部侍郎端靖公讳节甫，累赠光禄大夫柱国少保兼太子太保户部尚书武英殿大学士，端靖生苏州府同知赠山东按察司副使易州兵备道讳淙，先生高祖也。曾祖讳彦章，副贡生。祖讳尔煜。考讳在莪，并庠生。皇赠文林郎高安知县。母曰李儒人，自先生考文林君就婚吴江平望李氏，生先生，遂为平望人。……年十九寄籍于嘉兴诸生庠。姓李，外家姓也。通籍后始复之。……壬申春，逢万寿恩科，先生始举于乡，名第一，是时年五十三矣。……秋试礼部榜出，名第二。……至殿试，复置第三。……丁丑，至京师谒选，得江西高安县知县。"①严可均《沈屺望传》记载："沈祖惠，字屺望，号虹舟，乌程之马要人。明工部侍郎节甫来孙。父在莪，赘吴江平望李氏。祖惠生浃月而母李卒，育于外王父母，仍为外氏赘婿，无嗣，因冒李姓。年十九，为嘉兴县学生，寻食饩。雍正己酉拔贡。乾隆壬申春，领乡解第一，其秋会试第二，归班，改复沈姓。除江西高安知县。充己卯同考官，卒年六十八。……其高弟子王元文搜辑遗诗，获《三秦游草》四卷、《洞庭游草》一卷、《拾存草》二卷、《经进草》一卷，谋付梓，不果。越六十余年，落破书滩。余获之，合编《虹舟集》九卷，世间无第二本，终亦必亡，欲付梓，非力所及。"②据上述文献可知，撰者名当作沈祖惠（1700—1768），字屺望，乌程籍吴江人，嘉兴仅为其试籍。《提要》误。

94.《四书穷钞》十六卷 （《总目》卷三十七）

国朝王国瑚撰。国瑚字夏器，号珍吾，临县人。是书卷首郭九有序称为《四书主意》，而标题又称为"《四书穷钞》，六补定本"。疑其书非一稿，故命名亦随时而异欤？其解颇与朱子立异，然仅钻研于字句之间，无以相胜也。

按：撰者科分、仕履缺，年代、籍贯误。王铎《光禄寺少卿珍吾王公合葬墓志铭》记载："猗氏珍吾公名国瑚，字夏器。以壬辰进士累官至光禄寺少卿，海内无不知猗氏王公。"③雍正《猗氏县志》卷五"人物"记载："王国瑚，字夏器，号珍吾。十二岁以神童补博士弟子员。十九岁中万历癸酉乡试，登壬辰进士。授行人。……升延安知府。……寻迁肃州兵道。……擢光禄寺

---

① 王元文《北溪文稿》卷下，《清代诗文集汇编》第 377 册，第 788—789 页。
② 严可均《铁桥漫稿》卷七，《清代诗文集汇编》第 470 册，第 663—675 页。
③ 王铎《拟山园选集》卷六十五，《清代诗文集汇编》第 7 册，第 400 页

少卿。癸亥诣缺,值权珰窃柄,党翼日繁,决意引退。会出差督饷江西,事竣归里。"①雍正《猗氏县志》王国瑚序自署"邑人王国瑚撰"。《明代进士登科录》亦记载其为猗氏人。乾隆《蒲州府志》卷十三"吏师"记载:"王国瑚,猗氏人。万历壬辰进士。"②清代,临县属汾州府。而猗氏则隶属蒲州。据以上文献,王国瑚(1557—1637),字夏器,号珍吾,猗氏人。万历癸酉举人,壬辰进士,官至光禄寺少卿。其卒于崇祯十年,一生行实均在明代,《提要》断为清代,误。

乐　类

95.《乐律表微》八卷　(《总目》卷三十八)

国朝胡彦升撰。彦升字竹轩,德清人。雍正庚戌进士,官定陶县知县。

按:撰者字误。戴璐《吴兴诗话》卷六记载:"胡户部彦升,字仲升,号竹轩。……丙午解元,庚戌进士。由户部主事改定陶知县。著《乐律表微》。"③同治《湖州府志》卷七十六"人物志·文学三"记载:"胡彦升,字国渊,德清人。"④"竹轩"为其号。《提要》误号为字。胡彦升(1696—1783)另著有《四书近是》《丛书要录》等。

96.《蔡氏律同》二卷　(《总目》卷三十九)

明蔡宗兖撰。宗兖字我斋,山阴人。正德丁丑进士,官兴化府教授。

按:撰者字误,仕履亦未确。万历《绍兴府志》卷三十三"选举表·进士"记载:"蔡宗兖,字希颜。初从新建学,卓有志操,掌教江西,主白鹿洞。后为提学佥事,与台使不合,拂衣归,风节凛凛。晚年颇不满于乡评,令誉鲜终,为可惜云。"⑤凌迪知《万姓统谱》卷九十七记载:"蔡宗兖,字希渊,山阴人。正德丁丑进士。历提学副使。"⑥黄虞稷《千顷堂书目》卷二十二"别集

---

① 雍正《猗氏县志》卷五,《中国地方志集成·山西府县志辑70》,第311页。
② 乾隆《蒲州府志》卷十三,《中国地方志集成·山西府县志辑66》,第287页。
③ 戴璐《吴兴诗话》卷六,《续修四库全书》集部第1705册,第205页。
④ 同治《湖州府志》卷七十六,(台北)成文出版社1970年影印本,第1444页。
⑤ 万历《绍兴府志》卷三十三,(台北)成文出版社1983年影印本,第2315页。
⑥ 凌迪知《万姓统谱》,《文渊阁四库全书》第957册,第409页。

类"记载:"蔡宗兖《寓莆集》十卷。(字希渊,山阴人。)"①黄宗羲《明儒学案》卷十一记载:"蔡宗兖字希渊,号我斋,山阴之白洋人。乡书十年而取进士,留为庶吉士,不可,以教授奉母。孤介不为当道所喜,辄弃去。……教授莆田,复不为当道所喜。……移教南康,入为太学助教、南考功,升四川督学佥事。"②程嗣章《明儒讲学考》记载:"蔡宗兖,字希渊,号我斋,山阴人。正德十二年进士,仕至四川提学佥事。"③嘉庆《山阴县志》卷十四"乡贤"记载:"蔡宗兖,字希渊,……升四川督学佥事。"④

另,蔡宗兖业师王守仁、友人郑善夫均称其为"蔡希颜"(见王守仁《王文成全书》卷三《别三子序》、郑善夫《少古集》卷十八《答蔡希颜》)。有的称其字"希渊",如许相卿《与我斋蔡希渊督学》(《云存集》卷五)、魏校《与蔡希渊》(《庄渠遗书》卷十一)、舒芬《蔡希渊致仕序》(《明文海》卷二百九十)。据此,蔡宗兖(1474—?),字希渊,一字希颜,号我斋,官至四川提学佥事。《提要》误。

97.《律吕新书分注图纂》十三卷 (《总目》卷三十九)

明许珍撰。珍字时聘,号静庵,天长人。卷首叶良佩序,有"掌教吾庠"之语。据太学"题名碑",良珮嘉靖癸未进士,浙江太平人,则珍乃太平学官也。

按:撰者许珍科分、仕履失考。嘉靖《天长县志》卷四"选举"记载,嘉靖九年,许珍,岁贡。仕湖广黄梅县训导,升太平县教谕⑤。嘉庆《备修天长县志稿》卷八"人物上"记载:"许珍,字时聘。无他嗜好,惟读书,竟日夜求之,务得而后已。如《太极》、《律吕》、《理学》诸书,沉思默说,心手相应,颇得宋儒之传。由黄梅训导升南充教谕,丁忧,补太平教谕。升兖州府教授,入祀乡贤,学者称为静庵先生。"⑥据此可知,许珍以岁贡官至兖州府教授。

98.《李氏乐书》十九卷 (《总目》卷三十九)

明李文察撰。文察里贯未详。嘉靖十七年官辽州同知时,表进此

---

① 黄虞稷《千顷堂书目》,第556页。
② 黄宗羲《明儒学案》,第223—224页。
③ 《四库全书存目丛书》子部第29册,第602页。
④ 嘉庆《山阴县志》卷十四,(台北)成文出版社1983年影印本,第425页。
⑤ 嘉靖《天长县志》卷四,《天一阁藏明代方志选刊》本,第248页。
⑥ 嘉庆《备修天长县志稿》卷八,《中国地方志集成·安徽府县志辑34》,第133页。

书于朝,授太常寺典簿。

按:撰者李文察里贯可考。何乔远《闽书》卷一百二十记载:"李文察,字廷谟。究心乐律,家居构一楼,上悬律吕,以审气候。……嘉靖中,以岁贡谒选常州倅,因奏律改章数万言,世宗大悦,即授太常寺典簿。……当外迁,太宰李默择出守磁州,……文察往,廉洁自励,以内艰归。补晋州,擢思恩同知,解组归。"①《福建通志》卷五十一记载:"李文察,字廷谟,平和人。父世浩,敦朴好古。公禀家学,以明经入京廷试,得乐书审声候气,洞悉音律。著《四圣图解》、《乐记补说》、《律吕注》及《典乐论》等书。倅辽州时,奏进郊庙大礼,召入太常,历知晋州。"②康熙《平和县志》卷九"人物"记载:"李文察,字廷谟,以明经贡大廷,游京师,得乐书归。审声候气,洞悉音律,乃手制乐器,八音互动。著《四圣图解》、《乐记补说》、《律吕注》及《典乐论》等书,倅辽州时,奏进郊庙大礼,召入太常,藏书秘阁,甚见礼重,凡有祀事,必令文察扈从。秩满,迁磁州守。丁内艰归,再补晋州。廉洁自励,多所兴革,解组家居,修明宗训,表率族人,惜所著书散佚无存。"③据此可知,李文察(1493?—1563)④,字廷谟,福建平和人,官至晋州知州。

99.《钟律陈数》一卷 (《总目》卷三十九)

国朝顾陈垿撰。陈垿字玉停,太仓人。康熙己酉举人,官行人司行人。

按:撰者科分误。沈起元《故行人司行人玉停顾子墓志铭》记载:"吾友顾行人卒于乾隆十二年六月二十八日。……君讳陈垿,姓顾氏,字玉停,号宾阳子。……君年十七补州学生员,年二十有八,乙酉举于乡。"⑤宣统《太仓州志》卷二十"人物四"记载:"顾陈垿,字玉停,宏沛子,康熙四十四年举人。"⑥据此,顾陈垿(1678—1747)中举乃康熙四十四年(乙酉,1705),《提要》误作"康熙己酉",其时为康熙八年(1669),此时距顾陈垿出生还有九年。

---

① 何乔远《闽书》,第3624—3625页。
② 乾隆《福建通志》,《文渊阁四库全书》,第529册,第739页。
③ 康熙《平和县志》卷九,《中国地方志集成·福建府县志辑32》,第162—163页。
④ 参见《续修四库全书总目提要·经部》,第228页。
⑤ 沈起元《敬亭文稿》卷四,《清代诗文集汇编》第257册,第146页。
⑥ 宣统《太仓州志》卷二十,《中国地方志集成·江苏府县志辑18》,第341页。

小 学 类

100.《历代钟鼎彝器款识法帖》二十卷 （《总目》卷四十一）

宋薛尚功撰。尚功字用敏，钱塘人。案语称：……然万斯大《石经考》之类，皆但溯源流，不陈字体，与小学无涉，今仍附之《金石》焉。

按：《总目》著录万斯大著作五部：《仪礼商》二卷（卷二十）、《学礼质疑》二卷（卷二十二）、《周官辨非》一卷（卷二十三）、《礼记偶笺》三卷（卷二十四）、《学春秋随笔》十卷（卷三十一），独无《石经考》。检《总目》卷八十六载有顾炎武、万斯同著同为《石经考》，皆一卷。《总目》盖误万斯同著作为万斯大著《石经考》。另，乾隆《鄞县志》卷二十一"艺文上"著录万斯同撰《石经考》，万斯大无此著作。

101.《字孪》 （《总目》卷四十一）

明叶秉敬撰。秉敬，字敬君，衢州西安人。万历辛丑进士，官至荆西道布政司参议。寻移南瑞，未行而卒。

按：撰者仕履误。天启二年，叶秉敬曾纂修《衢州府志》，序言末自署"赐进士出身江西布政使司右参政前奉敕提督河南学政郡人叶秉敬撰拜书"①。黄虞稷《千顷堂书目》卷二十六记载："叶秉敬《赋集》三卷。（字敬君，衢州西安人。江西参政。）"②嘉庆《西安县志》卷三十三记载："叶秉敬，字敬君。弱冠擢省魁，万历辛丑成进士。权荆关，有宽政。守大梁，督学中州，士民称之。参江藩，以忧归。起荆西，寻移南瑞，未行，卒。秉敬淹贯万卷，著述鸿富，拥皋比讲学，四方请益盈户外。著书凡四十余种，海内称为名儒。"③据此，叶秉敬（1562—1627）官至"江西参政"，非"参议"。

102.《六艺纲目》二卷 （《总目》卷四十二）

元舒天民撰。天民，字执风，鄞县人。……其子恭为之注，同郡赵宜中为之附注。均能考证精核，于小学颇有发明。……恭，字自谦，号

---

① 天启《衢州府志》卷首序，(台北)成文出版社 1983 年影印本，第 31 页。
② 黄虞稷《千顷堂书目》，第 641 页。
③ 嘉庆《西安县志》卷三十三，(台北)成文出版社 1970 年影印本，第 1294 页。

说斋。宜中,字彦夫。其书刊于至正甲辰,前有张翥、胡世佐、揭汯、刘仁本四序,皆未言及宜中附注事。末有舒睿后序,题"戊申岁",已为洪武元年,亦不及宜中。则宜中疑为明人,其始末则不可考矣。

按:撰者字误。胡世佐序云:"舒君自谦出示其先人艺风先生所作《六艺纲目》及《性理字训补遗》二书。"刘仁本序云:"此艺风舒先生《六艺纲目》之所由作也,然圣人生而知之,亦曰义理耳。至于名物度数,必待讲学而明。苟讲之弗明弗措者,于此编不为无补。朝列大夫温州路总管天台刘仁本序。"舒恭附言云:"先君生甫十岁而宋社亡,泣曰:吾不可以有为矣!及长,以隐儒名其堂,旌厥志也。一日,读《汉书》,至'君子舒六艺之风'之句,抚卷笑曰:班孟坚其先得我心之所欲乎?因自号艺风。同郡太博蒋公汝砺叹曰:先生之号其甚美矣,他日表章六艺,其惟先生乎?"黄虞稷《千顷堂书目》卷三"附小学"记载:"舒天民《六艺纲目》二卷,附《字源》一卷。(字艺风,四明人。)"①据此可知,舒天民字艺风。《提要》误。

103.《石鼓文正误》二卷 (《总目》卷四十三)

明陶滋撰。滋,字时雨,绛州人,正德甲戌进士。是编以薛尚功、郑樵、施宿等石鼓训释不免舛讹,因亲至太学石鼓旁,抉剔刻文,一一校定。

按:撰者仕履缺。马理《兵部武选司郎中陶公滋墓志铭》记载:"先生姓陶氏,讳滋,字时雨,山西绛州人。……癸酉,年三十,博且雅矣,登乡举。明年登进士。选行人司行人。……嘉靖癸未,升刑部河南司郎中。……是秋,转兵部武选司郎中。……甲申,大礼兴,……谪戍榆林。"②据此,陶滋(1484—1528)官至兵部郎中。

104.《六书赋音义》三卷 (《总目》卷四十三)

明张士佩撰。士佩,号据滨,韩城人。嘉靖丙辰进士,官至南京户部尚书。《明史·邹元标传》载其与礼部尚书徐学谟俱为元标劾罢。其事迹始末,则史未详也。

按:张士佩(1531—1609)号误,事迹始末,文献可征。叶向高《户部尚书起都察院右都御史总督仓场赠太子少保濩滨张公神道碑》记载:"公讳士

---

① 黄虞稷《千顷堂书目》,第107页。
② 《国朝献征录》卷四十一,《续修四库全书》史部第527册,第194页。

佩,字玫父,别号濠滨,韩之少梁里人也。……嘉靖乙卯举于乡。明年成进士。授绍兴府推官。……授南御史,……以艰归,除服,补河南道。……迁江西按察副使,晋参政。……移山西参政。……擢山东按察使。……晋其省右布政使,移山西为左。……擢副都御史,抚蜀。……擢吏部右侍郎。……未几,晋南京户部尚书。疏辞,仍以前秩致仕。林居八载,以右都御史兼户部右侍郎召入,督仓场。再辞,乃允。又十八载,没于少梁之里第。"①乾隆《韩城县志》卷六记载:"张士佩,字玫父,号濠滨。生而奇颖,中嘉靖丙辰进士,授绍兴推官。……与新冢宰左,迁南大司徒。……所著有《洗心恒性》、《中庸大旨》。……所辑有《六书赋》、《洪武正韵玉键》及《达意稿》、《四书端蒙录》、《留台类稿》、《山东按奏》、《西蜀题奏》、《韩城县志》诸书。"②

105.《字义总略》四卷 （《总目》卷四十三）

明顾充撰。充,字回澜,上虞人。隆庆丁卯举人,官至南京工部都水司郎中。

按:光绪《上虞县志》卷十"人物"记载:"顾充,字仲达,号回澜。……隆庆丁卯荐于乡,屡上春官不第。……任镇海教谕。……官终南京工部都水司郎中。著有《字义总略》、《古隽考略》、《历朝捷录大成》各若干卷。"③《提要》或误号为字。

106.《大明同文集》五十卷 （《总目》卷四十三）

明田艺蘅撰。艺蘅,字子艺,钱塘人。以岁贡生官休宁县学训导。《明史·文苑传》附见其父汝成传中。

按:田艺蘅,亦有书作"田艺衡"。田艺蘅友人欧大任云:"子艺,钱塘人也。钱塘文章家宗田氏,至子艺益著。……比诣公车,选为文学掌故,分教于歙。"④友人龙德孚亦曰:"龙生客长安,时客有道歙博士子艺田先生者,异人也。"⑤《明史》卷二百八十七记载:"(田)艺蘅,字子艺。十岁从父过采石,赋诗有警句。性放诞不羁,嗜酒任侠。以岁贡生为徽州训导,罢归。作

---

① 叶向高《苍霞草》卷十四,《四库禁毁书丛刊》集部第125册,第201页。
② 乾隆《韩城县志》卷六,《续修四库全书》史部693册,第151—152页。
③ 光绪《上虞县志》卷十,(台北)成文出版社1970年影印本,第218页。
④ 田艺蘅《留青日札》卷首,《四库全书存目丛书》子部第105册,第154页。
⑤ 田艺蘅《留青日札》卷首,《四库全书存目丛书》子部第105册,第155页。

诗有才调,为人所称。"①乾隆《歙县志》卷四"名宦传"记载:"田艺蘅,字子艺。以贡为训导。"②康熙《休宁县志》卷四"职官志"则没有田艺蘅记载。道光《徽州府志》卷八"名宦"记载,田艺蘅为歙县训导③。据此可知,田艺蘅(1524—?)以岁贡官"歙县训导",而非"休宁县学训导"。

107.《六书指南》二卷 (《总目》卷四十三)

明李登撰。登,字士龙,自号如真居士,上元人。官新野县县丞。是书成于万历壬辰。

按:撰者仕履误。雍正《崇仁县志》卷四记载:"李登,字士龙。教谕。上元人。由选贡授新野令,左迁崇仁。"④乾隆《新野县志》卷四"名宦"记载:"李登,知县,字士龙,上元贡士。赋才颖异,立志以古圣贤自期。待莅任四载,专务以德化民,两院交奖之。然往往疾恶过严,以此不容于时,左迁崇仁教谕,舆论惜之。"⑤嘉庆《新修江宁府志》卷三十四"儒林"记载:"李登,字士龙,上元人。弱冠入京学,以文行著。时督学耿定向倡明理学,择诸生之俊秀者尊异之,以风多士,登居其一焉。隆庆初,以选贡充国子监生,授新野令。条陈兴革,俱切时宜,民受其利。以抗直忤时,改崇仁教谕,讲明邹鲁之学,有《愿学编》、《宝唐语录》。去官归,家居三十余年,惟以明学为务,学者称如真先生,卒年八十六。……精考六书之学,直探其奥,所著《字学》诸书行于世。"⑥据此,李登实授新野知县。《提要》误为县丞。

108.《诸书字考》二卷 (《总目》卷四十三)

明林茂槐撰。茂槐,字稚虚,福清人。万历乙未进士,官至吏部郎中。

按:撰者仕履误。董应举《宁太兵备使者廉访林公墓志铭》记载:"橭朋林公之卒宁太官邸也,其子国炳奉以归,盖十四年于此矣。……万历庚戌、辛亥间,……出为浙江参政,分辖金、衢、严。三年,以卓异晋廉访,兵备宁太。……所著有《订讹音韵》、《字学书考》、《定正四书》、《经韵决疑》等书,

---

① 张廷玉等《明史》,第7372页。
② 乾隆《歙县志》卷四,(台北)成文出版社1983年影印本,第268页。
③ 道光《徽州府志》卷八,《中国地方志集成·安徽府县志辑48》,第566页。
④ 雍正《崇仁县志》卷四,《清代孤本方志选》第18册,第751页。
⑤ 乾隆《新野县志》卷四,(台北)成文出版社1976年影印本,第289页。
⑥ 嘉庆《新修江宁府志》卷三十四,《中国地方志集成·江苏府县志辑1》,第357页。

以训正学者;又辑《证圣录》。……公讳茂槐,字稚虚,樗朋其别号也。先世有孟童者,监庐州郡,居福清东隅。"①黄虞稷《千顷堂书目》卷三"四书类"记载:"林茂槐《四书正体》五卷。(字稚虚,福清人。万历乙未进士,按察使。)"②乾隆《福清县志》卷十三"风概"记载:"林茂槐,字稚虚,号樗朋。……弱冠领壬午乡荐。登万历乙未进士,授粤西梧州府推官。……擢南吏部主事。转北礼部员外、郎中。……迁浙江参政。以卓异晋宁太按察使。……三年,卒于官。"③据此,林茂槐(1563—1618)官至按察使。《提要》误。

109.《正韵笺》四卷 (《总目》卷四十四)

明杨时伟撰。时伟有《春秋编年举要》,已著录。

按:《总目》体例,"已著录"云乃该《提要》之前已经著录,而《正韵笺》著录于卷四十四,《春秋编年举要》则在卷四十八,何以言"已著录"?由此可见,《总目》前后照应不周。且各解题均不载其小传。张世伟撰小传记载:"杨时伟,字去奢。长余十四岁,与陆(万里)、傅(汝循)同时人。……将五十乃得试。……性好读书,时出意刻《诸葛武侯》、《陶贞士集》、《瓶史》、《洪武正韵笺注》。"④陈继儒撰有《杨去奢制义序》。据上述可知,杨时伟(1554—1634后),字去奢,长洲人,贡生。

110.《韵略易通》二卷 (《总目》卷四十四)

明兰廷秀撰。廷秀,字止庵,正统中人。爵里未详。

按:作者名误,其爵里亦可考。《云南通志》卷二十一记载:"兰茂,字廷秀,嵩明人。读书过目成诵。耻为章句学,返求六经,究心濂洛关闽之微,欣然有得,乃匾其居曰:止轩。冲淡简远,以著述自娱,所为诗文皆高古可法。"⑤《〈云南丛书〉书目提要》"经部"著录载:"《韵略易通》二卷,《韵略易通校勘稿》存二卷。兰茂(1397—1476)字廷秀,一字止庵,别号和光道人。嵩明杨林人。洪武时布衣。"⑥

---

① 董应举《崇相集》,《四库禁毁书丛刊》集部第102册,第656—658页。
② 黄虞稷《千顷堂书目》,第90页。
③ 乾隆《福清县志》卷十三,《中国地方志集成·福建府县志辑20》,第328—329页。
④ 张世伟《张异度先生自广斋集》卷十五,《四库禁毁书丛刊》集部第162册,第429页。
⑤ 乾隆《云南通志》,《文渊阁四库全书》第570册,第158页。
⑥ 云南省文史研究馆纂集《〈云南丛书〉书目提要》,第29页。

111.《古今韵分注撮要》五卷 （《总目》卷四十四）

明甘雨撰，陈士元注。雨，字子开，永新人。万历丁丑进士，由翰林院检讨谪德安府推官，迁南京刑部郎中。

按：甘雨仕履误。郭子章《吾友甘宫亭大参墓碑》记载："万历癸丑春二月朔，友人甘子开卒于郡城之寝。……公名雨，字子开。居义山下，别号义麓，晚爱庐山，更号宫亭。其先出南□□□，从矩家丰城，数传徙盱。至廷珪，登宋绍兴五年进士，出判吉州，留寓永新，是为虹桥初祖。……（公）庚午以《春秋》领乡荐。……丁丑，以《春秋》魁本房。改翰林院庶吉士。……比解馆，出为福建道御史，巡盐长芦。……辛巳春，左迁闽臬。……壬午，江陵卒。丙戌，用荐起公浙江佥宪。……己丑，迁楚德安司李。……庚寅，还南比部主事。寻迁南兵部员外郎、礼部郎中。……癸巳，迁粤西督学佥事。……炎徼多瘴，病甚，乞骸归。……有《粤游稿》。……己酉，迁福建臬司副使。……壬子，迁楚藩参政。决意山林，取笥中存稿自编辑之曰《仕隐集》以见志。……公以癸丑春卒。……所著有《白鹭洲志》、《督学集》、《古今韵注撮要》、《吉安贡举考》若干卷。"①邹元标《甘义麓墓铭》记载："余自癸酉幸与计偕，即有先大人忧，屏迹青原，甘子开氏一见莫逆。……丁丑，两人同捷南宫，子开选为庶常。……即家起楚司李，升南比部、兵部主事、员外、仪部郎中。……升广西督学。……以病归。……晋少参、福建副使，升湖广参政，未任卒。……所著有《白鹭洲志》、《督学集》、《韵学集成》。"②同治《永新县志》卷十六"人物志·别传"甘雨传记与墓碑一致。据此可知，甘雨（1551—1613）仕履概况，由翰林院"庶吉士"（非"检讨"）出任德安府推官，迁南京"礼部郎中"（非"刑部"），最后官至湖广参政。

112.《韵谱本义》十卷 （《总目》卷四十四）

明茅溱撰。溱，字平甫，丹徒人。其书成于万历间。

按：钱谦益《列朝诗集小传》丁集中记载："茅溱，字平仲，丹徒人。"③黄虞稷《千顷堂书目》卷二十六"别集类"记载："茅溱《四友斋集》十卷。（字平仲，丹徒人，好著述，以布衣老于乡。）"④乾隆《镇江府志》卷三十七记载：

---

① 郭子章《蝶衣生传草》卷二十一，《四库全书存目丛书》集部第 156 册，第 285—288 页。
② 黄宗羲《明文海》卷四四五，第 4768—4770 页。
③ 钱谦益《列朝诗集小传》，第 501 页。
④ 黄虞稷《千顷堂书目》，第 654 页。

"茅溓,字平仲,丹徒人。"①光绪《丹徒县志》卷三十三"文苑"记载:"茅溓,字平仲。"②亲友赠诗均称"茅平仲",如胡应麟《同茅平仲登甘露寺绝顶作》(《少室山房集》卷五十)、孙继皋《题茅平仲小像》(《宗伯集》卷四)、徐熥《出都门留别茅平仲、周思敬、朱汝修、吴孝甫、张孺宗、赵凡夫、钟山甫、韩兆之、吴载伯、阮步文、张曰肩诸君》(《幔亭集》卷六)、吴稼竳《金陵酒肆赠茅平仲》(朱彝尊《明诗综》卷六十七)。据此,《提要》盖误茅溓字"平仲"为"平甫"。

113.《声韵源流考》无卷数　(《总目》卷四十四)

国朝万斯同撰。斯同有《庙制图考》,已著录。

按:前后紊序。《总目》著录万斯同著作共九部,其中卷四十四载万斯同《声韵源流考》为最先,而《庙制图考》著录于卷八十二。《提要》称"斯同有《庙制图考》,已著录",误。

此外,万斯同著作《历代史表》(卷五十)、《儒林宗派》(卷五十八)、《昆仑河源考》(卷六十九)、《明代河渠考》(卷七十五)。《总目》均作:"斯同有《庙制图考》,已著录。"另,《总目》卷一百十四著录万斯同《书学汇编》十卷。《提要》云:"国朝万斯同撰。斯同有《读礼质疑》,已著录。"此处谬误有二,其一,《总目》无《读礼质疑》一书载录。其二,万斯大著有《学礼质疑》二卷(卷二十二)。《总目》盖将万斯大《学礼质疑》误作万斯同《读礼质疑》。

114.《韵雅》五卷　(《总目》卷四十四)

国朝施何牧撰。何牧,苏州人。康熙乙丑进士。其书仍用刘渊之部分,以收字必从经典,故以"雅"为名。

按:撰者籍贯误,字、仕履缺。乾隆《长洲县志》卷二十七"流寓"记载:"施何牧,字赞虞,号觉庵,崇明人。康熙乙丑进士。官吏部考功郎。……著有《一山诗文稿》。"③乾隆《贵州通志》卷十八"秩官"记载:"施何牧,吏部主事,崇明县人。乙丑进士,壬午科副主考。"④《清代朱卷集成》施庭枏履历记载:"九世胞叔祖何牧,康熙戊午科举人,乙丑科进士。历任内阁中书、户部

---

① 《乾隆镇江府志》卷三十七,《中国地方志集成·江苏府县志辑28》,第138页。
② 《光绪丹徒县志》卷三十三,《中国地方志集成·江苏府县志辑29》,第649页。
③ 乾隆《长洲县志》卷二十七,《中国地方志集成·江苏府县志辑13》,第343页。
④ 乾隆《贵州通志》卷十八,《文渊阁四库全书》第571册,第485页。

河南司主事、吏部稽勋、考功司员外郎。加三级。壬午,贵州主考。"①民国《崇明县志》卷十二"人物·文苑"记载:"施何牧,榜名何牧,字赞虞。宇亨子。康熙十七年举人,二十四年进士。授内阁中书,迁吏部考功司主事。四十一年,充贵州乡试副考官。迁稽勋司员外郎。中岁乞归,侨居苏州顾氏园之高酣亭。……年八十三卒。"②据此可知,施何牧(1646—1728),字赞虞,号觉庵,崇明人,寓居长洲,官至吏部员外郎。《提要》误。

115.《声韵图谱》无卷数 (《总目》卷四十四)

国朝钱人麟撰。人麟,字铸庵,武进人。康熙庚子举人,官萧山县知县。

按:撰者字、科分均误。钱维城《先考铸庵府君行状》记载:"府君姓钱氏,讳人麟,字服民,号铸庵,晚号借翁。先世永一公自浙江湖州大钱港迁居江南武进之段庄。……雍正元年,世宗宪皇帝登极,特开恩科。府君以太学生应本省乡试,中试第二十一名。……后屡上春官不遇。委署淳安县事。……调黄岩。……庚申八月至浙江,署新城县。明年,调授桐庐。……三年,调萧山。……遂引疾归。……所著书有《铸庵易赘》、《诗易古音》、《师思斋文集》、《师思斋札记》、《东林别乘》、《东林十二目》、《明臣谥法考》、《太湖风土记》、《兵防考》、《声韵图谱》、《铸庵杂识》、《毗陵觚不觚录》。"③钱维城为钱人麟长子,乾隆十年状元。据此可知,钱人麟(1689—1772)字服民,铸庵乃其号也,雍正元年举人,官至萧山知县。《提要》误。

---

① 《清代朱卷集成》第 155 册,第 77 页。
② 民国《崇明县志》卷十二,《中国地方志集成·上海府县志辑 10》,第 720 页。
③ 钱维城《茶山文钞》卷十二,《清代诗文集汇编》第 346 册,第 707—711 页。

史　部

编　年　类

1.《通鉴纲目前编》三卷　（《总目》卷四十八）

　　　　明许诰撰。诰自号函谷山人，灵宝人。吏部尚书进之子，文渊阁大学士赞之兄，兵部尚书论之弟。弘治己未进士，官至南京户部尚书，谥庄敏。事迹附见《明史·许进传》。

　　按："兵部尚书论之弟"，误，应为"兄"。《明史》卷一百八十六许进本传记载："子诰、赞、诗、词、论。"①"诰，字廷纶，进次子也。弘治十二年进士。""论，字廷议，进少子也。嘉靖五年进士。"光绪《灵宝县志》卷四"人物"记载："许论，字廷义，襄毅公（许进）少子。"②张鼎文《光禄大夫太子太保兵部尚书兼都察院右副都御史默斋许公论墓志铭》记载："吾友默斋许公讳论，字廷议，河南灵宝人。……襄毅公生子八人：诏，举人；次诰，进士，太子太保南京户部尚书，谥庄敏；次赞，进士，光禄大夫柱国少傅兼太子太傅吏部尚书文渊阁大学士赠少师谥文简；次记；次诗，工部主事；次词，长芦运史；次志，清城知县；次即公。"③据此可知，许诰（1471—1534）乃许进次子，而许论（1496—1566）乃许进少子，即第八子。《提要》误兄为弟。

2.《嘉隆两朝闻见纪》十二卷　（《总目》卷四十八）

　　　　明沈越撰。越，字韩峰，南京锦衣卫人。嘉靖壬辰进士，官至监察御史。

---

①　王兆云《皇明词林人物考》，《四库全书存目丛书》史部第 111 册，第 739—740 页。
②　光绪《灵宝县志》卷四，(台北)成文出版社 1976 年影印本，第 509 页。
③　焦竑《国朝献征录》卷三十九，《续修四库全书》史部第 527 册，第 122 页。

按：撰者字误。《嘉靖十一年进士登科录》记载其字"中甫"①。黄虞稷《千顷堂书目》卷四"编年类"记载："沈越《嘉隆闻见纪》十二卷。（字中甫，南京锦衣卫人。嘉靖壬辰进士。由知县擢监察御史，忤严嵩坐监试事，出判开州。稍迁卫辉府推官、德安府同知，罢归。）"②《江西通志》卷五十八记载："沈越，字中甫，江宁人。嘉靖进士，巡按江西，执法峻整。严嵩当国，意有所不悦，以指授越，越不从，嵩衔之，坐甲辰监试，被议左迁开州判。"③乾隆《卫辉府志》卷十二"职官一"记载："沈越，字中甫，应天江宁人。进士。前监察御史。嘉靖二十五年任（推官）。"嘉庆《重修江宁府志》卷三十八记载："沈越，字中甫，江宁人。嘉靖壬辰进士。历官罗田、平江知县，擢山东道御史，巡抚江西，执法峻整，后忤严嵩罢归。"④据此，"韩峰"盖沈越（1501—1570）号也。

3.《世穆两朝编年史》六卷　（《总目》卷四十八）

明支大纶撰。大纶字华平，嘉善人。万历甲戌进士，由南昌府教授擢泉州府推官，谪江西布政司理问，终于奉新县知县。是编成于万历丙申，所载自嘉靖元年至四十五年，凡四卷，自隆庆元年至六年，凡二卷。

按：撰者字误。李维桢《前进士文林郎支公墓志铭》记载："……公名大纶，字心易。……甲子举于乡。……甲戌成进士。……乞为教授，除南昌。……擢泉州府推官。……冢宰严恭肃公趣公出，补江西布政。……而奉新县为最，以公摄令。"⑤黄虞稷《千顷堂书目》卷二十五记载："支大纶《支子艺余》十四卷。（字心易，嘉善人。奉新知县。）"⑥徐象梅《两浙名贤录》卷四十七记载："支大纶，字心易，嘉善人。"⑦朱彝尊《明诗综》卷五十二记载："支大纶，字心易，嘉善人。万历甲戌进士。由南昌府学教授升泉州府推官，谪江西布政司理问，迁知奉新县。有《华苹集》。"⑧沈季友《檇李诗系》卷十五记载："支大纶，字心易，号华平。立之曾孙。万历甲戌进士。……江陵闻而衔之，遂请教南昌，迁泉州司理。……江陵益衔之，遂罢官。又七年，

---

① 陈文新、柯坤翁、赵伯陶主撰《明代科举与文学编年》，第1753页。
② 黄虞稷《千顷堂书目》，第118页。
③ 雍正《江西通志》卷五十八，《文渊阁四库全书》第515册，第56页。
④ 嘉庆《重修江宁府志》卷三十八，《中国地方志集成·江苏府县志辑1》，第402页。
⑤ 李维桢《大泌山房集》卷八十三，《四库全书存目丛书》集部152册，第468页。
⑥ 黄虞稷《千顷堂书目》，第622页。
⑦ 徐象梅《两浙名贤录》，《四库全书存目丛书》史部114册，第504页。
⑧ 朱彝尊《明诗综》，第2651页。

推补江西藩幕。迁奉新令,复与上官不协,掉首而归,卒年七十有一。门人私谥曰文介先生。所辑永、昭两陵史、《屯余》《耕余》诸稿、《华平集》行世。"①支大纶子支如玉《先考华平府君行述》记载:"府君为槐谷公季子,名大纶,字心易,别号华平。"②此可为"华平"乃支大纶(1534—1604)之号之定论也。《提要》误号为字。

4.《国史纪闻》十二卷 (《总目》卷四十八)

明张铨撰。铨字宇衡,沁州人。万历甲辰进士,官至监察御史,巡按辽东。天启元年,大兵破辽阳,殉节死,赠兵部尚书,谥忠烈,事迹具《明史·忠义传》。

按:籍贯未确。顾起元《敕建巡按山东监军监察御史赠兵部尚书谥忠烈张公昭忠祠记》记载:"公名铨,字宇衡,号见平,山西沁水县人。举万历甲辰进士。"③祝以豳《赠兵部尚书监军辽阳监察御史见平张公传》记载:"公讳铨,号见平,山西沁水县人。甲辰进士。"④姚希孟《公槐集》卷六记载:"张铨,字宇衡,山西沁水人。"⑤黄虞稷《千顷堂书目》卷二十六"别集类"记载:"张铨《胜游草》四卷。(字宇衡,沁水人。巡按辽东,御史。阵亡,赠大理寺卿,加兵部尚书,谥忠烈。)"⑥雍正《泽州府志》卷三十六"沁水·节行"记载:"张铨,字宇衡,万历甲辰进士。五典子。"⑦据《明史·地理志二》记载,明代的"沁州"与"沁水县"并非一地。沁水县隶属于泽州,而沁州下辖沁源、武乡二县,隶属于布政司。据上述文献可知,张铨(1576—1621)乃"沁水县人"。《提要》误。

别 史 类

5.《读史备忘》八卷 (《总目》卷五十)

明范理撰。理,字道济,天台人。宣德庚戌进士,官至南京吏部右侍郎。

---

① 沈季友编《檇李诗系》卷十五,《文渊阁四库全书》第1475册,第355页。
② 支大纶《支华平先生集·附录》,《四库全书存目丛书》集部第162册,第484页。
③ 顾起元《雪堂随笔》卷一,《四库禁毁书丛刊》集部第80册,第190—192页。
④ 祝以豳《诒美堂集》卷十八,《四库禁毁书丛刊》集部第101册,第619—620页。
⑤ 姚希孟《公槐集》,《四库禁毁书丛刊》集部第178册,第407页。
⑥ 黄虞稷《千顷堂书目》,第644页。
⑦ 雍正《泽州府志》卷三十六,《中国地方志集成·山西府县志辑32》,第360页。

按：范理仕履误。杨守陈《明正奉大夫正治卿南京吏部左侍郎范公墓志铭》记载："公讳理，字道济，一字士伦，号省庵。宋太傅觉民之后，世居台州，自临海徙天台又九叶矣。……逾冠，中乡试第一，会试第三，皆有文镘之样。擢壬戌进士高第（应为庚戌，宣德无壬戌年号——引者注）。……拜知江陵县。……用荐知德安府。……超陟福建布政使。……拜贵州左布政使。……秩满，擢南京工部右侍郎。……寻转南京吏部左侍郎。……满考赴京，途遇疾，……遂薨，成化癸巳五月四日也，寿六十有四。……著《读史备忘》、《天台要略》，皆八卷，《诗经集解》三卷，《德安府志》、《丹台稿》，皆十卷，藏于家。"①张弘道、张凝道《皇明三元考》卷三记载："宣德四年己酉科解元：范理，天台人。字道济。习《诗》，庚戌进士第三人。……初知江陵县。……仕至南京吏部左侍郎。"②天台人许鸣远《天台诗选》卷二记载："范理，字道济，号操斋。宣德己酉乡试第一，庚戌廷试第三人进士。由外任累升至南京吏部左侍郎。……所著有《丹台稿》及《读史备忘》、《天台要略》等书。"③谈迁《国榷》亦记载："宪宗成化九年五月庚子，南京吏部左侍郎范理卒。理字道济，天台人。宣德进士。令江陵，有惠政。擢德安知府，治如江陵。进福建右参政，历贵州左布政使、南京工部右侍郎。清慎有吏干，更优文艺，著《读史备忘》、《诗经集解》，年六十六，赐祭葬。"④民国《台州府志》卷一百零一小传亦记载范理官至南京吏部左侍郎。据此，范理（1410—1473）官至南京吏部左侍郎。《提要》误"左"为"右"。

6.《宋史质》一百卷 （《总目》卷五十）

明王洙撰。洙字一江，临海人。正德辛巳进士，其仕履未详。

按：王洙号误为字，其仕履亦可考。嘉靖时人李时渐《三台文献录》记载："王洙，字崇教，号一江，临海人。正德进士。仕终广东参议。"⑤康熙《临海县志》卷五"选举上"记载："正德十六年辛巳杨维聪榜：王洙，（字）崇教，号一江。镐之子。任行人，升广东参议。有文名，著有《宋史质》一百卷。"⑥可知"一江"为号，非字，且知其官至广东参议。

---

① 杨守陈《杨文懿公文集》卷二十一，《四库未收书辑刊》集部五辑第17册，第562—563页。明人徐象梅辑《两浙名贤录》卷十七范理小传记载当袭自此墓志铭，科分同误。
② 《四库全书存目丛书》史部第271册，第83页。
③ 许鸣远辑《天台诗选》，《四库全书存目丛书补编》第35册，第44页。
④ 谈迁《国榷》卷三十六，第2328页。
⑤ 李时渐《三台文献录》，《四库全书存目丛书补编》第14册，第180页。
⑥ 康熙《临海县志》卷五，（台北）成文出版社1983年影印本，第390页。

7.《晋史删》四十卷 （《总目》卷五十）

明茅国缙撰。国缙，字荐卿，归安人。万历癸未进士，官至监察御史，谪淅川县知县，终于南京工部主事。

按：撰者仕履误。茅国缙同年叶向高《明工部都水司郎中二岑茅公墓志铭》记载："二岑茅公与余同举南宫，同官南曹，雅相善也。……公讳国缙，字荐卿，别号二岑。……壬午举于乡，明年成进士。除章丘令。……己丑，召入为广东道御史。……乃补淅川。……乙未，擢南屯田司主事。又请急里居三年，起补南都水。……晋公秩郎中。……公以劳瘁甚，移病乞归。……公没，皆罢市哭，是年为万历丁未。……官留都日，与诸名辈结社读史，将删其繁秽，勒成一家言，今《东汉两晋南北史》皆已就梓，尚未卒业。所著有《菽园诗草》行于世。"①另一同年兼同乡朱长春曾应茅国缙子茅元仪之请撰《工部都水司郎中茅荐卿墓表》②。其子茅元仪《先考工部都水司郎中二岑府君行实》记载："先府君姓茅氏，讳国缙，字荐卿，别号二岑，世居归安之华溪，已，徙居苕上。已，又徙练水。……壬午举于乡。明年成进士。"③。据上述文献可知，茅国缙（1555—1607）官至工部郎中。《提要》误。

8.《识大录》无卷数 （《总目》卷五十）

明刘振撰。振字自成，宣城人。其书纪明君臣事迹，略仿各史之例。

按：撰者字误，应为"自我"，属形似而误。陈济生《启祯遗诗》"刘聘君"条记载："君讳振，字自我，宁国宣城人。"④嘉庆《宁国府志》卷二十九"人物·文苑"记载："刘振，字自我。"⑤光绪《宣城县志》卷十八"文苑"记载："刘振，字自我。少高尚博学，慷慨善持论，尝纵游齐、梁、燕、赵间。中原多扰，范景文巡抚河南，会兵御寇。振布衣上书，谈时事多中。景文延至帷幄，甚见礼异，由是知名。寻返金陵，键户撰著。辑古今治乱得失，作《庙算》；采兵家言，作《纬书》；又以明三百年实录藏馆阁者，旁稽野乘，裁以己意，仿《史记》，述为本纪、志、表、列传，自洪武迄万历，名曰《识大录》，纪百余卷。范景文为南兵部尚书，每有大事，多就咨访，及内召聘修《北工部志》。

---

① 叶向高《苍霞草》卷十六，《四库禁毁书丛刊》集部第124册，第437—438页。
② 朱长春《朱太复乙集》卷二十五，《四库禁毁书丛刊》集部第83册，第233页。
③ 茅元仪《石民四十集》卷三十六，《四库禁毁书丛刊》集部第109册，第295页。
④ 陈济生《启祯遗诗》，《四库禁毁书丛刊》集部第97册，第620页。
⑤ 嘉庆《宁国府志》卷二十九，《中国地方志集成·安徽府县志辑44》，第276页。

书成,会闯贼陷京师,未上。景文殉国,书散逸。乙酉,疽发背死。"①据此记载可知,刘振(？—1645)字"自我",非"自成"。《提要》误。

9.《半窗史略》四十二卷 （《总目》卷五十）

国朝龙体刚撰。体刚号铁芝,永新人。

按：撰者字误。同治《永新县志》卷十七"人物志·别传"记载："龙体刚,字铁芝,号牧州。"②光绪《吉安府志》卷三十三"文苑下"记载："龙体刚,字铁之（当为芝之误——引者注）,永新人。力贫苦学,工诗古文词,以国学考授州同。……《半窗诗集》皆纪游作也。所著有《史略》、《诗略》、《词略》、《策略》诸书。"③据此可知,龙体刚(1655—1731)字铁芝,号牧州。《提要》或误号为字。

杂 史 类

10.《七雄策纂》八卷 （《总目》卷五十二）

明穆文熙编。文熙字敬止,东明人。嘉靖壬戌进士,官吏部员外郎。是编取《战国策》之文,加以评语,并集诸家议论附于上阑。大抵剿袭陈因,无所考证。

按：编者字误。吴国伦《明吏部考功员外郎敬甫穆公神道碑》记载："初,予与敬甫未有交,而友人王元美则尝以敬甫大义语予,予心高之盖二十余年。而敬甫又尝采录《明诗》,谬及予,不可谓不相知也。……按考功名文熙,字敬甫,世为魏之东明人。……嘉靖丁亥正月十一日生。……辛酉,敬甫果举于乡,壬戌成进士,授行人,……稍迁行人司副,晋工部都水员外郎。……与司马公方舟还里中。……诏公起,补礼部员外郎。……无何,迁尚玺丞,寻改吏部考功员外。……因谢病求去,不得。出为广东按察副使,非其好也,遂拂衣而归。筑逍遥园以自老,已,乃手衷其所著诗文若干卷,题之曰：《逍遥园集》。"④虞淳熙《广东宪副少春穆公行状》记载："君讳文熙,

---

① 光绪《宣城县志》卷十八,《中国地方志集成·安徽府县志辑45》,第423页。
② 同治《永新县志》卷十七,（台北）成文出版社1975年影印本,第1391页。
③ 光绪《吉安府志》卷三十三,（台北）成文出版社1975年影印本,第1063—1064页。
④ 吴国伦《甔甀洞续稿》卷一,《四库全书存目丛书》集部第123册,第565—566页。

字敬甫,家东明。"①于若瀛《故广东宪副穆公行状》记载:"公讳文熙,字敬甫,别号少春,魏东明人。……嘉靖辛酉举乡荐。壬戌成进士,授行人。"②朱彝尊《明诗综》卷四十四记载:"穆文熙,字敬甫,东明人。嘉靖壬戌进士。除行人,进司副,迁工部员外,改尚宝司丞。转吏部员外,出为广东按察副使。有《逍遥园集》。"③乾隆《东明县志》卷六"乡贤"记载:"穆文熙,字敬甫。嘉靖壬戌进士。"④据此,穆文熙(1527—1592)字敬甫,非"敬止"。《提要》误。

11.《庚申外史》二卷 (《总目》卷五十二)

明权衡撰。衡字以制,号葛溪,吉安人。元末兵乱,避居彰德黄华山。明初归江西,寓居临川以终。是书见于《明史·艺文志》者,卷目与此相合。……书前别附一序,称"洪武二年迪简受命访庚申帝史事"云云,不著其姓。详其文,乃《庚申帝大事纪序》,非此书之序,后人移缀此书中耳。考王祎《造邦勋贤录》,称刘迪简,宜春人,国初征授尚宾副使,则迪简当为刘姓。又考黄溥《闲中今古录》,称刘尚宾集《庚申帝大事纪》,则此序为刘迪简《大事纪序》明矣。

按:《造邦勋贤录》作者乃王祎,非"王祎"。此《提要》引用王祎《造邦勋贤录》关于刘迪简(?—1370)为"宜春人",误。万历《吉安府志》卷十九记载:"刘迪简,字商卿,安福人。博览五经。国初甲辰二年,征起,授尚宾馆副使,陈时务五十条。洪武元年,撰《皇王大学旨要》一书疏进。寻因火旱求直言,应诏陈时事。二年六月,差往汴、陕,访采前代政绩,笔削成书献。三年四月,差赴交趾,竣事,殁于南宁府。井龙县官归其丧。有文集行于世。"⑤黄虞稷《千顷堂书目》卷十七"别集类"亦明确记载:"刘迪简《刘尚宾文集》五卷。(字商卿,安福人。洪武初官尚宾馆副使,出使安南。)"⑥考《明史·地理志》可知,"安福"属吉安府,而"宜春"乃袁州府。作为浙人的王祎著录有误。

12.《南征录》一卷 (《总目》卷五十三)

明张瑄撰。瑄字延玺,江浦人。正统壬戌进士,官至南京刑部尚

---

① 虞淳熙《德园先生集》卷十三,《四库禁毁书丛刊》集部第43册,第358页。
② 于若瀛《弗告堂集》卷二十四,《四库禁毁书丛刊》集部第46册,第163页,
③ 朱彝尊《明诗综》,第2213页。
④ 乾隆《东明县志》卷六,《中国地方志集成·山东府县志辑85》,第657页。
⑤ 万历《吉安府志》卷十九,《日本藏中国罕见地方志丛刊11》,第266页。
⑥ 黄虞稷《千顷堂书目》,第468页。

书。是编乃天顺八年瑄为广西右布政使时，值广西诸洞蛮搆广东肇、高、雷、连土寇为乱。遣左参将范信、都指挥徐宁督官兵四千、土兵一万讨之，以瑄监其军。瑄因述其征剿始末为此书。始于是年正月初二日，止于三月初九日，按日纪载。

按：张瑄字、仕履均误。童轩《资政大夫南京刑部尚书观庵张公瑄墓志铭》记载："公讳瑄，字廷玺，别号古愚，晚号安拙翁，再号观庵。系出宋忠定公后，世家句容。曾祖日宣，元滁学教谕，因侨寓于滁。国初徙江浦，遂占籍居焉。……初，正统间，公为县学生，始业举子，受《礼经》于姊夫李公侃，寻中应天府辛酉乡试。……明年，李偕公同登壬戌进士，观政户部。……甲子，授刑部四川司主事，……天顺庚辰，遂由郡守升广东右布政使。……公至广，会广西流贼越境攻破属邑连山。公督官军擒杀贼首莫文章等。……戊子，转左布政史。……壬辰，奉敕升都察院右副都御史，巡抚福建。……甲午秋，又奉敕巡抚河南。……戊戌，改南京刑部左侍郎。……壬寅秋，以都御史、侍郎通九载，考满赴京，升本部尚书。……平生所著有《香泉稿》二卷、《粉署余闲稿》一卷、《凝清集》八卷、《闽汴纪巡录》十七卷、《奏议》八卷、《南征录》三卷、《安拙类稿》若干卷。公生于永乐丁酉，卒于弘治甲寅春，秩七十有八。既卒，上遣礼部致祭于家，工部造墓域于江宁县安德乡唐家山之源。"①万历《应天府志》卷二十八记载："张瑄，字廷重（当为玺——笔者按），江浦人。正统壬戌进士。迁吉安知府，有治绩。迁广东布政，累官至南京刑部尚书。"②何乔远《闽书》卷四十五记载："张瑄，字廷玺，江浦人。……南京刑部尚书，终其官。"③光绪《盋山志》卷五记载："张瑄，字廷玺，江浦人。景泰二年进士。……历官至南京刑部尚书。"④据此文献可知，张瑄（1417—1494）字"廷玺"。《提要》作"延玺"，乃形似而误。张瑄平定广东之乱，时任"广东"右布政使，《南征录》卷首有张瑄自序，结衔即云"赐进士广东右布政使江浦张瑄书"⑤，《提要》作"广西右布政使"，误也。

13.《平番始末》一卷 （《总目》卷五十三）

明许进撰。进字秀升，灵宝人。成化丙戌进士，官至兵部尚书，谥

---

① 焦竑《国朝献征录》卷四十八，《续修四库全书》史部第527册，第503—505页。
② 万历《应天府志》卷二十八，《四库全书存目丛书》史部第203册，第676页。
③ 何乔远《闽书》，第1120页。
④ 光绪《盋山志》卷五，《中国名山胜迹志丛刊》第四辑，第92页。
⑤ 《四库全书存目丛书》史部第46册，第91页。

襄毅,事迹具《明史》本传。

按:该《提要》多处讹误。张邦奇《明故资善大夫太子少保吏部尚书致仕赠光禄大夫太子太保谥襄毅许公墓碑铭》记载:"公讳进,字季升,别号东厓。举成化丙戌进士。擢监察御史,巡按甘肃。……乙丑,召为兵部左侍郎,督团营兵马,晋尚书,赐蟒衣三袭。正德丙寅,命侍经筵,因上言请勤圣学,戒逸游,改吏部尚书。"①景旸《资德大夫正治上卿太子少保吏部尚书赠太子太保许公墓志铭》记载:"公讳进,字季升,号东崖,姓许氏,河南灵宝人。……天顺壬午领乡荐。成化丙戌举进士。授监察御史。……改吏部尚书,赐玉带,加太子少保阶资德大夫正治上卿。"②徐咸《皇明名臣言行录》卷七记载:"许进,字季升,河南灵宝人。成化丙戌进士。仕至太子少保、吏部尚书,卒赠太子太保。"③《明史》卷一百八十六本传记载:"许进,字季升,灵宝人。成化二年进士。除御史。历按甘肃、山东,皆有声。……弘治元年擢右佥都御史,巡抚大同。……七年迁陕西按察使。……乃荐为右佥都御史,巡抚甘肃。……录功,加右副都御史。明年移抚陕西,历户部右侍郎,进左。……武宗即位,乃起为兵部左侍郎,提督团营。正德元年代刘大夏为尚书。……居兵部半岁,改吏部,明年加太子少保。……乃令致仕。未几,坐用雍泰削其籍。……会瑾诛得解,复官致仕。未闻命,卒,年七十四。嘉靖五年谥襄毅。"④据此,许进(1437—1510)字"季升",非"秀升",此乃形近而误;官至"吏部尚书",非"兵部尚书"也。《总目》卷四十八著录许进次子许诰《通鉴纲目前编》,解题云:"明许诰撰。诰自号函谷山人,灵宝人,吏部尚书进之子。"由此可见,《总目》前后失察。

14.《姜氏秘史》一卷 (《总目》卷五十三)

明姜清撰。清,弋阳人,正德辛未进士,官至尚宝司少卿。

按:撰者字缺、仕履误。乾隆《弋阳县志》卷十"人物·学业"记载:"姜清,绾之子也。正德进士。历官至大理寺少卿,升太常寺卿,卒于官。"⑤同治《广信府志》卷九之三"人物·文苑"记载:"姜清,字源甫,弋阳人。绾子。

---

① 张邦奇《靡悔轩集》卷四,《续修四库全书》集部第 1337 册,第 6—7 页。
② 焦竑《国朝献征录》卷二十四,《续修四库全书》史部第 526 册,第 267—268 页。
③ 徐咸《皇明名臣言行录》卷七,《四库全书存目丛书》史部第 90 册,第 335 页。
④ 张廷玉等《明史》,第 4923—4926 页。
⑤ 乾隆《弋阳县志》卷十,《故宫珍本丛刊》第 110 册,第 254 页。

正德进士。历官至大理少卿,升太常寺卿,卒于官。"①据此,姜清(1483—1534?)官至"太常寺卿"。《提要》或误。

15.《平汉录》一卷 （《总目》卷五十三）

明童承叙撰。承叙字汉臣,沔阳人。正德辛巳进士,官至左春坊左庶子。是编纪太祖平陈友谅事。首载宋濂平江汉颂一首。次即载史臣赞一首。而以友谅兴灭本末附于其后,谓之《外传》。

按：撰者字误。陈文烛《内方童先生传》记载："先生讳承叙,字士畴,沔阳人也。始祖自随徙沔,而沔南有内方山,因号内方山人,海内学士大夫称内方先生云。……以《诗经》举乡试第二。……明年庚辰中会试。值肃皇帝继统,选翰林院庶吉士。与茶陵张公治、蒲圻廖公道南号楚三才。"②李维桢《童庶子集序》亦云："余过相州,谒故少傅郭公,言必称童士畴先生。公,故先生南宫所举士也。"③万历《承天府志》卷十一记载："童承叙,字士畴,沔阳人。弱冠以文名,中正德辛巳进士。选入翰林,晋国子司业,与校《宝训》、《实录》、《会典》诸书。著《沔阳志》及文集,藏于家。"④过庭训《明分省人物考》卷七十七记载："童承叙,字士畴。其先随州人,元季始祖避兵居沔阳,遂为沔阳人。……登正德辛巳进士。改翰林院庶吉士。嘉靖壬午,授编修。……甲午,充讲官。……己亥,上因固正册储位,乃进左庶子,兼翰林院侍讲。……壬寅,以省墓假归,未几卒。"⑤王兆云《皇明词林人物考》卷六记载："童士畴,先生讳承叙,字士畴,沔阳人也。"⑥黄虞稷《千顷堂书目》卷二十二记载："童承叙《内方集》十卷。(字士畴,沔阳州人。)"⑦据此可知,童承叙(1495—1543),字士畴。《提要》误。

16.《茂边纪事》一卷 （《总目》卷五十三）

明朱纨撰。……又附以纪事诗五十章,及李凤翔《靖柔编》、王元正《平蛮或问》各一首,彭汝实等诗二十一首。末有自跋,称"此本藏箧中二十年"。

---

① 同治《广信府志》卷九,(台北)成文出版社1970年影印本,第826页。
② 陈文烛《二酉园文集》卷十二,《四库全书存目丛书》集部第139册,第144页。
③ 李维桢《大泌山房集》卷十二,《四库全书存目丛书》集部第150册,第547页。
④ 万历《承天府志》卷十一,《日本藏中国罕见地方志丛刊8》,第227页。
⑤ 过庭训《明分省人物考》卷七十七,《明代传记丛刊》第137册,第168页。
⑥ 王兆云《皇明词林人物考》,《四库全书存目丛书》史部第112册,第55页。
⑦ 黄虞稷《千顷堂书目》,第559页。按：该条目将童承叙仕履定为"右春坊右庶子",误。

按：李凤翔《靖柔编》，名字及篇名均误，应为"李凤翱《靖柔篇》"，结衔云"嘉靖丙申岁六月望后二日赐进士出身承德郎云南道监察御史成都五石李凤翱顿首书于青羊少室"①。同治《重修成都县志》卷七"人物志·文苑"记载："李凤翱，字五石，成都人，嘉靖进士。"②末有《自跋》，云："右藏箧中十二年矣，未尝敢以闻于人。"③明确为"十二年"，《提要》误作"二十年"，倒乙之误。

17.《平濠记》一卷 （《总目》卷五十三）

明钱德洪撰。德洪本名宽，字德洪，后以字行，改字曰洪甫，余姚人。嘉靖壬辰进士，官至刑部郎中。事迹具《明史·儒林传》。

按：撰者仕履误，应为刑部"员外郎"。王畿《刑部陕西司员外郎特诏进阶朝列大夫致仕绪山钱君行状》记载："君讳德洪，字洪甫。初名宽，避先世讳，以字行。姓钱氏，吴越武肃王十九代孙。尝读《易》灵绪山中，门人称为绪山先生。……正德己卯，补邑庠弟子。……嘉靖壬午果中式。……丙戌，予与君同举南宫，不就廷试而归。……壬辰，始与君北行，终试事，参政吏部。……岁甲午，聘主广东乡试。……乙未，丁艰归越，……服阕，补监丞，……寻升湖广司主事，……循例转陕西司员外郎。……癸卯，诏革冠带归农。"④吕本《明故刑部陕西司员外郎特诏进阶朝列大夫致仕绪山钱公墓志铭》记载："公讳德洪，字洪甫，初名宽。避先世讳，以字行。……明年壬午果领乡荐。……丙戌举南宫，不就。廷试又归。……甲午，聘主广东乡试。……升刑部主事。……未几，升员外郎。……癸卯，诏革冠带归农。……穆宗御极，给事中岑用宾、御史尹校等交章荐之，……吏部覆以年逾七十，不宜烦政事，仅进阶朝列大夫致仕而已。……十月二十六日，犹夙兴，衣冠而坐，是夜丑时，气息渐微，奄然逝矣。……公卒于万历二年十月二十七日，距生弘治丙辰十二月二十二日，享年七十有九。"⑤黄宗羲《明儒学案》卷十一记载："钱德洪，字洪甫，号绪山，浙之余姚人。……嘉靖五年，举于南宫，不廷试而归。……十一年，始赴廷试，出为苏学教授。……寻升刑部主事，稍迁员外郎，署陕西司事。……穆宗朝，进阶朝列大夫，致仕。"⑥据《明史·职

---

① 《四库全书存目丛书》史部第47册，第243页。
② 同治《重修成都县志》卷七，《中国地方志集成·四川府县志辑2》，第297页。
③ 《四库全书存目丛书》史部第47册，第250页。
④ 王畿《龙溪王先生全集》卷二十，《四库全书存目丛书》集部第98册，第658—662页。
⑤ 吕本《期斋吕先生集》卷十二，《四库全书存目丛书》集部第99册，第592—597页。
⑥ 黄宗羲《明儒学案》，第224—225页。

官志一》记载,刑部郎中为正五品,员外郎则为从五品。从上述材料显示,钱德洪(1497—1574)官至刑部员外郎,非"郎中",致仕进阶"朝列大夫",而没有升"郎中"一职。

18.《革除遗事》十六卷　（《总目》卷五十三）

明符验撰。验字大充,号松岩,黄岩人。嘉靖戊戌进士,官至广西按察司佥事。此书卷首有验序,称"泰泉欲修国史之缺,出携李郁氏本,俾核订为十六卷,以复于泰泉。"泰泉者,黄佐之别号。盖验此书,实因嘉兴郁衮旧本而修缉之,肇其议者则黄佐也。

按：撰者字误。李时渐《三台文献录》记载："符验,字大克,号松岩,黄岩人。嘉靖进士,仕终广西佥事。"①万历《黄岩县志》卷五记载："符验字大克,号松岩。匡之子,领乡荐第七,登嘉靖戊戌进士。……简南京福建道御史。……擢为常州守。……逾年,移令建安。……擢广右按察佥事,辄恳致政归。……所著有《留台杂记》、《四礼或问》、《松岩遗稿》,从祀乡贤祠及建宁名宦祠。"②陆粲《后执法篇赠陈子东之考绩》云："余始识陈子,实因其官之长符子大克。符子者,盖今之清强吏云。余固重其刚明而尤愿其有终者,故于陈子而献规焉,亦因以励符子也。"③《明代登科录汇编》亦记载其字"大克"④。据此可知,符验(1493—?),字大克。《提要》作"大充",当形似而误。

19.《平夷功次录》一卷　（《总目》卷五十三）

明焦希程编。希程榜姓周,象山人。嘉靖辛丑进士,官至贵州兵备副使。希程在四川时,值宜宾夷人作乱,巡抚张臬檄委希程剿平。因汇刻当时部檄,以成此书。

按：撰者籍贯、科分均误。万历《重修象山县志》卷十五记载："周希程,字道夫,别号凤山。……领嘉靖甲午乡荐,赴礼闱,以副榜授山东寿张教谕。六载登辛丑进士,除番禺令。……转苏州别驾。……忽病作,致其仕归。……所著有《凤山诗集》、《仕余录》若干卷。"⑤道光《南阳泌阳县志》卷

---

① 李时渐《三台文献录》,《四库全书存目丛书补编》第14册,第181页。
② 万历《黄岩县志》卷五,上海古籍出版社1963年影印本,第396—397页。
③ 陆粲《陆子余集》卷一,《文渊阁四库全书》1274册,第591页。
④ 屈万里主编《明代登科录汇编》第9册,第4576页。
⑤ 万历《重修象山县志》卷十五,(台北)成文出版社1983年影印本,第168—169页。

八"人物·名贤"记载:"焦希程,字师正。显之曾孙。正德己卯举人,历官南京户部郎中、贵州按察使副使,分巡安平道。西南寇作乱,希程多方讨捕,屡建殊功。会推优转,为严世蕃所沮,遂抗疏求退,优诏以三品阶致仕。所著有《平南略》、《芝原文集》,崇祀乡贤。"①《贵州通志》卷十七"副使"记载:"焦希程,泌阳人,举人。"②综合以上文献可以看出,象山周希程(1507—?)字道夫,别号凤山,嘉靖十三年(甲午,1534)举人,二十年(辛丑,1541)进士,历官寿张教谕、番禺县令、苏州别驾,与贵州平乱毫无瓜葛。《平夷功次录》撰者为焦希程,字师正,河南南阳府泌阳县人。正德十四年(己卯,1519)举人,官至贵州按察副使。此二焦希程同时、同名,或为致误之因。

20.《使琉球录》二卷 (《总目》卷五十三)

明郭世霖撰。据《浙江遗书目录》称"世霖,永丰人,官吏科给事中",而《类姓登科考》载"嘉靖癸丑进士郭汝霖,永丰人,官至南京太仆寺卿"。当即其人,特讹世为汝耳。万历中,萧崇业《使琉球录》,称"陈侃、郭世霖二录",其明证也。初嘉靖十一年,命吏科左给事中陈侃、行人高澄册封中山王尚清。侃述其事为《琉球录》,自为之序。至嘉靖三十七年,又遣世霖与行人司行人李际春册封中山王尚元。世霖因取侃旧本,缀续成编。所言大略与《明史·琉球传》合。惟每条列原录于前,而附所续于后,皆以"霖按"二字冠之。似乎考订旧闻,实则铺叙新事,于体例殊未协也。

《总目》卷一百七十八《石泉山房集·提要》又云:

明郭汝霖撰。汝霖字时望,号一厓,永丰人。嘉靖癸丑进士,官至南京太常寺卿。

按:《使琉球录·提要》引《类姓登科考》称作者郭汝霖"官至南京太仆寺卿",而《石泉山房集·提要》则曰"官至南京太常寺卿",同一人仕履不同,必有一误。胡直《嘉议大夫南京太常寺卿一厓郭公墓志铭》记载:"公永丰层山里人也,讳汝霖,字某,号一厓。上世自唐监军公来镇永丰,子定功赘石桥吴氏,为祭酒博士,徙层山。……嘉靖庚子举乡试。癸丑第进士。授行人司行人。久之,选吏科给事中。……比使琉球,转刑科右给事。其使事本末具《使琉球录》及前叙述中。……升光禄少卿,改顺天府

---

① 道光《泌阳县志》卷八,(台北)成文出版社1976年影印本,第527页。
② 乾隆《贵州通志》,《文渊阁四库全书》第571册,第443页。

丞。……工部上公功,诏升公俸二级。……寻改大理少卿。……补南京太常卿。……明年,上书乞致仕,诏可。"①黄虞稷《千顷堂书目》卷二十三记载:"郭汝霖《石泉山房集》十二卷。(字时望,永丰人,南京太常寺卿。)"②万历《吉安府志》卷二十"人物"记载:"郭汝霖,字时望,永丰人。嘉靖癸丑进士,授行人,选吏科给事中。……寻转刑科右给事中。会琉球国世子请封,诏霖奉玺书往,赐一品服。先是,使外国者正副使各一,舟费各数千金,霖并之以便民。逾年,至琉球成礼。中山王馈马蹄黄金四十两,不受,往还凡三年始报命,而琉球使者亦具言霖辞金状,上悦,赐白金、纻丝旌之,升光禄少卿,改顺天府丞。……改大理少卿,升南太常卿,乞致仕归。"③聂芳声《丰阳人文纪略》卷十记载:"郭汝霖,字时望,号一崖。嘉靖癸丑进士,授行人,选吏科给事中。……升光禄少卿,改顺天府丞。……改大理少卿,升南太常卿,乞休归。"④据此可知,郭汝霖官至"南京太常寺卿",《使琉球录·提要》有误。另,明时江西吉安府、广信府均有永丰县,撰者籍贯著录应予明确著录,以免混淆。据上述辨析可知,郭汝霖(1510—1580)乃吉安府永丰人。

21.《建文朝野汇编》二十卷　(《总目》卷五十四)

明屠叔方撰。叔方,秀水人。万历丁丑进士,官至监察御史。其书分逊国编年、报国列传、建文传纪、建文定论诸目。盖杂采野史传闻之说,裒合成编。大抵沿袭讹传,不为信史。至摭典故辑遗之谬说,谓宣宗为惠帝之子,尤无忌惮矣。

按:撰者字缺,籍贯、仕履均误。徐象梅《两浙名贤录》卷二十五记载:"屠叔方,字宗直。宫谕应峻之第四子也。起家进士,知宿松,以才调鄱阳,征拜广东道监察御史。出按陕西,陈安攘要计六事。再按云南,定临安兵变。历官山东兵备副使,致政归。"⑤光绪《平湖县志》卷十五"人物"记载:"屠叔方,字宗直,号瞻山。谕德应埈子。万历丁丑进士,授江西鄱阳知县。……擢御史。……外转山东副使,遂拂衣归。著有《建文朝野汇编》二十卷。"⑥盛枫《嘉禾征献录》卷七记载:"屠叔方,字宗直,号瞻山。嘉靖甲子

---

① 胡直《衡庐精舍藏稿·续稿》卷八,《文渊阁四库全书》第1287册,第739—740页。
② 黄虞稷《千顷堂书目》卷二十三,第596页。
③ 万历《吉安府志》卷二十,《日本藏中国罕见地方志丛刊11》,第307页。
④ 《四库全书存目丛书》集部第412册,第710页。
⑤ 徐象梅《两浙名录》,《四库全书存目丛书》史部第113册,第742页。
⑥ 光绪《平湖县志》卷十五,《中国地方志集成·浙江府县志辑20》,第362页。

举人。万历丁丑进士。知宿松县。……外转山东副使,分巡济南。同郡陆光祖掌铨,值外计。叔方与黄正色皆光祖姻娅,以事同论降,寻得原,调简不赴归。……著《建文朝野汇编》二十卷。"①屠叔方乃屠勋孙、屠应埈子。《总目》著录有屠勋、屠应埈作品,均著录为平湖人,屠叔方注为秀水人,误甚。屠叔方(1545—?)官至"山东兵备副使"(正四品),而非仅止于"监察御史"(正七品)而已。

22.《明祖四大法》十二卷 (《总目》卷五十四)

明陈栋如撰。栋如字子极,无锡人。万历戊戌进士,官至太仆寺少卿。事迹附见《明史·冯应京传》。

按:撰者姓误。《明史》卷二百三十七本传及《千顷堂书目》均记载为何栋如,非陈栋如。范凤翼《太仆寺少卿何公行状》记载:"公名栋如,字子极,号天玉,晚更称在翁,其先常之无锡人。……甲午举于乡。戊戌成进士。……谒选而得襄阳之理官。……岁辛酉,奉光庙遗诏,起为南职方主事。……壬戌,奉旨以太仆寺少卿行边赞化。……其所著文章有《续南音》、《徂东草》、《摄园草》、《出山疏牍》、《楚辽记略》、《恢辽议》、《石城会语》。其辑有《实用编》、《经武编》、《文成外编》、《皇明四大法》、《近溪要语》凡若干卷行于世。"②光绪《无锡金匮县志》卷十九"宦望"、光绪《盍山志》卷三有传。据此可知,《皇明四大法》辑者名为何栋如(1572—1637)。《提要》作陈栋如,误。

23.《使琉球录》二卷 (《总目》卷五十四)

明萧崇业、谢杰同撰。崇业,云南临安卫人。隆庆辛未进士,官至右佥都御史,提督操江。杰,长乐人。万历甲戌进士,官至户部尚书,总督仓场。万历七年,崇业为户科给事中,杰为行人司行人,奉使往封琉球国世子尚永为中山王。是年六月,渡海抵其国,十月还闽。因记其行事仪节及琉球山川风俗为此书。大抵本嘉靖十三年陈侃、四十年郭世霖二录而稍润益之。

按:其一,萧崇业(1535—1597前)字缺。黄洪宪《明中宪大夫南京都察院右佥都御史萧公神道碑》记载:"中丞公讳崇业,字允修,别号乾养。世

---

① 《续修四库全书》史部第 544 册,第 434—435 页。
② 范凤翼《范勋卿集》卷五,《四库禁毁书丛刊》集部第 112 册,第 398—403 页。

居秣陵，高皇帝时，萧九成之母慕入宫乳太子，与宦者隙，戍云南临安卫，遂家焉。……嘉靖辛酉举于乡。隆庆辛未成进士。改庶吉士。……癸酉，授兵科给事中。……转工科右给事中。……转户科左给事中。……琉球中山王请封，公当往。……升兵科都给事中。……稍迁光禄寺少卿。辛巳，擢贰太仆。……升都察院右佥都御史，提督操江。……著述有《奏议》、《使琉球录》、《南游漫稿》。"①另据王祖嫡《萧中丞传》记载："公讳崇业，字允修，别号乾养。……嘉靖辛酉举乡书第二，隆庆辛未成进士，改庶吉士。"②

其二，关于谢杰。《明史》有传，按例当云"事迹具《明史》本传"。《明史》卷二二七本传记载："谢杰，字汉甫，长乐人。"③谢肇淛《小草斋文集》卷十四记载："谢杰，字汉甫，福建长乐人。登万历甲戌进士。授行人，出封琉球，尽却夷王所予金，归装萧如也。"④该书卷十七《明故资政大夫太子少保户部尚书叔祖绎梅公行状》记载尤为详细："（公）讳杰，字汉甫，别号绎梅。……庚午举于乡。甲戌成进士。……乙亥，以大行使楚。赐宴，赉金币，辞不受。丙子，琉球请封。公以副使偕给事中萧崇业往，众危之。公抵掌曰：乘长风破万里浪，吾志也。天子明圣，海波晏如。越洪涛，一杯水耳！且也宁独大海之中能死人哉？……既还朝，拜光禄丞，晋少卿。……拜大司徒，督仓场。……所纂著有《奏议》、《文集》、《诗集》、《礼纂》、《刑纂》、《士谭民语》、《白云篇》、《琉球录补遗》、《抑抑堂爱草》数百卷。"⑤谢肇淛为谢杰（1537—1604）侄孙，记载当更为可靠。据此，谢杰出使琉球为万历四年（丙子），而非"七年"，《明史·外国四》亦记载："万历元年冬，其国世子尚永遣使告父丧，请袭爵。章下礼部行，福建守臣覈奏，明年遣使贺登极。三年入贡，四年春再贡，七月，命户科给事中萧崇业、行人谢杰赍敕及皮弁冠服、玉珪，封尚永为中山王。明年冬，崇业等未至，世子复遣使入贡，其后修贡如常仪。"⑥《提要》误。朱国桢《涌幢小品》卷三十"差往海外"条记载同误。

《提要》又云：

> 《明史·艺文志》载谢杰《使琉球录》六卷。此本止分上、下二卷，检勘并无阙佚，殆"六"字为传写之误欤。

---

① 黄洪宪《碧山学士集》卷五，《四库禁毁书丛刊》集部第30册，第200—202页。
② 王祖嫡《师竹堂集》卷十九，《四库未收书辑刊》5辑第23册，第217页。
③ 张廷玉等《明史》，第5967页。
④ 谢肇淛《小草斋文集》卷十四，《四库全书存目丛书》集部第176册，第106页。
⑤ 谢肇淛《小草斋文集》卷十七，《四库全书存目丛书》集部第176册，第167—171页。
⑥ 张廷玉等《明史》卷三百二十三，第8368页。

按：万历《福州府志》卷七十一"艺文志二"记载，谢杰《使琉球录》六卷①，可备一说。

24.《明宝训》四十卷 (《总目》卷五十四)

明万历壬寅南京礼部郎中陈治本、工部郎中吕允昌、礼部主事朱锦等所刊。盖裒合历朝官撰之本以为一编者也。

按：《四库全书存目丛书》史部第53册收录，朱锦结衔曰"南京兵部职方清吏司主事臣朱锦谨阅"②。据此，朱锦（1566—?）时为南京兵部主事。《提要》作"礼部主事"，误。光绪《余姚县志》卷二十三"列传十三"记载："朱锦，字文弢，号恕铭。……锦登万历二十年进士。知金溪。……迁车驾司主事，升员外郎。……升礼部精膳司郎中，擢知扬州府。……秩满，迁河南按察司副使，备兵颍上，多所建明。会御史某疏龁首垣，语侵锦，遂拂衣归。著有《字学集要》、《今古纡筹》、《君臣当机录》、《四六类函》、《千岁考》。"③

25.《逊国正气纪》二卷 (《总目》卷五十四)

明曹参芳撰。……参芳爵里无考。

按：撰者爵里可考。黄虞稷《千顷堂书目》卷十"传记类"记载："曹参芳《逊国正气记》九卷。（贵池人，字日赞。崇祯时布衣。）"④乾隆《池州府志》卷四十六"儒林"记载："曹参芳，字日赞，贵池人。性孝友，博学砥行，为诸生祭酒。崇正（祯）末，史可法、程世昌先后观察池州，俱许其有经世之学，而聊落不偶，守志益坚。挈家居桐川，与同志阐发心性之奥，以绍正学。皖抚初立培原书院，招参芳会讲其中，后归华西故里，益精研易学，学者称心易先生。"⑤光绪《贵池县志》卷二十六"人物志·儒林"记载："曹参芳，字日赞。"⑥据此可补《提要》之缺。

26.《安南使事记》一卷 (《总目》卷五十四)

国朝李仙根撰。仙根字南津，遂宁人。顺治辛丑进士，官至户部侍

---

① 万历《福州府志》下册，海天出版社2001年整理本，第687页。
② 《四库全书存目丛书》史部第53册，第657页。
③ 光绪《余姚县志》卷二十三，《中国地方志集成·浙江府县志辑36》，第860页。
④ 黄虞稷《千顷堂书目》，第283页。
⑤ 乾隆《池州府志》卷四十六，《中国地方志集成·安徽府县志辑59》，第605页。
⑥ 光绪《贵池县志》卷二十六，《中国地方志集成·安徽府县志辑61》，第389页。

郎。康熙七年,仙根以内秘书院侍读偕兵部职方司主事杨兆杰使安南还,备述宣谕事实,编为此书。其词多质朴少文,盖随笔记录,未及删润也。

按:撰者字、仕履均误。张鹏翮《故光禄少卿李公传》记载:"李公名仙根,字子静,遂宁县人。……国朝甲午中乡试式。复中辛丑礼部试,殿试一甲第二。授宏文院编修。……迁侍读学士。……己未,补鸿胪卿。逾月,擢左副都御史。……庚申,擢户部侍郎。……壬戌,以议钱法,投劾去。戊辰,补光禄少卿。"①乾隆《长洲县志》卷二十七"流寓"记载:"李仙根,字子静,号南津,蜀成都遂宁人。"②同治《苏州府志》卷一百十二"流寓"记载:"李仙根,字子静,遂宁人。"③民国《遂宁县志》卷四"乡宦"记载:"李仙根,字子静,遂宁人。"④上述文献均记载李仙根(1621—1690)字子静,"南津"为其号,官至光禄寺少卿。《提要》误。

27.《交山平寇本末》三卷、《附诗》一卷、《详文》一卷、《书牍》一卷 (《总目》卷五十四)

国朝夏骃撰。纪交城知县赵吉士剿贼事也。……骃字宛来,湖州人。吉士字天羽,钱塘人,顺治辛卯举人,官至户科给事中。

按:赵吉士籍里不确。朱彝尊《朝议大夫户科给事中降补国子监学正赵君墓志铭》记载:"君讳吉士,字天羽,一字恒夫,姓赵氏,世居徽州之休宁。……君入籍杭州,补府学生。顺治八年举浙江乡贡进士。康熙七年谒选,知太原交城县。……所著书有《续表忠纪》、《寄园寄所寄录》、《音韵正讹》、《徽州府(志)》、《交城县志》,诗稿尤多,俱镂版行世。若交山平寇始末,则其友吴兴夏骃纪其事为一书。"⑤光绪《交城县志》卷四"官政"记载:"赵吉士,浙江钱塘籍,江南休宁人。"⑥据此,赵吉士(1628—1706)实为钱塘籍,休宁人,侨居杭州。《总目》卷六十三著录赵吉士撰《续表忠记》八卷,注明赵吉士"休宁人"。

另,关于夏骃字误。乾隆《乌程县志》卷七记载:"夏骃,字文茵,乌程

---

① 《清代诗文集汇编》第176册,第356页。
② 乾隆《长洲县志》卷二十七,《中国地方志集成·江苏府县志辑13》,第341页。
③ 同治《苏州府志》卷一百十二,《中国地方志集成·江苏府县志辑9》,第810—811页。
④ 民国《遂宁县志》卷四,《中国地方志集成·四川府县志辑21》,第166页。
⑤ 朱彝尊《曝书亭集》卷七十七,《清代诗文集汇编》第116册,第573—574页。
⑥ 光绪《交城县志》卷四,《中国地方志集成·山西府县志辑25》,第241页。

人。康熙戊午，荐鸿博，不及试。与赵黄门吉士友善。"光绪《乌程县志》卷十七记载："夏骃，字文茵，号宛来。"①《提要》将号误为字。

诏令奏议类

28.《垂光集》二卷　（《总目》卷五十五）

　　明周玺撰。玺字天章，号荆山，合肥人。弘治癸丑进士，官至礼科都给事中，为刘瑾所搆，毙于廷杖。瑾败后，礼科给事中孙桢疏讼其枉，诏复官，荫其一孙。事迹具《明史》本传。

　　按：撰者科分、仕履误。据佚名《顺天府丞周玺传》记载："周玺，字天章。弘治丙辰举进士。除吏科给事中。……转工科，寻擢礼科都谏。……升顺天府丞。……削籍，夺其敕命，寻卒于京。"②嘉庆《合肥县志》卷二十三记载："周玺，字天章，庐州卫人。弘治九年进士，授吏科给事中，三迁礼部都给事中。……擢顺天府丞。"③《明史》卷一百八十八本传亦记载："周玺，字天章，庐州卫人。弘治九年进士。授吏科给事中。三迁礼科都给事中。……明年擢顺天府丞。"④据此，周玺（1461—1507?）为弘治丙辰进士，官至"顺天府丞"。《提要》误。

29.《文襄奏疏》八卷　（《总目》卷五十五）

　　国朝靳辅撰。辅字紫垣，镶红旗汉军。初授翰林院修撰，官至总督河道、兵部尚书，文襄其谥也。

　　按：撰者仕履误。陶正靖《赠太子太保总督河道兵部尚书世袭拜他喇布勒哈番谥文襄靳辅传》记载："靳辅，字紫垣，汉军镶黄旗人。……辅年十九以官学生考授国史院编修，寻改内阁中书。"⑤王士禛《光禄大夫总督河道提督军务兵部尚书兼都察院右副都御史谥文襄靳公墓志铭》记载："公讳辅，字紫垣。……年十九入翰林，为编修。"⑥民国《辽阳县志》卷三"古人"记

---

① 光绪《乌程县志》卷十七，《中国地方志集成·浙江府县志辑26》，第757页。
② 焦竑《国朝献征录》卷七十五，《续修四库全书》史部第529册，第136页。
③ 嘉庆《合肥县志》卷二十三，《中国地方志集成·安徽府县志辑5》，第236—237页。
④ 张廷玉等《明史》，第4983—4984页。
⑤ 陶正靖《陶晚闻先生集》卷五，《清代诗文集汇编》第250册，第607页。
⑥ 王士禛《带经堂集》卷六十九，《清代诗文集汇编》第134册，第652—653页。

载:"靳辅,字紫垣,隶汉军镶黄旗。居辽阳。顺治九年,由官学生考授编修,累迁内阁学士。康熙十年,巡抚安徽。……加兵部尚书。十六年,授督河。"①据此,靳辅(1633—1692)乃"镶黄旗人",仕履最初为"编修"。《提要》作"镶红旗人"及"初授翰林院修撰",均误。

30.《台省疏稿》八卷 （《总目》卷五十六）

明张瀚撰。瀚字元洲,仁和人。嘉靖乙未进士,官至吏部尚书,谥恭懿。事迹具《明史》本传。是集分门编次,一卷曰贺谢类,二卷、三卷曰前后关中类,四、五卷曰漕运类,六卷、七卷、八卷曰两广类。咸当时案牍之文。

按：撰者字误。《明史》卷二百二十五记载："张瀚,字子文,仁和人。嘉靖十四年进士。授南京工部主事。历庐州知府,改大名。……累迁陕西左布政使,擢右副都御史,巡抚其地。甫半岁,入为大理卿。进刑部右侍郎,俄改兵部,总督漕运。隆庆元年,改督两广军务……再抚陕西。迁南京右都御史,就改工部尚书。……秩满,加太子少保。……居正殁,帝颇念瀚。诏有司给月廪,年及八十,特赐存问。卒,赠太子少保,谥恭懿。"②《提要》所据《明史》有传,且明确记载张瀚(1511—1593)字"子文"。

另,王锡爵《张恭懿公神道碑铭》记载："张公以太子太保吏部尚书事今上者五年,归武林,归十有六年,享寿八十有三薨。讣闻,上嗟悼,亟下所司,予恤典。凡遣守臣赐祭者四,赠其官,晋一品秩,为太子太保,易其名恭懿。……公讳瀚,号元洲。生二十四年而以《易》举于乡,二十五岁成进士,除南京工部主事。……受今上特知,召为吏部尚书,加太子太保。"③另,据冯梦祯撰《张太宰恭懿公传》记载："公,浙之仁和人,讳瀚,字子文,元洲其别号。"④上述文献均记载张瀚字号。《提要》误号为字。

31.《小司马奏草》六卷 （《总目》卷五十六）

明项笃寿撰。笃寿字子长,秀水人。嘉靖壬戌进士,官至兵部郎中。是编即笃寿官兵部时议覆内外陈奏之文。凡《驾部稿》一卷,《职方稿》五卷。

---

① 民国《辽阳县志》卷三,《中国地方志集成·辽宁府县志辑2》,第445页。
② 张廷玉等《明史》,第5911—5912页。
③ 王锡爵《王文肃公文集》卷六,《四库禁毁书丛刊》集部第7册,第151—152页。
④ 冯梦祯《快雪堂集》卷九,《四库全书存目丛书》集部第164册,第169页。

按：撰者仕履未确。董份《广东布政使司左参议少溪项公墓志》记载："公举壬戌进士。以父艰居数年，授刑部主事。念母老乞南，乃改南仪制。寻请告。又数年，转南考功郎。复以母艰，起北车驾。转职方郎，补广东参议。……大夫名笃寿，字子长，号少溪。"①徐象梅《两浙名贤录》卷二十五"广东左参议项子长笃寿"条记载："项笃寿，字子长，秀水人。嘉靖壬戌进士。"②光绪《重修嘉善县志》卷十九"宦业"记载："项笃寿，字子长。嘉靖四十一年进士。授刑部主事。……进职方郎，……出为广东参政，寻致仕。"③据此，项笃寿（1521—1586）官至"广东左参议"（从四品），而非"兵部郎中"（正五品）。

32.《冲庵抚辽奏议》二十卷、《督抚奏议》八卷　（《总目》卷五十六）

明顾养谦撰。养谦字益卿，南通州人。嘉靖乙丑进士，官至户部侍郎，总督蓟辽兼经略，以议倭封贡事被劾去。《抚辽奏议》乃巡抚辽东时所上，凡九十余疏。《督抚奏议》乃总督蓟辽时所上，凡三十余疏。

按：撰者仕履误。申时行《资善大夫都察院右都御史兼兵部侍郎顾公偕配封淑人李氏合葬墓志铭》记载："公讳养谦，字益卿，冲庵其号。先世自高邮徙为通州人。……嘉靖戊午举于乡。乙丑成进士。授户部主事，转员外郎、郎中。……出为福建按察司佥事。……迁广东布政司参议。……升都察院右佥都御史，巡抚辽东。……特晋公右副都御史，领事如故。……迁南京户部侍郎，总督粮储。……起公兵部右侍郎兼右佥都御史，总督蓟、辽、保定军务。公力辞，终制乃行。未至，改兵部左侍郎。……与朝议不合，遂求去。……寻擢右都御史兼工部右侍郎，总理河道。公以疾辞，疏五上，乃许。再逾年，以原官起公协理京营戎政。固辞不拜，遂卧家不复出。"④另，焦竑《资德大夫都察院右都御史兼兵部左侍郎赠兵部尚书冲庵顾公暨配淑人李氏神道碑》记载："公讳养谦，字益卿，别号冲庵。先世居扬之高邮，后徙通州，家焉。……又八岁，始举进士。授户部主事，转员外、郎中。……出为福建按察司佥事。……寻晋浙江右参议，分守温、处。逾二岁，晋霸州兵备副使。……寻晋都察院右佥都御史，巡抚辽东。……己丑，以久次迁南户部侍郎，总督粮储。……起公兵部右侍郎兼右佥都御史，总督蓟、辽、保定。公力

---

① 焦竑《国朝献征录》卷九十九，《续修四库全书》史部第 530 册，第 617—619 页。
② 徐象梅《两浙名贤录》，《四库全书存目丛书》史部第 113 册，第 740 页。
③ 光绪《重修嘉善县志》卷十九，（台北）成文出版社 1970 年影印本，第 360 页。
④ 申时行《赐闲堂集》卷二十七，《四库全书存目丛书》集部第 134 册，第 555—558 页。

辞,终制乃行。未至,改兵部左侍郎。……与朝议不合,遂求去。……寻擢右都御史兼工部右侍郎,总理河道。公以疾辞,疏五上,乃许。再逾年,以原官起公,协理京营戎政。固辞不拜,公坚卧不应。……公生嘉靖丁酉三月八日,卒万历甲辰正月十一日,年六十有八。"①谈迁《国榷》卷七十九记载:"万历三十二年正月壬戌。前协理京营戎政右都御史兼兵部左侍郎顾养谦卒。养谦,字益卿,南直通州人。嘉靖乙丑进士。"②何乔远《闽书》卷四十九记载:"顾养谦,字益卿,通州人。嘉靖四十四年进士。……仕终兵部左侍郎。"③其他仕履与前述墓志铭、神道碑均合。据此可知,顾养谦(1537—1604)于南京户部侍郎一职后,仍有"右都御史"及"兵部侍郎"的任职经历。《提要》未确。

33.《奏疏遗稿》无卷数 （《总目》卷五十六）

明吴达可撰。达可字安节,宜兴人。万历丁丑进士,官至通政司左通政。

按:撰者吴达可字误。嘉庆《宜兴县志》卷八"忠义"小传记载:"吴达可,字叔行。万历五年进士。历知会稽、上高、丰城诸县。考最,擢御史。……累迁通政使、镇抚使。……所著有《诸儒语要》、《日省编》、《安节奏疏遗稿》、《荆南漫稿》诸书行世。"④叶向高《明通议大夫通政使司通政使赠都察院右都御史安节吴公墓志铭》记载:"余与安节吴公生平声相慕也,万历壬子岁,公以南光禄考绩入都被命,晋通政司。时余在纶扉,始得奉教于公,即欢然为莫逆交。……公讳达可,字叔行,世宜兴人。……公事屠淑人甚孝,故号安节,世因称安节先生。……癸丑举于乡。丁丑成进士。"⑤叶向高在墓志铭中记载清晰,其与吴达可为莫逆之交,传记自然不会有误。吴达可(1541—1621)字叔行,号安节。《提要》误号为字。

34.《青琐荩言》二卷 （《总目》卷五十六）

明杨东明撰。东明字启昧(案《明史》作字启修),号晋安,虞城人。万历庚辰进士,官至刑部右侍郎。事迹附见《明史·王纪传》。

按:《四库存目丛书》收录该书,前有乔胤序云:"《青琐荩言》者,晋庵

---

① 焦竑《焦氏澹园续集》卷十一,《四库禁毁书丛刊》集部第62册,第31—34页。
② 谈迁《国榷》卷七十九,第4921页。
③ 何乔远《闽书》,第1249页。
④ 嘉庆《宜兴县志》卷八,(台北)成文出版社1970年影印本,第261页。
⑤ 叶向高《苍霞余草》卷十,《四库禁毁书丛刊》集部第125册,第521页。

杨公居谏掖时所上牍也。"①黄宗羲《明儒学案》卷二十九记载："杨东明，号晋庵，河南虞城人，万历庚辰进士。"②程嗣音《明儒讲学考》记载："杨东明，号晋庵，虞城人。万历庚辰进士，仕至刑部侍郎。"③光绪《虞城县志》卷六所录范景文撰杨东明传云："杨东明，字启昧，号晋庵，别号惜阴居士，虞城人。……万历丙子领乡试。庚辰成进士。……著有《性理辨疑》、《兴学问答》、《论性臆言》、《金台会语》，皆探元抉奥。又著有《青琐荩言》、《京营记事》、《山居功课》等书，俱经济实学。"同书卷九载韩聚奎《均田清弊说》，内有"乡绅杨晋庵"之语④。据此可知，杨东明（1548—1624），字启昧（《明代进士登科录》载字子旭——引者注），号晋庵。《提要》作号"晋安"，误。

35.《湖湘五略》十卷 （《总目》卷五十六）

明钱春撰。春字梅谷，武进人。万历甲辰进士，官至户部尚书。事迹附见《明史·钱一本传》。万历四十年春，以监察御史巡按湖广，至四十二年代还。因辑其在官时所作章疏文移，汇为此编。

按：撰者字误。《明史》本传记载："（钱）春，字若木。万历三十二年进士。历知高阳、献二县。征授御史。……出为福建右参议。寻丁父艰。天启初，起故官。召为尚宝少卿，历迁光禄卿。……崇祯九年，召拜通政使。迁户部右侍郎，历尚书。……未几，起南京户部尚书。"⑤光绪《武进阳湖县志》卷二十一"人物·宦绩"记载："钱春，字若木。"⑥金日升《颂天胪笔》卷十四"钱大司徒"条记载："公名春，字若木，别号梅谷，南直武进人。登万历甲辰进士。"⑦据此，钱春（1566—1639）字若木，号梅谷。《提要》误号为字。

36.《于山奏牍》七卷、附《诗词》一卷 （《总目》卷五十六）

国朝于成龙撰。成龙字北溟，永宁人。前明拔贡生，入国朝，授广西罗城县知县，官至湖广总督。

按：撰者仕履误。康熙《永宁州志》卷七"仕迹"于成龙本传记载，其官

---

① 《四库存目丛书》史部第 64 册，第 367 页。
② 黄宗羲《明儒学案》，第 648 页。
③ 《四库全书存目丛书》史部第 271 册，第 194 页。
④ 以上见光绪《虞城县志》，（台北）成文出版社 1976 年影印本，第 426—430、886 页。
⑤ 张廷玉等《明史》卷二百三十一，第 6041—6042 页。
⑥ 光绪《武进阳湖县志》卷二十一，《中国地方志集成·江苏府县志辑 37》，第 523 页。
⑦ 金日升《颂天胪笔》卷十四，崇祯二年刻本。

至"总督江南江西等处地方文武事务兼理粮饷操江兵部尚书兼都察院右副都御史"。彭绍升《故兵部尚书兼都察院右副都御史总督江南江西于清端公事状》(《二林居集》卷十四)、陈廷敬《太子太保兵部尚书总督江南江西谥清端于公传》(《午亭文编》卷四十一)、熊赐履《光禄大夫总督江南江西等处地方文武事务兼理粮饷操江兵部尚书兼都察院右副都御史北溟于公墓志铭》(《经义斋集》卷八)同此官衔。据此,于成龙(1617—1684)官至两江总督。《提要》误。

37.《留台奏议》二十卷 (《总目》卷五十六)

明朱吾弼、李云鹄、萧如松、孙居相同编。取正、嘉、隆、万间南京御史所上奏疏,分二十门。所载诸疏,四人自撰者为多。露才扬己,盖所不免焉。云鹄字黄羽,内乡人,万历壬辰进士;如松字鹤侣,内江人,居相字拱阳,沁水人,并万历己丑进士。时皆官南京御史,故与吾弼同辑是编也。

按:天启《新编成都府志》卷廿一记载:"萧如松,字心甫,内江人。举人。历官南光禄少卿,晋大理丞。初以贵阳司李擢留台侍御,防江视屯,积弊一清。……所著有《留台疏》、《经制要略》、《洗冤要览》诸书。"①据民国《内江县志》卷三"列传"记载:"萧如松,字鹤侣。……领万历癸酉乡荐。任贵阳司李。……擢南京陕西道御史,巡视江防。……丁外艰,起仍补南台,掌河南道事,巡视凤阳,兼摄京营十三道。……晋光禄少卿。……补大理寺丞,旋亦告归。……著有《建白稿》、《经制要略》、《洗冤要览》等若干卷。"②据此,萧如松另有一字"心甫"。其功名止于举人,《四川通志》卷三十六亦仅记载,萧如松为万历元年(1573)举人,没有中进士科。《明清进士题名碑录索引》亦无著录,万历己丑科亦无"萧如松"同名进士。该科内江人为萧九成。孙居相为万历壬辰进士。《提要》失察。

38.《奏议稽询》四十四卷 (《总目》卷五十六)

国朝曹本荣编。本荣,黄冈人,顺治己丑进士,官至侍讲学士。

按:撰者字号缺、仕履误。计东《清故中宪大夫内国史院侍读学士曹公行状》记载:"曹先生讳本荣,字木欣,号厚庵,湖广黄冈人。……以顺治五年戊子举湖广乡试。六年己丑成进士。授翰林院庶吉士。八年,授翰林院编

---

① 天启《新编成都府志》卷廿一,《中国地方志集成·四川府县志辑1》,第323—324页。
② 民国《内江县志》卷三,《中国地方志集成·四川府县志辑23》,第690—691页。

修。十年,升右春坊右赞善,寻升国子监司业。十一年,升中允。十二年,充日讲官。十三年,升秘书院侍讲,寻升左春坊左庶子兼侍读。……十八年,补翰林院侍讲学士,寻转侍读学士。……改国史院侍读学士。"①程之桢《曹厚庵先生墓志铭》记载:"公讳本荣,字木欣,号厚庵,黄冈人。……顺治五年举于乡。六年己丑进士。授庶常,充经筵,累迁国史院侍读学士。"②《清史列传》卷六十六本传记载:"曹本荣,字欣木,湖北黄冈人。顺治六年进士。改翰林院庶吉士。……十八年,迁翰林院侍讲学士。转侍读学士,改国史院侍读学士。康熙四年,以病乞归,卒于扬州,年四十四。"③据此,曹本荣(1621—1664)官至国史院"侍读学士"。《提要》作"侍讲学士",不确。

传 记 类

39.《忠贞录》三卷、《附录》一卷 (《总目》卷五十七)

明李维樾、林增志同编。维樾字荫昌,增志字可任,俱吉州安福人。是编为其同里卓敬而作。卷一为遗稿,凡诗十九首、序二首、志录一首,而冠以像赞及遗稿序。卷二、卷三为后人记载题咏诗文,而附录黄养正、陈茂烈二传,皆敬乡人也。

按:万历《温州府志》卷十二"人物"记载:"卓敬,字惟恭,瑞安人。……登洪武戊辰进士,除给事中。……升宗人府经历,再升户部侍郎。建文时,屡陈国家大计,事寝不行。靖难兵南下,敬死焉。"④徐象梅《两浙名贤录》卷八记载:"卓敬,字惟恭,温之瑞安人。"⑤钱谦益《列朝诗集小传》甲集记载:"卓敬,字惟恭,瑞安人。洪武戊辰进士,除给事中,历升户部侍郎。建文时,屡陈国家大计。靖难兵渡江,被执,抗论不屈,斩之,夷三族。宣德中,庐陵刘球得其画像及遗文于公门人黄朝光之子养正,为之立传,私谥曰忠贞。"⑥《浙江通志》卷一百七十四记载:"李维樾,字荫昌,瑞安人。万历举人,崇祯甲戌授江浦令。……擢户科给事中,督漕江北,转礼科。疏荐毛士

---

① 计东《改亭集》卷十六,《清代诗文集汇编》第 97 册,第 272 页。
② 光绪《黄州府志》卷三十八,(台北)成文出版社 1976 年影印本,第 1359 页。
③ 《清史列传》第 5287—5288 页。校勘记二十二条,认为曹本荣字"木欣",误。从《行状》来看,校勘以不误为误。
④ 万历《温州府志》卷十二,《四库全书存目丛书》史部第 211 册,第 52 页。
⑤ 徐象梅《两浙名贤录》,《四库全书存目丛书》史部第 113 册,第 251 页。
⑥ 钱谦益《列朝诗集小传》,第 152 页。

龙、方震孺、倪元璐、范景文,及请卓敬、于谦赠恤,旋归,自号素园老人,卒于家。"①雍正《江浦县志》卷六"名宦"记载:"李维樾,字天栋,浙江瑞安人。由万历乙卯举人莅任浦令。"②乾隆《温州府志》卷二十"人物·循吏"记载:"李维樾,字荫昌,一字天栋,瑞安人。万历乙卯举人。崇祯甲戌授江浦令。"③康熙《湖广武昌府志》卷五"宦绩"记载:"林增志,字可任,浙江瑞安人。由戊辰进士知(蒲圻)县事。……考最,升翰林院编修。"④同治《蒲圻县志》卷六"名宦"记载:"林增志,字可任,瑞安人。崇祯戊辰会魁,本年任(知县)。"⑤李维樾(？—1654)、林增志(1593—1667)乃温州瑞安人,确为卓敬(？—1402)之同乡。《提要》误以李维樾、林增志为江西吉州安福人。

40.《夷齐录》五卷 (《总目》卷五十九)

明张玭撰。玭字席玉,石州人。嘉靖乙未进士,官至南京户部右侍郎。永平府城西十八里孤竹故城有清德庙,以祀夷、齐。玭守永平时,因搜辑历代祀典,诸家艺文,编为一帙。据目录,原本有图。此本无之,盖为传写者所佚矣。

按:撰者仕履误。《工部右侍郎张玭传》记载:"工部右侍郎张玭,山西石州人。嘉靖十四年进士。初授大名府清丰知县,升兵部主事。历郎中、知府、按察使,升都察院右佥都御史,巡抚顺天。寻谪布政使参议,升大理寺左右少卿、顺天府尹、南京户部右侍郎,改今官。玭孝友乐易,其居官所至以廉称。嘉靖四十四年十月卒。"⑥谈迁《国榷》卷六十四记载:"嘉靖四十四年十月,工部右侍郎张玭卒。玭,石州人。嘉靖乙未进士。"⑦据此,张玭(1512—1565)官至"工部右侍郎"。《提要》误。

41.《尊圣集》四卷 (《总目》卷五十九)

明陈尧道编。尧道里籍未详,嘉靖末,官大埔县教谕。

按:撰者陈尧道里籍可考。乾隆《仁和县志》卷十一"选举"记载:"陈

---

① 乾隆《浙江通志》,《文渊阁四库全书》第523册,第571页。
② 雍正《江浦县志》卷六,《故宫珍本丛刊》第87册,第114页。
③ 乾隆《温州府志》卷二十一,《中国地方志集成·浙江府县志辑58》,第415页。
④ 康熙《湖广武昌府志》卷五,《中国地方志集成·湖北府县志辑2》,第253页。
⑤ 同治《蒲圻县志》卷六,《中国地方志集成·湖北府县志辑32》,第550页。
⑥ 焦竑《国朝献征录》卷五十一,《续修四库全书》史部第527册,第654页。
⑦ 谈迁《国榷》,第4107页。

尧道,大埔教谕。好读古书,博通群艺。掌教大埔,端范作人。前科甲久旷,至是并二举,一时文教大振。……所著有《尊圣集》,甚有功风教,居六年,致仕归。"①民国《大埔县志》卷十七"名宦传"记载:"陈尧道,浙江仁和人。嘉靖甲寅(三十三年,1554)以岁贡授埔教谕,逊志时敏,惟教学半。与邑令吴思立纂修邑志,多所考覈。尝建议撤山屏以廓邑治,凿井泉以疏土气。是岁乙卯,举于乡者二,第南宫者一,时神其术。属当迁秩,慨然引去。所著有《尊圣集》。司训邹一麟与尧道同修邑志,学识宏雅,称埔庠一时胜事。"②民国《杭州府志》卷一百三十四记载:"陈尧道,仁和人。嘉靖中以贡生授大埔教谕。……居六年,致仕归。"③上述文献均未载陈尧道字号,待考。

42.《阙里书》八卷 (《总目》卷五十九)

　　明沈朝阳撰,陈之伸补。朝阳,江宁人。天启间贡生,官池州府学教授。之伸,海盐人,仕履未详。

　　按:嘉庆《新修江宁府志》卷三十一"科贡表"记载,沈朝阳,万历三十五年贡生④。嘉庆《高邮州志》卷八"文职·训导"记载,沈朝阳,万历三十九年任训导⑤。乾隆《池州府志》卷三十"府教职"记载,沈朝阳(1547—1623)任职于万历年间。《提要》云"天启间贡生",误。

　　陈之伸字、科分缺,籍贯误,仕履可考。陈元龙撰传记载:"公讳之伸,原名甫申,字申父,赠刑部郎区吴公之长子。……天启辛酉受知于钱虞山先生,五上春官,崇祯甲戌登乙榜,为亲禄仕,得广平令。……丁丑晋上元尹。……戊寅以刑部主事征。……明年补上江粮储道,以督饷功加参政。……丁内艰归。……公以年逾六十,义可悬车,遂不出。……所著有《征吾随笔》,记国家典故,《疆事纪要》、《事物考》若干卷。"⑥乾隆《海宁县志》卷九"循吏"有传。民国《广平县志》卷十"宦绩"记载:"陈之伸,海宁举人。崇祯中令广平。"⑦据此,陈之伸(1588—1671)非"海盐人",而是"海宁人"。

---

① 乾隆《仁和县志》卷十一,《中国地方志集成·浙江府县志辑5》,第208页。
② 民国《大埔县志》卷十七,《中国地方志集成·广东府县志辑22》,第390页。
③ 民国《杭州府志》卷一百三十四,(台北)成文出版社影印本,第2569页。
④ 嘉庆《新修江宁府志》卷三十一,《中国地方志集成·江苏府县志辑1》,第313页。
⑤ 嘉庆《高邮州志》卷八,《中国地方志集成·江苏府县志辑46》,第238页。
⑥ 《中国家谱资料选编·传记卷》,第331—332页。
⑦ 民国《广平县志》卷十,《中国地方志集成·河北府县志辑56》,第610页。

43.《韩祠录》三卷 (《总目》卷六十)

明叶性、谈伦同编。性,里籍未详,官潮州府同知。

按:叶性里籍可考。嘉靖《潮州府志》卷五"官师志"记载:"叶性,字叔理,闽县人。举人,正德五年任(同知)。"①李清馥《闽中理学渊源考》卷四十六记载:"叶性,字叔理,闽县人。弘治二年乡荐。官终庆远同知。"②

《提要》又云:

伦,上海人,天顺丁丑进士,官至工部右侍郎。然是编前有翰林院检讨盛端明序,称"性编录未成,以述职北上。伦时为潮州知府,因续成之"。考书成于正德甲戌,上距天顺丁丑,已五十八年。且作序之盛端明为弘治壬戌进士,上距天顺丁丑,亦四十六年。与伦似不相及。即伦老而尚存,亦不应七八十岁尚为知府,后乃忽至九卿,疑为别一谈伦,名姓偶同也。

按:《提要》所疑为确,此谈伦确为别一谈伦,此谈伦乃四川邻水谈伦(1461—1516?),字敬仲,弘治壬戌(1502)进士,官至潮州知府。嘉靖《潮州府志》卷五"官师志"记载:"谈伦,字敬仲,邻水人。进士。正德八年任(知府)。矜恤民隐,奏免无征米,潮奕世戴之。修桥筑堤,多有政绩,入觐再任,卒于途。"③乾隆《邻水县志》卷三"乡贤"记载:"谈伦,弘治年间进士。任潮州知府,筑海口堤数千丈,民居获安;砌广信桥,往来便之。"④

另,王鏊《通议大夫工部右侍郎谈公墓志铭》记载:"公谈姓,讳伦,字本彝。其先有仕宋为博士,……遂自开封扈宋南渡,家吴兴,复迁上海。……景泰丁丑登进士,观政吏部。……因授验封主事,甫一年,擢员外,又擢郎中。公……补虞衡司。三载,擢应天府丞。……进尹应天,改顺天。……进工部右侍郎,管易州薪政。……出尹公门及山东者尽逐之……谪逐者多召还,而公竟不起。"⑤张鼐《宝日堂初集》卷二十二记载:"上海谈侍郎伦,景泰丁丑登进士。……授验封主事,甫一年,擢员外,又擢郎中。……累官工侍。"⑥黄虞稷《千顷堂书目》卷十四"医家类"记载:"谈伦《医家便览》一卷。(号

---

① 嘉靖《潮州府志》卷五,《日本藏中国罕见地方志丛刊13》,第225页。
② 李清馥《闽中理学渊源考》卷四十六,《文渊阁四库全书》第460册,第515页。
③ 嘉靖《潮州府志》卷五,《日本藏中国罕见地方志丛刊13》,第224页。
④ 乾隆《邻水县志》卷三,《故宫珍本丛刊》第220册,第183页。
⑤ 王鏊《震泽集》卷二十八,《文渊阁四库全书》第1256册,第427页。
⑥ 张鼐《宝日堂初集》,《四库禁毁书丛刊》集部第76册,第592页。

野翁,上海人。天顺丁丑进士。总督易州山厂,工部侍郎。)"①嘉庆《松江府志》卷五十一"古今人物传三"记载:"谈伦,字本彝,上海人,居鹤坡里。天顺元年进士。"②据此可知,上海谈伦(1430—1504)无广东仕履经历,更与《韩祠录》无干。杜泽逊《四库存目标注》卷十九引《浙江采集遗书总录》云:"《韩祠录》三卷,刊本,明知府四川谈伦辑。稿创于叶性,伦续成之。"③可作确证。另,凌迪知《万姓统谱》卷六十六记载:"谈伦,字敬仲,上海人。弘治进士。正德中任湖州知府,矜恤民隐,奏免无征米,湖人世戴之。"④此记载亦张冠李戴。

44.《奕世增光录》八卷 （《总目》卷六十）

明王道行编。道行字明南,阳曲人。嘉靖庚戌进士,官至左布政使,是为续五子之一,《明史·文苑传》附见《王世贞传》中。

按：撰者字、仕履均误。考《明史·文苑传》王世贞传中对王道行仅一带而过。王兆云辑《皇明词林人物考》卷十二"王明甫"条记载:"公名道行,字明甫,山西人。由进士官至右布政。"⑤黄虞稷《千顷堂书目》卷二十三记载:"王道行《桂子园集》。(字明甫,阳曲人。官四川布政使。)"⑥道光《阳曲县志》卷十三"人物列传"记载:"王道行,字明甫。嘉靖庚戌进士。……初授邓州知州,迁大名同知,转苏州太守。……历擢应天副使、陕西参政、河南按察使、四川布政司,以耿介忤当路归。杜门著书,或与里中耆德结社觞咏。……所著有《桂子园集》行于世。"⑦该书卷五"选举表"记载王道行(1531—1591后)官"四川右布政使"。《提要》殆因"南"、"甫"形近而误也。

45.《夏忠靖遗事》一卷 （《总目》卷六十）

明夏崇文撰。崇文字廷章,湘阴人。成化戊戌进士,官至南京太仆寺少卿,盖夏原吉之孙也。是编追述原吉历官始末甚详。

---

① 黄虞稷《千顷堂书目》,第375页。
② 嘉庆《松江府志》卷五十一,《续修四库全书》史部第688册,第546页。
③ 杜泽逊《四库存目标注》,第760页。
④ 凌迪知《万姓统谱》卷六十六,《文渊阁四库全书》第956册,第996页。
⑤ 王兆云《皇明词林人物考》,《四库全书存目丛书》史部112册,第227页。
⑥ 黄虞稷《千顷堂书目》,第594页。
⑦ 道光《阳曲县志》卷十三,(台北)成文出版社1976年影印本,第805—806页。

按：夏崇文确为夏元吉孙，《提要》载夏崇文仕履误。储巏《中宪大夫南京通政使司右通政夏君墓志铭》记载："太师夏忠靖公有孙曰崇文，字廷章，仕至中宪大夫通政使司右通政。……初，以进士选南京吏部验封司主事，进郎中。在署久，当转官。太宰耿文恪公语人曰：'夏崇文，太师孙，不宜补外。'乃荐升通政司左参议，转太仆少卿，始至今官。"①光绪《湘阴县图志》卷三十二"人物传上"记载："（夏）崇文，成化中进士，授南京吏部主事。……迁太仆寺丞。……累官至通政司。"②据此，夏崇文（1456—1507）官至右通政。《提要》误。

46.《岳庙集》四卷 （《总目》卷六十）

旧本题明徐阶编，张庭校，焦煜刊。而首载阶序，称"从黄山焦子请所辑武穆祠诗文读之"。……阶字子升，华亭人。嘉靖癸未进士，官至武英殿大学士，谥文贞。事迹具《明史》本传。庭自署曰眉山，煜自署曰宛陵。考《太学进士题名碑》，嘉靖癸未科有张庭，四川夹江人；焦煜，南直隶太平人，皆阶之同年，当即此二人。至所谓汪氏者，则不可考矣。

按：徐阶（1503—1583）仕履误，应为"建极殿大学士"。申时行《特进光禄大夫柱国少师兼太子太师吏部尚书建极殿大学士赠太师谥文贞徐公墓志铭》记载："万历癸未致仕少师兼太子太师吏部尚书建极殿大学士华亭徐公以闰月二月二十六日卒于家。……公讳阶，字子升，学者称少湖先生，晚更号曰存斋，松江华亭人也。……所著有《世经堂集》二十六卷，及《学则》、《蒙训》诸书藏于家。"③另，黄虞稷《千顷堂书目》卷二十三记载："徐阶《世经堂集》二十六卷。（字子升，华亭人。一甲第三人，少师，吏部尚书，建极殿大学士，赠太师，谥文贞。）"④《提要》既云"事迹具《明史》本传"，而《明史》本传记载："徐阶，字子升，松江华亭人。……嘉靖二年进士第三人。授翰林院编修。……迁黄州府同知，擢浙江按察佥事，进江西按察副使，俱视学政。……擢国子祭酒，迁礼部右侍郎，寻改吏部。……寻掌院事，进礼部尚书。……加太子太师。……进阶建极殿大学士。"⑤

关于张庭。余承勋《吏部文选郎中张庭墓表》记载："公讳庭，字子家，号

---

① 储巏《柴墟文集》卷九，《四库全书存目丛书》集部第42册，第488页。
② 光绪《湘阴县图志》卷三十二，《中国地方志集成·湖南府县志辑10》，第467页。
③ 申时行《赐闲堂集》卷二十三，《四库全书存目丛书》集部第134册，第471—476页。
④ 黄虞稷《千顷堂书目》，第565页。
⑤ 张廷玉等《明史》卷二百十三，第5631—5635页。

五兀山人。其先楚麻城人,胜国时始祖讳原避乱入蜀,至夹江,爱其地,因家焉。……己卯,公经元。嘉靖癸未,登姚涞榜进士。丁内艰,服阕,授户部主事。……改吏部考功司主事,转文选员外郎。……转文选正郎。……出补云南参政。……谪湖光宝庆同知,转浙江宪佥。……转陕西宪副。……既归,放志山水。……有《兀山存稿》、《岷峨志》、《邑志》、《元览要略》。"①据此可知张庭(1491—1559)之行实。

关于焦煜。嘉庆《宁国府志》卷二十七有传。焦煜(1493—?),字伯升,别号城山,太平县人。嘉靖二年进士,官刑部主事、浙江按察司佥事、福建参议。著有《鼓缶集》传世。

47.《吴疏山集》十七卷 (《总目》卷六十)

明吴悌撰。悌字思诚,疏山其别号也,金溪人。嘉靖壬辰进士,官至兵部侍郎,谥文庄。事迹具《明史·儒林传》。

按:吴悌仕履未确。《明史》卷二百八十三记载:"吴悌,字思诚,金溪人。嘉靖十一年进士。除乐安知县,调繁宣城,征授御史。……悌为举子求宽,坐下诏狱,出视两淮盐政。……及嵩擅政,悌恶之,引疾家居垂二十年。嵩败,起故官,一岁中累迁至南京大理卿。时吴岳、胡松、毛恺并以耆俊为卿贰,与悌称'南都四君子'。隆庆元年就迁刑部侍郎。明年卒。……赠礼部尚书,谥文庄。……学者称疏山先生。"②邹元标《吴文庄公墓表》记载:"先生讳悌,字思诚,别号疏山。其先世蜀人,自蜀徙南丰,又南丰徙疏山。……辛卯举于乡。壬辰第进士。拜乐安令。……擢太常少卿,晋太仆、大理二卿、刑部侍郎,卒。"③焦竑《少司寇吴公传》记载:"吴公讳悌,字思诚,号疏山,江西金溪人。……辛卯举乡试。壬辰第进士。初令乐安。……隆庆丁卯,晋南刑部右侍郎。……一日造请宾客,归,辄正襟危坐而卒。"④何宗彦撰传云:"先生姓吴氏,名悌,字思诚,抚州金溪人。……嘉靖辛卯举于乡,明年第进士,授山东乐安令。……丁酉,授广西道御史。……丁卯,晋南刑部右侍郎,摄部篆。……先生捐馆舍矣。"⑤喻均、刘元卿《江右名贤编》记载:"吴悌,字思诚,金溪人。嘉靖进士,知乐安、宣城二县。……擢太常寺少卿,

---

① 同治《嘉定府志》卷四十四,《中国地方志集成·四川府县志辑37》,第532页。
② 张廷玉等《明史》,第7280—7281页。
③ 《吴疏山先生遗集》卷十附录,《四库全书存目丛书》史部第83册,第408—409页。
④ 焦竑《焦氏澹园集》卷二十四,《四库禁毁书丛刊》集部第61册,第267—269页。
⑤ 《吴疏山先生遗集》附录,《四库全书存目丛书》史部第83册,第303—304页。

寻迁南太仆、大理二卿。明年,迁南刑部侍郎。一夕卒。"①谈迁《国榷》卷六十五记载:"穆宗隆庆二年二月辛巳朔,南京刑部右侍郎吴悌卒,金溪人,嘉靖壬辰进士。清修刚介,生平一节,士论推之,予祭葬。天启初,赠礼部尚书,谥文庄。"②据此可知,吴悌(1502—1568)官至南京"刑部右侍郎",非"兵部侍郎"。

另按:万历《乐安县志》卷十三"名宦"记载:"吴悌,字顺之,江西金溪人。进士。嘉靖间知县。学术渊邃,政事优长。……甫岁余,以治剧才调宣城,士民慕之至今。"③此县志由时任知县孟楠、邑人蒋奇镈修纂于万历三十年,距离吴悌任职未远,以常理度之,当不误,盖吴悌另有一字欤?

48.《涑水司马氏源流集略》八卷 (《总目》卷六十)

明司马晰编。晰字宗晦,夏县人。万历癸卯举人,宋司马光十七世孙也。

按:据光绪《夏县志》卷七"人物志·贤才"记载:"司马晰,晖弟,与季父祉同登万历癸酉乡荐,晰为第一人。"④《山西通志》卷六十九亦记载司马晰中万历癸酉科(元年,1573)举人⑤。张弘道、张凝道《皇明三元考》卷十三记载:"万历癸酉科解元:山西司马晰,夏县籍,会稽人,字与俭。治《春秋》。"⑥《提要》误为"癸卯"(三十一年,1603)。

49.《姑山事录》八卷 (《总目》卷六十)

国朝吴肃公、杜名齐同撰。肃公有《诗问》,已著录。名齐始末未详。是编述明末沈寿民事实。寿民字眉生,宣城人。崇祯中,巡抚张国维以贤良方正荐,征赴阙下。抗疏劾杨嗣昌夺情误国、熊文灿不能制敌之罪。疏奏,留中不报,遂归隐姑山。肃公、名齐皆其门人,因作此书以记其出处。

按:杜名齐(1619—1672)可考。嘉庆《旌德县志》卷八"文苑"记载:"杜名齐,字朋李,三古岱人。少颖悟,为名诸生。年十九,从宣城沈寿民

---

① 喻均、刘元卿《江右名贤编》卷下,《四库全书存目丛书补编》第74册,第550页。
② 谈迁《国榷》,第4080页。
③ 万历《乐安县志》,中华书局2014年《广饶县旧志集成》点校本,第145页。
④ 光绪《夏县志》卷七,《中国地方志集成·山西府县志辑65》,第104页。
⑤ 雍正《山西通志》,《文渊阁四库全书》第544册,第413页。
⑥ 《四库全书存目丛书》史部第271册,第185页。

授经，称为天下才。崇正（祯）末，弃巾服，不事举子业，心怀君国，忠爱蔼然。……有《东固草堂文集》，寿民为之序。"①嘉庆《宁国府志》卷二十九"人物志·文苑"记载："杜名齐，字朋李。……年十九，从宣城沈寿民授经。"②

50.《保台实绩录》一卷 （《总目》卷六十）

不著撰人名氏。纪台州兵巡道杨应魁政绩。应魁字斗垣，射洪人。以兵部郎出巡台州，适闽逆耿精忠遣兵犯浙围逼台州，应魁从贝子富喇塔驻台，拊循兵民，条画守御，颇著惠爱，故郡人作此以志其功。自固根本至修庶政，共分二十目，目各为一篇云。

按：杨应魁号误为字。《巡宪杨公保台实绩录》本书记载"公讳应魁，号斗垣，四川潼川州射洪县人"③。民国《台州府志》作"字斗垣"④，亦误。《大清一统志》卷二百十五记载："杨应魁，汉军镶红旗人。康熙十三年为台绍副使。贼帅曾养性等水陆号十万，陷黄岩。土寇乘间蜂起，宁绍道梗众议，欲弃台州。会应魁驰骑至，力持不可曰：'台，宁绍之门户也，台失则浙东非我有矣。'悉力拒战，遂复仙居。诛王从龙，贼大败，遁去。及大兵下黄岩，应魁涕泣为民请命，全活无算，卒于官，民哀思不忘。"此记载籍贯误。

51.《杨文靖年谱》二卷 （《总目》卷六十）

国朝张夏编。夏有《洛闽源流录》，已著录。是编以杨时年谱旧本，详略失宜，乃参稽史册语录文集，订为上下二卷。

按：张夏确撰有《洛闽源流录》，不过，其在《总目》第六十三卷，位于此《杨文靖年谱》之后，不得云"夏有《洛闽源流录》，已著录"，前后失察。张夏小传按例当补。光绪《无锡金匮县志》卷二十一"儒林"记载："张夏，字秋绍。诸生。少游马世奇之门。著《孝经衍义》，补《洛闽源流录》。于《易》、《书》、《诗》、《春秋》皆有解义。……性强记多识，邑中旧闻轶事、故家谱牒

---

① 嘉庆《旌德县志》卷八，《中国地方志集成·安徽府县志辑53》，第224页。沈寿民撰序于康熙九年（1670）七月，见《四库禁毁书丛刊》集部第119册，第87页。按：柯愈春著《清人诗文集总目提要》及李灵年、杨忠主编《清人别集总目》均未著录杜名齐《东固草堂文集》，盖已佚。
② 嘉庆《宁国府志》卷二十九，《中国地方志集成·安徽府县志辑44》，第285页。
③ 《保台实绩录》，《四库全书存目丛书》史部第86册，第550页。
④ 民国《台州府志》卷九十八，（台北）成文出版社1970年影印本，第1374页。

了如指掌,年八十余以遗民终。"①徐世昌《清儒学案小传》卷二记载:"张夏,字秋绍,号菰川,无锡人。明诸生。"②

52.《四明文献录》一卷 (《总目》卷六十一)

明黄润玉撰。润玉字孟清,鄞县人。永乐庚子举人,官至广西提学佥事。事迹具《明史》本传。

按:撰者仕履误。杨守陈《南山先生墓碣铭》记载:"山环吾郡,而其南若金峨诸峰尤峻秀,先生乐之,故自号南山,而学者称南山先生,无异辞。……先生讳润玉,字孟清,世为鄞人。……京闱乡试,擢《礼经》魁,会试授建昌府学训导。丁文林公忧,改训南昌府学,蔚有声绩。用荐擢行在交趾道监察御史,出按湖广。……英庙即位,……陞广西按察司佥事。……丁史孺人忧,改湖广按察司。……左迁和州含山知县。……请老致仕。……寿八十有九而卒,时成化丁酉五月二日也。"③谈迁《国榷》卷三十七亦记载:"宪宗成化十三年五月戊辰。前湖广按察司佥事黄润玉卒。润玉,字□□,鄞人。……举京闱,训导建昌,改南昌,拜交趾道御史,出按湖广,迁广东佥事(应为广西佥事——引者注),忧去,补湖广。坐诬,谪含山令致仕。世称南山先生。"④《明史》卷一百六十一记载:"黄润玉,字孟清,鄞人。……十八年举顺天乡试。授建昌府学训导。父丧除,改官南昌。宣德中,用荐擢交趾道御史。出按湖广,……正统初,诏推举提学官。以杨士奇荐,擢广西佥事,提督学政。……母忧归,起官湖广。论罢巡抚李实亲故二人。实愤,奏润玉不谙刑律,坐谪含山知县。以年老归。归二十年,年八十有九卒。学者称'南山先生'。"⑤孙承泽《畿辅人物志》卷三、徐象梅《两浙名贤录》卷二、乾隆《鄞县志》卷十四本传记载大致同。据此数则文献,《提要》应改正黄润玉(1389—1477)"官至湖广按察司佥事"。

53.《尊乡录节要》四卷 (《总目》卷六十一)

明王弼撰。弼,黄岩人。成化乙未进士,官至兴化府知府。初,谢铎尝著《尊乡录》四十一卷,载其乡先达事实。弼复以己意节其大略,取

---

① 光绪《无锡金匮县志》卷二十一,《中国地方志集成·江苏府县志辑24》,第346页。
② 《清代传记丛刊5》,第340页。
③ 杨守陈《杨文懿公文集》卷二十一,《四库未收书辑刊》五辑第17册,第578—579页。
④ 谈迁《国榷》,第2381页。
⑤ 张廷玉等《明史》,第4385—4386页。

十大儒,五大臣,六忠臣,十五孝子,各为之赞。卷末附《拾遗》二十事,事各为诗。

按:撰者王弼(1449—1498)字缺。林俊《中议大夫赞治尹兴化府知府王公墓志铭》记载:"公讳弼,字存敬,号南郭,王之先钱塘人,五季乱,始祖弃乡,之黄岩宁州,家焉南门。……公第谢迁榜进士,知溧水。……入为刑部主事,转员外郎,差谳山东大狱,还拜兴化府。"①万历《黄岩县志》卷五本传记载:"王弼,字存敬,号南郭,南门人柜之子。登成化乙未进士。知溧水。……入为刑部郎中。……出守兴化。……弼平生喜吟咏,意兴所至,辄成篇什。见素林公尝评之,谓奇崛清劲,得山谷老气。所著有《南郭集》,从祀乡贤祠。"②黄虞稷《千顷堂书目》记载:"王弼《南郭集》八卷。(字存敬,黄岩人。兴化府知府。)"③朱彝尊《明诗综》卷二十五记载:"王弼,字存敬,黄岩人。成化乙未进士。除溧水知县,入为刑部主事,出知兴化府。有《南郭集》。"④据此可补《提要》之缺。

54.《备遗录》一卷 (《总目》卷六十一)

明张芹撰。芹,新淦人,《明史》作峡江人,盖新淦其试籍也。弘治壬戌进士,官至浙江右布政使。事迹具《明史》本传。

按:撰者张芹(1466—1541)字缺,籍贯叙事未确。隆庆《临江府志》卷十二本传记载:"张芹,字文林,峡江人。弘治十五年进士。授福州推官。廉明,擢南道御史。……官至布政使,乞休家居。所著有《备遗录》、《歉斋奏议》数篇。"⑤罗洪先《明故中奉大夫浙江等处承宣布政使司右布政使歉斋张公墓志铭》记载:"公名芹,字文林。世居新淦之峡江,后析地,今为峡江县人。"⑥据此可知,峡江本属新淦县,嘉靖五年(1526)析新淦县原巴邱县故地置峡江县,县以镇名。峡江,别称玉峡。以峡江处于赣江要冲,地势险要,江面狭窄,流水急湍,故名峡江。而张芹卒于嘉靖二十年(1541),故称其为峡江县人。并非因"新淦其试籍"。

---

① 林俊《见素集》卷十三,《文渊阁四库全书》第1257册,第146页。
② 万历《黄岩县志》卷五,《天一阁藏明代方志选刊18》,第382页。
③ 黄虞稷《千顷堂书目》,第520页。
④ 朱彝尊《明诗综》,第1254页。
⑤ 隆庆《临江府志》,《天一阁藏明代方志选刊35》,第675页。
⑥ 罗洪先《念庵罗先生集》卷八,《四库全书存目丛书》集部第89册,第655—656页。

55.《二科志》一卷 （《总目》卷六十一）

明阎秀卿撰。秀卿,苏州人,始末未详。

按：撰者阎秀卿始末可考。阎秀卿实为阎起山。钱谦益《列朝诗集小传·丙集》记载："征仲又言：'吴有阎起山秀卿者,家惟一僮,日走从人家借书,手抄口吟,日夜不休,所获学俸,尽费为书资。家贫不能炊,质衣以食,而玩其书,不忍弃。竟以积劳得疾夭死。'秀卿著述,自《二科志》以外无传,余悲其人,与两朱先生略相类也,因附著焉。"①阎起山卒后,其父曾撰行状请文征明撰墓志铭。文征明《亡友阎起山墓志铭》记载："阎君起山之卒也,为书属其友文某为墓铭,病甚,不能执笔,则口授其父,亦不能详。他日,其父以其意为书,并书其事行为状属某曰：此亡儿之志也。呜呼！余忍负吾亡友于地下邪！……阎之先临江人,国初以事徙苏州卫,遂为苏人。祖宗实,父铣,娶马氏,生君于洞庭山中,因名起山而字秀卿,卒年二十有四,正德丁卯正月乙亥也。阅两月为三月辛酉,葬吴县张古村先茔。"②据文征明撰墓志铭记载,阎秀卿(1484—1507),名起山,字秀卿,卒年仅二十四岁③。

56.《昆山人物志》十卷 （《总目》卷六十一）

明方鹏撰。鹏字子凤,亦字时举,昆山人。正德戊辰进士,官至太常寺卿。是书论次昆山先哲,首名贤六人,次节行二十八人,次文学三十七人,次列女三十人,次艺能三十一人,次游寓二十六人,而以杂志终焉,共为十卷,《明史·艺文志》作八卷,传写误也。

按："子凤"非方鹏字,当属衍误,其同年好友均无以此字号称方鹏。林弼《冯性之以顾定之墨竹寄其友方时举,题曰：清风来故人索赋一绝》："故人别去每相思,修竹清风若见之。凤鸟不来春又暮,湘云吹断玉参差。"④何瑭《赠方时举少参次韵》："道学千年说二程,涪州归诏促装行。也知西监非崇秩,自是清朝忌盛名。天姥山高冬月小,浙江潮上晓云晴。归途纪兴囊中稿,风便何妨数寄声。"⑤魏校有《答方时举》⑥；陆深有《答方时举少参》⑦。

---

① 钱谦益《列朝诗集小传》,第304页。
② 《甫田集》卷二十九,《文渊阁四库全书》第1273册,第228—229页。
③ 杨彦妮《桑悦生平及其诗学思想考论》(《东华人文学报》第14期,2009年1月)一文对阎秀卿未予考证。
④ 林弼《林登州集》卷七,《文渊阁四库全书》第1227册,第66页。
⑤ 何瑭《柏斋集》卷十一,《文渊阁四库全书》第1266册,第637页。
⑥ 魏校《庄渠遗书》卷四、卷十一,《文渊阁四库全书》第1267册,第764页。
⑦ 陆深《俨山集》卷九十三,《文渊阁四库全书》第1238册,第599页。

据此,职官前应加"南京"二字,以示与北京相区别。据《矫亭先生圹志》记载:"先生姓方氏,名鹏,字时举,矫亭其所自号。……以成化庚寅三月廿又二日生昆山新渎里,长以明经补县学生,领弘治辛酉乡荐第二名,不赴会试,开门授徒,自远方来者弥众。正德戊辰,与母弟凤同举进士高等,任南京礼部主事,……升南京太常寺卿,三疏得归养疾。"①其弟方凤《明故矫亭方公配高淑人合葬行状》记载:"嘉靖庚子九月三十日,伯兄矫亭公卒于正寝。……公姓方氏,字时举,号矫亭,居昆山之新渎里,今十世矣。……辛酉中应天府乡试第二人。又八年,为正德戊辰中进士高等,授南京礼部祠祭司主事。庚午,丁外艰,服阕,复除南京刑部湖广司。……升南京太常寺卿,疏乞养疾。"②王世贞《弇州山人续稿碑传》卷一百四十九记载:"方鹏,字时举,昆山人。举进士,为南京吏部主事,累迁郎中。"③万历《重修昆山县志》卷六记载:"南京太常寺卿方公鹏,字时举。……由进士任南京礼部主事,累迁山西提学副史,改春坊庶子,兼翰林院修撰。嘉靖戊子,主考顺天乡试,转南京太常寺卿,以疾告归。……有《矫亭集》、《责备余谈》、《续观感录》、《昆山志》。"④方鹏(1470—1540)字"时举",取意于《庄子·逍遥游》:"鹏之背,不知其几千里也;怒而飞,其翼若垂天之云。是鸟也,海运则将徙于南冥。"鹏鸟南游,必待海运而动,故以"时举"应"鹏","举"亦飞⑤。另《总目》收录其弟方凤《方改亭奏草》解题云:"明方凤撰。凤字时鸣,改亭其号也,昆山人。正德戊辰进士,官至广东提学佥事。"昆仲二人名字意义相近,可作参照。疑《提要》因方凤之名而误为方鹏之字。

57.《名臣言行录前集》十二卷、《后集》十二卷 （《总目》卷六十一）

明徐咸撰。咸,海盐人。正德辛未进士,官至襄阳府知府。先是,丰城杨廉本彭韶《名臣录赞》撰《名臣言行录》四卷,所载凡五十五人。咸亦纂近代诸臣《言行录》凡四十八人。余姚魏有本官河南巡抚时,尝合刻之。及咸归里之后,病其未备,重为纂辑,于杨录增十六人,于己所录者亦增二十五人,分为前、后二集,自为序记其始末,而仍以魏有本初刻之序弁于书首云。

---

① 方鹏《矫亭存稿》卷五,《四库全书存目丛书》集部第62册,第29页。
② 方凤《改亭续稿》卷三,《续修四库全书》集部第1338册,第445页。
③ 《明代传记丛刊154》,第718页。
④ 万历《重修昆山县志》卷六,(台北)成文出版社1983年影印本,第449—450页。
⑤ 参见吉常宏、吉发涵《古人名字解诂》,第11页。

按：撰者徐咸（1479—1566）字缺，按例当补。天启《海盐县图经》卷十二记载："徐咸，字子正。泰同母弟。举进士。知沔阳州，历襄阳知府。……所著有《近代名臣言行录》、《泽山野录》、《四朝闻见录》、《西园杂记》、《东滨三稿》。"①吴孝章《昭代名臣志钞》卷二十四记载："徐咸，字子正，号东滨，海盐人。"②黄虞稷《千顷堂书目》卷二十二"别集类"记载："徐咸《东滨三稿》。（字子正，海盐人。泰弟。襄阳知府。）"③钱孺谷《瀛洲社十老小传》记载："徐东滨咸，字子正。丰厓同母弟。……领正德丁卯乡荐。辛未登第。"④朱彝尊《明诗综》卷三十四记载："徐咸，字子正，海盐人。正德辛未进士。除知沔阳州，入为兵部主事，历官襄阳知府。有《东滨稿》。"⑤

58.《毗陵忠义祠录》四卷、《附录》一卷　（《总目》卷六十一）

明叶夔撰。夔字司韶，武进人。成化中以岁贡生官汝阳州训导。……此书作于正德初，其末《附录》一卷，载国朝顺治十四年事，盖后人所续，其姓名则不可考矣。

按：欧阳东凤《晋陵先贤小传》"明司训叶古心先生"条记载："先生名夔，字司韶，武进人。少力学好古，甘贫守正。正德末岁贡京师，疏陈六事。武宗南幸，人心危惧。先生贻诗以讽当轴，当轴韪而和之，授汝阳司训。……自号古心，学者称古心先生。……所著有《景贤录》、《忠义录》等书。"⑥毛宪《毗陵人品记》卷九记载："叶夔，字司韶，武进人。力学好古，甘贫守正。正德末岁贡京师。值武庙南幸，遗诗以讽，当事授汝阳司训。……自号古心。已，复号存斋。"⑦黄虞稷《千顷堂书目》卷十记载："叶夔《毗陵忠义录》二卷。（字司韶，武进人。正德中岁贡，汝阳州训导。）"⑧光绪《武进阳湖县志》卷二十五"人物·义行"记载："叶夔，字司韶。正德间以贡入京，疏陈六事。……授汝阳训导。"⑨据此，叶夔（1455—1534）乃正德岁贡。《提要》作"成化"，误。

《四库禁毁书丛刊》史部第90册收录该书，书前有邵宝、胡华、秦金、侯

---

① 天启《海盐县图经》卷十二，《四库全书存目丛书》史部第208册，第562页。
② 吴孝章辑《昭代名臣志钞》，《四库全书存目丛书》史部第116册，第483页。
③ 黄虞稷《千顷堂书目》，第550页。
④ 钱孺谷编《瀛洲社十老小传》，《四库全书存目丛书》补编第36册，第392页。
⑤ 朱彝尊《明诗综》，第1691页。
⑥ 《四库全书存目丛书》史部第111册，第627页。
⑦ 《四库全书存目丛书》史部第110册，第109页。
⑧ 黄虞稷《千顷堂书目》，第284页。
⑨ 光绪《武进阳湖县志》卷二十五，《中国地方志集成·江苏府县志辑37》，第652页。

位、边贡、冷宗元、毛宪撰序。

59.《善行录》八卷、《续录》二卷 （《总目》卷六十一）

明张时彻编。时彻字维静,鄞县人。嘉靖癸未进士,官至南京兵部尚书,《明史》附见《张邦奇传》。此书猎采史传,取先哲行谊之高者萃次成编。《正编》起春秋至明代,凡二百九十人。《续编》起汉迄宋,凡一百四十五人。

按：撰者张时彻(1500—1577)字误。余寅《南大司马张公传》记载："司马公者,鄞槎湖里人,姓张氏,名时彻,字惟静。……所著《芝园集》、《外集》、《别集》行世。铨定本朝文若干卷,为《皇明文苑》。又辑《宁波府志》、《定海县志》。"①王世贞《资德大夫南京兵部尚书参赞机务东沙张公墓志铭》记载："公张姓,讳时彻,字惟静,别号东沙子。"②沈一贯《南京兵部尚书东沙张公行状》记载："张公讳时彻,字惟静。……二十举于乡。二十四进士高等。"③余有丁《张司马先生传》记载："先生讳时彻,字惟静。"④徐象梅《两浙名贤录》卷十八记载："张时彻,字惟静,鄞人。"⑤王兆云《皇明词林人物考》卷七"张惟静"条记载："先生讳时彻,字惟静。"⑥钱谦益《列朝诗集小传》丁集上"张尚书时彻"条记载："时彻,字惟静,鄞县人。"⑦《提要》作"维静",或由同音,或因形近而误。乾隆《鄞县志》卷十五其字亦误。

另按：《总目》卷一百五收录张时彻编《摄生众妙方》一书,解题重复张时彻小传,按体例介绍张时彻有《善行录》,已著录,即可。

60.《古今廉鉴》八卷 （《总目》卷六十一）

明乔懋敬撰。懋敬字允德,上海人。嘉靖乙丑进士,官至湖广右布政使。是书所载,自春秋季文子至明杨继盛,皆以清操传于世者,亦宋人廉吏传之类,而抄撮大略,挂漏尚多。前有万历戊寅自序,自称其官为闽封人,乃其宜闽时所辑也。

---

① 余寅《农丈人文集》卷十,《四库全书存目丛书》集部第 168 册,第 253 页。
② 王世贞《弇州山人续稿》卷九十四,《明代传记丛刊 152》,第 125—126 页。
③ 沈一贯《喙鸣文集》卷十八,《四库禁毁书丛刊》集部第 176 册,第 322 页。
④ 余有丁《余文敏公文集》卷六,《续修四库全书》第 1352 册,第 483 页。
⑤ 徐象梅《两浙名贤录》,《四库全书存目丛书》史部第 113 册,第 557 页。
⑥ 王兆云《皇明词林人物考》,《四库全书存目丛书》史部第 112 册,第 566 页。
⑦ 钱谦益《列朝诗集小传》,第 407 页。

按：撰者仕履误。何三畏《云间志略》卷十九"乔方伯纯所公传"记载："乔懋敬，字允德，号纯所，上海人。……嘉靖甲子领乡书。乙丑登进士第。丁卯，授刑部浙江司主事，出理漕。己巳，升福建按察司佥事。……又三年，晋江西布政司参政。辛巳，改湖广布政司右参政兼备兵使，镇荆南。癸未，升本省按察使。未几，擢广西布政使。会言者修忌揑拾。公致政归矣。"①嘉庆《松江府志》卷五十三"古今人物传三"记载："乔懋敬，字允德，上海人。……登嘉靖四十四年进士。授刑部主事，佐漕淮安，漕政肃清。迁员外郎，擢福建按察司佥事。……迁江西参政。……累迁广西右布政。会御史史某以微嫌中伤，乃罢归。……著有《廉鉴》四卷。"②据此，乔懋敬(1536—1599)官至"广西右布政使"，非"湖广右布政"。《提要》误。

61.《昆山人物传》十卷、《名宦传》一卷　（《总目》卷六十一）

明张大复撰。大复字元长，昆山人，与归有光同时。

按：钱谦益《张元长墓志铭》记载："君讳大复，字元长，世家苏之昆山。……君卒于崇祯三年七月廿九日，年七十有七。"③据此，张大复生卒年为1554—1630年，而归有光则是1506—1571年。归有光去世时，张大复仅十七岁，对于一个七十七岁的人来说，仅云同时，不妥。张大复主要生活于隆庆、万历、天启年间；归有光则是正德、嘉靖。

62.《江右名贤编》二卷　（《总目》卷六十二）

明喻均、刘元卿同撰。均，新建人，隆庆戊辰进士，官至按察使副使。元卿有《易大象观》，已著录。

按：喻均字缺。黄虞稷《千顷堂书目》卷二十四"别集类"记载："喻均《山居诗稿》十卷，又《兰阴稿》五卷，又《仙都稿》一卷，又《虎林稿》四卷。（字邦相，新建人。山东副使。）"④朱彝尊《明诗综》卷五十一记载："喻均字邦相，新建人。隆庆戊辰进士。历官天津兵备副使。有《山居集》。"⑤崇祯《松江府志》卷三十三记载："喻均，号枫谷，江西南昌人。隆庆戊辰进士。"⑥

---

① 《明代传记丛刊147》，第109—110页。
② 嘉庆《松江府志》卷五十三，《续修四库全书》史部第688册，第589—590页。
③ 钱谦益《牧斋集》卷五十四，《清代诗文集汇编》第2册，第164—165页。
④ 黄虞稷《千顷堂书目》，第617页。
⑤ 朱彝尊《明诗综》，第2587页。
⑥ 崇祯《松江府志》卷三十三，《日本藏中国罕见地方志丛刊22》，第839页。

光绪《兰溪县志》卷四"宦绩"记载:"喻均,字邦相,新建人。"①据此,喻均(1539—1605)字邦相,号枫谷。

《提要》又云:"万历中,巡按江西御史临清陈大夔议修通志。"按:陈大夔名误。据乾隆《临清直隶州志》卷八"人物"记载:"秦大夔,号春晖。万历八年进士,授宁波府推官。……擢监察御史,巡按江西、山西,政声茂著,历陕西右布政。"②《四库全书存目丛书补编》第74册收录该书,前序言署名为"秦大夔"(1553—1621)。国家图书馆藏有秦大夔从子秦位撰《□□道右布政春晖秦公先叔墓志铭》拓片(墓志6406)。据此,《提要》误"秦大夔"为"陈大夔"。

63.《宗谱纂要》一卷 (《总目》卷六十二)

明王应昌撰,其子铗续成之。应昌字亮之,嵊县人,万历癸酉举人。铗字长颖,入国朝官上海县知县。

按:撰者字误,人名混淆致误。晚明时期有两个王应昌,一为河南柘城王应昌,一为浙江嵊县王应昌。前者字"亮之",后者字"家文"。王铎《监察御史雪园王公墓志铭》记载:"王公讳应昌,字亮之,号雪园,山西洪洞人。五世祖曰福,嘉靖末徙居睢州。……又徙居柘城。……甲子举乡。壬午令交河。……召为御史。……及复命,止一砚、古书数卷、所刻阳明先生《传习录》而已。"③雍正《河南通志》卷五十八记载:"王应昌,字亮之,柘城人。明天启甲子举人。初任交河令。……国初召为御史,巡按浙江,一切奏疏皆关民生至计。再按安徽,除妖僧,刷蠹吏,豪强敛迹。复按直隶,积劳成疾卒。所著有《传习录定志论》,顺治十二年祀乡贤。"④据此,柘城王应昌字亮之,天启四年(1624)举人。

而康熙《嵊县志》卷十"人物志"记载:"王应昌,字家文。……万历癸酉领乡荐。铨授邵武知县。……迁大名府判。……擢守定番州。……转雷州府同知。……以母老解组。……所著有《居夷杂录》、《拙拙集》、《宗旨证参》诸集。"⑤黄虞稷《千顷堂书目》卷二十五记载:"王应昌《居夷杂著》,又《拙拙集》。(字家文,嵊县人。)"⑥据此,嵊县王应昌字家文,万历元年

---

① 光绪《兰溪县志》卷四,《中国地方志集成·浙江府县志辑52》,第722页。
② 乾隆《临清直隶州志》卷八,《中国地方志集成·山东府县志辑94》,第526页。
③ 王铎《拟山园选集》卷六十六,《四库禁毁书丛刊》集部第88册,第177—178页。
④ 雍正《河南通志》卷五十八,《文渊阁四库全书》第537册,第437页。
⑤ 康熙《嵊县志》卷十,《中国地方志集成·浙江府县志辑43》,第205页。
⑥ 黄虞稷《千顷堂书目》,第621页。

（1573）举人。《提要》误柘城王应昌字为嵊县王应昌字。

64.《貂璫史鉴》四卷 （《总目》卷六十二）

明张世则撰。世则，诸城人。万历甲戌进士，官至四川安许兵备副使。

按：撰者仕履误。宋弼《山左明诗钞》卷二十三记载："张世则，字准斋，诸城人。万历甲戌进士，官江西参政。"①乾隆《诸城县志》卷三十"列传二"记载："张世则，字准斋，其先郯城人。……隆庆元年举于乡，登万历二年进士。授宝坻知县。调繁密云，历五年，多异绩，行取吏科给事中。……出为河南佥事。……稍迁处州通判，擢户部司仓主事，历礼部主客司郎中。……升四川安绵兵备佥事。……二十二年，以赍表入贺，途中升江西湖东道参政。……忤直指，遂致政归。……纂《貂璫史鉴》、《大学初义》二书。"②《山东通志》卷二十八记载与此略同。另据《明代进士登科录》记载，张世则字"惟范"，准斋当为其号。据此，张世则（1542—？），字惟范，号准斋。官至江西参政。《提要》作"官至四川安许兵备副使"，盖误。

65.《圣学宗传》十八卷 （《总目》卷六十二）

明周汝登编。汝登字继元，又字海门，嵊县人。万历丁丑进士，官至南京尚宝司卿。《明史·儒林传》附载《王畿传》。

按："海门"非周汝登字，而是其号。仕履亦误。黄宗羲《明儒学案》卷三十六"泰州学案五"记载："周汝登，字继元，别号海门，嵊县人。"③同治《嵊县志》卷十三"乡贤"记载："周汝登，字继元。……万历丁丑第进士。授工部屯田主事。……升南京兵部车驾司主事，转验封司郎中。……升广东按察佥事。疏乞养，不允，升云南参议，再疏陈情，得旨归里。……升南京尚宝司卿，署京兆篆，升太仆寺少卿。为滁人修社学，置义田。升光禄寺卿，升通政使司，晋户部右侍郎，致仕归。年八十三，诏起工部尚书，未任卒，学者称海门先生。"④周汝登（1547—1629）官至"户部右侍郎"，非止于"南京尚宝司卿"。《明史·儒林传二》卷二百八十三记载仕履亦误。

---

① 《四库全书存目丛书》集部第 412 册，第 229 页。
② 乾隆《诸城县志》卷三十，《中国地方志集成·山东府县志辑》第 38 册，第 224—225 页。
③ 黄宗羲《明儒学案》，第 853 页。
④ 同治《嵊县志》卷十三，(台北)成文出版社 1974 年影印本，第 1213 页。

66.《大臣谱》十六卷 （《总目》卷六十二）

明范景文撰。景文字梦章，一字质公，号思仁，吴桥人。万历癸丑进士，官至东阁大学士，殉流寇之难，国朝赐谥文忠。事迹具《明史》本传。

按："质公"非范景文字。王崇简《明东阁大学士工部尚书范文忠公神道碑》记载："按状：公字梦章，别号质公。……明永乐中，处士理就粟河间府之吴桥县，五世而至公曾祖，为吴桥人云。……万历己酉举京兆。癸丑登进士第。授山东东昌府推官。"①夏奇峰《范文贞公传》记载："范景文，字梦章，号质公。北直吴桥人，万历癸丑进士。……所著有《味元堂稿》、《南枢志》、《大臣谱》、《武功编》、《体仁编》、《开心札记》。"②李长祥《甲申廷臣传》记载："范景文，字梦章，号质公，北直吴桥人。"③陈济生《启祯遗诗》卷三小传记载："范景文，字梦章，别号质公，河间吴桥人。"④孙承泽《畿辅人物志》卷十三小传记载："范景文，字梦章，别号质公。"⑤据此，"质公"乃范景文（1587—1644）号。《提要》误。

67.《宰相守令合宙》十三卷 （《总目》卷六十二）

明吴伯与撰。伯与字福生，宣城人。万历癸丑进士，官至广东按察司副使。

按：黄虞稷《千顷堂书目》卷二十六"别集类"记载："吴伯与《素雯斋集》十八卷。（字福生，宣城人，江西副使。）"⑥《明诗综》记载："吴伯与，字福生，宣城人。万历癸丑进士，除户部主事，历员外、郎中，出为浙江布政司参议，迁广东按察副使。"⑦光绪《宣城县志》卷十八"文苑"记载："吴伯与，字福生。……年五十八始连登甲、乙榜。授户部主事，司饷大同。典试东鲁，历杭严道副使。……所辑有《宰相守令合宙》、《名臣奏疏》、《事函》、《文函》等书，著《素雯斋集》行世。"⑧文献记载吴伯与（1555—1613）仕履均不同，待详考。据《广东通志》卷二十七记载，吴伯与于天启四年（1624）任广东按察副使。

---

① 王崇简《清箱堂文集》卷七，《清代诗文集汇编》第17册，第71页。
② 夏奇峰《夏峰集》卷八，《清代诗文集汇编》第4册，第511页。
③ 李长祥《天问阁文集》卷一，《四库禁毁书丛刊》集部第11册，第139页。
④ 陈济生辑《启祯遗诗》，《四库禁毁书丛刊》集部第97册，第289页。
⑤ 《四库全书存目丛书》史部第119册，第319页。
⑥ 黄虞稷《千顷堂书目》，第647页。
⑦ 朱彝尊《明诗综》，第3049页。
⑧ 光绪《宣城县志》卷十八，《中国地方志集成·安徽府县志辑45》，第422页。

68.《浙学宗传》无卷数 （《总目》卷六十二）

明刘鳞长撰。鳞长字孟龙,号乾所,晋江人。万历己未进士,官至南京户部郎中。是编乃其为浙江提学副使时所编。以周汝登所辑《圣学宗传》颇详古哲,略于今儒,遂采自宋讫明两浙诸儒,录其言行,排纂成帙。

按:撰者仕履误。李清馥《闽中理学渊源考》卷七十七记载:"刘鳞长,字孟龙,晋江人。……万历四十七年进士。天启初授工部主事,……丁外艰,服除,补街道厅。……忤魏珰,削职。怀宗立,起原官。……转南户部,视学两浙,历官至四川参议。时张献忠破云南,贼党率众寇蜀,鳞长毅然以恢复为己任,屡与贼战,有功。复夔、庆等郡,会闯贼陷京,弃官归,卒于家。"①《福建通志》卷四十五记载:"刘鳞长,晋江人。万历己未进士。授工部主事。……转南户曹,旋视两浙学政。所拔皆知名士,至今人颂公明,终西蜀参藩,卒于官。"②乾隆《晋江县志》卷九记载:"刘鳞长,字孟龙。万历己未联捷进士。授工部都水司主事。……谪常州府通判,署昆山令。……转南户部主事,擢郎中。旋视两浙学政,迁四川建昌参议、川东参政。张献忠荼毒西蜀,首议冒险恢复重、夔等州县。唐王入闽,推太仆寺少卿、兵部右侍郎,加太子太保、兵部尚书兼东阁大学士卒。"③据此,刘鳞长(1598—1661)官至四川参议。《提要》误。

69.《为臣不易编》无卷数 （《总目》卷六十二）

明黄廷鹄撰。廷鹄爵里未详。书前周延儒序称"与廷鹄定交,此编即夙昔所共讨论",则万历末人也。所录古来名臣自皋陶至文天祥,凡百人,各为之传,而系以序赞。

按:黄廷鹄爵里可考。黄虞稷《千顷堂书目》卷十一"儒家类"记载:"黄廷鹄《为臣不易编》八卷。（字孟举,松江人。顺天府通判,崇祯初进呈。）"④崇祯《松江府志》卷五十四"艺文志"著录:"《为臣不易编》,京兆澹志黄廷鹄著。"⑤另,光绪《青浦县志》卷十九"人物三"记载:"黄廷鹄,字淡志,一字孟举。深于诗,尝论名贤篇什,有诗人、文人之别,诗人情深而兴远,文人体工而法密,识者多韪其言。中万历三十七年举人。选宝应教谕,作

---

① 李清馥《闽中理学渊源考》,《文渊阁四库全书》第 460 册,第 757—758 页。
② 乾隆《福建通志》,《文渊阁四库全书》第 529 册,第 553 页。
③ 乾隆《晋江县志》卷九,(台北)成文出版社 1967 年影印本,第 243 页。
④ 黄虞稷《千顷堂书目》卷十一,第 314 页。
⑤ 崇祯《松江府志》卷五十四,《日本藏中国罕见地方志丛刊 22》,第 1427 页。

《尤言》八篇训士。选浙江嵊县知县。以裁抑水陆邮递失监司意,左迁顺天府经历。崇祯初,转通判,尝进《为臣不易编》,特嘉纳焉。会有论廷鹄不当得京秩者,议外调,遂归,不数年卒。"①

70.《逊国忠记》十八卷 (《总目》卷六十二)

明周镳撰。镳字仲驭,金坛人。崇祯戊辰进士,官至刑部员外郎,福王时为马士英、阮大铖所杀。事迹附见《明史·姜曰广传》。

按:撰者仕履误。《明史》传记载其官至"礼部郎中"。吴应箕《祭周仲驭文一》记载:"乙酉五月二十三日,从山中得邑子刘廷銮书,谓予友周仲驭先生于四月初八日勒死狱中。……初,先生以礼部郎奉使南京。……遂归卧句容山中。"②乾隆《镇江府志》卷三十六记载:"周镳,字仲驭,金坛人。……崇祯戊辰成进士。授南京户部主事。……崇祯十五年,起北京礼部郎。"③嘉庆《宁国府志》卷三十一"人物志·流寓"记载:"周镳,字仲驭,金坛人。官礼部郎。……有《黄山集》。"④据此,周镳(1600—1645)官至礼部郎中。《提要》误。

71.《辨隐录》四卷 (《总目》卷六十二)

明赵凤翀撰。凤翀字文举,爵里未详。自序称"十载为郎,一麾出守",盖官至知府也。

按:撰者爵里、仕履均未考实。沈鲤《明光禄大夫柱国少傅兼太子太傅吏部尚书建极殿大学士赠太傅谥文懿赵公神道碑铭》亦有记载:"余与文懿赵公同馆相昵,今公已矣。……四子,长即尚宝丞凤梧;次凤翀,刑部陕西司郎中;次凤威,两淮运副。"⑤万历《兰溪县志》卷五记载:"赵凤翀,以父大学士志皋荫授□□府经历,升刑部郎中、云南大理知府。"⑥卢文弨补黄虞稷《千顷堂书目》卷十"传记类"记载:"赵凤翀《辨隐录》四卷。(号含斋,兰溪人。)"⑦据此可知,赵凤翀,字文举,号含斋,浙江兰溪人,明建极殿大学士赵

---

① 光绪《青浦县志》卷十九,《中国地方志集成·上海府县志辑7》,第318页。
② 吴应箕《楼山堂集》卷十九,《四库禁毁书丛刊》集部第11册,第488页。
③ 乾隆《镇江府志》卷三十六,《中国地方志集成·江苏府县志辑28》,第107页。
④ 嘉庆《宁国府志》卷三十一,《中国地方志集成·安徽府县志辑44》,第318页。
⑤ 沈鲤《亦玉堂稿》卷十,《文渊阁四库全书》第1288册,第353—357页。
⑥ 万历《兰溪县志》卷五,(台北)成文出版社1983年影印本,第427页。
⑦ 黄虞稷《千顷堂书目》,第285页。

志皋(1524—1601)次子,以荫官至大理知府。

72.《国殇纪略》一卷 （《总目》卷六十二）

不著撰人名氏。以书中所自叙考之,盖郭姓,湘乡人,前明崇祯丙子举人也。是编纪明末楚中死节之士。前为何腾蛟、堵胤锡、章旷、傅作霖四人遗事,各系以诗,盖用《靖康小雅》之体;后附周充、张世英、王士璞、何应瑞、李有斐五人《小传》。胤锡以病卒于军,不得援死绥之义,士璞为其弟士琳所搆,死于囹圄,亦非充等四人死于张献忠者比。未免为例不纯也。

按:检《湖广通志》卷三十五,崇祯丙子科(1636)举人仅一人姓郭,郭之都,当阳人,非湘乡人。

谢国桢《晚明史籍考》卷十八"传记下"小注云:"名都贤。"①不知何据。同治《益阳县志》卷十四"人物"记载:"郭都贤,字天门。……天启二年进士。授行人。……七年,充顺天乡试同考官,得史可法等六人。历升吏部稽勋司、验封司主事、文选司员外郎。父忧,起服,除四川参议。崇祯十二年,督学江西。十四年,分守岭北道。十五年,巡抚江西。……乞病归。归后,北京陷,悲愤不食。……都贤性严介,风骨冷然,博学强识,工诗文书法。……后号顽石,又号些庵。……客死江陵之承天寺。所著有《衡岳集》、《止庵集》、《秋山吟》、《西山片石集》、《破草鞋集》、《佛懒子谷音》、《水阁吟》、《罪状嵩梦集》、《补山堂集》、《些庵杂著》等书。"②同治《湘乡县志》卷十八"人物·流寓"有传。此郭都贤乃天启壬戌科(1622)进士,与《提要》载崇祯丙子举人不合,待详考。

73.《荆门耆旧纪略》三卷、《列女纪略》一卷 （《总目》卷六十三）

国朝胡作柄撰。作柄,荆门人。荆门旧有志,明季兵燹,散佚无存。作柄于康熙戊戌、己亥间,初为《耆旧》一编,志其乡之人物,续又以宋以来列女别为一编附焉。

按:撰者小传失载。康熙《荆门州志》卷二十五"文学"记载:"胡作柄,字谦持。康熙甲午举人。知仁和县,有惠政。学博才高,长于诗古文词,著述甚富,有《耆旧纪略》、《荆门旧闻》行世。"③丁宿章《湖北诗征传略》卷三

---

① 谢国桢《晚明史籍考》,第817页。
② 同治《益阳县志》卷十四,《中国地方志集成·湖南府县志辑83》,第356页。
③ 康熙《荆门州志》卷二十五,《中国地方志集成·湖北府县志辑40》,第242页。

十"荆门"记载："胡作柄,字谦持,康熙举人,官知县。有《荆门旧闻》、《诗集》、《荆门耆旧纪略》。"①

74.《却金传》一卷 （《总目》卷六十四）

明王世懋撰。……是编乃其官福建提学副使时值参政王懋德病革,同僚敛金赠之,懋德坚不受,及懋德卒,同官又括六百金遣使渡海致于家,其父良弼亦坚不受。世懋高其清节,为叙始末作此传。又以同时士大夫歌咏附之,盖意以风示贪吏也。懋德,琼州文昌人,隆庆戊辰由南京刑部郎中出守金华,擢江西按察司副使,迁福建布政使参政,所至皆以廉著云。

按：万历《金华府志》卷十一记载："王懋德,字敏中,文昌人。隆庆戊辰进士。南京工部郎中,万历四年任(知府)。"②万历《琼州府志》卷十"乡贤"记载："王懋德,字敏中,文昌人。性禀洁振拔。由隆庆戊辰进士主刑部政,转工部郎。……迁金华守。历九江,参闽藩,皆著卓异声。岁五十一疏乞归。"③另,焦竑《国朝献征录》卷九十收录王世懋《福建右参政王君懋德却金传》,云："王参政懋德,琼之文昌人也。举隆庆戊辰进士。由南京比部郎出为金华守。"④据此可知,王懋德(1535—1585)乃隆庆戊辰进士,其任金华知府为万历四年(丙子,1576),由工部郎中转。《总目》表述有误,当改为"隆庆戊辰进士,由南京工部郎中出守金华"或"万历丙子,由南京工部郎中出守金华"。

75.《两宫鼎建记》二卷 （《总目》卷六十四）

明贺仲轼撰。仲轼字敬养,获嘉人。万历庚戌进士。初,万历二十四年建乾清、坤宁两宫,仲轼父工部营缮司郎中贺盛瑞董役;后京察坐冒销工料罢官。仲轼因详述其综核节省之数,作此书以鸣父冤。下卷并附以历年所修诸工,末录盛瑞《京察辨冤疏》。

按：《四库全书存目丛书》史部第128册收录是书。书前载贺仲轼友人邱兆麟序,云："吾于年友贺养敬所类录其尊公凤山先生(名盛瑞)为缮郎时

---

① 《续修四库全书》集部第1707册,第598页。
② 万历《金华府志》卷十一,《四库全书存目丛书》史部第176册,第625页。
③ 万历《琼州府志》卷十,《日本藏中国罕见地方志丛刊》本,第500页。
④ 《续修四库全书》史部第530册,第141页。

诸所经画,读之而重有感也。"①是书亦署名"贺仲轼养敬录"。《提要》作"敬养",倒乙之误。黄虞稷《千顷堂书目》卷二记载:"贺仲轼《春秋归义》三十二卷。(字景瞻,获嘉人。为武德兵备副使。家居值甲申之变,衣冠北向,题字几上,自缢死。临死颜色不乱,阳阳如平生。妻妾四五人,皆感其义,同死。其书有驳夏时冠周月之失,博辨拘例,说经者之非。)"②孙奇逢《贺公景瞻传》记载:"公名仲轼,字景瞻,卫辉之获嘉人。"③孙奇逢《中州人物考》卷三"贺副使仲轼"条记载:"仲轼,字景瞻,获嘉人。……癸卯举于乡,庚戌成进士。筮仕醴泉令,以艰归。服除,补青浦。……庚申,升刑部主事。……丁丑,升陕西西宁道。为珰贤私人所衔,劾有负厂臣急公之意,镌级,不果行。癸酉,复起轼武德道副使。……及旋里,行李萧然。……所著有《栢园初草》、《冬官纪事》、《春秋归义八卦》等集共八十四卷。"④陈鼎《东林列传》卷十记载:"贺仲轼,字景瞻,河南获嘉人。"⑤《河南通志》卷六十三记载:"贺仲轼,字景瞻,获嘉人。万历庚戌进士。初任醴泉令,有声。继任青浦,修海忠介瑞祠。为文以见志,历仕至武德兵备道。"⑥乾隆《镇江府志》卷三十四记载:"贺仲轼,字景瞻,河南获嘉人。"⑦光绪《青浦县志》卷十四"职官·名宦传"记载:"贺仲轼,字景瞻,河南获嘉人。……历官至武德兵备副使。"⑧民国《获嘉县志》卷十三"忠义"记载其字"景瞻"⑨。各类文献均记载贺仲轼字"景瞻",据古人取名习惯,贺仲轼(1580—1644)取名当为扶轼而瞻之义。"养敬"或其号欤?

76.《北行日谱》一卷 (《总目》卷六十四)

明朱祖文撰。祖文字完夫,自号三复居士,长洲人。都督先之孙。少负气节,与周顺昌善。顺昌以阉祸被逮,祖文间行诣都,为纳饘粥汤药。及征赃令急,又为之奔走称贷。顺昌榇归,祖文哀痛发病死。后人以配食顺昌祠。《明史》亦附载顺昌传中。此书乃其北行时所手记,其子寿阳所刻也。

---

① 《四库全书存目丛书》史部第 128 册,第 132 页。
② 黄虞稷《千顷堂书目》,第 68 页。
③ 孙奇峰《夏峰先生集》卷八,《清代诗文集汇编》第 4 册,第 513 页。
④ 孙奇峰《中州人物考》卷三,《文渊阁四库全书》第 458 册,第 67—68 页。
⑤ 陈鼎《东林列传》卷十,《文渊阁四库全书》第 458 册,第 294 页。
⑥ 雍正《河南通志》,《文渊阁四库全书》第 538 册,第 54 页。
⑦ 乾隆《镇江府志》卷三十四,《中国地方志集成·江苏府县志辑 28》,第 38—39 页。
⑧ 光绪《青浦县志》卷十四,《中国地方志集成·上海府县志辑 6》,第 240 页。
⑨ 民国《获嘉县志》,(台北)成文出版社 1976 年影印本,第 634 页。

按：撰者字误。明人金日升《颂天胪笔》卷二十二"朱文学"条记载："文学讳祖文，字□□，完天其别号也，世为檇李人。"①周顺昌《忠介烬余集》数次提及朱祖文，卷二《与朱完天文学书》、《与文湛持书五》云："弟自十六日入县署中，一腔愤泪，万种爱缘，俱化作铁肠石心矣！……顷已托朱完天与兄商之，但不知天能成就我否也。亦须酌之公高老是大臣，然弟之所不喜，如何如何？"《与鹿乾岳书四》云："弟忽罹此，久在意中。……凡事尽托至亲朱完天年兄，乞与商之，生死平常事，不乱胸怀也。"卷三有《丙寅三月十五日余被逮，越宿朱德升、朱完天、邹虚王、殷汝劼同卧县署，相对谈笑，虚王、汝劼各出素扇索书，遂录壬戌南还留别》。

另，魏裔介《孙征君先生传》云："先生讳奇逢，字启泰，号钟元，保定容城人。……因其中途患病，力遣之归，所仗止一密友朱完天，全赖吾兄为之覆庇，知不须多嘱也。"（魏裔介《兼济堂文集》卷十一）《四库全书存目丛书》史部第128册收录《北行日谱》，前有张世伟（1568—1637后）、朱陛宣（1578—1633）二人序，均称朱祖文"朱完天"。据此，朱祖文（？—1627）号"完天"。《提要》误为字"完夫"，形近而误也。

史　钞　类

77.《左国腴词》八卷　（《总目》卷六十五）

明凌迪知撰。迪知字稚哲，乌程人。嘉靖丙辰进士，官至兵部员外郎。

按：撰者仕履误。各种史料均无其任兵部员外郎的记载。邹迪光《明缮部员外郎绎泉凌先生暨元配包宜人合葬墓碑》记载："凌之先为周凌人，因以官为氏。……至我国朝而有为治中，贤者都御史晏如者，黔博士震者，比部郎约言者，率贵而能贤，家声不绝。……（公）乙卯举于乡。明年成进士。授工部郎。……寻有荆州榷税之命。……左迁得定州倅，……从定州摄晋宁，……从晋宁移大名，……从大名移吾常州丞。……时公方年三十八耳。比部公亦尚无恙。公喜曰：吾归矣。……公时时校刻，若《万姓统谱》、《名世类苑》诸书传布天下。"②崇祯《乌程县志》卷六记载："凌迪知，字稚哲，号绎泉。初任工部郎，……镌秩定州同知，转大名通判，晋常州同知。所辑有

① 金日升《颂天胪笔》卷二十二，《续修四库全书》史部第539册，第668页。
② 邹迪光《调象庵稿》卷三十二，《四库全书存目丛书》集部第159册，第798—800页。

《万姓统谱》、《名公翰藻》、《名世类苑》行世。"①乾隆《乌程县志》卷六《人物》记载："凌迪知，字稚哲，号绎泉。约言子。嘉靖丙辰进士。历工部郎中，……谪定州同知，署开州。……迁大名府判，升常州同知。罢归，闭户著书林下三十四年，日校雠群书雕板行世，年七十二卒。"②据此，凌迪知（1529—1601）官至"工部"员外郎，非"兵部员外郎"。

78.《宋史存》二卷 （《总目》卷六十五）

明文德翼撰。德翼字用昭，德化人。崇祯甲戌进士，官嘉兴府推官。是编采撷《宋史》列传，而删润其文。始于宗泽，终于文天祥。盖福王时所作，故独寓意于绍兴以后云。

按：黄虞稷《千顷堂书目》作"吏部主事"③。朱彝尊《明诗综》卷六十八记载："文德翼，字用昭，德化人。崇祯甲戌进士。除嘉兴府推官，擢吏部主事。有《灯岩诗集》。"④同治《九江府志》卷三十一记载："文德翼字用昭，一字灯岩。……即擢德翼吏部，方大用时，以父忧归里。……博通经史，长于古诗文词。所著有《雅似堂文集》、《佣吹录》一集、二集、《讼过录》、《宋史存》、《读庄小言》。"⑤据此，文德翼（1604—?）官至吏部主事。

另按：据《明史·地理志》记载，明代有两德化县，其一为江西九江府德化县，其二为福建泉州府德化县，二者应明确区分。《总目》其他江西德化籍如劳堪、文行远，皆注"江西德化人"。文德翼为江西人，此解题亦应注明"江西德化人"为宜。

载 记 类

79.《朝鲜国纪》一卷 （《总目》卷六十六）

明黄洪宪撰。洪宪字懋中，秀水人。隆庆辛未进士，官至少詹事掌翰林院事，尝奉使朝鲜，获睹其国先世实、纪，因次其传受次序，及兴废大要为此书。然所录甚略，不及史传之详备也。

---

① 崇祯《乌程县志》卷六，《日本藏罕见地方志丛刊10》，第332页。
② 乾隆《乌程县志》卷六，(台北)成文出版社1978年影印本，第459—460页。
③ 黄虞稷《千顷堂书目》，第674页。
④ 朱彝尊《明诗综》，第3401页。
⑤ 同治《九江府志》卷三十一，(台北)成文出版社1975年影印本，第490页。

按：黄洪宪字误。申时行《中顺大夫詹事府少詹事兼翰林院侍读学士黄公墓志铭》记载："万历庚子八月九日，少詹事侍读学士葵阳黄公卒于里。……公讳洪宪，字懋忠，别号葵阳。其先出江夏，徙婺，再徙豫章之新淦。国初始以蹶张隶嘉兴守御所，遂为嘉兴人。……隆庆丁卯举乡试第一。辛未试礼部第二，选授翰林院庶吉士。"①冯梦祯《少詹事兼侍读学士葵阳黄公行状》记载："先生讳某，字懋忠，别号葵阳。裔出江夏文强，后徙婺，再徙豫章，子姓蕃衍，散处江右。……国初讳某者起新淦从军。……洪武九年，隶苏州卫，守御嘉兴千户所，遂为嘉兴人。"②黄虞稷《千顷堂书目》卷二十四记载："黄洪宪《碧山学士集》二十一卷，《别集》四卷。（字懋忠，秀水人。少詹事兼侍讲学士，掌院事。）"③朱彝尊《明诗综》卷五十一记载："黄洪宪，字懋忠，嘉兴人。隆庆辛未进士。……有《碧山学士集》。"④据此，黄洪宪（1541—1600），字懋忠，非"懋中"。

时　令　类

80.《四时气候集解》四卷　（《总目》卷六十七）

明李泰撰。泰字淑通，鹿邑人，洪武丁丑进士。姚福《青溪漫笔》称其官为詹事府通事舍人，其事迹则无考也。

按：撰者李泰（1373—1454）事迹可考。周晖《金陵琐事》卷一"咏十六楼集句"条记载："李泰，字叔通，号仙源，鹿邑人。洪武时进士。博学知天文，曾掌钦天监，遂入钦天监籍。"⑤乾隆《鹿邑县志》卷八"人物"记载："李泰，字淑通。幼颖悟，稍长为邑庠弟子，习《春秋》，孜孜不少懈。洪武辛未举于乡，升为太学生。登甲戌（丁丑之讹——引者注）进士，为鸿胪寺资宾，改詹事府通事舍人。未几，以言事左迁永平府昌黎县丞。……洪武末，以事解印绶还乡里。永乐戊子，以荐起，卜葬长陵有验。名闻于上，诏令占籍钦天监，遂居金陵，以教授生徒为业，暇则专意著述。……年八十有二卒，葬金川门外幕府山之阳。其所著阴阳书有《气候集解》、《玉历通政经注》、《观象璇

---

① 申时行《赐闲堂集》卷二十四，《四库全书存目丛书》集部第134册，第494页。
② 冯梦祯《快雪堂集》卷十八，《四库全书存目丛书》集部第164册，第290—291页。
③ 黄虞稷《千顷堂书目》，第618页。
④ 朱彝尊《明诗综》，第2598页。
⑤ 周晖《金陵琐事》，南京出版社2007年版，第28页。

玑》、《礼纬含文》等五十余卷;训蒙书有《小学故事蒙求》、《声律韵注》、《程文寻》五十五卷;诗赋书有《三体集句》、《英华珠玉》等十六卷;自著有《縠鸣》、《北上》、《金陵》、《清凉》等三十六卷;杂著有《三体十咏》、《节侯孙子》等三十卷,皆藏于家。"

81.《养余月令》二十九卷 （《总目》卷六十七）

明戴羲撰。羲字驭长,里贯未详,崇祯中官光禄寺典簿。其书分纪岁序,而附以蚕、鱼、竹、牡丹、芍药、兰、菊诸谱。抄撮旧籍,无所发明。

按:《四库全书存目丛书》史部第 165 册收录,署名"戴羲编辑",《提要》作"戴羲撰",不确。编者戴羲里贯可考。康熙《荆州府志》卷二十七"孝道·监利县"记载:"戴羲,笃行孝道。著有《二十一史文钞》等书,藏板。"①丁宿昌辑《湖北诗征传略》卷三十三记载:"戴羲,字驭长,贡生,官署丞,有《陶照轩集》。"②光绪《荆州府志》卷七十四"艺文志"著录其著作《陶照轩集》,小传云:"戴羲,字驭长,监利人。天启间由贡生授光禄寺署丞。迁辽州同知,乞养归。著有《陶照轩集》、《养余月令》、《诗经简注》等书。"③同治《监利县志》卷十有传。

82.《古今类传岁时部》四卷 （《总目》卷六十七）

国朝董縠士、董炳文同编。縠士字农山,炳文字霞山,乌程人。是书前有潘耒序,称其"兄弟共撰类书,分天、地、人、物为四部,名曰《古今类传》,先以《岁时日次》一编见示,乃天部中之一种",然则未成之书也。

按:董縠士、董炳文字误。同治《南浔志》卷十九"人物二"记载:"（董）縠士,字书田,号农山,归安学生。以才佐幕府,摇笔千言立就,晚困穷以卒。有《农山诗文集》。"④光绪《乌程县志》卷十六"人物五"记载:"董縠士,字书田,号农山,归安籍,诸生。"⑤卷十七记载:"董炳文,字耿光,号霞山。衡子。例贡生。……绕屋种梅花,啸咏其下。工填词,书八分,画花鸟,俱臻妙品。"⑥《提要》误号为字。

---

① 康熙《荆州府志》卷二十七,《中国地方志集成·湖北府县志辑 35》,第 435 页。
② 丁宿昌辑《湖北诗征传略》卷三十三,《续修四库全书》集部第 1707 册,第 647 页。
③ 光绪《荆州府志》卷七十四,《中国地方志集成·湖北府县志辑 37》,第 455 页。
④ 同治《南浔志》卷十九,《中国地方志集成·乡镇志专辑 22 上》,第 197 页。
⑤ 光绪《乌程县志》卷十六,《中国地方志集成·浙江府县志辑 26》,第 755 页。
⑥ 光绪《乌程县志》卷十七,《中国地方志集成·浙江府县志辑 26》,第 762 页。

地 理 类

83.《澉水志》八卷 （《总目》卷六十八）

宋常棠撰。棠字召仲,号竹窗,海盐人,仕履未详。

按:天启《海盐县图经》卷十三记载:"常棠,字召仲。……善属文,宋季隐居澉水不仕。"①据此,常棠乃一隐士,未曾入仕,故无仕履可言。

84.《至大金陵新志》十五卷 （《总目》卷六十八）

元张铉撰。铉字用鼎,陕西人,尝为奉元路学古书院山长。至正初,江南诸道行御史台诸臣将重刊宋周应合所撰《建康志》,而其书终于景定中,嗣后七八十年,纪载阙略。虽郡人戚光于至顺间尝修有《集庆续志》,而任意改窜,多变旧例,未为详审。复议增辑,以继景定志之后,因聘铉主其事。凡六阅月而书成。

按:撰者籍贯误。顺治《光州志》卷九"人物"记载:"张铉,字用鼎,州人。至正间陕西奉元路学古书院山长也。集庆路续修景定《建康志》,周教授谓:用鼎学问老成,词章典雅,必得其人,事方就绪。乃委本路判官周亲诣请之,纂成新志十六卷。"②讹误之源在于该书前《修志文移》,云:"近闻陕西儒官张用鼎名铉,学问老成,词章典雅,必得其人,事能就绪。然非致礼币诣门敦请,岂肯俯临修纂? 关请详酌,合用礼物,以凭敦请施行。准此议,备礼币,移委本路判官周奉训、周教授、房山长等亲诣寓所敦请。"《提要》盖误以"陕西儒官"为"陕西人"。

85.《敬止集》四卷 （《总目》卷六十九）

明陈应芳撰。应芳字元振,泰州卫人。万历辛未进士,官福建布政司参政。

按:撰者科分、仕履均误。崇祯《泰州志》卷五记载,陈应芳与其父陈汲同中万历甲戌榜进士,官太仆少卿③。卷六小传记载:"陈应芳,字元振,号

---

① 天启《海盐县图经》卷十三,《四库全书存目丛书》史部第208册,第551页。
② 顺治《光州志》卷九,《日本藏中国罕见地方志丛刊26》,第352页。
③ 崇祯《泰州志》卷五,《四库全书存目丛书》史部第210册,第98页。

兰台。令龙泉、松阳,俱有惠政。迁仪曹主事。……晋祠部郎。……出为巩昌府丞。未几,还郎中,迁金事,改浙江督学。……参闽藩,摄司篆。……迁太仆少卿。……乞归。归后,甚留心于桑梓,以正改兑与凤阳代粮二事力争之当路,其详录《敬止集》中,又有《守愚》、《归来》、《日涉园》诸录,藏于家。"①光绪《龙泉县志》卷八"政绩"记载:"陈应芳,泰州人。万历甲戌进士。在任(知县)五年。"②郑汝璧《龙泉令陈侯去思碑》记载:"广陵陈侯令龙泉凡五年,晋仪部郎以去。去而士民思之不置。……侯讳应芳,字世龙,扬之江都人。万历甲戌进士,拜金华令。"③据此,陈应芳(1534—1601)字元振,一字世龙,万历甲戌(二年,1574)进士(万历朝无辛未年),官至太仆寺少卿。《提要》误。

86.《三吴水考》十六卷 (《总目》卷六十九)

明张内蕴、周大韶同撰。内蕴称吴江生员,大韶称华亭监生,其始末则均未详也。

按:周大韶始末可考。潘柽章《松陵文献》卷五记载:"(周大章)弟大韶,太学生。尝从大章参谋幕府,立功海上,尤精水利之学。万历五年,巡按御史林应训议开东南水利,引大韶与共事。首疏长桥、两滩以通十郡之咽喉,继治白茅、吴淞、七浦诸塘以泄太湖之下流,淤者去之,浅者浚之,而于田间堤岸尤极修举。十年秋,飓风淫雨,湖海相连,不数日,水患即平,不为患。大韶又条上浚河之策于当事,略曰:东南水利源者太湖,委者三江诸浦,潴者湖泖,洩者沟港河渠。海能受水为万谷之王,修治之大纲。昔人云:在开河;在筑围;在置闸。在今日则筑围为先,开河次之,置闸又次之。然常镇为上流,不疏则无以清其源;苏松为下流,不治则无以导其归;故必增二坝、复五堰,使西北之水入于江陵;三江通诸浦,使东南之水入于海。时不能尽用。今所传者有《水利节略》、《兵家绪言》凡数十卷。"④据此,周大韶,吴江人,周大章弟,太学生⑤。乾隆《吴江县志》卷四十一"水利"记载:"万历五年,巡视下江兼督水利御史林应训开吴江县长桥、两滩,自历山湖口至长桥达吴家港,其工费皆科征民间,占田荡价,又浚吴淞江、白茆港。"⑥吴江人张内蕴待考。

---

① 崇祯《泰州志》卷六,《四库全书存目丛书》史部第210册,第118—119页。
② 光绪《龙泉县志》卷八,《中国地方志集成·浙江府县志辑67》,第758页。
③ 郑汝璧《由庚堂集》卷二十一,《续修四库全书》集部第1356册,第585页。
④ 潘柽章《松陵文献》卷五,《续修四库全书》史部第541册,第439页。
⑤ 江庆柏主编《江苏地方文献书目》未就该书撰者进行考辨(第638页)。
⑥ 乾隆《吴江县志》卷四十一,《中国地方志集成·江苏府县志辑20》,第198页。

87.《直隶河渠志》一卷 (《总目》卷六十九)

国朝陈仪撰。仪字子翙,号一吾,文安人。康熙乙未进士,官至翰林院侍讲学士、充霸州等处营田观察使。

按:撰者仕履误。顾镇《原任侍读学士兼都察院佥都御史丰润等处营田观察使候补鸿胪寺少卿文安陈君墓志铭》记载:"君讳仪,字子翙,一字一吾。先世自山西洪洞小兴州迁文安,为文安人。……君以康熙庚午举于乡,乙未成进士,改庶吉士,授编修。……明年(雍正五年),迁詹事府右春坊右庶子。……又三年,迁翰林院侍讲学士。明年,丁内艰,即家起为丰润等处水利营田观察使兼佥都御史学士如故。又五年,转侍读学士。乾隆二年,调补鸿胪寺少卿,未任。归七年,享年七十有三。"①另,钱塘符曾《陈一吾先生传》(载民国《文安县志》卷九)记载陈仪仕履与顾镇撰墓志铭一致。据此可知,陈仪(1670—1742)官至翰林院侍读学士,充丰润等处营田观察使。《提要》误。

88.《益部谈资》三卷 (《总目》卷七十)

明何宇度撰。宇度里贯未详。万历中官夔州府通判。是书所纪皆四川山川物产及古今轶事。

按:何宇度字、里贯可考②。黄虞稷《千顷堂书目》卷十二"小说类"收录其著作《益部谈资》,云:"何宇度,字仁仲。何迁子。"③同书卷二十三亦收录何迁条目:"何迁《吉阳文集》二十卷,又《诗集》□卷,字懋益,德安卫人。南京刑部右侍郎。"④光绪《德安府志》卷十四"人物二·儒林"小传记载:"何迁,字益之,号吉阳,安陆人。……迁登嘉靖辛丑进士。授户部主事,改吏部,出判九江。升太常卿,巡抚江西,(晋)刑部右侍郎。迁记问渊博,多所超诣,喜谈性命之学,尝从湛甘泉若水学。……子宇功、宇度。度,字仁仲。补詹事主簿,转夔州别驾。风流尔雅,有王谢诸人之致。与海内名公巨卿互相酬答无虚日。"⑤《府志》记载不虚,何宇度交游广泛,与王世贞、李维桢、黄克晦、胡应麟等均有交谊。李维桢在《益部谈资》跋语中对何宇度甚为赞许:

---

① 顾镇《虞东先生文录》卷六,《清代诗文集汇编》第347册,第245—246页。
② 李裕民先生在《四库提要订误》中亦列有此条目,重在辨析卷前提要与《总目提要》的区别,而没有考证何宇度之里贯。
③ 黄虞稷《千顷堂书目》,第342页。
④ 黄虞稷《千顷堂书目》,第586页。
⑤ 光绪《德安府志》卷十四,《中国地方志集成·湖北府县志辑12》,第457页。

"何仁仲辞赋之业,士林声称藉甚,而不悉其有政事材,浮沉两都散署十许年,仅得判夔府。……仁仲遗一编书曰《益部谈资》,……皆蜀故实,山川人物之胜,了然指掌,应接不暇,而时吐致语,靡靡可听。"王世贞《何仁仲诗序》称:"故少司寇何吉阳先生谈道重嘉靖中。……而先生之子仁仲独能得先生诗而加工焉。己卯(1579)秋,仁仲乞余志先生神道碑。明年夏四月,仁仲陆走二千里,报谒余草堂。已,坐定出所著前后诗若干卷,读之卞之璧、隋之珠,庶几其泽也;沅之芷、澧之兰,庶几其芬且洁也;九疑之岭、三湘之浸,庶几其磊落淼汗也。"①据以上材料,何宇度乃何迁(1501—1574)仲子,字仁仲,安陆人。官詹事主簿,转夔州通判。

89.《皇舆考》十二卷 (《总目》卷七十二)

明张天复撰。天复号内山,山阴人。嘉靖丁未进士,官至云南按察司副使,事迹附见《明史·文苑传》其子元忭传中。

按:撰者字缺当补,仕履亦误。张天复事迹附见《明史》卷二百八十三《儒林列传二》中,非《文苑传》。《总目》卷七十四《绍兴府志·提要》云:"明张元忭、孙矿同撰。元忭,字子荩,山阴人。隆庆辛未进士。官至左谕德,事迹具《明史·儒林传》。"徐渭《张太仆墓志铭》记载:"公姓张氏,名天复,字复亨。其先蜀绵竹人,宋咸淳中名远猷者来为绍兴守,卒葬山阴,遂为山阴人。"②黄虞稷《千顷堂书目》卷二十三记载:"张天复《鸣玉堂稿》十二卷。(字复亨,山阴人。甘肃行太仆寺卿。)"③另,张天复乃张岱高祖,张岱《家传》记载:"高祖讳天复,姓张氏,号内山,生正德癸酉。……高祖举癸卯,丁未成进士,授祠部主事,历吏、兵二部,视全楚学政,调云南臬副。……时高祖已迁甘肃行太仆寺卿。"④据此,张天复(1513—1573)官至甘肃太仆寺卿。《提要》误。

90.《金华府志》三十卷 (《总目》卷七十三)

不著撰人名氏。前列成化庚子商辂序,称为知府周宗智撰。而志中乃载及隆万时事,岂后来又因宗智之本稍益以近事耶?宗智,大冶人,天顺庚辰进士。

---

① 王世贞《弇州续稿》卷四十三,《文渊阁四库全书》第1282册,第569—570页。
② 徐渭《徐文长逸稿》卷二十二,《四库全书存目丛书》集部第145册,第559—560页。
③ 黄虞稷《千顷堂书目》,第591页。
④ 张岱著、夏咸淳校点《张岱诗文集》,第245页。

按：黄虞稷《千顷堂书目》卷七"地理类中"著录，惟卷数不同，为二十卷，盖偶误也；并云周宗智成化庚子修，郡守①。杜泽逊《四库存目标注》卷二十五云："《存目》所据之本佚其题衔，故但据成化商辂序考定为周宗智撰，未得其实。"②《四库全书存目丛书》史部第 176 册著录即万历刻本，由王懋德、陆凤仪（1522—?）纂修。

91.《徽州府志》十二卷 （《总目》卷七十三）

明汪舜民撰。舜民，婺源人。成化乙未进士，官至右副都御史巡抚郧阳。是书成于弘治壬戌。

按：撰者汪舜民（1453—1507）字缺，科分误。何乔远《闽书》卷四十七记载："汪舜民，字从仁，婺源人。成化十四年进士。除行人，擢御史。……历南都察院副都御史。"③万历《新修南昌府志》记载："汪舜民，字从仁，直隶婺源人。……终操江都御史。"④陈有守、李敏《徽郡诗人爵里》记载："汪舜民，字从仁，号静轩，婺人。成化戊戌进士。历官南京都察院右副都御史"⑤黄虞稷《千顷堂书目》卷二十"别集类"记载："汪舜民《静轩集》十二卷。（字从仁，婺源人。抚治郧阳，右副都御史。）"⑥道光《徽州府志》卷十二"人物志·宦业"记载："汪舜民，字从仁。成化十四年进士。"⑦成化十四年为戊戌年。《提要》误。

92.《赤城会通记》二十卷 （《总目》卷七十三）

明王启撰。启号柏山，黄岩人。成化丁未进士，官至刑部尚书。

按：撰者字缺，号、仕履均误。黄绾《东瀛王公启神道碑铭》记载："公讳启，字景昭，号学古，后更东瀛，姓王氏，世居黄岩柏山之桥头。……领成化丙午乡举。登丁未进士。……出授霍丘知县。……召选南道监察御史。……升江西按察佥事。……以他事触怒刘瑾，降广西容县知县。……复为四川蓬州知州。……荐升南雄府知府。……升江西右布政使。……升

---

① 黄虞稷《千顷堂书目》，第 184 页。
② 杜泽逊《四库存目标注》，第 1020 页。
③ 何乔远《闽书》，第 1202 页。
④ 万历《新修南昌府志》卷十七，《日本藏中国罕见地方志丛刊 5》，第 338 页。
⑤ 陈有守、李敏等辑《徽郡诗》，《四库全书存目丛书补编》第 22 册，第 593 页。
⑥ 黄虞稷《千顷堂书目》，第 521 页。
⑦ 道光《徽州府志》卷十二，《中国地方志集成·安徽府县志辑 49》，第 410 页。

广西左布政使。……辛巳,升都察院右副都御史巡抚云南。……嘉靖甲申,升刑部右侍郎,详慎刑辟。丁亥,以大狱免官归。"①万历《黄岩县志》卷五本传记载:"王启,字景昭,号东瀛,百罴人。进士钦之孙。成化丁未进士。初任霍邱知县。……擢南台御史。……擢江西按察佥事。……谪容县令。……擢江西右布政使。……丁内艰归,逾年变作,释服入为刑部侍郎。……寻以大狱事罢归。日以著述为事。有《正蒙解易》、《易传疏》、《赤城会通记》、《尊乡续录》、《迩言》诸书。"②嘉靖三十八年,霍邱知县王琏撰《王公遗爱碑记》记载:"王君讳启,字景昭,别号东瀛,浙江黄岩世家也。祖钦,登正统壬戌科进士。"③李时渐辑《三台文献录》记载:"王启,字景昭,号学古,黄岩人。成化进士。累官刑部侍郎。"④黄虞稷《千顷堂书目》卷一"易类"记载:"王启《周易传疏》。(黄岩人。成化丁未进士。刑部右侍郎。)"⑤据此,王启(1465—1534)官至刑部"侍郎",而非"尚书"。

《提要》又云:

> 是编取陈耆卿《赤城志》、谢铎《赤城续志》诸书,汇为一帙,而变其体例。自夏后氏迄明,每朝各为一纪。唐以后则一帝为一纪。其载官吏,则分名宦、死难儒臣、有事实官、无事实官、有疵官诸目。纪人物,则分乡献、死节、孝子、烈女、乡僇诸目。散入各纪之下。又有异闻、祠庙、乡试、贡荐等目。分析破碎,殊无体要。至山川分野无可附丽,则举而列之夏后氏纪,亦可见其例之窒而难通矣。

按:谢铎著为"《赤城新志》",非"《赤城续志》"。《总目》卷七十三《赤城新志·提要》云:"明谢铎撰。铎有《赤城论谏录》,已著录。台州自嘉定以后,建置沿革,宋陈耆卿志已具。铎因其体例,续辑此编。时台州已升为府,又析黄岩为太平县,故铎为太平人云。"《四库全书存目丛书》史部第177册收录该书。《总目》卷一百六十二《东山诗选·提要》亦误作"《赤城续志》"。

93.《嘉靖江西通志》三十七卷 (《总目》卷七十三)

> 明林庭㭿、周广同撰。……广字充之,昆山人,弘治乙丑进士,官至南京刑部右侍郎。事迹具《明史》本传。

---

① 焦竑《国朝献征录》卷四十六,《续修四库全书》史部第527册,第423—424页。
② 万历《黄岩县志》卷五,《天一阁藏明代方志选刊18》,第386—388页。
③ 同治《霍邱县志》卷十一,《中国地方志集成·安徽府县志辑20》,第435页。
④ 《四库全书存目丛书补编》第14册,第180页。
⑤ 黄虞稷《千顷堂书目》,第3页。

按：周广籍贯误。王世贞《弇州山人续稿》卷一百四十九记载："周玉岩公广，字充之，太仓州人。举进士，为莆田令。……擢南京刑部右侍郎。又二年，得暴疾卒。"①归有光为周广子周士淹撰《周儒亨墓志铭》记载："儒亨姓周氏，讳士淹，字儒亨，世为太仓人。父讳广，南京刑部左侍郎。"②《震川集》卷二《玉岩先生文集序》云："《玉岩先生文集》故刑部右侍郎周公所著。公讳广，字充之，别自号玉岩，昆山太仓人，太仓后建州，故今为州人。"吕柟《嘉议大夫南京刑部右侍郎周玉岩公神道碑》记载："公讳广，字充之，别号玉岩，世居昆山吴川乡司马泾，今隶太仓州人也。"③黄虞稷《千顷堂书目》卷二十一"别集类"记载："周广《玉岩集》九卷。（字充之，太仓州人。南京刑部右侍郎，赠右都御史。）"④《明代登科录汇编》作"贯直隶苏州府太仓州，民籍"⑤。综上所引文献可知，周广（1474—1531）乃太仓州人。《提要》误。

94.《全陕政要略》四卷 （《总目》卷七十四）

明龚辉撰。辉，余姚人。嘉靖癸未进士，官至工部左侍郎。是书首陕西省治，次自西安府以下分府纪录。有藩封、公署、官师、户口、田赋、河防、关隘、马政、屯田诸目。末为边镇图，于山川形势、关隘汛地、道里远近皆绘而列之。

按：黄虞稷《千顷堂书目》卷十"政刑类"作浦铉《全陕政要录》。解题载龚辉（1482—1566）字号缺。吕本《通议大夫工部左侍郎赠都察院右都御史见二龚公墓志铭》记载："公姓龚讳辉，字实卿，号笑斋，更号见二。"⑥徐象梅《两浙名贤录》卷十八记载："龚辉，字实卿，会稽人。"⑦

《提要》又云：

辉初承巡按御史登州浦熔檄，纂辑《全陕政要》，总督三边军务杨守礼为之序。后以卷帙繁重，复节为此本。仅存梗概，故名曰"略"焉。

按："巡按御史登州浦熔"乃"浦铉"之误。《全陕政要略》书成后，浦铉（1482—1541）曾致信杨守礼请序，杨序云："嘉靖辛丑岁冬十一月，《全陕政

---

① 《明代传记丛刊154》，第715—717页。
② 归有光著、周本淳校点《震川先生集》，第465页。
③ 吕柟《泾野先生文集》卷三十二，《四库全书存目丛书》集部第61册，第419页。
④ 黄虞稷《千顷堂书目》，第542页。
⑤ 屈万里主编《明代登科录汇编》第5册，第2511页。
⑥ 吕本《期斋吕先生集》卷十一，《四库全书存目丛书》集部第99册，第566页。
⑦ 徐象梅《两浙名贤录》，《四库全书存目丛书》史部第113册，第553页。

要略》成，创始则作于柱史竹堂浦公，纂述则成于大参龚公也。柱史乃作书索予为序。……柱史名铉，山东登州人。大参名辉，浙江余姚人。"①杨守礼序明确说明浦铉乃山东登州人。《明史》卷二百九中记载："浦铉，字汝器，文登人。"②明人蓝田《故监察御史浦公墓志铭》记载："先生讳铉，字汝器。故苏州之嘉定人，先世从戎于登州卫，遂占籍焉。……父讳政，世具隐德，输粟救荒，授七品散官，复赠湖广道监察御史。先生以成化壬寅某月某日生。……正德丁卯，先生举于乡。戍丁丑进士，补洪洞知县。"③道光《重修蓬莱县志》卷十三"艺文志"所录杨爵《浦忠烈公传》记载："浦御史名铉，字汝器，号竹堂，山东登州卫人。登正德丁丑进士，授山西洪洞县知县，擢监察御史。……次年冬，巡按陕西，遍历州郡，远涉边疆，激扬伸理，务直平易。又集其政务之大总成一书，以见其施驾缓急之序，名曰《全陕政要集》。辛丑春，爵以言得罪，下锦衣狱，滨于死者累矣。户部主事周天佑疏救，死于狱中。铉自陕西复上疏申救。……疏奏，有旨：御史浦铉着锦衣卫差官校械提来京，下镇抚司狱。拟以不当救爵之罪，诏笞一百，与爵同枷锁，七日而死。"④浦铉因疏救杨爵而死，杨爵所撰浦铉传记自然可信度最高。另，光绪《增修登州府志》卷三十九"进士·蓬莱县"记载："浦铉，登州卫人，（正德）丁卯举人，丁丑授洪洞知县。……著有《全陕政要》、《竹堂奏议》、《竹堂诗集》，墓在城北三里。"⑤卷六十一"艺文志"却不载浦铉著作。民国《洪洞县志》卷六"宦绩志"记载作"登州人"。而万历《嘉定县志》卷十二"人物"记载："浦铉，字汝器。初知洪洞县。……嘉靖改元，召入为监察御史。……念母老，乞归养。七年，起掌河南道事。时届京察，执法不阿，失执政意，罢去。复七年，台省交章论荐，再起监北畿乡试，出按陕西。先后条上便宜四十余疏，并军国大计，集《全陕政要录》，度缓急而行之。最后以疏救御史杨爵被逮。……卒死于狱。"⑥黄虞稷《千顷堂书目》卷十小注亦作浦铉"嘉兴人"，误。

95.《吴兴掌故集》十七卷　（《总目》卷七十四）

明徐献忠撰。献忠字伯臣，一号长谷，华亭人。嘉靖乙酉举人，官

---

① 《全陕政要略》卷首，《四库全书存目丛书》史部第188册，第529页。
② 张廷玉等《明史》，第5527页。
③ 蓝田《蓝侍御集》卷二，《山东文献集成》第二辑第27册，第529—532页。
④ 道光《重修蓬莱县志》卷十三，《中国地方志集成·山东府县志辑50》，第246页。
⑤ 光绪《增修登州府志》卷三十九，《中国地方志集成·山东府县志辑48》，第384—385页。
⑥ 万历《嘉定县志》卷十二，《四库全书存目丛书》第209册，第68页。

奉化县知县，《明史·文苑传》附见《文征明传》中。是编乃其寓居湖州时所作。分类十三：曰官业，曰乡贤，曰游寓，曰著述，曰金石刻，曰艺文，曰名园，曰古迹，曰山墟，曰水利，曰风土，曰物产，曰杂考。考订多未详审。如所载寓贤，以作《渔隐丛话》之胡仔列入明代，尤为舛误也。

按：《吴兴掌故集》第六类内容为"文苑"，非"艺文"。

96.《广东通志初稿》四十卷 （《总目》卷七十四）

明戴璟撰。璟字孟光，号石屏，奉化人。嘉靖丙戌进士，官至佥都御史巡抚广东。是书乃璟于嘉靖乙未以临代之时两月而成，未免涉于潦草。

按：撰者号及仕履均误。《四库全书存目丛书》史部第 189 册收录该书，戴璟撰凡例署名云"万历十四年冬十一月朔屏石戴璟书"①。《提要》作"号石屏"，倒乙之误。凌迪知《万姓统谱》卷九十九记载："戴璟，字孟光，奉化人。嘉靖丙戌进士，历通政司参议。"②雍正《宁波府志》卷二十二"人物"记载："戴璟，字孟光。嘉靖五年进士，令金坛。……擢南京通政司参议。"③光绪《奉化县志》卷二十四"人物传二"记载："戴璟，字孟光，号屏石，城内人。嘉靖五年进士。令金坛。……简为御史，巡按东粤。……十六年，奉命巡三陕，监秋试。……擢南京通政司参议，以天变自陈，致仕家居。日事书史，撰《五经会同》、《群史品藻》、《博物策》、《会役册》等书行世。"④据此，戴璟官至"南京通政司参议"。《提要》误。

97.《平凉府通志》十三卷 （《总目》卷七十四）

明赵时春撰。时春字景仁，号浚谷，平凉人。嘉靖丙戌进士，官至右副都御史巡抚山西，事迹具《明史》本传。

按：撰者仕履误。《明史》卷二百本传记载："赵时春，字景仁，平凉人。……年十四举于乡。逾四年为嘉靖五年，会试第一。选庶吉士。以张璁言改官，得户部主事。寻转兵部。……三十二年擢佥都御史，巡抚山西。……被论，解官听调。"⑤徐阶《明故巡抚山西都察院右佥都御史浚谷赵公墓志铭》记载："（公）年十四举陕西乡试。十八试礼部，裒然为举首。……

---

① 《四库全书存目丛书》史部第 189 册，第 12 页。
② 凌迪知《万姓统谱》，《文渊阁四库全书》第 957 册，第 426 页。
③ 雍正《宁波府志》，（台北）成文出版社 1974 年影印本，第 1865—1866 页。
④ 光绪《奉化县志》卷二十四，《中国地方志集成·浙江府县志辑 31》，第 326—327 页。
⑤ 张廷玉等《明史》，第 5300—5301 页。

召为兵部主事。迁山东按察佥事,领民兵。转副使,迁巡抚山西、都御史,提督雁门诸关。……公讳时春,字景仁,浚谷其号。"①王兆云辑《皇明词林人物考》卷七记载:"赵时春,公名时春,字景仁,陕西平凉县人。……举嘉靖丙戌会试第一。……累升佥都御史巡抚山西,提督雁门三关。"②据上述文献可知,赵时春(1509—1568)官至右佥都御史巡抚山西。《提要》作"右副都御史",误。

98.《嘉靖河间府志》二十八卷 (《总目》卷七十四)

明樊深撰。深号西田,河间人。嘉靖壬辰进士,官至通政司通政使。事迹附见《明史·杨思忠传》。其以深为大同人,则因深以军籍登第也。是编成于嘉靖庚子。

按:樊深(1501—?)仕履误、字缺。《明史》卷二百七本传亦仅云其为大同人,不载其字。《河间县志》卷二十"人物"记载,樊深,字希渊,号西田,河间人。嘉靖十一进士。授苏州府推官。因荐征拜户科给事中,又给事兵科,迁通政司右参议,晋升通政使。二十九年,因弹劾权贵,被革职。穆宗登极,被召为刑部右侍郎。未几,转左侍经筵署掌部事,后以年老致仕归。其任户科期间,丁艰,应河间府知府郜相之聘,纂修《河间府志》二十八卷。所著有《谏垣奏议》、《涟漪亭稿》、《樊氏族谱》、《防边议》、《御戎论》、《筹荒录》、《谳狱记》、《西田文集略》等③。《大清一统志》卷一百十记载:"樊深,大同人。嘉靖中为通政使。……穆宗初复官,寻迁刑部右侍郎。……旋进左侍郎,罢归卒。"两则文献记载仕履一致,可以据此更正《提要》记载之误,"官至刑部左侍郎"为确。

99.《万历湖广总志》九十八卷 (《总目》卷七十四)

明徐学谟撰。学谟有《春秋亿》,已著录。学谟四任湖广,习其故事,此其万历中为左布政使时作也。

按:撰者当另有魏裳。《明史·艺文志》著录"魏裳《湖广通志》九十八卷"。黄虞稷《千顷堂书目》记载:"徐学谟《湖广总志》九十八卷。(内阁目万历丙子徐学谟、魏裳等同修。)"④同治《蒲圻县志》卷八"艺文志"著录:

---

① 徐阶《世经堂集》卷十八,《四库全书存目丛书》集部第79册,第760—761页。
② 《四库全书存目丛书》史部第112册,第73页。
③ 参见河间市地方志编纂委员会编纂《河间县志》,书目文献出版社1992年版,第875页。
④ 黄虞稷《千顷堂书目》,第192页。

"《湖广通志》九十八卷,魏裳撰。汪道昆镇楚,以《楚史》属裳。草逾年脱稿,而是时安州何侍郎迁亦为《楚史》成,俱上之台。或言二史当合,裳闻之不怪。"①《四库全书存目丛书》史部第194册收录,徐杕撰《志由》言之甚详。

100.《万历四川总志》三十四卷 (《总目》卷七十四)

明魏朴如、游朴、童良同撰,提学副使南海郭棐裁正之。朴如题叙州府同知,良题诸生,皆不知其里贯。朴,福宁人。万历甲戌进士,官成都府推官。是书凡省志四卷,郡县志十四卷,经略志附以杂记,共十四卷,文八卷,诗四卷。其书于尹吉甫、商瞿、董永、杨时之类,旧志误收者,颇有驳正。于赵戒、张商英之类,旧志滥美者,亦颇有简汰。惟职官不载守令,未免疏略。而以先代帝纪列于前,亦非舆记之体也。

按:此解题三撰者里贯皆不详。

其一,关于魏朴如,其字、里贯、仕履均可考。康熙《武昌府志》卷八"人物"记载:"魏朴如,字文可,蒲圻人。工古文辞,弱冠领嘉靖丁酉乡荐。授卫辉府同知。丁艰,起补叙州,转安庆。……擢守澄江,……三年乞休,加副使致仕。著有《怡云亭集》。"②道光《蒲圻县志》卷九"人物·卓行"记载:"魏朴如,字文可,裳子。嘉靖辛酉举人。任卫辉府同知,旋补叙州府同知,又补安庆。……擢守澄江。……三年乞休。两台请于朝,加副使归。"③卷十"艺文志"记载魏朴如著有《怡云亭集》。据此,魏朴如,字文可,湖广武昌府蒲圻人。魏裳子。官至副使。

其二,关于童良。王廷瞻序云:"明兴御寓,道化翔洽。成化中,侍御瑞阳熊公始创蜀志。嘉靖初,抚台东阜刘公、侍御金川王公聘升庵、玉垒、方洲三太史续修之。迄今,刻已漫漶不可读。……爰与侍御养纯虞公商之,下藩省议行焉。于是檄叙州府同知魏朴如、成都府推官游朴,暨诸文学董良遂等开局纂辑。"④郭棐序云:"万历七祀,岁在己卯。皇仁浃洽,蜀宇辑宁,时维巡抚黄冈王公、巡按义乌虞公相与协心抒猷,以康黎庶。既标鸿业,爰考稗乘。……乃檄叙州府同知魏朴如、成都府推官游朴,及文学董良遂、戈一龙、刘止、彭师古、杨秉钺、李承露、彭应元等开局于濂洛大儒祠,搜摭故实,旁采艺文。凡诸郡邑,各以牒上。而成都府知府张大器、成都县知县印一中、华

---

① 同治《蒲圻县志》卷八,《中国地方志集成·湖北府县志辑32》,第648页。
② 康熙《武昌府志》卷八,《中国地方志集成·湖北府县志辑2》,第375页。
③ 道光《蒲圻县志》卷九,(台北)成文出版社1975年影印本,第729页。
④ 《四库全书存目丛书》史部第199册,第189—190页。

阳县知县唐栋咸鸠籍供饩,聿勤夙夜,凡五阅月,编次稍成。"①据此两序可知,作者之一"童良"乃"董良遂"之讹也②。董良遂字号、籍贯、仕履亦可考。康熙《京山县志》卷七"人物志"记载:"董良卿,字元亮。嘉靖己酉举人。……弟良遂,字元显。嘉靖戊午举人。除嘉州学正,迁高淳令。……卒于官。"③据此可知,董良遂(?—1585),字元显,湖广京山人。嘉靖戊午(1558)举人,官至高淳知县。参与纂修《四川总志》时任嘉州学正。

其三,关于游朴,字缺。李维桢《游参知政记》记载:"荆门州,故荆州府属也。……闽之游太初公以参政部荆西,治承天。……公名朴,字太初,闽之福宁州人。登万历甲戌进士,司理成都,入为廷评比部尚书郎,出为粤南按察副史,迁今官。"④万历《福宁州志》卷十一"宦绩"记载:"游朴,字太初。……以万历甲戌进士授成都府推官,迁大理寺评事、刑部郎中。……再迁湖广参政,分守承天府。……然朴竟以是投劾归。……所著诗文若干卷,而乐府为一时独步,有《横山社草》、《岭南稿》、《浙江谳书》行于世,未梓而藏于家者尚多。"⑤黄虞稷《千顷堂书目》卷二十五"别集类"记载:"游朴《藏山集》十二卷。(字太初,福宁州人。湖广右布政使。)"⑥《福建通志》卷四十八记载:"游朴,字太初,福宁人。万历甲戌进士。历升刑部郎中,三主法司,无一冤狱。再迁湖广参政,分守承天。发大豪李天荣不法事,论死,竟以是投劾归。性孝友,与韶白首同居。著《横山社草》、《浙江谳书》、《藏山集》行世。"⑦据此,游朴(1527—1599),字太初,官至湖广参政。

基于此,再来看《总目》卷五十八著录《百越先贤志》四卷,解题云:

> 明区大任撰。大任字桢柏,广东顺德人。嘉靖壬戌以岁贡除江都训导,迁光州学正,又迁国子监博士,官至南京户部郎中。《明史·文苑传》附见《黄佐传》中。……黄佐修《广东新志》,汉以前之人物小传,皆采是书,盖亦深知纂述之不苟矣。万历壬辰,其乡人游朴尝为锓版。

按:万历十七年,游朴任广东按察副使,为区大任撰序为"壬辰",即万历二十年。游朴为广东官员,且二人并不同籍,区大任为"广东顺德人",游

---

① 《四库全书存目丛书》史部第 199 册,第 196 页。
② 按:杜泽逊先生已指出讹误,小传未考。见杜泽逊《四库提要厘正》,《图书馆工作与研究》2010 年第 1 期。
③ 康熙《京山县志》卷七,《中国地方志集成·湖北府县志辑 43》,第 109 页。
④ 李维桢《大泌山房集》卷五十九,《四库全书存目丛书》集部第 152 册,第 2—4 页。
⑤ 万历《福宁州志》,《日本藏中国罕见地方志丛刊 7》,第 248 页。
⑥ 黄虞稷《千顷堂书目》,第 622 页。此处记载仕履误。
⑦ 乾隆《福建通志》,《文渊阁四库全书》第 529 册,第 646 页。

朴则为"福建福宁州人",不能云"乡人"。《提要》误。

101.《万历衡州府志》十五卷 （《总目》卷七十四）

明伍让撰。让,衡阳人。万历甲戌进士,官至贵州提学佥事。

按：撰者字缺、仕履误。乾隆《衡阳府志》卷二十四"人物列传"记载："伍让,字子谦,衡阳人。隆庆进士。官刑部员外郎。……丁忧,起补膳部郎,升云南佥事,视学贵州。再以忧归,起补广西佥事,升河南参议。……迁南赣道副使。"①乾隆《衡阳县志》卷八"名贤"记载："伍让,字子谦,号益斋。……中嘉靖戊午举人,隆庆辛未进士。万历甲戌廷试,授中书舍人。迁刑部员外郎。……补缮部郎。升云南佥事。……视学贵州。……再以忧旋里,补河南参议。……转南赣道副使。……以疾致政归。……工词翰,著有《镜湘馆集》。癸巳主修郡志。"②据此,伍让（1541—?）乃官至南赣道副使。《提要》误。

102.《天启赣州府志》二十卷 （《总目》卷七十四）

明谢诏撰。诏,赣县人。万历甲戌进士,官至四川左布政使。赣州旧志修于嘉靖丙申。天启元年辛酉,诏续修之。为类十四,为目七十九。

按：撰者字缺、仕履误。同治《赣县志》卷三十二记载："谢诏,字彦实,号凤渚,居城内。万历二年进士,知颍州。……历刑部郎,分巡四川,监军讨松番乱。……播酋杨应龙叛,复征为监军。……屡起湖广、四川按察使、云南布政巡抚顺天,凡六起用,皆不赴。……所著有《玉房山集》、《虔台志》、《赣郡志》行世,卒谥桓愨。"③同治《赣州府志》卷五十"仕绩"小传同。据此,谢诏（1543—?）官至"云南布政使",而非"四川布政使"。

103.《天台县志》二十卷 （《总目》卷七十四）

明张宏代撰。胡来聘续修。宏代,灵壁人。来聘,全州人。皆天台知县也。宏代书不知成于何年,来聘所续则成于万历乙卯。前十三卷随事立类。为大目十一、小目五十有八。诗文别为七卷,附于后。

---

① 乾隆《衡阳府志》卷二十四,《中国地方志集成·湖南府县志辑34》,第374页。
② 乾隆《衡阳县志》卷八,《中国地方志集成·湖南府县志辑36》,第240页。
③ 同治《赣县志》,(台北)成文出版社1975年影印本,第1078—1079页。

按：张宏代书成书年代可考。据《天台县志》载，万历《天台县志》十二卷，知县张宏代修，魏予上、赵予禄、余有恒、余誧纂，与其事者还有姜玑、潘学孔、陈继志、卢季鸿、杨士通等。修于万历二十七年（1599），次年成书。刊本佚，今存彭梦祖、张宏代、赵予禄、余誧等序。万历《天台县志》赵予禄序云："国有史，郡邑有志，皆载恶以劝惩，即命讨所寓，一日不可或缺也。……由正德辛巳迄万历己亥，匝八十年，缺而莫续。邑令张侯，惧其逾久而逾湮也。与邑庠师生谋续之。……始事于己亥之冬，竣于庚子之秋。时万历二十八年菊月之望序。"①据此，张宏代主修，民国《台州府志》第1000页有详细辨析。

张宏代仕履可考。乾隆《灵璧县志略》卷三"乡贤"记载："张弘代，……由选贡为浙江天台令。……秩满，擢南户部主事。台民思而祀之，居部三载，以奏最得赠其亲，卒官。"②据此，张弘（宏）代，灵璧人，官至南京户部主事。

104.《续安邱志》二十五卷　（《总目》卷七十四）

国朝王训撰。训字敷彝，安丘人。顺治丁亥进士，官万全县知县。

按：撰者仕履误。张贞《文林郎山西平阳府万泉县知县王公行状》记载："公姓王氏，讳训，字敷彝，一字念泉，别号悔斋。其先莫详所自，明永乐中有讳杳者以靖难军隶籍安丘，居城东四十里峿山之阳，子孙因家焉。……顺治丙戌秋，再举乡试，遂荐于有司。明年成进士，谒选，得万泉令。……己丑六月，姜瓖变起。全晋揭竿应之，万泉遂失守，而公之才竟不获尽其用。坐是诖吏议，羁栖平阳者二载，辛卯六月免归。……所著有《论语日知编》二卷、《学庸思辨录》二卷、《七篇指略》七卷、《诗读》七卷、《续安丘志》二十五卷、《悔斋全集》八卷。"③道光《安邱新志》卷十九"文苑传"记载："王训，字敷彝，峿山里人。……顺治乙酉、丙戌连捷成进士，授万泉令。"④民国《万泉县志》卷三"政治志·职官"记载，王训，山东安丘，进士，（顺治）四年任。据此，王训（1614—1683）仕途终于"万泉知县"。《提要》误为"万全知县"，音同而误。

---

① 天台县志编纂委员会《天台县志》，汉语大词典出版社1995年版，第808—809页。
② 乾隆《灵璧县志略》，《中国地方志集成·安徽府县志辑30》，第56页。
③ 张贞《杞田集》卷十，《清代诗文集汇编》第147册，第521—522页。
④ 道光《安邱新志》卷十九，《中国地方志集成·山东府县志辑37》，第211页。

105.《浙西水利议答》十卷 （《总目》卷七十五）

一名《水利文集》，元任仁发撰。仁发，松江人。仕至都水少监。明梁惟枢《内阁书目》云："大德间，都水少监任仁发以吴松江故道陻塞，震泽泛滥，为浙西害，乃上疏条利病疏导之法，凡十卷。"前有仁发自序，又有许约、赵某二跋。

按：撰者字缺、仕履误。任仁发子任贤才（1344—1416）撰墓志铭记载："先考任公，讳仁发，字子明，号月山。世居嘉禾青龙镇东。父珣，故赠中顺大夫，高邮府知府上骑都尉封乐安郡。妣高氏，追封乐安郡君。先考历仕至中宪大夫，浙东宣慰副使。泰定四年冬，逝于正寝。"①崇祯《松江府志》卷三十七"贤达"记载："任仁发，字子明，世居青龙之东。……年十八中乡试。……至元二十五年，擢海道副千户，以功转正千户。会征交趾，改海船上千户。是年，浙西淫潦，建言河沙汇乃吴淞咽喉，不先此而他浚罔效。大臣不纳，后果陻塞。大德七年，重涝。平章阎黑起仁发，督七十余里畚锸之役，井然有条，进都水监臣。至大元年，除同知嘉兴。又明年，迁中尚院判。……升都水少监。……延祐三年，出知崇明。……至治二年，盐官海激岸崩，镇江练湖淤积。并命治海岸，以固邦赋无阻。泰定改元，诏赐银币，与行省朵班左丞部六郡夫疏导吴淞二道，大盈、乌泥二河事，竣工，加江阴尹。以七秩闻上，不听，特任都水庸田司副使。……以中宪大夫浙东道宣慰使司副使致仕，寿七十三。所著有《水利书》。尤善画，《熙春》、《天马》二图，仁宗诏藏秘监。"②据此，任仁发（1254—1327），字子明，号月山，官至浙东副使。《提要》云"仕至都水少监"，误。

106.《通惠河志》二卷、《附录》一卷 （《总目》卷七十五）

明吴仲撰。仲字亚甫，武进人。正德丁丑进士，官至处州府知府。

按：撰者仕履误。黄虞稷《千顷堂书目》卷二十二"别集类"记载："吴仲《鸿爪集》八卷。（字亚甫，武进人。南京太仆寺少卿。）"③光绪《武进阳湖县志》卷二十一"人物·宦迹"记载："吴仲，字亚夫。正德十二年进士。知浙江江山县。嘉靖初，擢监察御史。……浚通惠河，户部岁省运费十二万缗。擢湖广参政，历南京太仆少卿。"④光绪《处州府志》卷十三"文职一"亦

---

① 《新中国出土墓志·上海、天津》，第 31 页。
② 崇祯《松江府志》，《日本藏中国罕见地方志丛刊 22》，第 965 页。
③ 黄虞稷《千顷堂书目》，第 558 页。
④ 光绪《武进阳湖县志》卷二十一，《中国地方志集成·江苏府县志辑 37》，第 518 页。

记载："吴仲，武进人。嘉靖初由御史补郡。……以先修通惠河奏绩，擢湖广参政，转太仆少卿。"①据此，吴仲（1482—1568）官至"太仆寺少卿"。《提要》作"官至处州府知府"，误。

107.《新河初议》一卷 （《总目》卷七十五）

不著编辑者名氏。明正德间，河决徐沛，运道淤塞，特起盛应期往治之。……此编载世宁及应期原议开河疏，并世宁请与应期同罪疏，以见一事之始末。以其事未竟功，故但曰《新河初议》也。应期字新征，吴江人，弘治癸丑进士，官至右副都御史。事迹具《明史》本传。世宁有《奏议》，已著录。

按：盛应期字、仕履均误。《明史》卷二百二十三本传记载："盛应期，字思征，吴江人。弘治六年进士。授都水主事，出辖济宁。……四年，至陕西右布政使，擢右副都御史，巡抚四川。……嘉靖二年，起故官，巡抚江西。……寻进兵部右侍郎，总督两广军务。……应期已迁工部侍郎，引疾归。六年，黄河水溢，入漕渠，沛北庙道口淤数十里，粮艘为阻。侍郎章拯不能治，尚书胡世宁、詹事霍韬、金事江良材请于昭阳湖东，别开漕渠为经久计。议未定，以御史吴仲言召拯还，即家拜应期右都御史以往。"②嘉靖《吴江县志》卷二十三"名臣传"记载："盛应期，字斯征。寅四世孙。弘治中举进士。授都水主事，司济宁。……擢四川巡抚、右副都御史。……升右都御史。"③三则文献记载盛应期字均不同，一为"新征"，一为"思征"，一为"斯征"。具体何者正确？王鏊有诗《送盛斯征都宪巡抚江西》(《震泽集》卷八)；邵宝诗云《吉水遇王敬止用送盛斯征韵》(《容春堂集前集》卷七)；祝允明赠诗《送盛斯征中丞巡抚江西》(《怀星堂集》卷四)；顾清赠诗云《送盛斯征归娶》(《东江家藏集》卷六)；何景明诗云《送盛斯征巡抚四川》(《大复集》卷二十七)；徐祯卿诗云《送盛斯征赴长沙》(《迪功集》卷三)；以上俱为盛应期同僚好友赠诗，均称其字云"斯征"，而无"新征"、"思征"之说。

文征明《明故资善大夫都察院右副都御史致仕盛公墓志铭》记载："嘉靖十四年乙未九月十又三日，前都察院右都御史长洲盛公以疾卒于家。……公讳应期，字斯征，别号值庵。裔出宋文肃公度，由余杭徙汴，再徙苏之吴江，今居郡城。……公以癸丑进士释褐，拜工部都水司主事。……谪

---

① 光绪《处州府志》卷十三，《中国地方志集成·浙江府县志辑63》，第379页。
② 张廷玉等《明史》，第5863—5864页。
③ 嘉靖《吴江县志》，《中国史学丛书三编50》，第1257—1259页。

授安宁驿丞。……寻升四川顺庆府通判。……丁父忧解官,道升武昌同知。服除,改长沙。……俄升云南按察司佥事。……公已进本司副使,复任。未几,遂升河南按察使。……丙子,升山东右布政使。……戊寅,升陕西左布政使。……会四川缺巡抚,遂用为都察院右副都御史巡抚其地。……是岁己卯,丁继母忧。辛巳服阕,会今上登极,以疾乞休。不允,寻被命,起抚江西。……再寻被玺书,升兵部侍郎兼都察院右佥都御史,总督两广军务。……遂除工部侍郎,提督易州山厂。实夺之权而置之闲散之地。会言官复有论列,公遂引咎乞归,得旨致仕,嘉靖四年乙酉也。丁亥,河决徐沛,漕渠淤塞。役民夫浚,治久弗即功。有诏集廷臣议,举可以治水者,佥以公名上。遂锡玺书,起公于家,即拜都察院右都御史,提督南北直隶、山东、河南等处。……甫四阅月而工完,十九旦夕告成,而谗言遽兴。有旨罢役,而公去国矣。公上疏自劾,因以疾求退会。有衔公者从中醞酿之,遂被旨闲住。"①王世贞《弇州山人续稿》卷一百四十八记载:"盛值庵公应期,字斯征。寅之后也。徙家长洲。二十成进士。授都水主事,治济宁。"②吴人文震孟《姑苏名贤小纪》卷下"右都御史盛公"记载:"盛直庵公应期,字斯征。……公乃乞致仕归,归四年,即家拜都察院右都御史。"③谈迁《国榷》卷五十六记载:"世宗嘉靖十四年九月辛未,前总督河道右都御史盛应期卒。"④潘柽章《松陵文献》卷五记载:"盛应期,字斯征。"⑤乾隆《长洲县志》卷二十四"人物三"记载:"盛应期,字斯征,号值庵,吴江籍,徙居长洲。弘治六年进士,官都水主事。……岁丁亥,黄河决徐沛间,特起为右都御史往治河。"⑥可见《明史》本传与《提要》均误无疑。另,盛应期(1474—1535)官至"都御史"(正二品),而非"副都御史"(正三品)。起盛应期往治黄河时为嘉靖六年(丁亥)。《提要》作"明正德间,河决徐沛",误。

108.《胶莱新河议》一卷 （《总目》卷七十五）

明王献撰。……初,元时海运,经由登莱,避槐子口大石之险,故放洋于三沙黑水。历成山正东,逾登州东北,又西北抵莱州海仓,然后出直沽,以达天津。后于槐子口西之马壕,别开河道,由麻湾抵海仓,以达

---

① 文征明《甫田集》卷三十一,《文渊阁四库全书》第 1273 册,第 252—256 页。
② 《明代传记丛刊》第 154 册,第 696 页。
③ 文震孟编《姑苏名贤小纪》卷下,《续修四库全书》史部第 541 册,第 371 页。
④ 谈迁《国榷》,第 3520 页。
⑤ 潘柽章《松陵文献》卷五,《续修四库全书》史部第 541 册,第 431 页。
⑥ 乾隆《长洲县志》卷二十四,《中国地方志集成·江苏府县志辑 13》,第 276 页。

直沽，凿之遇石而止。献于元人所凿之西，烧石开道十四里，麻湾以通。于是江淮之舟，可至胶莱。余三十里，功未竟，献适迁去。有挠之者（案《明史·孙应鳌传》，称为山东布政使时有创开胶莱河议者，应鳌力言不可，则挠之者指应鳌也），功遂不成。献因叙其案牍为一编，以贻后来，此书上卷是也。其下卷则献没之后，胶莱人思其功，祀之名宦。工科给事中李用敬又理其说，奏请续葳其事。其后人又汇刻之，附献书以行云。

按：《明史》孙应鳌无传（《总目》卷七著录孙应鳌《淮海易谭》亦未提及《明史》有传），此"孙应鳌"乃"孙应奎"之误。《明史》卷二百二记载："有与应奎同姓名者，余姚人，字文卿。由进士授行人，擢礼科给事中。疏劾汪鋐奸，忤旨下诏狱。已，复杖阙下，谪华亭县丞。鋐亦罢去，两孙给谏之名，并震于朝廷。累官右副都御史，总理河道。逾年罢归。为山东布政时，有创开胶莱河议者，应奎力言不可。入觐，与吏部尚书争官属贤否，时称其直方。"①光绪《余姚县志》卷二十三"列传九"记载："孙应奎，字文卿，号蒙泉。……登嘉靖八年进士，为礼科给事中。疏劾汪鋐忤旨，几毙杖下，谪华亭丞。鋐亦寻罢。……迁山东按察使、左右布政使。时议开胶莱河。应奎按视，地势必不可河，即河无益，徒劳百姓。奏上，役竟寝。……升右副都御史，总理河道。逾年归家，居三十年，绍讲良知之学，年八十三卒。著《燕贻录》，学者称蒙泉先生。"②郭子章《南工部尚书孙文恭公祠记》记载："人情所极虑于身后者，在易世之裔与易名之典，而此二者恒相因也。……公姓孙氏，讳应鳌，字山甫，扬州如皋县人，占籍清平卫。嘉靖己酉举乡试第一。癸丑成进士。选庶吉士，改户科给事中，出佥江西。历陕西提学副使、督察院佥都御史抚治勋阳，入为大理卿，迁户右侍，改礼部，掌国子监祭酒事。隆庆改元，上幸学。公进讲《无逸》，赐茶。请告，起刑右侍。晋南京工部尚书卒。……公所著有《学孔精舍汇稿》、《易谈》、《四书近语》、《教秦语录》、《春秋节要》、《律吕分解》等书共若干卷。"③孙应鳌一生仕履与山东无涉。据此，阻挠开胶莱河者乃余姚孙应奎（1504—1586），非《提要》云之如皋"孙应鳌"（1527—1584）。

109.《吴中水利通志》十七卷 （《总目》卷七十五）

不著撰人名氏。前七卷分序苏、松、常、镇并杭、嘉、湖诸府之水，而

---

① 张廷玉等《明史》，第5335页。
② 光绪《余姚县志》卷二十三，（台北）成文出版社1983年影印本，第585页。
③ 郭子章《蠙衣生黔草》卷十二，《四库全书存目丛书》集部第155册，第401—402页。

各以历代修浚之迹附载于后。次为考议二卷,次为公移三卷,次为奏疏三卷,次为纪述二卷。其叙事皆至嘉靖二年止,每卷之末,题嘉靖甲申锡山安国活字铜板印行。安国尝翻刻留元刚所编《颜真卿集》及年谱,盖亦好事之家也。

按:撰者当为内江李充嗣(1462—1528)。隆庆《岳州府志》卷十三"宦绩"记载:"李充嗣,字士修,四川内江人。父吉安,为华阳王府教授,遂家澧州。充嗣举进士,为刑部主事,谪严州判。仕至太子少保、工部尚书,巡抚吴中。扬历四十余年,所至以风裁自持,然外柔内刚,以故终始不及于祸,英毅之气屹乎如山。嘉靖戊子赐告归,弗迹城市,结庐亲墓。携鹤挹泉,往来山川之间。所著有《梧山集》、《奏议》、《水利》二稿、《靖危集》藏于家。"①崇祯《松江府志》卷三十二"宦绩"记载:"李充嗣,号梧山,四川内江人。成化丁未进士。正德戊寅巡抚南畿。己卯,加工部尚书,治江南水务,仍兼巡抚。以白茅港、吴淞江二泒为诸水之噤喉、太湖之尾闾也。首兴事焉,界水道为井地,示以井凿法。"②《明史》卷二百一本传记载:"李充嗣,字士修,内江人。给事中蕃孙也。登成化二十三年进士,改庶吉士。弘治初,授户部主事。以从父临安为郎中,改刑部。坐累,谪岳州通判。久之,移随州知州,擢陕西佥事,历云南按察使。正德九年举治行卓异,累迁右副都御史,巡抚河南。……有建议修苏、松水利者,进充嗣工部尚书兼领水利事。未几,世宗嗣位,遣工部郎林文霈、颜如环佐之。开白茅港,疏吴淞江,六阅月而讫工。语详《河渠志》。"③《明史·河渠志》卷八十八记载:"初,苏、松水道尽为势家所据。巡抚李充嗣画水为井地,示开凿法,户占一区,计功刻日。造浚川爬,用巨筏数百,曳木齿,随潮进退,击汰泥沙。置小艇百余,尾铁帚以导之,浚故道,穿新渠,巨浦支流,罔不灌注。帝嘉其劳,赉以银币。"④乾隆《临清直隶州志》卷六、嘉庆《东昌府志》卷二十及民国《内江县志》卷三有传。

110.《新浚海盐内河图说》一卷 (《总目》卷七十五)

不著撰人名氏。……其说撮举大要,而图则甚详。盖海盐知县所刊。称于时巡抚浙江佥都御史为徐栻。栻字世寅,常熟人,嘉靖丁未进士。以劾赵文华坐谪者,即其人。后官至南京工部尚书。题名碑录作

---

① 隆庆《岳州府志》,《天一阁藏明代方志选刊57》,第922页。
② 崇祯《松江府志》,《日本藏中国罕见地方志丛刊22》,第808页。
③ 张廷玉等《明史》,第5307—5308页。
④ 张廷玉等《明史》,第2162页。

栻，《明史》本传亦作栻。此本作拭，刊板误也。

按：冯皋谟《海盐县新修海塘录序》记载："不佞产海乡，习知海事，亦习知塘事。……惟我中丞徐公之筑今塘也。甫闻海患即触蒸炎，轻舠诣吾邑。……公始为令，忤相家子，徘徊中外几三十年。……会役竣，郡丞黄君、邑令饶君命余汇其事为录。……公讳栻，直隶常熟人。嘉靖丁未进士，以兵部右侍郎兼都御史抚浙，入为刑部左侍郎。"①康熙《常熟县志》卷十八"邑人"小传记载："徐栻，号凤竹。嘉靖丁未进士。初拜南京御史。时王宗茂者亦有是命，濒行，嵩置酒送之，备荐水陆。宗茂多不能名。栻微笑曰：'海外物也，若何由名。'未几，宗茂极论嵩父子，疏中有'设宴而水陆毕具，皆海外物'等语。嵩恨之，并及于栻，谪浙江都事，迁同知饶州府。……巡抚浙江，修筑海盐堤二十余里。抚山东，与工部刘应节议开海运，未果。上书规江陵夺情，忤旨罢归。……累官至南京工部尚书。……所著集若干卷，奏议若干卷，所辑有《大学衍义纂》若干卷。"②据此可知，徐栻（1519—1581）主要因得罪严嵩而谪，非仅因劾"赵文华"者也。其详可参见张元忭撰《南京工部尚书徐公拭墓志铭》③。《提要》误。

111.《海塘录》八卷　（《总目》卷七十五）

明仇俊卿撰。俊卿，海盐人，官国子监博士。万历十五年，海盐塘溃重修，俊卿因录其图式案牍为此书。《浙江通志》已采录其大略。其所纪述，距今一百余载，亦今昔异宜矣。

按：撰者字、科分缺，仕履误。黄虞稷《千顷堂书目》卷二十三"嘉靖丁酉科（十六年）"记载："仇俊卿《瀛仙集》，又《海上华屿》、《淮阳》、《闽南》诸稿。（字舜征，海盐人。）"④天启《海盐县图经》卷十三记载："仇俊卿，字舜征。……俊卿举乡荐，知惠安县，终国子助教。性好读书，至老未尝释卷。……隆、万间，海塘圮，上疏修筑。……寿九十有二。"⑤盛枫《嘉禾征献录》卷二十一记载："仇俊卿，字舜征，晚号谦谦翁。海盐人。……俊卿，嘉靖丁酉举人，知惠安县邑。……改淮安府教授。……寻升国子博士。……所

---

① 冯皋谟《丰阳先生集》卷五，《四库全书存目丛书》集部第122册，第247—248页。
② 康熙《常熟县志》卷十八，《中国地方志集成·江苏府县志辑》第7册，第420页。
③ 《续修四库全书》史部第527册，第724页。
④ 黄虞稷《千顷堂书目》，第581页。
⑤ 天启《海盐县图经》卷十三，《四库全书存目丛书》史部第208册，第569页。

著有《瀛仙集》、《玄机通》、《通史它石》、《海盐县志》等书。"①据此，仇俊卿字舜徵，海盐人，嘉靖丁酉科(1537)举人，官至"国子助教"，非"博士"。

112.《江防考》六卷　(《总目》卷七十五)

明吴时来撰，王篆增补。时来，仙居人，嘉靖癸丑进士，官至左都御史，谥文恪。篆，夷陵人，嘉靖壬戌进士，官至吏部左侍郎。隆庆二年，时来以南京佥都御史提督操江，创为此考。六年，篆奉命继其任，以时来书度之，形势微有不同，因仍其体例，增损重订。

按：吴时来字缺，谥号误。林一焕《吴忠恪公行状》记载："仙居古称安洲。……若左都御史赠太子少保谥忠恪悟斋公更所称复焉，莫与京者也。……公讳时来，字惟修。……由左都御史赠太子少保，谥忠恪。"②崇祯《松江府志》卷三十二记载："吴时来，号悟斋，浙江仙居人。嘉靖癸丑进士。"③朱彝尊《明诗综》卷四十四记载："吴时来，字惟修，仙居人。嘉靖癸丑进士。历官右都御史，掌院事，卒谥忠恪。有《梧斋集》。"④据此，吴时来(1527—1590)字惟修，号悟斋，谥"忠恪"。《提要》作"文恪"，则误。徐象梅《两浙名贤录》卷二十称吴时来右都御史，亦误⑤。

王篆字缺，按例当补。《明代登科录汇编》记载其字"汝文"⑥。乾隆《东湖县志》卷十七"人物"记载："王篆，字绍芳。嘉靖乙卯举人。壬戌成进士。历官两京都御史，晋位少宰。扬历中外三十余年，夙有铁御史之号。"⑦据此可补王篆(1532—?)字"汝文"，"绍芳"或其号，待考。

113.《两浙海防类考续编》十卷　(《总目》卷七十五)

明范涞撰。涞字原易，休宁人。万历甲戌进士，官至福建右布政使。

按：撰者仕履误，官至"福建左布政使"。明曹嗣轩《休宁名族志》记载："(范)涞，字原易，号浉旸。……嘉靖甲子乡荐，万历甲戌进士，授江西南城令，满考蒙内召，有轧之者，仅授南刑部郎，移户正郎，出守南昌。……起补

---

① 盛枫《嘉禾征献录》卷二十一，《续修四库全书》史部 544 册，第 544 页。
② 光绪《仙居志·仙居集》卷三，(台北)成文出版社 1975 年影印本，第 1665—1682 页。
③ 崇祯《松江府志》卷三十二，《日本藏中国罕见地方志丛刊 22》，第 825—826 页。
④ 朱彝尊《明诗综》，第 2175 页。按：此处作《梧斋集》，误。
⑤ 徐象梅《两浙名贤录》，《四库全书存目丛书》史部 113 册，第 589 页。
⑥ 《明代登科录汇编》，第 7805 页。
⑦ 乾隆《东湖县志》卷十七，《中国地方志集成·湖北府县志辑 51》，第 169 页。

浙江副使,备兵杭严,晋四川左参政,移浙江按察使兼海道,晋本省右布政,转福建左布政。吏部两举卓异,自疏引年乞休,奉旨不允致仕,累推巡抚京师,坚志不出。"①黄虞稷《千顷堂书目》卷二十五"别集类"记载:"范涞《水堂吟》,又《需沙诗稿》,又《入蜀诗纪》。(字原易,休宁人,福建左布政使。)"②康熙《休宁县志》卷六"硕儒"记载:"范涞,字原易,林塘人。进士,授南城知县,行取为南刑部主事。历南户部郎中,出守南昌,累迁浙江按察使,转右藩,再转福建左藩。"③据上述文献记载,范涞(1538—1614)官至福建左布政使。《提要》误。

114.《仙岩志》六卷 (《总目》卷七十六)

明王应辰撰。应辰自署曰举人,不著里贯。考太学题名碑有隆庆辛未进士王应辰,信阳人。去作此书时仅十六年,未知即其人否也。仙岩山在浙江瑞安县境,为道书第二十六福地。嘉靖壬戌,兵部郎中永嘉王叔果属应辰为此编。首载图景,次录诗文,序次尚颇简洁。

按:撰者非《提要》云信阳王应辰。王叔果《故上海训导海坛王公墓志铭》记载:"余与海坛王公凤同志,以文行相励,比余官司马郎,公上贡来京师,旦夕燕叙。及予告归,而公方宅忧,又时相过从,余盖兄事公也。无何,公卒,卜葬有期,其子梦龄谒予,志其墓。……公讳应辰,字拱甫,别号海坛,世家郡城五马坊,徙居城南之蟾湖则自公始。……父翰鸿炉寺纪事序班,母钟氏,以弘治乙丑六月一十九日生公于京邸。聪敏绝伦,……未冠,补郡庠生,每试高第,列廪籍。……屡试,顾不举。嘉晴辛酉,乃应贡,上春官廷试。……乃授上海县儒学训导,命甫下而母安人讣至,遂奔归,杜门读礼,一意玄修。间同余纂辑邑志,屏迹山居。……所著语录有《省言》;诗文有《正情集》、《简淡集》、《旨苕斋诗话》。"④光绪《永嘉县志》卷十六"文苑"记载:"王应辰,字拱甫,号海坛,居五马坊,至应辰始徙蟾湖。……淹贯经史,能为古文词,尤工于诗,为时流所推许,顾屡试不第。嘉靖辛酉,以贡授上海训导,丁母忧,未赴。与王宪副叔果同修县志。丙寅卒,年六十二。……所著语录有《省言》;诗文有《正情集》、《简淡集》、《旨苕斋诗话》。"⑤《仙岩志》

---

① 《休宁名族志》,黄山书社2007年点校本,第656页。
② 黄虞稷《千顷堂书目》,第622页。
③ 康熙《休宁县志》,(台北)成文出版社1970年影印本,第771页。
④ 王叔果《半山藏稿》卷十六,《敬乡楼丛书》本。
⑤ 光绪《永嘉县志》卷十六,(台北)成文出版社1983年影印本,第1578—1579页。

撰者乃温州府永嘉人王应辰（1505—1566），与信阳王应辰（1537—?）无干。

115.《罗浮野乘》六卷 （《总目》卷七十六）

明韩晃撰。晃字宾仲，南海人。万历庚子举人，官青田县知县。

按：撰者籍贯误。康熙《青田县志》卷八"官师"记载，韩晃，博罗人，由举人任知县①。光绪《惠州府志》卷三十二"人物·政绩"记载："韩晃，字宾仲。鸣金仲子。……万历庚子举于乡。授浙江青田知县。……任满归休，杜门著述。……修《罗浮野乘》一册、《梦游倡和集》一卷、《拙修堂竹素园诗文集》廿卷藏于家。"②该书卷二十一"选举表"作"博罗"。乾隆《博罗县志》卷十二"人物一·乡贤"记载："韩晃，字宾仲，号青嶼。鸣金仲子也。……庚子举于乡，一上春官不第，遂以二亲年老，不欲远离。构菽水堂，晨昏膝下以尽孝养。服阕，始挟策北上，除授浙江青田县知县。……庚午入觐，固请老，闭户著书。……所著有《拙修堂文集》，并《竹素园诗集》二十卷。"③同卷载有韩晃（1568—1644）父韩鸣金小传。卷一"山川"有罗浮山记载甚详。《四库全书存目丛书》史部第232册著录是书，书前韩晃自叙提及"伯兄寅仲"、"家弟绪仲"，分别为韩晟（字寅仲，号嵩少。鸣金长子，韩晃长兄。万历十九年举人，浙江遂安知县。著有《云台稿》、《雁木稿》、《燕市稿》）、韩日缵（1578—1635，字绪仲，号若海，博罗人。父鸣凤。万历丁未进士，官至礼部尚书）。

据《明史·地理志》记载，在明代，南海隶属于广州府，而博罗隶属于惠州府。另检光绪《广州府志》卷三十九"选举表八·万历二十八年庚子"表中亦无韩晃记载。据此可知《提要》误。

116.《龙门志》三卷 （《总目》卷七十六）

明樊得仁撰。得仁不知何许人。是书首载龙门图及事迹。次纪文类，次纪诗类。首卷考证甚陋。若龙门特为河水所经过，止载《水经注》"河水又南出龙门口"诸条足矣，至摭及历代河源，则迂阔无当。又《玉海》云："梁山之北有龙门山，大禹所凿，通孟津，河口广八十步。"是书既已引之，而后又引此数语，别标曰出《魏·地理志》。颠倒重复，殊为芜杂。

---

① 康熙《青田县志》卷八，《中国地方志集成·浙江府县志辑65》，第394页。
② 光绪《惠州府志》卷三十二，《中国地方志集成·广东府县志辑15》，第636页。
③ 乾隆《博罗县志》卷十二，《中国地方志集成·广东府县志辑16》，第527页。

按：关于《龙门志》作者，非《提要》云樊得仁，杜泽逊先生已有详考①。是书黄虞稷《千顷堂书目》卷八"地理类下"收录，注曰"关中人，河津令"②。王学谟纂修（万历）《续修朝邑县志》卷六记载："正德十一年丙子科三人：……樊得仁，字恕夫，孚祐里。河津知县，征为御史、四川布政使参议。"③光绪《河津县志》卷五"宦绩"记载，樊得仁，陕西朝邑人。嘉靖十一年任知县。居官慈惠，后擢御史④。据此可知，樊得仁，字恕夫，朝邑人，正德十一年（1516）举人，官至四川参议。此可补《提要》之失考。

117.《金井志》四卷　（《总目》卷七十六）

国朝姜虬绿撰。虬绿字秋岛，乌程人，自号苍弁山人，又号大海樵人。

按：撰者另有一字，籍贯误。光绪《归安县志》卷三十七"文苑"记载："姜虬绿，字青来，号海樵，归安人。监生。本樊泽人，筑室乌程弁山之麓，遂终老焉。室近黄龙洞，辑《金井志》。……著有《浪游草》、《大海樵人诗》。"⑤光绪《乌程县志》卷二十三"寓贤"记载："姜虬绿，字青来，号海樵，归安人。监生。本居樊泽，筑室乌程弁山之麓，遂终老焉。室近黄龙洞，辑《金井志》四卷。"⑥据此可知，姜虬绿实为归安人，寓居乌程。《提要》作"乌程人"，误。

118.《西岳神祠事录》七卷　（《总目》卷七十七）

明孙仁编。仁，贵池人。景泰辛未进士，官至户部右侍郎。是书乃其官西安府知府时作，以记西岳神祠之事。

按：编者字缺、仕履误。杨廷和《通议大夫户部左侍郎孙公仁行状》记载："公讳仁，字世荣，姓孙氏，世为贵池人。……正统丁卯举于乡。景泰辛未第进士。奉使稽永平、山海边饷，赐白金劳之。明年授南京户部主事。天顺丁丑改工部。……万历癸巳，迁右参政。……明年转左布政使，

---

① 杜泽逊《微湖山堂丛稿》，第715页。
② 黄虞稷《千顷堂书目》，第219页。
③ 《万历续修朝邑县志》，《四库全书存目丛书》第196册，第752—753页。
④ 光绪《河津县志》卷五，《中国地方志集成·山西府县志辑62》，第77页。
⑤ 光绪《归安县志》卷三十七，《中国地方志集成·浙江府县志辑27》，第679页。
⑥ 光绪《乌程县志》卷二十三，《中国地方志集成·浙江府县志辑26》，第863页。

又明年,擢右副都御史,巡抚蜀地。……乙巳,召升户部左侍郎。寻请骸骨归。"①嘉靖《池州府志》卷七记载:"孙仁,字世荣,号恕斋。登景泰辛未进士。任户、工二部主事,升顺庆府知府。后丁内艰,不起。赍檄,改西安府知府,迁陕西布政司左参政、左右布政使,升都察院右副都御史。……后转户部左侍郎。……所著有《东山稿》八卷,并《行台奏议》二十卷,藏于家。"②据此,孙仁(1418—1487),字世荣,官至户部左侍郎。《提要》误为"右侍郎"。

119.《二楼小志》四卷 (《总目》卷七十七)

国朝程元愈撰,汪越、沈廷璐又补葺之。与佟赋伟《二楼纪略》一书相为表里,皆记宁国府南北楼事。北楼即谢朓之高斋,南楼即文昌台。明嘉靖中知府朱大器所建也。赋伟书旁涉他事,殊为庞杂。此辑录历代题咏,并记南楼建造之始末,差为有绪。越有《读史记十表》,已著录。元愈字偕柳,廷璐字元佩,皆宁国人。

按:程元愈籍贯误,沈廷璐字误。民国《歙县志》卷十"人物志·诗林"记载:"程元愈,字偕柳,槐塘人,家宣城。素以文采风流擅名。……其诗为朱竹垞、王渔洋所称。著《俪体文钞》、《昭明诗选辑注》。"③光绪《宣城县志》卷十八"文苑"记载:"程元愈,字偕柳,本歙人,籍宣。廪生。……所著有《俪体文钞》、《昭明诗选辑注》。"④许承尧撰《歙事闲谭》卷二记载:"程元愈,字偕柳,槐塘人。著《俪体文钞》、《昭明诗选辑注》。其诗为朱竹垞、王渔洋所称。"⑤检《清史稿》卷六十六"地理志六",在清代,歙县隶属徽州府。《提要》误为宁国人。

另,黄叔琪序云:"程子偕柳始葺为志,嗣汪孝廉师退、沈子元珮广之前人所传,略备今人诗文。在集者皆非苟作。"⑥时任旌德知县周昆撰序亦云:"志创于程君偕柳,增葺者为沈君元珮、汪君师退,皆公折节交,以文章道义相期,故克成公志。"⑦此处记载沈廷璐字元珮,依据古人名字意义相关原则,"璐"、"珮"皆美玉之属,当为是。另,梅文鼎为沈廷璐《纪行草》撰序亦

---

① 焦竑《国朝献征录》卷三十,《续修四库全书》史部第526册,第492页。
② 嘉靖《池州府志》,《天一阁藏明代方志选刊24》,第402—403页。
③ 民国《歙县志》卷十,《中国地方志集成·安徽府县志辑51》,第408页。
④ 光绪《宣城县志》卷十八,《中国地方志集成·安徽府县志辑45》,第431页。
⑤ 许承尧《歙事闲谭》卷二,第49页。
⑥ 《四库全书存目丛书》史部第245册,第371页。
⑦ 《四库全书存目丛书》史部第245册,第372页。

称其"沈子元珮"①。《提要》作"元佩",误。

120.《丹霞洞天志》十七卷 （《总目》卷七十七）

国朝萧韵撰。韵字明彝,南城人,康熙中举人。明万历中,建昌府知府邬齐云尝属郡人左宗郢为《麻姑山志》,久而板毁。康熙中,湖东道罗森复令韵增补成之。首系以图,次列考、表、志、记诸目,而于题咏词赋为尤详。

按:撰者科分误。乾隆《南城县志》卷八"隐逸"记载:"萧韵,字明彝,号元声。崇祯举孝廉。"②乾隆《建昌府志》卷六十"艺文纪五"载有萧韵《自制预埋铭》云:"南城萧韵者,字明彝,又字民遗。……生万历甲辰正月初二日。……举崇祯壬午孝廉,以实不副名为耻,国变归。"③萧韵自己撰写的文献当然最具可靠性,据此可知,萧韵(1604—?)乃崇祯十五年(壬午,1642)举人。《提要》作"康熙中举人",误。

另按:建昌府知府邬齐云名鸣雷(1566—1621),字长豫,号齐云,奉化人。万历丁酉举人,甲辰(1604)进士。历官刑部主事、员外郎,出知建昌府。擢江西按察副使,升右参政。光绪《奉化县志》卷二十四有传。

121.《秦录》一卷 （《总目》卷七十七）

明沈思孝撰。思孝字继山,嘉兴人。隆庆戊辰进士,官至都察院右副都御史兼兵部侍郎,事迹具《明史》本传。

按:撰者字误。叶向高《资德大夫右都御史兼兵部右侍郎继山沈公神道碑》记载:"公讳思孝,字纯父,别号继山。"④《明史》本传记载:"沈思孝,字纯父,嘉兴人。举隆庆二年进士。……万历初,举卓异,又为刑部主事。……进工部左侍郎。陕西织羊绒为民患,以思孝奏,减十之四。进右都御史,协理戎政。……顾宪成、高攀龙力辨其诬,而思孝卒矣。天启中,赠太子少保。"⑤谢肇淛撰传云:"沈思孝,字纯父,浙江秀水人。隆庆戊辰进士。为番禺令,有廉直声,迁比部郎。……复迁南光禄卿,所至以庄见惮。出抚

---

① 梅文鼎《绩学堂文钞》卷三,《四库全书存目丛书》集部第263册,第377页。
② 乾隆《南城县志》卷八,《故宫珍本丛刊》第115册,第479页。
③ 乾隆《建昌府志》卷六十,《故宫珍本丛刊》第115册,第169页。
④ 叶向高《苍霞续草》卷十四,《四库禁毁书丛刊》集部第125册,第199页。
⑤ 张廷玉等《明史》卷二百二十九,第6005—6007页。

河南，入为兵部侍郎，谢病归。家居十八年，以诗酒自娱，卒年七十。"①黄虞稷《千顷堂书目》卷二十四记载："沈思孝《继山草堂稿》二十卷，《行戍稿》、《郊居稿》、《西征稿》、《陆沉稿》六卷、《溪山堂集》、《吾美堂集》。（字纯父，嘉兴人，协理戎政，都御史兼兵部侍郎，赠太子少保。）"②据以上文献可知，沈思孝（1542—1611），字纯父，号继山，官至都察院右都御史。《提要》"副"当为衍字。

122.《四州文献摘抄》四卷 （《总目》卷七十七）

国朝毕振姬撰，其邑人司昌龄所摘抄也。振姬字亮四，高平人，顺治丙戌进士，官至广西按察使。

按：撰者仕履误。其门生牛兆捷《毕坚毅先生传》记载："先生讳振姬，字亮四，号王孙，又号颉云，世籍高平柳村里。……壬午举孝廉第一，明崇祯十六年也。又三年，为清丙戌进士。十转官，官终通奉大夫、湖广布政使。四十八致仕。又二十年卒。……以老病屡辞得归。归益力学著书，逾三年病卒。卒后，上下妒者意消，士大夫远闻皆泣，私谥曰坚毅。受业者服心丧者若干人，称为坚毅先生。……著书页《尚书注》、《西河遗教》、《四州文献》、《三川别志》等十余种未出。"③据此可知，毕振姬（1613—1681）官至湖广布政使。《提要》作"广西按察使"，误。

123.《天下名山诸胜一览记》十六卷 （《总目》卷七十八）

明慎蒙撰。蒙字山泉，归安人。嘉靖癸丑进士，官至监察御史。是书以何镗所作《古今游名山记》重复太甚，因删汰繁冗，而增入通志及别集所载记文凡十之四，视镗书颇为简明。

按：撰者字误。王世贞《文林郎南京道监察御史山泉慎君墓志铭》记载："君姓慎氏，讳蒙，字子正。……至宋有铺者自秘阁校理出知湖州，悦其土风，因家焉，遂为湖之兴（当为归字之讹——引者注）安人。……君讳蒙，字子正，别号山泉。"④姜虬绿《金井志》卷首记载："慎蒙，字子正，号山泉，归安人。嘉靖进士。终监察御史。"⑤黄虞稷《千顷堂书目》卷八"地理类下"

---

① 谢肇淛《小草斋集》卷十四，《四库全书存目丛书》集部第 176 册，第 106 页。
② 黄虞稷《千顷堂书目》，第 616 页。
③ 同治《高平县志》卷八，《中国地方志集成·山西府县志辑 28》，第 502—504 页。
④ 王世贞《弇州续稿》卷九十，《文渊阁四库全书》第 1283 册，第 297—300 页。
⑤ 姜虬绿《金井志》，《四库全书存目丛书》史部第 242 册，第 760 页。

记载："慎蒙《名山一览记》十五卷。（婿张守谦编辑。含经堂作十六卷。蒙，归安人，号山泉。）"①光绪《归安县志》卷三十六"文苑"记载："慎蒙，字子正，号山泉，归安人。嘉靖三十二年进士。知漳浦县。……拜南京某道御史。……被斥归。不肯治生，以是益困，第日取古文诗词诵之，著书终其身不倦，往往甫脱草而人传之。"②据此，《提要》误将慎蒙（1510—1581）号为字。

124.《纪游稿》一卷 （《总目》卷七十八）

明王衡撰。衡字缑山，太仓人。万历辛丑进士，官翰林院编修，事迹附见《明史·王锡爵传》。是编乃所作游记，凡泰山一首，香山三首，盘山一首，马鞍潭柘一首，杂记三首，盖随时撷拾付梓者。前有陈继儒序，词亦佻巧。

按：撰者王衡（1561—1609）号误为字。《明史·王锡爵传》附录王衡小传云："子衡，字辰玉，少有文名。为举首才，自称因被论，遂不复会试。至二十九年，锡爵罢相已久，始举会试第二人，廷试亦第二。授编修，先父卒。"③焦竑《王辰玉太史哀辞并序》记载："太史字辰玉，吾师荆石先生冢嗣。"④唐时升《翰林院编修王君行状》记载："君讳衡，辰玉其字也。"⑤黄虞稷《千顷堂书目》卷二十六记载："王衡《缑山文集》二十七卷。（字辰玉，太仓人，锡爵子。戊子顺天解元，一甲第二人，翰林院编修。）"⑥朱彝尊《明诗综》卷五十九记载："王衡，字辰玉，太仓州人。"⑦古人名、字意义相连，据《尚书·舜典》记载："在璇玑玉衡，以齐七政。""玉衡"为星辰名，北斗七星之第五星，故以"辰玉"应"衡"也。

125.《循沧集》二卷 （《总目》卷七十八）

明姚希孟撰。希孟字孟长，长洲人。万历己未进士，官至詹事府詹事，事迹具《明史》本传。

---

① 黄虞稷《千顷堂书目》，第212页。
② 光绪《归安县志》卷三十六，《中国地方志集成·浙江府县志辑27》，第671—672页。
③ 张廷玉等《明史》，第5754—5755页。
④ 焦竑《焦氏澹园续集》卷十七，《四库禁毁书丛刊》集部第62册，第136页。
⑤ 唐时升《三易集》卷十五，《四库禁毁书丛刊》集部第178册，第193页。
⑥ 黄虞稷《千顷堂书目》，第641页。
⑦ 朱彝尊《明诗综》，第2954页。

按：撰者仕履不准确。陈济生《启祯遗诗》"姚文毅公"条目记载："公讳希孟,字孟长,号现闻,苏州长洲人。万历己未进士。选翰林庶吉士,授检讨。……崇祯改元,起春坊赞善。……庚午,以宫詹典北闱,榜发,称得人。而群小借武生冒籍事间公,出为南京少詹事。公至南,以病归,归二年而卒。……所著集八十卷行世。"①张世伟《詹事府少詹事兼翰林院侍读学士现闻姚公传》记载："公姓姚氏,讳希孟,字孟长,登朝后号现闻。"②朱彝尊《明诗综》卷六十一记载："姚希孟,字孟长,长洲人。万历癸未进士。改庶吉士,授检讨,历左赞善、左谕德,出为南京少詹事。"③据此,姚希孟(1579—1636)应为"少詹事"(正四品),而非"詹事"(正三品)。《提要》脱一"少"字。

126.《王山遗响》六卷 （《总目》卷七十八）

国朝张贞生撰。贞生号篑山,庐陵人。顺治戊戌进士,官至翰林院侍读学士。

按：撰者仕履误。钱仪吉《碑传集》卷四十四记载："张贞生,字幹臣,别字篑山,吉安庐陵人。顺治戊戌进士。仕至侍讲学士。著《雍书》二十卷。"④《清儒学案小传》卷二记载："张贞生,字幹丞,号篑山,庐陵人。顺治戊戌进士。累官翰林院侍讲学士。"⑤光绪《吉安府志》卷三十一"儒林"记载："张贞生,字幹臣,别字篑山,庐陵人。顺治十一年乡举。十五年试礼部第一。选庶吉士,授编修,晋国子司业兼管祭酒事。迁侍讲,历官翰林院侍讲学士。"⑥据此可知,张贞生(1623—1675)官至翰林院侍讲学士。《提要》作"翰林院侍读学士",误。

127.《百夷传》一卷 （《总目》卷七十八）

明钱古训撰。古训,余姚人。洪武甲戌进士,官至湖广布政司参政。百夷即麓川平缅宣慰司。（案百夷即今摆夷,译语对音,故无定字。）洪武二十九年,其酋思仑发诉与缅人构兵。古训时为行人,与其同官桂阳李思聪奉诏往谕,仑发等听命而还。因述其山川、人物、风俗、道

---

① 陈济生辑《启祯遗诗》,《四库禁毁书丛刊》集部第97册,第391页。
② 张世伟《张异度先生自广斋集》卷十三,《四库禁毁书丛刊》集部第162册,第397—400页。
③ 朱彝尊《明诗综》,第3078页。此处科分有误。
④ 《清代传记丛刊108》,第496页。
⑤ 《清代传记丛刊5》,第407页。
⑥ 光绪《吉安府志》卷三十一,(台北)成文出版社1975年影印本,第1022页。

路,为书以进。古训旋以劳擢湖广参政,请泽州杨砥序之。黄虞稷《千顷堂书目》以此书为李思聪作。今据砥序及夏原吉后序知实古训所作。虞稷偶失考也。

按:撰者仕履误。万历《绍兴府志》卷四十一"人物志七·乡贤"记载:"钱古训,字古训,余姚人。洪武甲戌进士。调行人。是时,缅与麓川相构,缅主使使来贡,而诉思仑发于我上,择古训持敕往谕。至则宣上威德,释二国之忿,罢其兵,麓川酋长刁于孟者谋攻其主。古训曰:'吾以天子使将事裔夷,乃弗能靖小丑,何以报命天子?'于是驰入其部,责以大义,皆稽颡,凛凛然无敢复逞者。思仑发以古训能休争已乱,荐方物,愿留为援。古训却不受,作书示以不可。思仑发得书骇汗,遂归古训。于是,古训叙次百夷山川风物为书,还见上并奏之。上悦,付史馆,赐袭衣。后知漳郡,以文章饰吏事,表著忠孝,激励风俗,甚著声。寻改湖广参议,名绩愈茂。"①万历《新修余姚县志》卷十六有传。《湖广通志》卷二十八记载,钱古训,余姚人。进士,右参议②。据此,钱古训官至湖广参议,非"参政",《提要》误。

职官类

128.《虔台志》十二卷 (《总目》卷八十)

明萧根等撰。根爵里未详。弘治甲寅,汀漳盗起,楚粤之不逞者和之,于是设巡抚都御史治赣州,以控制诸省。至甲子罢置。正德庚午,盗攻武平县,乃复建焉。嘉靖壬寅,巡抚虞守愚命根等编撰虔台始末,为此书。

按:杜泽逊《四库存目标注》卷二十八过录《浙江采集遗书总录》:"明嘉靖十二年副都御史唐胄等辑。"③唐胄(1471—1539)于嘉靖十二年任赣州佥都御史,虞守愚(1483—1569)则是嘉靖二十一年任。《提要》与《浙江采集遗书总录》必有一误。

钟芳《故户部左侍郎唐公墓志铭》记载:"公讳胄,字平侯,先世,桂林之兴安祖震,宋特奏名。理宗淳祐间,刺琼州,卒于官。子叔建荫琼山县尉,占地城东番蛋,家焉。……弘治戊午乡试、丙戌会试皆占《礼经》魁。授户部山西司主事。……壬辰入觐,升广西左布政。……癸巳,升都察院右副都御

---

① 万历《绍兴府志》,(台北)成文出版社1983年影印本,第2779—2780页。
② 乾隆《湖广通志》卷二十八,《文渊阁四库全书》第532册,第150页。
③ 杜泽逊《四库存目标注》,第1243页。

史,提督南赣汀漳等处军务。……是秋,改山东巡抚。……甲午冬,升南户部右侍郎。丙申春,转户部。秋,升本部左侍郎。……所著《琼台志》四十四卷、《广西通志》若干卷、《江闽湖岭都台志》十三卷、诗文若干卷。"①根据此则材料来看,唐胄任职南赣时间不足一年,很难有时间从事这项文化工程。其著有《琼台志》,书名与《虔台志》近似。黄虞稷《千顷堂书目》卷七"地理类"记载:"唐胄《琼台志》二十卷。(正德间修。)"②虽然卷数各异,但可以确定《虔台志》为其所著。金铣等《广东通志》卷四十六关于唐胄记载相似:"唐胄,字平侯,琼山人。……弘治壬戌进士,授户部主事。……擢右副都御史,提督南赣。改山东巡抚,所至有声,进南京户部侍郎。……戊戌夏,论明堂享礼,忤帝意,夺职归,冬复冠带。……所著有《琼台志》、《江闽湖岭都台志》、《西洲存稿》行于世。"③据此可断,《浙江采集遗书总录》著录有误。

另据嘉庆《义乌县志》小传记载:"虞守愚,字惟明,号东厓,花溪人。正德癸酉以《礼记》领乡荐。嘉靖癸未进士。初令嘉鱼。……壬寅冬,升左佥都御史,督南赣等处军务。……乙巳春,升副都御史,巡抚江西。……所辑有《虔台志》十二卷,所著有《虔台拙稿》、《东厓文集》、《四书一得》,录藏于家,祀乡贤。"④黄虞稷《千顷堂书目》卷七"地理类"亦作"虞守愚"编⑤。

129.《郧台志略》九卷 (《总目》卷八十)

明徐桂撰。桂,潜山人。嘉靖乙未进士,官郧阳府知府。先是,成化初,原杰抚定荆、襄流民,置郧阳府,设提督抚治一员镇之。嘉靖二十五年,慈溪叶照以右副都御史领其任,桂等辑比事略为此书。……所载有嘉靖以后事,则金台于湛等继为抚治,又附益之也。

按:撰者徐桂(1512—?)字缺。黄虞稷《千顷堂书目》卷二十三"别集类"记载:"徐桂《丹台集》二十卷。(字子芳,潜山人。郧阳知府。)"⑥民国《潜山县志》卷十三"宦迹"记载:"徐桂,字子芳,嘉靖乙未进士。历官员外郎。……擢郧阳知府。……解组归。"⑦据此,徐桂官"至"郧阳知府。

另,于湛(1482—1555)乃金坛人,非"金台"人也。徐学谟《题致仕郧阳

---

① 钟芳《筠溪文集》卷十七,《四库全书存目丛书》集部第64册,第683—686页。
② 黄虞稷《千顷堂书目》,第198页。
③ 雍正《广东通志》,《文渊阁四库全书》第564册,第227页。
④ 嘉庆《义乌县志》卷十五,(台北)成文出版社1970年影印本,第345—346页。
⑤ 黄虞稷《千顷堂书目》,第189页。
⑥ 黄虞稷《千顷堂书目》,第581页。
⑦ 民国《潜山县志》卷十三,《中国地方志集成·安徽府县志辑17》,第196页。

右副都御史于湛祭葬疏》记载:"于湛,男。举人于未奏:臣父系直隶镇江府金坛县人。由正德六年进士。授兵部武选司主事。"①黄虞稷《千顷堂书目》卷二十二"别集类"记载:"于湛《素斋先生集》五卷,附《褒恤录》一卷。(字莹中,金坛人。抚治郧襄,都御史。)"②乾隆《镇江府志》卷三十六记载:"于湛,字莹中,金坛人。……正德六年进士。……升户部侍郎,抚治郧阳。"③道光《济宁直隶州志》卷六"职官"记载:"于湛,字莹中,南直金坛人。正德辛未进士。"④民国《重修金坛县志》卷九记载:"于湛,字莹中。镒子。正德六年进士。"⑤《提要》误。

130.《虔台续志》五卷 (《总目》卷八十)

明陈灿撰。灿里贯未详。官赣州府教谕。此书乃嘉靖中巡抚南赣等处右副都御史谈恺属灿等所辑。

按:陈灿里贯可考。天启《赣州府志》卷十记载,陈灿,瑞金县教谕,怀安举人⑥。康熙《瑞金县志》卷六"官制"记载:"陈灿,福建怀安人。由举人嘉靖二十九年任(教谕)。"⑦小传云:"陈灿,操心不苟,造士有方,分校南畿,所取多称得人。巡抚谈公修本府通志,聘为总裁。屡膺荐举,升国子助教,命未下,卒于官。"⑧何乔远《闽书》卷七十六记载:"陈灿,字孚中。任瑞金教谕,有质行。"⑨据前文献记载,陈灿中嘉靖二十二年(1553)乡试。按体例统一,《提要》应注明陈灿为"瑞金教谕"。

另按,《总目》数次提及谈恺(1503—1568),但其谈恺里贯、仕履均缺注,按例当补之。李春芳《都察院右都御史十山谈公墓志铭》记载:"公讳恺,字守教。上世汴人,扈宋南渡,徙无锡。……举嘉靖乙酉乡试,登丙戌进士。授户部江西司主事。……逾年,擢山东右参政,转按察使,晋福建、广东左右布政使。所在职举,乃简擢都察院右副都御史,巡抚南、赣、汀、漳。……旋进公兵部右侍郎,兼佥都御史,移镇两广。……诏进右都御史致仕。……著有《孙武子》十三卷、《虔台续志》五卷、《平粤录》三卷、《奏议》、

---

① 徐学谟《徐氏海隅集》卷一,《四库全书存目丛书》集部第125册,第218页。
② 黄虞稷《千顷堂书目》,第552页。
③ 乾隆《镇江府志》卷三十六,《中国地方志集成·江苏府县志辑28》,第91页。
④ 道光《济宁直隶州志》卷六,《中国地方志集成·山东府县志辑76》,第438页。
⑤ 民国《重修金坛县志》卷九,《中国地方志集成·江苏府县志辑33》,第96页。
⑥ 天启《赣州府志》,《北京图书馆古籍珍本丛刊32》,第220页。
⑦ 康熙《瑞金县志》,《天一阁藏明代方志选刊40》,第76页。
⑧ 康熙《瑞金县志》,《天一阁藏明代方志选刊40》,第85页。
⑨ 何乔远《闽书》,第2273页。

《文集》若干卷。"①光绪《无锡金匮县志》卷十九"宦望"记载:"谈恺,字守教。……嘉靖五年进士。历官户部员外郎,出为山东副使。……坐事谪信宜典史,五迁而后为四川副使。……历广东布政,擢副都御史,巡抚南、赣、汀、漳。……拜兵部右侍郎,移镇两广。……乞骸归。后督臣追疏恺功,加右都御史。"②

131.《南京太常寺志》十三卷 (《总目》卷八十)

明汪宗元撰。宗元号春谷,崇阳人。嘉靖己丑进士,官至总理河道右副都御史。是书乃宗元为南京太常寺卿时所辑,分谟训、规制、职官、礼书、乐书、旧制、荐献、祭告、祭器、禄食、夫役、列传为十二门。

按:撰者字缺,职官误。徐中行《明故通议大夫通政使汪公神道碑》记载:"公名宗元,字子允。……二十六与仲计偕。明年独第进士,授行人。……改尚宝丞,晋卿,转南京太仆寺。……以公为南京太仆卿,修《太常志》。……晋副都御史,理河道。……谪福建参政,寻转右布政使。……转江西左布政使。……寻转通政使。……遂致仕归。"③康熙《武昌府志》卷七"人物"记载:"汪宗元,字子允,崇阳人。嘉靖己丑进士。以行人擢工科给事中,历南太仆卿,修马政条例,转太常卿,修《太常志》、《经济考》。迁副都御史,督理河道。……谪福建参政,转右布政。……历官通政使,致仕归养卒。著有《皇明文选》、《春谷集》。"④据此可补汪宗元(1503—1570)字。另,汪宗元仕履误,从《神道碑》及地方志记载来看,汪宗元任副都御史后,遭贬谪,后复晋职,最后"通政使",应改为"官至通政使"为宜。

132.《吏部职掌》无卷数 (《总目》卷八十)

明黄养蒙撰,方九功、王篆续修。养蒙,南安人,嘉靖辛丑进士,官至户部右侍郎;九功,南阳人,嘉靖丙辰进士,官至南京工部右侍郎;篆有《江防考》,已著录。是编于明嘉、隆以前吏部制度沿革,载之最悉。盖排纂案牍而为之,犹今之《六部则例》也。

按:撰者黄养蒙(1504—?)字缺。何乔远《闽书》卷八十八记载:"黄养

---

① 李春芳《李文定公贻安堂集》卷七,《四库全书存目丛书》集部第113册,第194—196页。
② 光绪《无锡金匮县志》,《中国地方志集成·江苏府县志辑24》,第306—307页。
③ 徐中行《天目先生集》卷十五,《四库全书存目丛书》集部第121册,第760—761页。
④ 康熙《武昌府志》,《中国地方志集成·湖北府县志辑2》,第364页。

蒙,字存一。举进士第二人,令遂昌,……以考最铨部,历考功郎,……二年,迁南太常少卿,转光禄少卿,以外艰归。久之,升南京户部右侍郎。……转北京户部侍郎,引疾归。"①焦竑《国朝献征录》卷三十《户部右侍郎黄公养蒙传略》记载:"黄养蒙,字存一,福建南安人。"②民国《南安县志》卷二十四"名臣"记载:"黄养蒙,字存一,号小竹,邑西丰禄人。"③

  关于方九功(1537—1588),科分误。检《明清进士题名碑录索引》,方九功中嘉靖四十四年三甲三十五名进士。《河南通志》卷六十五记载:"方九功,南阳人。嘉靖乙丑进士。历官南京吏部右侍郎(应为工部右侍郎——引者注),博学能文,负性高洁。著有《白下稿》、《息机堂稿》行于世。"④乾隆《江都县志》卷十四"名宦"记载:"方九功,字允治,河南南阳人。进士。嘉靖四十四年除知江都。"⑤据此,方九功乃嘉靖四十四年(乙丑,1565)进士。

133.《掖垣人鉴》十七卷、《附录》一卷 （《总目》卷八十）

  明萧彦撰。彦字思学,泾县人。隆庆辛未进士,官至湖广总督。是书乃万历二十年彦为兵科给事中时,与同官王致祥等同辑明代六科名姓、乡贯、出处、始末,共为一编。以天顺以前为前集,成化以后迄万历为后集。首冠以官制沿革,及两朝谟训各一卷。而以题名碑记诸篇附于其末。

  按:撰者仕履误。萧彦《明史》卷二百二十七有传,《提要》却不及,按例当补"事迹具《明史》本传"。《明史》本传记载:"萧彦,字思学,泾县人。隆庆五年进士。除杭州推官。……召拜户部右侍郎,寻卒。"⑥明鲍应鳌《明臣谥考》卷上记载:"定肃萧彦:总督两广,升户部侍郎,赠右都御史,万历年谥。纯行不爽,正已摄下,南直泾县人。"⑦《明儒学案》卷二十五记载:"萧彦号念渠,户部侍郎。谥定肃。泾县人。师事绪山。"⑧嘉庆《泾县志》卷十七"名臣"记载:"萧彦,字思学,泾县人。隆庆五年进士。除杭州推官。万历三年,擢兵科给事中。……召拜户部右侍郎,寻卒。"⑨据此,萧彦(1537—

---

① 何乔远《闽书》,第2641—2642页。
② 《续修四库全书》史部第526册,第509页。
③ 民国《南安县志》卷二十四,《中国地方志集成·福建府县志辑28》,第172页。
④ 雍正《河南通志》,《文渊阁四库全书》第533册,第145页。
⑤ 乾隆《江都县志》卷十四,《中国地方志集成·江苏府县志辑66》,第190页。
⑥ 张廷玉等《明史》,第5964—5965页。
⑦ 鲍应鳌《明臣谥考》卷上,《文渊阁四库全书》第651册,第443页。
⑧ 黄宗羲《明儒学案》卷二十五,第579页。
⑨ 嘉庆《泾县志》卷十七,《中国地方志集成·安徽府县志辑46》,第349页。

1593)官至户部侍郎,其生平未曾任湖广总督。《提要》误。

134.《职官志》一卷、附《后纪》《妃嫔传》《外戚传》三篇　(《总目》卷八十)

不著撰人名氏。所纪惟部院寺监诸司职掌,不及武臣及外官,盖非足本也。其叙历朝官制至穆宗而止,间有称"今上"云云者,盖书成于万历中。记载寥寥,不足以存掌故。末附后纪,称史官杨继礼撰。……继礼,华亭人,万历庚辰进士。

按:撰者确为杨继礼(1550—1605),但科分有误。陈懿典《右春坊右谕德掌南京翰林院事石闾杨公墓志铭》记载:"壬辰,余成进士,入中秘。于时同选者十八人,与一甲三人同读书翰林。其旧定交于公车时者两人,一为昆山顾升伯,一为华亭杨彦履,彦履即公也。两君皆与余同举己卯,吴越相去不远,又皆久困南宫,声名相慕,臭味遂深。一朝同籍同官,情好弥笃。……公讳继礼,姓杨氏,字彦履,别号景南,又号石闾。先世河南归德人。……而仲子和相因家漕泾,遂为华亭人。……(公)壬辰始第进士。……甲午秋授编修。……癸卯,升右春坊右中允。……著述甚富,在史局纂修有《正史后妃传》若干卷,《外戚传》若干卷。"①乾隆《华亭县志》卷十二"名臣"有传(卷十五"艺文志"于杨继礼著作无记载)。嘉庆《松江府志》卷五十四有传。杨继礼为万历壬辰进士。《提要》误。

135.《符司纪》六卷　(《总目》卷八十)

明刘日升撰。日升,庐陵人。万历庚辰进士,官至应天府尹。是编乃其官尚宝司卿时所辑,具载典玺事规,及各官牙牌,各府卫金牌、令牌之制。

按:撰者刘日升(1546—1617)字缺,按例当补。叶向高《明嘉议大夫应天府尹明自刘公神道碑》记载:"公讳某,字扶生,别号明自,吉州庐陵人也。……乙卯领乡书,明岁魁南宫。……所著诗文皆渊博雅醇,南皋公选为五十卷行于世。"②何乔远《闽书》卷五十记载:"刘日升,字扶生,庐陵人,万历庚辰进士。……仕终应天府尹。"③黄虞稷《千顷堂书目》卷二十五"别集类"记载:"刘日升《慎修堂集》二十三卷。(字扶生,庐陵人,擢应天府

---

①　陈懿典《陈学士先生初集》卷十二,《四库禁毁书丛刊》集部第79册,第176—178页。
②　叶向高《苍霞草》卷十八,《四库禁毁书丛刊》集部第125册,第493—496页。
③　何乔远《闽书》,第1305页。

尹。）"①乾隆《福州府志》卷四十七"名宦"记载："刘日升，字扶生，庐陵人。万历庚辰进士。"②

又，《提要》云：

> 后有附录一卷，为秦嘉桢所续辑。嘉桢，德清人。续此书时官尚宝司丞，其始末未详。

按：续辑者秦嘉桢疑为"章嘉桢"之误。俞汝楫《礼部志稿》卷四十三记载："章嘉桢，（字）元礼。浙江德清县人。庚辰进士。万历二十一年由兵部武选司调任（尚宝司丞）"③朱彝尊《明诗综》卷五十三记载："章嘉桢，字元礼，德清人。万历庚辰进士。累官大理寺丞。有《姑孰集》、《南征集》、《中林草》。"④康熙《德清县志》卷七"人物志"记载："章嘉桢，号衡阳。万历庚辰进士。授蒲圻令，多异政。丁艰，补当涂令。……召副驾部郎。……寻改吏部司勋郎，以廷推。故相王家屏触忌，谪贰罗定州。……里居十八载，与顾宪成、邹元标投契讲学，与李维桢、汪道昆唱和诗文。……已，诏起南刑曹，除尚宝司寺丞，擢通政司参议。……天启初，求旧，起光禄寺寺丞，擢大理寺左丞，抗志悬车。未几卒。素工书，笔法遒劲。所著有《姑孰集》、《南征集》、《落花诗》、《中林草》、《里役书》行世。"⑤据此可知，章嘉桢（祯）（1552—？）亦为万历庚辰进士，与刘日升为同榜进士，且章嘉桢亦曾官"尚宝司丞"，或"秦"、"章"因形似而误。

136.《续宋宰辅编年录》二十六卷 （《总目》卷八十）

明吕邦燿撰。邦燿字元韬，锦衣卫籍，顺天人。万历辛丑进士，官至通政司右参议。

按：撰者籍贯误，应为"丽水人"。王铎《少卿九如吕公行状》记载："今海内称好学恒屈指九如吕公，公讳邦燿，玄韬其字也，别号九如。……其先会稽人，由六世祖处士讳居简徙丽水。……岁甲午，督学山东李公首选，入顺天学，补增应试。……丁酉，年方弱冠，吕尚书登贤书。又三年，辛丑第进士。……丙午，升兵科给事中，……壬子，左迁河南副使。……癸丑，升提

---

① 黄虞稷《千顷堂书目》，第627页。
② 乾隆《福州府志》卷四十七，（台北）成文出版社1967年影印本，第952页。
③ 俞汝楫《礼部志稿》卷四十三，《文渊阁四库全书》第597册，第805页。
④ 朱彝尊《明诗综》，第2706页。按：《文渊阁四库全书》本《明诗综》卷五十三作"字符礼"，误。
⑤ 康熙《德清县志》卷七，（台北）成文出版社1983年影印本，第376—377页。

学。……升通政使右参议。……癸亥,转大理寺少卿。……秋转剧,公竟不起,……卒。……所著《宋宰辅行录》、《国语□通体日抄》,诗文四十卷。"①光绪《处州府志》卷十六"选举志·进士"记载:"万历辛丑科张以诚榜:吕邦燿,官翰林院庶吉士、太常少卿。顺天籍丽水人。"②民国《丽水县志》卷十"人物"记载:"吕邦燿,字元韬。万历二十九年进士。选庶吉士,改给谏,风采甚著。提学河南,得人为盛。擢通议,封驳得体。转奉常,历大理,未竟所用而卒。"③据此,吕邦燿(1579—1624)实为丽水人,由督学选入顺天入学,与其籍贯无关。《提要》误。

137.《官爵志》三卷　(《总目》卷八十)

明徐石麒撰。石麒字宝摩,嘉兴人。天启壬戌进士,授工部主事,忤魏忠贤削籍。崇祯中官至吏部尚书。南都破后,不食死。事迹具《明史》本传。

按:撰者籍贯未确,按体例统一原则,应署县名,即"嘉善人"。陈济生《启祯遗诗》"徐忠襄公"条记载:"公讳石麒,字宝摩,嘉兴嘉善人。天启壬戌进士。"④黄虞稷《千顷堂书目》卷二十七记载:"徐石麒《可经堂集》十二卷。(字宝摩,青浦籍,嘉善人。吏部尚书。子尔谷辑。)"⑤赵南星《赵忠毅公诗文集》卷首载有选阅人记载:"徐石麒,号虞求。南直青浦籍,嘉善人。"⑥《明史》卷二百七十五徐石麒(1578—1645)本传记载有误。

138.《历代铨选志》一卷　(《总目》卷八十)

国朝袁定远撰。定远里贯未详。此书其官吏部文选司郎中时作也。历叙各朝铨政选举之法,略而寡当。

按:撰传里贯可考。光绪《嘉兴府志》卷八十"经籍一"记载:"袁定远《历代铨选志》一卷,定远官吏部文选司郎中时作。"⑦卷五十二"秀水·列传"记载:"袁定远,字静公。康熙庚戌进士,授新野县,累升平度州,历吏部

---

① 王铎《拟山园选集》卷七十三,《四库禁毁书丛刊》集部第88册,第258—261页。
② 光绪《处州府志》卷十六,(台北)成文出版社1974年影印本,第558页。
③ 民国《丽水县志》卷十八,《中国地方志集成·浙江府县志辑61》,第857页。
④ 陈济生《启祯遗诗》,《四库禁毁书丛刊》集部第97册,第415页。
⑤ 黄虞稷《千顷堂书目》,第666页。
⑥ 《四库禁毁书丛刊》集部第68册,第11页。
⑦ 光绪《嘉兴府志》卷八十,《中国地方志集成·浙江府县志辑14》,第603页。

文选郎。陈冢宰廷敬深器重之,保举第一,终顺庆知府。"①道光《重修平度州志》卷十六"列传二·官师"记载:"袁定远,浙江秀水人,庚戌进士。康熙二十五年任(知州)。……由部郎除四川某知府终。"②《四川通志》卷三十一记载,康熙四十四年,任顺庆知府。综上所引文献可知,袁定远,字静公,浙江秀水人。康熙九年(1670)进士,官至四川顺庆知府。

政 书 类

139.《明臣谥汇考》二卷　(《总目》卷八十二)

　　明鲍应鳌撰。应鳌字山父,歙县人。万历乙未进士,官至礼部祠祭司郎中。

按:撰者仕履误。谈迁《国榷》卷八十六记载:"丙寅天启六年二月庚寅,夺故太常寺少卿鲍应鳌赠光禄寺卿。"③乾隆《歙县志》卷十一"宦迹"记载:"鲍应鳌,字山甫,号中素。由进士授户部主事。……补祠祭司,寻升郎中。……天启二年,诏起废,升尚宝卿。又升太仆,卒于官。"④道光《徽州府志》卷十二之二"人物志·宦业"记载:"鲍应鳌,字山甫,歙鲍潭人。万历乙未进士。授户部主事。……改礼部。……复官,历郎中。……诸党人以其与东林善,欲排去之。遂告归。天启元年,诏起废。历太常少卿,卒于官。"⑤据此,鲍应鳌(1547?—1626前)官至"太常寺少卿"。《提要》误。

140.《明宫史》五卷　(《总目》卷八十二)

　　旧本题芦城赤隐吕毖校次。毖始末未详,盖明季宦官也。其书叙述当时宫殿、楼台、服食、宴乐及宫闱诸杂事,大抵冗碎猥鄙,不足据为典要。

按:吕毖始末可考。李果《吕道人桴庵传》记载:"道人名毖,字贞九,号桴庵,姓吕氏,宋东莱先生祖谦十二世孙。……居苏州。道人幼读书,一目数行俱下,弱冠领娄庠第一。崇祯甲申之变,悲号不食,弃妻子入道,自号赤

---

① 光绪《嘉兴府志》卷五十二,《中国地方志集成·浙江府县志辑13》,第490—491页。
② 道光《重修平度州志》卷十六,《中国地方志集成·山东府县志辑43》,第213页。
③ 谈迁《国榷》,第5321页。
④ 乾隆《歙县志》卷十一,(台北)成文出版社1983年影印本,第705—706页。
⑤ 道光《徽州府志》卷十二,《中国地方志集成·安徽府县志辑49》,第435页。

隐子。……康熙三年卒，年五十四。"①据此可知，吕毖（1611—1664）明亡后为道士，隐居灵岩山，山下小桃源有吕毖墓。谢国桢《晚明经籍考》卷一著录吕毖《明朝小史》十八卷，对其始末记载甚详。另按，余嘉锡《四库提要辨证》卷九考证《明宫史》为刘若愚撰。

141.《辟雍纪事》无卷数 （《总目》卷八十三）

明卢上铭撰。上铭字尔新，东莞人。崇祯中官南京国子监典簿。是编叙述明代太学典故，起洪武，讫崇祯十年，详于南监而北监亦附见焉。

按：作者当为卢上铭、冯士骅同撰。黄虞稷《千顷堂书目》卷九"职官类"即载二者同撰。张四知《辟雍纪事叙》云："若北雍（附见）则东吴冯子之所辑也，编不盈寸而事迹罔遗。"②卢上铭《引言》亦明确冯士骅之作。

撰者行实过简。民国《东莞县志》卷六十"人物略七"记载："卢上铭，字尔新。官国子监典籍，迁左府参军，擢工部主事。督造洪威厂，为权珰所陷，谪南宁，逾年释归。上铭喜著述，能诗文，官典籍时，著《辟雍纪事》十五卷。"③《广东诗汇》卷三十一记载："卢上铭，字尔新，东莞人。以父瑛田荫国子监典籍。官至工部虞衡司主事，督造洪威厂。为权珰所陷，谪南宁。珰败，释归，明亡不仕。有《幻游草》、《西征草》。"④

142.《洲课条例》一卷 （《总目》卷八十四）

明王侹撰。侹始末未详。其作此书时，则官南京工部营缮司员外郎也。明代自镇江至九江，沿江洲课，皆隶南工部。后以其有影射吞占之弊，复设官以董之。《明史·食货志》未详其法。盖以其并入地粮内也。是编乃嘉靖中侹为督理时所辑。

按：王侹始末可考。侯一麐《中白先生传》记载："往余先大人为南膳部郎，当时少宗伯王文定公知先大人，而中白先生者，公震子也。先大人一日命麐曰：此吾通家之游也，小子识之。麐以是得交中白先生。先生永嘉人，讳某，字某，中白其号也。……久之，当谒铨部。……既选南台都事。……

---

① 李果《在亭丛稿》卷六，《清代诗文集汇编》第244册，第447页。
② 《四库全书存目丛书》史部第271册，第218页。
③ 宣统《东莞县志》卷六十，《中国地方志集成·广东府县志辑19》，第587页。
④ 桑兵主编《清代稿钞本三编》第119册，第34页。

无何,擢营部员外郎,敕督芦洲。……迁郎中。……初,先生自入仕,居间以倜傥起誉,亦以激直召怨。至是当道有望者用附入考功法,而先生遂挂冠归。"①此记载"王文定公"即王瓒。据张弘道、张凝道《皇明三元考》卷八"弘治九年丙辰科大魁"记载:"榜眼王瓒,浙江永嘉人。字思献。……仕至礼部侍郎。卒年六十一,谥文定。"②光绪《永嘉县志》卷十四"人物·名臣"载有王瓒传记,附有王侹传云:"侹,以荫补,南京工部营缮司郎中。"③据此记载,可知,王侹(1499—1572),号中白,温州府永嘉县人。乃礼部侍郎王瓒(1462—1524)长子(次子王健),以荫补,官至南京工部郎中。

143.《两淮盐法志》十二卷 （《总目》卷八十四）

明史起蛰、张矩同撰。起蛰,江都人。矩,仪征人。书成于嘉靖庚戌,因弘治旧志增损之。董其事者巡按御史杨选与运使陈暹也。

按:黄虞稷《千顷堂书目》、《明史·艺文志》撰者作"史启蛰、张榘同撰",卷数同。《提要》过简,关于撰者,《提要》缺、误并存。

其一,史起蛰字、科分均缺。万历《扬州府志》卷十五记载,史起蛰,字德龙,江都人。嘉靖癸丑进士,任礼部主事④。《明代登科录汇编》记载,史启蛰,字德龙,号大梅,直隶江都人。……辛卯乡试,会易二房三甲,观吏部政。福建松溪知县,升礼部主事卒⑤。乾隆《江都县志》卷十二"选举"记载与万历《扬州府志》同。乾隆《福建通志》卷三十一记载:"史起蛰,江都人,进士,嘉靖间知松溪,崇修学校,振起士风,松溪人文实由此始。"⑥朱彝尊《明诗综》卷四十四记载:"史起蛰,字德龙,江都人。嘉靖癸丑进士。"⑦据此,史起蛰(1513—?),字德龙。嘉靖三十二年(癸丑,1553)进士,官至礼部主事。

其二,张矩名误、字缺。隆庆《仪真县志》卷九"选举考"记载,张榘,字范中,隆庆十三年举人⑧。道光《重修仪征县志》卷三十六记载;"张榘,字范中,一字同埜。幼笃志好学,自补博士弟子,藉甚胶庠间。嘉靖甲午恩拔,即中是科乡试。……不以不为进士为介。……尽取外大父黄司马瓒所藏书留

---

① 侯一麐《龙门集》卷十九,《美国哈佛大学哈佛燕京图书馆藏中文善本汇刊》第35册,第229—230页。
② 《四库全书存目丛书》史部第271册,第135页。
③ 光绪《永嘉县志》卷十四,《中国地方志集成·浙江府县志辑61》,第328页。
④ 万历《扬州府志》卷十五,《北京图书馆古籍珍本丛刊25》,第229页。
⑤ 屈万里主编《明代登科录汇编》第12册,第6417页。
⑥ 乾隆《福建通志》卷三十一,《文渊阁四库全书》第528册,第530页。
⑦ 朱彝尊《明诗综》,第2185页。
⑧ 隆庆《仪真县志》卷九,《天一阁藏明代方志丛刊15》,第309页。

览广识,更得肆力于文章,刷唐簸宋,跻堂奥于晋汉间。先是司马修邑乘未竟,絮索其遗稿,增帙付梓。义例该博,气通龙门,卓然名史笔。巡盐御史杨选慕其才,檄转运使陈暹修《盐法志》,以礼聘主笔削,一时士大夫竞称尊宿。"①据此可知,张矩乃"张榘"之讹。《提要》误。

144.《山东盐法志》四卷 (《总目》卷八十四)

明查志隆撰,谭耀、詹仰庇参修。志隆字鸣治,海宁人。嘉靖己未进士,官至山东布政司左参政。耀,东莞人。万历丁丑进士,官至监察御史。仰庇,安溪人。嘉靖乙丑进士,官至刑部侍郎。是编乃志隆官山东盐司同知时所作。耀时巡盐长芦,仰庇时为山东按察司副使。正统中,命长芦巡盐御史兼理山东盐法。隆庆五年,又令山东驿传副使兼管盐法。故皆得与志隆裁订焉。

按:撰者多人字缺,间有讹误。

其一,关于谭耀。民国《东莞县志》卷五十九记载:"谭耀,字伯彰,号惺堂,水南人。万历四年举人,五年成进士,授贵县令。……擢福建道御史,巡视直隶。……管理长芦山东盐课兼河道事务。……寻出为延平府知府。……卒于官。"②谭耀(1545—1590)官至延平知府。《提要》或误。

其二,关于詹仰庇(1539—1609)。黄凤翔《少司寇咫亭詹公行状》记载:"公讳仰庇,字汝钦,咫亭其别号也。初祖敦仁公五代时为安溪邑令,因家焉。……甲子,领乡荐。南畿连登第,授令南海。……公起家参江右藩,旋转副宪山东、南京太仆寺少卿。不二年,晋左金都御史。……迁佐司寇,甫数月,遂引疾乞休。"③何乔远《闽书》卷九十记载:"詹仰庇,字汝钦。"④乾隆《晋江县志》卷九"人物·宦业"记载:"詹仰庇,字汝钦,号咫亭。源子。安溪人,徙居郡城。嘉靖乙丑联捷进士,授南海令。……入为左金都御史,晋左副都御史,迁刑部右侍郎。……引疾归。"⑤

145.《历代山泽征税记》一卷 (《总目》卷八十四)

国朝彭宁求撰。宁求字文洽,长洲人。康熙壬戌进士,官至左春坊

---

① 道光《重修仪征县志》卷三十六,《中国地方志集成·江苏府县志辑45》,第535页。
② 民国《东莞县志》卷五十九,《中国地方志集成·广东府县志辑79》,第581—582页。
③ 黄凤翔《田亭草》卷十二,《四库禁毁书丛刊》第44册,第542—544页。
④ 何乔远《闽书》,第2699页。
⑤ 乾隆《晋江县志》卷九,(台北)成文出版社1967年影印本,第230页。

左中允。

按：撰者仕履误。彭定求《从弟翰林院侍读瞻庭府君行状》记载："弟讳宁求，字文洽，又字瞻庭，号约斋。我彭氏先世江西临川人。明洪武初从征至吴县，隶籍苏州卫。……丁巳举于乡。……壬戌会试中式，典试第三人及第，授编修。……壬申，充日讲起居注官。癸酉，升春坊中允。甲戌，升侍讲。……己卯，……十二月，补侍读。"①王喆生《翰林院侍读彭公合葬墓志铭》记载："公讳宁求，字文洽，别号瞻庭，吴郡长洲人也。康熙丁巳举于乡，壬戌赐进士第三人。授翰林院编修，后升春坊中允，又升侍读，年五十二卒于官。"②据此可知，彭宁求（1649—1700）官至翰林院侍读。《提要》误。

146.《左司笔记》二十卷 （《总目》卷八十四）

国朝吴暻撰。暻字西斋，太仓人。康熙戊辰进士。是编乃其官户部时所作。分疆域、户口、田地、正赋、漕运、钱法、盐课、茶马、关税、杂税、物产、三库、十仓、常平、官俸、兵食、经费、设官、廨署、杂识二十门。

按：撰者字误。顾陈垿《吴黄门传》记载："黄门吴暻，字元朗，别号西斋。祭酒梅村之子也。"③庞元济《虚斋名画录》卷五记载："《西斋图》，吾乡吴给谏倩石谷王山人作也，萧疏澹远，全宗倪高士《十万图》画法。给谏公讳暻，字元朗，号西斋。"④据此可知，吴暻（1662—1706），字元朗，号西斋。《提要》误号为字。

147.《马政志》四卷 （《总目》卷八十四）

明陈讲撰。讲字子学，遂宁人。正德辛巳进士，官至山西提学副使。

按：撰者仕履误。黄虞稷《千顷堂书目》卷二十二"别集类"记载："陈讲《中川集》十三卷，又《如乌集》三卷。（字子学，遂宁人。巡抚山西，副都御史。）"⑤光绪《重修潼川府志》卷二十一"先贤"记载："陈讲，字子学。正德庚辰进士。选翰林院庶吉士，授监察御史。嘉靖中巡按陕西。历直隶山西提学，所至造育人才，卓有成就。历河南布政使、都察院右副都御史，巡抚

---

① 彭定求《南畇文稿》卷十，《清代诗文集汇编》第167册，第427页。
② 王喆生《素岩文稿》卷八，《清代诗文集汇编》第175册，第335页。
③ 顾陈垿《抱桐轩文集》卷二，《清代诗文集汇编》第241册，第407页。
④ 庞元济《虚斋名画录》卷五，清宣统乌程庞氏上海刻本。
⑤ 黄虞稷《千顷堂书目》，第560页。

山西。著有《中川文集》、《陕西茶马志》、《如乌集》。"①民国《遂宁县志》卷三"乡宦"记载同上。据此,陈讲(1487—?)官至山西巡抚,非止于提学副使。《提要》误。

目 录 类

148.《宝文堂分类书目》三卷　(《总目》卷八十七)

明晁瑮撰。瑮字君石,号春陵,开州人,宋太子太傅迥之后。嘉靖辛丑进士,官至国子监司业。其子东吴,字叔权,嘉靖癸丑进士,选翰林院庶吉士。父子皆喜储藏,尝刊行诸书,有饮月圃、百忍堂诸板。

按:晁东吴字误。焦竑《国朝献征录》卷二十二记载:"晁东吴,字叔泰。翰林检讨瑮次子也。幼负奇质,弱冠登进士。选翰林庶吉士,读中秘书。……而得年二十三耳。当甲寅上书,移疾归,遂以其年冬困笃。……(父瑮)手录其遗文总四卷,墨迹一卷,名之曰《识痛录》。"②黄虞稷《千顷堂书目》卷二十三"别集类"记载:"晁东吴《遗文》四卷。(字叔泰。瑮子,直开州人。庶吉士。)"③咸丰《大名府志》卷十五"人物"记载:"晁瑮,字君石,开州人。……登嘉靖辛丑进士。……官至国子监司业。……子东吴,字叔泰。癸丑进士,改庶吉士。"④光绪《开州志》卷六"人物·文苑"记载:"(晁)东吴,字叔泰。弱冠登进士。选庶吉士。……年二十三岁,移疾归,卒。"⑤据此,晁东吴(1532—1554),字叔泰。《提要》作"叔权",误。

149.《金陵古金石考》一卷　(《总目》卷八十七)

明顾起元撰。起元字太初,江宁人。万历戊戌进士,官至吏部左侍郎兼翰林院侍读学士,谥文庄。其书于金陵所有古金石,以年代排纂,各纪所在及撰人、书人、姓名,无所考证。

按:撰者仕履误,应为吏部"右"侍郎。陈济生《启祯遗诗》卷四"顾文庄"条目记载:"公讳起元,字太初,号邻初,应天江宁人。……万历二十六年

---

① 光绪《重修潼川府志》卷二十一,《中国地方志集成·四川府县志辑15》,第550页。
② 焦竑《国朝献征录》卷二十二,《续修四库全书》史部第526册,第179页。
③ 黄虞稷《千顷堂书目》卷二十三,第597页。
④ 咸丰《大名府志》卷十五,《中国地方志集成·河北府县志辑57》,第518页。
⑤ 光绪《开州志》卷六,(台北)成文出版社1971年影印本,第844页。

会试第一人,进士及第。授翰林院编修。……以母忧去任,再召不赴。升南京国子监祭酒,再升南京吏部右侍郎。天启元年,改吏部右侍郎,兼翰林院侍读学士,协理詹事府事,纂修两朝实录副总裁。"①黄虞稷《千顷堂书目》卷二十五"别集类"记载:"顾起元《懒真堂全集》五十卷(文集三十卷,诗集二十卷),又《遁园存稿》四卷,《雪堂随笔》四卷,又《蛰庵日录》四卷,又《寒松斋稿》,又《归鸿馆稿》,又《武陵稿》。(字邻初(此误号为字——引者注),江宁人。一甲第三人。吏部右侍郎,兼翰林侍读学士,谥文庄。)"②朱彝尊《明诗综》卷五十八记载:"顾起元,字太初,江宁人。万历戊戌赐进士第三。除翰林编修,累迁国子监祭酒,终吏部右侍郎,兼翰林侍读学士。谥文庄。"③据此,顾起元(1565—1628)官至"吏部右侍郎"。《提要》误。

150.《金石备考》十四卷 (《总目》卷八十七)

旧本题关中来濬撰。自署其字曰梅岑,不著时代。陕西地志亦均不载其姓名。考太学《进士题名碑》,陕西有来聘、来俨然、来复,皆三原人,濬岂其族欤?书中有万历间颍井出兰亭事,则是明万历后人。

按:撰者时代未详,来濬始末可考。陈奕禧(1648—1709)于康熙甲戌(三十三年,1694)八月撰《金石备考序》云:"三原梅岑来君《金石备考》之所以作也。君判祁州一年。甲戌夏,以查蝗至深泽相见,遂得览其书。……先应来君之请为道其大略如此。"④同年七月,张廷遴《金石备考序》亦云:"甲戌春,吾郡丞来公出《金石备考》一编以示余,且命为叙。……三原来公为秦中衣缨旧族,博雅好古,凡世之一事一物,莫不究其理,明其原,而真伪不能逃其鉴。"⑤据上述序言可知,陈奕禧、张廷遴均应来濬之请而撰写序言,可见三者为同时代人。乾隆《三原县志》卷九"人物三·贤能·国朝"记载:"来濬,号梅岑。国学生。初任归州州判。……后改祁州,陞太原都阃经历,卒于官。"⑥乾隆《祁州志》卷四"官师·康熙"记载,来濬,三原人,任州判⑦。据此可知,来濬,号梅岑,三原人,官至太原都阃经历,其仕履均为康熙朝,可断定其为康熙时人。

---

① 陈济生《启祯遗诗》,《四库禁毁书丛刊》集部第97册,第358页。
② 黄虞稷《千顷堂书目》,第638页。
③ 朱彝尊《明诗综》第六册,第2921页。
④ 《四库全书存目丛书》史部278册,第256页。
⑤ 《四库全书存目丛书》史部278册,第257—258页。
⑥ 乾隆《三原县志》卷九,《中国地方志集成·陕西府县志辑8》,第376页。
⑦ 乾隆《祁州志》卷四,《中国地方志集成·河北府县志辑39》,第79页。

史 评 类

151.《史通评释》二十卷 （《总目》卷八十九）

明李维桢评，郭孔延附评并释。维桢字本宁，京山人。隆庆戊辰进士，官至南京礼部尚书。事迹具《明史·文苑传》。孔延始末未详。

按：郭孔延（1574—?）始末可考。光绪《吉安府志》卷三十三"人物志·文苑下"记载："郭孔建，字学立，泰和人。子章子。举人。弟孔太，字玉笥。孔延，字瞻关。兄弟皆博雅，淹贯上下古今。孔建著《垂杨馆集》、《窗课近草》。孔太精字书，著《韵学正误》三卷、《续诗话》十二卷。孔延著《评释史通》二十卷。孔太由诸生入南监；孔延以东宫恩荫国学生。"①据此可知，郭孔延，字瞻关，国学生。郭子章季子。据《资德大夫兵部尚书郭公青螺年谱》（《北京图书馆藏珍本年谱丛编》第 52 册）可知，郭孔延出生于万历二年（1574），因其时郭子章摄延平知府事，以此命次子名。

152.《宋史阐幽》一卷 （《总目》卷八十九）

明许浩撰。浩字复斋，余姚人，弘治中以贡生官桐城县教谕。

按：撰者仕履误。黄虞稷《千顷堂书目》卷五"史学类"记载："许浩《宋元史阐幽》三卷。（余姚人，桐城训导。）"②康熙《桐城县志》卷三"名宦"记载："许浩，余姚人，桐城训导。同县令陈勉修辑县志，抚摭虽略，然后人得藉以鉴往焉。"③光绪《余姚县志》卷二十三载有许浩小传云："许南杰，字俊才。……宣德五年进士，改庶吉士。……改南安府。……调知曲靖。……子浩，桐城训导，有文学名。"④据此可知，许浩任职桐城训导，非《提要》云之"教谕"。琼山丘濬及同邑谢迁撰《宋史阐幽叙》均称许浩"许克大"。许浩自署名云"余姚许浩克大"（《四库全书存目丛书》史部第 281 册），按古人名字意义相通之例，"克大"当为许浩字。黄虞稷《千顷堂书目》卷十二"小说类"、光绪《余姚县志》卷十七"艺文"均著录有许浩《复斋日记》二卷，"复斋"疑为许浩别号，待考。

---

① 光绪《吉安府志》卷三十三，(台北)成文出版社 1975 年影印本，第 1056 页。
② 黄虞稷《千顷堂书目》，第 143 页。
③ 康熙《桐城县志》卷三，《中国地方志集成·安徽府县志辑 12》，第 111 页。
④ 光绪《余姚县志》卷二十三，《中国地方志集成·浙江府县志辑 36》，第 797 页。

《提要》又云：

> 与作《通鉴纲目前编》之许浩同姓名，又同时，实各一人也。

按：《总目》卷四十八著录有《通鉴纲目前编》三卷。该书《提要》载："明许诰撰。诰自号函谷山人，灵宝人，吏部尚书进之子，文渊阁大学士赞之兄，兵部尚书论之弟。弘治己未进士。官至南京户部尚书。谥庄敏。事迹附见《明史·许进传》。"此处记载撰者名为"许诰"，而非"许浩"也，何以言二书作者"同姓名"？《明史·艺文志》将二书作者均作"许诰"，此或为致误之源。

153.《世史积疑》二卷 （《总目》卷八十九）

旧题元李士实撰。前有自序，称至正七年壬申三月朔书。按至正七年岁在乙亥，非壬申，与史不合。而元代亦未闻有李士实，惟明有新建李士实，成化丙戌进士，官至右都御史，致仕。正德间，宁王宸濠图不轨，引之同谋，事起时，以士实与举人刘养正为左右丞相，宸濠就擒，士实并伏法。事见《明史》。

按：李士实非新建人。万历《新修南昌府志》卷十七"科第"记载："成化二年罗伦榜，李士实，刑部侍郎，以濠逆诛，丰城人。"①谈迁《国榷》卷五十一记载："武宗正德十四年七月辛酉，李士实、刘养正死于系所。李士实，丰城人。成化丙戌进士。"②李士实（1443—1519）为丰城人，新建与丰城均属南昌府，易于混淆。

154.《翼正录》四卷 （《总目》卷八十九）

明何思登撰。思登字一举，武昌人。正德甲戌进士，官翰林院编修。

按：撰者科分、仕履均误。康熙《武昌府志》卷七"人物"记载："何思登，字一举，蒲圻人。嘉靖戊午举于乡。万历甲戌成进士。授行人。……迁南户部主事，出守云南。……丁内艰，服阕，补池州守，劝耕桑，著《圣谕六解》。慕宋包孝肃之为人，作希包堂。迁云南兵备，未几还里。复起广西副使。入贺东宫，加参政归，卒年八十。……所著有《翼正录》、《自镜肤语》、

---

① 万历《新修南昌府志》卷十七，《日本藏中国罕见地方志丛刊5》，第338页。道光《丰城县志》卷七"文科"李士实被除名。
② 谈迁《国榷》，第3188页。

《砭俗箴》诸集。"①乾隆《池州府志》卷三十七"名宦"记载:"何思登,蒲圻人。进士。万历二十年知池州。……迁副使去。"②道光《蒲圻县志》卷九"列传"记载:"何思登,字一举,号沧南。万历甲戌进士。初授行人。……迁南京户部主事、刑部郎中。出守云南。……丁内艰,补临江守。……丁外艰,起补池州。……升云南按察司副使,备兵曲靖。……未几还里,起补广西副使,请告归。"③据此,何思登(1537—1616),字一举④,武昌府蒲圻县人。万历甲戌进士,非"正德"甲戌科。官至广西副使,无"翰林院编修"任职履历。《提要》误。

155.《尚论编》二十卷 (《总目》卷八十九)

明邹泉撰。泉字子静,昆山人,正德中诸生。

按:撰者籍贯误。康熙《常熟县志》卷二十"儒林"记载:"邹泉,字子静,号峄山。……少美风仪,有声庠序,游其门者多取科第。晚著书涧谷山中,有《宗圣谱》、《尚论编》、《经世格要》、《四书折衷翼衷》、《口义会粹》、《诗经约说》等书行于世。督学詹事讲以章服荣其身,而颜其门曰'名儒'。巡按御史甘士价造其庐,共登小楼,剧谈半日。"⑤同治《苏州府志》卷九十九本传列常熟人。《四库全书存目丛书》史部第282册收录该书,署名云"古吴常熟涧谷间人峄山邹泉子静甫辑著"。《提要》作"昆山人",误。

另,《总目》卷六十二著录邹泉撰《宗圣谱》,已有人物小传(且注明邹泉为常熟人),此解题按例当略。

156.《世谱增定》二卷 (《总目》卷九十)

明吕颛编。颛字梦宾,陕西宁州人。嘉靖癸未进士,官至应天府尹。

按:撰者别有字号。康熙《宁州志》卷三"人物"记载:"吕颛,字幼通,号定原。经犹子。……正德己卯解元。嘉靖癸未进士。授户部主事。……改刑部,升员外郎。……升郎中、卫辉知府。……调繁东昌。……升易州兵

---

① 康熙《武昌府志》卷七,《中国地方志集成·湖北府县志辑2》,第357页。
② 乾隆《池州府志》卷三十七,《中国地方志集成·安徽府县志辑59》,第530页。
③ 道光《蒲圻县志》卷九,(台北)成文出版社1975年影印本,第677—678页。
④ 按:杨武泉先生引康熙《蒲圻县志》卷十一记载:"何思登,字一之,号沧南。"(《四库全书总目辨误》,第115页)笔者未见该书,未知确否。
⑤ 康熙《常熟县志》卷二十,《中国地方志集成·江苏府县志辑21》,第479页。

备副使。……升四川参政。……升湖广按察使、山西右布政使。……升云南左布政使。……升应天府尹。"①同卷载有弟吕顒传记载其字"幼诚",号"芹谷"。嘉庆《东昌府志》卷二十"名宦一"记载:"吕顒,字幼通,陕西宁州人。进士,嘉靖间以户部郎中知东昌府。"②凌迪知《万姓统谱》卷七十五记载:"吕顒,字幼通,宁州人。嘉靖癸未进士,历顺天府尹。"③

嘉靖十一年,吕顒以刑部郎中出任卫辉知府,在官署后建景武堂,以示景慕卫武公之意。明代理学家安阳崔铣撰《景武堂记》记其事,文云:"凡器可以寓道,儆心而提身。君子必置名,昔卫武公耄矣,国人称之曰'睿圣'。然犹舆规宁典、几谏寝箴。夫人一日而忘乎戒,则有废事罔念之斁,则目之曰'狂'。故君子之心恒惕惕。嘉靖壬辰,定原吕侯幼通,自秋官郎中来莅汲郡,严威敏修。"④称吕顒字幼通,号定原。据此,家乡及任职地方志均记载吕顒(1498—1570)字幼通,号定原。《提要》或误。

157.《洗心居雅言集》二卷　(《总目》卷九十)

明范槚撰。槚字养吾,会稽人。嘉靖庚戌进士,官至知府,其所官之地,则未之详也。是编凡史论二百四十一条,陶望龄为之序。书之上方及行旁皆有评语。序前标曰"新镌史纲论题雅言",旁注"评林",目录前标曰"新刻陶会元举业史纲论题",皆坊本之陋式。其为真出槚手与否,尚在疑似之间矣。

按:撰者号误为字,仕履可考。陶望龄《淮安府知府范养吾先生墓志铭》记载:"公讳槚,字子美,号养吾。其先盖宋参政文正公之裔,文正公之曾孙曰直愚者为永嘉令,当南渡时,徒(当为徙字之误——引者注)居会稽。……嘉靖己酉举于乡。连成进士第。授工部虞衡司主事。……补刑部广东司。……就转云南司员外郎,寻为郎中。……出知淮安。……所著《洗心居格言》、《观史雅言》、《首尾吟》等行世。"⑤徐象梅《两浙名贤录》卷二十记载:"范槚,字子美,会稽人。嘉靖庚戌进士,授工部虞衡司主事。……二年,始补刑部,进员外郎,历郎中,出知淮安府。"⑥黄虞稷《千顷堂书目》卷二十

---

① 康熙《宁州志》卷三,《中国地方志集成·甘肃府县志辑24》,第355—357页。
② 嘉庆《东昌府志》卷二十,《中国地方志集成·山东府县志辑87》,第332页。
③ 凌迪知《万姓统谱》,《文渊阁四库全书》第957册,第119页。
④ 崔铣《洹词》卷十,《文渊阁四库全书》第1267册,第586页。
⑤ 陶望龄《陶文简公集》卷八,《四库禁毁书丛刊》集部第9册,第427—430页。
⑥ 徐象梅《两浙名贤录》卷二十,《四库全书存目丛书》史部第113册,第587页。

三记载:"范檟《观史雅言》,又《首尾吟》。(字子美,会稽人。淮安知府。)"①《提要》未详范檟(1517—1597)所官之地,据此亦可补。

158.《余言》二卷 (《总目》卷九十)

明徐三重撰。三重字伯同,华亭人。万历丁丑进士,官刑部主事。是编乃其语录之一种,皆衡论古人得失,与发挥理气性命者有异,故以"余言"为名。所评上起唐尧,下迄宋末。大抵儒者之常谈,然尚无讲学家不情之苛议。

按:撰者籍贯、科分均误。何三畏《云间志略》卷二十"徐比部鸿洲公传"记载:"徐三重,字伯同,号鸿洲,青浦之七宝里人也。……公举丁卯乡荐,年才二十有一耳。……甲戌登第。……丁丑,拜官刑部主政。……以病请告还,有终焉之志。抚按两台雅重公,会荐殆无虚岁,而公坚志不起。……有《性理图说》,多所发明。且著述诸书,如《日记》,如《牖景》,如《庸斋杂论》、《信古余编》、《读史余言》、《兰芳二录》、《采芹》、《家则》、《野志》、《癯言》,为后学型范。"②嘉庆《松江府志》卷五十四"古今人物传六"记载:"徐三重,字伯同,青浦人,居七宝。……万历二年进士。授刑部主事。……冢宰欲用为铨曹,而三重得疾,请急归。念父老,遂致仕,依亲以居。……学者称为鸿洲先生。所著有《庸斋日记》、《信古余论》、《牖景录》、《采芹录》、《鸿洲杂著》、《徐氏家则》,年七十八卒。"③光绪《青浦县志》卷十八亦有传。据此,徐三重(1547—1624)乃青浦人,非华亭人。万历甲戌(二年,1574)进士,非丁丑(五年,1577)科进士。

159.《汉史亿》二卷 (《总目》卷九十)

国朝孙廷铨撰。廷铨有《颜山杂记》,已著录。

按:《总目》著录孙廷铨作品《南征纪略》(卷六十四·史部二十)于前,《颜山杂记》(卷七十·史部二十六)于后,按例当作"廷铨有《南征纪略》,已著录。"《总目》前后失察。

160.《十七史论》九卷、《年表》一卷 (《总目》卷九十)

国朝夏敦仁撰。敦仁字调元,武进人。

---

① 黄虞稷《千顷堂书目》卷二十三,第592页。
② 《明代传记丛刊147》,第261—261页。
③ 嘉庆《松江府志》卷五十四,《续修四库全书》史部第688册,第604页。

按：撰者籍贯误。夏敦仁乃清代小说家夏敬渠祖父，实为江阴人，非武进人。光绪《江阴县志》卷十六"人物·乡贤"记载："夏敦仁，字调元。……自称识字布衣。著《爱日编》等书数种。"①夏敦仁为夏孙桐九世叔伯祖，在夏孙桐朱卷本人履历记载"江苏常州府江阴县籍"，本族谱系记载："九世叔伯祖敦仁，邑廪生。……著有《历代帝王年表》、《十七史论》、《亦政编》、《爱日编》、《杭游录》、《四书字解》、《鸣阴集》。"②据此，夏敦仁（1652—1710）乃常州府江阴人，非常州府武进人。《提要》误。

161.《芝坛史案》五卷 （《总目》卷九十）

国朝张鹏翼撰。鹏翼字警庵，连城人。其书取史籍旧事，仿谳狱之法，每一条为一案，而以己意断之，论多迂阔。

按：撰者字误。雷铉《张警庵先生传》记载："张先生讳鹏翼，字蜚子，晚号警庵，汀之连城新泉乡人。"③光绪《连城县志》卷二十一"列传"记载："张鹏翼，字蜚子，连之新泉人。……著有《孝传第一书》、《四书五经说略》、《理学入门》、《日读小记》、《桑梓录》、《警示格言》、《芝坛文集》等书行于世。"据此，张鹏翼（1633—1715），字蜚子，号警庵。《提要》误以号为字。

---

① 光绪《江阴县志》卷十六，《中国地方志集成·江苏府县志辑25》，第463页。
② 顾廷龙主编《清代朱卷集成》第171册，第189页。
③ 雷铉《经笥堂文钞》卷下，《清代诗文集汇编》第285册，第54页。

子 部

儒 家 类

1.《近思录集注》十四卷　（《总目》卷九十二）

　　国朝茅星来撰。朱子《近思录》，宋以来注者数家，惟叶采集解至今盛行。

　　按：撰者小传失载。陆心源《茅钝叟先生别传》记载："先生茅氏，名星来，字岂宿，自号具茨山人，晚号钝叟，归安贡生。明河南副使坤之后。"①光绪《乌程县志》卷二十三"寓贤"记载："茅星来，字岂宿，号钝叟，又号具茨山人，归安之花林人，迁居乌程。……潜心于《近思录》，寝食不离三十余年，成《集注》十四卷。……又著《钝叟文钞》三卷。"②光绪《桐乡县志》卷十五"人物下·寓贤"记载："茅星来，字奇宿，号钝叟，又号具茨山人。归安诸生，寓居青镇。"③同治《南浔志》卷二十二"寓贤"、光绪《归安县志》卷三十五"儒林"有传。据此，茅星来（1678—1748）乃茅坤后人，归安人，曾寓居乌程、桐乡等地。

2.《读书录》十一卷、《续录》十二卷　（《总目》卷九十三）

　　明薛瑄撰。瑄字德温，河津人。永乐辛丑进士，官至礼部右侍郎，入阁预机务。赠礼部尚书，谥文清。事迹具《明史·儒林传》。

　　按：撰者薛瑄（1389—1464）仕履有误，应为"官至礼部左侍郎"。杨鹤、杨嗣昌《薛文清公年谱》记载："英宗元年丁丑，先生六十九岁，在京师。春正月甲申，升礼部右侍郎，兼翰林院学士，直文渊阁。……夏五月，升礼部左

---

① 陆心源《仪顾堂集》卷十，《清代诗文集汇编》第 727 册，第 112—113 页。
② 光绪《乌程县志》卷二十三，《中国地方志集成·浙江府县志辑 26》，第 862 页。
③ 光绪《桐乡县志》卷十五，《中国地方志集成·浙江府县志辑 23》，第 618 页。

侍郎。"①同书附录郑晓撰传云："公名瑄,字德温,河津人。……裕陵复位,以礼部右侍郎兼翰林学士入内阁。居数月,转左。"②彭韶撰传曰："公讳瑄,字德温,山西河津人。……英庙复位,迁礼部右侍郎兼翰林学士,召入内阁,寻转左侍郎。"③李贤《文清公神道碑》记载："公讳瑄,字德温,世为山西河津人。……英庙复位,素知公学行,迁礼部右侍郎兼翰林学士,召入内阁,知制诰。寻命为会试官,事竣,为左侍郎。"④彭时《故礼部左侍郎兼翰林院学士薛公墓志铭》记载："公讳瑄,字德温,姓薛,山西河津人。"⑤谈迁《国榷》卷三十二记载："英宗天顺元年五月甲子,礼部右侍郎兼翰林学士许彬、薛瑄俱为左侍郎。"⑥

3.《温氏母训》一卷 (《总目》卷九十三)

明温璜录其母陆氏之训也。璜初名以介,字于石,号石公,后以梦兆改今名,而字曰宝忠,乌程人。崇祯癸未进士,官徽州府推官。事迹附见《明史·丘祖德传》。

按:温璜号误为字。温璜从子温睿临《南疆逸史》卷三十三"司理府君"条记载："先伯父司理公讳璜,姓温氏,初名以介,字于石,号宝忠,湖州乌程人。……丙子举于乡,始易名。癸未成进士,年五十九矣,授徽州府推官。"⑦李长祥《温宝忠传》云："宝忠姓温氏,名璜,字于石,宝忠其号也。先世太原人,洪武初,家乌程,世为乌程人。宝忠三岁孤,母陆氏守五十年,卒。又七年,宝忠乃进士,盖五十九岁云。又当癸未,中原已覆没,神州震动。……甲申,授徽州府推官。未几,京师陷。……遂自杀。"⑧林璐《司理温公传》记载："温公名以介,号宝忠,相国体仁之族弟也。丙子,举于乡,更名璜。成癸未进士,官歙州法曹。……作《易学总论》、《羲卦图说》。……明年,抵崩于煤山。公痛哭北向拜,……公拔剑自刎,……创甚,七日而死。……《遗集》十二卷,藏于家。"⑨光绪《乌程县志》卷十六记载："温璜,初名以介,字于

---

① 杨鹤、杨嗣昌《薛文清公年谱》,《四库全书存目丛书》史部第84册,第756—757页。
② 杨鹤、杨嗣昌《薛文清公年谱》,《四库全书存目丛书》史部第84册,第764页。
③ 杨鹤、杨嗣昌《薛文清公年谱》,《四库全书存目丛书》史部第84册,第756页。
④ 杨鹤、杨嗣昌《薛文清公年谱》,《四库全书存目丛书》史部第84册,第772—773页。
⑤ 黄宗羲编《明文海》卷四四一,第4676页。
⑥ 谈迁《国榷》,第2042页。
⑦ 温睿临《南疆逸史》卷三十三,《续修四库全书》史部第332册,第338页。
⑧ 李长祥《天问阁文集四卷》卷一,《四库禁毁书丛刊》集部第11册,第155页。
⑨ 林璐《岁寒堂初集》卷三,《四库全书存目丛书》集部第283册,第791页。

石,号宝忠,乌程人。……崇祯十六年进士。"①据此可知,"宝忠"为温璜(1585—1645)之号,非字也。《提要》误。

4.《正蒙释》四卷 (《总目》卷九十五)

旧本题明高攀龙集注,徐必达发明。攀龙有《周易易简说》,必达有《南京都察院志》,均已著录。

按:《总目》卷八十《南京都察院志·提要》作"明施沛撰",而"时董其事者为操江副都御史徐必达",此则云"徐必达有《南京都察院志》",前后照应不周。

5.《程书》五十一卷 (《总目》卷九十五)

国朝程湛编。湛,爵里未详。是编所录惟《程氏遗书》《外书》,而益以明道文一卷。惟书中序次改窜朱子之旧第而已。

按:程湛爵里可考。金德嘉《奉政大夫兵部武库司郎中程公墓表》记载:"公讳湛,字止水,姓程氏,伊川先生二十二代孙也。先籍嵩县,有士谦者迁永宁,家焉,遂为永宁人。……公由顺治戊子恩贡除授湖广安陆府通判。……视景陵县篆。……视潜江篆。……入为大理寺左寺副。……擢户部湖广司主事,监大通仓。转户部浙江司员外。擢兵部武库司郎中。……退食之遐,辑二程子遗书,鸠工剞劂。集成,具疏通政司上之。……丁卯春归,秋八月,寝疾,卒于家。"②另,《四库全书存目丛书》子部第三册收录清康熙二十五年刻本,书前程湛自序云:"臣祖程颢、程颐实仔肩焉。……臣湛、亮生长永宁县二程祠旁,兢兢惟玷辱先人是惧。谨收遗书(除缺误不录)校正重刊,进呈御览。仍广梓行世,勿失传焉。谨识。兵部武库司郎中臣程湛恭呈。康熙二十五年九月。"据此序言可知,金德嘉撰程湛传确为《程书》编者。据此可补《提要》之缺。程湛(?—1687),字止水,河南府永宁县人。恩贡生,官至兵部郎中。

6.《杂诫》一卷 (《总目》卷九十五)

明方孝孺撰。孝孺字希直,一字希古,号正学,天台人。以荐召授汉中府学教授,建文中,官至翰林侍讲学士,改文学博士,燕王篡位,抗

---

① 光绪《乌程县志》卷十六,《中国地方志集成·浙江府县志辑26》,第746页。
② 金德嘉《居业斋文稿》卷十七,《清代诗文集汇编》第121册,第379—380页。

节死。事迹具《明史》本传。

按：撰者方孝孺(1357—1402)籍贯误。《明史》卷一百四十一方孝孺本传记载："方孝孺，字希直，一字希古，宁海人。"①金贲亨《台学源流传》卷七记载："方逊志，名孝孺，字希直，宁海人。"②崇祯《宁海县志》卷七记载："方孝孺，字希直，一字希古，号逊志。克勤之仲子也。居缑城里，又称缑城先生。"③天台隶属台州府，而宁海隶属宁波府。《提要》误。

7.《白沙遗言纂要》十卷 （《总目》卷九十五）

明张诩编。诩字廷实，南海人。成化甲辰进士，官至南京通政司左参议，尝受业于陈献章。《明史·儒林传》附载献章传末。

按：编者籍贯误。《广东诗汇》卷十三记载："张诩，字廷实，号东所，番禺人。成化甲辰进士。官至南京通政司左参议。一谒孝陵即归，卒年六十。有《东所诗文集》。"④梁善长《广东诗粹》卷三记载："张诩，字廷实，番禺人。成化甲辰进士。授户部主事，以荐征，拜南京通政司参议。白沙门人。有《东所集》。"⑤康熙《新会县志》卷十二"人物"记载："张诩，字廷实，番禺人。"⑥同治《番禺县志》卷三十八"列传七"记载："张诩，字廷实。璡子。……成化十年甲午举人。……甲辰成进士。……（正德）九年，召为南京通政司左参议。……卒年六十。……著有《白沙遗言纂要》、《新会崖山志》、《南海杂咏》、《东所集》行世。"⑦《福建通志》卷三十"名宦"记载："张璡，字德润，番禺人。天顺进士。成化十年知漳州。"⑧《四库全书存目丛书》集部第43册收录张诩《东所先生文集》，署名"番禺张诩著"。据此可知，张诩(1455—1514)乃番禺人。《提要》作南海人，误。

8.《慎言集训》二卷 （《总目》卷九十六）

明敖英撰。英字子发，清江人。正德辛巳进士，官至河南右布政使。

---

① 张廷玉等《明史》，第4017页。
② 《四库全书存目丛书》史部第90册，第21页。
③ 崇祯《宁海县志》卷七，(台北)成文出版社1983年影印本，第474页。
④ 桑兵主编《清代稿钞本》三编第117册，第512页。
⑤ 梁善长编《广东诗萃》卷三，《四库全书存目丛书》集部411册，第150页。
⑥ 康熙《新会县志》卷十二，《日本藏中国罕见地方志丛刊23》，第270页。
⑦ 同治《番禺县志》卷三十八，(台北)成文出版社1967年影印本，第500页。
⑧ 乾隆《福建通志》，《文渊阁四库全书》第528册，第494页。

按：撰者仕履误。喻均、刘元卿《江右名贤编》记载："敖英，字子发，清江人。正德进士。授南工部主事，迁礼部郎中、陕西佥事、河南副使，皆督学，累官至四川右布政使致仕。……所著有《杂言》、《赘言》、《感旧录》、《慎言集训》、《心远堂草》、《四川钱谷考》、《备边志》、《霞外杂俎》。"①崇祯《清江县志》卷七"人物"记载："敖英，字子发，号东谷。……正德庚辰中会试。辛巳，授南工部主事，迁礼部郎中，出督学陕西、河南，历任藩臬有声，以四川右布政使致仕。……著《绿雪亭》、《心远堂诗文》等集，名为《东谷十书》。"②同治《临江府志》卷二十五"儒林"记载："敖英，字子发，号东谷，清江人。……举正德庚辰进士。授南工部主事，迁祠部郎。历任藩臬，所至声望著闻，以四川右布政使致仕。……有《绿雪亭》、《心远堂》等集，号《东谷十书》。"③罗洪先撰有《四川右布政使东谷敖公赞》（《念庵文集》卷十）。据此可知，敖英（1480—1563）官至"四川右布政使"，而非"河南右布政使"，其著作有《四川钱谷考》可作别证。

9.《拟学小记》六卷、《续录》一卷　（《总目》卷九十六）

明尤时熙撰。时熙字季美，自号西川居士，洛阳人。嘉靖壬午举人，官国子监博士。事迹具《明史·儒林传》。

按：撰者仕履误。张元忭《河南西川尤先生志铭》记载："先生讳时熙，字季美。其先本吴人，高祖某始从军，隶河南卫。……弱冠举于乡，是为嘉靖壬午。……壬辰，授元氏学谕。甲午，丁外艰。服除，再谕章丘。……庚子，迁国子学正。……甲辰，迁户部主事，榷浒墅税。……丁未，年四十有六，以母老乞终养归。……先生卒以万历庚辰九月二十七日，享年七十有八。"④尤时熙门生孟化鲤《河南西川尤先生行状》记载："先生讳时熙，字季美，姓尤氏，其先苏之长洲人，高祖文亮始从军隶河南卫。……嘉靖壬午，中河南乡试，……壬辰，除署元氏学事，……甲午，丁外艰，服阕，复除章丘。……庚子，升国子学正。……甲辰，升户部浙江司主事，管浒墅钞关。……丁未，年四十五，以母老乞终养。归洛三十余年，明道修德，足迹未尝濡公门。"⑤《明史·儒林列传二》本传载："尤时熙，字季美，洛阳人。……弱冠举嘉靖

---

① 喻均、刘元卿《江右名贤编》卷下，《四库全书存目丛书补编》第74册，第559页。
② 崇祯《清江县志》卷七，《四库全书存目丛书》史部第212册，第288页。
③ 同治《临江府志》卷二十五，（台北）成文出版社1970年影印本，第260页。
④ 张元忭《张阳和先生不二斋文选》卷五，《四库全书存目丛书》集部第154册，第428—430页。
⑤ 孟化鲤《孟云浦先生集》卷五，《四库全书存目丛书》集部第167册，第562—563页。

元年乡试。……授元氏教谕。父丧除,改官章丘,一以致良知为教,两邑士亦知新建学。入为国子博士,徐阶为祭酒,命六馆士咸取法焉。……寻以户部主事榷税浒墅,课足而止,不私一钱。念母老,乞终养归,遂不出。……卒于万历八年,年七十有八,学者称西川先生。"①据此可知,尤时熙(1503—1580)曾任国子监博士(从八品),五年后升户部主事(正六品),仅三年后即辞官归养,此为其最后官职。《提要》应更正为"官至户部主事"为宜。

《提要》又云:

> 时熙师事刘魁,传王守仁良知之学。有所心得,辄为笔记。其婿李根袞其杂著编次之。时熙自序谓:"名拟学者,言拟如此为学,而未知其是否也。"书中于魁称晴川师,于守仁则称老师,不忘所本也。凡分六目:一经拟,二余言,三格训通解,四质疑,五杂著,六纪闻,末有《附录》数则。

按:《四库全书存目丛书》子部第九册收录该书,由尤时熙婿李根编次,门生孟化鲤校录,内容分六目:第一为"经疑"。对此,尤时熙解释曰:"释经而曰疑,存吾疑也。义理精微。昔贤渊义□□得而疑之也,矧蠡测之陋耶?吾敢有成心乎?存疑所以俟释也。凡二百七十条。"②《提要》将"经疑"记载为"经拟(擬)",或字形近而误。

10.《大儒学粹》九卷 (《总目》卷九十六)

> 明魏时亮编。时亮字敬吾,南昌人。嘉靖己未进士,官至工部侍郎。事迹具《明史》本传。史称"时亮初好交游,负意气。中遭挫抑,潜心性理"。

按:编者字、仕履均误。邹元标《明南京刑部尚书敬吾魏先生行状》记载:"魏敬吾先生者,非先儒之典刑哉!……先生姓魏,名时亮,字□□,世居南昌木山里。……登乙卯举人,己未进士,授中书舍人,选吏科给事中,积至户科都给事中,升太仆寺少卿。……癸未,……起先生南大理寺丞,旋改左通政,升太仆、光禄二卿,都察院副都御史,协理院事,代掌京营戎政,晋工部侍郎,升南京刑部尚书。……以洗冤释滞为己任,无何而病薨。"③《明史》卷二百二十一本传记载:"魏时亮,字工甫,南昌人。嘉靖三十八年进士,授中

---

① 张廷玉等《明史》,第7286—7287页。
② 尤时熙《尤西川先生拟学小记》卷一,《四库全书存目丛书》子部第9册,第796页。
③ 邹元标《愿学集》卷六,《文渊阁四库全书》第1294册,第227—228页。

书舍人,擢兵科给事中。……历刑部左、右侍郎,拜南京刑部尚书,逾年卒官。"①吉常宏、吉发涵著《古人名字解诂》释训:

> 魏时亮,明人。字工甫。《书·舜典》:"钦哉!惟时亮天功。"《说文·工部》:"工,巧饰也。"朱骏声《通训定声》:"工,假借为功。"故以"工(功)"应"时亮"。缀以甫,乃男子美称。②

据上述分析,魏时亮(1530—1591)③,字工甫,官至南京刑部尚书。《提要》误。"敬吾"当为其号。

11.《三儒类要》五卷　(《总目》卷九十六)

> 明徐用检编。用检字鲁源,兰溪人。嘉靖壬戌进士,官至南京太常寺卿。是书汇录薛瑄、陈献章、王守仁语录,分类纂排,厘为五门:曰志学、曰为仁、曰政治、曰性命、曰游艺。其大旨亦与魏时亮同。

按:编者号误为字。庄起元《徐太常鲁源先生传》记载:"先生姓徐,讳用检,字克贤,号鲁源。其先居衢之柯山,裔自偃王,可谱也。迁兰始祖曰胜二公。……壬戌成进士。除比部主事。……迁南太仆寺卿。……凡有著作,自成一家,于新建、毗陵无所依附,如《婺兰新安纪会》、《友声篇》、《剑虡录》、《三儒类要》,纂修县志等书,皆行于世。"④罗大纮《南太常卿徐贞学先生学行述》记载:"先生名用检,字克贤,号鲁源,兰溪城中人也。"⑤黄宗羲《明儒学案》"太常徐鲁源先生用检"条记载:"徐用检字克贤,号鲁源,金华兰溪人。嘉靖壬戌进士,除刑部主事,调兵部、礼部,至郎中。出为山东副使,左迁江西参议,升陕西提学副使、苏松参政,坐失囚,降副使。丁忧。起补福建,城福宁。转漕储参政、广东按察使、河南左布政。迁南太仆寺卿,复寺马三分之一,召入为太常寺卿,两载而回籍,万历辛亥十一月卒,年八十四。"⑥万历《兰溪县志》卷五记载:"徐用检,字克贤,号鲁源。"⑦程嗣章《明儒讲学考》记载:"徐用检,字克贤,号鲁源,兰溪人。嘉靖四十一年进士。仕至太仆寺卿。师事钱德洪。"⑧王崇炳《金华征献略》卷六记载:"徐用检,号

---

① 张廷玉等《明史》,第 5819—5821 页。
② 吉常宏、吉发涵《古人名字解诂》,第 284 页。
③ 按:魏时亮生于嘉靖己丑(八年)十二月二十日,公历为 1530 年 1 月 19 日。
④ 庄起元《漆园卮言》,《四库全书存目丛书》集部第 184 册,第 506—508 页。
⑤ 罗大纮《罗氏紫原文集》卷十,《四库禁毁书丛刊》集部第 140 册,第 79 页。
⑥ 黄宗羲《明儒学案》卷十四,第 302—303 页。
⑦ 万历《兰溪县志》卷五,(台北)成文出版社 1983 年影印本,第 271 页。
⑧ 《四库全书存目丛书》子部第 29 册,第 613 页。

鲁源,兰溪人。嘉靖壬戌进士。"①《提要》误。

12.《道学正宗》十八卷 （《总目》卷九十六）

明赵仲全撰。其子健校补。……仲全字梅峰,泾县人,仕履未详。健字行吾,万历丁丑进士,官至通政司使。是编乃其为太仆寺卿时所作,标题称"后学管窥不肖男"。亦可异也。

按："梅峰"乃赵仲全号,非字也。嘉庆《泾县志》卷十八"儒林"小传记载："赵仲全,字文质。少补诸生,博综群籍,动遵矩矱,读宋儒书叹曰:'道在是矣,安事雕虫为?'遂罢诸生业,隐居教授,乡邻严事之。伯子健成进士,仲子伸举于乡。仲全以健贵封中奉大夫,布衣蔬食,治家内外肃然,年八十八卒,尝著《道学正宗录》十八卷,自上古帝王以致宋元诸儒,分别正统、翼统;又《语录》二卷、《诗铭文集》五卷、《易学洪范会极》十卷、《古文大学朱陆辨》、《赵氏家规》诸书,粹然一出于正,学者称为梅峰先生,祀乡贤。"②据此,赵仲全未曾释褐。嘉庆《泾县志》卷十七"名臣"、嘉庆《宁国府志》卷二十七"人物志·宦绩"收录赵健（1544—1631）小传。

13.《传习录论述参》一卷 （《总目》卷九十六）

明王应昌编。其子锁续成之。应昌有《宗谱纂要》,已著录。

按：撰者误,此王应昌非嵊县人,另为河南柘城人。参见《宗谱纂要》条目辨析。

14.《家诫要言》一卷 （《总目》卷九十六）

明吴麟征撰。麟征字来皇,号磊斋,海盐人。天启壬戌进士,官至太常寺少卿,明亡殉难,世祖章皇帝赐谥忠节。事迹具《明史》本传。

按：《明史》卷二百六十六吴麟征本传记载其字"圣生"。柴绍炳《太常少卿赠兵部右侍郎吴忠节公传》记载："吴忠节公名麟征,字圣生,别号磊斋,嘉兴海盐人也。"③吴麟征之子吴蕃昌述《先忠节公年谱略》记载："大人讳麟征,字圣生,号磊斋。（后甲戌去官,改确庵。癸未,改果斋。家居尝署狮磊,

---

① 《四库全书存目丛书》史部第119册,第739页。
② 嘉庆《泾县志》卷十八,（台北）成文出版社1975年影印本,第1498—1499页。
③ 柴绍炳《柴省轩先生文钞》卷九,《清代诗文集汇编》第55册,第234页。

曰竹田,曰蜕园主人)。"①乾隆《建昌府志》卷三十六"名宦"记载:"吴麟征,字圣生,号磊斋,海盐进士。天启三年司李建昌。"②光绪《海盐县志》卷十五亦云字"圣生"。

另,谈迁《国榷》卷一百记载:"吴麟征,字来王,海盐人。天启壬戌进士。"③陈济生撰《启祯遗诗》"海盐吴忠节公"条记载:"公讳麟征,字来王,号磊斋,嘉兴海盐人。"④据上述文献可知,吴麟征(1593—1644)字圣生,一字来王,号磊斋。《提要》字作"来皇",或为"来王"之讹。

15.《读书札记》四卷 (《总目》卷九十六)

明乔可聘撰。可聘字君征,一字胜任,宝应人。天启壬戌进士,官至河南道监察御史。是书自序谓始读《王文成全书》,知有知行合一之学。又与润山叶子、几亭陈子,互相切劘,知有居敬穷理之学。晚年读《性理大全》、《近思录》、诸儒语录,知有理一分殊之学。

按:李清《河南道监察御史乔圣任墓志铭》记载:"余与乔公同举于乡,念之茫茫如隔世,久之乃悟为熹宗之辛酉,计以倾盖结白头欢五十有四载矣。……公讳可聘,君征字,号圣任,起家壬戌进士。"⑤道光《宝应县志》卷十六"列传上"记载:"乔可聘,字君征,号圣任。天启二年进士,授中书舍人。……累迁大理寺正。……福王南渡,仍起御史,掌河南道。……遂弃官归,筑柘溪草堂,著书其中。……所著有《自警编》及《训子》诸书。"⑥据此可知,圣任乃乔可聘(1589—1675)号,非其字。《提要》误。

16.《西畴日抄》二卷 (《总目》卷九十六)

明顾枢撰。枢字庸庵,无锡人。天启中举人,顾宪成之孙,高攀龙之门人也。此书主程、朱而辟陆、王。又谓"考亭之学得姚江而明"。又谓"文成之学从程子来,惜矫枉过正,遂启后来之弊"。皆不甚确。各条之下间有其子贞观识语,盖刊板时所附入也。

按:撰者字误。徐乾学《顾庸庵先生墓表》记载:"先生讳枢,字所止,自

---

① 《四库禁毁书丛刊》集部第 81 册,第 467 页。
② 乾隆《建昌府志》卷三十六,《故宫珍本丛刊》第 114 册,第 385 页。
③ 谈迁《国榷》,第 6050 页。
④ 《四库禁毁书丛刊》集部第 97 册,第 299 页。
⑤ 道光《重修宝应县志》卷十六,(台北)成文出版社 1983 年影印本,第 1250—1251 页。
⑥ 道光《重修宝应县志》卷十六,(台北)成文出版社 1983 年影印本,第 662—666 页。

号庸庵，姓顾氏，无锡人。故光禄少卿赠吏部右侍郎端文公之孙也。"①王藻编《文献征存录》卷四记载："顾枢，字所止。明顾宪成孙也。"②徐世昌纂《清儒学案小传》卷二记载："顾枢，字所止，号庸庵，无锡人。端文公宪成孙，明天启辛酉举人。"③光绪《无锡金匮县志》卷二十一"儒林"记载："顾枢，字所止。宪成孙。天启元年举人。"④据此，顾枢（1602—1668），字所止，号庸庵。《提要》误号为字。

17.《紫阳通志录》四卷 （《总目》卷九十七）

国朝高世泰编。世泰有《五朝三楚文献录》，已著录。是编本徽州汪知默等辑其紫阳书院讲会之语，名曰《理学归一》，寄示世泰。适孙承泽以《学约续编》、魏裔介以《知统翼录》先后寄至。世泰因合刁包《潜室札记》、陈搉《省心日记》诸条并梓行之。

按：《总目》提及高世泰仅两次，其一为周圣楷《楚宝》（四十五卷）撰序，其二，即此《紫阳通志录》。没有著录《五朝三楚文献录》，何谈"已著录"？

另，按例撰者小传亦需补注。光绪《无锡金匮县志》卷二十一"儒林传"、徐世昌纂《清儒学案小传》卷二、王藻《文献征存录》卷四。高世泰（1604—1676），字汇旃，号石屋遗氓，无锡人。高攀龙从子，崇祯十年（1637）进士，官至湖广提学佥事。

18.《朱子圣学考略》十卷 （《总目》卷九十七）

国朝朱泽沄撰。泽沄字止泉，宝应人。朱、陆二派，在宋已分。洎乎明代弘治以前，则朱胜陆。久而患朱学之拘。正德以后则朱、陆争诟，隆庆以后则陆竟胜朱。又久而厌陆学之放，则仍伸朱而绌陆。讲学之士亦各随风气，以投时好。是编详叙朱子为学始末，以攻金溪、姚江之说。盖泽沄生于国初，正象山道弊，鹿洞教兴之日也。

按：撰者字误。道光《重修宝应县志》卷十七"列传下"记载："朱泽沄，字湘淘，号止泉。诸生。少有经世志，凡天文算数河渠，关于政治民生者，博

---

① 徐乾学《憺园文集》卷三十二，《续修四库全书》第1412册，第726页。
② 《清代传记丛刊10》，第593页。
③ 《清代传记丛刊5》，第343页。
④ 光绪《无锡金匮县志》卷二十一，《中国地方志集成·江苏府县志辑24》，第345页。

览遐稽,凿然有裨于世用。后见《性理大全》,乃笃嗜宋儒之学,一以朱子为宗。"①阮元《淮海英灵集》丁集卷一记载:"朱泽沄,字湘淘,号止泉。宝应人,约次子。邑增生。"②王藻《文献征存录》卷四记载:"朱泽沄,字湘淘,号止泉。宝应人。"③朱泽沄《朱止泉先生文集》附录门生王箴传《止泉先生朱公行状》记载:"先生讳泽沄,字湘淘,别号止泉,姓朱氏,扬州宝应人。"④据此,朱泽沄(1666—1732),字湘淘,止泉其号。《提要》误号为字。

19.《广祀典议》一卷 (《总目》卷九十七)

国朝吴肃公撰。肃公有《读礼问》,已著录。是书力辟二氏及诸淫祀,持议甚正。然皆儒者之常谈,可以无庸复述。

按:《总目》著录吴肃公著作共四部,卷十八著录《诗问》为最先,卷二十三著录《读礼问》。且《读礼问·提要》已注明:"肃公有《诗问》,已著录。"《总目》前后照应不周,应同《读礼问》条之注。卷一百四十三《明语林·提要》同误。

20.《淑艾录》十四卷 (《总目》卷九十八)

国朝祝洤撰。洤字人斋,原名游龙,海宁人。乾隆丙辰举人。是书本张履祥《备忘录》而增删之,凡三百九十五条。仿朱子《近思录》例,分十四门。持论颇为纯正。

按:撰者字误。吴德旋《祝人斋先生传》记载:"海宁祝人斋先生名洤,初名游龙,字贻孙。……既长,自号人斋,以志不忘母训云。……所纂有《淑艾录》若干卷,掇录朱子精粹语为《下学编》若干卷。"⑤乾隆《海宁县志》卷八"选举上·举人"记载:"乾隆元年丙辰科(恩科)祝洤,榜名游龙,字贻孙,号人斋。廪《易》。"⑥卷九"文苑"记载:"祝洤,字贻孙。初名游龙,生未周晬而孤。母督课严,每举'人'字诏之曰:'须是顶天立地。'洤感励,自号人斋。"⑦《清儒学案小传》卷一记载:"祝洤,字贻孙,号人斋,海宁人。乾隆丙

---

① 道光《重修宝应县志》卷十七,(台北)成文出版社1983年影印本,第693页。
② 《续修四库全书》集部第1682册,第204页。
③ 《清代传记丛刊10》,第597页。
④ 《四库全书存目丛书》集部第233册,第799页。
⑤ 吴德旋《初月楼文续钞》卷六,《清代诗文集汇编》第486册,第148页。
⑥ 乾隆《海宁县志》卷八,(台北)成文出版社1984年影印本,第1100页。
⑦ 乾隆《海宁县志》卷九,(台北)成文出版社1984年影印本,第1334页。

辰举人。"①据此,祝洤(1702—1759),字贻孙,号人斋。《提要》误号为字。

21.《三立编》十二卷　（《总目》卷九十八）

国朝王梓编。梓字琴伯,郃阳人。官崇宁县知县。是编取明王守仁著述,分类编辑。

按:撰者仕履误。乾隆《郃阳县志》卷三"人物"记载:"王梓,字琴伯,号适庵。……梓不试举子业。弱冠远游,后以赈荒例,除知孝感县。丁母忧,服阕,补任崇安。九载,秩满。康熙壬辰,升绛州牧。十月至汉口,卒于舟中。……所辑文成公《三立编》、频阳李子德《汉诗音注》诸书,并刻行于世。自著有《槐荫堂诗集》、《武夷山志》,亦刻行。"②民国《崇安县新志》卷九"名宦"记载:"王梓,字琴伯,郃阳人。岁贡。康熙四十二年任(知县),有治才。"③民国《崇宁县志》无王梓记载。据此,王梓(？—1712)任职为福建崇安知县,非四川崇宁知县。《提要》或为手民之误。

兵　家　类

22.《八阵合变图说》无卷数　（《总目》卷一百）

明龙正撰。正,武都人。正德中,莱阳蓝章巡抚四川,驻兵汉中。遣人至鱼复江,图八阵垒石。正时在章幕中,遂推演为《图说》,刊于蜀中。

按:撰者龙正介绍过简。嘉庆《武阶备志》卷十二记载:"龙正,光弟也。幼英敏,受《易》于陈主事,精于《易》学。遇金牌道人传授《六壬密书》,占验多应。正德壬申,蜀寇猖獗,都御史黄□、蓝章皆召赞画,每战多捷。番贼入寇,总督聘致帷幄,出奇制胜,欲授以官,不受。……屡诏征辟,皆不就。所著有《八阵图》、《太乙成局》、《奇门集要》、《六壬书》凡若干卷,行于世。"④此文献可资参考,惜缺龙正字。

关于蓝章仕履有误。即墨人冯文炌《蓝司寇传》记载:"蓝公讳章,字文

---

① 《清代传记丛刊5》,第183页。
② 乾隆《郃阳县志》卷三,《中国地方志集成·陕西府县志辑22》,第61—62页。
③ 民国《崇安县新志》卷九,《中国地方志集成·福建府县志辑8》,第58页。
④ 嘉庆《武阶备志》卷十二,《中国地方志集成·甘肃府县志辑10》,第138页。

绣，即墨人。明成化甲辰进士。初授婺源县令，再补潜山。擢贵州道监察御史，巡按浙江、山西，历太仆、大理少卿，转都察院右佥都。……谪判抚州。瑾诛，起原官，巡抚陕西，秦中大治。俄，蜀贼鄢本恕、蓝廷瑞等聚党数万，流劫湖、陕。朝命公会总制洪钟、蜀抚林俊，各调川陕兵夹剿之。公谓：'关陕，天下险要之首，而汉中为陕属郡，与蜀连，蜀有盗，必及汉，汉无备则三辅惊。'急趋汉中，分据险要。又遣使往鱼复，画诸葛八阵，垒石而谛观之，推演寻绎，得其旨要，乃著为《图说》授诸将士。其制有摆阵、变阵、冲阵等法，贼当之，无不破者，遂擒首恶鄢本恕等，斩获余党五百余级。捷闻，玺书奖励，晋右副都御史，抚秦如故。既而，余孽曹甫复叛。公再入汉中，推诚抚谕，各降男女万有二千。……合三省精兵，搜于蜀中，由是廖、喻次第授首，蜀贼悉平，时正德甲戌也。……但迁南京刑部右侍郎而已，已又兼左佥都御史，清理两淮、长芦等处盐法。……乞休归，筑华楼之阳，自号大劳山翁，年七十三而卒。……所著《八阵图说》行于世。"①陆釴纂修《嘉靖山东通志》卷三十三本传记载："蓝章，字文绣，即墨人。成化间举进士。为御史，按两浙、山西。……寻转左佥都御史。忤逆瑾，左迁通判抚州，瑾败，复起巡抚陕西。时蜀保儿寇略汉中，章选将练兵，歼其首。……仕终南京刑部侍郎。"②同治《即墨县志》卷九"人物·名臣"蓝章小传记载与此大致相同③。宋弼《山左明诗钞》卷二记载："蓝章，字文绣，即墨人。成化甲辰进士。历官刑部侍郎。有《劳山遗稿》。"小注云："家传：公自县令累迁佥都御史。时刘瑾扇虐，屡拒所属。瑾怒，致之狱，谪通判。瑾败，以原官起抚秦中。平蓝鄢之乱。晋副宪，再平廖喻诸寇。以屡抗中官，仅迁刑部侍郎而已。乞休归，自号大劳山翁。尝著《八阵图说》以教诸将士，世传之。"④据此可知，蓝章（1453—1525?）乃莱州府即墨县人，巡抚陕西，非"四川"，时汉中属陕西属郡，而其时四川巡抚则为莆田林俊（1452—1527）。

杨一清《荣禄大夫太子太保刑部尚书见素林公俊墓志铭》记载："公俊名，待用字，见素其号，世为莆人。……成化丁酉举于乡，戊戌连得进士。……授刑部主事，迁署员外郎。……武宗嗣位，两京言官交章论荐。……忽有召命，寻改巡抚湖广，又改四川。时蓝、鄢之寇方剧，公陈师朝旅，颁军令，数四将致贼而抚之。"⑤《明史·洪钟传》记载："陕西巡抚蓝章方驻汉中，廷瑞遣

---

① 《蓝司寇公劳山遗稿》，《四库未收书辑刊》五辑第18册，第25—26页。
② 《嘉靖山东通志》，《四库全书存目丛书》史部第188册，第316页。
③ 同治《即墨县志》卷九，《中国地方志集成·山东府县志辑47》，第135—136页。
④ 宋弼编《山左明诗钞》卷二，《四库全书存目丛书》集部第412册，第23页。
⑤ 焦竑编《国朝献征录》卷四十五，《续修四库全书》史部第527册，第347—349页。

其党何虎诣章,乞还川就抚。"①可为佐证。

关于诸葛亮之八阵图。万历《四川总志》卷二十考之甚详,可参考②。关于平定蓝廷瑞、鄢本恕农民起义,可参看谷应泰《明史纪事本末》卷四十六《平蜀盗》及朱国桢《皇明大事记》卷二十三。

23.《古今将略》四卷　（《总目》卷一百）

案《明史·艺文志》、黄虞稷《千顷堂书目》载此书,皆作冯孜撰。孜字原泉,桐乡人。隆庆戊辰进士,官至湖广布政使。此刊本则题冯时宁以一甫撰。前有李维桢序,亦称时宁所作。维桢登隆庆戊辰进士,与孜同年,似不应有误。然孜六世孙浩有此书跋,称孜生三子,次曰时宁,孜殁时仅六岁。及年渐长,忽有志习武,乃妄窃父书,窜改己名,且求父之同年李维桢为序。维桢诡随徇物,竟不为之是正云。其语出冯氏子孙,当必有据。

按:此解题载冯孜号误为字。盛枫《嘉禾征献录》卷二十七记载:"冯孜,字子渐,号原泉,桐乡人。嘉靖甲子举人,隆庆戊辰进士。"③光绪《桐乡县志》卷十五"人物下"记载:"冯公孜,字子渐,号原泉,县城人。……隆庆戊辰进士。观政都察院,……授南直隶太仓知州。……转刑部郎,……寻转广西按察使,擢任江西布政使。……服阕,再授湖广左布政使。……寻以疾乞归。"④《明代登科录汇编》记载:"冯孜,贯浙江嘉兴府桐乡县,民籍,县学生,治《易经》,字子渐。"⑤嘉庆《直隶太仓州志》卷六"职官上"记载:"冯孜,号原泉,桐乡人,进士,隆庆二年任。"⑥据此,冯孜(1536—1605),字子渐,号原泉。《提要》作"字原泉",误。

24.《历代车战叙略》一卷　（《总目》卷一百）

国朝张泰交撰。泰交字洎谷,阳城人。康熙壬戌进士,官至浙江巡抚。是书皆剽宋章俊卿《山堂考索后集·车战篇》之文,而稍附益之,别无考正。

---

① 张廷玉《明史》,第4599页。
② 《四库全书存目丛书》史部第199册,第641—642页。
③ 《续修四库全书》史部第544册,第592页。
④ 光绪《桐乡县志》卷十五,《中国地方志集成·浙江府县志辑23》,第518—519页。
⑤ 屈万里主编《明代登科录汇编》第17册,第8874页。
⑥ 《续修四库全书》史部第697册,第86页。

按：张泰交为张慎言孙。陈廷敬《巡抚浙江兵部右侍郎兼都察院右副都御史公孚张君墓志铭》记载："公孚其字，讳泰交，居虎谷里，其地在沁水傍，沁水一曰洎水，故又字洎谷。"①张泰交《自叙》云："张泰交，字公孚，号洎谷，世为山西泽州阳城县人。"②同治《阳城县志》卷七记载："张泰交，字公孚。……康熙辛酉举于乡。明年登进士。选知云南太和县。"③光绪《江阴县志》卷十五"名宦"记载："张泰交，字公孚，山西阳城人。康熙壬戌进士。以太仆少卿督学江南。"④据此，"洎谷"为张泰交（1651—1706）号，而非其字。《提要》误。

法 家 类

25.《棠阴比事》一卷、《附录》一卷　（《总目》卷一百零一）

宋桂万荣撰。明吴讷删补。……讷字敏德，号思庵，常熟人。永乐中，以知医荐。仁宗监国，闻其名，使教功臣子弟。洪熙元年，擢监察御史，官至右都御史，谥文恪。事迹具《明史》本传。

按：吴讷仕履误。《明史·吴讷传》卷一百五十八记载："吴讷，字敏德，常熟人。……永乐中，以医荐至京。仁宗监国，闻其名，命教功臣子弟。成祖召对称旨，俾日侍禁廷，备顾问。洪熙元年，侍讲学士沈度荐讷经明行修，授监察御史。……宣德初，出按浙江，……五年七月，进南京右佥都御史，寻进左副都御史。……英宗初御经筵，录所辑《小学集解》上之。四年三月，以老致仕，以朱与言代。……家居十六年而卒，年八十六。谥文恪，乡人祀之言偃祠。"⑤钱溥《南京都察院左副都御史谥文恪吴公讷神道碑》记载："初，公以布衣应召为监察御史，继而升南京都察院右佥都御史，授中顺大夫，寻转左副都御史，授嘉议大夫，昉年七十，以老疾辞。……于八十有六而卒，天顺丁丑三月十六日，盖致仕后十有九年也。上遣官谕祭于家。公讳讷，字敏德，别号思庵，姓吴氏。"⑥弘治《常熟县志》卷四记载："吴讷，字敬德（应为敏德之讹——引者注），号思庵，世居邑城子游巷。……宣德五年，升右佥都

---

① 陈廷敬《午亭文编》卷四十六，《清代诗文集汇编》第 153 册，第 474 页。
② 张泰交《受祜堂集》卷一，《清代诗文集汇编》第 180 册，第 3 页。
③ 同治《阳城县志》卷七，（台北）成文出版社 1976 年影印本，第 501 页。
④ 光绪《江阴县志》卷十五，《中国地方志集成·江苏府县志辑 25》，第 433 页。
⑤ 张廷玉等《明史》，第 4317—4318 页。
⑥ 焦竑编《国朝献征录》卷六十四，《明代传记丛刊 112》，第 280 页。

御史,总宪南京,寻升左副都御史。……正统己未,以老疾奏乞骸骨。"①周复俊《都御史吴文恪公讷》云:"公讳讷,字敏德,常熟人也。……永乐末,以医辟。仁庙时,监国闻其名,命教功臣子弟。拜监察御史,出巡浙江。……宣德五年,升右佥都御史,寻升左副都御史。……请老归。年八十六卒。……所著有《小学解集录》、《文章辨体》、《性理群书补注》,行于世。"②施沛《南京都察院志》卷三十八"人物二"记载:"吴讷,字敏德,常熟人。永乐间以医士举。……宣德五年,升右佥都御史,寻转左副致仕,年八十六卒。"③谈迁《国榷》卷三十二记载:"英宗天顺元年三月乙卯。前南京都察院左副都御史吴讷卒。讷字敏德,常熟人。……洪熙初,荐授御史,出按浙江、贵州。拜右佥都御史。秩满,历进左副都御史。……年八十八(当为八十六——引者注)。所著有《思庵前后续集》、《小学解》、《性理群书补注》、《文章辨体》、《祥刑要览》等书。"④据此可知,吴讷(1372—1457)官至"左副都御史"(正三品),而非"右都御史"(正二品)。

医　家　类

26.《难经本义》二卷　(《总目》卷一百零三)

周秦越人撰,元滑寿注。越人即扁鹊,事迹具《史记》本传。寿字伯仁,《明史·方技传》称为许州人,寄居鄞县。案朱右《撄宁生传》曰:"世为许州襄城大家,元初,祖父官江南,自许徙仪真,而寿生焉。"又曰:"在淮南曰滑寿,在吴曰伯仁氏,在鄞越曰撄宁生。"然则许乃祖贯,鄞乃寄居,实则仪真人也。寿卒于明洪武中,故《明史》列之方技传。

按:《明史·方技传》记载:"滑寿,字伯仁。先世襄城人,徙仪真,后又徙余姚。……晚自号撄宁生。江、浙间无不知撄宁生者。年七十余,容色如童孺,行步矫捷,饮酒无算。天台朱右摭其治疾神效者数十事,为作传,故其著述益有称于世。"⑤据此《明史》记载,未云"寄居鄞县",实乃"余姚"也。另,万历《绍兴府志》卷四十九"方技"记载:"滑寿,字伯仁。仪真人,侨居余

---

① 弘治《常熟县志》卷四,《四库全书存目丛书》史部第185册,第169页。
② 周复俊《东吴名贤记》卷下,《四库全书存目丛书》史部第92册,第413页。
③ 施沛《南京都察院志》卷三十七,《四库全书存目丛书补编》第74册,第414页。
④ 谈迁《国榷》,第2036—2037页。
⑤ 张廷玉等《明史》,第7634—7635页。

姚,少学医于京口王居中,受《素问》、《难经》,以《素问》篇次无绪,《难经》又多缺误,乃类次手抄而读之,且为之注。已,乃参考张仲景、刘守真、李朋之三家而大同之,得其开辟流注方员补泻之妙,又传针法于东平高洞阳,究十二经及督、任二脉走会属络流输交别之要,通考隧穴六百四十有七,而施治功,以尽医之神秘,由是所疗无不奇效,能决生死。……寿无间贫富,皆往治,报不报弗较也。与朱丹溪彦修齐名。在淮南曰滑寿;吴曰伯仁;鄞越曰撄宁生。所著有《十四经发挥》三卷、《难经本义》、《读伤寒论抄》、《诊家枢要》、《痔瘘篇》、《医韵》等书传于世。今子孙为余姚人,知府浩是其孙。"①光绪《余姚县志》卷二十四"寓贤"有传。凌迪知《万姓统谱》卷一百十七、《山东通志》卷二十五均记载"滑浩,余姚人"②。朱右撰《撄宁生传》作"往来鄞越,居虞姚间最久,人皆称之曰撄宁生"③。《提要》引用文献有误。

27.《薛氏医案》七十八卷 (《总目》卷一百零四)

明薛己撰。己字立斋,吴县人。是书凡十六种。

按:撰者字误。黄虞稷《千顷堂书目》卷十四"医家类"记载:"薛己《家居医录》十六卷。(字新甫,号立斋,吴人。铠子。正德间选为御医,擢南京太医院判,进院使。)"④同治《苏州府志》卷一百九"艺术一"记载:"薛己,字新甫,吴县人。"⑤《提要》误薛己(1487—1559)号为其字⑥。

28.《针灸聚英》四卷 (《总目》卷一百零五)

明高武撰。武,始末未详。

按:撰者始末可考。雍正《宁波府志》卷三十一"艺术"记载:"高武,号梅孤,鄞人。负奇好读书,凡天文律吕兵法骑射,无不娴习。嘉靖时中武举,北上,历览塞垣,以策干当路,不用,遂弃归。……晚乃专精于医,治人无不立起。尝慨近时针灸多误,手铸铜人三,男、妇、童各一,以试其穴。验之人身,不爽毫发。所著《射学指南》、《律吕辨》、《痘疹正宗》、《针灸聚英》、《发

---

① 万历《绍兴府志》卷四十九,《四库全书存目丛书》史部第201册,第401页。
② 凌迪知《万姓统谱》,《文渊阁四库全书》第957册,第616页;雍正《山东通志》,《文渊阁四库全书》第540册,第531页。
③ 程敏政编《明文衡》卷五十九,《文渊阁四库全书》第1374册,第375页。
④ 黄虞稷《千顷堂书目》,第376页。
⑤ 同治《苏州府志》卷一百九,《中国地方志集成·江苏府县志辑9》,第753页。
⑥ 李峰、汤钰林编《苏州历代人物大辞典》,第1001页。

挥直指》计三十卷,行于世。"①乾隆《鄞县志》卷十八"艺术"有传。

天文算法类

29.《中西经星同异考》一卷　（《总目》卷一百零六）

　　国朝梅文鼏撰。文鼏字尔表,宣城人。与其兄文鼎皆精研历算之学,互相商榷,多所发明。此其所订中西恒星名数也。

　　按：撰者名、字均误。嘉庆《宁国府志》卷二十九"人物志·文苑"记载："梅文鼏,字尔素,邑诸生,征君文鼎弟也。……尤邃于天文星数之学,与兄文鼎并为安溪李相国光地所重。著有《中西经星同异考》、《星图慎庵笔算》等书。"②光绪《宣城县志》卷十八"文苑"记载："梅文鼏,字尔素,号慎庵,邑诸生,征君文鼎弟也。……著有《星图慎庵笔算》等行世。"③徐世昌《晚晴簃诗汇》卷六十三记载："梅文鼏,字尔素,号慎庵,宣城人。诸生。"④

　　另,梅文鼎《中西经星同异考原序》云："《经星同异考》一卷,发凡九则,吾季弟尔素之所手辑也……。是时余及仲弟和仲与季弟尔素三人而已。夜则披图仰观,昼则运筹推步,考订前史,三人者未尝不共也,如是者凡数年。及余得中西之书图稍多,朋友之益渐广,而仲弟不幸已前卒久矣。尔素于余所有之书,手钞略修,多所撰定。"⑤徐用锡《中西经星同异考》跋文曰："去年冬余侍安溪夫子于常之督学署中,安溪示以所新锓宣城梅定九先生《历学疑问》三卷。安溪学贯天人,其推服定九先生,以为治历之学古今一人而已。余云：'闻其弟尔素先生现授经于吾邑。'安溪跃然曰：'是能尽得定九之底蕴者。'余归甫弛装即造先生,先生示余以定九先生所著《筹算》诸书。余深叹其精要。先生塾课之余,覆玻璃于两眼,作细楷,虽大寒暑不辍,视之皆所撰天文书也。长夏无事,先生携自著《中西经星同异考》一帙,索题词于余。……戊寅立秋旦钟吾徐用锡跋。"综上所引文献可知,《中西经星同异考》乃梅文鼎三弟梅文鼏(字尔素,1641—?)所撰⑥。《提要》作梅文鼏撰,误。

---

① 雍正《宁波府志》卷三十一,(台北)成文出版社1974年影印本,第2352页。
② 嘉庆《宁国府志》卷二十九,《中国地方志集成·安徽府县志辑44》,第872页。
③ 光绪《宣城县志》卷十八,《中国地方志集成·安徽府县志辑45》,第428页。
④ 《续修四库全书》集部第1630册,第367页。
⑤ 梅文鼎《绩学堂文钞》卷二,《四库全书存目丛书》集部第263册,第365—367页。
⑥ 据光绪《宣城县志》卷三十五"载籍"记载,除《中西经星同异考》,梅文鼏还著有《星图》、《慎庵笔算》、《几何类求》、《比例尺用法》及《四书答问》等。

30.《星历释义》二卷 （《总目》卷一百零七）

明林祖述撰。祖述字道卿，鄞县人。万历丙戌进士。官至广西提学佥事。

按：撰者仕履误。雍正《宁波府志》卷二十"人物"记载："林祖述，字道卿。万历十四年进士。选庶吉士，改授御史，谪汀州府推官，屡迁至贵州参议。"① 乾隆《鄞县志》卷十六"人物"记载："林祖述，字道卿。万历十四年进士。选庶吉士，改监察御史。……历官贵州参议。"② 林祖述（1559—1628后）仕至"贵州参议"。《提要》误。

术　数　类

31.《星学大成》十卷 （《总目》卷一百零九）

明万民英撰。民英字育吾，大宁都司人。嘉靖庚戌进士，历官河南道监察御史，出为福建布政司右参议。

按：撰者字误。乾隆《泉州府志》卷三十"名宦二"记载："万民英，号育吾，易州人。嘉靖庚戌进士。"③ 乾隆《直隶易州志》卷十五"人物"记载："万民英，字汝豪，号育吾。授南直隶武进知县。迁河南道御史，巡皇城、山海等关。擢山东佥事，改福建兴泉兵备，以复崇武功。晋参议。寻以复兴化晋俸一级后致政归，里居三十载。著有《三命通会》、《星学大成》、《相字心学》诸书。"④ 据此，万民英（1521—1603），字汝豪，号育吾。《提要》误号为字。

32.《太微经》二十卷 （《总目》卷一百一十）

明文翔凤撰。翔凤字天瑞，号太青，三水人。万历庚戌进士，官至太仆寺少卿。

按：撰者仕履误。钱谦益《列朝诗集小传》丁集下"文少卿翔凤"条记载："翔凤，字天瑞，三水人。万历庚戌进士，除莱阳知县，调伊县，迁南京吏

---

① 乾隆《宁波府志》卷二十，《中国地方志集成·浙江府县志辑30》，第764页。
② 《续修四库全书》史部第706册，第343页。
③ 乾隆《泉州府志》卷三十，《中国地方志集成·福建府县志辑23》，第28页。
④ 乾隆《直隶易州志》卷十五，《中国地方志集成·河北府县志辑37》，第204页。

部主事,以副使提学山西,入为光禄少卿,不赴。卒于家。"①黄虞稷《千顷堂书目》记载:"文翔凤《南极皇极东极寺》等篇,五十卷。(字天瑞,号太青,三水人,光禄寺少卿。)"②朱彝尊《明诗综》卷六十记载:"文翔凤,字天瑞,西安三水人。万历庚戌进士,除莱阳知县,……入为光禄少卿。"③康熙《三水县志》卷三记载:"文翔凤,字太青,在中长子。庚戌登进士第,三仕三阳,文学政事并著。嗣提督山右学政,晋之人文一变,继擢光禄少卿。……所著有《太微经》、《九极篇》。"④据此,文翔凤(1577—?)官至"光禄少卿"。《提要》作"太仆少卿",误。

33.《纪梦要览》三卷 (《总目》卷一百一十)

明童轩撰。轩字士昂,鄱阳人。景泰辛未进士。官至吏部尚书。

按:撰者仕履误。倪岳《明故资政大夫南京礼部尚书致仕赠太子少保童公墓志铭》记载:"弘治丁巳秋,南京礼部尚书童公秩满三载,以疾弗任朝谒,具疏,恳乞休致。……公讳轩,字士昂,姓童氏,世为鄱阳文北乡樟潭里人。……领正统丁卯乡荐。登景泰辛未进士。拜南京吏科给事中。……辛亥春,召还,未至,擢吏部右侍郎。……甲寅夏,进南京礼部尚书。"⑤黄虞稷《千顷堂书目》卷十九"别集类"记载:"童轩《枕肱集》二十卷,又《清风亭稿》一卷。(字士昂,鄱阳人,南京礼部尚书。)"⑥谈迁《国榷》卷四十三记载:"孝宗弘治十一年二月乙酉,前南京礼部尚书童轩卒。轩,鄱阳人,景泰辛未进士。"⑦同治《饶州府志》卷二十一小传记载:"童轩,字士昂,鄱阳人。……景泰二年进士。授南吏科给事中。……擢南京吏部尚书,晋礼部尚书。"⑧王兆云《皇明词林人物考》卷三记载:"童士昂。公名轩,字士昂。……登景泰辛未进士。……甲寅进南京礼部尚书。"⑨据此,童轩(1425—1498)官至"礼部尚书"。《提要》作"吏部尚书",误。

---

① 钱谦益《列朝诗集小传》,第652页。
② 黄虞稷《千顷堂书目》,第646页。
③ 朱彝尊《明诗综》第六册,第3015页。
④ 康熙《三水县志》卷三,《陕西省图书馆藏稀见方志丛刊6》,第632页。
⑤ 倪岳《青溪漫稿》卷二十三,《丛书集成续编》第139册,第600—603页。
⑥ 黄虞稷《千顷堂书目》,第504页。
⑦ 谈迁《国榷》,第2714页。
⑧ 同治《饶州府志》卷二十一,(台北)成文出版社1975年影印本,第2122—2124页。
⑨ 王兆云辑《皇明词林人物考》,《四库全书存目丛书》集部第111册,第718—719页。

艺 术 类

34.《南阳法书表》一卷、《南阳名画表》一卷 （《总目》卷一百十三）

  明张丑撰，所列皆韩世能家收藏真迹。……世能字存良，长洲人。隆庆戊辰进士，官至礼部尚书，喜收名迹，董其昌《洛神赋跋》所称馆师韩宗伯者是也。其称南阳者，韩氏郡望南阳，犹韩维之称《南阳集》耳。

  按：韩世能仕履误。申时行《通议大夫礼部左侍郎兼翰林院侍读学士韩公墓志铭》记载："万历戊戌，少宗伯学士敬堂韩公卒。……公讳世能，字存良，别号敬堂。其先凤阳人也，元季思聪者以避兵徙姑苏，居齐女门之北云和里，遂为长洲人。……隆庆丁卯，举应天乡试，明年戊辰，成进士，选入翰林，为庶吉士。……甲申，升右春坊右谕德，仍兼侍讲。乙酉，清理武黄，升国子监祭酒。……庚寅，召礼部右侍郎，兼侍读学士。……寻转左，兼职如故。……赐银币给驿以归。"①张凤翼《礼部侍郎兼学士韩公传》记载："公讳世能，字存良。其先凤阳人，元季避兵齐女门，为长洲人。"②谈迁《国榷》卷七十八记载："神宗万历二十六年七月庚戌，前礼部左侍郎兼翰林院侍读学士韩世能卒。世能，字□□，长洲人。隆庆二年进士。"③据此，韩世能（1528—1598）官至"礼部左侍郎"，非"礼部尚书"。

  另，《总目》卷一百七十九著录韩世能撰《云东拾草》十四卷，解题小传云：

  明韩世能撰。世能字存良，长洲人。隆庆戊辰进士，官至南京礼部侍郎，召入兼翰林学士。事迹附见《明史·黄凤翔传》。

此处"南京礼部侍郎"中"南京"二字当删。

35.《小山画谱》二卷 （《总目》卷一百十三）

  国朝邹一桂撰。一桂字小山，号让乡，无锡人。雍正丁未进士，官至礼部侍郎。

  按：撰者字误。邹方锷《诰授资政大夫加礼部尚书邹公行状》记载："公

---

① 申时行《赐闲堂集》卷二十四，《四库全书存目丛书》集部第134册，第496—497页。
② 张凤翼《处实堂后集》卷五，《续修四库全书》集部第1353册，第661页。
③ 谈迁《国榷》，第4818页。

姓邹氏,讳一桂,字原褒,号小山,常州府无锡人。……中雍正五年进士。"①
张庚《国朝画征续录》卷下记载:"邹一桂,号小山,无锡人。雍正丁未进士,入翰林,改侍御,今官内阁学士兼礼部侍郎。"②据此,邹一桂(1686—1772)字原褒,小山其号。《提要》误号为字。

36.《法书通释》二卷 (《总目》卷一百十四)

明张绅撰。绅字士行,一曰字仲绅,《书史会要》但称为山东人,洪武中官浙江布政使,不详为山东何地之人,亦不详其出身。考《明史·吴伯宗传》附载鲍恂事,称:洪武十五年吉安余诠、高邮张长年、登州张绅,并以明经老成,为礼部主事所荐,召至京,恂、长年皆以老病辞归。惟绅授鄠县教谕,寻召为右佥都御史,终浙江左布政使。则绅乃登州人,以荐举起家也。

按:撰者可考。《明一统志》卷二十二记载:"张绅,济南人。少从事戎马间,官至浙江布政。博学工诗,所作清新典则,有古人风,今有诗集。"③张丑《清河书画舫》卷十一记载:"张绅,字仲绅,济南人。慷慨激烈,不琐琐于世事。作为诗文,虽不经意而自成一家,能议论,终日亹亹不休,盖北方豪杰之士也欤?为本朝浙江布政而殁。"④黄虞稷《千顷堂书目》卷十七"别集类"记载:"张绅《诗集》一卷。(字仲绅,一字士行,济南人。博学工诗,少从事兵间,仕明为浙江布政使。)"⑤宋弼《山左明诗钞》卷一记载:"张绅,字仲绅,一字士行,济南卫人。明初,由征辟历官浙江左布政使。"⑥道光《济南府志》卷四十九"人物·五"记载:"张绅,字仲绅,一字士行,济南卫人。自称云门山樵,亦曰云门遗老。……(洪武)十八年授浙江左布政使。"⑦钱谦益《列朝诗集小传》、朱彝尊《明诗综》卷十四等均载张绅乃济南人。且光绪《登州府志》卷三十八"荐辟"亦无张绅记载,《明史》云"登州张绅"盖指其祖籍云。

37.《射书》四卷 (《总目》卷一百十四)

明顾煜撰。煜字铭栢,自题曰西神氅圃。案无锡有西神山,则无锡人也,其仕履无考。

---

① 邹方锷《大雅堂续稿》卷六,《四库未收书辑刊》十辑第26册,第383页。
② 《四库全书存目丛书》子部第73册,第616页。
③ 《明一统志》卷二十二,《文渊阁四库全书》第472册,第527页。
④ 张丑《清河书画舫》卷十一,《文渊阁四库全书》第817册,第440页。
⑤ 黄虞稷《千顷堂书目》,第458页。
⑥ 《四库全书存目丛书》集部第412册,第8页。
⑦ 道光《济南府志》卷四十九,《中国地方志集成·山东府县志辑2》,第516页。

按：顾煜仕履可考。施闰章《象山县知县顾君墓表》记载："无锡顾君铭栢与余同举于乡,顺治己丑又同登进士。君为人忼爽魁杰,好与天下士结欢,天下之士亦愿从其游。君以文章著称,其意偩然自负,盖有志于功业者也。及释褐为象山令,辄欲见诸施行。……在县二年,象之士以为师,民以为父,坐无以资赆遗,遂见斥不用。……后事白,当复官,君掉头不出,无疾卒于家,实顺治己亥正月朔日,年五十有八。呜呼惜哉！君讳煜,铭栢其字,别号双丸。……君少补诸生,即以洞易自许,阅览博辩,遇事敢言,以指切公事忤有司,坐黜。……所著辑有《尚书讲义》、《经济钜文》、《小学纂注》诸编,未刻而卒。"①据此可补顾煜仕履,其生卒年据此则为1602年至1659年。

谱　录　类

38.《方氏墨谱》六卷　（《总目》卷一百十六）

明方于鲁撰。于鲁初名大激,后以字行,改字建元,歙县人。初亦颇学为诗,汪道昆与之联姻,招入丰干社,奖饰甚至。后得程君房墨法,乃改而制墨,与君房相轧,弯弓射羿,世两讥焉。

按：初名误。屠隆《方建元传》记载："方于鲁,字建元,新都人,初名大澂,字于鲁,后以于鲁墨铭闻于上,遂更于鲁以为名,字建元。"②另方于鲁于《方建元集》中自署"新都受光生方于鲁著"③。黄虞稷《千顷堂书目》卷二十六"别集类"记载："方于鲁《佳日楼诗集》。（初名大澂,后以字行,改字建元,歙县布衣。）"④民国《歙县志》卷十"人物志·方技"记载："方于鲁,初名大澂,后以字行,改字建元。"⑤《水经注》卷二十一记载,激水,出鲁阳之将孤山,东南流入父城。据古人名字意义相连原则,可判断方于鲁(？—1607),原名"大澂",非"大激"也,属形近而误。

39.《酒史》六卷　（《总目》卷一百十六）

明冯时化撰。前有隆庆庚申赵惟卿序称："时化,字应龙,别号与

---

① 施闰章《施愚山先生学余文集》卷二十二,《清代诗文集汇编》第67册,第198页。
② 《方建元集》卷首,《四库全书存目丛书》集部第146册,第404页。
③ 《方建元集》卷首,《四库全书存目丛书》集部第146册,第408页。
④ 黄虞稷《千顷堂书目》,第660页。
⑤ 民国《歙县志》卷十,《中国地方志集成·安徽府县志辑51》,第436页。

川,晚自号无怀山人。"而不著其里籍。其书分酒系、酒品、酒献、酒述、酒余、酒考,皆酒之诗文与故实。然舛陋殊甚,其《酒考》中一条云:"羽觞见王右军,其《兰亭序》云:羽觞随波。"则其他可知矣。卷末载吴淑《事类赋》中《酒赋》一篇,以补其遗。题曰燕山居士,亦不知其为何许人也。又浙江鲍士恭家别本,其文并同,而改题曰徐渭撰。案书中所载有袁宏道《觞政》、《酒评》。渭集虽宏道所编,然宏道实不及见渭,渭何由收宏道作乎? 其为坊贾伪题,明矣。

按:齐鲁书社出版《四库全书存目丛书》子部第 80 册收录首都图书馆藏明隆庆四年独醒居士刻本,该书前有赵惟卿序,序言署为"隆庆庚午秋七月吉邑人怀堂赵惟卿撰",隆庆庚午为隆庆四年(1570)。《提要》误作"庚申",隆庆无庚申年。

另,冯时化籍里可考。魏裔介《冯与川先生传》记载:"冯时化,字与川。钟之子。柏乡人也。博涉经传,为诗文骀宕不羁。所居城东土庄里,足迹罕入城市。与婿魏时夫同在太学,一时文名卓然,尤精于衡鉴。……少承先人世业,有地多为黍计,呼曰酒地;有井,酿酒甚甘,呼曰酒泉;菜供朝夕,呼曰酒辅;钱足沽酒,呼曰酒媒。……自号为无怀山人,复捃摭诸书,为《酒史》六篇传于世。未仕而终,年方四十三。"①据民国《柏乡县志》卷六记载:"冯时化,字与川。……嘉靖中乡进士。……与婿魏大成(魏裔介曾祖——引者注)同列太学,文名卓然。赵南星为童子时,索其文读之,大奇其才,即妻以女。教子有方,仲子嘉遇中万历己卯解元。时化既连不得志于有司,肆情于酒,与外舅褚宦、同学赵维(当作惟——引者注)卿饮,不论昼夜。维卿成进士去,益廊(当作廓——引者注)落无聊,自号无怀山人。尝以睡为小逃世,作《四时小逃世》诗。饮暇,与褚宦述自古以来酿酒之事及酒人,为《酒史》六篇传于世。"②据此,冯时化(1526—1568)为柏乡人,赵南星、魏大成岳父。其人虽高才博学,却与时不遇。百年后,魏裔介《冯与川先生遗稿序》、《冯与川先生酒史序》二文以为冯时化之命运叹息,并为续编《酒史》。

40.《花史》十卷 (《总目》卷一百十六)

明吴彦匡撰。彦匡爵里未详。是书盖本常熟蒋养庵《花编》、松江曹介人《花品》二书,推而广之,得百有余种。每一花为一类,各加神品、妙品、佳品、能品、具品、逸品标目,附以前人遗事及咏花诗歌。大都以

---

① 魏裔介《兼济堂集》卷七,《清代诗文集汇编》第 56 册,第 423—425 页。
② 民国《柏乡县志》卷六,《中国地方志集成·河北府县志辑 67》,第 471 页。

意为之,所品第不必皆确也。

按:吴彦匡爵里可考。光绪《龙南县志》卷五"职官志"记载,吴彦匡,永嘉人,万历四十七年己未任龙南知县。光绪《永嘉县志》卷十一"选举·举人"记载:"万历十九年:吴彦匡,字子范,万历四十七年龙南知县,工诗,著《花史》。"①据此可知,吴彦匡,字子范,永嘉人。万历十九年(1591)举人,官龙南知县。可补《提要》之失考。

杂 家 类

41.《名义考》十二卷　(《总目》卷一百十九)

明周祈撰。祈,蕲州人。始末未详。前有万历甲申刘如宠序,称为周大夫。又有万历癸未袁昌祚重刻序,称其尝为民部郎,又称其从幼时授经,至绾组拥旄,不知确为何官也。

按:撰者周祈始末可考。雍正《平乐府志》卷五"宦绩"记载:"周祈,蕲州人。举于乡,以户部郎中出守平乐,在任三年。……甲申叛卒无赖嫁祸于祈,竟逮去,公论冤之。"②光绪《黄州府志》卷十五"科举·举人"记载,周祈,嘉靖壬子(三十一年)举人,平乐知府。光绪《蕲州志》卷十一"人物志·文苑"记载:"周祈,字子永,号敬夫。……嘉靖壬子举人。历官广西平乐府知府,赠中宪大夫。著有《名义考》十二卷。"③据此可知,周祈(1526—1592),字子永,号敬夫,蕲州人。嘉靖三十一年(1552)举人,官至广西平乐府知府。

42.《雪履斋笔记》一卷　(《总目》卷一百二十二)

元郭翼撰。翼字羲仲,昆山人。自号东郭生。……苏州知府卢熊题其墓曰"迁善先生"。

按:卢熊"苏州知府"误。张昶《吴中人物志》卷七记载:"卢熊,字公武,先为南昌武宁人,徙吴之昆山。……熊少业于杨维桢氏。洪武初,荐授吴县学教谕。是时,文武之臣方给诰敕,众推熊精于笔札,遂授中书舍人。

---

① 光绪《永嘉县志》卷十一,《续修四库全书》史部第708册,第263页。
② 雍正《平乐府志》卷五,《故宫珍本丛刊》第200册,第104页。
③ 光绪《蕲州志》卷十一,《中国地方志集成·湖北府县志辑23》,第256页。

阅岁,超授奉训大夫,知兖州府事。"①俞允文《昆山杂咏》卷七记载:"卢熊,字公武。……有学行,精于六书,尝受学杨维祯。洪武初,以能书授中书舍人,转兖州知州,政多遗爱。"②万历《重修昆山县志》卷六"人物二"记载:"卢熊,字公武。其先武宁人,宋季徙家于吴,再徙昆山。……熊,元季为吴县教谕。洪武初,以故官迫遣赴京。母卒竟归,复起为工部照磨。寻以善书擢中书舍人,迁兖州知州。……俄以簿录刑人家属事,坐累死。……所著有《说文字原章句》、《鹿城隐居集》、《幽忧集》、《清溪集》、《蓬蜗集》;又《苏州志》五十卷、《兖州志》若干卷、《孔颜世系谱》。"③检同治《苏州府志》卷五十二"职官一"无卢熊任知府记载。考《明史·地理志》记载,元兖州,属济宁路。洪武十八年升为兖州府。卢熊卒于洪武十三年,其时兖州未升为府。据此,卢熊(1331—1380)官至兖州知州。《提要》作"苏州知府",误。

43.《蠡海集》一卷　(《总目》卷一百二十二)

旧本题宋王逵撰。案:宋有三王逵。其一王逵,不知何许人,仁宗时官江南西路转运使,调淮南转运使,包拯连具七章弹之,具载拯奏议中,极斥其贪鄙酷虐,似非能著书之人。其一王逵,濮阳人,天禧三年进士,官刑部郎中,其所著作,惟吕希哲《杂记》载其赠蔡襄诗一首,阮阅《诗话总龟》载其《咏酒帘》一联,不闻更有此书。其一王逵,淄州人,建炎中知徐州王复之孙,绍兴中太仆丞王佾之子。其所著作,惟《芦浦笔记》载《送田鄂诗》一首,亦不闻有此书。此书中"论脉"一条,称七表、八里、九道计二十四,见之于叔和《脉诀》,是熙宁间书也,前两王逵不得见。"论百刻"一条,称赵缘督又有一说,是至元以后书也,后王逵亦不得见,又安得而引之耶?考明黄姬水《贫士传》,载"王逵,钱塘人,足一跛,家极贫,无以给朝夕,因卖药。复不继,又市卜。博究子史百家,客至,辄谈今古不休。人知其辨博,每以疑难质之,无不口应"。列其人于张介福之后,王宾之前,盖洪武、永乐间人。作是书者,必此王逵。商维濬刻《稗海》时,未及详考,误以为宋王逵也。其学盖出于邵子,其书亦规摹《观物外篇》,分天文、地理、人身、庶物、历数、气候、鬼神、事义八门,皆即数究理推求天地人物之所以然。虽颇穿凿,而亦时有精义。世称二十四番花信风,杨慎《丹铅录》引梁元帝之说,别无出典,殆由依托,

---

① 《续修四库全书》史部第541册,第267页。
② 《四库全书存目丛书》集部第315册,第35页。
③ 万历《重修昆山县志》卷六,(台北)成文出版社1983年影印本,第387—388页。

其说亦参差不合。惟此书所列最有条理,当必有所受之云。

按:此条目虽考辨甚详,但依然有误。黄姬水《贫士传》卷下记载钱塘王逵小传当袭自成化《杭州府志》①,据后者卷四十四记载:"王逵,字志道,钱塘人。足一跛,家贫卖药,市卜文锦坊。博究子史百家。客至,辄谈今古,衮衮不休。人知其辨博,每以疑难事质之。有《兰野集》。"②卷五十七记载:"《兰野集》,处士王逵著。"③黄姬水对王逵著作失载。黄虞稷《千顷堂书目》卷十八"别集类"亦记载:"王逵《兰野集》。(字志道,钱塘人。)"④据此,钱塘王逵作品集为《兰野集》,而非《蠡海集》。《提要》征引此材料不妥。撰者王逵或另有其人。

44.《蟫精隽》十六卷 (《总目》卷一百二十二)

明徐伯龄撰。伯龄字延之,自署曰古剡,盖嵊县人。书中十二卷之末有《箨冠生传》一篇,即张锡为伯龄作者。又曰,生,杭人也。岂嵊其祖籍欤?《传》称其"尝集箨为冠,啸歌自得,若不与于人世者"。……考张锡,天顺壬午举人,官山西山阴县教谕,则伯龄为天顺中人,故所记有成化癸巳、癸卯事。

按:撰者考辨未实,徐伯龄确为钱塘人,非"嵊县人"也。郎瑛《七修类稿》卷三十一记载:"徐伯龄字延之,号箨冠子,钱塘人也。性颖敏,每书一目终身。但疏荡不拘小节,对客每跣足蓬头,夏月非惟袒裼裸裎,而内衣亦不系也。故夫慕名而来者,一见后即倦与往还。然其博学高志,又尝敬焉。平生精于音律,尤善琴。所著有《大音正谱》十卷、《醉桃佳趣》二十卷、《香台集注》三卷、《蟫精隽》二十卷、《旧雨堂稿》若干卷。张天锡曾为作传,脍炙人口。今无后矣。"⑤田汝成《西湖游览志余》卷十三记载:"徐延之伯龄,钱唐人,号箨冠道人。"徐象梅《两浙名贤录》卷四十七记载:"徐伯龄,字延之,钱塘人,号箨冠道人。博学强记,洞晓音律,尤工乐府,尝杂集瓷瓯数十枚,考其音之中律吕者奏曲一章,俄顷而协。所著有《蟫精隽》二十卷。"⑥黄虞稷《千顷堂书目》卷十二"杂家类"记载:"徐伯龄《蟫精隽》二十卷。(字延

---

① 详见《四库全书存目丛书》史部第 95 册,第 610 页。
② 成化《杭州府志》卷四十四,《四库全书存目丛书》史部第 175 册,第 627 页。
③ 成化《杭州府志》卷四十四,《四库全书存目丛书》史部第 175 册,第 784 页。
④ 黄虞稷《千顷堂书目》,第 492 页。
⑤ 《四库全书存目丛书》子部第 102 册,第 660 页。
⑥ 徐象梅《两浙名贤录》卷四十七,《四库全书存目丛书》史部第 114 册,第 498 页。

之,钱塘人。博学强记,洞晓音律,击群瓯皆谐律吕。)"①徐伯龄自署曰古剡,盖指其祖籍。

《提要》又云:

> 明末杭州别有一徐伯龄,崇祯庚午举人,官永寿县教谕。名姓偶同,非一人也。

按:检民国《杭州府志》卷一百九"选举三",崇祯庚午科举人共二十八人,无徐伯龄中举记载。光绪《永寿县志》卷六"职官表"亦无记载。光绪《嘉兴县志》卷二十记载:"徐柏龄,字节之。……崇祯三年举人。受知于学士黄道周,累试不第。客游燕代间。久之,授永嘉教谕。唐王时,徒步至福州,上书言事。授国子助教,寻转兵部职方司主事。遣往泰顺,舣进止。未至而温不守,仓皇窜穷谷中,入天阙山。展转濒死,期年归,以书画鸣于时。……年七十三卒。"②此嘉兴徐柏龄为崇祯庚午(1630)举人,官永嘉教谕。检光绪《永寿县志》卷六无徐伯龄记载。《提要》所言同名徐伯龄盖为嘉兴徐柏龄之误。

45.《黎子杂释》一卷 （《总目》卷一百二十四）

> 明黎久之撰。久之字未斋,临川人。官高要县知县。书中有永乐、宣德年号,则宣宗后人也。

按:撰者名、字均误。好友李时勉《未斋说》云:"临川黎近之大家居时力于学问,盖欲求古人之心,行古人之道,不极其至不已也。……乃名其室曰未斋,以示警也。……卒为知者,荐授铜陵丞,自铜陵擢令高安,所至皆有声称,士颂其德美,民服其教令。"③嘉靖《铜陵县志》卷五"职官·县丞"记载:"黎近,正统年任,以后裁革,籍无考。"④凌迪知《万姓统谱》卷十四记载:"黎近,字之大。甫弱冠,遂以著述为事。宣德间,应文学才行卓然出众,授铜陵丞,政教兼举。升知高安县。时徭贼据城东南,近出榜谕降之,负固,辄火其巢。然御隶太严,为权奸所忌,系狱十年。狱中作《太平铙歌鼓吹曲》、《太平》等颂。英庙嘉叹释之,改知泌阳。"⑤黄虞稷《千顷

---

① 黄虞稷《千顷堂书目》,第 316 页。
② 光绪《嘉兴县志》卷二十,《中国地方志集成·浙江府县志辑 15》,第 484 页。
③ 李时勉《古廉文集》卷七,《文渊阁四库全书》第 1242 册,第 782 页。
④ 嘉靖《铜陵县志》,《天一阁藏明代方志选刊 25》,第 99 页。
⑤ 凌迪知《万姓统谱》卷十四,《文渊阁四库全书》第 956 册,第 282 页。按:道光《泌阳县志》卷七"职官表"及"宦绩传"均无黎近记载。

堂书目》卷十九"别集类"记载:"黎久《未斋稿》十六卷,又《明铙歌鼓吹曲》一卷。(字之大,临川人。宣德中应荐试优等,为高要知县。以直谏下狱者十年,作《铙歌》、《太平颂》以献,宣宗欲官以侍从不果,后为泌阳知县。)"①光绪《抚州府志》卷五十九"人物·文苑"记载:"黎近,字之大,临川人。宣德癸丑,应文学才行科,廷试优等,任高要知县。……改知泌阳。未几,大盗入境,首献十策,皆一时切务,事多施行。在泌阳,编修焦芳、检讨王相以师礼事之。……所著《未斋稿》、《捧心集》近百卷。"②综合以上文献,撰者名为黎近,字之大,历官高要、泌阳知县。"未斋"乃其书斋名,《提要》作黎近字,误。

46.《冬游记》一卷 (《总目》卷一百二十四)

  明罗洪先撰。洪先字达夫,吉水人。嘉靖己丑进士第一,官至赞善。隆庆初赠太常寺少卿,谥文恭。事迹具《明史·儒林传》。

按:罗洪先赠官误。徐阶《明故左春坊左赞善兼翰林院修撰赠奉议大夫光禄寺少卿谥文恭念庵罗公墓志铭》记载:"今皇帝登极,公论明矣,乃公则已先卒,仅赠奉议大夫、光禄寺少卿,谥文恭,而不及见诸用,岂非斯世斯文之厄欤?公讳洪先,字达夫,念庵其号。厥初豫章人,三徙而居吉水。"③耿定向《念庵罗先生传》记载:"先生姓罗氏,讳洪先,字达夫。尝读书至'克念作圣',遂自号念庵居士。……隆庆改元,诏赠光禄少卿,谥文恭。"④谈迁《国榷》卷六十四:"世宗嘉靖四十三年八月甲申,前左春坊左赞善兼翰林院修撰罗洪先卒。洪先,字达夫,吉水人。嘉靖己丑进士第一。……隆庆初,赠光禄寺少卿,谥文恭。"⑤黄宗羲《明儒学案》卷十八记载:"罗洪先字达夫,别号念庵,吉水人。……隆庆改元,赠光禄少卿,谥文恭。"⑥朱彝尊《明诗综》卷四十记载:"罗洪先,字达夫,吉水人。嘉靖己丑,赐进士第一。授翰林院修撰,进左春坊赞善,罢为民。隆庆初,赠光禄寺少卿,谥文恭。有《念庵集》。"⑦据此可知,罗洪先(1504—1564)赠官为"光禄寺少卿",而非"太常寺少卿"。

---

① 黄虞稷《千顷堂书目》,第497页。
② 光绪《抚州府志》卷五十九,(台北)成文出版社1975年影印本,第1002页。
③ 徐阶《世经堂集》卷十八,《四库全书存目丛书》集部第79册,第761—763页。
④ 耿定向《耿天台先生文集》卷十四,《四库全书存目丛书》集部第131册,第362—368页。
⑤ 谈迁《国榷》,第4004页。
⑥ 黄宗羲《明儒学案》,第386页。
⑦ 朱彝尊《明诗综》,第1985页。

47.《金垒子》四十四卷 （《总目》卷一百二十四）

明陈绛撰。绛字用扬,上虞人。嘉靖甲辰进士,官至太仆寺卿。其书上篇二十卷,中篇十二卷,下篇十二卷。大抵欲仿其乡人王充《论衡》,博引古事而加以论断考证,然迂僻者居多。本名《山堂随钞》,陶望龄为删汰之,改题今名,以所居有金罍山也。

按：撰者仕履误。李维桢《金罍子序》云："京兆陈用扬先生家上虞之金罍山,因以为号。"①陶望龄《金罍子序》云："金罍子,上虞人。嘉靖甲辰进士,仕至应天府尹。所居近金罍山,故称焉。"②黄虞稷《千顷堂书目》卷十二"杂家类"记载："陈绛《金垒子》四十四卷。（上虞人,嘉靖进士,应天府尹。）"③康熙《上虞县志》卷十五"人物志"记载："陈绛,字用扬。……登嘉靖甲辰进士,授乐平令。……迁工部主事。……转刑曹郎。……出守彰德。……量移青州。……徙居金罍山麓,因自号焉。……一岁间三迁至左布政使,寻擢光禄卿,未任,转应天府尹,乞休归。陶太史望龄论绛所已试者十不得一,而其一足以济世,如前历官是已；所未试者百不售一,则其一足以名世,如所著《金罍子》是已。"④据此,陈绛（1513—1587）未曾任"太仆寺卿",其官至"应天府尹"。

48.《东水质疑》六卷 （《总目》卷一百二十五）

明胡衮撰。衮字补之,自号味菜山人,鄱阳人。嘉靖中官台州教授。

按：康熙《鄱阳县志》卷十"选举下·贡士"记载："胡衮,字补之,大梨人。历归州、颍州、武昌教职。著有《读史质疑》、《戊丙樵书》等集。"⑤乾隆《颍州府志》卷六"名宦传"记载："胡衮,字褎之,鄱阳人。嘉靖十二年由选贡任颍州学正。"⑥同治《饶州府志》卷十六"选举志三"记载："胡衮,颍州教谕。"⑦两地方志均记载胡衮任归州、颍州,而民国《台州府志》职官表无胡衮记载。《提要》疑误"归州"或"颍州"为"台州"。

---

① 李维桢《大泌山房集》卷八,《四库全书存目丛书》集部第150册,第478页。
② 陶望龄《陶文简公文集》卷三,《四库禁毁书丛刊》集部第9册,第249页。
③ 黄虞稷《千顷堂书目》,第325页。
④ 康熙《上虞县志》,（台北）成文出版社1983年影印本,第805—807页。
⑤ 康熙《鄱阳县志》卷十,《清代孤本方志选》第1辑第16册,第613页。
⑥ 乾隆《颍州府志》卷六,《中国地方志集成·安徽府县志辑24》,第290页。
⑦ 同治《饶州府志》卷十六,（台北）成文出版社1975年影印本,第1775页。

49.《艺圃琳琅》四卷 （《总目》卷一百二十五）

> 明蒋以忠撰。以忠字孝甫，常熟人。隆庆戊辰进士，官至广平府知府。

按：齐鲁书社 1997 年影印明万历间张可久重刻本名作《新刻艺圃球琅集注》，康熙《常熟县志》卷二十三"艺文"著录作《艺圃球琳》。

撰者蒋以忠字、仕履均误。李维桢《福建按察司副使蒋公墓表》记载："己丑春，不佞北上，寄径邯郸。时郡守蒋公入计，计最，擢福建按察司副使以去，邯郸人依依相慕也。……按状：公父世卿，赠广平知府。……手自排纂，文益闳肆，世所行《艺圃球琅》是也。……以隆庆丁卯同孝昌登贤能书，明年成进士。拜闽长乐令。……十三年，出守广平。五年，稍迁今官，未之任，以病免，遂卒。……公名以忠，伯孝其字，别号贞庵。……其遗文有《清权山人集》、《续皇明盛事》、《述毛诗大指》若干卷。"①赵用贤《福建按察司副使贞庵蒋公墓志铭》记载："先生讳以忠，字伯孝，号贞庵。先生自晋食邑海虞，遂家焉。……丁卯，偕仲弟以化同登贤书。明年戊辰，成进士。……谒选，得长乐令。……己卯，起补比部，隶京邑曹务。……迁广平知府。……岁己丑，迁福建按察副使。"②王兆云《皇明词林人物考》卷十一"蒋伯孝"条记载："公名以忠，字伯孝，常熟人也，隆庆戊辰进士。"③乾隆《福州府志》卷四十八"名宦"记载："蒋以忠，字伯孝，常熟人，隆庆戊辰进士。"④据此可知，蒋以忠（1533—1589），字伯孝（非"孝甫"），号贞庵，任职广平知府后"福建按察副使"，虽与"知府"品级相同，但职位不同，《提要》没有反映，应予更正。此误当源自康熙《常熟县志》卷十八记载即止于广平知府任上，没有福建按察副使记载⑤。

50.《无甚高论》七卷 （《总目》卷一百二十五）

> 明赵鸿赐撰。鸿赐字承元，桐城人，嘉靖中副都御史钺之子也。

按：赵钺仕履误。赵钺表兄盛汝谦《明故中宪大夫都察院右佥都御史柱野赵公行状》记载："呜呼！公与余中表弟兄，少余七岁，垂髫相处，共学共

---

① 李维桢《大泌山房集》卷一百三，《四库全书存目丛书》集部第 153 册，第 89—90 页。按：《提要》将书名《艺圃球琅》误作"艺圃琳琅"。
② 赵用贤《松石斋集》卷十九，《四库禁毁书丛刊》集部第 41 册，第 289—291 页。
③ 王兆云辑《皇明词林人物考》，《四库全书存目丛书》史部第 112 册，第 185 页。
④ 乾隆《福州府志》卷四十八，（台北）成文出版社 1967 年影印本，第 966 页。
⑤ 康熙《常熟县志》卷十八，《中国地方志集成·江苏府县志辑 21》，第 423—424 页。

仕,虽踪迹离合不常,而心神意气固不以倏忽间,今弃我而逝矣。……公讳
钺,字子举,一字鼎卿,别号八柱野人。……嘉靖十九年庚子举乡试,为南畿
第一人。甲辰登进士。授刑部浙江司主事。……戊午年,升南京太仆寺少
卿。……寻转南京鸿胪寺卿、南京右通政,升南京太仆寺卿,转都察院右佥
都御史,奉敕巡抚贵州,兼理军务。……公归家即罄俸入建祠堂,以明宗
法。……所著有《古今原始》、《无闻堂稿》、《鹦林子》、《九夷古事》行于
世。……男二人,长男养吾,一名鸿赐。"①史桂芳撰墓表亦云"《佥都御史赵
公墓表》"②。康熙《桐城县志》卷四"仕绩"记载:"赵钺,字鼎卿。嘉靖间乡
试第一,旋登进士。授刑部主事。……累迁至佥都御史,巡抚贵州。"③据
此,赵钺(1512—1569)官至应为"右佥都御史"(正四品),非《提要》所云
"副都御史"(正三品)。《总目》卷一百二十六著录赵钺《古今原始》,其提
要小传确。

51.《何之子》一卷 (《总目》卷一百二十五)

明周宏禴撰。宏禴字元孚,麻城人。万历甲戌进士,官至尚宝司少
卿。事迹附见《明史·李沂传》。

按:撰者仕履误。《明史》卷二百三十四记载"周宏禴,字元孚,麻城人。
倜傥负奇,好射猎。举万历二年进士,授户部主事。降无为州同知,迁顺天
通判。……谪代州判官,再迁南京兵部主事。十七年,帝始倦勤,章奏多留
中不下。宏禴疏谏,且请早建皇储,不报。寻召为尚宝丞。明年冬,命监察
御史阅视宁夏边务。……投劾归,卒于家。天启初,以尝请建储,赠太仆少
卿。"④传记载周宏(弘)禴(1545—1627前)官至巡边御史。《提要》误。

52.《证学编》四卷、附《证学论策》一卷 (《总目》卷一百二十五)

明杨起元撰。起元字贞复,广东归善人。万历丁丑进士,官至吏部
左侍郎,谥文懿。《明史·儒林传》附载《王畿传》末。

按:撰者仕履误。杨起元门生吴道南《明吏部右侍郎杨复所先生墓志
铭》记载:"今上己亥岁九月二十日,吏部右侍郎复所杨先生卒于墓庐之
侧。……先生讳起元,字贞复,别号复所。世籍惠州博罗县,代有闻人,历宋

---

① 赵钺《无闻堂稿》附录,《四库全书存目丛书》集部第 112 册,第 342—347 页。
② 史桂芳《皇明史惺堂先生遗稿》卷十,《四库全书存目丛书》集部第 127 册,第 154 页。
③ 康熙《桐城县志》,《中国地方志集成·安徽府县志辑2》,第 126 页。
④ 张廷玉等《明史》,第 6098—6099 页。

元入我明,有伯安公者四传而生润,始由泊头乡徙归善。……万历丁丑,登进士,廷试二甲第五。选庶常,授翰林院编修。……丙申,晋南京礼部侍郎。……未几,转南吏部侍郎。……未几,召为北吏部侍郎。先生知太孺人有归意,草疏致辞。"①张弘道、张凝道《皇明三元考》卷十二"隆庆元年丁卯科解元"记载:"广东杨起元,归善人,字贞复,号复所。治《书》。……仕至吏部右侍郎兼侍读学士。"②王兆云《皇明词林人物考》卷十二"杨贞复"条记载:"公名起元,字贞复,号复所,广东归善人也。由丁丑进士,选翰林庶吉士,官至吏部右侍郎。"③谈迁《国榷》卷七十八亦记载:"神宗万历二十七年九月丙寅,前吏部右侍郎杨起元卒。起元字贞复,广东归善人。万历丁丑进士。……天启初,谥文懿。"④梁善长《广东诗粹》卷六记载:"杨起元,字贞复,归善人。隆庆丁卯乡试第一。万历丁丑进士,选庶吉士。官至吏部右侍郎。卒,谥文懿。有《复所集》。"⑤据此,杨起元(1547—1599)官至吏部"右"侍郎,非《提要》之所谓"左侍郎"也。

53.《因明子》无卷数 (《总目》卷一百二十五)

明张恒撰。恒字伯常,嘉定人。万历庚辰进士,官至太常寺少卿。是书于儒、释之辨言之甚力。

按:撰者仕履误。黄虞稷《千顷堂书目》卷二十五:"张恒《明志稿》三卷,又《诗》二卷,又《续明志稿》一卷。(字伯常,又字明初,嘉定人。江西右参政,乞终养,家居二十年,杜门著述,母丧后以病卒。)"⑥康熙《嘉定县志》卷十六记载:"张恒,号明初。万历庚辰进士,历官知茶陵、兴国二州,擢刑部郎中,出知建昌府,迁江西副使,分巡南昌,晋本省右参政。……由藩参拜表归,奉母以老。……著书有《明志稿》行世。"⑦据此可知,张恒(1555—?)官至江西右参政。《提要》误。

54.《进修录》三卷 (《总目》卷一百二十五)

明冯渠撰。渠字谦川,江西新城人。万历癸未进士。是书全规仿

---

① 吴道南《吴文恪公文集》卷十七,《四库禁毁书丛刊》集部第31册,第545—547页。
② 《四库全书存目丛书》史部第271册,第181页。
③ 王兆云辑《皇明词林人物考》,《四库全书存目丛书》史部第112册,第209页。
④ 谈迁《国榷》卷七十八,第4843页。
⑤ 《四库全书存目丛书》集部第411册,第190页。
⑥ 黄虞稷《千顷堂书目》,第627页。
⑦ 康熙《嘉定县志》卷十六,《中国地方志集成·上海府县志辑7》,第733页。

《论语》之文,复仿《论语》分为二十篇。盖又王通《中说》之重儓也。

按:撰者号误为字,仕履缺。乾隆《建昌府志》卷四十三"人物传七"记载:"冯渠,字汝达,号谦川,新城人。万历癸未进士。"①同治《新城县志》卷十"名臣"记载:"冯渠,字汝达,号谦川,七都人。万历癸未进士。授泰兴令。……谪闽盐知事,起永安令。……调海丰,寻调番禺。……渠历五邑,并洁己爱民,除民害,有循绩。顾倔强,数与上官抗,十年不迁。会诏铨部,择天下洁己吏旌之,以劝有位。简十一人,渠与焉。擢南兵部主事,入丞尚宝,累迁太仆少卿,寻致仕。……著有《进修录》及诗文集,晚自号安巽子,卒年七十有五。"②据此,冯渠(1550—1624),字汝达,而"谦川"乃其别号。《提要》误。

55.《微言》四卷、附《说书随笔》一卷 (《总目》卷一百二十五)

明詹在泮编。在泮字定斋,衢州人。万历癸未进士。是编采辑明代讲学语录,王守仁、王畿、罗汝芳三家合为一卷,良知家之宗主也。又杂录诸儒之言为一卷,良知家之支派也。其非良知家言而亦割裂剽缀者,援儒入墨之术也。末为《说书随笔》一卷,则在泮所自著。要其宗旨,总借儒言以阐禅理耳。

按:撰者字误,仕履缺。谢肇淛《北河纪》卷五记载:"詹在泮,字献功,浙江常山县人,丙戌进士,万历二十年任(河道)。"③雍正《常山县志》卷八"贤哲"记载:"詹在泮,字献功,号定斋。少嗜学,万历癸未进士,授工部营缮司主事,敕修行宫,以廉干称。丁外艰,起复。壬辰,分校礼闱,所取皆名士。升郎中,提督两河河道。以漕运功升俸一级。转河南副使,备兵颍川,擒巨盗。主江北武乡试。升苏松巡道,改汝南,条上练兵十议。迁江西左参政,升广东按察使,致仕归。"④据此,詹在泮(1550—?)字献功,"定斋"乃其号也,《提要》误号为字。

56.《剩言》十四卷 (《总目》卷一百二十五)

明戴君恩撰。君恩字忠甫,澧州人。万历癸丑进士,官至四川兵备副使。

---

① 乾隆《建昌府志》卷四十三,《故宫珍本丛刊》第114册,第484页。
② 同治《新城县志》卷十,(台北)成文出版社1975年影印本,第1262—1264页。
③ 谢肇淛《北河纪》,《文渊阁四库全书》本。此处科分记载讹误,应为万历十一年进士,谢肇淛误作十四年进士。
④ 雍正《常山县志》卷八,(台北)成文出版社1983年影印本,第451页。

按：撰者仕履误。同治《直隶澧州志》卷十七"名臣"记载："戴君恩，字忠甫。以进士谒选，得蜀之西充，调巴县，迁比部。渝州有土酋樊龙之变，擢君恩佥事，监军渝城。……晋两浙水利参议。……以才望起山东参政。一载，晋陕西靖边观察。……崇祯甲戌，廷推巡抚山西。……遂致仕归。"①据此可知，戴君恩（1570—1636）官至"山西巡抚"。《提要》作"四川兵备副使"，或误。

57.《懿言日录》一卷、《二录》一卷、《续录》一卷、《别录》一卷、附《礼闱分校日记》一卷、《七规》一卷 （《总目》卷一百二十五）

国朝王喆生撰。喆生字素岩，昆山人。康熙壬戌进士，官翰林院编修。是书编年成帙。《日录》始康熙庚申，终丁丑。《二录》始戊寅，终壬寅。《续录》始雍正癸卯终丁未。

按：撰者字误。孙勷《翰林院编修昆山素岩先生王公墓志铭》记载："先生讳喆生，字醇叔，素岩则先生自号，学者所称也。先世浙之分水人，自古川公仕为昆山学正，因家焉。"②道光《昆新两县志》卷二十一"列传三"记载："王喆生，字醇叔。……喆生弱冠以青浦籍补诸生。……康熙十六年，特行乡试，以例入监。举顺天乡试第一。二十一年成进士，选庶吉士，授编修。"③据此，王喆生（1648—1728），字醇叔，号素岩。《提要》误号为字。

58.《苔西问答》一卷 （《总目》卷一百二十五）

国朝吴学孔录其师罗为赓讲学语也。为赓号西溪，南充人。康熙中官乌程县知县。尝颜其书室曰"古小学"，与门人讲论其中。学孔录其问答而附以与人论学之书。其大旨出于陆、王，而体例则全如禅宗机锋。

按：同治《孝丰县志》卷五"职官志·名宦"记载："罗为赓，字西溪，四川南充人。甲午举人。康熙十年十一月知孝丰县。……修邑志，足补郭、黄所未备。壬子，分校浙闱，称得士。"④李桓《国朝耆献类征初编》卷一百四十记载："罗为赓，字西溪，四川南充人。顺治甲午举人。康熙十年授孝丰知

---

① 同治《直隶醴州志》卷十七，《中国地方志集成·湖南府县志辑78》，第346页。
② 孙勷《鹤侣斋文稿》卷二，《四库全书存目丛书》集部第254册，第498页。
③ 道光《昆新两县志》卷二十一，《中国地方志集成·江苏府县志辑15》，第329页。
④ 同治《孝丰县志》卷五，《中国地方志集成·浙江府县志辑30》，第150页。

县。……后以行人致仕。"①民国《新修南充县志》卷九"乡贤"记载："罗为赓，字西溪。顺治甲午举人，任浙江孝丰令。教民造士。壬子，入闱，所举皆一时名士。……后内升行人司。"②乾隆《乌程县志》卷四"职官"无罗为赓任职记载。据此，罗为赓任孝丰知县，非乌程知县。《提要》误。

59.《千古辨疑》七卷 （《总目》卷一百二十六）

  明陈锡撰。锡字南衡，天台人。嘉靖丙辰进士，官至礼部员外郎。其书皆辨证经籍疑义。凡天文一卷，地理一卷，《诗》一卷，《书》一卷，《律吕》一卷，《春秋》一卷。大抵务博好辨，而仅凭虚臆断，考证之处十不得一，非根柢之学也。

  按：撰者字、籍贯均误。《明代登科录汇编》记载："陈锡，字元之，号南衡，治《春秋》。……浙江台州府临海县人。"③黄虞稷《千顷堂书目》卷二十三"别集类"记载："陈锡《楮瘿集》。（字元之，临海人。）"④朱彝尊《经义考》卷五十五记载："陈氏锡《易原》一卷，存。《台州府志》：陈锡字元之，临海人，嘉靖丙辰进士，官礼部主事，忤严嵩罢官归，而杜门著书。"⑤民国《临海县志》卷二十一"人物·儒林"记载："陈锡，字元之，号南衡。……嘉靖己酉荐于乡，上春官不利，卒业成均。……丙辰成进士。……授礼部祠祭司主事。丁忧，服阕，补前职。……被修隙，罢官归，益杜门著书。尝作《易原》，识者谓远过《焦氏易林》。善赋诗，即席分韵数百言，刻烛而成。著有《楮瘿集》、《春秋辨疑》、《尚书经传别解》、《诗辨疑》，卒于家。"⑥据此，陈锡（1521—?）字元之，"南衡"为其号，临海人。临海与天台同属台州府，应予辨析。

60.《简籍遗闻》二卷 （《总目》卷一百二十六）

  明黄溥撰。溥，鄞县人，黄润玉之孙也。仕履未详。

  按：黄溥字缺、仕履亦可考。黄虞稷《千顷堂书目》卷十九"别集类"记载："黄溥《南崖一得稿》。（字存吾，鄞县人，隆从子。）"⑦乾隆《鄞县志》卷

---

① 《清代传记丛刊151》，第57页。
② 民国《新修南充县志》卷九，《中国地方志集成·四川府县志辑55》，第378页。
③ 屈万里主编《明代登科录汇编》第13册，第6685页。
④ 黄虞稷《千顷堂书目》，第597页。
⑤ 《经义考新校》，第1011页。
⑥ 民国《临海县志》卷二十一，《中国地方志集成·浙江府县志辑46》，第438页。
⑦ 黄虞稷《千顷堂书目》，第508页。

十四"人物"黄润玉传附黄溥传云:"溥,字存吾,以贡授芜湖训导,亦以文雅称。"①据此可补《提要》之失考。

61.《琅琊曼衍》四卷 (《总目》卷一百二十六)

明张鼎思撰。鼎思字慎吾,安阳人。万历丁丑进士。是编皆考证之文,然皆抄撮前人之语。

按:张鼎思字、籍贯误,仕履失载。申时行《通议大夫江西按察司使张公暨配封淑人王氏合葬墓志铭》记载:"公讳鼎思,字睿甫,别号慎吾,苏之长洲人也。初名汝思,后更今名。其先出唐始兴公弟,历宋皆有闻人。入国朝,道谦者始居长洲之莳溪,六传而及公。……隆庆庚午举应天乡试。万历丁丑成进士,选翰林庶吉士。已,授吏科给事中,转刑科右、吏科左、兵科都给事中。……服除,补吏科都给事中。……无何,稍迁至南太仆丞,以游览披读自适,有《代醉》、《曼衍》二编,寻迁南仪部郎。……越五年,迁浙江参政,分守金、衢、严三郡。……辛丑,擢江西按察使。"②乾隆《长洲县志》卷二十四"人物三"记载:"张鼎思,字睿甫。万历五年进士,选入翰林,改授吏科给事中。……累擢江西按察使。"③据此可知,张鼎思(1543—1603),字睿甫,慎吾乃其号也。官至"江西按察使"。

关于籍贯,除此材料,另《总目》卷一百三十二收录其另一著作《琅琊代醉编》四十卷,该书卷一即明确署名为"姑苏张鼎思睿父父辑"④。《江苏采辑遗书目录》著录:"《琅琊曼衍》,明江西按察使长洲张鼎思著。"不误。

62.《玉唾壶》二卷 (《总目》卷一百二十六)

明王一槐撰。一槐,钱塘人。万历末官临淄县知县。此书即其在临淄时所作,皆辨证经史之言。

按:撰者王一槐(1486—1549)籍贯误。许应元《奉训大夫南京工部都水司员外郎王君墓志铭》记载:"君讳一槐,字荫伯,世为仁和人。……正德丙子领浙江乡荐,数上春官,数报罢。以母老乞领教职为养,授铜陵教谕。……擢山东临淄知县。……在临淄七年,政教并举,颂声既作焉。丁太

---

① 乾隆《鄞县志》卷十四,《续修四库全书》史部第706册,第302页。
② 申时行《赐闲堂集》卷二十五,《四库全书存目丛书》集部第134册,第516—518页。
③ 乾隆《长洲县志》卷二十四,《中国地方志集成·江苏府县志辑》第75册,第291页。
④ 《四库全书存目丛书》子部第129册,第679页。

孺人忧,服除,复补湖广应城县。……用治行高等召入,擢南京工部屯田主事,迁都水员外郎。……诏许,致仕归。……所著《玉唾壶》《杜诗雌黄》,并可诵云。"①郎瑛《七修类稿》卷五十一记载:"正德丙子,浙省秋试,场中已定榜。……易为八十九名,开卷乃仁和王一槐也。"②康熙《仁和县志》卷十"选举·举人"记载:"正德十一年丙子科,王一槐,仕至工部员外郎,清修古学,历官皆有声。"③

另,民国《杭州府志》卷一百九"选举三·举人"记载,有明一代杭州府中举名王一槐者仅仁和一人,其中举乃正德十一年(1516),卒于嘉靖二十八年(1549)。由上述文献记载可知,其任职铜陵、华容均在嘉靖初期,其任临淄知县亦为嘉靖初期。《提要》著录王一槐为钱塘人,万历末任临淄知县,均误。

63.《真珠船》八卷 (《总目》卷一百二十七)

明胡侍撰。侍字奉之,号濛溪,咸宁人。正德丁丑进士,官至鸿胪寺少卿,坐议大礼,谪潞州府同知。事迹附见《明史·薛蕙传》。

按:撰者字、号均误。许宗鲁《鸿胪寺右少卿胡公侍墓志铭》记载:"公姓胡氏,讳侍,字承之,别号蒙溪,应天府溧阳县人也。国初,讳士真者明医术坐累,谪戍陕宁夏卫,历四世皆为宁夏人。司马公卒,赐葬陕西咸宁县韦曲,得守冢墓,遂为韦曲里人。公少治《书》,为县学生。正德癸酉,举乡试。丁丑,举进士。戊寅,授刑部云南司主事。辛巳,晋广东司员外郎。嘉靖壬午,晋鸿胪寺右少卿。甲申,谪补山西潞州同知。乙酉,下诏狱,事白,夺秩编民。戊戌,诏复其官。癸丑十二月四日,考终于家。……所著有《蒙溪集》三卷、《续集》一卷、《野谈》二卷、《珍珠船》二卷、《清凉经》一卷,传之于世。"④王兆云《皇明词林人物考》卷六"胡承之"条记载:"胡侍,字承之,陕西咸宁人。"⑤钱谦益《列朝诗集小传》丙集记载:"胡侍,字承之,咸宁人,正德丁丑进士。"⑥黄虞稷《千顷堂书目》卷二十二记载:"胡侍《蒙溪集》十一卷,又《续集》五卷。(字承之,咸宁籍,溧阳人。汝砺子。鸿胪寺少卿。)"⑦

① 许应元《陶堂摘稿》卷十,《续修四库全书》集部第1342册,第95—96页。
② 郎瑛《七修类稿》卷五十一,《四库全书存目丛书》子部第102册,第785页。
③ 康熙《仁和县志》卷十,《中国地方志集成·浙江府县志辑5》,第199页。
④ 焦竑编《国朝献征录》卷七十六,《续修四库全书》史部第129册,第166页。
⑤ 王兆云辑《皇明词林人物考》,《四库全书存目丛书》史部第112册,第52页。
⑥ 钱谦益《列朝诗集小传》,第365页。
⑦ 黄虞稷《千顷堂书目》卷二十二,第556页。

《四库未收书辑刊》第五辑第 19 册收录《蒙溪集》,第一卷卷首即云:"《胡蒙溪文集》卷一,关西胡侍承之著。"①据此,胡侍(1492—1554)字当为"承之",而非"奉之",号"蒙溪",非"濛溪"。

64.《郊外农谈》三卷 (《总目》卷一百二十七)

明张铁撰。铁字子威,慈溪人。嘉靖丙戌进士。

按:陆深为张铁撰《碧溪诗集序》云:"慈溪张子威先生自少时一再游场屋即弃去,学古人之道,攻古人文章。学既成,咸可试用,会有推毂士,欲荐之天子,遭谗罢去。"②钱谦益《列朝诗集小传》丙集"张布衣铁"条记载:"铁,字子威,慈溪人。与沈启南为诗友。"③黄虞稷《千顷堂书目》卷二十"别集类"记载:"张铁《碧溪集》六卷,又《咏史百绝》。(字子威,慈溪人,布衣。)"④雍正《宁波府志》卷二十八"隐逸"记载:"张铁,字子威,慈溪人。幼端慧,即为外祖司空王来所器。及长,博学强记,综贯经史百家。再试场屋不第,遂弃去。工古诗文,兼工篆隶真草。论天下事亹亹,竟日不竭。……燕居独处必正襟危坐,高风逸气,傲睨物表。……先生名铁,别号碧溪子,因以名集云。"⑤天启《慈溪县志》卷五"选举志"嘉靖朝并无张铁记载。光绪《慈溪县志》卷四十七"艺文二"载张铁《郊外农谈》三卷,小注记载据《家传》,张铁卒于嘉靖癸未(二年,1523)。文献记载均表明张铁(?—1523)实乃一介布衣,未曾释褐入仕,更非进士出身。此或张冠李戴。嘉靖时期,临海有另一张铁,为武进士。李时渐《三台文献录》记载:"张铁,字宠之,号剑厓,临海人。嘉靖武榜进士,参将。"⑥康熙《临海县志》卷七"选举下"记载:"张铁,字宠之,号剑厓。嘉靖甲辰探花,官都使司,终参将。"⑦

另,山东冠县有同名张铁,为嘉靖己丑进士。民国《冠县志》卷八"人物志·乡贤"记载:"张铁,字君赐。嘉靖乙丑(据《明清进士题名碑录》当为己丑——引者注)进士。历襄阳、河间二府推官,升礼部主事、祠祭司郎中。累至陕西参政。"⑧不过,浙江临海武进士张铁科甲为嘉靖甲辰科进士,而山东

---

① 胡侍《胡蒙溪文集》,《四库未收书辑刊》五辑第 19 册,第 131 页。
② 陆深《陆文裕公行远集》卷三,《四库全书存目丛书》集部第 59 册,第 215—216 页。
③ 钱谦益《列朝诗集小传》,第 296 页。
④ 黄虞稷《千顷堂书目》,第 527 页。
⑤ 雍正《宁波府志》卷二十八,《中国地方志集成·浙江府县志辑 30》,第 2873 页。
⑥ 李时渐《三台文献录》,《四库全书存目丛书补编》第 14 册,第 185 页。
⑦ 康熙《临海县志》卷七,《中国地方志集成·浙江府县志辑 45》,第 483 页。
⑧ 民国《冠县志》卷八,《中国地方志集成·山东府县志辑 91》,第 212 页。

冠县张铽惟嘉靖己丑科进士，均非《提要》言之丙戌科。

65.《逌旟琐语》一卷 （《总目》卷一百二十七）

明苏祐撰。祐字允吉，一字舜泽，濮州人。嘉靖丙戌进士，官至兵部尚书。

按："舜泽"非苏祐字，乃其号。于慎行《明故资政大夫兵部尚书兼都察院右都御史谷原苏公行状》记载："公讳祐，字允吉，初号舜泽，谷原其更号也，世为东昌濮人。"①梁梦龙《苏尚书传》记载："先生讳祐，字允吉，号舜泽，谷原其更号也。……正德癸酉举于乡，嘉靖丙戌成进士，授吴县令。"②古代人名字前后相应，意义相连，"祐"与"吉"对应，而与"泽"没有对应义。据此，苏祐（1492—1571）号舜泽。《提要》误。

66.《黄谷琐谈》四卷 （《总目》卷一百二十七）

明李蓘撰。蓘字于田，内乡人。嘉靖癸丑进士，官至提学副使。其书杂缀琐闻，间有考证。而立论多与朱子为难，偏驳不少。如首条引宋儒心如谷种之说，以为祖《华严经》。又以仲弓持敬，颜子克复为顿、渐二义。又以朱注"天理人欲同行异情"之语，为自中峰和尚《山堂夜话》中来。皆所谓援儒入墨者也。

按：撰者字误。李若讷《三李先生传》记载："李太史先生者，名蓘，字子田，别号黄谷。杏山长子，少称凤慧，弱冠成进士，为庶吉士、检讨。以时忌谪阳城丞，迁广平司理，两贰郡于晋、吴。入为南礼曹郎，擢黔中学使，不就，归而卜筑内乡之郊。……所著有《仪唐集》，又杂撰《析绩》、《说铃》诸书，多所考据。其《宋元艺圃集》，收录词家，有功文苑多矣。"③《明代进士登科录》记载，李蓘，字子田，号少庄，河南内乡人。辛卯二月廿二日生。士子。乡试会《春秋》二房。三甲，翰林院庶吉士，起复授检讨④。康熙《内乡县志》卷八"人物"记载："李蓘，字子田，别号少庄，晚号黄谷。庚子举人，宗木长子也。弱冠中嘉靖癸丑进士。入翰林院，任庶吉士，授检讨。风节自持，左迁山西阳城县。……迁大名府推官、池州府同知、南京刑部员外郎、礼部仪制司郎中，即解组归，年甫四十有一。起，升贵州提学副使，复起山东提学副

---

① 于慎行《谷城山馆文集》卷二十八，《四库全书存目丛书》集部第148册，第84—85页。
② 《濮州志校注》，中州古籍出版社1999年版，第892页。
③ 李若讷《四品稿》卷五，《四库禁毁书丛刊》集部第10册，第221页。
④ 屈万里主编《明代登科录汇编》第12册，第6560页。

使,俱以疾辞。所著有《李翰林集》、《黄谷文集》、《仪唐集》,……卒年七十八,祀乡贤。"①据此可知,李袭(1531—1608),字"子田"。《总目》卷一百七十八收录李袭《李子田文集》四卷。《提要》作"于田"乃形似而误。

67.《木几冗谈》一卷 (《总目》卷一百二十八)

明彭汝让撰。汝让字钦之,青浦人。是编乃札记清言,儇佻殊甚,盖屠隆一派也。

按:撰者籍贯误。何三畏《云间志略》卷二十一"彭太学钦之公传"记载:"彭汝让,字钦之,号九麓,华亭人。太守鲁溪公子。少负才名,读书绩学,而童子之试屡不得志于有司。时钦之齿渐长矣,余以弱冠与之同就试于西江。……遂拔置第一,与余颉颃课艺,称扬于郡大夫前。……遂入赘为国子生。……先后为邑令屠礼部长卿、罗司空柱宇所尊礼。"②何三畏与彭汝让为同学好友,记载其为华亭人,当不误。《明代进士登科录》载彭汝让父彭应麟为"贯直隶松江府华亭县民籍"③。嘉庆《松江府志》卷五十四"人物传六"记载:"彭汝让,字钦之,华亭人。诸生,入国子监。中万历元年副榜,为隆万诗社十八子之一。著有《北征》、《南游》、《击筑》诸稿。"④光绪《奉贤县志》卷十一、光绪《青浦县志》卷十九有传。据此,《提要》作青浦人,误。

68.《累瓦三编》十二卷 (《总目》卷一百二十八)

明吴安国撰。安国字文仲,长洲人。万历丁丑进士,官至宁波府知府。是编凡读经二卷、读史二卷、述训二卷、谈艺二卷、匡时二卷、纪庞二卷。

按:撰者仕履误。万历四十四年,吴安国寿七十,李维祯应吴安国孙婿之请为撰《参知吴公寿序》,文曰:"今天下文盛莫如吴。……若文定、文端两吴公、朱恭靖、文待诏、袁安节、陈方伯、杨庄简辈,嘉、隆以来最著也。项则有参知吴文仲先生,先生为文端公曾孙,累叶登朝,门第比江南王谢,而无贵介绮纨之习。举进士,令真阳、永康两邑。……擢比部郎,出守四明。……稍迁藩臬,自浙移黔。已,复移粤。……遂不复出。"⑤乾隆《宁波府志》卷十八"名

---

① 康熙《内乡县志》卷八,(台北)成文出版社1976年影印本,第538—539页。
② 《四库禁毁书丛刊》史部第8册,第592页。
③ 屈万里主编《明代登科录汇编》第10册,第5384页。
④ 嘉庆《松江府志》卷五十四,《中国地方志集成·上海府县志辑2》,第256页。
⑤ 李维祯《大泌山房集》卷二十八,《四库全书存目丛书》集部第151册,第121页。

宦"记载："吴安国，字文仲，长洲人。进士。万历二十一年知府事。……以秩满升任去。"①乾隆《长洲县志》卷二十"科目"记载："万历五年进士，吴安国文仲，广东参议。"②据此，吴安国（1547—1616后）官至广东参议，非止于"宁波知府"。

69.《阅耕余录》六卷 （《总目》卷一百二十八）

明张所望撰。所望字叔翘，上海人。万历辛丑进士，官至广东按察司副使。此其随笔札记之文。中颇有所考正，而撮拾旧文者亦多。又兼录谐谑果报诸杂事，盖陈继儒《珍珠船》之类也。

按：撰者仕履误。陈子龙《明中奉大夫山东布政使司右布政使七泽张公神道碑铭》记载："公讳所望，字叔翘。世为上海人。……以进士高第拜刑部郎。……出守衢州。……擢公备兵苍梧。……已而，进参政，镇左江。……寻迁广东按察使。公志在山泽，不赴归里。又以本官督漕湖广。……自投劾归。岁余，复起山东右布政使。公隐栖弥确，敦趣不应。卜筑林涧，玩道丘园。"③嘉庆《松江府志》卷五十四"古今人物传六"记载："张所望，字叔翘。上海人，居龙华里。万历二十九年进士，除刑部主事。……出守衢州。……转左江参政。……擢广东按察使，不就。起为湖广按察使，理漕政。时兵兴，转输烦亟，以积劳疾作，解职归。再起山东右布政使，固辞不拜。……生平著述甚富，有《梧浔杂佩》、《领表游记》、《幅员名义考》、《文选集注辨疑》、《龙华里志》等书行于世。"④光绪《重修华亭县志》卷十五"人物"记载："张所望，字叔翘，号七泽。用上海籍举万历二十九年进士。除刑部主事，奉使荣、襄、靖江三国，馈遗无所受。历郎中，出守衢州。……迁副使，备兵苍梧。……转左江参政。……擢广东按察使，不就。起为湖广按察使。……以积劳疾作解职归。再起山东右布政使，固辞不拜。"⑤据此，张所望（1556—1635）实官至"湖广按察使"。《提要》误。

70.《吕氏笔弈》八卷 （《总目》卷一百二十八）

明吕曾见撰。曾见字眉阳，绍兴人。由贡生官西安县教谕。是书卷端

---

① 雍正《宁波府志》，《中国地方志集成·浙江府县志辑30》，第693页。
② 乾隆《长洲县志》卷二十，《中国地方志集成·江苏府县志辑13》，第201页。
③ 陈子龙《安雅堂稿》卷十五，（台北）伟文图书出版社1977年影印本，第1036—1040页。
④ 嘉庆《松江府志》卷五十四，《续修四库全书》史部第688册，第618页。
⑤ 光绪《重修华亭县志》卷十五，《中国地方志集成·上海府县志辑4》，第617页。

有方应祥、邹维琏、汪庆百、吕奇策序,盖万历中人也。首二卷多说经义。

按:撰者字、仕履均误。康熙《衢州府志》卷十四"学官"记载,吕曾见,万历三十六年任教授①。民国《新昌县志》卷十一"人物"记载:"吕曾见,字少真,号眉阳。博极群书,洞明理学宗旨。……贡授开化县训导,后升衢州府教授,皆以朱紫阳、陈止斋之学立条教,所造如徐日久、方应祥辈皆魁科名硕。所著有《士人关钥》、《吾与编》、《笔弈》诸书行世。以子新周贵,赠奉政大夫、滁州知州。"②据此可知,吕曾见字少真,"眉阳"乃其号,绍兴府新昌县人。且其官乃"衢州府"教授,无西安县任职经历(嘉庆《西安县志》"职官"无吕曾见记载),更非"西安县"教谕。

71.《二楼纪略》四卷 (《总目》卷一百二十九)

国朝佟赋伟撰。赋伟字青士,襄平人。官宁国府知府。宁国旧有北楼,即南齐谢朓之高斋。明嘉靖中知府朱大器又起文昌台,设书院其下。赋伟更为修治,题曰南楼。每乘暇游宴其间,因杂录见闻为此书。多自述其政绩及旁涉他事,不尽有关于二楼。既非地志,又非说部,九流之内,无类可归,姑附之杂家类焉。

按:撰者字误。本书"北楼·卷下"记载:"佟赋伟德览,号青士,一号二楼,襄平人。郡太守。"③嘉庆《宁国府志》卷五"名宦"记载:"佟赋伟,字德览,号青士,襄平人。监生。康熙四十八年任宁国府知府。"④光绪《宣城县志》卷三十"艺文"载宣城人阮尔询《重修正学书院碑记》,文中称:"今太守佟公之莅止也,加意学校,正典礼,勤课试,接士流,如恐不及。……公讳赋伟,号青士,奉天承德人。"⑤据此可知,佟赋伟,字德览,号青士。《提要》误号为字。

72.《榴园管测》五卷 (《总目》卷一百二十九)

国朝王元复撰。元复字能愚,号醒斋,里籍未详。

按:撰者里籍可考。李文炤《王醒斋先生传》记载:"谨按,王氏系安福巨族,及先生元祖徙于邵。其尊公某登贤书,值国变,完节以终。……元复

---

① 康熙《衢州府志》卷十四,《中国地方志集成·浙江府县志辑55》,第283页。
② 民国《新昌县志》卷十一,(台北)成文出版社1970年影印本,第1068页。
③ 《四库全书存目丛书》史部第245册,第411页。
④ 嘉庆《宁国府志》卷五,《中国地方志集成·安徽府县志辑43》,第237页。
⑤ 光绪《宣城县志》卷三十,《中国地方志集成·安徽府县志辑45》,第691—692页。

其名也,能愚其字也,盖以颜氏之子自命乎?"①黄嗣东《道学渊源录》卷八十六"王元复"条记载:"先生名元复,字能愚,号惺(醒字之讹——引者注)斋,邵阳人。康熙五十三年岁贡。遂深经学,文行粹然,为一时理学之冠。初与同县车先生无咎齐名,人称车王。又同衡阳王敔、攸县陈之駓为楚南四家。又有称楚中三王者,谓先生与敔及汉阳王戬也。先生之学,于六经传注、程朱语录及舆地、象纬、《内经》、《参同契》诸书,无不精研详辨,而尤遂于《易》、《皇极经世》、《洪范内篇》、《律吕新书》皆有心得。晚与车先生及善化李恒斋、宁乡张石攻倡理学于湖湘间,学者翕然宗之。著述多散佚,乾隆中,四库馆采进《榴园管测》五卷。"②据此,王元复(1657—1721)邵阳人。道光《宝庆府志》卷一百三十二"国朝·宿儒上"及光绪《邵阳县志》卷九"人物上·政学"均有传。

73.《女教书》四卷　(《总目》卷一百三十一)

元许熙载撰。熙载字献臣,彰德相州人,参知政事有壬之父也。

按:《提要》既云许熙载、许有壬为父子,而《总目》卷一百六十七著录许有壬《至正集》八十一卷,谓"许有壬字可用,汤阴人",其籍贯著录却不同。《元史》卷一百八十二许有壬本传记载:"许有壬,字可用,其先世居颖,后徙汤阴。"③欧阳玄《有元赠中奉大夫湖广等处行中书省参知政事护军追封鲁郡公许公神道碑铭》:"鲁公讳熙载,字献臣,姓许氏。……许氏世居许昌,曾高已上,金乱失谱,祖考隐德旷僚,讳信,考赘彰德汤阴,因从家焉。"④明彭大翼《山堂肆考》卷一百二十二记载:"元许熙载,汤阴人。开义学以教乡人。所著有《东冈小稿》。"⑤嘉靖《彰德府志》卷六记载:"许熙载,字献臣,汤阴人。……进抚州照磨,改会福院。……著《女教》六卷、《经济录》四卷,文曰《东冈小稿》。"⑥凌迪知《万姓统谱》卷七十六记载:"许熙载,汤阴人。博古通今,事母以孝闻。仕为会福院照磨,能以儒饰吏。尝病古人遗教杂见于礼书,漫无统纪,乃辑为《女教书》。后开义学以教乡人。所著有《东冈小稿》。"⑦崇祯《汤阴县志》卷十一"人物"记载:"许熙(此脱一载字——笔者

---

① 李文炤《恒斋文集》卷四,《清代诗文集汇编》第227册,第466—467页。
② 黄嗣东辑《道学渊源录》,《清代传记丛刊·学林类4》第四册,第37页。
③ 宋濂等《元史》,第4199页。
④ 刘昌编《中州名贤文表》卷二十二,《文渊阁四库全书》第1373册,第343—345页。
⑤ 彭大翼《山堂肆考》,《文渊阁四库全书》第976册,第400页。
⑥ 嘉靖《彰德府志》卷六,《天一阁藏明代方志选刊》第45册,第484页。
⑦ 凌迪知《万姓统谱》,《文渊阁四库全书》第957册,第131页。

注),字献臣。……著有《女教》六卷、《经济录》四卷,文曰《东冈小稿》。"①据此可知,许熙载(1261—1327)乃彰德府汤阴人。《提要》作相州人,误。

74.《奚囊手镜》十三卷 (《总目》卷一百三十一)

明杨循吉撰。循吉有《苏州府纂修识异》,已著录。

按:《总目》卷五十三著录"《苏州府纂修识略》六卷",此《提要》作"《苏州府纂修识异》",误。黄虞稷《千顷堂书目》、《明史·艺文志》载《奚囊手镜》均作二十卷。《四库全书存目丛书》史部第46册收录明万历三十七年徐景凤刻《合刻杨南峰先生全集十种》本《苏州府纂修识略》六卷。

75.《欣赏编》无卷数 (《总目》卷一百三十一)

不著撰人名氏。徐中行序但称沈润卿。以《千顷堂书目》考之,乃沈津所编,润卿其字也。所著《邓尉山志》,已著录。序中所云茅子康伯续者,亦不著其名。卷中有茅一相补阅字,盖即其人矣。

按:同治《湖州府志》卷五十九"艺文略四"记载:"(茅)一相,字国佐,号泰峰,慕韩康伯之为人,又号康伯,归安人。以例为光禄寺丞。另有《外史备钞》四十卷、《古今金石考》二卷、《国朝十四朝画鉴》二卷、《文霞阁草》四卷、《北游草》四卷、《灌余漫草》四卷、《续欣赏编》十卷、《绘妙》一卷、《吴兴十二家诗选》。"②据此可知,茅一相确为续编作者。《明史·艺文志》收录茅一相《续欣赏编》。

76.《续自警编》八卷 (《总目》卷一百三十一)

明黄希宪撰。希宪字毅所,金溪人。嘉靖癸丑进士,官至应天巡抚。

按:撰者字、仕履均误。《明代登科录汇编》记载:"黄希宪伯容,号毅所,江西金溪人。"③黄虞稷《千顷堂书目》卷十一"儒家类"著录:"黄希宪《续自警篇》十六卷。(字伯容,金溪人。嘉靖癸丑进士,福建参政。)"④乾隆《金溪县志》卷五"政事"记载:"黄希宪,字伯容,狮溪人。嘉靖癸丑进士,

---

① 崇祯《汤阴县志》卷十一,《国家图书馆藏明代孤本方志选》第1册,第367页。
② 同治《湖州府志》卷五十九,(台北)成文出版社1970年影印本,第1123页。
③ 屈万里《明代登科录汇编》第12册,第9464页。
④ 黄虞稷《千顷堂书目》,第304页。

授行人。擢南京监察御史。……迁副宪,备兵湖南,兼督学政。……无何,致政归。"①光绪《抚州府志》卷三十"人物·宦业"记载:"黄希宪,字伯容,金溪人,嘉靖癸丑进士,授行人,迁御史。……为参政,分守福宁。……谪高邮,历升嘉兴知府。……迁宪副,备兵湖广,兼督学政。时值江陵柄政,诸监司承指持法严急,独公多恩贷。会有母丧去,寻卒。著《兰台奏章》、《自警编》、《效颦稿》、《入楚蜀稿》若干卷。"②据以上文献,黄希宪字"伯容","毅所"为其号。《提要》误。

另民国《分宜县志》卷八"人物志·名臣"记载:"黄希宪,原名金贵,字双南,泗背人,天启乙丑进士,知顺德县,擢御史、两淮巡盐。……巡按甘肃,约浮费,饬将吏,御变有方略,迁太仆少卿、应天巡抚。……晋秩河道总督,兼兵、工二部侍郎。……乙酉,值奸党用事,诬以河工冒饷,下诏狱。会丧乱出亡,遇盗杀于绍兴江上。"③据此文献,《提要》所云之"应天巡抚"乃天启乙丑进士"分宜"人黄希宪(1587—1646),非嘉靖癸丑进士"金溪"人黄希宪(1517—1586)。

77.《历代小史》一百五卷 （《总目》卷一百三十一）

不著编辑者名氏。首有沔阳陈文烛序,称侍御李公所集,而中丞赵公刻之,皆不著其名字里籍,不知为何许人也?

按:黄虞稷《千顷堂书目》卷五"别史类"著录李栻《历代小史》一百五卷④。沈初《浙江采集遗书总录》丁集著录:"《历代小史》一百五卷。右明河南道御史丰城李栻辑。"⑤此当为陈文烛所谓之李公也。陈文烛(1536—1595)、李栻(1527—?)均为嘉靖四十四年乙丑(1565)进士。同治《丰城县志》卷十一"仕绩"记载:"李栻,字孟敬,号石龙。遂伯子。嘉靖进士,初知魏县。……起补肥乡。……擢河南道御史,历巡光禄太仓漕河。……出补浙江副使,疏请致仕。结庐西山,究心性理。……所著有《困学纂言》、《惜阴稿》、《论语外编》。"⑥"中丞赵公"当为赵贤。康熙《汝阳县志》卷九记载:"赵贤,字良弼,汝阳人。嘉靖丙辰进士。授户部郎。……壬戌,擢顺德守,未任。丁内艰归。乙丑,起补荆州。……戊辰,升湖广参政,仍守荆州。……壬

---

① 乾隆《金溪县志》卷五,《故宫珍本丛刊》第113册,第167页。
② 光绪《抚州府志》卷三十,(台北)成文出版社1976年影印本,第861页。
③ 民国《分宜县志》卷八,(台北)成文出版社1975年影印本,第1161—1162页。
④ 黄虞稷《千顷堂书目》,第140页。
⑤ 沈初等撰,杜泽逊、何灿点校《浙江采集遗书总录》,第169页。
⑥ 道光《丰城县志》卷十一,(台北)成文出版社1975年影印本,第1140—1141页。

申,起补湖广参政。四月,升浙江按察使。七月,升佥都御史,巡抚湖广。……乙亥,召回协理院事。历副都御史,巡抚山东、吏部侍郎、南京吏部尚书。"①赵贤(1534—1606)另刻有何孟春《何文简疏议》十卷,见《总目》卷五十五。

78.《群书摘草》五卷　(《总目》卷一百三十二)

　　明王国宾编。国宾号养默,武进人。万历甲戌进士。其作此书时,方监榷杭州北新关,未详其终于何官也。

　　按:王国宾仕履可详考。吴中行《南京户部浙江司员外郎养默王公暨配张安人合葬墓志铭》记载:"予束发操觚,与王君用卿同为郡诸生,一时攻博士家言者,惟君擅俊雅之誉。……君讳国宾,用卿其字,养默则其所自号云。先世为无锡人,至西桥公徙居郡城,遂占籍焉。……君以癸酉、甲戌联举成进士。初试理,得浙之孝丰。……移令太平。……寻擢南京户部山东司主事,督饷于浦江,又榷税于武林关。旋晋浙江司员外郎。未几而疾作,遂以病请。"②据此墓志铭可知,吴中行与王国宾关系熟稔,其作墓志铭可信真实。可补《提要》之缺。王国宾(1539—?)官至"户部员外郎"。

79.《警语类抄》八卷　(《总目》卷一百三十二)

　　明程达撰。达字顺甫,清江人。万历丁丑进士。官至漳泉兵备道。

　　按:程达仕履误。崇祯《清江县志》卷七"人物"记载:"程达,字顺甫。万历丁丑进士。初令昆山。……再令仁和。……擢御史。……出守泉州,擒倭纪录,宪副汀漳。……擢总宪,贪墨望风解绶。晋浙右藩,转黔左,加太仆卿致仕。所著有《警语类抄》行世。"③同治《临江府志》卷二十三"宦业"记载:"程达,字顺甫,清江人。万历丁丑进士,授昆山令。……擢汀漳兵备副使。……历浙江、贵州布政使,加太仆卿致仕。自著有《警语类抄》。"④据此,程达(1545—?)官至"贵州布政使",非仅止于"漳泉兵备道"。

---

① 康熙《汝阳县志》卷九,(台北)成文出版社1976年影印本,第738—740页。
② 吴中行《赐余堂集》十二,《四库全书存目丛书》集部第157册,第205—206页。
③ 崇祯《清江县志》卷七,《四库全书存目丛书》史部第212册,第291页。
④ 同治《临江府志》卷二十三,(台北)成文出版社1970年影印本,第245页。

80.《沈氏学弢》十六卷 （《总目》卷一百三十二）

明沈尧中撰。尧中字执甫，嘉兴人。万历庚辰进士，官至刑部尚书。

按：沈尧中仕履误。崇祯《嘉兴县志》卷十三记载："沈尧中，字心唐，中万历癸酉经魁，庚辰进士。初授南陵令。……迁苏郡丞。……晋南比部员外，转正郎。……左迁开州，不赴。……编《燕居备览》六卷。……所著有《沈氏学弢》十六卷、《治统纪略》、《筹边七略》、《古文大学集注》、《春秋集传》、《古本参同契解》、《高士汇林》诸书。"①《浙江通志》卷一百三十三："沈尧中，嘉兴人，刑部郎中。"②沈季友《檇李诗系》卷十五"沈郎中尧中"条记载："尧中，字执甫，号瀛壶，嘉兴人。万历庚辰进士。起家县令，历升南刑部郎。博学嗜古，明于典故，纂修本郡志。著有《沈司寇集》及《沈氏学弢》、《治统纪略》、《边筹七略》、《高士汇林》等书。"③光绪《嘉兴县志》卷二十"列传"记载："沈尧中，字执甫，甪里人。万历八年进士。知南陵县。迁苏州同知，戚属不可干以私。擢南京刑部员外。左迁开州知州。……一岁告归。……著有《沈司寇集》。"④据此，沈尧中（1547—？）官至南京"刑部郎中"，未至"尚书"。

81.《廉平录》五卷 （《总目》卷一百三十二）

明傅履礼、高为表同撰。履礼题长芦盐运司知事，为表题沧州学正，其始末均未详也。……万历戊子，长芦巡盐御史东莞谭耀刻之，盖即耀命二人编辑，以充书帕者耳。

按：傅履礼、高为表始末均可考。《明代登科录汇编》记载："傅履礼，贯福建泉州府南安县军籍，山东临清州训导，治《春秋》，字则庸。"⑤民国《南安县志》卷十五"选举表"记载，傅履礼中万历八年进士，仕至南安知府。综上文献，傅履礼（1543—1623后），字则庸，泉州府南安县人。万历庚辰进士，官至江西南安知府。

关于高为表行实。同治《番禺县志》卷四十一"列传"记载："高为表，字正甫，礼村人。性端庄，寡言笑。弱冠由南海学举万历四年乡试。选沧州学

---

① 崇祯《嘉兴县志》卷十三，《日本藏中国罕见地方志丛刊17》，第533—534页。
② 雍正《浙江通志》，《文渊阁四库全书》第522册，第474页。
③ 沈季友编《檇李诗系》，《文渊阁四库全书》第1475册，第362—363页。
④ 光绪《嘉兴县志》卷二十，《中国地方志集成·浙江府县志辑15》，第474页。
⑤ 屈万里主编《明代登科录汇编》第19册，第10359页。

正,迁国子博士。翰林刘生中、沈瓘、朱之蕃皆出其门。晋刑部主事。……以忧去,服阕,改户部,历员外、郎中,出知袁州府。……三年,政通人和。寻入觐乞休,年仅五十。……著有《榆枋斋集》、《田间汇稿》,尝修邑志,卒年八十一。"①

82.《偶得绀珠》一卷　（《总目》卷一百三十二）

明黄秉石撰。秉石字复子,江宁人。万历中以荐为推官,官至严州府同知。

按:撰者籍贯、仕履误。谈迁《国榷》卷一百二记载:"思宗崇祯十七年八月己卯,……故福藩长史黄秉石赠少詹士。"②嘉庆《新修江宁府志》卷三十八"仕迹"记载:"黄秉石,字复子,号耿山,高淳人。万历间谒选顺德司李,平反冤狱。升严州丞,摄建德县事,积弊一清。寻补南雄贰守,迁福藩长史,致仕归。"③民国《高淳县志》卷十七记载:"黄秉石,字复子,别号耿山。……谒选,授顺德司李。……迁福藩长史。……自解组归。"④据此,黄秉石乃应天府高淳县人,非江宁人;其任职严州府同知后,仕履未终,其官至"福藩长史"。《提要》作"严州府同知",误。

83.《萃古名言》四卷　（《总目》卷一百三十二）

明赵民献编。民献,云南人。其书刻于崇祯初年。康熙中交河王琯官迤西道时得之于其子孙,已残缺失次。琯复增损其文。后任湖广学政时以授胡之太刊之。……琯字昭玉,交河人,康熙癸丑进士,官湖广提学副使。此本皆题王琯,盖传刻之误。之太字听岩,黄州人,其仕履未详。

按:关于王琯,仕履误。民国《交河县志》卷七"人物上·仕绩"记载:"王琯,字昭玉,号修昆。康熙癸丑进士。授陕西保安县。……擢吏部验封司主事。……丁艰,服阕,补稽勋司主事,升本部员外郎。……授中宪大夫,奉命督学湖广。……擢四川按察副使。……解组归。"⑤据此,王琯(1640—?)任湖广提学副使后,升四川按察副使,此为其最高职务,按例当注

---

① 同治《番禺县志》卷四十一,(台北)成文出版社1967年影印本,第524页。
② 谈迁《国榷》,第6141页。
③ 嘉庆《新修江宁府志》卷三十八,《中国地方志集成·江苏府县志辑1》,第404页。
④ 民国《高淳县志》卷十七,《中国地方志集成·江苏府县志辑34》,第237页。
⑤ 民国《交河县志》卷七,(台北)成文出版社1968年影印本,第827—828页。

"官至四川按察副使"。

关于胡之太,其仕履亦可考。光绪《黄州府志》卷十九"人物志·文苑"记载:"胡之太,字康臣。……康熙戊午举人。授长沙教谕,先行谊,后文艺,学者宗之。擢涞水知县,以老病谢归。之太夙擅才名,甲子,与修《通志》,年九十卒。著有《萃古名言》及《卦余集》。"①丁宿章《湖北诗征传略》卷十六记载:"胡之太,字康臣,号听崖。康熙举人,官知县。有《萃古名言》、《卦余集》、《听崖集》。"②据此,胡之太字"康臣",号听崖,康熙戊午(1678)举人,官至涞水知县。《提要》误。

84.《著疑录》九卷 (《总目》卷一百三十二)

明戴有孚撰。有孚字圣山,永新人。

按:撰者字误,仕履缺。同治《永新县志》卷十六"人物志·别传"记载:"戴有孚,号圣山。少工文词,以选贡入太学。大宰奇其文,超拜广东韶州别驾。……摄翁源、汝源篆。擢郑州守。未一岁,又以蠲除驿递,复宗藩所侵壤,为大吏所嘉予。比归,与安成王塘南、刘狮泉二先生昌明圣学。……所著有《韶成集》、《管城纪》、《辛壬录》、《著疑录》。"③据此,"圣山"乃戴有孚号,非其字也。其官至郑州知府。

85.《无事编》二卷 (《总目》卷一百三十三)

国朝项真撰。真字不损,秀水人。前明诸生,入国朝官景陵县知县。是书摭拾成文,漫无风旨。杂引故实,皆仍其原文,今古不辨,甚至以乔知之为晋人,疏陋可知矣。

按:撰者断代及仕履均误。崇祯《嘉兴县志》卷十四"词翰"记载:"项真太学,字不损。诗才新异,兼妙点染。所著有《罋园诗稿》、《乔松山房稿》。惜其狂荡不简,以及于难。"④光绪《嘉兴府志》卷五十三"秀水文苑"记载:"项真,字不损。县学生,兼综古今文,为李长衡、闻子将所激赏。书法绝伦。……倜荡不羁,坐事瘐死于狱。"⑤崇祯十年(1637)编纂的《嘉兴县

---

① 光绪《黄州府志》卷十九,(台北)成文出版社 1976 年影印本,第 686 页。按:光绪《涞水县志》卷五失载。
② 《续修四库全书》史部第 1707 册,第 353 页。
③ 同治《永新县志》卷十六,(台北)成文出版社 1975 年影印本,第 1307—1308 页。
④ 崇祯《嘉兴县志》卷十四,《日本藏中国罕见地方志丛刊 17》,第 610 页。
⑤ 光绪《嘉兴府志》卷五十三,《中国地方志集成·浙江府县志辑 13》,第 525 页。

志》已记载其遇难,断不能官清朝知县。检康熙《安陆府志》卷十一"秩官"所载,顺治十五年有秀水人项玉笋任景陵知县。张庚《国朝画征录》卷上记载:"项玉笋,字峨雪,知景陵县。工画兰。"《提要》或误以项玉笋(1617—1691后)为项真。

86.《六诏纪闻》二卷 （《总目》卷一百三十四）

上卷曰《会勘夷情录》,乃嘉靖十四年建昌道兵备副使俞夔处置四川盐井卫土千户与云南丽永二府土舍争界事公移案牍。下卷曰《南荒振玉》,乃乱仙方海、何真人与夔等唱和之诗。南京吏科给事中彭汝嘉合刻传之,夔门人李应元为之序。二卷一记边防,一谈神怪,殊为不伦,殆于无类可归,姑隶之杂编,附存其目。夔,建德人,正德丁丑进士,汝嘉,嘉定州人,正德辛巳进士。

按：其一,俞夔(1481—?)字、仕履均缺。万历《续修严州府志》卷十三记载:"俞夔,字舜臣,建德人。登正德丁丑进士第。授安福知县。会宸濠乱,奏免朝觐,多保障功,修葺学宫。……擢长沙府同知。擒剧盗彭思昶等五千余众,钦赐赏赍,升四川安绵兵备佥事。番夷玻柘等纠结神溪诸番入寇。……夔出奇,擒番酋千万山等三十七人,复古维州侵地千余顷,筑平番、赤土二堡。……寻升本司副使,兵备建昌。建昌土番杂居,无肯躬至徼外者。夔深入不毛,番人惊愕失气。盐井土官刺马仁等相仇杀,悉讨平之。寻以外艰归,起,复补江西南赣兵备,升按察使,历本省左、右布政使,卒于家。有《六诏纪闻》及《扬芬录》。观者知其宦绩,贻谋之远也。"①

其二,关于彭汝嘉,《提要》作"彭汝嘉",误。当为"彭汝寔"(1476—?),杨武泉先生《四库全书总目辨误》(第176页)已经指出此误。不过,没有改正确。杜泽逊先生因为曾亲睹古籍,在《四库存目标注》一书中指出当为"彭汝寔"②。事实上,黄虞稷《千顷堂书目》卷七"地理类"记载即为:"彭汝寔《六诏纪闻》一卷。"③

另,万历《四川总志》卷十五"人物"记载:"彭汝寔,字子充,嘉定人。进士。授南京吏科给事中。极言近习变乱与国是偏执,反覆万言。又作《貂珰录》以寓化道,不果上。时宰直恶不附己,罢之。家居奉母,孝事克谨,结庐

---

① 万历《续修严州府志》卷十三,《四库全书存目丛书》史部第209册,第568—569页。
② 杜泽逊《四库存目标注》,第2113页。
③ 黄虞稷《千顷堂书目》,第203页。

山居，成就后学。"①另据朱纨《茂边纪事》收录毛凤韶《平番诗序》云："嘉靖十有五年六月，宪伯朱公平番夷于深沟。八月，拜送巡抚潘公于叙，过嘉时，司谏彭子汝寔方住闲。凤韶亦谪下僚，公以同年故，招之燕于凌云，礼意独至。君子曰：古道不在兹乎？彭子因出平番诗数章，美朱公也。"②同时，附录彭汝寔《平番十曲》，署名"嘉靖丙申秋嘉定彭汝寔拜书"③。《明代进士登科录汇编》记载："彭汝寔，贯四川嘉定州，民籍，国子生，治书经。字子充。"④

类 书 类

87.《经济类编》一百卷 （《总目》卷一百三十六）

明冯琦编。琦字琢庵，临朐人。万历丁丑进士。官至礼部尚书，谥文敏。事迹具《明史》本传。

按：撰者号误为字。《明史》本传记载："冯琦，字用韫，临朐人。"⑤王锡爵《礼部尚书兼翰林院学士赠太子少保琢庵冯公墓志铭》记载："所著书有《通鉴分解》、《经济类编》、《两朝大政记》、《唐诗类韵》藏于家。公讳琦，字用韫。"⑥沈一贯《资政大夫礼部尚书兼翰林院学士赠太子少保琢庵冯公神道碑》记载："赠太子少保冯公琦，字用韫，青之临朐人。"⑦黄虞稷《千顷堂书目》卷二十五记载："冯琦《北海集》四十六卷，又《宗伯集》八十一卷。（字用韫，临朐人，礼部尚书，谥文敏。）"⑧谈迁《国榷》卷七十九记载："神宗万历三十一年三月己未，礼部尚书兼翰林院学士冯琦卒。琦字用韫，临朐人。万历丁丑进士，改庶吉士，授编修。□□□，历詹事，署翰林院印，晋吏部侍郎。学识渊博，有公辅之器，年四十六，人咸惜之。予祭葬，赠太子少保。天启初，谥文敏。"⑨查继佐《罪惟录》列传卷十三下记载："冯琦，字用韫，号琢庵，

---

① 万历《四川总志》，《四库全书存目丛书》史部第 199 册，第 545 页。
② 《四库全书存目丛书》史部第 47 册，第 244 页。按：据凌迪知《万姓统谱》卷三十三小传记载，毛凤韶此时贬官嘉定州判官。
③ 《四库全书存目丛书》史部第 47 册，第 245 页。
④ 《明代进士登科录汇编》第 6 册，第 3127 页。
⑤ 张廷玉等《明史》，第 5702 页。
⑥ 王锡爵《王文肃公全集》卷十，《四库全书存目丛书》集部第 136 册，第 409—410 页。
⑦ 沈一贯《喙鸣文集》卷十七，《四库禁毁书丛刊》集部第 176 册，第 304 页。
⑧ 黄虞稷《千顷堂书目》，第 624 页。
⑨ 谈迁《国榷》，第 4906 页。

山东临朐人。万历丁丑进士。"①宋弼《山左明诗钞》卷二十二记载:"冯琦,字用韫,号琢庵,惟重孙。万历丁丑进士,改庶吉士。官礼部尚书。赠太子太保,谥文敏。有《北海集》。"②康熙《益都县志》卷七记载:"冯琦,字用韫,号琢庵。"③乾隆初年,程崟在其文集跋语云:"宗伯冯公万历丁丑进士,入翰林,历任至礼部尚书,年四十六而殁。……宗伯名琦,字用韫,号琢庵,山东人。乾隆三年十月三日南皮学人程崟谨识。"④据此,冯琦(1559—1603)字"用韫","琢庵"为其号。《提要》误。

88.《读书纪数略》五十四卷 (《总目》卷一百三十六)

国朝宫梦仁编。梦仁字定山,泰州人。康熙戊戌进士,官至福建巡抚。

按:撰者误号为字。阮元《淮海英灵集》卷二记载:"宫梦仁,字宗衮,号定山,泰州人。"⑤道光《泰州志》卷二十三"仕迹"记载:"宫梦仁,字宗衮,号定山,伟镠子。……康熙己酉,以静海祖籍举顺天,庚戌会试第一,癸丑殿试。改庶吉士,授御史。……累迁右副都御史,巡抚福建。"⑥魏裔介《兼济堂文集》卷九有书信云《与宫宗衮书》。据此,宫梦仁(1642—1739),字宗衮,号定山。《提要》误。

89.《玉海纂》二十二卷 (《总目》卷一百三十七)

明刘鸿训编。鸿训字默成,长山人。万历癸丑进士,官至文渊阁大学士。事迹具《明史》本传。

按:编者字误。倪元璐《原任资政大夫礼部尚书兼东阁大学士青岳刘公暨元配夫人曲氏累夫人王氏合葬墓志铭》记载:"公讳鸿训,字默承,号青岳,其先自宁津徙居长山。"⑦《明史》卷二百五十一本传记载:"刘鸿训,字默承,长山人。……万历四十一年,鸿训登第,由庶吉士授编修。神、光二宗相继崩,颁诏朝鲜。甫入境,辽阳陷。朝鲜为造二洋舶,从海道还。沿途收难

---

① 查继佐《罪惟录》,《续修四库全书》史部第 323 册,第 113 页。
② 宋弼辑《山左明诗钞》卷二十二,《四库全书存目丛书》集部第 412 册,第 221 页。
③ 康熙《益都县志》,(台北)成文出版社 1976 年影印本,第 461 页。按:钟谔乃钟羽正从子,其编纂钟羽正小传当不误。
④ 《山东文献集成》第一辑第 34 册,第 109 页。
⑤ 《续修四库全书》集部第 1682 册,第 149 页。
⑥ 道光《泰州志》卷二十三,《中国地方志集成·江苏府县志辑 50》,第 251 页。
⑦ 黄宗羲辑《明文海》卷四百五十三,第 4929 页。

民,舶重而坏。跳浅沙,入小舟,飘泊三日夜,仅得达登州报命。遭母丧,服阕,进右中允,转左谕德,父丧归。天启六年冬,起少詹事,忤魏忠贤,斥为民。庄烈帝即位,拜礼部尚书兼东阁大学士,参预机务,遣行人召之。三辞,不允。崇祯元年四月还朝。……七月,以四川贼平,加鸿训太子太保,进文渊阁。……鸿训居政府,锐意任事。……七年五月卒戍所。福王时,复官。"①陈济生《启祯遗诗》"刘阁学"条记载:"公讳鸿训,字默承,号青岳,按察使顷阳公之子也。中万历四十一年进士,改翰林院庶吉士,授编修。已未,分考礼闱。……(天启)三年,升右春坊右中允。四年,升左谕德。丁艰。六年,即家升少詹事,兼侍读学士。……七年,……升公礼部尚书兼东阁大学士。……所著有《皇华集》、《四素山房集》等书,辑《玉海纂》、《困学纪闻钞》行于世。"②宋弼《山左明诗钞》卷二十八记载:"刘鸿训,字默承,号青岳,长山人。万历癸丑进士,改庶吉士,授编修。累官太子太保、礼部尚书、文渊阁大学士。有《四素山房集》。"③据此,刘鸿训(1565—1634),字默承。《提要》作"默成",音近而讹。

90.《涉览属比》四卷 (《总目》卷一百三十七)

明朱文撰。文,睢州人。末有自跋,称书成于正德乙巳。然正德纪年无乙巳,或己巳误也。其书每条以古人二事相似者合而论之,事皆习见,议论亦肤浅。自跋谓事之同异,未得以类而论,时之先后,弗克以次而序。以是为歉。盖欲为类书而未成云。

按:撰者籍贯误;字、科分、仕履均缺。李东阳《中宪大夫云南按察司副使朱君文墓碑》记载:"君姓朱氏,讳文,字天昭,一字天章。……五代时迁睢阳。……曾祖吉避地昆山,入国朝为户科给事中。高皇帝旌其直言,赐以锦绮,后改中书舍人,迁湖广按察司佥事。太宗朝,复召为中书舍人。……君少入苏州府学,为诸生。……成化丁酉举乡荐,甲辰擢进士高第。……庚戌授云南道监察御史。……己未,擢湖广按察司副使。……改授云南。君上疏请老,遂不复出。"④据此可知,朱文曾祖朱吉即迁昆山。据昆山人张大复《昆山人物传》卷一为朱吉及其三子朱定安、朱泰安、朱永安作传后云:"朱

---

① 张廷玉等《明史》,第6481—6484页。
② 陈济生《启祯遗诗》,《四库禁毁书丛刊》集部第97册,第645页。
③ 《四库全书存目丛书》集部第421册,第286页。
④ 《续修四库全书》史部第531册,第25页。

氏之籍昆山自中翰公始，中翰不忍以身之察察受伪吴缁垢，故逃之昆，卒享于宦。"①万历《重修昆山县志》卷六"人物志·仕宦"有朱吉传。另，王鏊《云南按察司副使朱君文墓志铭》记载："曾祖吉，……始迁昆山。……公讳文，字天昭。……甲辰登进士第。"②朱文子朱希周，《明史》有传记载："朱希周，字懋忠，昆山人，徙吴县。高祖吉，户科给事中。父文云，按察副使。希周举弘治九年进士。孝宗喜其姓名，擢为第一。"③《明代登科录汇编》亦记载朱希周籍贯为直隶苏州府昆山县④。据此可知，睢阳乃朱文（1444—1511）之祖籍，解题当载其籍贯为"昆山人"。

91.《修辞指南》二十卷 （《总目》卷一百三十七）

明浦南金编。南金，吴县人。嘉靖壬午举人，官国子监助教。是编取《尔雅》、《左腴》、《汉隽》、《书叙指南》四书汇为一编，分二十部、四十类。辗转稗贩，殊无可观。

按：撰者字缺、籍贯误。据《明代登科录汇编》，浦南金，江苏嘉定人，嘉靖元年壬午科应天府乡试举人第四十名⑤。康熙《嘉定县志》卷十五"人物"记载："浦南金，字伯兼。嘉靖壬午举人。其学该博，好为古文辞。……由归安教谕擢国子助教。……出为唐府教授，遂移疾归。邑侯杨公重其文行，聘修邑志。家故贫，卖文自给。馨其产梓《修辞指南》、《诗学正宗》二书，沾溉后学。"⑥光绪《归安县志》卷二十八"名宦"记载："浦南金，字伯兼，江苏嘉定人。嘉靖中为归安教谕，奉檄撰府志，简而有法。入为国子助教，忤选曹郎，移疾归。"⑦黄虞稷《千顷堂书目》卷十五"类书类"作"东海人"⑧，盖其祖籍也。

92.《骈语雕龙》四卷 （《总目》卷一百三十七）

明游日章撰。日章字学纲，莆田人。嘉靖乙未进士，官至知府。

按：撰者科分误⑨，仕履不详。何乔远《闽书》卷一百十二记载："游日

---

① 张大复《昆山人物志》卷一，《续修四库全书》史部第541册，第552页。
② 《续修四库全书》史部第531册，第26页。
③ 张廷玉等《明史》，第5063页。按：《明史》此处记载朱文名误为"朱文云"。
④ 屈万里主编《明代登科录汇编》第4册，第1869页。
⑤ 屈万里主编《明代登科录汇编》第6册，第3293页。
⑥ 康熙《嘉定县志》卷十五，《中国地方志集成·上海府县志辑7》，第720页。
⑦ 光绪《归安县志》卷二十八，《中国地方志集成·浙江府县志辑27》，第579页。
⑧ 黄虞稷《千顷堂书目》，第397页。
⑨ 杨武泉《四库全书总目辨误》一书已指出科分"嘉靖乙未"乃"己未"之误，确。

章,字学绅。令临川,政尚宽厚。……在临五载,洁己惠民,拔刑部郎,出为廉州知府,莅任岁余,卒。"①黄虞稷《千顷堂书目》卷一"书类"记载:"游日章《洪范释义》。(字学侗[应为绅字——笔者按],嘉靖己未进士,廉州府知府。)"②乾隆《廉州府志》卷十三"宦绩"记载:"游日章,号东荆,福建莆田人。嘉靖己未进士。万历三年知廉州。"③据此,游日章(1529—1578)官至"廉州府"知府。

93.《名物类考》四卷　(《总目》卷一百三十七)

明耿随朝撰。随朝号敬庵,滑县人。嘉靖丁未进士,官至山西按察司副使。是书诠释名物,分十五门。盖《尔雅》之支流。

按:撰者仕履误。《万姓统谱》卷八十七记载:"耿随朝,字子衡,滑县人。嘉靖丁未进士,历参政。"④成基命《名物类考序》云:"滑邑耿敬庵先生,故闳览博物君子也。起家进士,历官薇省,秉宪三晋,所至有经济名而性独嗜古。"⑤《山西通志》卷七十九记载:"耿随朝,进士,嘉靖时任右参政,直隶滑县人。"⑥《河南通志》卷四十五记载:"耿随朝,滑县人。明嘉靖丁未科,仕至参政。"⑦民国《滑县志》卷十六"人物"记载:"耿随朝,字(当作号)敬庵。……擢嘉靖丁未进士,授南户部主事,改工部主事,累官山西参政。罢归,闭户著书,引进士类、优游林泉几二十年,年八十二终。"⑧据此,耿随朝(1517—1598)官至山西参政。《提要》作"山西按察司副使",误。

94.《强识略》四十卷　(《总目》卷一百三十七)

明吴梦材编。梦材字国贤,崇阳人。

按:撰者名误,科分、仕履均缺。《四库全书存目丛书》子部第181册收录该书,作者署名云"万历己丑上巳阳春园主人吴楚材国贤志"⑨。康熙《湖广武昌府志》卷八"人物"记载:"吴楚材,字国贤,崇阳人。隆庆丁卯乡举。

---

① 何乔远《闽书》,第3376页。
② 黄虞稷《千顷堂书目》,第21页。
③ 乾隆《廉州府志》卷十三,《故宫珍本丛刊》第204册,第264页。
④ 凌迪知《万姓统谱》卷八十七,《文渊阁四库全书》第957册,第280页。
⑤ 耿随朝《名物类考》卷首,《四库全书存目丛书》子部第179册,第695页。
⑥ 雍正《山西通志》卷七十九,《文渊阁四库全书》第544册,第705页。
⑦ 雍正《河南通志》卷四十五,《文渊阁四库全书》第536册,第610页。
⑧ 民国《滑县志》卷十六,(台北)成文出版社1967年影印本,第1301页。
⑨ 《四库全书存目丛书》子部第181册,第579页。

授会宁令，解组归。著有邑志、《强识略》行世。"①同治《崇阳县志》卷七"选举·举人"记载："吴楚材，字国贤，一字仰止。……隆庆丁卯举于乡。公车至京师，交唐顺之、李攀龙、王世贞、吴国伦辈，为海内名士。屡试春官不第，出任会宁尹。未几，致仕归。……其《美和编》、《强识略》二种，俱行于世。"②道光《会宁县志》卷八"秩官"记载，吴楚材于万历十五年任会宁知县③。丁宿章辑《湖北诗征传略》卷四记载："吴楚材，字国贤，号仰止。隆庆举人，官知县。有《美和编》。"④据此，吴楚材，字国贤，号仰止，隆庆丁卯举人，官至会宁知县。《提要》误为"吴梦材"，当因形似而误。

95.《考古辞宗》二十卷 （《总目》卷一百三十七）

明况叔祺编。叔祺字吉甫，高安人。嘉靖庚戌进士，官至贵州提学佥事。

按：编者字、仕履均误。《四库全书存目丛书》集部第 121 册收录况叔祺《大雅堂摘稿》，前收蓝钰序云："而《大雅堂集》实居其一，为况丹湖先生所著。先生名叔祺，明嘉靖间进士，以部郎出为贵州提学副使，引疾归。"⑤《明代登科录汇编》记载其字"吉夫"⑥。《江西通志》卷七十一记载："况叔祺，字吉夫，高安人。弱冠登进士，授刑部主事。……历礼部郎中、贵州提学副使。……所著有《大雅堂集》。"⑦同治《瑞州府志》卷十三"人物·宦迹"记载："况叔祺，字吉夫，高安人。……弱冠登进士第，居刑曹。……历礼部郎中、贵州提学副使。……弃官归。……所著有《大雅堂集》。"⑧据此，况叔祺(1521—1580)官至"提学副使"（正四品），非"提学佥事"（正五品）。

96.《杂俎》十卷 （《总目》卷一百三十七）

明刘凤撰。凤有《续吴中先贤赞》，已著录。

按：《总目》卷六十一著录刘凤《续吴先贤赞》，非"《续吴中先贤赞》"，衍一"中"字。《总目》卷一百七十八著录刘凤《子威集》解题同误。

---

① 康熙《湖广武昌府志》卷八，《中国地方志集成·湖北府县志辑2》，第397页。
② 同治《崇阳县志》卷七，《中国地方志集成·湖北府县志辑34》，第252页。
③ 道光《会宁县志》卷八，《中国地方志集成·甘肃府县志辑8》，第162页。
④ 丁宿章《湖北诗征传略》卷四，《续修四库全书》集部1707册，第160页。
⑤ 《四库全书存目丛书》集部第121册，第560页。
⑥ 屈万里主编《明代登科录汇编》第13册，第6570页。
⑦ 雍正《江西通志》卷七十一，《文渊阁四库全书》第515册，第482页。
⑧ 同治《瑞州府志》卷十三，(台北)成文出版社1970年影印本，第272页。

97.《正音捃言》四卷 （《总目》卷一百三十八）

明王荔撰。荔字子岩,高阳人。嘉靖中举人,官至青州府推官。是书以等韵分二十二部,而又非韵书。如京字部为第一,则云天对地,日对星,晓燕对春莺云云,盖乡塾属对之本。而首标叶向高选,鹿善继阅,似乎必无其事。其李国楷序,殆亦赝托也。

按：撰者仕履误。民国《高阳县志》卷五"人物·文苑"记载："王荔,字子岩,号青屏。父扬,由乡贡尹滕县。喜为诗,故荔以诗名。嘉靖壬午,以《易》中顺天第七人,理登州府。……公暇则登蓬莱、烟霞诸名胜,观蜃楼之幻化。及历下泛大明湖,望华不注,揽结山水之雄秀而诗益工。……遂投劾归。"①光绪《增修登州府志》卷二十五"文秩一"记载,王荔,嘉靖十七年任登州府推官②。

另,李国楷(1585—1631)《题正音小引》云："予里先正青屏先生家世阀阅,弱冠以奇隽魁京府,司李登州,以抗直拂袖。"③此正可证王荔官登州府推官。《提要》误为"青州府"。李国楷撰写这篇序言收录于其作品《李文敏公遗集》卷上,名曰《青屏偶旬正音小引》④。同时亦可证李国楷所撰序非《提要》云之"赝托"。

98.《三才考略》十二卷 （《总目》卷一百三十八）

明庄元臣撰。元臣字忠原,归安人。隆庆戊辰进士。

按：撰者字、籍贯、科分均误,仕履缺。潘柽章《松陵文献》卷九小传记载："庄元臣,字忠甫。万历三十二年进士,授中书舍人。奉使封平原、安丘二王,以母丧归。三十六年,吴中大水,元臣条议荒政,当事者采行之,寻北上,卒于济宁舟中。……所著有《叔苴子》、《觉参符》、《三才考略》、《金石撰》、《凤阁草》、《时务策》,凡数百卷。"⑤沈登瀛《书庄方壶先生家书册后》记载："此庄方壶先生之家书也。先生名元臣,字忠甫,前明吴江震泽镇人,万历三十二年进士。授中书舍人。"⑥乾隆《震泽县志》卷十九"文学"记载：

---

① 民国《高阳县志》卷五,(台北)成文出版社1968年影印本,第308—309页。
② 光绪《增修登州府志》卷二十五,《中国地方志集成·山东府县志辑48》,第261页。
③ 《四库全书存目丛书》子部第193册,第2页。
④ 《四库全书存目丛书》集部第185册,第541页。
⑤ 潘柽章《松陵文献》卷九,《续修四库全书》史部第541册,第477—478页。
⑥ 沈登瀛《深柳堂文集》,《清代诗文集汇编》第584册,第697页。

"庄元臣,字忠甫,震泽镇人。万历三十二年进士,授中书舍人。"①道光《震泽镇志》卷九"文学"记载:"庄元臣,字忠甫,号方壶,万历三十二年进士,官中书舍人。"②据此可知,庄元臣(1560—1609),字忠甫,号方壶,直隶苏州府吴江县人。万历甲辰进士,官至中书舍人。《提要》误。

99.《何氏类镕》三十五卷 (《总目》卷一百三十八)

明何三畏撰。三畏有《云间志略》,已著录。是编取类书典故,以骈语联络成文。每类各为一篇,以便记诵。即宋吴淑《事类赋》之意,但不为韵语耳。然皆不著出典,事无原委,不便引用。亦不及淑所自注淹洽也。

按:《提要》云"三畏有《云间志略》,已著录",细检《总目》,没有著录《云间志略》。何氏《云间志略》被禁,收入《四库禁毁书丛刊》史部第八册,《四库总目》没有著录。《提要》前后失察。按例,此处当有何三畏小传。嘉庆《松江府志》卷五十四、光绪《奉贤县志》卷十、光绪《重修华亭县志》卷十五"人物"小传记载,何三畏(1550—1624),字士抑,号绳武。万历十年(壬午,1582)举人,选绍兴府推官,中蜚语归。遭母丧,誓墓不复出。构芝园,日与宾客文酒会,有豪士风。晚岁专心撰述,卒年七十五。所著有《云间志略》、《芝园居庐集》、《凤山拜石堂稿》。

另按,明代另有一部《云间志略》,撰者李柬③。但乾隆《娄县志》卷十二"艺文志"、嘉庆《松江府志》卷七十二"艺文志"均无著录李柬《云间志略》。

100.《春秋内外传类选》八卷 (《总目》卷一百三十八)

旧本题明进士楚潜樊王家撰。其始末无考。《太学进士题名碑》:"万历癸未,有三甲进士樊王家,湖广潜江人。"当即其人也。

按:樊王家确为万历进士,不过,不是万历癸未(1583)进士,而是万历甲辰科(1604)。乾隆《潮州府志》卷三十一"职官表上"记载:"天启元年知府:樊王家,字尽卿,湖北潜江进士。执法锄奸,民赖安辑。升岭西道副使。"④康熙《潜江县志》卷十三"选举志上"记载:"万历三十二年甲辰状元

---

① 乾隆《震泽县志》卷十九,《中国地方志集成·江苏府县志辑23》,第182页。
② 道光《震泽镇志》卷九,《中国地方志集成·乡镇志专辑13》,第434页。
③ 见《清代朱卷集成》第142册,第384页。
④ 乾隆《潮州府志》卷三十一,《中国地方志集成·广东府县志辑24》,第689页。

杨守勤榜：樊王家，历任湖州知府，升川东道。"①光绪《镇海县志》卷十九"名宦"记载："樊王家，字忠虞，潜江人，进士。万历三十三年由玉山调知定海。"②其中举为万历辛卯。

101.《诸经纂注》三十四卷　（《总目》卷一百三十八）

　　明杨联芳编。联芳字懋赏，漳州人。是书成于万历癸丑。以诸经割裂分类，而各注字义于旁，以便记诵。

　　按：撰者字误；科分、仕履均缺。《四库全书存目丛书》子部收录该书，自署名云"闽漳后学杨联芳懋实父纂"③。朱彝尊《经义考》卷二百五十"《杨氏群经类纂》三十四卷"引缪泳曰："杨联芳，字懋实，南靖人。万历辛丑进士，仕至贵州按察副使。"④杨联芳，字懋实。《提要》作"懋赏"，盖因"赏"、"實"形似而误。

　　杨联芳另有一字"蘅苑"。乾隆《南靖县志》卷六"人物"记载："杨联芳，字蘅苑，南靖人。……万历癸丑成进士，授行人，出知杭州。……迁黔宪，为忌者所中，……遂致仕。……著有《诸经纂注》三十四卷。"⑤本书卷五"科举"注"辛丑进士"。不解的是乾隆《龙溪县志》卷十六"人物"亦记载杨联芳小传云："杨联芳，字蘅苑。……万历癸丑成进士。……迁黔臬长，为忌者所中，……遂致仕。……著有《诸经纂注》三十四卷。"⑥两县同隶属漳州府，县志内容基本一致，难以分辨其籍贯。检光绪《漳州府志》卷二十九有人物小传记载："杨联芳，字蘅苑，龙溪人，万历辛丑进士。"⑦而《福建通志》卷三十六又作"南靖人"。再检民国《杭州府志》卷一百"职官二"记载，杨联芳，南靖人，进士，万历三十九年任（知府）。《明清进士题名碑录索引》亦记载杨联芳为南靖人，万历二十九年进士。据此可知，杨联芳实为南靖人，万历辛

---

① 康熙《潜江县志》卷十三，《中国地方志集成·湖北府县志辑46》，第230页。按：检同治《湖州府志》无樊王家任职记载。乾隆《潮州府志》卷三十一记载，樊王家，天启元年任知府。光绪《潜江县志》误。另按：明万历时期另有一樊王家，为东莞人，万历三十五年进士。民国《东莞县志》卷六十有传记载，樊王家，字孟泰，号珠城，西湖人。万历三十一年举人。三十五年进士。历官至镇江知府，转广西提学副使，未任，卒。

② 光绪《镇海县志》卷十九，（台北）成文出版社1974年影印本，第1427页。

③ 《四库全书存目丛书》子部第204册，第9页。

④ 朱彝尊撰、林庆彰等主编《经义考新校》，第4490页。

⑤ 乾隆《南靖县志》卷六，《中国地方志集成·福建府县志辑32》，第397页。小注云："府志传内误载龙溪。"

⑥ 乾隆《龙溪县志》卷十六，《中国地方志集成·福建府县志辑30》，第204页。

⑦ 光绪《漳州府志》卷二十九，《中国地方志集成·福建府县志辑29》，第608页。

丑进士(二十九年,1601)。南靖、龙溪两县志作"癸丑进士",均误。

102.《朱翼》无卷数　(《总目》卷一百三十八)

　　明江旭奇编。旭奇字舜升,歙县人,万历中官安岳县县丞。《江南通志》列入《儒林传》,称其在太学日尝奏上所著《孝经翼》、《孝经疏义》,并请敕儒臣补成《孝经大全》,命题取士,盖亦讲学之家。

　　按：编者籍贯误。张夏《洛闽源流录》卷十二记载："江旭奇,字舜升,南直婺源人。……贡入太学。前后七上京兆试不录。崇祯二年正月,驾幸太学,御彝伦堂。舜升具疏,面进其所著《孝经疏义》。……授安岳簿,稍移台州卫经历,寻弃官归。越二年,癸酉病卒。"①道光《徽州府志》卷十一"人物志·儒林"记载："江旭奇,字舜升,婺源江湾人。……补博士弟子员,著述不倦,而苦志尤在《孝经》一书,著《孝经翼》、《孝经疏义》。……崇祯初,因缮写所著《疏义》,北游成均,将进之。适驾临,遂奏上,请敕儒臣补成《孝经大全》,命题取士。……文庙诏许之,因以《孝经小学》颁行试士,著为令。旭奇以资格仅授安岳丞,年七十卒。所著有《小学疏义》、《书经传翼》、《朱翼》、《续皇明通纪》、《笔花斋集》、《檀弓疏义》、《汉魏春秋》等书。"②光绪《婺源县志》卷二十四"人物六·学林"有传。据上述文献记载,江旭奇任职安岳县则为崇祯时,非《提要》云万历时。黄虞稷《千顷堂书目》卷一"书类"记载："江旭奇《尚书传翼》二卷。(字舜升,婺源人。太学生,官台州卫经历。)"③据此,江旭奇(1564—1633)乃婺源人,非"歙县人"也。

103.《史说萱苏》一卷　(《总目》卷一百三十八)

　　明黄以升撰。以升字孝义,龙溪人。是书取史事之相类者随笔记载,间加评骘。自序谓皋苏释劳,萱草忘忧,故以萱苏为名。然阙漏殊甚,尚在后来方氏《古事比》之下也。

　　按：撰者字误,仕履缺。字当为"孝翼",此已为杜泽逊先生指出④,没有补仕履之缺。黄虞稷《千顷堂书目》卷二十七"别集类"记载："黄以升《蟫巢集》二十卷。(字孝翼,龙溪人。太学生,崇祯中以举荐官云南布政使照磨。)"⑤钱谦

---

① 《续修四库全书》史部第536册,第553页。
② 道光《徽州府志》卷十一,《中国地方志集成·安徽府县志辑49》,第309页。
③ 黄虞稷《千顷堂书目》,第23页。
④ 杜泽逊《四库存目标注》序,第83页。
⑤ 黄虞稷《千顷堂书目》,第669页。

益《牧斋初学集》卷三十二《黄孝翼蟫巢集序》称："龙溪黄孝翼氏，少而好学，六经三史诸子别集之书，填塞腹笥，久之而有得焉。作为诗文，文从字顺，弘肆贯穿，如雨之膏也，如风之光也，如川之壅而决也。"①《列朝诗集小传》丁集下记载："董养河，字叔会，漳州人，以诸生受辟召，官户部主事。丁丑岁，待诏长安，与黄孝翼、刘渔仲偕游于吾门。闽人而吴学者，三子也。孝翼、渔仲皆就官州邑，渔仲死于兵。叔会、孝翼皆未知其存否。录叔会诗，为之三叹。"②刘渔仲即刘履丁。据此，黄以升（1589—?）与刘履丁（1597—1645）③、董养河（?—1643）拜钱谦益门下。载其字当不误。乾隆《龙溪县志》卷十六"人物"小传记载："黄以升，字孝翼。崇祯间举孝廉，以母老不就。尝遍历天下名区，多所题咏，有《七州诗集》。时袁宏道、陈子龙、倪元璐皆与游，而同里黄道周、张燮尤称金石交。复以承辟郎历知宁波府归。著述极富，今存者《丽典新声》及《蟫巢集》。"④

104.《事典考略》六卷　（《总目》卷一百三十八）

明徐袍编。袍字仲章，婺源人。是书采前代事迹及先儒议论，分目凡八十有一。割裂经典，丛杂琐碎，盖兔园册子也。

按：撰者科分缺，籍贯误。邹元标《故孝廉赠承德郎工部都水清吏司主事晋赠福建右布政白谷徐公墓志铭》记载："公名袍，字含章，别号白谷，先世衢州柯山人。国初祖玄德以人才从正，授丽水尉，领兵镇金华，遂迁兰溪。……公其仲子，性最敏，十二为邑诸生。甲午登乡荐，计偕，未几卒。……公所著有《诵余稿》、《意求录》、《五经旁注》、《洪范图》、《枫山实纪》、《仁山年谱》。"⑤徐象梅《两浙名贤录》卷四"徐仲章先生"条记载："徐袍，字仲章，兰溪人。……甲午领乡荐，未几卒。……所著有《诵余稿》、《意求录》、《五经旁注》、《洪范图》、《枫山实纪》、《仁山年谱》各若干卷，行于世。"⑥黄虞稷《千顷堂书目》卷十五"类书类"记载："徐袍《事典考略》六卷。（兰溪人，字叔章，嘉靖甲午举人。）"⑦光绪《兰溪县志》卷五记载："徐袍，字仲章，号白

---

① 钱谦益著、钱曾笺注《牧斋初学集》，第934页。
② 钱谦益《列朝诗集小传》，第650页。
③ 参见孙志强《晚明印人刘履丁考论》，《美术大观》2016年第11期，第58页。
④ 乾隆《龙溪县志》卷十六，《中国地方志集成·福建府县志辑30》，第224页。
⑤ 邹元标《愿学集》卷六，《文渊阁四库全书》第1294册，第244—245页。
⑥ 徐象梅《两浙名贤录》，《四库全书存目丛书》史部第113册，第143—144页。
⑦ 黄虞稷《千顷堂书目》，第399页。

谷。……领嘉靖甲午乡举。……所著有《古训私编》、《事典考略》等书。"①据此,徐袍(1497—1534?)乃浙江金华府"兰溪"人,非徽州府"婺源"人。《提要》误。其中嘉靖甲午乡试。

105.《行年录》无卷数 （《总目》卷一百三十九）

国朝魏方泰撰。方泰字日乾,号鲁峰,江西广昌人。康熙癸未进士,官至礼部右侍郎、翰林院学士。

按：撰者科分误。方苞《礼部侍郎魏公墓志铭》记载："公姓魏氏,讳方泰,字日乾,江西广昌人也。康熙甲子举于乡,为选首。庚辰成进士,选庶常。"②黄叔琳《礼部侍郎鲁峰魏公传》记载："公讳方泰,字日乾,号鲁峰,江西广昌人。……领甲子江西乡荐,为第一。登庚辰进士,入翰林,授检讨。"③乾隆《建昌府志》卷四十六"人物传·十"记载："魏方泰,字日乾,号鲁峰,广昌人。康熙甲子举乡试第一。有要人欲罗致之,不往。庚辰成进士,改翰林,授检讨。"④据此,魏方泰(1657—1728)为康熙庚辰(三十九年,1700)进士,非《提要》谓癸未(四十二年,1703)进士。

106.《杜韩集韵》三卷 （《总目》卷一百三十九）

国朝汪文柏撰。文柏字秀青,号柯庭,嘉兴人,官兵马司指挥。其书取杜、韩二家诗句,按今韵摘出,编于字下,以为吟咏者取资。每卷各分上、中、下,凡杜、韩所未押者,则存其韵于部尾。所摘之句,不著原题。盖宋人《十二先生诗宗》之类也。

按：撰者字误。沈树德《汪柯庭先生传》记载："先生姓汪氏,讳文柏,字季青,柯庭其号也。浙之桐乡人。官北城兵马司正指挥。"⑤光绪《桐乡县志》卷十五"人物下·文苑"记载："汪公文柏,字季青,号柯庭。文桂弟。附贡生,官东城兵马司正指挥,调北城,改行人司行人。学问淹博,不亚两兄。海内名流,皆相结纳。……官指挥时颇著循声。因性好习静,三年京官,即乞身归。"⑥张

---

① 光绪《兰溪县志》卷五,《中国地方志集成·浙江府县志辑52》,第768—769页。
② 方苞《望溪文集》卷十,《清代诗文集汇编》第222册,第140页。
③ 黄叔琳《养素堂文集》,《清代诗文集汇编》第229册,第561页。
④ 《故宫珍本丛刊》第114册,第553页。
⑤ 沈树德《慈寿堂文钞》卷五,《清代诗文集汇编》第288册,第40页。
⑥ 光绪《桐乡县志》卷十五,《中国地方志集成·浙江府县志辑23》,第578页。汪文柏两兄为汪文桂、汪森。

庚《国朝画征续录》卷上记载："汪文柏,字季青,号柯庭。休宁人,占籍桐乡。工诗,善墨兰,雅秀绝俗。点缀坡石,亦落落大方,洵士夫逸致。官司城,颇著循声。"①据此可知,汪文柏(1659—1725),字季青。《提要》作"秀青",当形近而误。

小 说 家 类

107.《方洲杂言》一卷 (《总目》卷一百四十三)

  明张宁撰。宁字靖之,方洲其号也。海盐人。景泰甲戌进士,官至给事中。事迹具《明史》本传。

  按:撰者仕履误。各文献记载张宁之籍贯、仕履不一。《明史》卷一百八十本传记载:"张宁,字靖之,海盐人。景泰五年进士。授礼科给事中。……寻擢都给事中。……出为汀州知府。以简静为治,期年善政具举。……既出守,曾郁郁不得志,以病免归。家居三十年,言者屡荐,终不复召。"②徐咸《皇明名臣言行录》卷四引其兄徐泰《家传》记载:"张宁,字靖之,浙江海盐人。景泰甲戌进士,仕至汀州知府。"③邱濬《重编琼台稿》卷二有"送嘉禾伍公矩归桂林,兼问讯海盐张靖之"一诗;王兆云《皇明词林人物考》卷四记载:"张宁,字静之,嘉兴人,举进士,累官都给事中。……出宁为汀州守,引疾归,卒。"④徐象梅《两浙名贤录》卷记载:"张宁,字靖之,海盐人。景泰甲戌进士。授礼科给事中。……得旨升汀州知府。……在任几一年,以病谢事归,时年甫四十。"⑤吴孝章《昭代名臣志钞》卷二十一记载:"张宁字靖之,海盐人。景泰五年进士。授礼科给事中。……升宁知府汀州。……致仕归,家居三十年,卒。"⑥田汝成《西湖游览志余》卷十三记载:"张靖之宁,海宁人,号方洲。景泰、天顺间,为给事中,有名。奉使朝鲜国,朝鲜之人雅重之,集所著作,为刻《皇华录》。成化初,忤权要,出为汀州府。无何,引疾归田。雅好山水,岁率一再至杭州,至辄携亲朋出游西湖,访孤山,吊岳坟,登天竺,彩舟蜡屐,随意所之。兴至呼笔,大篇短章,顷刻立

---

① 《四库全书存目丛书》子部第 73 册,第 610 页。
② 张廷玉等《明史》,第 4765—4766 页。
③ 徐咸辑《皇明名臣言行录》,《四库全书存目丛书》史部第 90 册,第 313 页。
④ 王兆云辑《皇明词林人物考》,《四库全书存目丛书》史部第 111 册,第 748 页。
⑤ 徐象梅《两浙名贤录》,《四库全书存目丛书》史部第 113 册,第 703—704 页。
⑥ 吴孝章辑《昭代名臣志钞》,《四库全书存目丛书》史部第 116 册,第 466 页。

就。又善丹青。所著有《方洲集》。"①查继佐《罪惟录》传十三上记载："张宁，字靖之，浙海盐人。"②黄虞稷《千顷堂书目》卷十九记载："张宁《方洲文集》四十卷。（字静之，海盐人，汀州知府。）"③朱彝尊《明诗综》卷二十一记载："张宁，字静之，海盐人。景泰甲戌进士。官礼科给事中，两使朝鲜。转都给事中，出知汀州府。有《方洲集》。"④

而地方志记载基本一致。正德《嘉兴志补》记载："张宁，字靖之，其先湖州德清人。国初，以谪戍，占籍海盐。……由进士出任汀州知府。……景泰乙亥，授礼科给事中。……诏下汀州之命。……逾年以疾辞还，筑方洲草堂，托诗书娱其中，学者称方洲先生，卒年七十一。有《方洲集》四十卷行于世。"⑤嘉靖《嘉兴府图记》卷十六记载："张宁，字靖之，海盐人，……授礼科给事中。……成化改元，疏论祷祀事，忤礼官，又忤大珰，……宁至汀州，……乞归，时年四十一。"⑥万历《嘉兴府志》卷十九小传列于"海盐县"下："张宁，字靖之。……景泰甲戌进士，……授礼科给事中。……宁至汀州。……所著有《方洲集》四十卷。"⑦天启《海盐县图经》卷十三记载："张宁，字靖之。其先德清人。……景泰五年进士。廷对策宏博剀切，大为诸公所赏，授礼科给事中。……升宁知府汀州。……致仕归，……所著《方洲集》三十二卷。"⑧同治《汀州府志》卷十九"名宦"记载："张宁，字靖之，海盐人，景泰五年进士，授礼科给事中。风采甚著，与岳正齐名。成化中出知汀州。"⑨综合以上文人记载及地方志等文献，张宁（1426—1496）字靖之，海盐人，官至"汀州知府"。知府为正四品，高于"都给事中"（正七品），《提要》误。而王兆云、钱谦益、黄虞稷、朱彝尊记载张宁字作"静之"，或因形近而误，或因音近而讹。

《提要》又云：

> 是书所述，皆见闻琐屑之事。于登第梦兆，记之尤详，颇近猥杂。又只二十余则。篇幅寥寥，疑非足本也。

按：山西祁县图书馆藏明代万历秀水沈氏刻《宝颜堂秘笈》及《学海类

---

① 田汝成《西湖游览志余》，第221—222页。
② 查继佐《罪惟录》，《续修四库全书》史部第323册，第23页。
③ 黄虞稷《千顷堂书目》，第506页。
④ 朱彝尊《明诗综》，第1063页。
⑤ 正德《嘉兴志补》，《四库全书存目丛书》史部第185册，第229—230页。
⑥ 嘉靖《嘉兴府图记》卷十六，《四库全书存目丛书》史部第191册，第497—498页。
⑦ 万历《嘉兴府志》卷十九，（台北）成文出版社1983年影印本，第1158—1160页。
⑧ 天启《海盐县图经》卷十三，《四库全书存目丛书》史部第208册，第558—559页。
⑨ 同治《汀州府志》卷十九，（台北）成文出版社1967年影印本，第270页。

编》诸丛书本均著录有十九则,未知文渊阁本是何版本。

108.《孤树裒谈》十卷 (《总目》卷一百四十三)

明李默撰。默有《建阳人物传》,已著录。是书录有明事迹,起自洪武,迄于正德。所引用群书凡三十种,例则编年,体则小说,大抵皆委巷之谈。考《千顷堂书目》以是书为赵可与作,注云:"可与字念中,安成人。正德癸酉举人。福建盐运使提举。旧作李默误也。"未审所据,姑两存之。

按:黄虞稷《千顷堂书目》卷五"别史类"记载:"赵可与《孤树裒谈》十卷。(字会中,安成人。正德癸酉举人。福建盐运司提举。)"①此处记载字"会中",非《提要》之"念中"。而卷二十二"别集类"(第553页)记载:"赵可与《青石遗稿》,字合中,安成人。福建盐运使。"

赵可与门生李本《运使赵公可与神道碑》记载:"公讳可与,字令中,别号青石,吉郡安成人。……正德癸酉领乡书,再上春官不第,授蓬莱教谕。……居四年,以经明行修征。擢兵部主事,历员外郎、郎中。……擢守三衢。……寻转福建都运。……所著《孤树裒谈》、《青石遗稿》已行于世。"②何乔远《闽书》卷四十九记载:"赵可与,字会中,安福人。正德八年举人,教谕蓬莱。以经明行修,擢兵部主事,历三衢州守,治有异政。寻转本司运使,抗直守高,不媚贵人。都御史衔之,中以阴事。事白,当复任,而遂悬车。可与以文章政事知名,有所引拔,皆硕望名士,士论归之。"③万历《吉安府志》卷八记载:"正德八年举人榜:王可与,运使,复姓赵,博学有隐德,施及族党。自兵曹出守三衢,衢人德之,立生祠祀焉。"④天启《衢州府志》卷四"名宦列传"记载:"赵可与,字令中,江西安福人。由举人历兵部郎中。嘉靖七年任(知府)。郡赋沿正德末年增折额以贷湖漕,公毅然状闻,当道为之改正,兴学校,严课艺,士贫者给油米助婚嫁,一时人才多赖陶淑。垦地赈荒,抚善摘奸,遇旱祈祷辄雨,民为立仁雨亭。"⑤黄虞稷《千顷堂书目》卷二十二"别集类"记载:"赵可与《青石遗稿》。(字合中,安成人,福建盐运使。)"⑥各方志、文献对赵可与(1485—1561)字记载不一,其中,赵可与于李本有奖掖之

---

① 黄虞稷《千顷堂书目》,第137页。
② 焦竑编纂《国朝献征录》卷一百四,《续修四库全书》史部第531册,第132—133页。
③ 何乔远《闽书》,第1253—1254页。
④ 万历《吉安府志》卷八,书目文献出版社1991年影印本,第125页。按:同治《安福县志》失载,其因待考。
⑤ 天启《衢州府志》卷四,(台北)成文出版社1983年影印本,第470—471页。
⑥ 黄虞稷《千顷堂书目》,第553页。

恩，其记载当不误。其他记载"念中"、"会中"、"合中"均误。赵可与为江西安福人，"安成"乃"安福"之古称。

另按，关于本书撰者，葛守礼《明故太子少保吏部尚书兼翰林院学士古冲李公墓志铭》记载："古冲李公者，闽之瓯宁人也，讳默，字时言，其先建安人，公之祖讳塾者始徙瓯宁里，家焉。……正德丙子举乡试，庚辰举会试，辛巳赐进士第，已，选翰林庶吉士。……公学博而粹善。著书有《群玉楼稿》、《孤树裒谈》、《建安人物传》、《朱子年谱》行于世。"①李默姻家杨肇《明故太子少保吏部尚书兼翰林院学士古冲李公行状》亦云："公讳默，字时言，别号古冲。……所著有《群玉楼稿》、《孤树裒谈》、《建安人物传》、《朱子年谱》，皆盛行于世。"②何乔远《闽书》卷九十四记载："李默，字时言。举进士，选翰林庶吉士。……升广东佥事，主屯、盐二政。署有大榕树根蟠门，默官暇辑国朝典故其中，名《孤树裒谈》。"③这三则文献均可证明《孤树裒谈》乃李默著作。另，周中孚《郑堂读书记》卷六十五据王世贞《皇华纪闻》卷三记载，亦考证《孤树裒谈》确为李默（1499—1558）所撰。黄虞稷《千顷堂书目》前后记载矛盾，如前述卷五归入赵可与名下，而卷十五"类书类"则又归入李默名下了，前后失察致误。

109.《西吴里语》四卷 （《总目》卷一百四十三）

明宋雷撰。雷自号市隐居士，湖州人。是编成于嘉靖中，皆记吴兴轶事。前有自序，谓"予凤好博览史传、乘载、稗官、小说之书，不列岁代，不序伦理，信手杂录，间有犯孔氏不语之戒，踵史臣讹谬遗亡之失，冀就正于观者"云云。故其书随笔摭录，皆不著所出，亦多涉荒诞，不尽可信。后有其子鉴跋。盖雷既没后，鉴所裒集而付诸梓者也。

按：崇祯《乌程县志》卷六"科第"记载："宋鉴，字子明，号石楼，中应天

---

① 李默《群玉楼稿》附录，《四库全书存目丛书》集部第77册，第786—788页。
② 李默《群玉楼稿》附录，《四库全书存目丛书》集部第77册，第789—792页。笔者按：据朱一玄、宁稼雨、陈桂声编著《中国文言小说总目提要》一书，提及南开大学图书馆藏有明万历二十年游朴刻本五卷五册，称："书前游朴序，称作者李默字古冲，福宁人，曾任广东巡盐使。"编著者比较嘉靖本与万历重刻本后认为，"福宁与瓯宁相距数百里，且一字古冲，一字时言，必非一人。"（人民文学出版社2005年版，第261页）据杨谦所撰行状及葛守礼撰墓志铭得知，李默字时言，古冲乃其号也，瓯宁人。《明史·地理志》记载，瓯宁属建宁府，与福宁州无关，所引文献必误。而《中国文言小说总目提要》一书编者不查，认为"必非一人"，误也。此一例子又说明"明人刻书而书亡"的现象。
③ 何乔远《闽书》，第2845页。

试,署汉阳学谕,授六合令。所著有《西吴里语》,让名于其父雷。"①据此,该书著者当为湖州府乌程人宋雷之子宋鉴,嘉靖戊子科(1528)举人。

110.《见闻杂记》四卷 (《总目》卷一百四十三)

明李乐撰。乐字彦和,号临川,归安人。隆庆戊辰进士,官至福建按察司佥事。是书前二卷全录董氏《古今粹言》及郑晓《今言》,后二卷乃自记所见闻,凡一百八十六条。

按:撰者籍贯、仕履均误。萧彦《掖垣人鉴》卷十五记载:"李乐,字彦和,号临川,乌程人。……历江西参议,疏请致仕。"②崇祯《乌程县志》卷六"科举·隆庆戊辰科"记载:"李乐,字彦和,号临川。授新淦令,洁己字氓,拜给事中,直方劲挺,立朝慷慨。著《大节科场》一疏忤当路,遂出佥宪闽中。寻转少参,飘然请致归里。居十余年,隐然负当世之望,屡荐,补尚宝卿,不出,公法古敦行。所著《见闻杂记》皆此意。"③乾隆《乌程县志》卷七"寓贤"记载:"李乐,字彦和,号临川,桐乡人,寄籍乌程。隆庆戊辰进士,知新淦县。……忤江陵,出为福建佥事,历江西、广西参议。"④光绪《桐乡县志》卷十五"宦迹"记载:"李乐,字彦和,号临川,青镇人,寄籍乌程。隆庆戊辰进士。释褐,授江西新淦令。……出为福建按察司佥事,……升江西布政司右参议。……履任五月,即乞病归。在仕籍仅十年,而直声清节著闻中外。万历中,起补广西布政司左参议,后复召为南京尚宝司卿,皆不赴。"⑤盛枫《嘉禾征献录》卷二十一记载:"李乐,字彦和,号临川,桐乡人,寄籍乌程。"⑥据此,李乐(1533—1617)乃桐乡人,寄籍乌程,官至江西参议。《提要》误。

111.《贻清堂日抄》无卷数 (《总目》卷一百四十三)

明钱养廉撰。养廉字国维,仁和人。万历己丑进士,官至吏部考功司郎中。是书记万历中缙绅门户甚详。考养廉以争范谦赠荫,忤大学士张位削籍。

---

① 崇祯《乌程县志》卷六,《日本藏中国罕见地方志丛刊10》,第331页。
② 《四库全书存目丛书》史部第259册,第330页。
③ 崇祯《乌程县志》卷六,《日本藏中国罕见地方志丛刊10》,第333页。
④ 乾隆《乌程县志》卷七,(台北)成文出版社1983年影印本,第537—538页。
⑤ 光绪《桐乡县志》卷十五,《中国地方志集成·浙江府县志辑23》,第518页。
⑥ 《续修四库全书》史部第544册,第530页。

按：撰者仕履误。天启二年三月，刘宗周进《请恤神庙罪废诸臣疏》，文中云："以进贤退不肖忤阁臣者，吏部郎中王教、冯生虞、黄缙也，因而坐汰者吏部员外钱养廉、主事穆深也。"①康熙《仁和县志》卷十七"治行"记载："钱养廉，字国维。广西副使立之子。万历己丑进士，授工部主事。……服阕，召补吏部考功，署郎中事。……升稽勋司员外郎，调验封署司事。……养廉竟削夺归。……所著《贻清堂诗文集》二十卷、《考功疏草》一卷。"②据此，钱养廉官至"吏部员外郎"。《提要》作"郎中"，误。

112.《见闻纪训》一卷 （《总目》卷一百四十四）

明陈良谟撰。良谟字中夫，安吉人。正德丁丑进士，官至贵州布政司参政。是书杂记见闻，多陈因果，虽大旨出于劝戒，而语怪者太多。

按：撰者字误。张时彻《明故进阶嘉议大夫资治尹前贵州布政使司右参政棣塘陈公墓志铭》记载："公讳良谟，字忠夫，读书棣塘园中，因署为号，学者尊称之曰棣塘先生云。……正德庚午举于乡。……丁丑举进士。……授工部都水司主事。……甲午，升福建按察司副使。……丁酉，升贵州布政司右参政。……上疏乞骸骨，不待报而归。……所著有《天目山房存稿》、《山房摘稿》、《和陶小稿》、《见闻纪训》、《弦韦纂要》、《族谱》，凡若干卷，藏于家。"③浙江海宁籍同年许相卿书信称"与棣塘陈忠夫"④。同为湖州府人的凌迪知《万姓统谱》卷十八记载："陈良谟，字忠夫，安吉人。……所著有《天目山房集》数十卷、《和陶小稿》、《见闻纪训》等书，其诗文温醇典雅，卒年九十有一。"⑤张睿卿《岘山志》卷四"社会下"记载："陈参知（棣塘），安吉人，年九十，名良谟，字忠夫。"⑥按古代人名字相近原则，"良谟"正与"忠"相呼应。据此，陈良谟（1482—1572）字"忠夫"。《提要》误。《提要》之误或源于王世贞撰墓表之误。黄虞稷《千顷堂书目》卷二十二记载其字"忠天"，亦误。

113.《孝经集灵》一卷 （《总目》卷一百四十四）

明虞淳熙撰。淳熙字长孺，钱塘人。万历癸未进士，官至吏部稽勋

---

① 刘宗周《刘蕺山集》卷一，《文渊阁四库全书》第1294册，第321页。
② 康熙《仁和县志》卷十七，《中国地方志集成·浙江府县志辑5》，第351—352页。
③ 张时彻《芝园定集》卷四十三，《四库全书存目丛书》第82册，第297—299页。
④ 许相卿《云村集》卷五，《文渊阁四库全书》第1272册，第185页。
⑤ 凌迪知《万姓统谱》卷十八，《文渊阁四库全书》第956册，第344页。
⑥ 张睿卿《岘山志》卷四，《四库全书存目丛书》史部第234册，第98页。

司郎中。

> 按：撰者仕履误。黄汝亨《吏部稽勋司员外郎德园虞公墓志铭》记载："吾友司勋虞公长孺讳淳熙，以万历癸巳去官，归钱塘，偕弟僧孺归南山回峰下。……天启元年六月坐而没。……己卯，举乡试第四人。……遂成进士，时万历癸未也。……服阕，授兵部职方司主事。……无何，迁主客员外郎。逾月，又改司勋。又逾月，引疾归。……所著诗文六十卷，《阴符演》一卷、《栎丘子》二卷、《孝经迩言》一卷、《孝经集灵》一卷、《大学繁露》一卷，行于世。"①华淑《皇明诗选》记载："虞淳熙，字长孺，号德园，仁和人，礼部员外。"②据此可知，虞淳熙（1553—1621）官至"吏部员外郎"，而非《提要》之云"郎中"。黄虞稷《千顷堂书目》亦误。

114.《耳谈》十五卷 （《总目》卷一百四十四）

明王同轨撰。同轨字行父，黄冈人。由贡生官江宁县知县。

> 按：撰者仕履误。黄虞稷《千顷堂书目》卷十二"小说类"记载："王同轨《耳谈》十五卷（一名《赏心粹语》），又《耳谈类增》五十六卷。（字行父，黄冈人。贡生，官南太仆寺丞。）"③乾隆《黄冈县志》卷八"文苑"记载："王同轨，字行甫。贡生。为南京太仆寺主簿，高才博学，能诗古文，同吕元音修县志，著《耳谈》、《兰馨集》，兴国吴国伦推重之。"④光绪《黄州府志》卷十九"文苑"记载："王同轨，字行甫，高才博学，以贡为南太仆寺主簿。……著《耳谈》二十四卷。"⑤丁宿章《湖北诗征传略》卷十五记载："王同轨，字行甫，贡生，官南太仆寺主簿。有《兰香集》。"⑥另查阅同治《上江两县志》卷十三"秩官"江宁知县没有王同轨记载。据此，王同轨官至"南京太仆寺主簿"。《提要》作"江宁县知县"，误。

115.《笔史》二卷 （《总目》卷一百四十四）

国朝杨忍本撰。忍本字因之，南城人。其书《内编》一卷，分原始、定名、属籍、结撰、效用、膺秩、宠遇、引退、考成九门。《外编》一卷，分征

---

① 黄汝亨《寓林集》卷十五，《四库禁毁书丛刊》集部第42册，第352—353页。
② 华淑《皇明诗选》，《四库禁毁书丛刊》集部第1册，第23页。
③ 黄虞稷《千顷堂书目》，第341页。
④ 乾隆《黄冈县志》，《中国地方志集成·湖北府县志辑16》，第218页。
⑤ 光绪《黄州府志》卷十九，《中国地方志集成·湖北府县志辑14》，第671页。
⑥ 《续修四库全书》史部第1707册，第327页。

事上、下及述赞三门。大旨由韩愈《毛颖传》而推衍之。杂引故典，抄撮为书，不以著作论也。

按：撰者时代、名、籍贯均误。王士禛《古夫于亭杂录》卷四记载："江西新城进士杨思本，字因之，其诗皆似《才调集》，非一时噉名者所及，而世罕知之。"①乾隆《建昌府志》卷四十三"人物传七"记载："杨思本，字因之，新城人。"②同治《新城县志》卷十"人物·文苑"记载："杨思本，字因之，号十学，桃溪人。……从兄思庠延于家教授子孙。后思庠子居理、孙日升相继登科第，皆思本所裁成。思本没，日升为锓其《榴馆初函集》以传。"③曾燠《江西诗征》卷六十四记载："杨思本，字因之，号十学，新城人。崇正中诸生。少有异质，敦志节，肆力于诗古文。邱毛伯、汤若士皆亟赏之。著有《绎道十笺》、《太平三策》、《经国二十书》。"④据此可知，杨思本乃新城县人⑤。据《明史·地理志》，新城与南城均隶属于江西建昌府。《四库全书存目丛书》集部第194册收录《榴馆初函集》，据杨日升序可知，杨思本（1594—？）一生以布衣终其身，其行实明代为主，馆臣断作清代，不当。

道　家　类

116.《南华经副墨》八卷　（《总目》卷一百四十七）

明陆西星撰。西星字长庚，号方壶外史，不知何许人。焦竑作《庄子翼》，引西星之说颇多，则其人在竑以前。书首有其从子律序，作于万历戊寅，则与竑相距亦不远也。

按：撰者陆西星（1520—1606）里籍可考。康熙《兴化县志》卷十"文学"记载："陆西星，字长庚。……为诸生，名最燥，九试棘闱不遇。遂弃儒服，冠黄冠为方外之游，数遇异人授真诀，乃纂述仙释书数十种，而所注《庄子》尤盛行于世。焦太史竑《经籍志》中所载《南华副墨》者是也，《方壶外史》亦盛行。西星学宗二氏，……于书无所不窥，娴文辞，兼工书画。时宗宪

---

① 王士禛《古夫于亭杂录》，《文渊阁四库全书》第870册，第642—643页。
② 乾隆《建昌府志》卷四十三，《故宫珍本丛刊》第114册，第494页。
③ 同治《新城县志》卷十，（台北）成文出版社1975年影印本，第1473—1474页。
④ 《续修四库全书》集部第1689册，第398页。
⑤ 李灵年、杨忠主编《清人别集总目》作休宁人，崔建英辑《明别集版本志》作东明人，均误。

副臣最以才名,而著作之富独推西星云。"①嘉庆《重修扬州府志》卷五十三"人物·隐逸"亦有传。据此可知,陆西星乃扬州府兴化县人。《明史·艺文志》作"陆长庚",误以字为名。宗臣《陆长庚母夫人叙》于陆西星事迹可见一斑②。黄虞稷《千顷堂书目》卷十六"道家类"误记作"陆长庚",以致《明史·艺文志》以讹传讹。另,万历八年庚辰科张懋修榜进士有陆长庚(1558—?),字元白,平湖人,官至应天府尹。

117.《观老庄影响论》一卷 （《总目》卷一百四十七）

明释德清撰。德清字登印,全椒人,即当时所称憨山大师者也。其书多引佛经以证《老》、《庄》,大都欲援道入释,多惝恍恣肆之言,以其借《老》、《庄》为名,故姑附之道家。其曰影响论者,取空谷传声、众响斯应之义也。

按：撰者字误。钱谦益《列朝诗集小传》闰集"憨山大师清公"条记载："大师讳德清,字澄印,全椒人,族姓蔡氏。"③黄虞稷《千顷堂书目》卷二十八"别集类"记载："德清憨山《梦游集》四十卷。（字澄印,全椒人。）"④朱彝尊《明诗综》卷九十二记载："德清,字澄印,全椒人。"⑤雍正《江浦县志》卷七"仙释"记载："德清,字澄印,号憨山,姓蔡氏。……所著有《金刚经解》、《老庄解语录》数十卷。"⑥德清(1546—1623)名字,"清"、"澄"相近。据此,《提要》中"登"乃"澄"字形似而误也。

---

① 康熙《兴化县志》卷十,(台北)成文出版社1983年影印本,第775页。
② 宗臣《宗子相集》卷十二,《文渊阁四库全书》第1287册,第110页。
③ 钱谦益《列朝诗集小传》,第698页。
④ 黄虞稷《千顷堂书目》,第698页。
⑤ 朱彝尊《明诗综》,第4344页。
⑥ 雍正《江浦县志》卷七,《故宫珍本丛刊》第87册,第155页。

集　部

楚　辞　类

1.《楚辞灯》四卷　（《总目》卷一百四十八）

国朝林云铭撰。云铭字西仲，侯官人。顺治戊戌进士，官徽州府通判。

按：撰者籍贯误。林璐曾为林云铭妻蔡氏撰《蔡孺人传》云："孺人蔡氏名捷，字步仙，侯官人也。……戊子，闽县林君云铭举于乡。越三岁，尚无妇，请婚于蔡。"①民国《闽侯县志》卷七一"文苑上·闽县"记载："林云铭，字道昭，号西仲。父兆熊，邑诸生。……顺治戊戌成进士，授徽州推官。……在徽九载，后遇裁缺，拂袖归里。……所著有《损斋焚余》、《西仲文集》、《庄子因》、《楚辞灯》、《韩文起》、《吴山谷音》等书，及评选《古文析意》前后二集行于世。"②道光《徽州府志》卷七之一"职官志·郡职官·推官"记载："林云铭，闽县人，进士，(顺治)十五年任。"③据此，林云铭(1628—1697)乃闽县人，官徽州府推官。《提要》误。

别　集　类

2.《庾子山集注》十六卷　（《总目》卷一百四十八）

国朝倪璠撰。璠字鲁玉，钱塘人。康熙乙酉举人，官内阁中书舍人。

---

① 林璐《岁寒堂存稿》，《四库全书存目丛书》集部第284册，第95页。
② 民国《闽侯县志》卷七一，《中国地方志集成·福建府县志辑2》，第746页。按：乾隆《福州府志》卷四十二"选举·进士"无林云铭记载。朱保炯、谢沛霖编《明清进士题名碑录索引》及江庆柏编著《清朝进士题名录》均记载林云铭中顺治十五年戊戌科(1658)孙承恩榜第二甲第二十二名进士。
③ 道光《徽州府志》卷七，《中国地方志集成·安徽府县志辑48》，第464页。

按：倪璠已有小传(见史部·地理类《神州古史考》解题)，此处解题按例小传当略。康熙《钱塘县志》卷十"选举·举人"康熙四十四年乙酉科并无倪璠中举记载①，仅在康熙年间"贡生"发现倪璠字样②。《提要》既记载倪璠中康熙乙酉(四十四年)举人，而康熙《钱塘县志》编纂于康熙五十七年，去时不远，记载当不误。另检民国《杭州府志》卷八十六无倪璠著作记载、卷一百十二"选举六"亦无倪璠中举记录③。另，同治《南浔志》卷十九"人物二"记载："倪兰，字畹公，先世由钱塘迁浔。祖璠，字鲁玉，附贡生，任中书舍人，迁工部虞衡司主事，转员外郎，尝注《庾子山集》，以博赡称。"④《提要》载倪璠为康熙举人，误。

3.《甫里集》二十卷 (《总目》卷一百五十一)

唐陆龟蒙撰。……明成化丁未崑山严景和重刊之，于附录之中增胡宿所撰《甫里先生碑铭》一篇，陆钺序之。万历乙卯松江许自昌又取严本重刻。

按：许自昌(1578—1623)乃长洲甫里人，不得谓"松江"许自昌也。董其昌《中书舍人许玄祐墓志铭》记载："过甫里不入许玄祐园林，犹入辋川不见王、裴也。……玄祐讳自昌。……宋淳熙中，有自江右尉吴江者，十余传而迁甫里，又四传为郡幕怡泉公，以孝友好谊闻于乡邦，即公父也。……所居与陆天随故址近。为剪莽构祠祀之，刻其唱和诗。他如盛唐名家集行世者多出其校雠。……所著有《秋水亭草》、《唾余集》、《樗斋诗草》、《樗斋漫录》。"⑤甫里即今之甪直镇，明末隶属苏州府长洲县，与松江府无涉。

4.《月屋漫稿》一卷 (《总目》卷一百六十六)

元黄庚撰。庚字星甫，天台人。厉鹗以其生于宋末，入元未仕，遂收入宋诗。然宋亡时庚尚幼，观其集首自序，乃泰定丁卯所作，时元统一海内已五十七年，不得仍系之宋。今仍题作元人，从《浙江通志·文苑传》例也。庚尝客山阴王英孙家，试越中诗社《枕易》题，庚为第一，考官乃李侍郎。

---

① 康熙《钱塘县志》卷十，《中国地方志集成·浙江府县志辑4》，第234页。
② 康熙《钱塘县志》卷十，《中国地方志集成·浙江府县志辑4》，第248页。
③ 民国《杭州府志》卷一百十二，《中国地方志集成·浙江府县志辑2》，第1000页。
④ 同治《南浔志》卷十九，《中国地方志集成·乡镇志专辑22》，第202页。
⑤ 董其昌《容台文集》卷八，《四库全书存目丛书》集部第171册，第498页。

按：撰者籍贯误。康熙《临海县志》卷九"人物三"记载："黄庚，字星甫，号月屋。善吟咏，所著有《月屋樵吟》。"①民国《台州府志》卷一百十七"人物传十八·文苑二"记载："黄庚，字星甫，号月屋，临海人。太学生。宋亡不仕，能文章，工丹青。……所著《月屋漫稿》，皆用意推敲，风致清远。"②据《元史·地理志五》记载，台州路下辖临海、仙居、宁海、天台四县。据此，黄庚乃台州临海人。《提要》误。

5.《吾吾类稿》三卷 （《总目》卷一百六十八）

元吴皋撰。皋《元史》无传，志乘亦失载其姓名，独《永乐大典》各韵中颇采录其诗文，题作《吴舜举吾吾类稿》，又别收胡居敬等原序三篇，略具行履，知其为临川人，乃宋丞相吴潜诸孙。早游吴澂之门，尝官临江路儒学教授。元亡后，抗志不出，遁迹以终，而不著其名。惟王圻《续文献通考》载有吴皋《吾吾类稿》之目，而集中祝文，亦有"皋忝游宦"语，知皋为其名，舜举乃其字也。皋工于韵语，所作大都以朴澹为主，不涉元末佻巧纤靡之习。

按：关于撰者吴皋，地方志亦有文献记载，不得谓"志乘亦失载其姓名"。崇祯《清江县志》卷七"侨寓传"记载："吴皋，字舜举，临川人。宋履齐丞相六世孙。早师吴澄，得为学之要，文章森严有法。教授临江，遂占籍焉。有《吾斋类稿》行于世。"③

6.《南湖集》七卷 （《总目》卷一百六十八）

元贡性之撰。性之字友初。《归田诗话》作有初，未详孰是也。宣城人。尚书师泰之族子。元季以胄子除簿尉，后补闽省理官。洪武初，征录师泰后人，大臣以性之荐。性之避居山阴，更名悦。其从弟仕于朝者，迎归金陵、宣城，俱不往。躬耕自给，以终其身。其集名曰"南湖"。虽仍以宣城祖居为目，实则没于浙东，终始未归也。

按：凌云翰有《湘湖草堂为贡友初赋》（《柘轩集》卷二）。高得旸有《西湖和贡友初韵》（《节庵集》卷四）。嘉靖《宁国府志》卷八"人物中"记载：

---

① 康熙《临海县志》卷九，《中国地方志集成·浙江府县志辑45》，第779页。
② 康熙《临海县志》卷九，《中国地方志集成·浙江府县志辑45》，第631页。按：王士禛评曰："天台山人黄庚星父《漫稿》一卷，诗庸下，无足观。"（见《居易录》卷一）
③ 崇祯《清江县志》卷七，《四库全书存目丛书》史部212册，第295页。

"贡性之,字友初。"①万历《绍兴府志》卷三十九"寓贤"记载:"贡性之,字友初。泰甫从子也。……改名姓,避居会稽,躬耕自给。"②凌迪知《万姓统谱》卷九十一记载:"贡性之,字友初。泰甫从子。初以胄子除簿尉,有刚直名。后补闽省理官。元亡,皇帝征录泰甫之后,大臣有以性之荐者,性之改名悦,避居会稽,躬耕渔浦以自给,老而无嗣。……卒,门人私谥曰真晦先生。所著有《理官诗集》行于世。"③黄虞稷《千顷堂书目》卷二十九"别集类"记载:"贡性之《贡理官南湖集》二卷。(字友初,宣城人,号南湖先生。元季为闽省理官,明初隐居山阴,更名悦。)"④光绪《宣城县志》卷十九"隐逸"记载大致相同:"贡性之,字友初。师泰从子,由国子生除簿尉,以刚直称。后补闽省理官。元亡,明太祖征录师泰后,有以性之荐者。性之改名悦,避居会稽,耕渔自给。……卒年五十,无嗣。门人私谥贞晦先生。有《理官集》行于世。"⑤据此文献,贡性之字"友初"为确⑥。

7.《白云集》七卷 (《总目》卷一百六十九)

明唐桂芳撰。桂芳一名仲,字仲实,号白云,又号三峰,歙县人。……庐陵钟晦撰桂芳行状,称其文"一以气为主"。

按:撰写行状的为"钟启晦",非"钟晦"。程敏政《新安文献志·先贤事略下》记载:"钟启晦亮,庐陵人。永乐初,历赵府伴读,终国子学录。"⑦胡广《钟氏族谱序》、《钟启晦文集序》(《胡文穆公文集》卷十二)均称"钟启晦"。唐文凤《答钟子常书》云:"同僚伴读钟启晦,先任赣邑司训,后调南雄,今改除于此。系出越国公裔,自平川分居西昌,其家谱近因舟经鄱湖遇风丧失,再四致意子常于钟幼安、顺曙二老儒先处借旧谱,浼钟素昂、刘以常抄录似本示下为感,区区同一佩德也。子常龛岩樵隐,区区有记,启晦有叙,候誊录诸作完备,别日附去。匆匆复,意不虔,祈照亮。不具。"⑧据此,唐文凤任赵府纪善时请同僚庐陵人钟亮为其祖父撰写行状⑨。钟亮,

---

① 嘉靖《宁国府志》卷八,《天一阁藏明代方志选刊23》,第359页。
② 万历《绍兴府志》卷三十九,《四库全书存目丛书》史部第201册,第244页。
③ 凌迪知《万姓统谱》卷九十一,《文渊阁四库全书》第957册,第330页。
④ 黄虞稷《千顷堂书目》,第731页。
⑤ 光绪《宣城县志》卷十九,《中国地方志集成·安徽府县志辑45》,第446页。
⑥ 魏小虎云"有、友乃通用字"(见《四库全书总目汇订》第5455页),而按名从主人原则,当以"友初"为确。
⑦ 程敏政《新安文献志》,《文渊阁四库全书》第1375册,第38页。
⑧ 唐文凤《梧冈集》卷十,《文渊阁四库全书》第1242册,第657页。
⑨ 《新安文献志》卷八十九收录钟亮《南雄路儒学正白云先生唐公桂芳行状》。

字启晦。道光《直隶南雄州志》卷三"训导"记载:"钟启晦,江西泰和人,升学录。"①《提要》脱一"启"字。

8.《登州集》二十三卷 (《总目》卷一百六十九)

明林弼撰。弼字元凯,龙溪人。元至正戊子进士,为漳州路知事。明初,以儒士修礼、乐书,授吏部主事,官至登州府知府。弼尝与王廉同使安南,以却赆金为太祖所器。生平著作有《梅雪斋稿》《使安南集》。是集总名"登州",盖汇为一编,总题以所终之官也。凡诗七卷、文十六卷。其《使安南集》,宋濂曾为之序,称其文辞尔雅。王祎亦尝赠以诗,与之唱酬。其墓志即王廉所作,称其诗文皆雄伟轶宕,清峻之语夐出尘表。盖明初闽南以明经学古、擅名文苑者,弼实为之冠也。弼又名唐臣,以时禁国号名氏,遂仍旧名。是弼其初名,唐臣乃其改名。朱彝尊《明诗综》则云弼初名唐臣,当由宋濂序谓唐臣更名为弼致误。然宋序未尝言初名唐臣也。至弼改名既久,而此本之首尚署"林唐臣撰",殊乖其实。今仍署弼名,著之录焉。

按:关于林弼(1325—1381)之名,"弼"与"唐臣"孰先孰后。《提要》云:"弼又名唐臣,以时禁国号名氏,遂仍旧名。是弼其初名,唐臣乃其改名。朱彝尊《明诗综》则云弼初名唐臣,当由《宋濂序》谓唐臣更名为弼致误,然宋序未尝言初名唐臣也。"考宋濂《〈使南稿〉序》称:"元凯,龙溪人,名唐臣。今以时制所禁,更名弼。"②这段话意义明确,即指林弼初名唐臣,后改名弼。

另,曹学佺《石仓历代诗选》卷三百二十三收录隆庆三年俞宪跋文,云:"右林登州,初名唐臣,后更名弼,自号梅雪道人,生于闽之龙溪。元至正中进士,仕为郡幕。国初聘起,预修《元史》,擢考功司主事,使安南却其馈赆,朝廷嘉之。寻命知丰城,有善政。转判饶州,既而谪戍。未几,复留礼部,知登州,卒。此集乃大司徒马钟阳公所遗,钟阳意重闽之文献,故采而刻之。隆庆己巳,锡山俞宪跋。"③何乔远《闽书》卷一百十八记载:"林弼,字元凯。元广发长子也,故名唐臣。尝登至正进士,授郡幕官。元亡,著述山中。洪武二年,郡以名儒闻于朝,太祖遣使三征之,更名弼,与宋濂、王祎、曾鲁等修《元史》。……寻授吏部考功主事,使安南。……擢礼部郎中。转吏部考功郎中,出知登州,有惠政,卒于官。"文后附小注云:"唐臣,漳志以因元禁,改

---

① 道光《直隶南雄州志》卷三,《中国地方志集成·广东府县志辑10》,第59页。
② 罗月霞主编《宋濂全集》,浙江古籍出版社1999年版,第465—466页。
③ 曹学佺《石仓历代诗选》,《文渊阁四库全书》第1391册,第496页。

名弼。读宋学士序,乃知因国禁改。"①黄虞稷《千顷堂书目》卷十七"别集类"亦载:"林弼《林登州集》六卷。(一名《梅雪斋集》。字元凯,初名唐臣,龙溪人,仕元为漳州路知事,戊申内附。以儒士登春官,修礼乐书,除礼部主事,升登州知府。)"②上述文献均指出林弼原名唐臣,改名弼。更可靠的论据在于林弼本人文章,其《故直翁孙君墓志铭》一文记载:"至正十四年正月三日,临漳直翁孙君卒,里人林唐臣走哭之曰。"③此墓志铭说明元至正十四年即用"唐臣"之名,当然不会是因明初而改。《提要》以朱彝尊不误为误也。

9.《蓝涧集》六卷 (《总目》卷一百六十九)

明蓝智撰。其字诸书皆作明之,而《永乐大典》独题性之。当时去明初未远,必有所据,疑作明之者误也。《明史·文苑传》附载《陶宗仪传》末,称洪武十年,以荐授广西按察司佥事,著廉声。志乘均失载其事迹。

按:关于蓝智字。元宋禧《庸庵集》卷六《过崇安县留赠税使夏文敬》小序云:"今年秋七月,予有闽中之行,廿三日入分水关,其暮抵崇安县驿而宿。明旦,遇税使夏文敬于县郭中。文敬,益都人,年未三十,既问予姓而笑曰:畴昔之夜,梦造蓝明之先生之庐,先生不见,见一人状貌若吾子者在其门外官道上。吾问曰:子何姓?曰姓宋,其梦若是,吾与子虽并生于世,而南北之居相去数千里而远,且生平素不相闻,何夜之所梦,旦之所见,其容其姓其邂逅之地,无一之不有征耶?是可异也。予闻其语,亦有乐于中,乃赋七字八句诗一首以赠之。"④元人刘炳《春雨轩集》二有诗云:《七夕对月怀蓝明之、黄彦美、蒋师文先生》。康熙《建宁府志》卷三十四"文苑"记载:"蓝智,字明之,崇安人。洪武初,以明经荐,拜广西按察司佥事。廉惠之声甚著。有《蓝涧集》。"⑤蓝智为崇安人,其名"智"与"明"相近,据此似可认为"明之"确为蓝智字。

《提要》云:"志乘均失载其事迹",亦未确。何乔远《闽书》卷九十八有传记载:"蓝智,字明之。与兄山学诗于杜本。洪武十年,以明经荐授广西按

---

① 何乔远《明史》,第3549—3550页。
② 黄虞稷《千顷堂书目》,第452页。
③ 林弼《林登州集》卷十九,《文渊阁四库全书》集部第1227册,第159页。
④ 宋禧《庸庵集》,《文渊阁四库全书》第1222册,第430页。
⑤ 康熙《建宁府志》卷三十四,《中国地方志集成·福建府县志辑5》,第536页。

察佥事，廉介著一时。有《蓝涧集》。元张旭尝称其众体兼备，足追风雅。"①康熙《建宁府志》卷三十四"文苑"、《福建通志》卷五十一均有小传记载。

10.《眉庵集》十二卷　（《总目》卷一百六十九）

明杨基撰。基字孟载，其先嘉州人。……集初为郑钢板行。成化中吴人张习重刻，嘉州江朝宗为之序，习为后志云。

按：江朝宗序文末结衔云"成化二十年夏六月既望，赐进士奉直大夫广东市舶提举前翰林侍读学士经筵官兼太子讲读古渝江朝宗书"。乾隆《巴县志》卷九"勋业"记载："江朝宗，字东之，号乐轩。景泰辛未进士，历官翰林院侍读学士。……著述有《紫轩集》、《重庆郡志》、《蜀中人物记》，卒年七十九。"②民国《巴县志》卷十江朝宗本传附有蒋云汉《翰林院侍读江东之学士墓表》云："先生讳朝宗，字东之，别号乐轩。先世河南光山人，后徙蜀之巴县。……景泰元年，补郡庠生，即登贤书。次岁，捷南宫廷试，皆高第。选庶常，授检讨。丙子，预修《大明一统志》书成，升编修。成化三年，秩满，升侍读，入预经筵。是年秋，简修《英庙实录》，人服其有良史才，迁洗马。三载报最，升翰林院侍读学士。……己亥，因他事谪广东市舶提举。……在广数年，未尝有书抵当道，而屡请休致。及命下，得温旨复学士衔致仕。……所著有《紫轩集》、《重庆郡志》、《蜀中人物记》。"③道光《重庆府志》卷八"人物"记载："江朝宗，字东之，号乐轩，巴县人。"④王世贞《弇山堂别集》卷四十六记载："江朝宗，四川巴县人，由进士成化十三年任读学。"⑤文献记载江朝宗（1425—1503）为巴县（隶属重庆府）人，非嘉州（今乐山）人。《提要》误。

11.《西庵集》九卷　（《总目》卷一百六十九）

明孙蕡撰。蕡字仲衍，广东顺德人。洪武三年举于乡，旋登进士，授工部织染局使，迁虹县主簿，召入为翰林院典籍，出为平原主簿。坐累逮系，旋释之，起为苏州经历。复坐累，戍辽东。既而以尝为蓝玉题画，坐玉党论死。事迹具《明史·文苑传》。

---

① 何乔远《闽书》，第2948—2949页。
② 乾隆《巴县志》卷九，乾隆二十五年刻本。
③ 民国《巴县志》卷十，《中国地方志集成·四川府县志辑6》，第345页。
④ 道光《重庆府志》卷八，《中国地方志集成·四川府县志辑5》，第304页。
⑤ 王世贞《弇山堂别集》，《文渊阁四库全书》第409册，第612页。

按：撰者籍贯未确。黄佐《广州人物传》卷十二记载："孙蕡，字仲衍，南海之平步人也。……蕡平生撰述甚富，有《通鉴前编纲目》七卷、《孝经集善》一卷、《理学训蒙》一卷、《西庵集》八卷、《和陶集》十一卷、《集古句律诗》一卷。"①万历《广东通志》卷二十四记载："孙蕡，字仲衍，南海人。"②钱谦益《列朝诗集小传·甲集》记载："（孙）蕡，字仲衍，南海人。"③黄虞稷《千顷堂书目》卷十七"别集类"记载："孙蕡《西庵集》九卷。（字仲衍，南海人。）"④朱彝尊《明诗综》卷十记载："孙蕡，字仲衍，南海人。"⑤光绪《广州府志》卷一百十五"列传四"记载："孙蕡，字仲衍，号西庵，南海人。"⑥对比本解题与黄佐撰传，《提要》完全抄自黄佐小传，内容大体一致，虽孙蕡（1334—1389）籍贯后划归顺德，不过，按传统习惯仍应将其籍贯列入"南海"为宜。此误承《明史·文苑传》记载之误而误。

12.《草阁集》六卷、《拾遗》一卷、《文集》一卷、附《筠谷诗》一卷 （《总目》卷一百六十九）

明李昱撰。昱字宗表，号草阁，钱塘人。《南雍志》作临安人，盖偶署宋代地名，非明之临安也。洪武中官国子监助教。昱元季避地永康、东阳间，馆于胡氏，故集中与胡伯宏兄弟赠答之什最多。……末附《筠谷诗》一帙，不著名氏。案：宋濂作昱诗序，称其子辕，字公载，为诗，能继其家。《千顷堂书目》亦载有李辕《筠谷集》，注为"李昱之子，官宜纶县丞"，殆编录者以卷帙无多，附其父后。

按：《四库全书》本署"元李昱撰"。徐一夔《国子助教李君墓志铭》记载："李辕之奔其父丧也，道过钱塘，衰绖见余，泣而言曰：辕去亲五千里为丞于耀之三原，仅期月而讣音至，终天之痛何可言。……君讳昱，字宗表，其先汳之封丘人，有讳初者从宋南迁，遂居钱塘，其占籍金华之永康则自君始。……君生于延祐甲寅十二月廿日，姿俊爽，美风仪，意气超迈，衣冠洁修，状类贵游子弟。……阿勒呼木公，元室文献之老，自翰林侍讲学士退居郡城之东，闻君才名，延教其子。其家多藏书，可资记览，君为三年留，用是誉日益彰，才日益高，学日益博矣。……力辞去，遂适婺，翱翔东阳、永康二

---

① 黄佐《广州人物传》卷十二，《四库全书存目丛书》史部第90册，第513页。
② 万历《广东通志》卷二十四，《四库全书存目丛书》史部第197册，第572页。
③ 钱谦益《列朝诗集小传》，第146页。
④ 黄虞稷《千顷堂书目》，第454页。
⑤ 朱彝尊《明诗综》，第390页。
⑥ 光绪《广州府志》，《中国地方志集成·广东府县志辑3》，第40页。

邑之间。有陈世恭者，龙川先生文毅公之后也，迎君馆于家。永康，诗书之邑，士亦多敬爱君，为之买田筑室。君亦以永康地幽敻，乐居之，著书赋诗，若将以老其身。今上龙兴，定鼎江左，令下郡县搜访遗逸，有司首以君贡，时方开成均，以育群材，既诣考功，奏补国子助教。……从容自适十有余年而殁，洪武十四年二月三日也。初娶郑氏，同知黄岩州事僖之女。僖，君所尝从学者。继池氏，德清县尉飞之女。子男四：长辕，今耀州三原县丞。"①据此可知，李晔生卒年为（1315—1381），卒年六十七岁，明代只十四年，宜注"元人"。其避乱于东阳、永康之日，乃馆于"陈世恭"，应云"馆于陈氏"，非"胡氏"也。

另，关于李辕。黄虞稷《千顷堂书目》卷十七"别集类"确著录李辕《筠谷集》，不过，其注为"晔子，官宜伦县丞"，非"宜纶县丞"。万历《儋州志》卷一"沿革"记载，"宜伦县"原名"义伦县"，宋太宗太平兴国初年，因避宋太宗讳，改"义伦"为"宜伦"。正统初年废置。胡文学编《甬上耆旧诗》卷十三收录袁珪赠李辕诗，诗题云《临清轩为儋州宜伦县丞李公载作》。

13.《梁园寓稿》九卷　（《总目》卷一百六十九）

明王翰撰。翰字时举，禹州人。元季隐居中条山。明初，出为周王橚长史。王素骄，有异志，翰屡谏弗纳，断指，佯狂去。后王败，得不坐。其事附见《明史·周王传》中。后起为翰林编修，寻谪廉州教授。夷獠乱，城陷，抗节死。《明史·艺文志》载所著有《敝帚集》五卷、《梁园寓稿》九卷。《敝帚集》今未见。此书卷数与《明史》合。焦竑《经籍志》止称《寓稿》二卷，误也。

按：撰者籍贯误。韩邦奇《梁园寓稿序》云："予读夏台王先生《梁园寓稿》，夷论其世，深有感焉。先生晋之夏人，所著有《敝帚集》、《山林樵唱》、《克复自验录》，及斯稿《敝帚集》。弘治中已刻之木，中宪先君为之序，兹夏尹高君又将刻是稿，先生曾孙继善从予游，请序之稿首。先生……生衰元之季，不屑苟禄，隐居中条山，讲学稽德，若将终身焉。洪武中征拜翰林编修，晋之产先生同时，同德杜公征拜为尚书，壶关四贤共惟登庸焉。"②钱谦益《列朝诗集小传》甲集记载："王翰，字时举，夏台人。……起为翰林编修，谪廉州教授。夷獠乱，城陷，抗节死。有《敝帚》、《樵唱》、《梁园》诸稿，韩邦奇

---

① 徐一夔《始丰稿》卷十二，《文渊阁四库全书》第1229册，第345—347页。
② 韩邦奇《苑洛集》卷一，《文渊阁四库全书》第1269册，第336—337页。按：此序言疑有脱漏。

为之序。"①黄虞稷《千顷堂书目》卷十七"别集类"记载:"王翰《梁园寓稿》九卷,又《敝帚集》五卷,又《山林樵唱》一卷。(夏县人。)"②《山西通志》卷一百三十一记载:"王翰,字时举。前夏令仲文子,仲文居官以廉称,既致仕,贫不能归,遂为县人。……洪武间,以经明行修辟为本学训导,改平陆,迁鄢陵教谕。……永乐初,周王闻其才,乞为教授。……久之,荐为翰林编修。已,复以周邸事调廉州教授。……山居时,有《山林樵唱集》;在鄢陵,有《敝帚集》;在周邸,有《梁园寓稿》。"③光绪《夏县志》卷七"人物志·贤才"有传。据以上文献,王翰为山西平阳府解州夏县人。《提要》云河南"禹州"人,误。

14.《全室外集》九卷、《续集》一卷　(《总目》卷一百七十)

　　明僧宗泐撰。宗泐字季潭,临安人。洪武初,举高行沙门,命住天界寺,寻往西域求遗经。还,授左善世。太祖欲授以官,固辞。太祖为撰《免官说》。其后胡惟庸谋逆,词连宗泐,特原之。

　　按:撰者籍贯误。华淑《皇明诗选》记载:"宗泐,字季潭,天台人。"④钱谦益《列朝诗集小传》闰集记载:"宗泐,字季潭,临海人。"⑤黄虞稷《千顷堂书目》卷二十八"别集类"记载:"宗泐《全室外集》十卷,又《全室西游集》一卷。(字季潭,临海人。洪武初,举行沙门居首,命住天界寺。十一年,命往西域求遗经,还授左善世。坐胡党免死,谪凤阳槎峰。)"⑥朱彝尊《明诗综》卷八十九记载:"宗泐字季潭,临海人。洪武初,举高行沙门居首,命住天界寺,寻往西域求遗经,还授左善世。有《全室集》。"⑦《明一统志》卷四十七记载:"宗泐,姓周氏,临海人,元末从䜣笑隐学佛,凡经书过目辄成诵,寓情词章,尤精隶古。本朝常命往西域取佛经,还授僧录右善世。有奉诏注《心经》、《金刚》、《楞伽》三经及所著《全室集》行世。"⑧康熙《临海县志》卷十"人物四"记载:"宗泐,姓周,字季潭。邑人,元末隐居学佛,博稽载籍,能诗,尤精隶古。……奉诏注《心经》、《金刚》、《楞伽》三经及所著《全室集》

---

① 钱谦益《列朝诗集小传》,第111页。
② 黄虞稷《千顷堂书目》,第469页。
③ 雍正《山西通志》卷一百三十,《文渊阁四库全书》第546册,第488页。
④ 华淑《皇明诗选》,《四库禁毁书丛刊》集部第1册,第24页。
⑤ 钱谦益《列朝诗集小传》,第666页。
⑥ 黄虞稷《千顷堂书目》,第697页。
⑦ 朱彝尊《明诗综》,第4263页。
⑧ 《明一统志》卷四十七,《文渊阁四库全书》第472册,第1107页。

行于世。……与姚广孝善。"①综上文献,宗泐(1318—1391)实乃"临海人"。《提要》作"临安人",误。

15.《巽隐集》四卷 （《总目》卷一百七十）

明程本立撰。本立字原道,巽隐其号也,桐乡人。洪武九年以明经擢秦王府引礼舍人,以母忧去,复补周府礼官,坐累谪云南马龙他郎甸长官司吏目。有平定百夷功,征入翰林,历官至右佥都御史,调江西按察副使。未行,值燕王篡位,遂自尽以殉。事迹具《明史》本传。

按:程本立(？—1402)籍贯、仕履均误。《明史》卷一百四十三本传记载:"程本立,字原道,崇德人。"②另,施沛撰小传记载:"程本立,字原道,浙江崇德人。洪武丙辰举明经秀才。……擢周府引礼舍人。……署左迁(当为佥字——引者按)都御史。……靖难兵已进京师,本立知事不兢,悲愤自尽,壬午六月十三日也。……所著有《巽隐集》十卷。"③嘉靖《嘉兴府图记》卷十六记载:"程本立字原道,崇德人。……洪武丙辰,以明经秀才荐为秦府引礼。……征入翰林,纂修《高祖实录》,升御史府、左佥都御史。以大祀失从,拟调江西按察副使,未行,成祖兵至。壬午六月初三日,与吏部尚书统等俱自尽。……所著有《巽隐集》若干卷,藏于家。"④朱彝尊《明诗综》卷十六记载:"程本立,字原道,崇德人。"⑤黄虞稷《千顷堂书目》卷十八"别集类"记载与《明诗综》同。另据《明史·地理志五》记载:"桐乡,府西,少南。宣德五年三月以崇德县之凤鸣乡置。"⑥据此可知,桐乡乃宣德五年(1430)方置,而程本立卒于朱棣篡位之时(1402),其时没有桐乡县。据以上文献,程本立为崇德人,官至"左佥都御史",非"右"也。

16.《易斋集》二卷 （《总目》卷一百七十）

明刘璟撰。璟字仲璟,青田人,诚意伯基之次子。洪武二十三年太祖命袭父爵,以让其兄子廌,乃特设阁门使授之,寻为谷王府左长史。燕王称兵,随谷王归京师,令参李景隆军事。兵败,上书不见省,遂归

---

① 康熙《临海县志》卷十,(台北)成文出版社1983年影印本,第912页。
② 张廷玉等《明史》,第4050页。
③ 《南京都察院志》卷三十八,《四库全书存目丛书补编》第74册,第409—410页。
④ 嘉靖《嘉兴府图记》,《四库全书存目丛书》史部第191册,第493页。
⑤ 朱彝尊《明诗综》,第749页。
⑥ 张廷玉等《明史》,第1104页。

里。燕王即位，召之，称疾不至。逮入京下狱，自经死。乾隆四十一年，赐谥忠节。事迹附见《明史·刘基传》。其遗久佚不传。明末，杨文骢令青田，从诸生蒋芳华家得抄本，始以授梓。考黄虞稷《千顷堂书目》载璟集十卷，疑此尚非完帙。又别有《无隐稿》一卷，今佚不见。其与此本同异，亦莫可考也。

按：《提要》云《易斋集》仅二卷，"又别有《无隐稿》一卷"，《续修四库全书》集部第1362册收录该书，乃中国社会科学院藏清代抄本，即为十卷，附录一卷。据此，"二卷"当为"十卷"之误。另，钱谦益《列朝诗集小传》甲集记载有"《无隐集偈颂》二卷"，或为《提要》云"《无隐稿》"，惟卷数作"一卷"，不知何据。

17.《兰庭集》二卷 （《总目》卷一百七十）

明谢晋撰。晋字孔昭，吴县人。工画山水，尝自戏为"谢叠山"。……其始末不甚可考。

按：谢晋始末可考。钱谷《吴都文粹续集》卷二记载："谢孔昭，讳晋，号兰庭生，一号深翠道人，晚年遂称葵丘翁。与金耻庵（问）、陈怡庵（继）同里闬，为髫年交。善诗，有唐人格律。作画初师王蒙、赵原，既精诣，则益以烂漫，千岩万壑，愈出愈奇，奋袂挥毫，无所凝滞，寻丈之轴，不日而成，其画遂名世。性乐易，与人交，人人得其欢心，稠人广坐，谈诗论文之余变为谑浪，满座为之绝倒。所著有《兰庭集》二十卷行世。"①钱谦益《列朝诗集小传·乙集》记载："谢晋，字孔昭，吴县人，号葵丘。工画山水，重叠烂漫，寻丈之间，不日而就。……性耿介，里人疾之。以绘工起贡京师，侨居金陵廿余年，以目眚放归。亦能诗，有《兰亭集》。"②

18.《康斋文集》十二卷 （《总目》卷一百七十）

明吴与弼撰。弼字子傅，临川人。天顺元年，以忠国公石亨荐，征至京师，授左春坊左谕德，辞不就职，诏行人护送归，事迹具《明史·儒林传》。

按：吴与弼（1392—1469）籍贯误③，应为崇仁人。娄谅《吴康斋先生与弼行状》记载："先生姓吴氏，始祖讳兢，汴州人。……祖讳泾，号逸遇，徙居

---

① 钱谷《吴都文粹续集》卷二，《文渊阁四库全书》第1385册，第49页。
② 钱谦益《列朝诗集小传》，第217页。
③ 按：吴与弼生于洪武二十四年十二月十四日，公历为1392年1月8日。

崇仁之莲塘。……翌日生先生,因名梦祥,长讳与弼,字子傅,号康斋。"①吴士奇撰小传云:"吴与弼,字子傅,崇仁人。少司成溥之子也。……辅臣杨溥深重之,两召不起。天顺中,石亨居要,欲收天下名贤,请聘之。……上方复辟,石亨辈用事,皆饴于仕进。而与弼以一布衣忽蒙天子特召,授之显秩,朝士皆骇且疑。……海内称为吴聘君,卒年七十九。"②喻均、刘元卿《江右名贤编》记载:"吴与弼,字子傅,崇仁人。司业溥之子,……天顺初,大臣荐于朝,遣行人赍玺书礼币聘先生于家。……学者称为康斋先生。"③吴孝章《昭代名臣志钞》卷十九记载:"吴与弼字子傅,江西崇仁人。"④杨希闵《吴康斋先生与弼年谱》明确记载:"公吴氏,名与弼,字子傅,别号康斋,抚州崇仁人。"⑤钱谦益《列朝诗集小传》丙集"吴聘君与弼"条记载:"与弼,字子傅,崇仁人。"⑥黄宗羲《明儒学案》卷一记载:"吴与弼,字子傅,号康斋,抚州之崇仁人也。"⑦光绪《抚州府志》卷五十六记载:"吴与弼,字子傅,崇仁人。"⑧《明史·儒林传》亦记载为崇仁人。崇仁、临川二县明、清均隶属抚州府,然别为二县,不可混淆。此误或沿《千顷堂书目》之误而误。

19.《庄定山集》十卷 (《总目》卷一百七十一)

明庄㫤撰。字孔旸,江浦人。成化丙戌进士,官至南京礼部郎中。事迹具《明史》本传。昶官检讨时,以不奉诏作《鳌山》诗,与章懋、黄仲昭同谪,沦落者垂三十年,世颇推其气节。

按:撰者庄㫤另有一字"孔易"。仕履误,官至"南京吏部郎中"。湛若水《明定山庄先生墓志铭》记载:"先生讳昶,字孔易,号木斋,江浦人。……八月乙卯三月,升南京吏部验封司郎中。以八月日到任,十二日病,中风疾。延野寺弥留,日甚。明年丙辰八月二十日,赴通政司告行本部即归。"⑨邓元锡《皇明书》卷三十五记载:"庄㫤,字孔易,应天江浦人。"⑩陈献章与友人书信《与王乐用金宪》云:"以诗之盛,莫如唐,然而世之大儒、君子类以技目之

---

① 焦竑辑《国朝献征录》卷一百十四,《续修四库全书》史部第 531 册,第 455 页。
② 吴士奇《绿滋馆稿》卷五,《四库全书存目丛书》集部第 173 册,第 622—624 页。
③ 喻均、刘元卿《江右名贤编》卷上,《四库全书存目丛书补编》第 74 册,第 530 页。
④ 吴孝章《昭代名臣志钞》,《四库全书存目丛书》史部第 116 册,第 440 页。
⑤ 《新编中国名人年谱》第 14 辑,(台湾)商务印书馆 1981 年影印本。
⑥ 钱谦益《列朝诗集小传》,第 265 页。
⑦ 黄宗羲《明儒学案》,第 14 页。
⑧ 光绪《抚州府志》卷五十六,(台北)成文出版社 1976 年影印本,第 962 页。
⑨ 湛若水《甘泉文集》卷三十一,《四库全书存目丛书》集部第 57 册,第 224—226 页。
⑩ 《四库全书存目丛书》史部第 29 册,第 450 页。

而不屑效焉,则所谓诗之至者,果何人哉?……比岁,闻南京有庄㫤易者,能自树立于辞,不一雷同今人语,心窃喜之,稍就而问焉,果出奇无穷。"(《陈白沙集》卷二)庄㫤卒后,其子庄会、庄介请湛若水撰墓志铭云:"知吾考者白沙,白沙之门则子也,非子莫何?"据此可知,陈献章、湛若水与庄㫤交谊之深,其文可信度则最高。

另,李东阳与庄㫤诗词唱和之作有《和寄庄孔易》:"同向词垣直禁林,每因公暇得招寻。看花出郭春游遍,刻烛留诗夜坐深。世路风波无定所,天涯时节忽惊心。松林步屧归来晚,相忆空斋只独吟。"(《怀麓堂集》卷十一)《是日庄孔易司副自江浦来会,夜宿江上,次明仲韵》:"黑发相逢是壮年,别来心事转茫然。如何绿酒孤篷话,正在黄花九日前。笑我远同江浦雁,看君清比定山泉。江流恨不归西北,回首荒城万树烟。"(同上卷九十三)章懋《出京和庄孔易韵》亦可证庄㫤另字"孔易"(《枫山集》卷四)。

另,《明史》卷一百七十九本传记载:"庄㫤,字孔旸,江浦人。自幼豪迈不群,嗜古博学。举成化二年进士,改庶吉士,授翰林检讨。……卜居定山二十余年,学者称'定山先生'。巡抚王恕尝欲葺其庐,辞之。……乃复以为行人司副。俄迁南京吏部郎中,得风疾,明年乞身归,部臣不为奏。又明年京察,尚书倪岳以老疾罢之。居二年卒,年六十三。"①据此,《明史》记载庄㫤(1437—1499)仕履不误,《提要》引用误。

20.《竹涧文集》八卷、《竹涧奏议》四卷　(《总目》卷一百七十一)

明潘希曾撰。……是集为嘉靖末长洲黄省曾所校。

按:黄省曾(1490—1540)乃吴县人,非长洲人。《总目》卷七十八著录黄省曾《西洋朝贡典录》三卷。《提要》云:"明黄省曾撰。省曾字勉之,吴县人。嘉靖辛卯举人。"卷九十一《申鉴》五卷,《提要》云:"汉荀悦撰。……明正德中,吴县黄省曾为之注,凡万四千余言。"卷一百四十八《嵇中散集》十卷,《提要》云:"旧本题晋嵇康撰。……盖明嘉靖乙酉吴县黄省曾所重辑也。"《总目》前后失察。

21.《小山类稿》二十卷　(《总目》卷一百七十二)

明张岳撰。岳字维乔,惠安人。正德丁丑进士,官至刑部侍郎,掌都察院事,复出总督湖广、四川、贵州。卒,谥襄惠。事迹具《明史》

---

① 张廷玉等《明史》,第4754—4755页。

本传。

按：撰者仕履误，官至"都察院右都御史"。其同年聂豹《资政大夫都察院右都御史赠太子少保谥襄惠张公神道碑》记载："张维乔者，讳岳，号净峰，闽之惠安人也。……正德癸酉领乡荐第一。同予登丁丑进士，授行人。……丁外艰，服阕，赴部，部悬科道以待。公力辞不就，得留都武选员外、祠祭郎中。……擢浙江提学副使，转左参政。……壬寅，拜右佥都御史，抚治勋阳。寻改巡抚江西。……功未及奏而公卒。……上复公右都御史，赠太子少保，谥襄惠。……公所著有《惠安志》《古文要典》《古文类选》《宋元名辅事业》《宋名臣奏议》《载道集》《名儒文类》《三礼经传》《圣学正传》《历代兵法》《恭敬大训》《小山类稿》，凡若干卷。"①徐阶《明故资政大夫总督湖广川贵军务都察院右都御史赠太子少保谥襄惠净峰张公墓志铭》记载："公讳岳，字维乔，号净峰。……五代时，始自曲江迁闽之惠安。……举正德丁丑进士，授行人。……壬寅，拜佥都御史，巡抚勋阳，改江西。……乙巳，擢副都御史，总督两广军务。……迁兵部右侍郎。……召为兵部侍郎，寻以前平獞贼功，擢右都御史，总督湖广川贵军务。……公未及奏而卒。……上复公右都御史，赠太子少保，谥襄惠。"②黄宗羲《明儒学案》卷五十二"襄惠张净峰先生岳"条记载："张岳，字维乔，号净峰，福之惠安人。正德丁丑进士，授行人。……升浙江提学副使，……擢右佥都御史，抚治郧阳，转江西巡抚，以副都御史督抚两广。讨封川贼，平之，加兵部右侍郎，……召为兵部左侍郎，升右都御史，掌院事。……卒，复右都御史，赠太子少保，谥襄惠。"③《明史·张岳传》记载："张岳，字维乔，惠安人。……登正德十一年进士，授行人。……改南京武选员外郎，历主客郎中。……召为刑部右侍郎，……召拜兵部左侍郎。……进右都御史。……乃夺右都御史，以兵部侍郎督师。……岳卒于沅州。……已，叙功，复右都御史，赠太子少保，谥襄惠。"④从这两则材料来看，张岳（1492—1554）先为"刑部侍郎"⑤，然后"拜兵部左侍郎，进右都御史"，后者为其最后官位。《提要》误。

22.《临皋文集》四卷（《总目》卷一百七十二）

　　明杨寅秋撰。寅秋字义叔，号临皋，庐陵人。万历甲戌进士，官

---

① 聂豹《双江聂先生文集》卷七，《四库全书存目丛书》集部第72册，第375—377页。
② 徐阶《世经堂集》卷十七，《四库全书存目丛书》集部第79册，第720—721页。
③ 黄宗羲《明儒学案》，第1225—1226页。
④ 张廷玉等《明史》，第5295—5298页。
⑤ 按：张岳卒于嘉靖三十一年十二月二十四日，公历时为1554年1月8日。

至广西按察司副使、左江兵备道。其为贵州参议,平答干苗之乱。迁云南副使,平土夷普应春,斩之。为广西副使,克五山,绥安南,定府江,并赐金加秩。及征杨应龙,命为左监军,离安杨之党,卒平播乱。其经济有足取者。其文章在当时不著名,是集《千顷堂书目》亦不著录①。

按:撰者仕履、籍贯均误。其好友郭子章《明故通议大夫贵州监军按察使杨公墓志铭》记载:"万历己亥二月,逆酋杨应龙判播。……予友杨义叔参知粤西,以入贺至燕。廷推,迁按察使,监黔军。冬十一月,单骑入贵阳。明年六月六日,逆龙诛,播平。公深探虎穴,劳籔病笃,不克与饮,至请告,予为代疏。……公讳寅秋,字义叔,号临皋。始祖南唐虞部侍郎辂由华阴徙庐陵。……又三世,太师文贞公士奇为明社稷臣。……癸酉举于乡。甲戌成进士。……所著有《文集》、《绥交录》、《平播录》若干卷。"②据此文献,杨寅秋(1547—1601),官至"贵州按察使"。《提要》误。

《提要》亦云:"寅秋为杨士奇之裔孙",而《总目》卷五十三收录杨士奇《三朝圣谕录》三卷,解题云:"明杨士奇撰。士奇名寓,以字行,泰和人。"既然杨士奇为泰和人,按例其裔孙杨寅秋亦当著录泰和人。

23.《杜诗会粹》二十四卷 (《总目》卷一百七十四)

国朝张远撰。……此张远字迩可,萧山人,由贡生官缙云县教谕。朱彝尊《曝书亭集》有《送远之桂林》诗,即其人也。

按:撰者仕履误。乾隆《缙云县志》卷四"政绩·学官·国朝训导"记载:"张远,字迩可,萧山人。深湛经术,博涉群书。康熙三十五年,由岁荐司训五云。……著有《杜诗会粹》、《蕉国集》、《梅庄集》、《云峤集》行世。"③阮元《两浙轺轩录》卷七记载:"张远,字迩可,萧山岁贡生。缙云训导。"④乾隆《萧山县志》卷二十五"人物三"有传。张远(1632—?)官缙云县训导,非教谕。《提要》误。

24.《香山诗钞》二十卷 (《总目》卷一百七十四)

国朝杨大鹤编。大鹤字芝田,武进人。康熙己未进士,官至左春坊

---

① 按:黄虞稷《千顷堂书目》卷五收录杨寅秋《平播录》五卷(第134页)。
② 郭子章《蜨衣生黔草》卷十二,《四库全书存目丛书》集部第155册,第393—398页。
③ 乾隆《缙云县志》卷四,(台北)成文出版社1983年影印本,第227页。
④ 《续修四库全书》集部第1683册,第307页。

左谕德。是编用明马元调所刊《白氏长庆集》本录十之三四,荄其所分门目,但以五言、七言分古、今体编之。

按:编者字误。杨椿《杨氏家传》家传:"吾父讳大鹤,字九皋,别字芝田。……康熙十八年进士,选翰林院庶吉士,授翰林院编修。今为左春坊中允,兼翰林院编修。"①朱汝珍《词林辑略》卷二记载:"杨大鹤,大鹍弟。字九皋,号芝田。江南武进人。散馆,授编修。官至左谕德。著有《春秋属释比事》、《史汉注音辨误》、《二十一史姓氏考》及诗文稿。"②据此,杨大鹤(1646—1715)字九皋,芝田乃其号。《提要》误号为字。

25.《东坡守胶西集》四卷 (《总目》卷一百七十四)

明阎士选编。士选字立吾,绥德州人。万历庚辰进士,官至山东按察使。

按:撰者字误,仕履亦误。阎士选门生谢兆申《明故奉直大夫山西布政使司右布政雁平兵备道立吾阎先生暨元配席氏淑人行状》记载:"先生氏阎,名士选,字俊甫,别号立吾。其先世居绥德之碎金驿里,是为高阳氏之裔,金、元代有显者。越洪武中,四世祖弘敬者始迁绥之宣化里,其弟弘义迁陇。于是裔绥者以敬为始祖焉。……先生登万历七季己卯第五人。八年庚辰,登会试第四人。……擢南京刑部广东司主事。……丁外艰。已,补山东莱州府知府。已,擢山东按察司副使,是为登州海防道。已,擢山西布政使司右参政,兼按察司佥事,是为雁平兵备道。已,奏绩,擢右布政兼按察,备兵代州如故。"③《明代登科录汇编》记载:"阎士选,贯直隶扬州府江都县民籍,陕西延安府绥德州人,县学生,治《礼记》,字俊甫。"④乾隆《江都县志》卷二十二"文学"记载:"阎士选,字立吾。……万历庚辰进士,仕蕲水令。……晋山西右布政使,劳瘁卒官。"⑤据此可知,阎士选(1552—1616)⑥,字俊甫,别号"立吾",官至"山西右布政使",非"山东按察使"。《提要》误。

---

① 杨椿《孟邻堂文钞》卷十五,《清代诗文集汇编》第238册,第192页。
② 《清代传记丛刊16》,第48页。
③ 谢兆申《谢耳伯先生初集》卷十五,《四库全书存目丛书》集部第190册,第540—541页。
④ 屈万里主编《明代登科录汇编》第19册,第10286页。
⑤ 乾隆《江都县志》卷二十三,《中国地方志集成·江苏府县志辑66》,第295页。此处记载误号为字,光绪《增修登州府志》卷二十五"文秩"记载同误。
⑥ 按:阎士选生于嘉靖三十年十二月二十八日,公历为1552年1月23日;卒于万历四十四年十一月二十日,公历为1616年1月8日。

26.《苏诗摘律》六卷　（《总目》卷一百七十四）

旧本题长垣县知县无锡刘宏集注,不详时代,惟取苏轼集七言律诗注之,潦草殊甚。

按:集注者刘宏(弘)时代可考。秦夔《明故奉直大夫东平州知州致仕刘公圹志》记载:"先生姓刘氏,讳弘,字超远。其先沛人,五世祖莘老倅苏州,罢,避居无锡龙山,曰:家焉。……读书警敏,自为诸生时已赫赫有文名。正统九年领应天府乡荐,然平生不喜科举文字。……请试吏有司,擢知长垣。……进顺天府推官。……寻出知东平。……数移疾,上章请老,不许。成化乙未,随例觐京师,恳请,许之。……所著有《长垣志》、《家范节要》、《苏诗律解》、《湖海备急》、《花封手集》、《农事机要》,俱行于世。"①嘉靖《长垣县志》卷上"官师"记载:"刘弘,无锡人。景泰五年任知县。勤政爱民,废坠修举,后升东平州知州。"乾隆《无锡县志》卷三十"文苑"记载:"刘宏(弘),字超远。正统九年乡举。历长垣知县、顺天推官、东平知州。负气自高,视世无足当意,为文奇古,政有成绩。"②据此可知集注者刘弘(1418—1477)为明正统、景泰时人。

27.《待清遗稿》二卷　（《总目》卷一百七十四）

宋潘音撰。音字声甫,天台人。自咸淳之末,遭逢世乱,即隐居不仕,题所居曰"待清轩"。入元以后,仍隐遁以终。其集旧无传本。明嘉靖间其后人从败簏中得遗稿,属徐云卿校定而序之。词气颇涉粗率,未知果音之手迹否也。

按:撰者断代有误,籍贯亦误。万历《绍兴府志》卷四十六记载:"潘音,字声甫,新昌人。幼聪敏,强记能文。生甫十岁而宋亡,见长者谈厓山事,即潸然涕下。及长,读《夷齐传》,击节愤叹,益以事元为耻,日惟杜门读书谈道,多所自得。后访弟元甫于义乌,因往从草庐吴澄学。泰定间,澄以荐召,欲行。音劝止之,不从,遂归。筑室南洲山中,自铭其轩曰:待清隐居。所著有《待清轩稿》。"③万历《新昌县志》卷十一"隐逸"记载:"潘音,字声甫。幼聪敏,日记千余言,博极群书,为文能臻奥理。……隐居二十余年,谢弃世纷,累征不就。日事著述,发之歌咏,有激昂慷慨之风,学者因称为待清先

---

① 秦夔《五峰遗稿》卷二十一,《续修四库全书》集部第 1330 册,第 305—307 页。
② 乾隆《无锡县志》卷三十,《无锡文库》第一辑,第 438 页。
③ 万历《绍兴府志》卷四十六,《四库全书存目丛书》史部第 201 册,第 362 页。

生。所著有《待清轩稿》、《读书语录》行于世。"从这两则文献记载来看,宋朝灭亡时,潘音仅十岁。及长,曾从吴澄问学,其活动主要在元代,因此,不当断其为宋人。"自咸淳之末,遭逢世乱,即隐居不仕",当时仅是髫龀之年,懵懂儿童何谈"隐居"? 其籍贯乃绍兴府"新昌县"人,而非"台州府天台人"。

28.《论范》二卷 （《总目》卷一百七十四）

题元进士欧阳起鸣撰。起鸣不知何许人,其书杂取经史诸子之语为题,各系以论,而史事为多,共六十篇。所见多乖僻不足采录。

按:黄虞稷《千顷堂书目》卷三十二"制举类"记载作六卷。宋梁克家《淳熙三山志》卷三十二记载:"欧阳起鸣,字以韶,闽县人。"乾隆《福州府志》卷三十七"选举二"记载:"欧阳起鸣,闽县人,嘉熙二年周坦榜戊戌进士。"①嘉熙二年为南宋年号,时为1238年。《提要》称"元进士",误。

29.《得月稿》四卷 （《总目》卷一百七十四）

元吕不用撰。不用字则耕,上虞人。元亡不仕。洪武初举教谕,以聋辞。自号"石鼓山聋"。是集为其孙凤所编,凡诗三卷,文一卷。前有洪武九年曾衍、王霖二序,推之甚至。然诗多粗俚,文尤冗蔓。

按:撰者籍贯、仕履皆误。万历《绍兴府志》卷四十六记载:"吕不用,新昌人,初名必用,字则行。尝应元乡举,有奇名。稍长,悟曰:吾家世宋臣,仕胡,非义也。遂更名不用,字则耕。率诸弟耕石鼓山下,以奉二亲。已,从金华黄溍学,博涉经史,为诗文翩翩有逸气。时与宋濂、刘基相唱和。及基翊辅高皇帝,屡欲荐之,以聋疾固辞。晚年应经明行修,辟本学训导,时乱余,《礼经》晦蚀,率诸生综厘搜剔,亲为疏解,且订集《朱子家礼》,行之一时,翕然向化。复以聋疾退居,因自号石鼓山聋。所著有《得月稿》、《牧坡稿》、《力田稿》。"②万历《新昌县志》卷十一记载:"吕不用,初名必用,字则行。……晚年应经明行修辟本学训导。"③据此,《提要》解题籍贯误,仕履未确。应为新昌人,新昌、上虞同属绍兴府。徐象梅《两浙名贤录》卷四十三略同④。

---

① 乾隆《福州府志》卷三十七,《中国地方志集成·福建府县志辑1》,第720页。
② 万历《绍兴府志》,《四库全书存目丛书》史部第201册,第362—363页。
③ 万历《新昌县志》卷十一,《天一阁藏明代方志选刊19》,第552页。
④ 徐象梅《两浙名贤录》,《四库全书存目丛书》史部第114册,第396页。

30.《坦斋文集》二卷　（《总目》卷一百七十五）

　　明刘三吾撰。三吾字如孙,自号坦坦翁,茶陵人。洪武中官翰林学士。事迹具《明史》本传。

　　按：撰者字误。桑悦《茶陵州乡贤祠记》记载："人以人名,其出群者随其所在而名。……国朝有刘如孙,字三吾,至正丁亥乙榜,授靖州路永平县儒学教谕。洪武十五年,特授春坊左赞善,历官学士。"①沈应魁《皇明名臣言行录新编》卷二十八记载："刘三吾,公名昆孙,以字行,湖广茶陵人。"②焦竑《国朝献征录》卷二十记载："刘三吾,名昆孙,三吾其字也,别号坦斋,以字行。"③廖道南《刘三吾传》记载："刘三吾,名昆孙,以字行,长沙茶陵人。"④徐学谟《国朝楚名臣列传》记载："刘三吾,名昆孙,以字行,长沙茶陵人也。兄耕孙、寿孙皆事元死难。"⑤《明史》本传记载："刘三吾,茶陵人。初名如孙,以字行。"⑥黄虞稷《千顷堂书目》卷十七"别集类"记载："刘三吾《瑶署集》,又《春坊集》,又《北园集》,又《知非集》,又《化鹤集》,又《正气集》。（初名如孙,字坦甫,茶陵人,元末提举靖江学,洪武中用荐除左赞善,升学士,三十年主会试,以多中南人,坐罪戍边,永乐中卒。）"⑦同治《茶陵州志》卷十八"人物·宦绩"有传。据此可知,刘三吾（1313—1397）以字行,名昆孙（如孙）。《提要》误。

31.《三畏斋集》四卷　（《总目》卷一百七十五）

　　明朱吉撰。吉字季宁,吴县人。洪武初官中书舍人。

　　按：朱吉（1342—1422）乃朱德润（1294—1365）子,籍贯误,应为"昆山人"。昆山人张大复《昆山人物传》卷一云："朱氏之籍昆山自中翰公始,中翰不忍以身之察察受伪吴缁垢,故逃之昆,卒亨于宦。"⑧万历《重修昆山县志》卷六"人物志·仕宦"有朱吉传。王鏊《姑苏志》卷五十一"人物九·名臣"记载："朱德润,字泽民,昆山人。"⑨张昶《吴中人物志》卷七记载："朱德

---

① 桑悦《思玄集》卷六,《四库全书存目丛书》集部第39册,第72页。
② 《故宫珍本丛刊》第60册,第264页。
③ 《续修四库全书》史部第526册,第53页。
④ 《续修四库全书》史部第526册,第54页。
⑤ 徐学谟《徐氏海隅集》卷四十一,《四库全书存目丛书》集部125册,第168页。
⑥ 张廷玉等《明史》卷一百三十七,第3941页。
⑦ 黄虞稷《千顷堂书目》,第449页。
⑧ 张大复《昆山人物志》卷一,《续修四库全书》史部541册,第552页。
⑨ 王鏊《姑苏志》卷五十一,《文渊阁四库全书》史部493册,第968页。

润,字泽民,昆山人。"①黄虞稷《千顷堂书目》卷二十九"别集类"记载:"朱德润《存复斋集》十卷。(字泽民,昆山人。)"②董斯张《吴兴备志》卷七、同治《长兴县志》卷二十二均记作"朱德润,字泽民,昆山人"。《提要》误。

32.《退庵遗稿》七卷　（《总目》卷一百七十五）

　　明邓林撰。林初名彝,又名观善,字士斋,后成祖为改今名,新会人。洪武丙子举人,任浔州府贵县教谕,秩满入京,预修《永乐大典》,凡五年,出为南昌教授。后又秩满试高等,迁吏部主事。宣宗时以事谪杭州③。在杭多湖山之游,倡和甚富。田汝成作《西湖志》多采之。此本乃太常寺少卿会稽陈赘为广东参议时掇拾遗稿而成也。

　　按：佚名《太常寺少卿进阶亚中大夫陈公赘墓志铭》记载:"公姓陈,讳赘,字惟成,别号蒙轩,世为余姚人。"④杨守陈《陈太常诔》记载:"陈公赘字惟成,别号蒙轩,浙之余姚人。"⑤成化《杭州府志》卷四十三记载:"陈赘,字惟成,余姚人。……以明经授杭州府学训导,入翰林为待诏,升五经博士、广东参议,迁太常少卿致仕。卒,门人私谥曰文康。所著《西湖百咏诗》、《自怡容台》等稿。"⑥黄虞稷《千顷堂书目》卷十九"别集类"记载:"陈赘《蒙轩集》三卷。(字惟成,余姚人,以荐官儒学训导,入为翰林待诏,升广东参议,迁太常少卿。)"⑦朱彝尊《明诗综》卷二十一记载:"陈赘,字惟成,余姚人。以荐官儒学训导,入为翰林待诏,升广东参议,迁太常少卿。有《蒙庵集》。"⑧据此,陈赘(1392—1466)乃余姚人,应称"余姚"陈赘,而非"会稽"陈赘。

　　另,《总目》卷一百六十五著录《西湖百咏》二卷。解题云：

　　宋董嗣杲撰。附明陈赘"和韵"。据《西湖志》,嗣杲宋季入道孤山四圣观,改名思学,字无益。此集当作于是时。赘字维成,余姚人,徙于钱塘。洪武间以荐授杭州学训导,后官至太常寺卿。其和嗣杲此集,亦

---

① 《续修四库全书》史部第541册,第264页。
② 黄虞稷《千顷堂书目》,第723页。
③ 按：朱彝尊《明诗综》记载:"文皇改名林,后坐法戍保安,遇赦,晚居杭州。"(第932页)与此稍异,未解二者孰是。
④ 《国朝献征录》卷七十,《续修四库全书》史部第528册,第769页。
⑤ 杨守陈《杨文懿公文集》卷十三,《明别集丛刊》第1辑第49册,第400页。
⑥ 成化《杭州府志》卷四十三,《四库全书存目丛书》史部175册,第615页。
⑦ 黄虞稷《千顷堂书目》,第507页。
⑧ 朱彝尊《明诗综》,第1075页。

当在居钱塘时。

按：陈赘字"维成"，乃"惟成"，属形近而讹。籍贯则作"余姚人"，与《退庵遗稿》解题前后照应不周。此仕履当作"太常寺少卿"，此处脱一"少"字。

33.《尹讷庵遗稿》八卷、《附录》二卷 （《总目》卷一百七十五）

明尹昌隆撰。昌隆字彦谦，泰和人。洪武丁丑进士。永乐二年擢左春坊右中允，改礼部主事，为尚书吕震诬构见杀。事迹具《明史》本传。

按：尹昌隆仕履误，永乐二年擢左春坊"左中允"为是。《明史》卷一百六十二记载："尹昌隆，字彦谦，泰和人。洪武中进士及第。授修撰，改监察御史。……成祖入京师，昌隆名在奸臣中。以前奏贷死，命傅世子于北平。永乐二年册世子为皇太子，擢昌隆左春坊左中允。随事匡谏，太子甚重之。解缙之黜，同日改昌隆礼部主事。"①郑晓《逊国臣事抄》记载："尹昌隆，字彦谦，江西太和人，洪武十八（应为三十）年进士，……预储议，进左中允。"②施沛《南京都察院志》卷三十五记载："尹昌隆，字彦谦，太和人，洪武十八年（应为三十年——引者注）进士，授翰林修撰，改监察御史。……预储议，进左中允。"③万历《吉安府志》卷十九《列传》记载："尹昌隆，字彦谦，泰和人，洪武三十年进士，授翰林修撰，改监察御史。……未几，以为北平按察知事，行部主事，预储议，进左中允。"④唐伯元《中允（尹）昌隆传》记载："尹昌隆，字彦璟，灌塘里人也。博学，昌于文辞。洪武中，由选贡举应天丙子乡试第一，明年会试第二，廷试赐进士及第第二。上覆试之，嘉赏，授翰林编修，改监察御史。……进昌隆左春坊中允。"⑤唐伯元曾任泰和县令，以常识度之，记载当不误，尹昌隆（1369—1417）另有一字"彦璟"。

34.《节庵集》八卷、《续编》一卷 （《总目》卷一百七十五）

明高得旸撰。得旸字节庵，钱唐人，迁居临安。洪武间有司以文学荐，三为校官。永乐初擢为宗人府经历，充《永乐大典》副总裁。

---

① 张廷玉等《明史》，第 4397—4398 页。
② 郑晓《逊国臣事抄》卷六，《四库全书存目丛书》史部第 55 册，第 63 页。
③ 《南京都察院志》卷三十五，《四库全书存目丛书补编》第 74 册，第 454—455 页。
④ 万历《吉安府志》卷十九，《日本藏中国罕见地方志丛刊 11》，第 269—270 页。
⑤ 唐伯元著、朱鸿林点校《醉经楼集》附录一，第 263—264 页。

按：撰者号误为字。姚广孝为《节庵集》撰序称："钱唐高先生孟升，号节庵。"①成化《杭州府志》卷四十三记载："高得旸，字孟升，钱塘人，号节庵。性警敏，日记数千言。以文学荐，授临安县儒学教谕，升高州府儒学教授。为宗人府经历，纂修《永乐大典》，为副总裁官，进讲春宫。善属文，尤长于诗，卒金台寓舍，所著《节庵集》。"②万历《钱塘县志·纪献》记载："高得旸，字孟升。洪武间以文学荐官至宗人府经历。……所著有《节庵集》。"③钱谦益《列朝诗集小传》乙集记载："高得旸，字孟升，钱塘人。"④据此可知，"节庵"乃高得旸（1352—1420）号，非字。

35.《寅庵集》三卷、《外集》四卷、《附录》一卷　（《总目》卷一百七十五）

明罗肃撰。肃字汝敬，号寅庵，以字行，庐陵人。永乐甲申进士，官至陕西巡抚。是集为其玄孙廷相所编。诗文无诡僻之习，亦无精深之致。外集四卷，皆诰敕、像赞、诔祭之词。附录一卷，为"桃林四景"诗文，盖罗氏聚族之地也。

按：撰者籍贯、仕履均误。明代之总督、总理、巡抚因事而设，以重臣任之，与清代职官制度不同。王英《故通议大夫工部右侍郎罗公墓碑铭》记载："岁甲申，廷策进士，得四百七十二人，取士于斯为盛。而选入翰林，绩学以俟擢用者，得二十八人。当时以为遴选之至。与其选者，吉水罗公尤卓然有所抱负者也。公讳肃，字汝敬。……稍长，受经于仲兄汝弘。穷探博究，旁及百氏之书，学以大进。补庐陵邑庠生，遂举于乡，第进士，与选，入词垣。……升侍讲，修高庙实录。……降云南道监察御史。……升工部右侍郎。……还朝，督两浙漕运。……陕西言，边地腴田为权豪占夺，致粮储不克，士有饥者，命公往理之。……召还，赐致仕。"⑤万历《吉安府志》卷十九"列传二"记载："罗汝敬，名肃，以字行，吉水人。永乐甲申进士。选庶吉士，寻除修撰，升侍讲。……进汝敬工部右侍郎。……致仕卒。所著有《寅庵集》。"⑥谈迁《国榷》卷二十四："英宗正统四年十月己亥，前行在工部右侍郎罗汝敬卒。汝敬，吉水人。永乐甲申进士，选庶吉士。尝召试，不成诵，谪戍江南，寻释之。……宣德初，进工部左侍郎。……督漕两浙，寻录囚陕

---

① 《节庵集》卷首，《丛书集成续编》第139册。
② 成化《杭州府志》卷四十三，《四库全书存目丛书》史部第175册，第609页。
③ 万历《钱塘县志》，（台北）成文出版社1975年影印本，第494页。
④ 钱谦益《列朝诗集小传》，第225页。
⑤ 王英《王文安公诗文集》卷五，《续修四库全书》集部第1327册，第369—370页。
⑥ 万历《吉安府志》卷十九，书目文献出版社1991年影印本，第272页。

西。又督边饷。值房,中流失,坠马得免。文学才干,皆有可称。命予祭。"①据此,罗肃(1372—1439)为吉水人,非庐陵人,虽同属吉安府,但为二县。其"官至工部右侍郎"。《提要》误。

36.《南斋摘稿》十卷 （《总目》卷一百七十五）

明魏骥撰。骥字仲房,号南斋,萧山人。永乐乙酉举人。以进士副榜授松江训导。召修《永乐大典》,擢太常寺博士,官至南京吏部尚书。谥文靖。事迹具《明史》本传。是编为其孙婿福建布政使钱塘洪钟所编。

按:《四库全书存目丛书》集部第30册收录该书,卷一署名云:"宁国县知县前纂修国史鸿胪寺序班男完编次,通奉大夫福建布政使孙婿洪钟校摘。"②据此,是编乃魏骥(1374—1471)之子魏完所编,洪钟(1446—1522)校摘也。《提要》误。

37.《东冈集》十卷 （《总目》卷一百七十五）

明柯暹撰。暹字启晖,更字用晦,建德人。永乐乙酉领乡荐,年仅十六。明年与修《永乐大典》,选入翰林,知机宜文字,进《玄兔诗》,授户科给事中。以三殿灾,应诏陈言,谪交阯驩州知州。累迁云南按察使,致仕归。事迹附见《明史·邹缉传》。

按:《明史·地理志》记载,明代浙江严州府及安徽池州府均有建德县。《提要》不明隶属何府。嘉靖《池州府志》卷七记载:"柯暹,字启晖,一字用晦,号东冈。由永乐乙酉乡举预修大典,擢户部给事中。……升云南、浙江二按察司。有《东冈集》行于世。"③黄虞稷《千顷堂书目》卷十八记载:"柯暹《东冈集》十二卷。(字启晖,一字用晦,池州建德人。)"④道光《吉水县志》卷二十一"名宦志"记载:"柯暹,字用晦,池州人。由进士任给事中。宣德五年以知州来摄县事。……历官浙江按察使。"宣统《建德县志》卷十五"人物·宦绩"记载:"柯暹,字启晖,号东冈。……年十七举永乐三年乡试。入国子监,与修《永乐大典》。……正统十二年,即家拜云南按察使。……景

---

① 谈迁《国榷》,第1579页。
② 《四库全书存目丛书》集部第30册,第316页。
③ 嘉靖《池州府志》,《天一阁藏明代方志选刊24》,第415—416页。
④ 黄虞稷《千顷堂书目》,第482页。

泰二年,上疏乞致仕归。许之,归里,又十余年,至成化三年卒,年七十九。"①据此可知,柯暹(1389—1467)中举时为十七岁。《提要》误。柯暹籍贯乃安徽池州建德。《提要》应明确何府,以免混淆。

38.《半隐集》十卷 (《总目》卷一百七十五)

明陈衡撰。衡字克平,淳安人。永乐丁酉举人,官亳州学正。是集序四卷,记一卷,说一卷,诗四卷,附杂文于后。末有其甥方汉所撰行状。诗文皆不入格,与明初诸人为未能方轨并骛也。

按:撰者仕履误。嘉靖《淳安县志》卷十一记载:"陈衡,字克平,桂浦人,通五经,尤精于《春秋》,领永乐丁酉乡荐。授亳县司训,改巴县。蜀府闻其贤,疏上,乞补官,遂任典宝,从游者日众。尝较文湖广、云南,皆称得人,终于官。号半隐道人。所著有《半隐文集》。"②乾隆《淳安县志》卷十"文苑"记载为"亳州学训"③。据此,陈衡曾亳州任训导一职,而非"学正",官至蜀府典宝。《提要》误。

另按:永乐时期另有一陈衡,字绍隆,永丰人。永乐辛卯(1411)进士,官至御史。聂芳声编《丰阳人文纪略》有传。

39.《凤鸣后集》十卷 (《总目》卷一百七十五)

明郑楷撰。楷字叔度,浦阳人。官蜀府左长史。是集第一卷中载近体诗数首,余皆杂文。前后无序跋。其曰"后集",当尚有前集也。

按:郑柏《金华贤达传》卷十一郑楷传记载:"郑楷,字叔度,浦江人。"④应廷育《金华先民传》卷七记载:"郑棠,字叔美,浦江人。与从父兄楷、弟栢俱业宋濂之门,以文词知名。……楷,字叔度,蜀王闻其贤,奏除王府教授,赐号醇翁,升长史致仕,所著有《凤鸣集》。"⑤黄虞稷《千顷堂书目》卷十八记载:"郑楷《凤鸣集》。(字叔度,浦江人。)"⑥《明史·地理志》记载,明代金华府所领八县,有浦江无浦阳。浦阳乃浦江之古称,后梁时已改浦江,《提

---

① 宣统《建德县志》卷十五,《中国地方志集成·安徽府县志辑63》,第396页。
② 嘉靖《淳安县志》卷十一,《天一阁藏明代方志选刊16》,第335页。按:光绪《亳州志》卷九"职官志"、乾隆《巴县志》卷六"文官"均失载。
③ 《故宫珍本丛刊》第94册,第66页。
④ 郑柏《金华贤达传》,《四库全书存目丛书》史部第88册,第87页。
⑤ 应廷育《金华先民传》,《四库全书存目丛书》史部第91册,第708页。
⑥ 黄虞稷《千顷堂书目》,第493页。

要》非文学著作,不当以古称代指。

40.《鸣秋集》二卷 （《总目》卷一百七十五）

明赵迪撰。迪字景哲,怀安人,自号"白湖小隐"。朱彝尊《静志居诗话》谓余宪《百家诗》以迪为山人。徐𤩽《湖海耆英集》载其《元夕应制诗》。徐泰《明风雅》云:"迪,宜阳人,官吏部侍郎。"然《鸣秋集》有景泰五年迪仲子壮《后序》,中云先人值时多故,投老林泉,而同时闽人均有《挽鸣秋山人》诗。则二徐所云,自是别一人矣。

按:《明史·地理志》不载福建怀安县。乾隆《福州府志》卷六十"人物·文苑"记载:"赵迪,字景哲,闽县人。有诗名,工水墨山水。著有《鸣秋集》"①郑方坤《全闽诗话》卷六引《闽画记》记载:"赵迪,字景哲,闽县人。"②朱彝尊《静志居诗话》引徐泰《明风雅》则云迪宜阳人,官吏部侍郎。查阅光绪《宜阳县志》卷八"文学"记载有张迪,字俊彦,洪武甲子贡入太学,官至吏部侍郎。无"赵迪"记载。《明风雅》未见,疑朱彝尊引用文献疏误。

41.《彭文思集》六卷 （《总目》卷一百七十五）

明彭华撰。华字彦实,安福人。景泰甲戌进士,官至吏部侍郎,入内阁。逾年以风疾去。卒,谥文思。事迹附见《明史·万安传》。

按:撰者职官误,应为"礼部尚书"。林瀚《资善大夫太子少保礼部尚书兼翰林院学士赠资政大夫太子少傅谥文思彭先生行实》记载:"先生姓彭氏,讳华,字彦实,别号素庵,吉之安福人。……景泰改元庚午,年十九,以家学领江西乡荐第七名。五年,会试第一名。……寻选入翰林院为庶吉士。七年,修《寰宇通志》成,赐白金文绮,授本院编修。……成化改元乙酉,奉命往典应天试。三年,纂修校正《英庙实录》成,升侍读。……二十一年冬,升吏部左侍郎,仍兼学士,入内阁,参机务。……二十二年六月,偶感风疾,不能造朝者甫一日。……又三月,进秩太子少保、礼部尚书,兼职如故。"③同时,李东阳《故资善大夫太子少保礼部尚书兼翰林院学士赠资政大夫太子少傅谥文思彭公墓志铭》记载:"公讳华,字彦实。……丙午,骤得风疾,……越三

---

① 乾隆《福州府志》卷六十,《中国地方志集成·福建府县志辑2》,第195页。
② 郑方坤《全闽诗话》卷六,第311页。
③ 《彭文思公文集》附录,《四库全书存目丛书》集部36册,第756—758页。

月,公上疏辞禄,不许。又三月,进太子少保、礼部尚书。辞,亦不许。"①谈迁《国榷》卷四十六"孝宗弘治九年十月"记载:"前太子少保、礼部尚书、直文渊阁彭华卒。华,安福人,景泰五年进士。……年六十五,赠太子少傅,谥文思。"②朱彝尊《明诗综》卷二十一记载:"彭华字彦实,安福人。景泰甲戌进士,改庶吉士,累官礼部尚书。"③据以上材料可知,彭华(1432—1496)最终职位为"礼部尚书",而非"吏部侍郎"。

42.《余力稿》十二卷 （《总目》卷一百七十五）

明徐贯撰。贯字元一,淳安人。天顺丁丑进士,官至工部尚书。谥康懿。

按:撰者字误。万历《续修严州府志》卷十三:"徐贯,字原一,淳安人。"④徐象梅《两浙名贤录》卷十七记载:"徐贯,字原一,淳安人。"⑤焦竑《国朝献征录》卷五十记载:"徐贯,字原一,浙江淳安县人。天顺元年进士。"⑥黄虞稷《千顷堂书目》卷十九"别集类"记载:"徐贯《余力稿》十二卷。（字原一,淳安人,太子太保,工部尚书,赠少保,谥康懿。）"⑦据此,徐贯(1433—1502)字原一,《提要》作"元一",音同而误。

43.《东白集》二十四卷 （《总目》卷一百七十五）

明张元祯撰。元祯五岁能诗,宁靖王召见,名之曰元征。巡抚韩雍为改今名,字廷祥,南昌人。天顺庚辰进士。官至吏部左侍郎,兼翰林院学士,掌詹事府。天启初追谥文裕。事迹具《明史》本传。

按:此条目当改编自《明史》张元祯(1437—1507)本传,《明史》卷一百八十四记载:"张元祯,字廷祥,南昌人。五岁能诗,宁靖王召见,命名元征。巡抚韩雍器之曰'人瑞也',乃易元祯。举天顺四年进士,改庶吉士,授编修。宪宗嗣位,疏请行三年丧,不省。……弘治初,召修《宪宗实录》,进左赞善。……《实录》成,迁南京侍讲学士,以养母归。久之,召为《会典》副总

---

① 《彭文思公文集》附录,《四库全书存目丛书》集部36册,第760—761页。
② 谈迁《国榷》,第2698页。
③ 朱彝尊《明诗综》,第1067页。
④ 《四库全书存目丛书》史部第209册,第564页。
⑤ 《四库全书存目丛书》史部第113册,第525页。
⑥ 《续修四库全书》史部第527册,第586页。
⑦ 黄虞稷《千顷堂书目》,第509页。

裁。……数月,以母忧去。服阕,迁南京太常卿。已,修《通鉴纂要》,复召为副总裁。以故官兼学士,改掌詹事府。……武宗立,擢吏部左侍郎兼学士入东阁,专典诰敕。……元祯七疏乞休,刘健力保持之。健去,元祯亦卒。天启初,追谥文裕。"①张元祯传记实乃根据杨廉《东白张先生文集序》撰写而成,该序文撰于正德十二年,文称:"此集集东白张先生之所作也。先生早以奇童,七岁能属文。宁献王召见,命之诗,应口而成,有'心定万事定'之句,遂为之易名以宠异之。……逾冠,登天顺庚辰甲科,选翰林院庶吉士。"②杨廉撰序与《明史》不同,一为宁靖王,一为宁献王,二者必有一误。

另据张元祯弟张元楷《东白张先生行状》记载:"父仲实,号松亭,时居黄龙州,母倪氏感星入室,于正统丁巳二月初二夜子时生焉。……先生时五岁,精气秀爽,诸书过目成诵,开口成文。松亭翁命名文魁。暨七岁,有朝使过者,见其草书,惊曰:'如云行波涌,实奇童也。'聚而观者无虚日矣。宁国主献王闻而召见,命之对,则有'天子门高,嫂溺叔援,权也'之语;命之诗,则有'心定万事定,四海何风波'之句。慨曰:'神异哉!斯童它时必为天下措大事也。'宠之,赐之口,亲笔书'元征'以易其名。"③同书附录李东阳撰墓志铭、王鏊撰神道碑均记录为"宁献王"。亲弟撰写行状可靠性自非他人可比,据此可以确定,"宁靖王"为"宁献王"之误。

44.《闵庄懿集》八卷　(《总目》卷一百七十五)

　　明闵珪撰。字朝英,乌程人,天顺甲申进士,官至南京刑部尚书、左都御史。事迹具《明史》本传。

　　按:撰者字误。王鏊《光禄大夫柱国少保兼太子太保刑部尚书闵公墓志铭》云:"昔在孝宗朝,其大司寇曰闵公讳珪,字朝瑛。……自汴家湖州之乌程晟舍里。……天顺甲申登进士,授山东道监察御史。"④谈迁《国榷》卷四十八记载:"武宗正德六年十月壬辰,前少保、刑部尚书闵珪卒。珪,字朝瑛,乌程人。天顺癸未进士。授御史,历抚江西、顺天,总督两广,至今官。……赠太保,谥庄懿。"⑤雷礼《国朝列卿纪》卷五六"刑部尚书行实"记载:"闵珪,字朝瑛,浙江湖州府乌程人。"⑥另,明张萱《西园闻见录》卷八五、

---

① 张廷玉等《明史》,第4879—4880页。
② 《东白张先生文集》卷首,《四库全书存目丛书补编》第75册,第1页。
③ 《东白张先生文集》,《四库全书存目丛书补编》第75册,第221页。
④ 王鏊《震泽集》卷二九,《文渊阁四库全书》第1256册,第438页。
⑤ 谈迁《国榷》,第3011页。
⑥ 雷礼《国朝列卿纪》,《四库全书存目丛书》史部第93册,第583页。

过庭训《明分省人物考》卷四六皆云闵珪"字朝瑛";崇祯《乌程县志》卷六记载:"闵珪,字朝瑛,号孺山。"①《明史》卷一八三《闵珪传》云"字朝瑛,乌程人"②。据此,闵珪(1430—1511)字应以"朝瑛"为是。《提要》误。另,徐象梅《两浙名贤录》卷三十三③、黄虞稷《千顷堂书目》卷十九"别集类"作"朝英"④,均误。

45.《龙皋文集》十九卷 (《总目》卷一百七十五)

明陆简撰。简字廉伯,号治斋,龙皋其别号也,武进人。成化丙戌进士,官至詹事府少詹事。

按:撰者仕履误。廖道南《詹事兼侍读学士陆简》记载:"陆简字廉伯,常州武进人。成化乙酉乡贡第一。明年进士及第。授编修,秩满转侍讲,预修《宋元纲目》成,迁右谕德,充东宫讲读官。弘治纪元,召修《宪庙实录》。升右庶子兼侍读,充经筵日讲官。辛亥,擢少詹事兼侍讲学士。甲寅,以日讲劳特升詹事兼侍读学士。逾年卒,赠礼部右侍郎。"⑤正德《常州府续志》卷四记载:"陆简,字廉伯,武进人。成化乙酉发解南都。明年进士第三人。初授翰林院编修,累升谕德,预史馆纂修。弘治改元,充经筵讲官,升詹事府詹事兼侍讲学士,两典试事,称得人,以疾卒于官,年五十四。简志行清峻,问学该博,赠礼部右侍郎。"⑥黄虞稷《千顷堂书目》卷二十"别集类"记载:"陆简《龙皋稿》十九卷。(字廉伯,武进人乙酉解元,一甲第三人。詹事府詹事兼翰林院侍读学士,赠礼部侍郎。)"⑦谈迁《国榷》卷四十三记载:"乙卯弘治八年正月壬辰,詹事兼翰林侍读学士陆简卒。简字廉伯,武进人成化二年进士及第。授编修,历侍讲、右谕德、庶子、少詹事。……年五十四,赐祭葬,赠礼部右侍郎。"⑧

《提要》提及李东阳撰《墓志铭》,再来查阅此《明故嘉议大夫詹事府詹事兼翰林院侍读学士赠礼部右侍郎陆公墓志铭》记载:"弘治乙卯正月八日,詹事陆公卒。……特赠礼部右侍郎。……予与公同史局,同讲事,又并命考

---

① 崇祯《乌程县志》卷六,《日本藏中国罕见地方志丛刊10》,第329页。
② 张廷玉等《明史》,第4867页。
③ 徐象梅《两浙名录》,《四库全书存目丛书》史部第114册,第103页。
④ 黄虞稷《千顷堂书目》,第511页。
⑤ 廖道南《殿阁词林记》卷六,《文渊阁四库全书》第452册,第232页。
⑥ 正德《常州府续志》卷四,《四库全书存目丛书》史部第181册,第219页。
⑦ 黄虞稷《千顷堂书目》,第515页。
⑧ 谈迁《国榷》,第2669页。

礼部会试,契分殊厚,三十余年于兹矣。呜呼！孰谓遽铭公之墓哉？公少有盛名,成化乙酉,以府学生举南畿乡试第一,连擢礼部高第,廷试第三,授翰林编修。……(弘治)癸丑主考会试。甲寅,以日讲劳特升詹事兼侍读学士,仅阅月而病,阅岁而卒,年五十有四而已。……公讳简,字廉伯,一字敬行,号冶斋,又号龙皋子。"①据以上所引文献可知,陆简(1442—1495)官至"詹事府詹事",而非"少詹事"。

46.《滇南行稿》四卷、《附录》一卷 （《总目》卷一百七十五）

明苏章撰。章字文简,号云崖,余干人。成化乙未进士,官至延平府知府。初,章官兵部主事时因星变事劾妖僧继晓、方士李孜省,谪姚安通判。……章少问学于陈献章之门,尝出胡居仁于狱,与吴与弼亦友善。

按：撰者仕履误。乾隆《延平府志》卷三十四"名宦"记载："苏章,字文茸(简字之讹——引者注),余干人。成化乙未进士。授兵部主事。……谪判姚安,历知延平。……擢浙江参政,以疾卒。"②同治《余干县志》卷十一"名臣"记载："苏章,字文简,北隅人。成化十一年进士。授兵部职方主事。……升松江同知,擢知延平府。……擢浙江参政。婴风疾,卒。……所著《滇南行稿》,邑人段藻刊之以行。"③同治《饶州府志》卷十九"名臣"记载："苏章,字文简,余干人。成化十一年进士。授兵部主事。以星变言事上疏,请诛李孜省、僧继晓。谪姚安通判,升松江同知。后知延平府。……擢浙江参政。忽婴风疾,不起。"④据此,苏章(1441—?)官至"浙江参政",非止于"延平知府"。《提要》误。

47.《虚斋先生遗集》十卷 （《总目》卷一百七十五）

明祝萃撰。萃字维真,海宁人。成化甲辰进士,官至广东布政司参政。是集文五卷,诗五卷。文颇舂容,诗亦妥帖,盖成、弘间台阁之体也。

按：撰者字误。刘瑞《祝参政墓志铭》记载："祝氏世为海宁人,以公显。公讳萃,字惟贞。少颖敏好学,领丁酉乡荐,卒业南雍,辈行咸推之。越六

---

① 李东阳著、周寅宾点校《李东阳全集》第3卷,第309—310页。
② 乾隆《延平府志》卷三十四,《中国地方志集成·福建府县志辑37》,第656—657页。
③ 同治《余干县志》卷十一,(台北)成文出版社1975年影印本,第725—726页。
④ 同治《饶州府志》卷十九,(台北)成文出版社1975年影印本,第2110页。

年,举进士。授刑部河南司主事。……乙亥,巡抚都御史陈公寿荐公于朝。八月,晋广东布政使司左参政。……著有《礼经私录》、《古文集成》、《宋元史详节》等书,藏于家。"①徐象梅《两浙名贤录》卷四十二记载:"祝萃,字惟真,海宁人,成化甲辰进士。"②谈迁《海昌外志》"人物志"记载:"祝萃,字惟贞。成化甲辰进士,……历广东右参政。……所著《礼经私录》、《宋元史详节》。"③康熙《海宁县志》卷十一"名臣"记载:"祝萃,字惟贞,学主敬受之于虚,自号虚斋。"④据以上文献可知,祝萃(1452—1518)字"惟贞"。《提要》作"维真",误。

48.《程念斋集》十卷 （《总目》卷一百七十五）

明程楷撰。楷字念斋,饶州人。成化丁未进士,改庶吉士。

按:撰者字误,仕履未确。张弘道、张凝道《皇明三元考》卷七记载:"成化二十三年丁未科,会元程楷,江西乐平人。字正之,号念斋。治《诗》。博通经史百家之言。文尚奥古,自成一家。"⑤凌迪知《万姓统谱》卷五十三记载:"程楷,字正之,乐平人。成化丁未会元。历编修。"⑥卢文弨补黄虞稷《千顷堂书目》卷二十记载:"程楷《程念斋集》十四卷。(字正之,乐平人。传胪。官编修。)"⑦《江西通志》卷九十记载:"程楷,字正之,乐平人。性警敏,为文尚奥古,自成一家。成化丁未会元,改翰林院庶吉士,授编修,预修会典,寻卒。"⑧同治《饶州府志》卷二十三"人物志"记载:"程楷,字正之,乐平人。……成化二十三年进士第一。授翰林庶吉士,擢编修。与修会典,寻卒,有《史断》、《玉亭集》。"⑨据以上文献,程楷(1453—?),字正之,号念斋,饶州府乐平县人。官至"翰林编修"。

49.《东峤集》十五卷 （《总目》卷一百七十六）

明李承芳撰。承芳字茂卿,嘉鱼人。弘治庚戌进士,官大理寺评

---

① 刘瑞《五清集》卷十五,《四库未收书辑刊》五辑第18册,第185—186页。
② 徐象梅《两浙名贤录》,《四库全书存目丛书》史部第114册,第360页。
③ 谈迁《海昌外志》,《四库全书存目丛书》史部第212册,第570页。
④ 康熙《海宁县志》卷十一,(台北)成文出版社1983年影印本,第936页。
⑤ 《四库全书存目丛书》史部第271册,第128页。
⑥ 凌迪知《万姓统谱》卷五十三,《文渊阁四库全书》第956册,第814页。
⑦ 黄虞稷《千顷堂书目》,第524页。
⑧ 雍正《江西通志》,《文渊阁四库全书》第516册,第70页。
⑨ 同治《饶州府志》卷二十三,(台北)成文出版社1975年影印本,第2304页。

事,《明史·儒林传》与其弟承箕同附《陈献章传》末。

按：李承芳仕履误。杨循吉《明故大理寺副东桥(峤字之讹——引者注)先生李君墓志铭》记载："往年,余再官礼曹,居京师,大理评事嘉鱼李君实为之友。……君讳承芳,字茂卿。……年三十有七领乡荐,四十一登进士第。……居三年,升副于右寺,志乃老就下。"①王鏊《故大理寺右寺副李君墓表》记载："君讳承芳,字茂卿,李姓,世为湖广嘉鱼人,举进士,官大理寺评事。三季,进右寺副。"②李承箕《东峤先生行状》与杨循吉墓志铭及王鏊撰墓表内容大体一致。张弘道、张凝道《皇明三元考》卷八"弘治庚戌科"记载："李承芳,嘉鱼人,字茂卿。……为评事,无鲜衣马,俭苦如未官时。升寺副,遂谢病归。与其弟承箕俱隐黄公山下讲学赋诗。……有《东峤集》行于世。"③据此可知,李承芳(1450—1502)官至大理"寺副",非仅大理"评事"。明代职官制度,大理寺寺副为从六品,而评事则为正七品。

50.《集古梅花诗》四卷 （《总目》卷一百七十六）

明童琥撰。琥字廷瑞,兰溪人。弘治庚戌进士,官至工部郎中。

按：撰者仕履误。万历《兰溪县志》记载："童琥,字廷瑞。授刑部主事,转员外郎。……改工部郎中。……改刑部,加江西副使致仕。"④光绪《兰溪县志》卷五记载："童琥,字廷瑞,号草窗,香溪人。弘治庚戌进士,任刑部主事。……转工部郎中。……升江西按察副使。予告,家居二十余年,足迹不及城市。……所著有《梅花集句》、《百咏梅花诗》、《写怀》、《钓台拾遗》诸集。"⑤潘希曾《秋日写怀诗序》云："草窗童廷瑞先生以秋官大夫请老,一日过余,出其使蜀时《秋日写怀诗》若干首,属引数语。"⑥黄虞稷《千顷堂书目》卷二十一"别集类"记载："童琥《梅花诗》二卷,又《梅花集句》二卷,又《写怀集》。(字廷瑞,兰溪人,工部郎中,按察司副使。)"⑦据此,童琥(1446—?)官至刑部郎中,加江西按察司副使致仕。

---

① 杨循吉《松筹堂集》卷六,《四库全书存目丛书》集部第43册,第259页。
② 《四库全书存目丛书补编》第75册,第375页。
③ 《四库全书存目丛书》史部第271册,第131页。
④ 万历《兰溪县志》,(台北)成文出版社1983年影印本,第369—370页。
⑤ 光绪《兰溪县志》卷五,《中国地方志集成·浙江府县志辑52》,第762页。
⑥ 潘希曾《竹涧集》卷六,《文渊阁四库全书》第1266册,第714页。
⑦ 黄虞稷《千顷堂书目》,第531页。

51.《白露山人遗稿》二卷 （《总目》卷一百七十六）

明黄傅撰。傅字梦弼,兰溪人。弘治庚戌进士,官至监察御史。是编诗文各一卷。其居在邑之白露山阳,故以山自号,因以名集。傅受业章懋之门,清苦自持,不愧其师。集中有"死卧溪山鬼亦清"句,可以见其志节。然年未四十而卒,文章则未成就也。

按：万历《金华府志》卷十七本传记载："黄傅,字梦弼,号白露,纯孝乡人。……举弘治庚戌进士。授江阴令。……三年,授御史。……不久,以疾归,疾剧,无资殡,家人尤之。公叹赋诗曰：'病殚藜藿神尤壮,卧死溪山鬼亦清。'所著有《白露集》及《江阴志》。"①过庭训《本朝分省人物考》卷五十三记载："黄傅,字梦弼,号白露,兰溪人也。……赋诗曰：'病餐藜藿神尤旺,卧死溪山鬼亦清。'"②沈佳《明儒言行录》卷五黄傅传记载："黄傅,字梦弼,兰溪人。……登洪治庚戌进士,授江阴令。……梦弼徐吟曰：'病餐藜藿神尤旺,卧死溪山鬼亦清。'著有《白露集》及《江阴县志》。"③明代文献均记载黄傅(1461—1499)离世前赋诗"卧死溪山鬼亦清",清代后皆为"死卧溪山鬼亦清"。从对仗来看,后者更为工稳,惜原文献不可见。

52.《毛文简集》二卷 （《总目》卷一百七十六）

明毛澄撰。澄号三江,太仓人。弘治癸丑进士第一,官至礼部尚书。嘉靖初,议大礼不合,致仕归,道卒。事迹具《明史》本传。

按：撰者字缺,籍里误。《明史·毛澄传》记载："毛澄,字宪清,昆山人。举弘治六年进士第一。授修撰。预修《会典》成,进右谕德,直讲东宫。……服阕还朝,进侍讲学士。再进学士,掌院事,历礼部侍郎。十二年六月拜尚书。……二年二月疾甚,复力请,乃许之。舟至兴济而卒。……赠少傅,谥文简。"④周复俊《太子太傅少保礼部尚书毛文简公澄》记载："澄,字宪清,昆山人,弘治六年进士第一人。……初授修撰,预修《大明会典》。……卒,赠少师,谥文简。"⑤昆山顾鼎臣、顾祖训汇编《明状元图考》卷二记载："毛澄,字宪清,号三江,直隶昆山人。"⑥张弘道、张凝道《皇明三元考》卷八记载："弘

---

① 万历《金华府志》卷十七,《中国史学丛书》本,第1221—1222页。
② 过庭训《本朝分省人物考》,《续修四库全书》史部第534册,第447页。
③ 沈佳《明儒言行录》,《文渊阁四库全书》第458册,第789页。
④ 张廷玉等《明史》卷一百九十一,第5053—5058页。
⑤ 周复俊《东吴名贤记》卷下,《四库全书存目丛书》史部第92册,第418页。
⑥ 《故宫珍本丛刊》第60册,第340页。

治六年癸丑科大魁：状元毛澄，直隶昆山人，字宪清，号白斋，晚更号三江。治《易》，年三十四。丙午举人。会试二十五名。……历官太子太傅礼部尚书。卒年六十三。谥文简。"①据此，毛澄(1461—1523)，字宪清，昆山人。

53.《姚东泉文集》八卷　(《总目》卷一百七十六)

明姚镆撰。镆字东泉，慈溪人。弘治癸丑进士，官至右都御史总督两广，中蜚语罢职。后复起为兵部尚书总制三边，辞不赴。以规避落职，卒于家。事迹具《明史》本传。

按：撰者字误。翟銮《兵部尚书太子少保姚公墓志铭》记载："公讳镆，字英之，东泉乃其别号，世家浙江之慈溪。"②徐象梅《两浙名贤录》卷十八记载："姚镆，字英之，慈溪人。登弘治癸丑进士第。"③天启《慈溪县志》卷七"人物"记载："姚镆，字英之。……进左都御史，太子少保。……遂得罪致仕归。……所著有《东泉文集》、《奏议》若干卷，行于世。"④何乔远《闽书》卷四十六记载："姚镆，字英之，慈溪人。弘治六年进士。"⑤黄虞稷《千顷堂书目》卷二十一"别集类"亦记载："姚镆《东泉文集》八卷。(字英之，慈溪人，总督三边，右都御史。)"⑥《明史》本传记载："姚镆，字英之，慈溪人。弘治六年进士。除礼部主事，进员外郎。"⑦乾隆《宁波府志》卷十六"名臣"本传记载："姚镆，字英之。慈溪人，弘治六年进士。"据此可知，姚镆(1465—1538)字英之，号东泉。《提要》误在以号为字，字号混淆，且文人常以号命作品集，而非字也。

54.《南川稿》十二卷　(《总目》卷一百七十六)

明陶谐撰。谐字世和，号南川，会稽人。弘治丙辰进士，改庶吉士，授工科给事中。以忤刘瑾，逮讯谪戍肃州。后起江南按察司佥事，官至兵部侍郎总督两广军务。谥庄敏。事迹具《明史》本传。

按：撰者仕履有误。吕本《明故通议大夫兵部左侍郎赠兵部尚书谥庄

---

① 《四库全书存目丛书》史部271册，第133页。
② 焦竑《国朝献征录》卷五十七，《续修四库全书》史部第528册，第103页。
③ 徐象梅《两浙名贤录》，《四库全书存目丛书》史部113册，第543页。
④ 天启《慈溪县志》卷七，(台北)成文出版社1983年影印本，第364—368页。
⑤ 何乔远《闽书》，第1167页。
⑥ 黄虞稷《千顷堂书目》，第533页。
⑦ 张廷玉等《明史》，第5277页。

敏陶公墓志铭》记载:"南川陶公卒余二十年矣,而墓中石尚虚也。其孙今少宰虞臣与予善,请铭之。……公讳谐,字世和,南川其别号也。……弘治乙卯,公年二十二,……遂以解元许之,已而果然。明年丙辰举进士,选翰林庶吉士,授工科给事中。……升江西按察司佥事。"①陶望龄撰小传云:"庄敏公讳谐,字世和,号南川。……丙辰,举进士。选翰林庶吉士,授工科给事中。……谪戍肃州。……嘉靖改元,召复原官。未至,升江西按察司佥事。……擢本省参政。……迁右布政史,寻转左。逾月,擢副都御史,提督南赣军务。居一岁,升兵部侍郎,总督两广。……年七十三卒。"②《明史》卷二百三记载:"陶谐,字世和,会稽人。弘治八年乡试第一。明年成进士,选庶吉士,授工科给事中。……嘉靖元年复官。未至,除江西佥事,转河南管河副使。"③据此,陶谐(1474—1546)任"江西"按察司佥事,非"江南"按察司佥事。

55.《玉岩集》九卷、《附录》一卷 (《总目》卷一百七十六)

明周广撰。广有《江西通志》,已著录。

按:《江西通志》前应加"嘉靖"二字,以与《总目》卷六十八收录清朝谢旻等监修《江西通志》相区别。后者《提要》云:"《江西省志》创于明嘉靖间参政林廷㭿,其后久未纂辑,旧闻放失。至本朝康熙二十二年,巡抚安世鼎始续修之。康熙五十九年,巡抚白潢又增修之,名曰《西江志》。其体例条目,虽多本诸旧志,而广蒐博访,订舛正讹,在地记之中号为善本。雍正七年,巡抚谢旻奉诏纂修省志,乃与原任检讨陶成等开局编辑。其规模一本之白《志》,而间加折衷。文简事核,厘然有序。"

56.《倪小野集》二十二卷 (《总目》卷一百七十六)

明倪宗正撰。宗正字本端,余姚人。弘治乙丑进士,官兵部武选司员外郎时,尝以言事廷杖,后终于南雄府知府。嘉靖中赐祭葬,赠学士,谥文忠。……盖国朝康熙中,其七世孙健宗汇辑重刻,而题以最后之名者也。谢迁《丰富集序》,述李东阳之言,谓明之诗文,至宗正而集大成,未免推之已甚。宗正尝有诗云:"偶入棠陵眼,难齐少谷肩。"棠陵,方豪别号,少谷,郑善夫别号也。可谓自知之审矣。

---

① 吕本《期斋吕先生集》卷十二,《四库全书存目丛书》集部第 99 册,第 585—587 页。
② 陶望龄《陶文简公集》卷十一,《四库禁毁书丛刊》集部第 9 册,第 504—505 页。
③ 张廷玉等《明史》,第 5364—5365 页。

按："其七世孙健宗汇辑重刻"，名误，应为"继宗"。《四库全书存目丛书》集部第 58 册收录是书。书前附毛际可《倪小野先生全集序》云："姚江倪小野先生登明弘治乙丑进士。……康熙丁亥冬，其裔孙继宗出先生全集，相属为序。"①倪继宗亦附言叙收集倪宗正（1471—?）文集经过，云："继宗生也晚，不获纵观先世文章之盛。……先世文章之盛，尽于是编，余小子其有以待也。七世孙继宗百拜谨识。"②《总目》卷一百九十四收录倪继宗编《续姚江逸诗》十二卷："继宗，字复野，余姚人。"

57.《行远集》（《总目》卷一百七十六）

明陆深撰。深有《南巡录》，已著录。

按：此处"《南巡录》，已著录"，误，应为《南巡日录》。《总目》卷五十三著录。

58.《少岷拾存稿》四卷、附《司徒大事记》一卷 （《总目》卷一百七十六）

明曾玙撰。玙字束玉，泸州人。正德戊辰进士，官至建昌府知府。宸濠之叛，玙率属引兵从王守仁破贼，收复南康。集中有《平江凯歌》，即记是事也。玙号"少岷山人"，其集本曰《少岷存稿》。

按：撰者字误。张佳胤《中宪大夫江西建昌府知府少岷曾公墓志铭》记载："武宗朝，吾蜀数君子者起，咸尚文章气节，而江阳少岷曾公其一也。……遂易安乐为少岷山，因自号云。正德丁卯举省试第五人，明年成进士，授户部江西司主事。……后转员外郎。……丙子，知府建昌。……公以庚辰垂橐归，移居江阳郡城。……公讳某，字东石。……著有《圣学会通》、《河图洛书解》、《春王正月考》、《历代史评》、《论心学》、《论乐律》、《论数学》、《论气化》。"③郭子章《中宪大夫江西建昌府知府曾少岷先生祠堂碑并序》记载："公讳屿，字东石，正德戊辰进士，官至建昌府知府。"④光绪《直隶泸州志》卷九"人物"记载："曾玙，字东石，号少岷，州人。"⑤据此，曾玙（1480—1559），字东石。《提要》作"束玉"乃"东石"之讹。

---

① 《四库全书存目丛书》集部第 58 册，第 426 页。
② 《四库全书存目丛书》集部第 58 册，第 433—434 页。
③ 张佳胤《来先生集》卷四十六，《四库全书存目丛书补编》第 51 册，第 515—518 页。
④ 郭子章《蜀草》卷五，《四库全书存目丛书》集部第 154 册，第 653—654 页。
⑤ 光绪《直隶泸州志》卷九，《中国地方志集成·四川府县志辑 32》，第 617 页。

59.《常评事集》一卷 （《总目》卷一百七十六）

明常伦撰。伦字明卿，号"楼居子"，沁水人。正德辛未进士，除大理寺评事，谪寿州州判，迁知宁羌州。负才凌傲，屡为忌者所中，后因跨马疾驰，马渴赴饮，堕水死，年仅三十有四。

按：撰者仕履未确。张铨《常明卿传》记载："公名伦，字明卿，其先曲沃人，后徙沁水。……正德庚午，年十九举乡试第二。……明年辛未成进士，授大理评事。……转宁羌知州，不赴。"①王兆云《皇明词林人物考》卷六"常明卿"条记载："公名伦，字明卿，山西沁水人。……举进士，授大理评事。……谪寿州判官。又大为监司凌虐，弃官归。转宁羌州知州，不赴，家居。"②雍正《泽州府志》卷三十六"节行"小传记载同上。据此，常伦（1492—1525）未赴"宁羌知州"一职，《提要》应加注，以免误解。

60.《嵩渚集》一百卷 （《总目》卷一百七十六）

明李濂撰。濂有《祥符先贤传》，已著录。

按：此处书名误，应为《祥符乡贤传》，《总目》卷六十一收录。卷七十收录《汴京遗迹志》条目，《李氏居室记》条目，均误引书名。前后照应不足所致。另，杜泽逊先生于《四库存目标注》一书中亦注明书名为《祥符乡贤传》③。《总目》前后顾此失彼，照应不周。

61.《石居漫兴稿》二卷 （《总目》卷一百七十六）

明陈器撰。器字德器，临海人。正德甲戌进士，官至刑部郎中。尝得三奇石，置之别业，晨夕临玩，遂自号"三石山人"。

按：撰者仕履误。李时渐《三台文献录》记载："陈器，字德器，号三石，临海人。正德进士。仕终刑部主事。"④康熙《临海县志》卷八"人物二"记载："陈器，字德器，号三石。璲曾孙。正德癸酉解元。甲戌联登进士。授淮安推官。……升刑部主事。……会武宗巡游，储贰未定，抗章奏请早选宗室之贤者养于宫中，如宋仁宗育英宗故事。言甚恺激，人咸为危，寻以予告终养回里。……年七十五卒于家。所著有《读律肤见》、《颍川世系》、《石居漫

---

① 张铨《张忠烈公存集》卷二十九，《四库禁毁书丛刊》集部第77册，第667—668页。
② 王兆云辑《皇明词林人物考》，《四库全书存目丛书》史部第112册，第38页。
③ 杜泽逊《四库存目标注》，第830页。
④ 李时渐《三台文献录》，《四库全书存目丛书补编》第14册，第181页。

兴》等稿。"①据上述文献可知,陈器官至"刑部主事",未任至"郎中"。《提要》误。

62.《东麓稿》十卷 （《总目》卷一百七十六）

明汪佃撰。佃字友之,弋阳人。正德丁丑进士,官翰林院编修。后出为建宁府通判。其集无大疵累,亦无所见长。

按：撰者字误,仕履亦误。吴鼎《南京太常寺少卿汪公行状》记载："公讳佃,字有之,姓汪氏,系出徽州越国公华之后,子孙自徽徙江西之贵溪,再徙弋阳,世为弋阳人。……妣祝氏,淑人,生五子,长僎,工部郎中；次佑,不仕；次俊,礼部尚书；次伟,吏部左侍郎；公其季也。初,父兄惧门户太盛,为公择今名,曰：'留少子力耕自给耳。'……以《易经》领弘治戊午乡荐。……正德丁丑领南宫荐,廷试赐进士出身第一,选为翰林院庶吉士。己卯,授编修,阶文林郎。……己丑,量移松江府同知,……丙申春北上,道改南京礼部主客司郎中,寻出为建宁道按察佥事。……己亥冬,以考绩过家。明年春,升南京尚宝司卿。秋七月,升南京太常寺少卿。……十一月,复具疏乞休。命未及下而公已卒于金陵寓舍。……有集若干卷,自号东麓主人,学者称东麓先生云。"②据此,古代人名字意义一贯原则,汪佃之名原为父兄害怕门户过盛,有意为之,"留少子力耕自给"的含义自给自足,暗含"有"之意义。地方志记载同样是"有之",乾隆《弋阳县志》卷十"人物·先正"记载："汪佃,字有之。"③嘉庆《宁国府志》卷五"名宦"记载："汪佃,字有之。弋阳人。"④同治《广信府志》卷九"人物·名宦"小传记载："汪佃,字有之,俊弟。正德进士,历官翰林院充经筵讲官,与兄同以议礼不合左迁松江同知,寻告归。嘉靖乙未,大臣交章荐,起官礼部郎中,晋太常卿,转詹事府,以疾乞归,不允,卒于邸。所著有《东麓遗稿》七十卷。"⑤《提要》对汪佃仕履疏于考辨,记载疏误较多,"官至翰林院编修,后出为建宁府通判",从行状可见,翰林院编修仅是汪佃职官一环而已,后来职位变化没有充分反映出来,翰林院编修后,曾官"建宁道按察佥事",而非"建宁府通判"。职位从此两则可信度较高的文献可知,汪佃（1475—1541）,字有之,官至太常寺少卿。

---

① 康熙《临海县志》卷八,（台北）成文出版社1983年影印本,第691—692页。
② 吴鼎《过庭私录》卷六,《四库全书存目丛书》集部第75册,第292—294页。
③ 乾隆《弋阳县志》卷十,《故宫珍本丛刊》第110册,第249页。
④ 嘉庆《宁国府志》卷五,《中国地方志集成·安徽府县志辑43》,第226页。
⑤ 同治《广信府志》卷九,（台北）成文出版社影印本,第717页。

63.《少华集》四卷 （《总目》卷一百七十六）

明詹泮撰。泮字少华，玉山人。正德辛巳进士，官至礼科给事中，乞养归。泮尝从章懋游，以讲学自任。其诗文亦别为一格。是集乃其子长至、长生所编，杂文、诗、词共三卷。外录一卷，则皆他人之赠言也。

按：撰者字误。《明代登科录汇编》记载："詹泮，贯江西广信府玉山县。民籍，国子生。治《书》经，字文化，行六。"①黄虞稷《千顷堂书目》卷二十二记载："詹泮《少华山人集》四卷。（字文化，玉山人。）"②同治《玉山县志》卷八"人物"记载："詹泮，字文化，由进士改翰林院庶吉士，授礼科给事中。……有《少华遗稿》。"③据此，詹泮（1490—?），字文化。《提要》作"少华"，或为詹泮别号，或手民之误欤？

64.《秬山稿》一卷 （《总目》卷一百七十六）

明田顼撰。顼字太素，龙溪人。正德辛巳进士，官至贵州提学副使。是集前半卷为杂文，后半卷为诗，大抵皆应酬之作。文格颇浅弱，惟诗颇爽朗，盖沿前七子之流派，有意规模唐人，而模拟未免有迹也。

按：撰者字、籍贯均误。乾隆《延平府志》卷三十"人物·孝友"记载："田顼，字希古，尤溪人。领正德丙子乡荐，计偕，辞不赴。读书秬麓，庚辰上春官，列高等。适武宗南巡，登辛巳进士，授户部主事。……迁贵州副使。……生平著有《太素集》二卷行世。"④民国《尤溪县志》卷七"人物·名臣"记载："田顼，字希古，号秬山，升平坊人。正德丙子乡荐。……辛巳进士，授户部主事。……改兵部武选司主事，寻转礼部副郎中，升佥事，督学湖广。……戊戌，迁贵州按察司副使。……著《太素集》二帙行世。"⑤检《明代登科录汇编》记载，田顼（1496—?）字希古⑥。其文集以"太素"为名，按常例推之，"太素"当为其别号。光绪《漳州府志》及《龙溪县志》均无田顼记载。尤溪隶属于延平府，而龙溪为漳州府附郭县。《提要》作"龙溪人"，盖形似而误。

---

① 屈万里主编《明代登科录汇编》第 6 册，第 3006 页。
② 黄虞稷《千顷堂书目》，第 559 页。
③ 同治《玉山县志》卷八，（台北）成文出版社 1983 年影印本，第 1023 页。
④ 乾隆《延平府志》卷三十，《中国地方志集成·福建府县志辑 37》，第 563 页。
⑤ 民国《尤溪县志》卷七，《中国地方志集成·福建府县志辑 40》，第 212—213 页。
⑥ 屈万里主编《明代登科录汇编》第 6 册，第 3118 页。

65.《董从吾稿》一卷 （《总目》卷一百七十六）

明董沄撰。沄字复宗，一字子寿，号萝石，海盐人。《明史·儒林传》附载《钱德洪传》末。嘉靖甲申，沄年六十八，始游会稽，从王守仁讲学。或沮之，沄曰："吾从吾所好耳。"遂又自号"从吾"。其集以诗与语录杂文，共为一编，而附守仁和赠诸作。

按：董沄（1458—1534）字"子寿"，误。许相卿《董先生墓志铭》记载："先生讳沄，字复宗，别号萝石。"①徐象梅《两浙名贤录》卷四记载："董沄，字子涛，盐官人。"②凌迪知《万姓统谱》卷六十八记载："董沄，字子涛，海宁卫人。……遂自号曰：从吾道人。"③谈迁《海昌外志》"人物志"记载："董沄子涛，徙居澉涧。……晚从王阳明先生学。"④沈季友《槜李诗系》卷十一记载："董沄，字复宗，一字子涛，号萝石，海盐人。"⑤"沄"与"涛"相对应，与"寿"则风马牛不相及也。《提要》误。

另按，王守仁《从吾道人记》云："海宁董萝石者，年六十有八矣，以能诗闻江湖间，与其乡之业诗者十数辈为诗社，旦夕操纸吟呜，相与求句字之工，至废寝食，遗生业。时俗共非笑之，不顾，以为是天下之至乐矣。嘉靖甲申春，萝石来访。"⑥王守仁于题目下小注云"乙酉"，即该文撰于嘉靖四年（1525），董沄六十八岁。忆董沄嘉靖三年（甲申）春来访之事，是年，董沄六十七，非《提要》云"年六十八，始游会稽，从王守仁讲学"也。钱谦益《列朝诗集小传》丁集上即云："沄，字复宗，自号萝石翁，以能诗闻江湖间。年六十七往师阳明。"⑦因此，《提要》沿袭《明史》而误。

66.《佘山人诗集》四卷 （《总目》卷一百七十六）

明佘世亨撰。卷首题"岭南"，不著郡邑。《广东通志》亦失载其姓名。惟欧大任序称其在正德、嘉靖间好游名山，去家数载而归，卜居粤秀山下。粤秀为广州山名，则当为广州人矣。大任又称山人有子嘉诏，既成进士，试令合肥，手录山人诗四卷，即县斋刻之。案《太学题名碑》，嘉靖乙丑科有三甲进士佘嘉诏，广东顺德县人，盖即世亨之子也。其诗

---

① 许相卿《云村集》卷十三，《文渊阁四库全书》第1272册，第261页。
② 徐象梅《两浙名贤录》，《四库全书存目丛书》史部第113册，第139页。
③ 凌迪知《万姓统谱》，《文渊阁四库全书》第957册，第24页。
④ 谈迁《海昌外志》，《四库全书存目丛书》史部第212册，第559页。
⑤ 沈季友编《槜李诗系》，《文渊阁四库全书》第1475册，第266页。
⑥ 王守仁《王文成全书》卷七，《文渊阁四库全书》第1265册，第200页。
⑦ 钱谦益《列朝诗集小传》，第394页。

近体居多,古体仅寥寥数篇耳。

按:佘世亨字、号、籍贯均可考。欧大任《明赠文林郎合肥县知县随斋佘公行状》记载:"公讳世亨,字文通。其先建康上元人也,元世宗时有能舜公游宦岭南之诏。继入广,卜居马冈,今遂为顺德人。……以善医补邑训科。……于是恣情远游,足迹几遍天下。京师贵近爱其才,奏授冠服,竟拂衣去。所交皆一时名卿,如尚书吴公廷举、王公瓒、胡公森、徐公问、张公鏊,先后折行辈与公为友。而唐太史顺之、任考功瀚、段民部子辛、郭山人诩、沈山人仕,则词翰相契纳最深。中岁南归,卜筑粤秀山下,有随时草堂、浣俗亭。惟书数百卷,古图画彝器庋列其中,危坐讽览以为意。……男二人:嘉诏、嘉诰。……嘉诏举嘉靖乙丑进士,知合肥县。今上登极之二年,恩赠公如其官。"①据此,佘世亨(1482—1549),字文通,广州府顺德县人。佘嘉诏确为佘世亨长子。

67.《雁湖钓叟自在吟》九卷、《附录》一卷　(《总目》卷一百七十七)

明王周撰。周字质斋,嘉兴人。屡试不售,自号雁湖钓叟。

按:撰者字误。王锡爵《王质斋墓志铭》记载:"先生讳周,号质斋。……父梦椿翁、母吴孺人。起家嘉善学生,八试有司,不第。始卒就廉甫,封为兵部主事云。……晚年绝迹城府,徜徉雁湖西庄,为亭曰拱极,赋诗钓鱼其中,因更号雁湖钓叟。"②茅坤《敕封兵部武库司主事质斋王公并徐孺人合葬墓表》记载:"公名周,字宗文,别号质斋。……独与里中善诗者为社,游雁湖上,因自呼曰'雁湖钓叟'。"③黄虞稷《千顷堂书目》卷二十三记载:"王周《雁湖钓叟自在吟》二卷。(号质斋,嘉善人。)"④沈季友《槜李诗系》卷十三"雁湖钓叟王周"条目记载:"周号质斋,嘉善人。嘉靖初,文学赘居秀水王江泾,以子封兵部郎中。有别业于雁湖之侧,尝具扁舟与波上下,称雁湖钓叟。著《自在吟》二卷。"⑤光绪《嘉兴府志》卷五十五"嘉善文苑"记载:"王周,号质斋,嘉靖诸生。有别业于雁湖之侧,称雁湖钓叟。著《自在吟》二卷。"⑥据此可知王周(1503—1577),字宗文,质斋乃其号也。《提要》

---

① 欧大任《鸥虞部文集》卷十一,《四库禁毁书丛刊》集部第47册,第171—172页。
② 王锡爵《王文肃公全集》卷十,《四库全书存目丛书》集部第136册,第380—381页。
③ 茅坤著,张大芝、张梦新校点《茅坤集》,第727—728页。
④ 黄虞稷《千顷堂书目》卷二十三,第609页。
⑤ 沈季友《槜李诗系》,《文渊阁四库全书》第1475册,第308页。
⑥ 光绪《嘉兴府志》卷五十五,《中国地方志集成·浙江府县志辑13》,第599页。

误号为字。籍贯按统一体例应具体至县籍,注为"嘉善人"为妥。

提要又云:

据王锡命、张大忠等题词,咸自称年侄,证以太学题名碑所载,知其子乃嘉靖乙未进士王俸,后官至都御史。是编前四卷,所称《北上》、《寓京》诸诗,即俸官京师迎养时作也。

按:查《明清进士题名碑录索引》,明代进士名王俸者共四人,弘治时期二人。嘉靖时期二人,一为杭州右卫王俸(1515—?),嘉靖二十年(辛丑)进士。一为嘉善(秀水)王俸(1534—?,沈德符外祖父),嘉靖四十一年(壬戌)进士。并无嘉靖乙未(十四年)进士王俸记载。而王锡命、张大忠二人皆为嘉靖壬戌科进士,且为王周乡人。光绪《重修嘉善县志》卷十九"宦业"记载:"王俸,字廉父。嘉靖四十一年进士。授职方。……转武选。……出为永州守,招抚尽心。终养,起补庐州,历湖广、江西参政,各有政绩。性孝谨,且好施予,宗党咸赖焉。"①据此可知《提要》云"嘉靖乙未进士"乃"嘉靖壬戌进士"之误。

68.《世经堂集》二十六卷　(《总目》卷一百七十七)

明徐阶撰。阶所编《武穆集》,已著录。是集文二十四卷,赋、颂、诗、词二卷。其中敷陈治体之文,皆能不诡于正,余则未见所长。

按:此处"《武穆集》",未确,应为"《岳庙集》"。《总目》卷六十史部十六收录"《岳庙集》四卷",《提要》云:"旧本题明徐阶编,张庭校,焦煜刊。而首载阶序,称'从黄山焦子请所辑武穆祠诗文读之'。又云:'因不自量,谋于五山张子而去取之。'则煜之初稿,而阶与庭为之删定。……阶字子升,华亭人。嘉靖癸未进士,官至武英殿大学士,谥文贞,事迹具《明史》本传。"前后失察。

69.《海樵先生集》二十一卷　(《总目》卷一百七十七)

明陈鹤撰。鹤字明野,山阴人。按《浙江通志》,鹤,嘉靖乙酉举人,年十七,袭荫绍兴卫百户,非其志也,遂弃官称山人,则亦孤僻之士矣。是编赋一卷,古体诗四卷,近体诗九卷,文七卷。隆庆丁卯,其子以世职莅兵粤东,属南海卢梦阳、番禺黎民表校正编次。

---

① 光绪《重修嘉善县志》卷十九,《中国地方志集成·浙江府县志辑19》,第603页。

按：检《浙江通志》确有记载，引《两浙名贤录》记载：" 陈鹤，会稽人。博综坟典，穷日夜不休。年十七，袭荫百户，非其好也，弃官，著山人服，人遂称为陈山人。诗文高古，若骚赋词章草书图画，能尽法诸名家，于是轩盖骈集，无不心折，愿交而去。既卒，同邑徐渭表其墓。"①并无陈鹤中 "嘉靖乙酉举人" 记载。再检徐渭《陈山人墓表》记载："海樵陈山人鹤卒之六年，为嘉靖乙丑。……山人生而颖悟绝群，年十余，已知好古，买奇帙名帖，穷昼夜诵览，十七始以例袭祖翁某军功所得官，官故百户也。……愈而弃其故所授官，着山人服，乍出访故旧，神宇奇秀。……盖家居如是者几三十年以为常。乃一往金陵，客四年而不复返矣。"②亦没有中举记载。另，朱谋垔《画史会要》卷四记载："陈鹤，字鸣野，号海樵，山阴人。嘉靖时袭百户，后弃去，为山人。神宇奇秀，学兼三教，精古诗文。又善水墨花草，独出己意，最为超绝。山人交游遍天下，而好引拔穷士，士或往四方，必借山人片墨以动豪贵。每值山人饮载笔素以进，山人振毫握管，须臾累幅，各惬所乞而后止。"③王兆云《皇明词林人物考》卷十一记载："陈鹤，字九皋，山阴人也。家世武弁，当受秩，不可。葛巾野服，称山人。"④黄虞稷《千顷堂书目》卷二十三 "别集类" 记载："陈鹤《海樵诗集》二十一卷。（字鸣野，一字九皋，绍兴山阴人，世袭绍兴卫百户，弃其官出游，以诗名嘉隆间。）"⑤检钱谦益《列朝诗集小传》丁集中小传记载亦无陈鹤（？—1560）中举记载。查《浙江通志》卷一百三十七嘉靖四年乙酉科乡试名单，亦没有 "陈鹤" 记载。不过，山阴陈凤（1502—？，陈鹤四弟。字羽伯，号玉泉，嘉靖十四年进士，官至陕西参议）恰好中乙酉科举人，此盖为《提要》疏误之因。

另，关于黎民表（1515—1581）籍贯，《总目》卷一百七十二著录其《瑶石山人稿》十六卷，《提要》云："明黎民表撰。民表字维敬，从化人，嘉靖甲午举人，授翰林院孔目，迁吏部司务，以能文用为制敕房中书，后加官至参议，《明史·文苑传》附见《黄佐传》中。"既是从化人，当注 "从化黎民表"，《提要》作 "番禺黎民表"，误。如《总目》卷一百九十四著录《南园后五子诗集》二十八卷，《提要》即云："国朝陈文藻等编。明顺德欧大任、梁有誉，从化黎民表，南海吴旦，番禺李时行五人诗也。"

---

① 乾隆《浙江通志》卷一百八十，《文渊阁四库全书》第 524 册，第 57 页。
② 徐渭《徐渭集》，第 640—641 页。
③ 朱谋垔《画史会要》卷四，《文渊阁四库全书》第 816 册，第 539—540 页。
④ 《四库全书存目丛书》史部第 112 册，第 187 页。
⑤ 黄虞稷《千顷堂书目》，第 612 页。

70.《岳云石集》五卷 （《总目》卷一百七十七）

明岳伦撰。伦字云石,怀安卫人。嘉靖丙戌进士,官至工部郎中,辛赠太常寺少卿。

按：撰者字误。孙升《明云石岳先生墓志铭》记载："余尝读史,至杰士弗究其用,汶汶淹草莽以死,未尝不掩卷而叹也。古今人不甚相远,若前工部郎中云石岳先生实上谷杰士。……壬午领顺天乡荐。丙戌登进士第。授行人。……落职为山东齐东县簿,迁山西曲沃知县。累晋工部主事、员外郎、郎中职。……先生讳伦,字厚夫,云石其别号也。"①孙承泽《畿辅人物志》卷七本传记载："岳伦,字厚夫,号云石,保定人。"②乾隆《怀安县志》卷六"乡贤"记载："岳伦,字厚夫,号云石。……平生著有奏疏,及应试诸篇什,号《云石集》行于世。"③民国《清苑县志》卷四"人物·仕绩"记载："岳伦,字厚夫,别号云石。"④据以上文献记载,岳伦（1492—1543）,字厚夫,"云石"乃其号。《提要》误。

71.《周汉中集》四卷 （《总目》卷一百七十七）

明周显宗撰。显宗字子考,濮州人。嘉靖己丑进士,官至汉中府知府。是集前三卷为《自适稿》,皆所著诗词、杂文,后一卷为《感寓录》,则随笔札记也。诗不入格。《感寓录》亦多杂禅语,以空悟为宗。

按：撰者字误。黄虞稷《千顷堂书目》卷记载："周显宗《桃村山人自适稿》。（字子孝,号洞虚,濮州人。汉中知府。）"⑤朱彝尊《明诗综》卷四十一记载："周显宗,字子孝,濮州人。嘉靖己丑进士。除秀水知县,历官汉中知府。"⑥宋弼辑《山左明诗钞》卷十一记载："周显宗,字子孝,号桃村,濮州人。嘉靖己丑进士,官汉中知府。有《周汉中自适稿》。"⑦据此可知,周显宗（1499—？）,字子孝,"显宗"与"子孝"名字意义相连。《提要》殆形似而误。

---

① 孙升《孙文恪公集》卷六,《四库全书存目丛书》集部第99册,第679—680页。
② 孙承泽《畿辅人物志》,《四库全书存目丛书》史部第119册,第267页。
③ 乾隆《怀安县志》,（台北）成文出版社1968年影印本,第207页。
④ 民国《清苑县志》卷四,《中国地方志集成·河北府县志辑29》,第445页。
⑤ 黄虞稷《千顷堂书目》,第573页。
⑥ 朱彝尊《明诗综》卷四十一,第2012页。
⑦ 《四库全书存目丛书》集部第412册,第111页。

72.《崔笔山文集》十卷 （《总目》卷一百七十七）

明崔涯撰。涯号笔山，太平人。嘉靖己丑进士，官至监察御史。

按：依体例统一原则，应补崔涯（1491—？）之字。黄虞稷《千顷堂书目》卷二十三记载："崔涯《笔山先生文集》十卷。（字若济，直隶太平县人，巡按福建，监察御史。）"①嘉庆《太平县志》卷六"名臣"记载："崔涯，字若济，号笔山。八岁能文。由嘉靖己丑会魁擢监察御史。……所著有《笔山文集》十卷。"②嘉庆《宁国府志》卷二十六"人物志·名臣"有传。

另，《明史·地理志》，明代山西平阳府、浙江台州府、安徽宁国府分别设立有太平县。《提要》仅云"太平人"，读者易于混淆，应当注明省或府名以免混淆。此崔涯乃安徽宁国府太平县人，当注明南直隶太平人。

73.《蓉山集》十六卷 （《总目》卷一百七十七）

明董燧撰。燧字兆时，蓉山其号也，临川人。嘉靖辛卯举人，官至南京刑部郎中。燧少从王艮、聂豹讲良知之学。是集自首卷至六卷，皆其问答会语，七卷至十卷为诗，十一卷至十六卷为杂文。

按：撰者籍贯误。董裕《明南京刑部四川清吏司郎中晋中宪大夫蓉山董先生行状》记载："蓉山公者，汉江都相仲舒之裔也。讳燧，字兆时，世为流坑善和里人。五季初，始祖大司徒合徙自临川扩源。……肃皇帝十年，乡试中试高等。明年试南宫下第，遂薄举子业。……谒选，授湖广枝江县知县。……于时建宁李公古冲任冢卿，……因擢公贰建宁。……居三载，迁为南京左军都督府经历司经历。……寻升南京刑部浙江清吏司员外郎，擢本部四川司郎中。……公遂致其仕。……所著有《蓉山先生文集》、《学庸问答》、《蓉山会语》、《古今人物考》、《宋元纲目问答》、《董氏家志》及《家集》、《临汝源流》、《乡约志》、《丽泽禄》，多藏于家。"③同治《枝江县志》卷十一"职官志·上"记载："董燧，江西乐安县举人。嘉靖三十年任（知县）。创立社学，续修县志，崇祀名宦祠。"④同治《乐安县志》卷八"人物·理学"记载："董燧，号蓉山，流坑人。由乡举任湖广枝江县。……两迁至刑部郎中。……著有《五经问答》、《圆通问答》。"⑤光绪《抚州府志》卷五十九"人

---

① 黄虞稷《千顷堂书目》，第573页。
② 嘉庆《太平县志》卷六，《中国地方志集成·安徽府县志辑62》，第120页。
③ 董裕《董司寇文集》卷九，《四库未收书辑刊》第5辑第22册，第647—649页。
④ 同治《枝江县志》卷十一，《中国地方志集成·湖北府县志辑53》，第192页。
⑤ 同治《乐安县志》卷八，（台北）成文出版社1975年影印本，第753页。

物"记载:"董燧,号蓉山,乐安人。……所著有《周易问答》、《圆通问答》。"①据此可知,董燧(1503—1586)乃抚州府乐安人,虽与临川同属抚州府,但却不同县,应予区分。

74.《承启堂稿》二十九卷 (《总目》卷一百七十七)

明钱薇撰。薇字懋垣,海盐人。嘉靖壬辰进士,官至礼科给事中。隆庆初赠太常寺少卿。事迹具《明史》本传。是集乃其门人严从简所编,凡诗七卷,文二十卷,附录志铭、行状、墓表、传诔一卷。末一卷则其曾孙嘉征二疏,并行状、志铭也。嘉征字孚千,天启辛酉副榜贡生,官松溪县知县。尝劾魏忠贤十大罪,其疏为世所传云。

按:钱薇(1502—1554)别有一字。屠隆《钱太常传》记载:"钱太常先生讳薇,字采之,别号海石,浙盐官人也。……岁乙酉举于乡,壬辰举进士,授行人。……拜礼科给事中。……戊戌,晋右给事中。……命下,赐编民以归。……所著有《承启堂》诸稿藏于家。"②

另,钱嘉征字误。文德翼《明御史钱公孚于暨黄孺人墓志铭》记载:"公讳嘉征,字孚于,嘉兴之海盐人也。……天启辛酉中顺天副榜,以熹庙登极,恩准充贡士。……岁壬午,……秋闱报罢,遂抆泪谒选,得令闽之松溪。"③黄虞稷《千顷堂书目》卷二十七"别集类"记载:"钱嘉征《松凫剩稿》。(字孚于,海盐人。顺天乡试中副榜,选授松溪知县。)"④据此,钱嘉征(1590—1647)字孚于。《提要》作"孚千",形似而误。

75.《璞冈集》三卷 (《总目》卷一百七十七)

明马汝彰撰。汝彰字存美,璞冈其号也,汲县人。嘉靖壬辰进士,官至云南右布政使。

按:撰者仕履误。乾隆《卫辉府志》卷三十一"名臣"记载:"马汝彰,字存美。英孙,图子。登嘉靖壬辰进士。授武进知县。清慎多善政,征拜刑科给事中,转吏科、左右刑科都给事中。立朝多所建白,擢陕西参政、山东按察使,所至声称蔚然。转云南左布政使,累疏乞休,时年四十有六。……所著

---

① 光绪《抚州府志》卷五十九,(台北)成文出版社1976年影印本,第1004—1005页。
② 屠隆《栖真馆集》卷二十一,《续修四库全书》集部第1360册,第601—602页。
③ 文德翼《求是堂文集》卷十八,《四库禁毁书丛刊》集部第141册,第696—697页。
④ 黄虞稷《千顷堂书目》,第665页。

有《璞冈集》行于世。"①。据此,马汝彰(1505—1566)官至云南"左布政使",非"右"也。

76.《嵩阳集》无卷数 (《总目》卷一百七十七)

明刘绘撰。绘字子素,一字少质,光州人。嘉靖乙未进士,官至重庆府知府。事迹具《明史》本传。

按:撰者刘绘(1505—1573)别有一字"汝素"。张佳胤《中宪大夫重庆府知府嵩阳刘公暨配胡孺人墓志铭》记载"先生讳某,字汝素,一字少质。……国初,隶籍锦衣卫,其徙汝光州自七世祖始。……嘉靖辛卯领省解。……乙未成进士,肄政户部。……出授行人。……明年,选给事户科。……明年癸卯,改右给事刑科。未几,出守重庆。……论罢。……撰《易勺》四卷、《春秋管》十二卷。……学者尊为嵩阳先生而不敢氏。"②另据顺治《光州志》卷九"人物"记载:"刘绘,字汝素。"③

77.《沈凤冈集》四卷 (《总目》卷一百七十七)

明沈良才撰。良才,字凤冈,泰州人。嘉靖乙未进士,官至兵部右侍郎。其为吏科给事中时,尝疏劾严嵩,颇见风采。诗则尚未成家。

按:撰者字误。《沈凤冈集》前收录陈应芳《刻左司马沈凤冈先生奏议序》称:"以御史大夫出抚勋阳,入卿大理,晋左司马归。其于仕不可谓不通显矣。"④李维桢《兵部右侍郎沈公神道碑》记载:"公讳良才,字德夫。其先吴人,国初祖成迁泰州,为泰州人。……年二十有三,与林东城公并领乡书。明年,林公举会试第一人,而公罢归,学益精勤,三年成进士。选翰林庶吉士。……三年,授兵科给事中,迁吏科右,工科左。……所著奏议若干卷藏于家。……迁兵部右侍郎。……分宜复拟旨削公籍,其子世蕃夸于众。凤冈福人,盖幸公全归,有余憾云,是时公年五十有三。"⑤万历《扬州府志》卷十七记载:"沈良才,泰州人。嘉靖乙未进士,改翰林院庶吉士,授兵科给事中,寻转工科左给事中。……升吏科给事中。……升南京大理寺右寺丞,寻进左少卿、都察院佥都御史巡抚湖广,升兵部右侍郎。……丁巳,(公)自陈,

---

① 乾隆《卫辉府志》卷三十一,乾隆五十三年刻本。
② 张佳胤《居来先生集》卷四十五,《四库全书存目丛书补编》第51册,第501—504页。
③ 顺治《光州志》卷九,《日本藏中国罕见地方志丛刊26》,第355页。
④ 《四库全书存目丛书》集部103册,第436页。
⑤ 李维桢《大泌山房集》卷一百一十,《四库全书存目丛书》集部第153册,第222—223页。

（严）嵩附会以他事，遂罢免。"①崇祯《泰州志》卷六记载："沈良才，字德夫。十六游庠。……由进士读中秘书，授给事。……以御史大夫建节郧阳。……陟左司马，佐其长运筹帷幄。……梓有文集十卷。"②嘉庆《重修扬州府志》卷四十七记载："沈良才，字德夫，泰州人。嘉靖十四年进士。"③"良才"与"德"相对应。明王立道有诗即云《寿沈德夫母》(《具茨诗集》卷二)。据此，沈良才(1506—1567)，字德夫，号凤冈。《提要》误以号为字。

78.《见沧文集》十五卷 （《总目》卷一百七十七）

> 明茅瓒撰。瓒字见沧，钱塘人。嘉靖戊戌进士第一，官至吏部左侍郎。是集为其门人赵应元所编，而其子藉吉校刊之。第一卷为廷对策，二卷至七卷为各体诗，八卷以下皆杂文，大抵应俗之作也。

按：撰者字误。诸大绶《吏部左侍郎茅公瓒墓志铭》记载："公讳瓒，字邦献，号见沧。其先汴人，宋靖康末徙居钱塘。"④张弘道、张凝道《皇明三元考》卷十"嘉靖十七年戊戌科"记载："状元茅瓒，浙江钱塘人，字邦献，号见沧。治《易》，年三十九。丁酉举人。仕至吏部侍郎。"⑤白瑜《夷齐志》卷三记载："茅瓒，字邦献，号见沧，浙江钱塘人。少有气节，尝读书于宝觉寺，借山巅旧屋居之。始至夜，雷雨大作，崖崩，自谓此身莫知所向矣。诘明，起视之，屋右崩崖数十丈，独所居俨然无恙。岩端露出石刻'见沧'二大字，云是宋理宗所书，乃其前所取号也。"⑥康熙《钱塘县志》卷二十二"人物·文苑"记载："茅瓒，字邦献。"⑦黄虞稷《千顷堂书目》卷二十三"别集类"记载："茅瓒《见沧先生文集》十五卷。（字邦献，钱塘人。一甲第一人，吏部左侍郎，翰林学士。）"⑧朱彝尊《明诗综》卷四十二记载："茅瓒，字邦献，钱塘人。嘉靖戊戌，赐进士第一，累官太子宾客、吏部左侍郎，兼翰林院学士。有《见沧先生集》。"⑨据此，茅瓒(1509—1566)⑩，字邦献，"见沧"乃其号，《提要》误

---

① 万历《扬州府志》，《北京图书馆古籍珍本丛刊25》，第301页。
② 崇祯《泰州志》卷六，《四库全书存目丛书》史部第210册，第115—116页。
③ 嘉庆《重修扬州府志》卷四十七，《中国地方志集成·江苏府县志辑42》，第62页。
④ 《续修四库全书》史部第526册，第347页。
⑤ 《四库全书存目丛书》史部第271册，第163页。
⑥ 《故宫珍本丛刊》第60册，第352页。
⑦ 康熙《钱塘县志》卷二十二，《中国地方志集成·浙江府县志辑4》，第414页。
⑧ 黄虞稷《千顷堂书目》，第582页。
⑨ 朱彝尊《明诗综》，第2075页。
⑩ 参见周腊生《明代钱塘状元茅瓒生卒年考》，《湖北职业技术学院学报》2010年第1期，第51—53页。

号为字。

79.《陈两湖集》三十四卷 （《总目》卷一百七十七）

明陈昌积撰。昌积号两湖，泰和人。嘉靖戊戌进士，官至尚宝司少卿，兼翰林院学士。尝手删其文为《龙津稿》。后其子文扬、文振又益以古今体诗，合为此集。其诗文悉才调富有，而驰骤自喜，细大不捐。

按：撰者字缺，仕履未确。黄虞稷《千顷堂书目》卷二十三记载："陈昌积《两湖文集》三十四卷。（字子发，泰和人，壬午解元，尚宝寺丞。）"①王兆云《皇明词林人物考》卷五"陈子虚"条记载："公名昌积，字子虚，泰和人也。"②张弘道、张凝道《皇明三元考》卷十"嘉靖元年壬午科解元"记载："江西陈昌积，泰和人，字子发。治《书》，年二十二。戊戌进士。"③光绪《吉安府志》卷三十三"人物志·文苑下"记载："陈昌积，字子虚，泰和人。……举嘉靖乡试第一。登进士，授礼部仪制主事，直内阁，管理诰敕。升尚宝寺丞，兼翰林五经博士。……罢归。益肆力诗文，所著有《两湖全集》。"④据此可知，陈昌积（1501—?）字子发，一字子虚，官至"尚宝寺丞"，非"尚宝司少卿"。《提要》误。

80.《己宽堂集》四卷 （《总目》卷一百七十七）

明陈鎏撰。鎏字子兼，号雨泉，吴县人。自署曰颍川，从郡望也。嘉靖戊戌进士，官至四川提学副使，署布政使。是集所载诗，自嘉靖壬辰至万历乙亥，计四十四年之作，篇什虽多，颇伤芜杂。

按：撰者仕履未确。申时行《四川布政使司右布政使进阶正奉大夫正治卿陈公墓志铭》记载："公讳鎏，字子兼，别号雨泉，世居吴郡城之甘节里。……嘉靖甲午举应天乡试，魁其经。又三年，成进士。除工部营缮司主事，榷木荆州。……补虞衡司，升员外郎、都水司郎中，治通惠河。未竟，以按察佥事督学四川。……居蜀四年，迁湖广布政司参议，分守湖南。……转河南按察司副使。……然御史竟论调公，公竟去。数年，用荐者起，仍以副使之云南，专领屯政。……升右参政，寻转按察使、右布政使，三迁皆在蜀。……公慨然乞致事去矣。……所著诗文若干卷，《便蒙类音》二卷、《原

---

① 黄虞稷《千顷堂书目》，第 582 页。
② 王兆云《皇明词林人物考》，《四库全书存目丛书》史部第 112 册，第 22 页。
③ 《四库全书存目丛书》史部第 271 册，第 153 页。
④ 光绪《吉安府志》卷三十三，（台北）成文出版社 1975 年影印本，第 1052 页。

草》二卷,藏于家。"①王兆云《皇明词林人物考》卷九记载:"四川右布政使雨泉陈公讳鎏,字子兼,吴县人。举进士,为工部虞衡司主事,累迁都水司郎中,擢四川按察佥事,提督学校,转湖广右参议、河南按察副使,以御史孙昭论调,归里中,积数载,起家,补云南,迁四川右参政,遂为其省按察使,以至右布政使。一旦移疾,致其事归。又数载乃卒,年七十。"②徐学谟撰小传记载:"陈鎏,字子兼,吴县人,嘉靖戊戌进士,为人恬雅简靖,不受衣冠束缚,耽佳山水,远利若浼,以工部郎榷税荆南,悉屏商奭,去之日,橐橐萧然。历四川督学佥事,甚得士心,晋湖广参议,寻擢河南副使。……隆庆初,起官,仕至四川右布政使,引疾归,年七十卒。"③据此可知,陈鎏(1506—1575)官至四川布政使,非止于"提学副使"之职。

81.《瞿文懿制敕稿》一卷、《制科集》四卷、《诗文集》十六卷 (《总目》卷一百七十七)

明瞿景淳撰。景淳字师道,号昆湖,常熟人。嘉靖甲辰进士,官至南京吏部右侍郎。事迹具《明史》本传。

按:撰者仕履误。邑人严讷《明赠礼部尚书瞿文懿公神道碑》记载:"明兴以来,吾邑中科第,其中省元也始自某,号施公。而昆湖瞿公继之,其中进士第一甲第二人,称及第也,则自瞿公始焉。……公初除翰林院编修。……再期,而迁南京吏部右侍郎。……有诏公为礼部左侍郎,兼翰林院学士。公且行,疾陡作,部趣行甚。公力疾诣缺请告。上见公果疲,则俞公所请,而公于是归梓里矣。……公讳景淳,字师道,以昆湖自号,志所居也。而学者因称为昆湖先生。"④李春芳《嘉议大夫礼部左侍郎兼翰林院学士赠尚书瞿文懿公墓志铭》记载:"隆庆三年七月二十一日,嘉议大夫礼部左侍郎兼翰林院学士致仕瞿公终于家。上命所司议所以褒公者,乃赠公尚书,谥文懿。且命有司营葬而祭之。……公讳景淳,字师道,人称昆湖先生,苏州常熟人也。……乙丑,擢南京吏部右侍郎,摄礼、工二部事。丁卯,今上以礼部左侍郎兼翰林院学士征公。至扬州,病,不进,疏乞骸骨。……戊辰,如京师,而疾益委顿,疏再入,乃得罢归。"⑤陈瓒撰行状亦称《明故通议大夫礼部左侍

---

① 申时行《赐闲堂集》卷二十六,《四库全书存目丛书》集部第 134 册,第 533—534 页。
② 王兆云《皇明词林人物考》卷九,《四库全书存目丛书》史部第 112 册,第 120 页。
③ 徐学谟《徐氏海隅集》卷四十二,《四库全书存目丛书》集部第 125 册,第 187—188 页。
④ 严讷《严文靖公集》卷十,《四库全书存目丛书》集部第 107 册,第 687—688 页。
⑤ 李春芳《李文定公贻安堂集》卷七,《四库全书存目丛书》集部第 113 册,第 192—193 页。

郎兼翰林院学士赠尚书昆湖瞿文懿公(景淳)行状》①。谈迁《国榷》卷六十五记载："穆宗隆庆元年四月庚寅,南京吏部右侍郎瞿景淳为礼部左侍郎。"②据此,瞿景淳(1507—1569)官职应为"礼部左侍郎",而非"吏部右侍郎"。

82.《石龙庵诗草》四卷、《附刻》二卷　(《总目》卷一百七十七)

明徐学诗撰。学诗字以言,别号龙川,上虞人。嘉靖甲辰进士,授刑部主事,迁郎中,以劾严嵩父子罢职。隆庆初,起南京通政司参议,未上而卒,赠大理寺少卿。

按:撰者仕履未确。徐学诗孙徐尔一《先祖龙川公行略》记载:"王父讳学诗,字以言,龙川其别号也。世居上虞之下管乡。……年十七补邑弟子员。嘉靖癸卯举于乡。……明年上春官。……既隽,王父第八。……乙巳,授刑部贵州司主事。……己酉,升四川司员外,其秋,晋江西司郎中。……世庙上宾,遗诏起王父为南京通政司右参议。……则偏侍曾王母抵留都任矣。……未几,拟抚汀赣。……命未下,染痢忽剧,犹自谓无恙,勉慰曾王母。病革前一日,始请一诀以逝,时莅官仅逾月耳。"③万历《绍兴府志》卷四十一记载:"徐学诗,字以言,上虞人。登进士,授刑部主事,历郎中。……世庙上宾,遗诏录诸言者,起南通参,抵官,逾月而卒,士论交惜之。抚臣赵孔昭以请于朝,赠大理少卿。"④徐象梅《两浙名贤录》卷二十五记载与府志同。另,据康熙《上虞县志》卷十六"人物志三"记载:"徐学诗,字以言。嘉靖甲辰进士。……超拜南京通政司右参议,……至官,逾月卒。"⑤《提要》云徐学诗(1517—1567)"未上而卒",未确。

83.《石室秘抄》五卷　(《总目》卷一百七十七)

明魏文焜撰。文焜字德章,侯官人。嘉靖甲辰进士,官至广西按察司使。

按:撰者籍贯误。黄虞稷《千顷堂书目》卷二十三记载:"魏文焜《石室

---

① 中国文物研究所、常熟博物馆编《新中国出土墓志·江苏·常熟》上,第231页。
② 谈迁《国榷》,第4051页。
③ 《四库全书存目丛书》集部第110册,第65—71页。
④ 万历《绍兴府志》卷四十一,《四库全书存目丛书》史部第201册,第308页。
⑤ 康熙《上虞县志》卷十六,(台北)成文出版社1983年影印本,第869页。

私钞》四卷。（字德章，福清人。广西按察使。）"①《福建通志》卷四十三记载："魏文烷，字德章，福清人。嘉靖甲辰进士，由兵部郎历任广西按察使。……后以母老乞终养。……著《石室私抄》行世。"②乾隆《福清县志》卷十三"风概"记载："魏文烷，字德章，号南台，平南里人。嘉靖甲午乡荐，甲辰进士。"③据此，魏文烷（1515—1594后）籍贯应为"福清人"。

84.《余清堂稿》三十二卷 （《总目》卷一百七十七）

明汪镗撰。镗字远峰，鄞县人。嘉靖丁未进士，官至礼部尚书掌詹事府兼翰林院学士。是集诗八卷，文二十四卷。考《千顷堂书目》，镗有《余清堂稿》十二卷，今未见其本。又有《余清堂定稿》三十二卷，即此编也。

按：撰者字误。沈一贯《资政大夫礼部尚书兼翰林院学士远峰汪公行状》记载："公初讳镗孙，既贵，以义无所取，请于上，去孙而独以镗行，字振宗，人称远峰先生。"④王锡爵《礼部尚书远峰汪公神道碑》记载："公名镗，字振宗，人称远峰先生。……其先盖歙人也，胜国时有泰亨者为庆元都目，葬于鄞，后遂占籍为鄞人云。……甲午领乡荐。……丁未成进士，应选读中秘书。己酉，授编修。……（丁丑）升礼部尚书兼翰林院学士。……所著有《礼经训解》若干卷、《余清堂定稿》若干卷，藏于家。"⑤冯琦《远峰先生传》云："远峰先生，浙之鄞县人，初讳镗孙，已，去孙而独以镗行，字振宗，远峰其别号也。汪之先越国公有功于歙，其子孙散居七十二滩间。至元时，名泰亨者始家于鄞。……丁未，成进士，改庶吉士。……己酉，授编修，满九载，晋侍讲。壬戌，擢谕德，视南京翰林篆。明年，署南京国子监事。甲子，召还春坊。……己巳，左迁南京太仆卿。……丁丑，以吏部左侍郎掌詹事府事。……《世庙实录》成，加礼部尚书兼学士。"⑥黄虞稷《千顷堂书目》卷二十三记载："汪镗《余清堂稿》十二卷，又《余清堂定稿》三十二卷。（字振宗，鄞县人，礼部尚书。）"⑦据此，《提要》应更正：汪镗（1512—1589），字振宗，号远峰。

---

① 黄虞稷《千顷堂书目》，第588页。
② 乾隆《福建通志》，《文渊阁四库全书》第529册，第472页。
③ 乾隆《福清县志》卷十三，《中国地方志集成·福建府县志辑20》，第326页。
④ 沈一贯《喙鸣文集》卷十八，《四库禁毁书丛刊》集部176册，第337页。
⑤ 王锡爵《王文肃公全集》卷六，《四库全书存目丛书》集部第136册，第305—307页。
⑥ 冯琦《宗伯集》卷十六，《四库禁毁书丛刊》集部第15册，第224—225页。
⑦ 黄虞稷《千顷堂书目》，第590页。

85.《金舆山房稿》十四卷 (《总目》卷一百七十七)

明殷士儋撰。士儋字正夫,号棠川,历城人。嘉靖丁未进士,官至武英殿大学士,谥文庄。事迹附见《明史·赵贞吉传》。是集为其门人于慎行所编,凡诗、颂二卷,文十一卷,讲义一卷。

按:撰者籍贯误。殷士儋门生于慎行《明故光禄大夫少保兼太子太保礼部尚书武英殿大学士赠太保谥文庄棠川殷公行状》记载:"公讳士儋,字正甫。其先济南武定州人,当金元之世,多仕为武吏。元末兵起,有讳从善者避地关陇,国初乃复故郡。……嘉靖丁未举进士。选翰林院庶吉士,读书内馆。……晋礼部尚书兼翰林院学士,掌詹事府。……加少保,晋武英殿大学士。"①黄虞稷《千顷堂书目》卷二十三记载:"殷士儋《金舆山房稿》十四卷。(字正甫,历城籍,武定州人。)"②《明代登科录汇编》亦记载殷士儋为历城籍,武定州人。道光《济南府志》卷四十九"人物"记载:"殷士儋,字正甫。汝麟之子。嘉靖二十六年进士。"③其中,于慎行撰写行状可靠性最强,殷士儋(1522—1582),字正甫,武定州人。《提要》误,《明史》本传同误。

86.《汪次公集》十二卷 (《总目》卷一百七十七)

明汪道贯撰。道贯字仲淹,休宁人,道昆弟也。

按:《总目》卷一百三十七著录明吴昭明《五车霏玉》三十四卷,《提要》云:"明吴昭明撰,汪道昆增订。昭明始末未详。道昆字伯玉,歙县人,嘉靖丁未进士,官至兵部左侍郎。"汪道贯既为汪道昆乃同胞兄弟,当为同籍,而《总目》著录一为歙县人,一为休宁人,必有一误。检《大清一统志》卷七十九记载:"汪道昆,字伯玉,歙人。嘉靖进士。"道光《徽州府志》卷十二之二"人物志·宦业"记载:"汪道昆,字伯玉,歙人。"之六"人物志·隐逸"记载:"汪道贯,字仲淹,歙松明山人道昆弟。"④据民国《歙县志》卷十"人物志·诗林"记载:"汪道贯,字仲淹,道昆弟。"⑤王世贞为汪道昆、汪道贯父汪良彬撰《封通议大夫兵部右侍郎汪公神道碑》记载:"汪之先自越公华笮路蓝缕,以开不毛,有功德于民,遂世世食歙,为歙甲族。至明而蔓指数十万,阀阅栉比,而今左司马道昆尤贤,重赠封其王父、父皆如其官。"(《弇州续稿》卷一

---

① 于慎行《谷城山馆文集》卷二十八,《四库全书存目丛书》集部第148册,第76页。
② 黄虞稷《千顷堂书目》,第591页。
③ 道光《济南府志》卷四十九,《中国地方志集成·山东府县志辑2》,第515页。
④ 道光《徽州府志》卷十二,《中国地方志集成·安徽府县志辑50》,第96页。
⑤ 民国《歙县志》卷十,《中国地方志集成·安徽府县志辑51》,第404页。

百三十)据此可知,汪道贯(1543—1593前)为歙县人。《提要》误。

87.《北虞先生遗文》八卷 (《总目》卷一百七十八)

明邵圭洁撰。圭洁字伯如,一字茂斋,号北虞,常熟人。嘉靖己酉举人。

按:撰者仕履缺,按例当补。赵用贤《北虞邵先生暨元配张孺人墓志铭》记载:"公讳圭洁,字伯如,家世居山北麓,学者因称之曰北虞先生。……己酉始举于乡,再试礼部,复不第。……乃就教得德清县教谕,居岁余,竟郁郁不起。"①孙楼《明故北虞邵先生墓志铭》记载:"兹以概于北虞邵先生,悲哉天乎!胡独厄之若是耶?……(先生)己酉以《春秋》明经入彀。……谒选,授德清校官。……居无何,卒官。……先生讳圭洁,字伯如,北虞其别号也。"②康熙《常熟县志》卷二十"儒林"记载:"邵圭洁,字伯如,世居虞山之北麓,学者称北虞先生。瞿文懿、严文靖辈结社会文,时称十杰社。圭洁为领袖,百川孙楼其高弟也。……嘉靖己酉举于乡。……谒选,得德清县教谕,卒。……辑《经济录》若干卷、《北虞集》若干卷,行于世。"③康熙《德清县志》卷七"治行传"记载:"邵圭洁,字北虞,常熟人,嘉靖四十一年以乙榜任德清教谕。"④据此可补,邵圭洁(1510—1563)至官德清县教谕。另按:《提要》注邵圭洁"一字茂斋",疑因黄虞稷《千顷堂书目》之衍而衍。

《提要》又云:"是集为其子兵部主事鏊所编。"按:编者名误。是书《四库存目丛书》集部第119册收录北京图书馆藏万历刻本,卷端题:"吴郡海虞邵圭洁伯如甫著,邑门人孙楼、钱之选、邹泉同辑,仲子鏊校,孙与游录"。据上述所引孙楼撰邵圭洁墓志铭可知,邵圭洁有子二:伯子邵鏊,仲子邵鏊。邵鏊(1553—1610),字麟武,号墟莲。以春秋经举万历丙戌进士,初任武昌府推官,迁南京兵部主事,晋郎中致仕。康熙《常熟县志》卷二十、同治《苏州府志》卷九十九有传。据此,《提要》作编者"邵鏊",误。

88.《平山文集》八卷、《诗集》八卷 (《总目》卷一百七十八)

明何涛撰。涛字仲平,江西广昌人。嘉靖己酉举人。据集中所言,盖尝官于安庆,不知为安庆何官也。诗文皆率所欲言,诗集第五卷,有

---

① 赵用贤《松石斋集》卷十九,《四库禁毁书丛刊》集部第41册,第285—286页。
② 孙楼《刻孙百川先生文集》卷十,《四库全书存目丛书》集部第112册,第684—685页。
③ 康熙《常熟县志》卷二十,《中国地方志集成·江苏府县志辑21》,第478—479页。
④ 康熙《德清县志》卷七,(台北)成文出版社1983年影印本,第350页。

《读白集卒业》一首，可以知其宗尚矣。

按：何涛任职安庆仕履可考。康熙《安庆府志》卷十记载，何涛，江西广昌人，推官①。卷十二"政绩传"记载："何涛，字仲平，江西广昌人，嘉靖己酉解元，授□□李之任，五日即辞官归隐。"②乾隆《建昌府志》卷四十二记载："（何）涛，字仲平，号平山。源仲弟也。嘉靖二十八年，与弟沉并举江西乡试，而涛为举首，人艳之，目为何氏三凤。数上公车不第，源劝之仕，不应。他日，又举君臣之义相激励，于是勉起谒选，得安庆推官。受事五日，每阅谳狱，辄矜恤不欲竟日，曰：士各有志，安能岑岑长事此？会谒上官，扃其署，竟归。当道与士民为之树高风亭以记之。著有《平山集》。"③据此可知，何涛安庆任职为推官。

89.《云山堂集》六卷 （《总目》卷一百七十八）

明魏裳撰。裳字顺甫，蒲圻人。嘉靖庚戌进士，官至济南府知府。《明史·文苑传》附载《王世贞传》中。

按：魏裳（1519—1574）职官误，官至应为"山西冀南道副使"。凌迪知《万姓统谱》卷九十四记载："魏裳，字顺甫，蒲圻人。嘉靖庚戌进士。为人质直，无他嗜好，读书博物，洽闻一时，海内知名士争相交欢。授刑部郎，出守济南。解淄莱盗，均章丘赋，济人德之。晋山西副使，罢归。杜门不事家人生产，而时时好著书，里中后进之士争师事之。裳诗文好拟则古昔，成一家言。所著有《云山草堂集》、《湖广通志草》凡若干卷。"④黄虞稷《千顷堂书目》卷二十三记载："魏裳《云山堂集》六卷。（字顺甫，蒲圻人，山西冀南道副使。）"⑤朱彝尊《明诗综》卷五十二记载："魏裳，字顺甫，蒲圻人。嘉靖庚戌进士，除刑部主事。历员外郎中，出知济南府，迁山西按察副使。有《云山堂稿》。"⑥康熙《武昌府志》卷八"人物"记载："魏裳，字顺甫，蒲圻人。……嘉靖丙午举于乡。庚戌成进士。授刑部山西主事。……稍迁员外郎，最后为济南知府。……迁山西副使，分巡冀南道。究以性高简，招指摘去官。楚抚聘修《湖广通志》，凡成七十六卷。……著有《云山堂集》。"⑦事

---

① 康熙《安庆府志》卷十，《中国地方志集成·安徽府县志辑10》，第229页。
② 康熙《安庆府志》卷十二，《中国地方志集成·安徽府县志辑10》，第306页。
③ 乾隆《建昌府志》卷四十二，《故宫珍本丛刊》第114册，第475页。
④ 凌迪知《万姓统谱》卷九十四，《文渊阁四库全书》第957册，第365页。
⑤ 黄虞稷《千顷堂书目》，第592页。
⑥ 朱彝尊《明诗综》，第2338页。
⑦ 康熙《武昌府志》卷八，《中国地方志集成·湖北府县志辑2》，第396—397页。

实上,《云山堂集》卷首收录张佳胤序言即称"先生罢按察归"。《提要》疏误盖源于《云山堂集》收录王世贞撰《魏顺甫传》,传记云:"魏顺甫者,名裳,世为蒲圻人。……又十余年而举乡试,又四年而成进士,授刑部山西司主事。……久之,复补山西司。……稍迁员外郎、郎中,最后为济南知府。"读到这里可能致使四库馆臣误以为是魏裳的最后职位了,不过后面记载:"迁为山西按察司副使,分巡冀南道。顺甫为济南三岁,所得台史荐凡六,最后一不当其意,竟以指摘去副使归。"①

90.《苏山集》二十卷 (《总目》卷一百七十八)

明陈柏撰。柏字子坚,一字宪卿,沔阳人。嘉靖庚戌进士,官至井陉兵备副使。是集凡诗十卷,文十卷,诗颇宕逸有姿,而失于薄弱,文又不及其诗。《千顷堂书目》别载柏《见南山集》八卷,不载此集,殆偶未见也。

按:陈柏之子陈文烛《明故进阶中议大夫资治尹山西提刑按察司副使先君行状》记载:"先君讳柏,字宪卿,沔阳州江北村人。……庚戌礼闱,……选兵部职方司主事。……庚申春,先君念吴太安人,乞外补,得井陉兵备。……隆庆戊辰,……以宪副致仕。……所著有《见南江阁(诗选文选)》、《来青轩诗选文选》、《借山亭前集续集》、《退乐轩诗选》、《大业堂尺牍》数十卷,汇为《苏山全集》。"②吴国伦《明山西提刑按察司副使进阶中议大夫赞治尹宪卿陈公墓志铭》之:"陈公讳柏,字宪卿,沔阳州人。"③万历《承天府志》卷十一记载:"陈柏,字宪卿,沔阳人。嘉靖庚戌进士。累官山西兵备,左迁归。……著有《见南江阁》、《借山集》。"④凌迪知《万姓统谱》卷十八记载:"陈柏,字宪卿。……举嘉靖戊子乡试,庚戌进士。……选职方司主事。……以忤分宜,外补井陉兵备。……未几,宅母忧归。……著作有《苏山集》行于世。"⑤王兆云《皇明词林人物考》卷十"陈宪卿"条记载:"公讳柏,字宪卿,别号苏山,楚之沔阳人也。"⑥《湖广通志》卷五十三记载:"陈柏,字宪卿,沔阳人。嘉靖庚戌进士。以才望调兵部职方,备兵井陉。与严嵩不

---

① 《四库全书存目丛书》集部第 121 册,第 378—379 页。
② 陈文烛《二酉园文集》卷十三,《四库全书存目丛书》集部第 139 册,第 158—164 页。
③ 吴国伦《甔甀洞稿》卷三十五,《四库全书存目丛书》集部第 123 册,第 128 页。
④ 万历《承天府志》卷十一,书目文献出版社 1990 年影印本,第 225 页。
⑤ 凌迪知《万姓统谱》卷十八,《文渊阁四库全书》956 册,第 345 页。
⑥ 王兆云辑《皇明词林人物考》卷十,《四库全书存目丛书》史部第 112 册,第 165 页。

合，左迁归。闭门著述，年六十。修高年会，比香山洛社。"①行状、墓志铭及地方志均无陈柏（1506—1580）"字子坚"的记载，此处记载疑沿黄虞稷《千顷堂书目》而误。

91.《九愚山房诗集》十三卷　（《总目》卷一百七十八）

明何东序撰。东序字崇教，号肖山，猗氏人。嘉靖癸丑进士，官至右佥都御史，巡抚延绥。

按：撰者仕履误。李维桢《何中丞家传》记载："何公，名东序，字崇教，猗氏二相坊人也。……壬子举于乡，明年成进士，除户部主事，榷清源税。……擢山东副使，备兵紫荆。……超拜佥都御史，抚榆林。……捷闻，赐金绮，晋一阶，为副都御史。……所著《九愚山房集》、《榆关奏议》、《毦氍子》、《聚雁楼集》、《四书正理》、《麟经发微》、《课子制义》，纂录《史汉抄评》、《鸿烈类选》、《古文会编》、《四六玄囿》、《唐诗类苑》，士多称而道之，惟兵书秘不传。"②赵用光《巡抚延绥都察院右副都御史进阶资善大夫正治上卿肖山何公墓志铭》记载："猗氏盖有何肖山先生云，方予伏研，北窥举子业，先生诗文已四驰远近，获读其一二，多不得句，至其法与意所隐秩而默注，往往不能测涯涘。……先生年十四补邑庠弟子员，凡八年，以《春秋》荐省闱高等，明年成进士，拜户部主事，擢郎中。……起刑部郎，擢守徽。……擢山东副使，备兵紫荆。逾二年，以佥都御史巡抚延绥，用破房功升副都御史。……先生遂决意悬车，不复问当世事矣。先生归，得大肆力于诗文，如所著《九愚山房集》、《佐右集》、《毦氍子》、《聚雁楼集》，即专门名家或逊美焉。又精书，行草楷则无愧古人。晚病，运腕颇艰，以左手代，尤古所罕俪者。至所纂集《史汉抄评》、《鸿烈类选》、《古文会编》、《四六玄囿》、《唐诗类苑》，及所著《四书正理》、《麟经发挥》、《榆关奏议》往往行世，而兵法若干卷，则秘不以示人。……先生讳东序，字崇教。"③据此可知，何东序（1531—1606）官右佥都御史时，因战功而晋升一阶，为"副都御史"。

---

① 乾隆《湖广通志》卷五十三，《文渊阁四库全书》第533册，第192页。
② 李维桢《大泌山房集》卷六十六，《四库全书存目丛书》集部第152册，第139—140页。按：何东序所著兵书并非不传，黄虞稷《千顷堂书目》卷十三"兵家类"收录何东序两部兵书《益智兵书》一百卷，又《武库益智录》六卷。
③ 赵用光《苍雪轩全集》卷十五，《四库禁毁书丛刊》集部182册，第254—255页。

92.《屏居集》八卷、《浪游集》六卷、《耕余集》八卷 （《总目》卷一百七十八）

明姚汝循撰。汝循字叙卿，江宁人。嘉靖丙辰进士，官至大名府知府，终于嘉州知州。

按：撰者籍贯误。冯梦祯《前大名知府姚叙卿先生墓志铭》记载："先生讳汝循，字叙卿，初名理，后以字行，别号凤麓，以家近凤凰台故。姓姚氏，与虞、陈、胡俱有妫之后。其先籍吾浙之武康，元末有名顺者避地婺之永康，国初，徙富户实京师，顺名在徙中，遂占上元籍。……弱冠出应京兆试，以高等籍诸生，遂领乙卯乡荐。明年丙辰登进士。……初令河南杞县。……满考，应异才举，擢知大名府。……杜门十年，著《屏居集》。……起先生于家，补楚之桂阳州同知，量移，知蜀之嘉定州。……而先生独褫官。……所著有《锦石山斋》诸稿并文集若干卷，藏于家。"①焦竑《中宪大夫直隶大名府知府凤麓姚公墓表》记载："公讳汝循，字叙卿，别号凤麓，先世浙之永康人。国初徙京师，为锦衣卫人。……嘉靖乙卯，应天比士。学使者选高等，应试即中其科。明年丙辰成进士，授河南杞令。……所著有《锦石斋集》若干卷，行于世。"②黄虞稷《千顷堂书目》卷二十三亦记载："姚汝循《锦石山斋集》二十四卷，又《屏居集》八卷。（字叙卿，锦衣卫籍，上元人。大名知府，谪嘉州知州。）"③朱彝尊《明诗综》卷四十四记载："姚汝循，字叙卿，上元人。"④据此，姚汝循（1535—1597）籍贯当以上元人为确。上元及江宁均为应天府倚郭县，但不应混淆。

93.《济美堂集》六卷 （《总目》卷一百七十八）

明陈瓒撰。案：世宗时有两陈瓒。其一献县人，嘉靖丁未进士，官至南京吏部尚书，即尝为杨继盛奏请恤典者。

按：献县陈瓒仕履未确。康熙《献县志》卷六"乡贤"记载："陈瓒，字敬夫，号玉泉。登进士，任阳曲知县，擢监察御史。……升户部侍郎，转南京户部尚书，未抵任，改左都御史，掌院事。……卒赠太子太保，谥简肃。"⑤卷七收录刘寿《简肃陈公墓表》记载："公讳瓒，字敬夫，号玉泉。先世山后人。高祖讳得新者国初徙居河间献邑之马颊乡。……嘉靖癸卯荐于乡，登丁未

---

① 冯梦祯《快雪堂集》卷十二，《四库全书存目丛书》集部第164册，第209页。
② 焦竑《焦氏澹园集》卷二十七，《四库禁毁书丛刊》集部第61册，第308—309页。
③ 黄虞稷《千顷堂书目》，第598页。
④ 朱彝尊《明诗综》，第2190页。
⑤ 康熙《献县志》卷六，《中国地方志集成·河北府县志辑49》，第55页。

科进士,筮仕阳曲县。……擢监察御史。……升山东副使,两转河南参政。……再升山东右布政。……升光禄卿,寻转佥都御史,巡抚四川等处。……寻升副都御史,协理院事。辛未,升户部侍郎。……升南京户部尚书,未抵任,改左都御史,掌院事。……卒于中堂。……加赠太子太保,谥简肃。"①同书收录牛镜《简肃陈公传》仕履与墓表同。据此,陈瓒(1505—1578)曾任南京"户部尚书",未任实职,改左都御史。此为其最后官职。《提要》云"官至南京吏部尚书",误。

94.《谢山存稿》十卷 (《总目》卷一百七十八)

明陈吾德撰。吾德字有斋,广东新会人。嘉靖乙丑进士,官至浙江按察司佥事。吾德传陈献章之学。居官忤张居正,屡遭贬谪,其气节亦铮铮者。诗文则直述胸臆而已。

按:撰者字、仕履均误。叶春及《湖广按察司佥事陈公吾德行状》记载:"万历己丑冬十一月壬辰,奉政大夫湖广按察司佥事陈公卒于位。公名吾德,字懋修。……元初,有曰倬者总管惠州,因家广。……壬子乡荐第二人。……乙丑成进士,授行人。……隆庆己巳进工科给事中。……(丁亥)迁湖广按察司佥事,分部武昌。"②康熙《新会县志》卷十二"人物"记载:"陈吾德,字懋修,号省斋,外海村人。嘉靖壬子乡荐第二人,乙丑进士。授行人。……晋工科给事中。……万历改元,召起兵科给事中。……复大忤江陵意,出守饶州。……江陵败,台省交荐,起思恩推官、宝庆同知,以亲老,皆不就。终起补绍兴同知,迁湖广佥事。……无何,卒。……所著《谢山存稿》《甲子图律吕》等书。"③梁善长《广东诗粹》卷四记载:"陈吾德,字懋修,新会人。嘉靖乙丑进士。官至湖广佥事。有《谢山存稿》。"④据此,陈吾德(1528—1590)字"懋修"⑤,号"省斋",官至湖广佥事,非"浙江佥事"。《提要》作字"有斋",乃其号"省斋"之形近而误。

95.《山居集》八卷 (《总目》卷一百七十八)

明栗应宏撰。应宏字道甫,长子人。嘉靖中举人,屡试不第,耕读

---

① 康熙《献县志》卷七,《中国地方志集成·河北府县志辑 49》,第 86—87 页。
② 《续修四库全书》史部第 530 册,第 60—61 页。
③ 康熙《新会县志》卷十二,《日本藏中国罕见地方志丛刊 23》,第 284 页。
④ 《四库全书存目丛书》集部第 411 册,第 164 页。
⑤ 按:陈吾德卒于万历十七年十一月二十九日,公历为 1590 年 1 月 4 日。

太行山中。祥符高叔嗣谢病归,应宏往与订交,叔嗣作《紫团山人歌》赠之。是集即叔嗣所序也。

按:撰者籍贯误。黄虞稷《千顷堂书目》卷二十三"别集类"记载:"栗应宏《太行集》十六卷,又《山居诗集》六卷。(字道甫,长治人。)"①光绪《长治县志》卷五"集传"记载:"栗应宏,字道甫。举嘉靖乙酉乡试,累试南宫不第,补南阳府通判。……著《山居诗》六卷。"②乾隆《潞安府志》卷二十二"文苑"记载:"栗应宏,字道甫,潞州人。"③检《明史·地理志》记载,长治县为潞安府倚郭县。元代为上党县。洪武二年省入潞安州。嘉靖八年二月复置。更名长治县。栗应宏为嘉靖四年举人,严格来讲,栗应宏乃潞州人,乾隆《潞安府志》记载,确。《提要》作"长子人",误。

96.《吾野漫笔》十三卷 (《总目》卷一百七十八)

明许炯撰。炯字吾野,新会人,嘉靖中举人。是集凡文七卷,诗六卷。

按:撰者字误。康熙《新会县志》卷七"选举"记载,许炯中嘉靖辛卯科(1531年)乡试。卷十三"文苑"记载:"许炯,字彦韬。……尝修邑志及《厓山志》。所著有《吾野漫笔》。"④民国《开平县志》卷三十二"人物"记载:"许炯,字彦韬。……年十九举嘉靖十年乡书。"⑤卷三十"艺文"收录同邑友人容朝望于嘉靖二十七年(戊申)为《吾野漫笔》所撰序,云:"许子名炯,字彦韬,新会之容毂人也。"⑥梁善长《广东诗粹》卷四记载:"许炯,字彦韬,新会人。由儒士领嘉靖辛卯乡荐。有《吾野漫笔》。"⑦方志文献均记载许炯(1513—?)字"彦韬","吾野"或为其号,且古人文集命名惯例均以号名之。《提要》盖误号为字。

另按:《四库全书存目丛书》没有收录《吾野漫笔》,盖已佚。康熙《新会县志》卷十七"艺文上"收许炯撰《上田豫阳督学书》、《上朱砥斋金宪书》、《张道孝感记》,卷十八"艺文下"收其诗作有:《秋夜客至共酌池上》、《访吴处士隐居》、《赠月桥山人》、《同罗少南、黄叔化陪曹明府厓山吊古,因泛舟观海

---

① 黄虞稷《千顷堂书目》,第603页。
② 光绪《长治县志》卷五,(台北)成文出版社1976年影印本,第1041页。
③ 乾隆《潞安府志》卷二十二,《中国地方志集成·山西府县志辑30》,第366页。
④ 康熙《新会县志》卷七,《日本藏中国罕见地方志丛刊23》,第330页。
⑤ 民国《开平县志》卷三十二,(台北)成文出版社1966年影印本,第272页。
⑥ 民国《开平县志》卷三十,(台北)成文出版社1966年影印本,第324页。
⑦ 《四库全书存目丛书》集部第411册,第166页。

得水字》、《湖上行》、《匡山奇石歌》、《经白沙里》(二首)、《闻驾幸承天恭赋》、《流杯晚渡》、《将往京师留别亲友》、《暮春》、《山行》、《北滘候潮》、《怀何檗樵》、《夜读黄庭》、《登壮哉亭》(二首)、《毛延寿》、《素馨花》、《云巢》、《岩下禅僧》、《题杨氏隐居》、《梅》、《客中九日》等。于此可见许炯创作之一斑。

97.《大鄣山人集》五十三卷 (《总目》卷一百七十八)

明吴子玉撰。子玉字瑞谷,休宁人。嘉靖中贡生。其文规模李攀龙。集中分体二十,皆以某部为题。其叙事、志略、说谱等目,并出臆造。

按:撰者科分年代误,仕履缺。道光《徽州府志》卷十一之四"文苑"小传记载:"吴子玉,字瑞谷,休宁茗洲人。……晚应万历间贡,授应天训导。"①道光《休宁县志》卷十"选举"记载为万历十六年(1588)岁贡。黄虞稷《千顷堂书目》记载:"吴子玉《吴瑞谷集》五十三卷。(休宁人,岁贡,官应天府学训导。)"②《休宁茗洲吴氏家记·策名记》记载:"子玉原名瑗,字子玉,后以字行,又字瑞谷,号茗山,别号大鄣山人。嘉靖丙午入邑庠,己未食廪,万历戊子贡,授应天府训导。"③据此可知,吴子玉(1520—1591),万历(非嘉靖)间贡生,官应天府学训导。检程嗣功、王一化纂修万历《应天府志》(万历五年刻本)卷十六"职官表·训导"无吴子玉记载。《提要》误。

98.《句漏集》四卷 (《总目》卷一百七十八)

明顾起纶撰。起纶字更生,号元名,无锡人。官郁林州州判。

按:撰者字、号均误。欧大任《九华先生传》记载:"余友九华先生姓顾氏,名起纶,字玄言,无锡世家也。……十九入国学。……谒选得滇中军幕。……转贰郁州。……先生四十余即休官。其足迹所至,走燕鲁,浮淮汉,涉沅湘,莅滇僰,逾五岭,窥九嶷,距西瓯,临南海,寄兴幽遐,每就著作。所撰有《应制》、《玄言》、《酬藻》、《感知》、《昆明》、《勾漏》、《旧林》诸集,选明诗为《国雅》。……先生曳杖行园,堕深池,几溺。既苏,遂易名更生,字仲长,自此栖遁慧麓,恣游天台、雁宕间矣。"④李维桢《晋陵玄言顾仲子之丘碑铭》记载:"仲子名起纶,玄言其字,仕儒林郎。以子祖源贵,封大理评事,不称,称仲子。……无何,仲子行歌大雪中堕池,几死,久之苏,乃更名曰更生,字仲

---

① 道光《徽州府志》卷十一,《中国地方志集成·安徽府县志辑49》,第326页。
② 黄虞稷《千顷堂书目》,第611页。
③ 转引自王重民《中国善本书提要补编》,第23页。
④ 欧大任《鸥虞部文集》卷十五,《四库禁毁书丛刊》集部第47册,第211—212页。

长。……仲子生正德丁丑四月二十日。……竟领滇参军以行。……寻监州郁林。……仲子以贡砂行,而心殊厌吏事矣,因自免归。……谢郁林,年方四十。……仲子号九华,又号啸林外史,其取义大归不出丘中。"①光绪《无锡金匮县志》卷二十二"文苑"记载:"顾起纶,字元言。……以国子生授云南某卫经历。……迁郁林州同知。"②光绪《郁林州志》卷十四"宦迹"亦记载:"顾起纶,字元音(应为言——引者注),无锡人,累官郁林同知,权州事。"③据此,顾起纶(1517—1587),又名更生,字玄言,一字仲长,号九华,又号啸林外史。其官至"同知"(从六品),非"州判"(从七品)。

99.《傅山人集》三卷 （《总目》卷一百七十八）

明傅汝舟撰。汝舟本名舟,字虚木,号丁戊山人,一曰磊老,侯官人。晚慕仙家服食之术,舍乡井遂游山水。其诗刻意学郑善夫,喜为荒诞诡谲之语。

按：撰者字误。陈鸣鹤《东越文苑》卷六记载:"傅汝舟者,字木虚,侯官人。"④凌迪知《万姓统谱》卷九十五记载:"傅汝舟,字木虚,闽邑人。游遍吴会荆襄,以迄齐鲁,及于百粤。素善养生之术,兼晓黄白,见者惊为异人,其诗亦每亟称于人。"⑤钱谦益《列朝诗集小传》丙集记载:"汝舟撰。汝舟本名舟,字木虚,号丁戊山人,一曰磊老,侯官人。"⑥黄虞稷《千顷堂书目》卷二十二"别集类"记载:"傅汝舟《前丘生行已外篇》六卷。(字木虚,一名丹,号丁戊山人,一曰磊老,侯官人。与同邑高瀼齐名,皆郑善夫友。)"⑦方志如《福建通志》卷五十一、乾隆《福州府志》卷六十记载其字均作"木虚"。友人郑善夫、黎民表等诗词往来均称傅汝舟(1476—1563)"傅木虚"。《提要》倒乙之误。傅汝舟弟傅汝楫,字木剡。可为佐证。

100.《石西集》八卷、附《崇礼堂诗》一卷 （《总目》卷一百七十八）

明汪子祐撰。子祐字受夫,别号石西,石门人。性喜为诗。自二十

---

① 李维桢《大沁山房集》卷八十七,《四库全书存目丛书》集部第 152 册,第 540—543 页。
② 光绪《无锡金匮县志》卷二十二,《中国地方志集成·江苏府县志辑24》,第 357 页。
③ 光绪《郁林州志》卷十四,(台北)成文出版社 1967 年影印本,第 178 页。
④ 陈鸣鹤、赵世显订正,郭伯蔚增订《东越文苑》卷六,《续修四库全书》史部第 547 册,第 483 页。
⑤ 凌迪知《万姓统谱》卷九十五,《文渊阁四库全书》第 957 册,第 383 页。
⑥ 钱谦益《列朝诗集小传》,第 331 页。
⑦ 黄虞稷《千顷堂书目》,第 562 页。

岁至七十岁,皆编年为集。后其元孙宗豫搜辑遗稿,属汪懋麟等定为是编,凡诗六卷、赋一卷、文一卷,后附《崇礼堂诗》一卷,则宗豫父伯荐之作。伯荐字士倩,崇祯戊辰恩贡生。

按:撰者名、籍贯均误。《四库全书存目丛书》集部第 146 册收录该书,书中载有祁门陈希昌《石西先生传》记载:"先生姓汪氏,讳子祐,字受夫,别号石西,世居祁西门。……曾孙中讳伯荐者,明选贡,未仕。"①据此可知,"汪子祐"乃"汪子祜"之讹,"石门人"乃"祁门人"之讹。据《明史·地理志》记载,祁门隶属于徽州府,而石门县乃属湖广澧州。吴绮《石西集序》云:"又三甲子,其玄孙天如君谓奉先君之遗训,委在棘人,乃以高祖之藏书授诸枣氏,借文章之力,用展孝思;任编辑之劳,仰成前烈。又得叔定、蛟门两君子精心选订,极意校雠,俾百年之文泽与环谷而俱传;一代之弘章偕檗庵而媲美,曰观止矣,岂不懋哉?"②据此可知,选定为汪懋麟(号蛟门)、汪耀麟(号叔定)二人(乾隆《江都县志》卷二十三"文学"有传)。

101.《松菊堂集》二十四卷 (《总目》卷一百七十八)

明孙鏊撰。鏊字端峰,余姚人,江西巡抚燧之孙,工部尚书升之子也。官上林苑丞。

按:撰者字误。许国《上林苑监良牧署署丞端峰孙公墓志铭》记载:"自古高世之士,其初本有志用世,既与世相违,然后放情诗酒山水之间,而卒亦未尝忘世也,若今上林丞端峰孙公是已。公名鏊,字文器,端峰号也。孙之先显于唐者曰三司使招讨大将军岳,由睦州迁姚之梅川,家焉。……以母命谒选,得上林苑监署丞。……壬申,补良牧署。……以苑职致仕。"③古人名、字意义相连,"鏊"乃"器"也,与"端峰"则无相关之意。据此可知,孙鏊(1525—1592)字文器,号端峰。《提要》误号为字。

102.《郑京兆集》十二卷、《外集》二卷 (《总目》卷一百七十八)

明郑心材撰。心材字敬仲,号思泉,海盐人,刑部尚书晓之孙,光禄寺少卿履淳之子。以荫生官至应天府治中。

按:撰者字误。天启《海盐县图经》卷十三记载:"郑心材,字敬中。……

---

① 《四库全书存目丛书》集部第 146 册,第 542 页。
② 《四库全书存目丛书》集部第 146 册,第 540 页。
③ 许国《许文穆公集》卷五,《四库禁毁书丛刊》集部第 40 册,第 483—484 页。

屡举不第,以王父端简公荫,拜督府都事,历应天治中。左迁盐司,不赴,卒。"①光绪《嘉兴府志》卷五十六"海盐列传"记载:"郑心材,字敬中。"②据此,《提要》或因音近而误。

103.《程幼博集》六卷 (《总目》卷一百七十九)

明程大约撰。大约字幼博,休宁人。是集为于慎行所选,凡杂文二卷,诗四卷,多畅所欲言,不拘格律,如泛驾之马,不可以羁勒范之。

按:撰者籍贯误。民国《歙县志》卷十"人物志·方技"记载:"程大约,字幼博,岩镇人。由太学官鸿胪寺序班,善制墨。……由是大约复业墨,以其季君房作《墨苑》十二卷。……著《幼博集》、《圜中草》。"③许承尧《歙事闲谭》卷二记载:"程大约,字君房,号幼博,岩镇人。"④歙县与休宁均属徽州府,不当致误。

104.《醒后集》五卷、《续集》一卷、附《京省次》五卷 (《总目》卷一百七十九)

明卢维祯撰。维祯字瑞峰,号水竹居士,漳浦人。隆庆戊辰进士,官至户部侍郎。是集为维祯致仕以后所自刊,题曰《醒后》,言如梦之醒也。

按:康熙《漳浦县志》卷十五"人物上"记载:"卢维祯,字司典,号瑞峰,七都人。聪明早发,十九领乡荐,隆庆戊辰成进士,授太常博士。……擢吏部郎,遍历四司,久主铨衡。迁太仆、光禄卿。……升太常卿。……晋大理卿。……晋户、工二部左右侍郎,以忤当道意,致政归。……著有《醒后集》藏于家。"⑤《福建通志》卷四十六记载:"卢维祯,字司典,漳浦人。隆庆戊辰进士,历吏部考功文选郎,迁太仆光禄卿,疏请改折浙江岁派上供,升太常卿,上疏请册立大典,晋大理寺卿,官终户部左侍郎。晚岁与朱天球结社自娱。所著有《醒后集》。卒,赠户部尚书。"⑥光绪《漳州府志》卷三十"人物三"记载:"卢维正(避雍正讳——引者注),字司典,漳浦人。"⑦《明代登科

---

① 天启《海盐县图经》卷十三,《四库全书存目丛书》史部第 208 册,第 576 页。
② 光绪《嘉兴府志》卷五十六,《中国地方志集成·浙江府县志辑 13》,第 641 页。
③ 民国《歙县志》卷十,《中国地方志集成·安徽府县志辑 51》,第 436 页。
④ 许承尧《歙事闲谭》卷二,第 48 页。
⑤ 康熙《漳浦县志》卷十五,漳浦县政协文史资料征集委员会 2004 年点校本,第 452 页。
⑥ 乾隆《福建通志》,《文渊阁四库全书》第 529 册,第 571 页。
⑦ 光绪《漳州府志》卷三十,《中国地方志集成·福建府县志辑 25》,第 613 页。

录汇编》亦记载其字司典。据此,《提要》载卢维祯(1543—1610)误号为字。

105.《文洁集》四卷 （《总目》卷一百七十九）

明邓以赞撰。以赞字定宇,新建人。隆庆辛未进士,官至吏部侍郎,谥文洁。事迹具《明史·儒林传》。

按：撰者字误。邹元标《明嘉议大夫吏部右侍郎兼翰林院侍读学士赠礼部尚书谥文洁定宇邓公墓志铭》记载："公名以赞,字汝德,学者尊为定宇先生,新建青岗里人。……丁卯举于乡,辛未举进士第一人。"①张弘道、张凝道《皇明三元考》卷十二记载："隆庆五年辛未科大魁：会元邓以赞,江西新建人,字汝德,号定宇。治《诗》。年三十。丁卯举人。"②黄宗羲《明儒学案》卷二十一记载："邓以赞,字汝德,号定宇,南昌新建人。"③朱彝尊《明诗综》卷五十一记载："邓以赞,字汝德。新建人。"④《明史》卷二百八十三记载："邓以赞,字汝德,新建人。"⑤据此文献,邓以赞(1542—1599),字汝德,"定宇"乃其号。《提要》误。

106.《赐余堂集》十四卷 （《总目》卷一百七十九）

明吴中行撰。中行字子道,号复庵,武进人。隆庆辛未进士,官编修时,与赵用贤等论张居正,廷杖削籍。后屡起屡废,卒不大显,终于侍讲学士,掌南京翰林院事。事迹具《明史》本传。是集为其子大理寺少卿亮所编。

按：撰者仕履误。赵南星《明侍读学士复庵吴公传》记载："吴公名中行,字子道,别号复庵,其先宜兴人也,寓庵公始徙武进。寓庵公名性,登嘉靖乙未进士,历官尚宝司丞,生四子。长可行,登嘉靖癸丑进士,官翰林院检讨。吴公,仲也。……十九为诸生。二十二而举于乡,是为嘉靖辛酉。……辛未,升第,选为庶吉士。癸酉,授编修。……明年,至右谕德。……公以侍读学士起家南京掌院。……公竟卒于家。"⑥朱彝尊《明诗综》卷五十一记载："吴中

---

① 邹元标《愿学集》卷六,《文渊阁四库全书》第 1294 册,第 229—230 页。
② 《四库全书存目丛书》史部 271 册,第 184 页。
③ 黄宗羲《明儒学案》,第 490 页。
④ 朱彝尊《明诗综》,第 2593 页。
⑤ 张廷玉等《明史》,第 7288 页。
⑥ 赵南星《赵忠毅公诗文集》卷十三,《四库禁毁书丛刊》集部第 68 册,第 344—345 页。

行字子道,武进人。隆庆辛未进士。……进侍读。"①据《明史·职官志二》记载:"翰林院侍读学士、侍讲学士各二人,并从五品。"②"侍讲学士"与"侍读学士"虽同为从五品,但职位不同,据此应予更正。《明史》卷二二九吴中行(1540—1594)本传记载有误。

107.《苍耳斋诗集》十七卷 （《总目》卷一百七十九）

明方问孝撰。问孝字胥成,歙县人。仕履未详。《歙县志》亦无其名姓。集中有与汪道昆诗,当是隆、万间人。其诗风华有余,深厚不足,盖亦沿七子之派,多浮声而少切响也。

按:方问孝事迹可考。《四库全书存目丛书》集部第157册收录该书,书前收录有若瀛、董复亨撰二序。于若瀛《苍耳斋集题辞》称方问孝"真词坛之赤帜,布衣之白眉也"。董复亨《方胥成诗集序》称方问孝"布衣之雄耳"。可见方问孝仅为布衣,未入仕。乾隆《歙县志》卷十四记载:"方问孝,字胥成,灵山人。十岁能诗,隐居不仕,每一诗出,人竞传写。邢侍御子愿称为词坛真龙。东阿于相国谷峰初见其诗,疑为魁然丈夫。后介傅司马伯俊而友之曰:岂所谓短小而精悍者乎? 著《苍耳斋诗集》三十余卷。"③该书由张佩芳修、刘大櫆纂,刊定于乾隆三十六年,而《四库全书》动议始于乾隆三十七年,不得言"《歙县志》亦无其名姓"。道光《徽州府志》卷十二之六"人物志·隐逸"记载:"方问孝,字胥成,别号癯丈人。歙县人,十岁能诗,隐居不仕。著《苍耳斋诗集》三十余卷。"④据此,方问孝终生布衣,未曾入仕。

108.《快独集》十八卷 （《总目》卷一百七十九）

明李尧民撰。尧民字耕尧,济宁人。万历甲戌进士,官至工部右侍郎。

按:撰者仕履误。于若瀛《嘉议大夫应天府府尹雍野李公行状》记载:"公讳尧民,字耕尧,别号雍野,世为济宁州人。……万历癸酉,以《易》举省闱第六人。甲戌,成进士。乙亥,授长洲令。……乙酉,服阕。……选得江西道御史。……又三年,壬辰,复除浙江道御史。……越三年,为己亥,复诏

---

① 朱彝尊《明诗综》,第2601页。
② 张廷玉等《明史》卷七十三,第1785页。
③ 乾隆《歙县志》卷十四,(台北)成文出版社1983年影印本,第1016页。
④ 道光《徽州府志》卷十二,《中国地方志集成·安徽府县志辑50》,第96页。

起为大理丞。……又一年,擢本寺右少卿。……推南大京兆。命下,金谓公不宜南,而公辄色喜曰:'吾不喜大京兆,喜藉是还里,以毕吾丰草长林之志耳。'既抵里,乃上疏予告在籍调理。越二年,为丙午十二月初四日,竟以疾不受医而逝。"①叶向高《嘉议大夫应天府府尹雍野李公神道碑》记载:"公讳尧民,字耕尧,别号雍野,世为济宁州人而家郓城。……万历癸酉举其省第六人,明年成进士,令长洲。三年,以父丧归。再令永年。仅一年,复以母丧归。……乙酉,服除,擢江西道监察御史。……戊子,巡按苏、松、常镇。……己亥,诏起为大理丞。……擢右少卿。……乞骸,疏未上而尹应天府之命下。"②据此可知,李尧民(1544—1607)最后职位"应天府尹"③,而没有"工部右侍郎"的任职经历。应天府尹虽与工部右侍郎同一品阶(正三品),但按例《提要》应更正为"官至应天府尹"。

109.《可庵书牍》十卷　(《总目》卷一百七十九)

明张栋撰。栋字可庵,昆山人。万历丁丑进士,官至兵科都给事中。是编为其邑人王焕所编。以其历任书牍分卷排纂,亦王俭一官一集之例也。

按:撰者号误为字。萧彦等《掖垣人鉴》卷十六记载:"张栋,字伯任,号可庵,直隶昆山县人。万历五年进士。十一年八月由江西新建知县选工科给事中。"④张大复《昆山人物传》卷十记载:"张栋,字伯任。"⑤黄虞稷《千顷堂书目》卷三十"奏疏类"记载:"张栋《可庵奏疏》六卷。(字伯任,昆山人。万历丁丑进士。兵科都给事中。)"⑥道光《昆新两县志》卷二十"列传二"记载:"张栋,字伯任,万历五年进士。"⑦据此,"伯任"为张栋(1546—1605)字,"可庵"实为其号也。《提要》误。

110.《崇雅堂集》十五卷　(《总目》卷一百七十九)

明钟羽正撰。羽正字叔濂,益都人。万历庚辰进士,官至工部尚书。事迹具《明史》本传。

---

① 于若瀛《弗告堂集》卷二十四,《四库禁毁书丛刊》集部第46册,第166—168页。
② 叶向高《苍霞草》卷十四,《四库禁毁书丛刊》集部第125册,第206—207页。
③ 按:李尧民卒于万历三十四年十二月初四,公历为1607年1月1日。
④ 萧彦等《掖垣人鉴》卷十六,《四库全书存目丛书》史部第259册,第343页。
⑤ 张大复《昆山人物传》卷十,《续修四库全书》史部第541册,第706页。
⑥ 黄虞稷《千顷堂书目》,第743页。
⑦ 道光《昆新两县志》卷二十,《中国地方志集成·江苏府县志辑15》,第309页。

按：《提要》载钟羽正字误。钟羽正《崇雅堂集》前附录本传记载："钟羽正，青州益都人，字淑濂，号龙渊。……万历丙子举乡试第二。……庚辰捷南宫。授滑县令。……（崇祯）丁丑冬，偶尔违和，家人聚候，执笔谈笑而终，年八十三。……所著有《厚德录》、《管见录》、《掖垣疏稿》、《崇雅堂集》及郡志诸书。"①黄虞稷《千顷堂书目》卷二十五"别集类"记载："钟羽正《掖垣丛稿》，又《崇雅堂集》十五卷。（字淑濂，益都人。工部尚书。）"②宋弼辑《山左明诗钞》卷二十四记载："钟羽正，字淑濂，号龙渊，益都人。万历庚辰进士。历官工部尚书。有《崇雅堂集》。"③康熙《益都县志》卷七小传记载："钟羽正，字淑濂，号龙渊。"④据此，钟羽正（1555—1637），字淑濂。《提要》作"叔濂"乃"淑濂"之讹。

《提要》又云：

> 是集赋、诗六卷，文九卷，为其门人高有闻、元野鹤所编。羽正清介耿直，为时所重。故集中奏疏，多切中时弊。其他杂文则率尔操觚者居多，诗多感激时事之作，气体尚遒，然未免沿七子之末派。

按："元野鹤"亦误。丁耀亢《明工部尚书太子太保钟先生集序》记载："忆明季癸酉，亢修《天史》书成，执贽请益先生，辞不受。既以书进，观喜曰：'吾得道器矣！'乃具冠服束带受拜如弟子礼。为《天史》作序，时年八袠矣。……亢癸酉及门，至今廿有五年，先生之墓木已拱。……读先生《东归》诗，为万历戊戌，今刻成于顺治戊戌，亢以己亥生，计今六十年，而亢以诗传，然则文章一道，岂贵贱死生远迩为契阔者哉？扬子云之与桓谭去人何必有间也。琅琊门人丁耀亢野鹤拜识。"⑤据此可知，《提要》云"元野鹤"实乃"丁耀亢"之讹，《提要》误将"元野鹤"作人名。

111.《方众甫集》十四卷 （《总目》卷一百七十九）

> 明方应选撰。应选字众甫，别号明斋，华亭人。万历癸未进士，官至卢龙兵备副使。应选初牧汝州，刻有汝上诗、文二集，其子又增并遗稿，刻为此本。其诗古体颇清丽，文笔亦尚健举。而渐染习尚，未尽脱当时风气。

---

① 《四库全书存目丛书》集部第167册，第712页。
② 黄虞稷《千顷堂书目》，第627页。
③ 《四库全书存目丛书》集部第412册，第241页。
④ 康熙《益都县志》卷七，（台北）成文出版社1976年影印本，第463页。
⑤ 《四库全书存目丛书》集部第167册，第701—702页。

按：撰者仕履误。唐文献《中宪大夫福建按察司副使明斋方公洎元配鲁宜人继胡宜人合葬墓志铭》记载："公名应选，字众甫，别号明斋。其先世汴人也，宋建炎间始徙杭，有安道公者徙华亭之横溪，是为华亭人。……以万历癸酉举于乡，癸未成进士。选知冀州。丙戌，丁母王夫人忧。己丑，起补汝州。壬辰，擢副职方郎。甲午，奉命典闽试。乙未，转郎武选。甫一月，奉上特简，擢宪副，备兵永平。是年冬，改督闽学政。丁酉秋，以疾请急。至戊戌春，乃得报，发不二三舍而卒。"①黄居中《明中宪大夫福建提刑按察司提学副使明斋方先生墓表》记载："明斋方先生督闽学之逾年，以积病乞骸，卒于剑州。……先生姓方氏，讳应选，字众甫，其先汴人，宋建炎间扈跸入杭，因家焉。别子安道公自杭徙华亭横港西。……万历初元，以《易》举应天第二人。……癸未，以《书》魁南宫。……壬辰，擢职方员外郎。……乙未，晋武选郎，转卢龙治兵使者。……会闽学使者缺，以先生调。……移文乞休，以戊戌正月报可，行次剑浦之泥坑，逝焉，春秋五十有四。"②何乔远《闽书》卷四十八记载："方应选，字众甫，华亭人。万历十一年进士高第。自曹郎典福建试，得人甚盛。旋晋副使，视闽学。……以劳瘁卒。"③黄虞稷《千顷堂书目》卷二十五记载："方应选《方众甫集》四卷。（字众甫，华亭人，福建提学副使。）"④据此可知，方应选（1545—1598）任"卢龙兵备副使"后，晋升至"福建提学副使"。《提要》误。

112.《大云集》无卷数 （《总目》卷一百七十九）

明曹璜撰。璜字伯玉，别号元素，益都人，万历丙戌进士，官至通政司右参议。

按：撰者别有字号、仕履误。李振裕撰传云："曹璜，字于渭。万历十四年进士。授户部主事。……起光禄少卿，升通政司左参议。复引疾归。"⑤康熙《益都县志》卷七小传记载："曹璜，字于渭，号础石，万历丙戌进士。"⑥咸丰《青州府志》卷四十五"人物传八"记载："曹璜，字于渭，益都人。万历十四年进士。由户部郎出为西安府知府。……擢湖广提学副使。……起光禄少卿，辞不获。改通政司参议，再迁左参议。……著有《大云集》。……又有

---

① 唐文献《唐文恪公文集》卷九，《四库全书存目丛书》集部第 170 册，第 520 页。
② 黄居中《千顷斋初集》卷二十三，《续修四库全书》集部第 1363 册，第 702—704 页。
③ 何乔远《闽书》，第 1232—1233 页。
④ 黄虞稷《千顷堂书目》，第 629 页。
⑤ 李振裕《白石山房文集》卷十四，《清代诗文集汇编》第 159 册，第 183—184 页。
⑥ 康熙《益都县志》卷七，（台北）成文出版社 1976 年影印本，第 470 页。

《治术纲目》、《四书遵注纂要》若干卷。"①宋弼《山左明诗钞》卷二十四记载:"曹瑄,字伯玉,一字于渭,益都人。万历丙戌进士。历官通政司参议。"②据此,曹瑄(1563—1616)别有字于渭,号础石,官至通政司左参议。《明代登科录汇编》记载其"字维章"。

113.《叶玉成全集》四卷、《附录》二卷　(《总目》卷一百七十九)

明叶永盛撰。永盛字子沐,泾县人。万历己丑进士,官至太仆寺少卿。事迹具《明史》本传。是集杂文一卷,奏疏三卷,为其裔孙沃若等所刊。

按:《明史》并无叶永盛传记。且《提要》所载书名及叶永盛字均误。叶永盛号"玉城"。《四库全书存目丛书》集部第172册收录叶永盛《浙盐纪事》一卷、《玉城奏疏》一卷,署名"玉城叶永盛著"。汤宾尹《睡庵稿》卷二十五有《祭叶玉城文》。《提要》载书名《叶玉成全集》,误。陶望龄《御史叶公生祠德政碑记》记载:"万历丙申,乾、清两宫灾。明年,三殿灾。……时监察御史叶公实奉命董盐兹土。……公讳永盛,字子木,直隶泾县人,万历己丑进士。"③嘉庆《泾县志》卷十七"名臣"记载:"叶永盛,字子木,号玉城。万历己丑进士。除兰溪令。……累升太仆寺卿,年六十七卒。"④嘉庆《宁国府志》卷二十六"人物志·名臣"记载:"叶永盛,字子木。万历己丑进士,除兰溪令。……累升太仆寺卿卒。"⑤光绪《兰溪县志》卷四"宦绩"记载:"叶永盛,字子木,泾县人。万历间以进士知县事。"⑥据此,叶永盛(1549—1615),字子木。《提要》误。

114.《繁露园集》二十二卷　(《总目》卷一百七十九)

明董复亨撰。复亨字元仲,元城人。万历壬辰进士,官至吏部郎中。外转布政司参政,未上而卒。是集凡文十七卷,诗五卷。复亨没后,其同里张铨序而刻之。

按:撰者别有一字。咸丰《大名府志》卷十五"人物"记载:"董复亨,字太初。万历丁丑(壬辰之误——引者注)进士。……治章邱,政尚宽平,好简

---

① 咸丰《青州府志》卷四十五,《中国地方志集成·山东府县志辑32》,第206页。
② 宋弼辑《山左明诗钞》卷二十四,《四库全书存目丛书》集部第412册,第250页。
③ 《钦定重修两浙盐法志》卷二十九,《续修四库全书》史部841册,第704—705页。
④ 嘉庆《泾县志》卷十七,(台北)成文出版社1975年影印本,第1399—1400页。
⑤ 嘉庆《宁国府志》卷二十六,《中国地方志集成·安徽府县志辑43》,第807页。
⑥ 光绪《兰溪县志》卷四,《中国地方志集成·浙江府县志辑52》,第722页。

拔隽彦。入掌吏部,有王裴风。出典楚试,录杨涟、钟惺,皆为名臣。未几告归。"①康熙《元城县志》卷五"文苑"记载:"董复亨,字太初,元城人。万历壬辰进士。……任章邱令。……擢兵部郎,调吏部。……未几告归。"②于慎行赠诗亦云《寄董太初令君》(《谷城山馆集》卷十五)。《明代登科录汇编》记载其字"太初"③。

115.《骆台晋文集》八卷 (《总目》卷一百七十九)

明骆日升撰。日升字台晋,泉州人。万历乙未进士,官至四川布政司参政,殉奢崇明之难,赠光禄寺卿。日升以节义显,而文章不免渐染时趋。末附解经数则及学约规条,则其为广西提学佥事时以示诸生者也。

按:撰者字、仕履均误。骆日升门生胡维霖《明赠光禄卿四川按察司副使台晋骆公神道碑》记载:"师讳日升,字启新,号台晋,世为惠安玉埕里人。……公辛卯举乡闱第七人。……乙未,举南宫第三人。……筮仕南京礼部主事。……擢佥江西按察事。……移视粤西学政。……乙巳冬,遂迁江西宪副,复视学政。……乃补蜀,下川南道。……公竟以是告陨。……诏赠师光禄寺卿,予祭葬。"④何乔远《闽书》卷八十九"惠安县"下小传记载:"骆日升,字启新。谈道该贯,有不穷之材。仕至四川按察副使。天启初,辽左失地,尝援兵于奢酋。奢兵请戎索无厌。日升言于巡抚:'姑予之,以慰其意。'而巡抚苛且吝,酋大恨,挟众杀巡抚,而日升及于难。"⑤《四库全书存目丛书》集部第177册收录该书,卷首《御撰祭文》云:"维天启三年十二月十八日,皇帝遣福建等处承宣布政使司右参政朱、冯谕祭赠光禄寺卿,原任四川按察司副使日升文。"⑥乾隆《泉州府志》卷五十七"忠义"记载:"骆日升,字启新,号台晋。万历辛卯举人,乙未会魁。谈道该贯,有不穷之材,授南礼部主事,升郎中,出为广西提学佥事,迁广东参议。寻擢江西提学副使。……丁未,丁外艰,起补四川按察副使,备兵重庆,奉命监军。……(奢崇明)酋大恨,变乱,卒起挟众杀巡抚,日升与东川守道孙好古、巡道李维周、知府张文炳咸骂

---

① 咸丰《大名府志》卷十五,《中国地方志集成·河北府县志辑57》,第518页。
② 康熙《元城县志》卷五,《中国地方志集成·河北府县志辑60》,第88页。
③ 屈万里主编《明代登科录汇编》第21册,第11545页。
④ 胡维霖《胡维霖集》卷二,《四库禁毁书丛刊》集部第164册,第590—592页。
⑤ 何乔远《闽书》,第2684—2685页。
⑥ 《四库全书存目丛书》第177册,第449页。

贼死之。事闻,赠日升光禄寺卿,予祭葬,荫一子,祀乡贤。"①据此,骆日升(1563—1621),字启新,号台晋,官至"四川按察司副使"(正四品),而非"四川布政司参政"(从三品),籍贯亦按体例一统注明为"惠安人"为妥。

116.《皆春园集》四卷 (《总目》卷一百七十九)

明陈完撰。完字名甫,号海沙,南通州人。万历丙午举人。是集为完所自编,其诗多恬适敷畅,而不见性情。较黄省曾《五岳山人集》格调相似,而才力尚不能逮也。

按:撰者科分误。陈完乃陈尧(字敬甫,嘉靖十四年进士)弟。万历《扬州府志》卷十八记载:"陈完,字名甫,通州人。颖敏绝人,读书过目不忘。嘉靖丙午,以《诗》魁于乡。痛母寡居,誓终养,母九十四岁终。完哀毁,几不胜。决意仕进,族党力劝之,乃授都察院都事,但一拜章服而已。所著有《皆春园集》、《海沙论草》、《崇理编》等集行于世。"②光绪《通州直隶州志》卷十三"人物志下·孝友传"记载:"陈完,字名甫。颖敏绝人,以《诗经》魁嘉靖二十五年乡试。"③据此,陈完中举乃嘉靖丙午,即嘉靖二十五年(1546),而《提要》则云万历丙午(万历三十四年,1606)举人,误。《四库全书存目丛书》集部第182册收录该书,前有汤显祖于万历丁亥撰序言一篇,序言屡称"孝廉",而万历丁亥为万历十五年1587,汤显祖不可能提前十九年称陈完为举人。文集另收有姚汝循《陈海沙先生集序》及郡人袁随《皆春园集叙》,均作于万历十五年。

117.《扫余之余》三卷、附《归涂闲纪》一卷 (《总目》卷一百七十九)

明刘锡元撰。锡元字玉受,长洲人。万历丁未进士,官至贵州提学佥事。

按:撰者仕履误。彭绍升《居士传》卷四十七记载:"刘玉受,名锡元,长洲人也。……万历三十五年进士,官庐陵教授。……天启中,玉受官贵州提学佥事。……叙功,进宁夏参政。"④乾隆《长洲县志》卷二十四记载:"刘锡元,字玉受,万历三十五年进士,历官贵州提学佥事。天启元年,永宁宣抚奢

---

① 乾隆《泉州府志》,《中国地方志集成·福建府县志辑22》,第204页。
② 万历《扬州府志》卷十八,《北京图书馆古籍珍本丛刊25》,第331页。
③ 光绪《通州直隶州志》卷十三,《中国地方志集成·江苏府县志辑52》,第592页。
④ 《续修四库全书》子部第1286册,第570页。

崇明反。……孤城卒定,皆锡元与枟永安功,进右参政。……崇祯中再任宁夏参政。"①据此,刘锡玄(?—1637前)官至"宁夏参政"。《提要》误。

118.《慧阁诗》八卷 (《总目》卷一百八十)

明陈翼飞撰。翼飞字元明,平湖人。万历庚戌进士,官宜兴县知县。所著有《慧阁》、《长梧》二集,己未、庚申、辛酉、壬戌行卷。此特其中一种。大抵墨守七子流派,音节宏壮而切响甚稀。间附以四六序,尚颇工整。

按:撰者字、籍贯均误。《四库全书存目丛书补编》第25册收录陈翼飞辑《文俪》十四卷,卷首毕懋康、顾起元二序均称陈翼飞"陈元朋",书目题名云"明闽中陈翼飞元朋删定"。有人诗词唱和亦称"陈元朋",如曹学佺《送陈元朋》、《同吴非熊陈元朋林子真林茂之集罗山得寒字》(《曹大理集》卷八);黄汝亨《林若抚载酒同陈元朋王孝仪唐无阿过访寓林,具有佳诗见投次韵》(《寓林诗集》卷五);谭元春《江夏晤陈元朋》(《谭友夏合集》卷十七)、《发舟答别陈元朋》(《谭友夏合集》卷二十二)。《明代登科录汇编》记载:"陈翼飞,福建漳州府平和县,民籍,附生。字元朋,号小翩。治《诗》。"②黄虞稷《千顷堂书目》卷二十六"别集类"记载:"陈翼飞《慧阁初删诗》十四卷,又《紫芝集》八卷,又《长梧集》,又《己未庚申辛酉壬戌行卷》。(字元朋,平和人,宜兴知县。)"③康熙《平和县志》卷九、光绪《漳州府志》卷三十有传。嘉庆《宜兴县志》卷五"守令"记载,陈翼飞,平和人,进士,万历三十八年任知县④。据《明史·地理志六》记载,明代漳州府下辖十县,有"平和县",而无"平河县"。据此,陈翼飞(1584—?)字元朋,号小翩,平和人。《浙江采集遗书总录》记载陈翼飞《慧阁诗》条目,亦将撰者籍贯误注为"闽县陈翼飞撰"。

119.《漆园卮言》二十四卷 (《总目》卷一百八十)

明庄起元撰。起元字仲孺,武进人。万历庚戌进士,官至太仆寺少卿。

---

① 乾隆《长洲县志》卷二十四,《中国地方志集成·江苏府县志辑13》,第294页。
② 屈万里主编《明代登科录汇编》第21册,第11918页。
③ 黄虞稷《千顷堂书目》,第646页。
④ 嘉庆《宜兴县志》卷五,(台北)成文出版社1970年影印本,第145页。

按：撰者庄起元字误。该文集序言由黄汝亨撰,题《庄中孺漆园卮言序》①。另一篇序由状元杨守勤撰,题《庄中孺氏臆论序言》②。且作品中屡屡自称"庄中孺曰"云云③。另,黄虞稷《千顷堂书目》卷二十六记载："庄起元《漆园卮言》十七卷。（字中孺,武进人,太仆寺少卿。）"④朱彝尊《明诗综》卷六十记载："庄起元,字中孺,武进人。万历庚戌进士。除浦江知县,调兰溪。迁南户部主事,历员外、郎中,出知抚州,官至太仆寺少卿。有《漆园卮言》。"⑤康熙《常州府志》卷二十四"人物"小传记载："庄起元,字中孺,武进人。万历进士。……所著有《四书诗经导窾》、《漆园卮言》。"⑥光绪《浦江县志》卷七"宦绩"记载："庄起元,字中儒,号鹤坡,直隶武进人。进士。万历三十九年任(知县)。"⑦《明代登科录汇编》记载："庄起元,字中孺,号鹤坡。"⑧因此,庄起元(1559—？)应为"中孺"。此处讹误或因形似、或因音近而误。

120.《博望山人稿》二十卷　（《总目》卷一百八十）

明曹履吉撰。履吉字元甫,当涂人。万历丙辰进士,官至河南提学金事。是集诗六卷,文十一卷,尺牍三卷。刻于崇祯戊辰,乃履吉归田以后所自编。卷首别载书目一叶,称未刻者有《渔山堂稿》、《携谢阁稿》、《青在阁稿》、《辰文阁稿》,则此犹非其全集矣。

按：撰者字、仕履均误。朱谋垔《画史会要》卷四记载："曹履吉,字根遂,南直当涂人。万历丙辰进士,官光禄少卿。"乾隆《太平府志》卷二十四"宦绩志"记载："曹履吉,字根遂,号元甫。……中丙辰会魁,起家户部主事。……升金事,督学河南,内转光禄寺少卿。……著有《博望山人稿》、《青在堂》、《携谢阁》等集行世。"⑨民国《当涂县志》记载："曹履吉,字根遂,号元甫。……万历丙辰进士,授户部主事,升金事,督学河南,擢光禄寺少卿。归时,年未五十也。……著有《湛亭遗稿》。"⑩《四库全书存目丛书》集

---

① 《四库全书存目丛书》集部第184册,第435页。
② 《四库全书存目丛书》集部第184册,第438页。
③ 《四库全书存目丛书》集部第184册,第505页。
④ 黄虞稷《千顷堂书目》,第646页。
⑤ 朱彝尊《明诗综》,第3020页。
⑥ 康熙《常州府志》卷二十四,《中国地方志集成·江苏府县志辑36》,第538—539页。
⑦ 光绪《浦江县志》卷七,《中国地方志集成·浙江府县志辑54》,第283页。
⑧ 屈万里主编《明代登科录汇编》第21册,第11755页。
⑨ 乾隆《太平府志》卷二十四,《中国地方志集成·安徽府县志辑37》,第333—334页。
⑩ 民国《当涂县志》,《中国地方志集成·安徽府县志辑39》,第497页。

部第 185、186 册收录《博望山人稿》,文集后附曹履吉次子曹台岳撰曹履吉《行略》云:"今上(崇祯)十五年,河失道,没开、归郡邑十余处,延袤千里。上特命大臣往治,费数十万缗,未竟绩。……今上登极岁,以少参擢光禄少卿。"据此可知,曹履吉(?—1642),字根遂,号元甫,官至光禄寺少卿。《提要》误。

121.《元盖副草》二十卷 (《总目》卷一百八十)

明吴稼䉪撰。稼䉪字翁晋,孝丰人。官南京光禄寺典簿,累迁云南通判。稼䉪素与吴应旸、臧懋循游,故是集之序,应旸撰而懋循书之。

按:吴应旸名误,应为吴梦旸。同治《湖州府志》卷七十二"人物传·文学二"茅维传记载:"茅维,字孝若,号僧昙,坤季子,能诗。与同郡臧懋循、吴稼䉪、吴梦旸并称四子。"①

122.《自娱斋诗集》二卷 (《总目》卷一百八十)

明黄应征撰。应征字君求,江都人。天启中诸生,偃蹇不第以卒。其子哀其遗诗为此集。前有冒愈昌序,称"取数未多,为体差备,浸假中年亡恙,而晚不苦于无年,所纂结何以加焉"。盖颇有微词矣。

按:撰者籍贯误。嘉庆《如皋县志》卷十七"文苑"记载:"黄应征,字君求,年十七游乡校,屡试锁院皆不得志。为诗歌古文辞斐然有致。……有《自娱斋诗集》行世。"②为文集撰序之冒愈昌亦如皋人,县志同卷有传云:"冒愈昌,字伯麐。为博士弟子员,负盛名,豪迈忼直,忌其才者阴中之,遂浪游吴越间。……士大夫如邢子愿、屠纬真辈争相倒屣。……所刻《金陵集录》、《蕉馆小刻》二十余种行世。"③据此,黄应征应为扬州府如皋人。《提要》误。

123.《玩梅亭诗集》二卷 (《总目》卷一百八十)

明柴惟道撰。惟道字允中,号白岩山人,严州人。是集前有原序,而此本阙其末页,遂不知谁作。序称山人,以才不遇,而所抱有以自乐,游公卿间,泊然无所求,乃称其高。然其诗则未成家也。

---

① 同治《湖州府志》卷七十二,(台北)成文出版社 1970 年影印本,第 1433 页。
② 嘉庆《如皋县志》卷十七,(台北)成文出版社 1970 年影印本,第 1302 页。
③ 嘉庆《如皋县志》卷十七,(台北)成文出版社 1970 年影印本,第 1300—1301 页。

按：撰者籍贯误。《四库全书存目丛书》集部第 193 册收录该书，署名"江阳白岩山人柴惟道"，原序亦缺。天启《衢州府志》卷十一记载："柴惟道，字允中，江山人。缟服臞形，皭然不尘滓于世，而独不能无意于诗。其为诗也，清洁如水，飘洒如风，而古诗犹有《十九首》之影响，置之唐人之林未可淄渑别也。刊落身世与造化游，山人之操卓然高哉！又非徒其诗足名而已。天台友人王公宗沐作《玩梅亭稿序》，足为允中状。"①黄虞稷《千顷堂书目》卷二十三"别集类"记载："柴惟道《玩梅亭集》。（字允中，江山人。）"②康熙《江山县志》卷八"隐逸"记载："柴惟道，字允中，号白岩。貌古朴，家徒壁立。补博士弟子员，既而弃去。……著有《玩梅集》。"③据此可知，柴惟道乃衢州府江山县人，非严州府人。《提要》误。前序为王宗沐所撰（见《敬所王先生文集》卷六，《四库全书存目丛书》集部第 111 册，第 151—152 页），亦可补《提要》之缺。

124.《芜园诗集》六卷　（《总目》卷一百八十）

明葛征奇撰。征奇字无奇，号介龛，海宁人。崇祯戊辰进士，官至光禄寺少卿。告归，遂游湖山间，故其诗颇有闲适之致。集中多及其家姬是庵。是庵者，征奇妾李因之字，善画花草禽鸟，亦颇能吟咏。征奇尝与酬和，其颇伤纤弱，或以此欤？

按：李因字误。黄宗羲《李因传》记载："李因，字余生，号是庵，钱塘人。生而颖秀，父母使之习诗画，便臻其妙。年及笄已知名于时。有传其《咏梅诗》者'一枝留待晚春开'。海昌葛光禄见之曰：吾当为渠验此诗谶。迎为副室。"④据此可知，李因字余生，"是庵"乃其号也，非其字。《提要》误号为字。

125.《涂子一杯水》五卷　（《总目》卷一百八十）

明涂伯昌撰。伯昌字子期，南昌人。崇祯庚午举人。

按：撰者籍贯误。江士琳《涂子期本传》记载："涂子期，讳伯昌，盱江新城人也。少负大志。既补弟子员，游吴，师贞父黄先生，尽得其学。已食饩，与汝临陈大士友善，庚午同举于乡。"⑤乾隆《建昌府志》卷四十四"人物传八"记载："涂伯昌，字子期，新城人。尝负笈西湖从黄汝亨学。……崇祯庚

---

① 天启《衢州府志》卷十一，（台北）成文出版社 1983 年影印本，第 1470 页。
② 黄虞稷《千顷堂书目》，第 610 页。
③ 康熙《江山县志》卷八，《中国地方志集成·浙江府县志辑 58》，第 126 页。
④ 黄宗羲《南雷文定》卷十，《清代诗文集汇编》第 33 册，第 132 页。
⑤ 《四库全书存目丛书》集部第 193 册，第 322 页。

午举于乡。屡赴公车不第,乃闭户读书。"①据《明史·地理志》记载,明代时,新城县隶属于建昌府,与南昌无干。涂伯昌(1596?—1650)乃新城县人。《提要》误。

126.《章格庵遗书》五卷 (《总目》卷一百八十)

明章正宸撰。正宸字羽侯,号格庵,晚号偶东饿夫,会稽人。崇祯辛未进士,官至吏科给事中。事迹具《明史》本传。

按:撰者仕履误。黄宗羲《移史馆吏部左侍郎章格庵先生行状》记载:"先生讳正宸,字羽侯,别号格庵,会稽人也。……明年(崇祯辛未——引者注)登进士第,选庶吉士,授礼科给事中。……丙子冬,起户科。……以先生为吏部左侍郎,署部事。"②道光《会稽县志稿》卷十七"人物·乡贤"记载:"章正宸,号格庵。……天启辛卯拔贡,崇祯庚午举顺天第四人,辛未会试第四人,授庶吉士。……升吏垣。"③据此,章正宸应"官至吏部左侍郎"。《提要》误。

127.《心远堂集》二十卷 (《总目》卷一百八十)

明王永积撰。永积字稚实,无锡人。崇祯甲戌进士,官至兵部职方司员外郎。是编文十四卷,诗六卷,末附诗余四阕,前后无序跋。永积在兵部时,尝以推举迟延事获谴。今以集中自记观之,盖太监王之心欲用其弟之仁为浙江总兵官,永积持不肯从,而之心以是中之者也。

按:此书作者王永积,而《总目》卷七十六收录其著《锡山景物略》八卷。《提要》云:"(王)永积,字崇岩,自号蠡湖野史,无锡人。崇祯甲戌进士,官至兵部职方司郎中。"两书同一作者,其字及仕履记载不一,一"崇岩",一"稚实";一"官至兵部职方司郎中",一"官至兵部职方司员外郎"。康熙《常州府志》卷二十四"人物"记载:"王永积,字稚实,无锡人。崇祯进士,知武定州。……有宦官为其弟赂求浙镇者,永积却之,随罢归。著《锡山景物略》。"④王永积为其父王乾撰《先考邑庠生封州守乡饮大宾健公府君行状》云:"约斋公生二子,长为九岩公讳表,中嘉靖己丑进士。……子男三:长即

---

① 乾隆《建昌府志》卷四十四,《故宫珍本丛刊》第114册,第499页。
② 黄宗羲《南雷文定》卷九,《清代诗文集汇编》第33册,第115—117页。
③ 道光《会稽县志稿》卷十七,《中国地方志集成·浙江府县志辑41》,第52页。
④ 康熙《常州府志》卷二十四,《中国地方志集成·江苏府县志辑36》,第554页。

不肖永积,中崇祯甲戌进士,历任兵部职方清吏司郎中。"①据此可知,嘉靖八年进士王表号九岩,乃王永积高祖。而"崇岩"当为王永积号,而非字。《锡山景物略》所注职官确,而此《心远堂集》解题则误。

128.《榴馆初函集选》十二卷 (《总目》卷一百八十)

　　明杨思本撰。思本有《笔史》,已著录。是集首为《释道十笺》一卷,中佚二篇,已非完本。

　　按:《四库全书存目丛书》集部第194册收录该书。卷一为《绎道十笺》。《提要》作"《释道十笺》",误。

129.《采芝堂集》十六卷 (《总目》卷一百八十)

　　明周益祥撰。益祥字履吉,侯官人,崇祯末贡生。所著有《潜颍》、《麃草》、《摭星》、《锦囊》等集,此乃合编之本。中间《木钺》一卷,杂记时事,意取警世而颇失之俚。诗则有意奇放,纵笔挥洒,不复裁以古法也。

　　按:撰者名误,应为陈益祥②。《四库全书存目丛书》集部第195册即收录《采芝堂集》(北大图书馆藏万历四十一年刻本),作者为"陈"益祥。谢肇淛《陈履吉传》记载:"陈履吉者,郡之侯官人也,名益祥。其先世自宋之季聚族而居柯山十叶矣。……五岁能属对,十岁能文。……然履吉数奇,上公车辄踬,入南雍弗捷。……履吉素强无病,自永阳归,一病而竟不起。死之日,人有见其操舟江上,叱咤风云,指悬汉、丸天二岩冉冉以去者。谢子曰:余与履吉交三十载矣,每习见其持论,务在破世俗之迂愚。……履吉生平著述无虑十余万言,有《采芝堂集》二十卷行于世,则谓履吉奇者当不在彼而在此。"③从谢肇淛这段传记来看,《采芝堂集》作者为陈益祥无疑,二者关系密切,交往逾三十年。据徐𤊰《中奉大夫广西左布政使武林谢公行状》记载:"粤西左方伯在杭谢君以天启甲子冬入觐,行至萍乡,卒于官舍。……甲子,提调省试,事事精办,井然有条。……坐是劳瘁弥甚,须发改白,肌肤减瘦,而病已入膏肓。……十月二十三日至萍乡,遂卒于官邸。如君者,可谓劳于

---

① 《四库全书存目丛书》集部第194册,第215页。
② 谭正璧先生编纂《中国文学家大辞典》没有考辨四库馆臣疏误,延续《四库提要》之误。(第1281页)
③ 谢肇淛《小草斋文集》卷十一,《四库全书存目丛书》集部第176册,第70—71页。

王事而不顾身者,距其生,享年五十有八。"①可知谢肇淛卒于天启四年,即1624年冬天,而陈益祥死在谢前,故陈益祥不可能是崇祯贡生。具体情况,陈益祥族弟陈仲溱《履吉先生行状》云:"兄讳益祥,字履吉,为伯父广东按察使文塘公讳奎之子。母齐淑人梦吞月而娠,故别号怀月,后改号心阳生。……弱冠归闽,补怀安博士弟子。督学宋公仪望好谈性命,同舍生四百余人,独兄为文言言理窟,以第三补增广生。……所著有《潜颖录》一卷、《鹿草集》一卷、《撼星集》一卷,已授诸梓。《锦囊集》一卷、《木钺集》一卷、《九天经》一卷,并杂著尚未行于世。以万历己酉仲冬六日卒,距生于嘉靖己酉年某年某月,享年六十有一。"②据此可知,陈益祥生卒年为(1549—1609),弱冠后才有功名,其时为隆庆年间,且其卒于万历三十七年(1609)。《提要》误。应改为"隆庆"贡生。

130.《浮云集》十一卷 (《总目》卷一百八十一)

国朝陈之遴撰。之遴字素庵,海宁人。《太学进士题名》作海盐人,疑其寄籍也。前明崇祯丁丑进士,授编修,升中允。入国朝,官至宏文院大学士。顺治十三年,以交结近侍拟斩,免死谪戍尚阳堡。

按:撰者陈之遴(1605—1666)字误。陈之遴《浮云集自序》署名"康熙丙午仲春上浣素庵老人书于旋吉堂"③。乾隆《海宁县志》卷八"选举上"记载:"陈之遴,字彦升,号素庵。"④据此,古人撰述习惯以号自称"老人"。《提要》误号为字。

131.《读史亭诗集》十六卷、《文集》二十二卷 (《总目》卷一百八十一)

国朝彭而述撰。而述字禹峰,邓州人。前明崇祯庚辰进士,授阳曲县知县。入国朝,官至贵州巡抚,终于云南布政使。而述久历边陲,所为诗文,皆雄奇峭拔,不受前人羁勒,而不免才多之患。朱彝尊序谓其人所应有尽有,人所应无不尽无,斯评当矣。

按:撰者字误。汪琬《彭公子篯传》记载:"公讳而述,字子篯,河南邓州人。世居禹山之下,自号禹峰。卓荦有大志,读书不事章句,为诗文操笔立

---

① 《小草斋文集》卷十一,《四库全书存目丛书》集部第176册,第312页。
② 《四库全书存目丛书》集部第195册,第419—421页。
③ 陈之遴《浮云集》卷首,《四库全书存目丛书》集部第197册,第591页。
④ 乾隆《海宁县志》卷八,(台北)成文出版社1984年影印本,第1033页。

成。……举前明崇祯中进士。"①乾隆《邓州志》卷十五"人物"记载:"彭而述,字子篯,明崇祯庚辰进士。"②据此,彭而述(1606—1665)字子篯,禹峰乃其号也。《提要》误号为字。

132.《蘧庐诗》无卷数　(《总目》卷一百八十一)

　　国朝韩纯玉撰。纯玉字子蘧,别号蘧庐居士,归安人。明翰林韩敬之子也。敬以党附汤宾尹见摈于时,纯玉以是抱憾终身,不求仕进。其行踪略具所作自序及集中《癸丑五十生朝示儿诗》中。

按:撰者韩纯玉(1625—1703)籍贯未确。崇祯《乌程县志》卷六记载:"韩敬,字求仲,号止修。会试、廷试俱第一,授修撰。辛亥,请养亲。己未,补南行人副,为忌者所中。癸亥京察,迁行人,寻闲住。公性卓荦,遭踬后著书自娱。"③姜虬绿《金井志》卷首记载:"韩纯玉,字子蘧,号蘧庐。乌程诸生,隐居不仕。"④《明代登科录汇编》记载韩敬为归安籍,乌程人⑤。韩敬乃乌程人,其子亦乌程人为然。《提要》误。

133.《安静子集》十三卷　(《总目》卷一百八十一)

　　国朝安致远撰。致远字静子,一名如磐,字拙石,寿光人。贡生,自顺治乙酉至康熙甲子十五举不售,卒偃蹇以没。

按:撰者字误。咸丰《青州府志》卷四十六"人物传九"记载:"安致远,字静子。恒子。顺治十一年拔贡生。……十五举不第。家故贫,往往糊口四方。晚年子赟既通禄仕,乃闭门著书。……为《拙石赋》自况,号拙石老人。"⑥民国《寿光县志》卷十二"文苑"记载:"安致远,字静子,一名如磐,别号拙石老人。幼孤,嗜学,博综经史。顺治甲午拔贡,为诸生。……顾数奇,十五举不第,尤工诗。……子赟既通籍,遂闭户著书,与仲子箕讲习不辍,著诗文自娱。……著有《纪城文稿》、《诗稿》、《玉砚集》、《吴江旅啸》、《蠹音》,《四库全书》皆录之。又著《东归草》、《青社遗闻》、《青郡先贤志》、《寿

---

① 汪琬《钝翁前后类稿》卷三十五,《清代诗文集汇编》第94册,第262页。
② 乾隆《邓州志》卷十五,(台北)成文出版社1976年影印本,第668页。
③ 崇祯《乌程县志》卷六,《日本藏中国罕见地方志丛刊10》,第338页。
④ 《四库全书存目丛书》史部第242册,第760页。
⑤ 屈万里主编《明代登科录汇编》第21册,第11931页。
⑥ 咸丰《青州府志》卷四十六,《中国地方志集成·山东府县志辑32》,第250—251页。

光县志》如干卷。"①且其《拙石赋》小序云:"安子行于穆陵之野,见有石焉,粗丑顽犷,矗立道左,不知其岁年矣。傍人谓予曰:'此拙石也,魄磊礚砕,以拙而弃,百用弗宜,得全其质。'予感而赋之,且取以自颜云。"②据此可知,安致远(1628—1701)自号拙石老人。《提要》作其字,误矣。

134.《涑水编》五卷 （《总目》卷一百八十一）

国朝翟凤翥撰。凤翥字象陆,闻喜人。顺治丙戌进士,官至福建布政使。

按:撰者字误。李霨《福建驿盐道副使翟公凤翥墓志铭》记载:"翟氏系出南阳,以国为姓。粤魏相璜占籍安邑。翟氏数传徙曲沃,又为曲沃翟氏,居齐鲁者为东翟,居晋魏者为西翟。闻喜,古曲沃,魏地也,故翟氏世为邑望族。……公讳凤翥,字翼经,号象陆。……己卯举于乡。顺治丙戌成进士,授刑部陕西司主事。历员外,进郎中。……久之,出知江西之饶州府。……擢江西按察司副使。……升陕西按察使。……升湖广右布政使。……升福建左布政使。……罢归。……补福建驿盐道副使。……俄而以疾不起矣。"③据此可知翟凤翥(1608—1668)字翼经,号象陆。《提要》误号为字。

135.《心远堂诗集》十二卷 （《总目》卷一百八十一）

国朝李霨撰。霨字坦园,高阳人。顺治丙戌进士,官至大学士,谥文勤。

按:撰者字误。王熙《光禄大夫太子太师户部尚书保和殿大学士谥文勤李公墓志铭》记载:"公讳霨,字景霨,别字坦园,直隶高阳人。……顺治二年举于乡。明年成进士。"④赵士麟《宫师大学士谥文勤李公坦园先生传》记载:"公讳霨,字景霨,一字台书,号坦园,直隶高阳人。……顺治二年举于乡,明年成进士。"⑤光绪《保定府志》卷五十五"仕绩"记载:"李霨,字景霨,高阳人。"⑥据以上文献可知,李霨(1625—1684),字景霨,号坦园。《提要》误号为字。

---

① 民国《寿光县志》卷十二,《中国地方志集成·山东府县志辑 34》,第 337 页。
② 《四库全书存目丛书》集部第 211 册,第 358 页。
③ 钱仪吉《碑传集》卷七十七,《清代传记丛刊 110》,第 379—381 页。
④ 王熙《王文靖公文集》卷十八,《清代诗文集汇编》第 109 册,第 327 页。
⑤ 赵士麟《读书堂彩衣全集》卷十六,《清代诗文集汇编》第 115 册,第 353 页。
⑥ 光绪《保定府志》卷五十五,《中国地方志集成·河北府县志辑 31》,第 250 页。

136.《佳山堂集》十卷　（《总目》卷一百八十一）

  国朝冯溥撰。溥字易斋，益都人。顺治丁亥进士，官至大学士。康熙己未召试博学鸿词，溥与高阳李霨、宝坻杜臻、昆山叶方霭四人同为阅卷官，得人最盛。故毛奇龄等为作集序，皆称门人。其诗则未为精诣也。

  按：撰者字误。毛奇龄《文华殿大学士太子太傅兼刑部尚书易斋冯公年谱》记载："谨按：先生讳溥，字孔博，别字易斋。山东青州府益都县人，世籍临朐。"①钱仪吉《碑传集》卷十一"文华殿大学士冯文毅公溥事实"记载："公字孔博，别字易斋。青州益都人。顺治丙戌会试中式，丁亥进士。仕至文华殿大学士兼吏部尚书。"②朱汝珍《词林辑略》卷一记载："冯溥，字孔博，号易斋。山东临朐人。散馆，授编修。官至文华殿大学士，谥文毅。著有《佳山堂集》。"③咸丰《青州府志》卷四十六记载："冯溥，字孔博。士衡子。顺治三年进士，改庶吉士，授编修。累迁秘书院侍读学士，擢吏部右侍郎。康熙三年，转左侍郎。……九年，转刑部尚书。……十年，授文华殿大学士。"④据此可知，冯溥（1609—1692），字孔博，号易斋。《提要》误。

137.《退庵集》二十一卷　（《总目》卷一百八十一）

  国朝李敬撰。敬字退庵，江宁人。顺治丁亥进士，官至监察御史，巡按湖南。

  按：撰者字、仕履均误。宋征舆《通议大夫刑部左侍郎退庵李公墓志铭》记载："公讳敬，字圣一，号退庵。其先居苏州吴县之包山，祖云鹄徙居江宁棠邑，遂为江宁人。……二十六岁举于乡，又二年为丁亥，以《春秋》中会试第四人，授行人。……擢为广西道御史。……出按湖南。……拜刑部右侍郎，转左。……所著有《学诗录》及诗文若干卷，奏议若干卷行于世。"⑤乾隆《六合县志》卷四"人物志"记载："李敬，字圣一。"⑥嘉庆《新修江宁府志》卷三十九"仕迹"记载："李敬，字圣一。其先吴县人，世居六合竹墩里。……敬中顺治丁亥进士，授行人，考选广西道御史，多所建白，出按湖广。……历升刑

---

① 《北京图书馆藏珍本年谱丛刊》第 69 册，第 461 页。
② 《清代传记丛刊 106》，第 601 页。
③ 《清代传记丛刊 16》，第 12 页。
④ 咸丰《青州府志》卷四十六，《中国地方志集成·山东府县志辑 32》，第 246 页。
⑤ 宋征舆《林屋文稿》卷九，《清代诗文集汇编》第 58 册，第 145—147 页。
⑥ 乾隆《六合县志》卷四，《故宫珍本丛刊》第 87 册，第 354 页。

部左侍郎。……丁内艰归，以哀毁疾卒。著有《学诗录》。"①据此，李敬（1620—1665）字圣一，号退庵。官至刑部左侍郎。《提要》误。

138.《遂初堂文集》九卷　（《总目》卷一百八十二）

国朝杨兆鲁撰。兆鲁字青岩，武进人。顺治壬辰进士，官至福建延平道按察司副使。兆鲁官建宁时，巨寇萧维堂等作乱，兆鲁招抚有功。集中《平寇纪略》，述其始末颇详。惟多载案牍之文，词不雅驯。

按：撰者字、仕履误。笪重光《青岩公讳兆鲁暨胡宜人合葬墓志铭》记载："公讳兆鲁，字泗生，号青岩，由壬辰进士，初授刑部陕西清吏司五迁至参藩，分守福建延宁等处，告归。"②光绪《武进阳湖县志》卷二十二"人物·宦绩"记载："杨兆鲁，字泗生，号青岩。顺治九年进士。历官江西建南道参议。"③另，《清代朱卷集成》第83册有杨道钧履历记载："十二世祖兆鲁，字泗生，号青岩。邑庠生。顺治丙戌科举人。壬辰科进士。历任刑部陕西司主事、福建司员外郎、江西按察司佥事、布政司参议。……著有《遂初堂文集》十卷、《遂初堂诗集》十卷、《青萍三刻制艺》、《青岩诗选》、《闽兰十咏》、《青岩自订稿》等集行世。"④第128册杨长春履历略同。据此可知，杨兆鲁（1618—1676），字泗生，号青岩，官至江西参议。《提要》误。

139.《学源堂文集》十八卷　（《总目》卷一百八十二）

国朝郭棻撰。棻字快圃，清苑人。顺治壬辰进士，官至翰林院侍读学士。其文颇为华赡，惟酬应之作太多，未免失于删汰。

按：撰者字误。潘应宾《上谷宗伯学士郭文清公棻传》记载："郭棻，字芝仙，号快庵，直隶清苑人。……顺治乙酉领乡荐。丙戌会试下第，乞署无极县教谕。……壬戌成进士。"⑤民国《清苑县志》卷四"人物上·名臣"记载："郭棻，字芝仙，号快庵，邑人。……顺治元年选拔贡生。举于乡三年下第，署无极县教谕。……九年，成进士。"⑥据上述文献可知，郭棻（1623—1691），字芝仙，快圃为其号。《提要》误。

---

① 嘉庆《新修江宁府志》卷三十九，《中国地方志集成·江苏府县志辑1》，第407页。
② 陈建华、王鹤鸣主编《中国家谱资料选编·传记卷》，第423—424页。
③ 光绪《武进阳湖县志》卷二十二，《中国地方志集成·江苏府县志辑37》，第536页。
④ 《清代朱卷集成》第83册，第215—216页。
⑤ 钱仪吉《碑传集》卷十八，《清代传记丛刊107》，第275页。
⑥ 民国《清苑县志》卷四，《中国地方志集成·河北府县志辑29》，第436页。

140.《浣亭诗略》二卷、《浣亭归来吟》一卷、附《山姜花垭长短句》一卷 (《总目》卷一百八十二)

国朝林尧华撰。尧华字开伯,莆田人。顺治甲午举人,官榆次县知县。是集《浣亭诗略》二卷,皆早年所作。《浣亭归来吟》一卷,皆罢官以后所作。《山姜花垭长短句》,则附载其词也。

按:撰者字误。林尧华兄林尧光《萼园诗集》署名云:"莆田林尧光觐伯著,弟尧英䓕伯、尧华闻伯、尧日扬伯同校。"①郑王臣《莆风清籁集》卷四十记载:"林尧华,字闻伯。煇昌子。顺治中甲午乡荐,官榆次知县。有《浣亭诗略》。"②"开(開)"与"闻"(聞)字形相近,《提要》当为形近而误。

141.《托素斋集》十卷 (《总目》卷一百八十二)

国朝黎士宏撰。士宏字愧曾,长汀人。顺治甲午举人,官至陕西布政司参议。是集诗四卷,文六卷。诗集凡四刻,文集凡三刻,盖积数年而汇为一册,故每刻各体皆备。士宏没后,其子文远复合而刊之。

按:撰者仕履误。黎士宏子黎文远《皇清诰授中大夫整饬宁夏河东道督理粮储盐法陕西承宣布政使司参政享八十寿显考愧曾府君行述》记载:"特晋布政司参政,仍管巡道事。……丁巳春,闻闽省克复之报至,而乞休之意决矣。……所著有《托素斋文集》一刻、二刻,《诗集》一刻、二刻、三刻,《仁恕堂笔记》、《理信存稿》诸书行世。……先大夫讳士弘,字愧曾。"③陈寿祺撰传云:"黎士宏,字愧曾,汀州长汀人。明季诸生。……顺治十年举顺天乡试,授广信司理。……擢甘州同知。再举廉卓,迁常州知府。……除洮岷副使,署甘山道事。……康熙十六年,贼平,叙功,晋布政使参政,以母老乞归。……有《托素斋文集》六卷、《诗集》三卷。"④据此,黎士宏(1619—1697)官至陕西布政司参政。《提要》作"参议",误。

142.《陆密庵文集》二十卷、《录余》二卷、《诗集》八卷、《诗余》四卷 (《总目》卷一百八十二)

国朝陆求可撰。求可字咸一,淮安人。顺治乙未进士,官至刑部

---

① 《清代诗文集汇编》第66册,第9页。
② 郑王臣编《莆风清籁集》卷四十,《四库全书存目丛书》集部411册,第634页。
③ 《四库全书存目丛书》集部第223册,第781—791页。
④ 钱仪吉《碑传集》卷八十一,《清代传记丛刊110》,第523—524页。

郎中。

　　按：撰者仕履误。朱彝尊《奉政大夫提督福建学政按察司佥事山阳陆公墓志铭》记载："公姓陆氏，淮安山阳人，讳求可，字咸一，别字密庵，又字月湄。……顺治五年以《礼记》举江南乡试。后七年，登史大成榜，赐进士出身，明年除知裕州。三载报最，入为刑部员外郎，历郎中，以按察司佥事提督福建学政，任满称职，应迁布政司参议，虚次还。"①黄宗羲《参议密庵陆公墓碑》记载："公讳求可，字咸一，别号密庵，姓陆氏。……明初，有以贤能推择筑大河卫城，迁于淮，遂为山阳人。……登顺治乙未进士第。授裕州知州。入为刑部员外，升福建提学佥事，转布政司参议，未上而卒。"②据此，陆求可（1617—1679）官至参议，但未上而卒，其仕途止于福建"按察司佥事"。《提要》误。

143.《澹余轩集》八卷　（《总目》卷一百八十二）

　　　　国朝孙光祀撰。光祀字怍庭，号溯玉，历城人。顺治乙未进士，官至兵部侍郎。是集凡文七卷，诗一卷。

　　按：撰者字、号倒误。孙光祀门生汪灏《孙公怍庭墓志铭》记载："公姓孙氏，讳光祀，字溯玉，怍庭其号也。原系棘津人，始祖好古由武城占籍平阴。……二十九岁乡试第十一人。……乙未乃成进士。……所著有《怍庭制艺》、《澹余轩集稿》，及《手定程墨》复行于世。"③道光《济南府志》卷五十三"人物志九"记载："孙光祀，字溯玉，号怍庭。其先平阴人。光祀通籍后始迁历城。顺治十二年进士。"④光绪《平阴县志》卷四"人物·仕宦"记载："孙光祀，字溯玉，号怍庭。顺治乙未进士，选庶吉士，改授礼科给事中，历吏、户、礼三科都给事中，……兵部右侍郎。"⑤据此，孙光祀（1614—1698），字溯玉，号怍庭。《提要》误。

144.《闲居草》一卷　（《总目》卷一百八十二）

　　　　国朝董含撰。含字榕庵，华亭人。董俞弟也。诗名不及其兄，而诗格高雅过其兄。是编卷首称《艺葵草堂稿》，而卷中称《闲居草》，盖其

---

① 朱彝尊《曝书亭集》卷七十五，《清代诗文集汇编》第116册，第562页。
② 黄宗羲《南雷文定》卷二，《清代诗文集汇编》第33册，第246页。
③ 光绪《平阴县志》卷八，《中国地方志集成·山东府县志辑65》，第460—461页。
④ 道光《济南府志》卷五十三，《中国地方志集成·山东府县志辑2》，第624页。
⑤ 光绪《平阴县志》卷四，《中国地方志集成·山东府县志辑65》，第333页。

全集之一种也。大抵苍凉幽咽,有骚人哀怨之遗。而惝恍其词,知其意有所寓,而莫名其寓意之所在焉。

按:撰者字误,科分缺。吴伟业《董苍水诗序》云:"后二十余年,识先生之孙孝廉苍水,偕其兄进士君阆石,俱以才名显其乡。"①戴璐《吴兴诗话》卷十三记载:"华亭董含,字阆石,顺治辛丑进士。"②光绪《重修华亭县志》卷十六"人物"记载:"董含,字阆石(居北郭紫竹庵西)。顺治十八年进士。好学,有文名,观政吏部,以奏销案被黜。益放情诗酒,尝与海内名流扁舟草笠往来吴越山水间。弟俞,字苍水,号樗亭。十七年卫籍举人,诗文与含齐名,时称二董。"③据此,董含字阆石,榕庵盖其号。苍水为董俞字,董俞(1631—1688)为弟,董含(1626—?)为兄。《提要》误兄为弟。

145.《槐轩集》十卷 (《总目》卷一百八十二)

国朝王曰高撰。曰高字北山,号槐轩,茌平人。顺治戊戌进士,由庶吉士改给事中。是集诗五卷,文五卷。曰高与新城王士禛兄弟同倡和,耳濡目染,诗格时复近之,而才与学则未逮也。

按:撰者字误。邵长蘅《王北山哀辞》记载:"北山名曰高,字鉴兹,北山其号。顺治戊戌成进士。官翰林。今上改元,授工科给事中。历兵、户二科给事中,迁礼科都给事中。赐对称旨,迁京卿,以候补归,遘疾卒。"④朱汝珍《词林辑略》卷一记载:"顺治十五年戊戌科:王曰高,字监兹,一字登孺,号北山,山东茌平人。"⑤据上述文献可知,北山为王曰高(1628—1678)号,非其字。《提要》误。

146.《莱山堂集》八卷、《遗稿》五卷 (《总目》卷一百八十二)

国朝章金牧撰。金牧字云李,归安人。由监生官柏乡县知县。

按:撰者籍贯误。徐倬《皇清文林郎真定府柏乡县知县莱山章公行状》记载:"章公讳金牧,字云李,湖州德清人,别号莱山。其先出于故鄣,鄣,吴兴属邑也。世推吴兴望族,自十世祖分居德清之东衡里。曾祖嘉桢,登万历庚辰进士。……年十一,出应童子试。……遂补弟子员。……丁酉,公赴廷

---

① 吴伟业《吴梅村全集》卷三十,第696页。
② 戴璐《吴兴诗话》卷十三,《续修四库全书》集部第1705册,第247页。
③ 光绪《重修华亭县志》卷十六,《中国地方志集成·上海府县志辑4》,第635—636页。
④ 邵长蘅《青门旅稿》卷四,《清代诗文集汇编》第145册,第408页。
⑤ 《清代传记丛刊16》,第26页。

试。……例授邑令。……出赴铨曹,得柏乡令。……历任九载。……太夫人讣至。……即日解任。"①由行状可知,章金牧乃章嘉桢曾孙。康熙《德清县志》卷七"人物传"记载:"章金牧,字云李,号莱山。……金牧屡困棘屋,乃捧檄就职。康熙初年,以拔贡谒选,授真定之柏乡令。……居数年,疾作,卒于官。"②民国《柏乡县志》卷六"名宦·人物"记载:"章金牧,字云李,号莱山,浙江德清人。博闻强识,工诗文。康熙四年以拔贡任柏令。……卒于官。"③据此,章金牧(？—1672)乃德清人,以拔贡官柏乡县知县。《提要》作"归安人",误。

147.《杲堂文钞》六卷、《诗钞》七卷 (《总目》卷一百八十二)

国朝李邺嗣撰。邺嗣字杲堂,鄞县人。顺治中诸生。其《文抄》,余姚黄宗羲所定。《诗钞》其同里徐凤垣所定也。

按:撰者字误。黄宗羲《李杲堂先生墓志铭》记载:"先生讳文胤,字邺嗣,今以字行,别号杲堂。……先生风骨不恒,年十二三能诗,即有秀句。十六为诸生。……生于天启壬戌四月二日,卒于康熙庚申十一月八日,年五十九。"④乾隆《鄞县志》卷十七"人物"记载:"李邺嗣,初名文允(避雍正讳——引者注),后以字行。"⑤据此,李邺嗣(1622—1680)原名李文胤,字邺嗣,"杲堂"为其号也。其生于天启二年,为诸生时十六岁,时为崇祯十年(1637)。《提要》谓"顺治中诸生",误。

148.《孔天征文集》无卷数 (《总目》卷一百八十二)

国朝孔尚典撰。尚典字天征,号汶林,江西新城人。顺治中岁贡生。《新城县志》载尚典有《文集》数卷,乃其师魏禧所评定。今此本只二册,诗文杂编,又附以他人之诗,殆编次未成之稿欤?

按:乾隆《建昌府志》卷三十"选举二"记载,孔尚典,康熙三十九年(贡生)⑥。同治《新城县志》卷十"文苑"记载:"孔尚典,字天征,号汶林。康熙间贡入太学。初,尚典为文章,卓荦纵恣,不受绳尺,乡里皆以为不谐于时。

---

① 《清代诗文集汇编》第95册,第789—794页。
② 康熙《德清县志》卷七,(台北)成文出版社1983年影印本,第383—384页。
③ 民国《柏乡县志》卷六,《中国地方志集成·河北府县志辑67》,第466页。
④ 黄宗羲《南雷文定》卷七,《清代诗文集汇编》第33册,第97—98页。
⑤ 《续修四库全书》史部706册,第362页。
⑥ 乾隆《建昌府志》卷三十,《故宫珍本丛刊》第114册,第314页。

独易堂魏禧奇之,深加奖许,因受业学为古文,后称易堂高弟。……生平著述甚多,今所传《天征文集》,皆其初刻,经禧评定者也。"①据此,孔尚典(?—约1675)乃康熙间贡生。《提要》作"顺治",误。

另,魏禧为孔尚典撰序名为《孔玄征文序》,文称:"余于天下士最爱有英气者,于文亦然。新城孔生尚典,其人与其文则皆称是。"②据此,孔尚典或原字"玄征",因避讳清圣祖讳而改作"天征",待考。

149.《一溉堂诗集》一卷 (《总目》卷一百八十三)

国朝余光耿撰。光耿字介遵,婺源人。康熙初诸生。《江南通志》作康熙乙酉举人。案光耿之父懋衡,为明万历壬辰进士,距康熙乙酉凡一百一十四年,断不相及。非顺治乙酉之讹,即别一人同姓名也。懋衡与邹元标、冯从吾等讲学,同罹党祸。光耿承其父教,淡泊自守,故诗格亦朴实平近,不尚藻采。

按:据《清代朱卷集成》,同治九年庚午科江南乡试朱卷余淑尹履历载,余懋衡为其十七世叔伯祖,余光耿为其二十世叔伯祖。光绪《婺源县志》卷十九"人物·明贤"记载:"余维枢,字中台,沱川人。天性孝友,禀质端凝。童时即潜心理学。大父太宰公奇之,遂悉授以心性之学。"③道光《徽州府志》卷十二"人物·宦业"及光绪《婺源县志》卷二十四"人物·学林"均有余光耿小传,记载余光耿父余维枢。据此,余懋衡(1568—1629)乃余光耿(1653—1705)曾祖父,而非其父。邓之诚编《清诗纪事初编》卷五小传已指出《总目》有误,而邓之诚又误为余懋衡为余光耿祖父(第595页)。据《清代朱卷集成》,余光耿,康熙戊寅拔贡生,考授州同,乙酉举人。著有《一溉堂文集诗集》、《率由时文稿》、《蓼花祠》、《雅历》、《枌榆杂述》等书④。据此,余光耿乃康熙三十七年(戊寅,1698)拔贡生。四十四年(乙酉,1705)举人。此时已康熙中后期。《提要》云"康熙初诸生",不确。

150.《复园文集》六卷 (《总目》卷一百八十三)

国朝董闻京撰。闻京字丹鸣,乌程人。康熙初官吉安府知府。是集皆所作杂文。自序谓"明理以端其源,博学以广其识,尊经以正其归,

---

① 同治《新城县志》卷十,(台北)成文出版社1975年影印本,第1481页。
② 魏禧《魏叔子文集外编》卷八,《清代诗文集汇编》第92册,第281页。
③ 光绪《婺源县志》卷十九,光绪九年刻本。
④ 《清代朱卷集成》第150册,第96页。

养气以核其实,和声以发其华。"持论甚高。然核其所作,不能出公安、竟陵门户也。

按:撰者仕履误。光绪《乌程县志》卷十七记载:"董闻京,字丹鸣,号复园,又号兰樵。汉策长子。廪贡生,官河南布政司理问,升江西吉安府通判。……为同僚媒蘖,削籍,卒于江西。"①光绪《吉安府志》卷十一"秩官·通判"记载:"董闻京,乌程人,贡生,康熙十八年任(通判)。"②詹惟圣《复园文集序》亦云:"别驾董子丹鸣以英年博学佐理名郡,固将黼黻皇猷,助宣德化。"③据此,董闻京于康熙十八年任吉安府通判。《提要》作"知府",误。

151.《赵恭毅剩稿》八卷、附《裘萼剩稿》三卷 (《总目》卷一百八十三)

国朝赵申乔撰。申乔字松伍,武进人。康熙庚戌进士,官至户部尚书,谥恭毅。是编首奏议,次序记,次案牍之文,终以杂著,其孙侗敎所编也。后附《裘萼剩稿》三卷,则申乔之子熊诏撰。熊诏,康熙己丑进士第一,官至翰林院侍读,裘萼其号也。

按:撰者字误。赵熊诏《先考户部尚书谥恭毅松伍府君暨先妣龚夫人行述》记载:"府君讳申乔,字慎旃,松伍其号也。"④陶正靖《户部尚书谥恭毅赵申乔传》记载:"赵申乔,字慎旃,武进人。康熙庚戌进士。"⑤乾隆《衡阳县志》卷十二"艺文"收录刘定周《大中丞赵公去思碑记》,文章云:"中丞武进赵公既内擢都宪逾年矣,衡士民乃树石于石鼓七贤祠前以志去思。……公讳申乔,字任瞻,号松伍,江南武进人。康熙庚戌科进士。"⑥光绪《武进阳湖县志》卷二十一"人物·名臣"记载:"赵申乔,字慎旃,号松五。……康熙九年进士,河南商丘知县。……迁户部尚书。……年七十有七卒于官。谕祭葬,谥恭毅。"⑦据上述文献可知,赵申乔(1644—1720),字慎旃,号松伍。《提要》误号为字。

152.《蘧庐草》一卷 (《总目》卷一百八十三)

国朝黄钟撰。钟字宏音,号蘧庐,如皋人。康熙中诸生。

---

① 光绪《乌程县志》卷十七,《中国地方志集成·浙江府县志辑26》,第758页。
② 光绪《吉安府志》卷十一,(台北)成文出版社1975年影印本,第404页。
③ 《四库全书存目丛书》集部第239册,第86页。
④ 赵熊诏《赵裘萼公剩稿》卷二,《清代诗文集汇编》第212册,第14页。
⑤ 陶正靖《陶晚闻先生集》卷五,《清代诗文集汇编》第250册,第612页。
⑥ 乾隆《衡阳县志》卷十二,《中国地方志集成·湖南府县志辑36》,第389—390页。
⑦ 光绪《武进阳湖县志》卷二十一,《中国地方志集成·江苏府县志辑37》,第501—502页。

按：嘉庆《如皋县志》卷十七、光绪《通州直隶州志》卷十三有传，而两志选举表均无关于黄钟的记载。据柯愈春先生考证，黄钟生于万历二十二年（1594），卒于顺治十七年（1660）①，则其一生未及康熙，故不得云"康熙中诸生"。

153.《西涧初集》六卷 （《总目》卷一百八十三）

国朝刘然撰。然字简斋，江宁人。卷首有康熙戊午杜濬序，称其"诗文闳深奥衍，不可名状"。今观斯集，殊不副斯言。其水中雁字七言律诗，用上、下平韵至三十首，亦太夸多斗靡。以如是题目，作如是体裁，虽李、杜不能工也。

按：魏裔介尝为友人杨思圣（1620—1663）撰《杨犹龙诗序》云："诗，心声也，今之心犹古之心，何分于三百篇？何分于汉魏六朝？何分于唐宋元明与夫今之人？标新领异不受羁缚，灵快无前自得其所，为真诗者斯足矣。……今大河以北、燕赵之间豪于诗者则必首推吾同年杨子犹龙氏，……然则杨子之诗又乌足以尽其所蓄哉？夫太行大陆之间往往生有异人，远不具论，近如赵侪鹤、刘简斋、孙二如，兹三先生者，其人品、文品、诗品皆足千古，典型在望，继起而方轨并驾，其杨子乎？"②此处魏裔介提及诗人"侪鹤"为赵南星（1550—1628）号，"二如"为孙昌龄（1583—1651）号，"简斋"当为刘然之号，而非其字。另金鳌《金陵待征录》卷六记载："刘然，字西涧，居三山门外南街。家藏宋人诗三百余种，明人诗近千种，元仅数十种。选《国朝诗乘》，金陵诗人赖以传者不少。"③

154.《友柏堂遗诗选》二卷 （《总目》卷一百八十三）

国朝冯协一撰。协一字躬暨，益都人。大学士冯溥第三子也，以溥荫，官至台湾府知府。是集乃协一殁后，其子原检收遗稿，求正于其姻家赵执信。执信托目疾不省览，命门人常熟仲是保代删之，而执信为之序，是保跋焉。

按：冯协一（1661—1737）子名冯愿。光绪《益都县图志》卷三十七冯协一传附引董思恭撰冯愿墓志铭云："子愿，字端礼。……乾隆九年以赀授池

---

① 柯愈春《清人诗文集总目提要》，第17页。
② 魏裔介《兼济堂文集》卷五，《文渊阁四库全书》第1312册，第726—727页。
③ 金鳌辑《金陵待征录》，（台北）成文出版社1984年影印本，第104页。

州府通判,寻摄无为州知州,以盗案讳误归,遂不出。"①赵执信撰冯协一墓志铭亦云:"两恭人家世才德并子女婚嫁具愿所述中。"②乾隆《池州府志》卷二十七"府秩官"记载,冯愿,益都人,益都县人,监生,乾隆九年任通判③。嘉庆《无为州志》卷十四"职官·名宦"记载:"冯愿,青州人,由监生任通判,调署州事。风韵潇洒,以文学饬吏治,尤敬爱文士。……后以讳误去官。"④据此,冯愿(1718—1768),字端礼,由监生官至无为州知州。《提要》误作冯原。

155.《野香亭集》十三卷 (《总目》卷一百八十三)

国朝李孚青撰。孚青字丹壑,合肥人,大学士天馥子。康熙己未进士,官翰林院编修。是集诗编年分卷,起康熙戊寅,讫己亥。毛奇龄《西河诗话》中极称其吐属工敏盖其颖悟有过人者。其气骨未遒,则年未四十而殁,功候犹浅之故也。

按:费锡璜《李丹壑太史墓志铭》记载:"康熙五十五年十二月,合肥翰林院编修李公丹壑卒于家。……先生讳孚青,字丹壑,号盘隐,大学士李文定公长子也。……己未成进士。……公生于康熙甲辰年四月二十三日辰时,卒于康熙丙申年十二月初一日卯时。"⑤据此,李孚青生于1664年5月18日,卒于1717年1月13日,年五十三岁。《提要》云"年未四十而殁",误。

156.《双溪草堂诗集》一卷、附《游西山诗》一卷 (《总目》卷一百八十三)

国朝汪晋征撰。晋征字涵斋,休宁人。康熙己未进士,官至户部侍郎。

按:撰者字误。严虞惇《光禄大夫户部左侍郎加四级涵斋汪公墓志铭》记载:"公姓汪氏,讳晋征,字符尹,世居休宁之双溪。……公以丁巳举于乡。己未成进士。两试皆魁其经。选翰林院庶吉士,授吏科给事中。同考武会试,晋户科,掌印给事中。……内升顺天府府丞,提督学政。丁内艰归,服除,补太常寺少卿。历大理寺少卿、光禄寺卿、顺天府尹、都察院右副都御

---

① 光绪《益都县图志》卷三十七,《中国地方志集成·山东府县志辑33》,第520页。
② 赵执信《饴山文集》卷八,《清代诗文集汇编》第210册,第406页。
③ 乾隆《池州府志》卷二十七,《中国地方志集成·安徽府县志辑59》,第398页。
④ 嘉庆《无为州志》卷十四,《中国地方志集成·安徽府县志辑8》,第175页。
⑤ 民国《新繁县志》卷十,《中国地方志集成·四川府县志辑12》,第439页。

史、户部右侍郎,督理钱法,卒于官。"①道光《休宁县志》卷十三"人物·宦业"记载:"汪晋征,字符尹,号涵斋,上溪口人。"②据此,汪晋征(1639—1709)字符尹,号涵斋。《提要》误号为字。

157.《周广庵全集》三十八卷 (《总目》卷一百八十三)

国朝周金然撰。金然字广庵,上海人。康熙壬戌进士,官至司经局洗马。是编分为七种:《饮醇堂文集》八卷,《抱膝庭诗草》二十卷,《娱晖堂集》二卷,《和陶靖节集》三卷,《和李昌谷集》一卷,《西山纪游诗》一卷,《南浦词》三卷。金然与施闰章、宋琬游,其才思格力,亦介于二人之间。

按:撰者字误。嘉庆《松江府志》卷五十七"人物传"记载:"周金然,字砺岩。上海人。康熙二十一年进士,入翰林,历官洗马。学问该博,兼工书法。……著有《饮醇堂文集》。"③李放《皇清书史》卷二十一记载:"周金然,榜姓金,名然,字砺岩,号广居,别号九峰山人,上海人。晚居洞庭之石公山,自号七十二峰主人。康熙二十一年进士,官洗马。"④据古代名字意义相通原则,砺岩当为周金然(1631—1704)字。《提要》作"广庵",或为周金然别号。

158.《匡山集》六卷 (《总目》卷一百八十三)

国朝王沛恂撰。沛恂字书岩,诸城人。官兵部主事。是集凡文五卷,诗一卷。诗文皆伉直有气,而亦有悻气之处。故意之所至,畅所欲言,不免时有累句。

按:撰者字误。乾隆《诸城县志》卷三十二"列传四"记载:"王沛恂,字汝如。举京兆,授海城知县。……康熙五十一年,诏九卿各举所知。吏部尚书吴一蜚以沛恂上,授兵部职方司主事。……罢归。"⑤另,王沛恂《书岩小隐跋》云:"先民云:大隐城市小隐山。盖山居则不见可欲,使心不乱,未若通都巨邑见纷华而不悦者定力大也。……余结茅于书岩下,因以为氏,即以

---

① 严虞惇《严太仆先生集》卷九,《清代诗文集汇编》第177册,第268页。
② 道光《休宁县志》卷十三,《中国地方志集成·安徽府县志辑52》,第303页。
③ 嘉庆《松江府志》卷五十七,《中国地方志集成·上海府县志辑2》,第342页。
④ 《清代传记丛刊84》,第124页。
⑤ 乾隆《诸城县志》卷三十二,《中国地方志集成·山东府县志辑38》,第245页。

小隐颜吾庐,奚不可者?"①据王沛恂(1658—?)自述可知,书岩乃其隐居之地,引以为号以表其志。《提要》误号为字。

159.《药亭诗集》二卷　(《总目》卷一百八十三)

国朝梁佩兰撰。佩兰字药亭,番禺人。康熙戊辰进士,改庶吉士。是编乃休宁汪观所选,皆近体诗。卷首有朱文小印,曰"古体嗣出"。则不但非其全集,即选本亦尚未刻竣矣。

按:撰者字、籍贯均误。吴荣光《重修诗人梁药亭先生故墓碑记》记载:"先生姓梁氏,讳佩兰,字芝五,号药亭,南海人。顺治丁酉解元。康熙戊辰进士,改庶吉士。"②康熙《南海县志》卷五"科举"记载,康熙戊辰科,梁佩兰,会魁,选馆,现翰林院庶吉士。卷首梁佩兰序署名云"康熙岁次辛未孟冬谷旦邑人梁佩兰撰"③。据此可知,梁佩兰(1630—1705),字芝五,号药亭,南海人。《提要》误。

160.《双云堂文稿》六卷、《诗稿》六卷　(《总目》卷一百八十三)

国朝范光阳撰。光阳字国雯,号北山,鄞县人。康熙戊辰进士,改庶吉士,官至福建延平府知府。

按:撰者号误。郑梁《范笔山先生墓志铭》记载:"先生姓范氏,讳光阳,字国雯,别号笔山。范氏世为鄞望族。……先生乙卯中举人,戊辰会元,翰林院庶吉士,历任户、兵二部,出守福建延平府。吏部以督征未完,拟降调,卒于康熙四十四年正月初四日。"④范光阳子范廷谔、范廷彦撰《皇清诰授中宪大夫福建延平府知府显考笔山府君行述》云:"府君讳光阳,字国雯,号笔山。"⑤据此可知,范光阳(1630—1705)号笔山。《提要》作"北山",误。

161.《燕堂诗钞》八卷　(《总目》卷一百八十四)

国朝朱径撰。径字恭亭,宝应人,乔莱之婿也。是集为径所自编,自康熙丙寅至己卯凡十四年之诗,缘情绮靡,颇有格韵。特少作居多,

---

① 王沛恂《匡山集》卷一,《四库全书存目丛书》集部第 255 册,第 32 页。
② 吴荣光《石云山人文集》卷四,《清代诗文集汇编》第 510 册,第 556 页。
③ 康熙《南海县志》,《日本藏中国罕见地方志丛刊 20》,第 15 页。
④ 郑梁《寒村息尚编》卷四,《清代诗文集汇编》第 148 册,第 595—596 页。
⑤ 《四库全书存目丛书》集部第 256 册,第 787 页。

尚未能尽谢铅华耳。

按：撰者名误。朱经婿乔亿《悼亡诗二首》小序云："内子朱氏讳某，射陂先生四世孙侍御公之女孙，燕堂先生之少女也。"自注云："燕堂先生，讳经，字恭亭。著有《燕堂诗钞》诸集。"①朱为弼曾为朱经曾孙朱彬撰《诰封光禄大夫国子监学录郁甫朱公墓志铭》云："至国朝，讳克简，顺治丁亥进士，云南道监察御史，巡按福建。有功德于民，公高祖考也。曾祖考讳经，岁贡生，候选儒学训导。"②阮元《淮海英灵集》丁集卷一记载："朱经，字恭亭，号燕堂，宝应人。副贡生，云南道监察御史克简少子。倜傥不羁，好古文辞。有《燕堂诗钞》四卷。"③据此，撰者名当为朱经（1666—1711）。《提要》作"朱径"，乃形似而误。《四库全书存目丛书》集部第258册收录该书，署名即为"朱经"，而目录仍误作"朱径"。

162.《咸斋文钞》七卷　（《总目》卷一百八十四）

国朝查旭撰。旭字咸斋，海宁人。康熙癸酉副榜贡生。是集凡书一卷，序二卷，祭文一卷，论一卷，传一卷，杂著一卷。旭有孝行，尝于兵乱中崎岖万里，寻父遗枢，士论称之。其文源出南宋，颇清雅有法度。使假之年，尚可追古作者。前有益都赵执信序，作于旭在之日。又有杨中讷序，则旭没后所作也。

按：撰者名字误。乾隆《海宁县志》卷九"人物·孝友"记载："查魏旭，字次谷，桐乡县学生。中副榜。"④卷十一"艺文志"记载，《咸斋文钞》七卷，查魏旭撰。光绪《桐乡县志》卷十五"人物下·孝友"记载："查魏旭，字次谷，康熙癸酉副榜。……著作见《艺文》。"⑤卷十九"艺文志"载，《咸斋文钞》七卷，查魏旭撰。据此可知，《咸斋文钞》撰者名查魏旭，字次谷，咸斋当为其号。《提要》误。

163.《雪鸿堂文集》四卷　（《总目》卷一百八十四）

国朝李钟璧撰。钟璧号鹿岚，通江人，检讨蕃之子也。康熙丙子举人，官平南县知县。

---

① 乔亿《小独秀斋诗集》卷一，《清代诗文集汇编》第299册，第449页。
② 民国《宝应县志》卷二十九，《中国地方志集成·江苏府县志辑49》，第461页。
③ 《续修四库全书》集部第1682册，第203页。
④ 乾隆《海宁县志》卷九，(台北)成文出版社1984年影印本，第1291页。
⑤ 光绪《桐乡县志》卷十五，《中国地方志集成·浙江府县志辑23》，第560页。

按：撰者字、科分均误。李钟璧仲弟李钟峨《伯兄李元修先生墓志铭》记载："李公元修讳钟璧,字鹿岚,通江县人。……岁丁卯,先生年三十登贤书。……凡五上公车,辄屈于有司。……丙戌,先生年四十有九,任粤西平南令。……历七载,内迁刑部督捕清吏司主事。……以疾注休。"①道光《保宁府志》卷四"人物"记载："李钟璧,字鹿岚。蕃长子。康熙丙子举人,官广西平南县知县。著有《燕喜堂诗集》。"②道光《通江县志》卷七"选举志"记载："李钟璧,字鹿岚,一字元修。蕃长子。康熙丁卯,任平南知县。刑部督捕司主事,授承德郎,端洁自持。著有《燕喜堂集》。"③据此可知,李钟璧(1658—1736),字鹿岚,一字元修。康熙丁卯举人,官至刑部主事。《提要》误。

164.《圭美堂集》二十六卷　（《总目》卷一百八十四）

国朝徐用锡撰。用锡字昼堂,宿迁人。康熙己丑进士,官翰林院编修。是集诗十卷,文十六卷,乃其族子铎及门人周毓仑所校刊。

按：撰者字、仕履均误。沈彤《徐昼堂先生寿序》云："鲁南徐先生性质温厚,学粹言醇,在翰林名垂四海,家居二十年敦行不息。今天子即位,重其老成,召而官之,年且八十。"④厉鹗《樊榭山房集》卷八有诗云："侍读徐坛长先生八十致仕,书来索诗,赋寄四首。"⑤同年阿克敦为《圭美堂集》撰序云："上御极之初,鲁南蒙召,命超补侍读。……鲁南逾大耋。……未几,引年去。"⑥民国《宿迁县志》卷十五"人物志·中"记载："徐用锡,原名杏,字坛长,号鲁南。……领康熙己卯乡荐。……己丑登进士,改庶吉士,授编修。……乾隆初,授翰林院侍读,时年八十。"⑦据此,徐用锡(1657—1737)字坛长,号"昼堂"。其官至翰林院侍读学士,非编修。《提要》误。

165.《墨麟诗》十二卷　（《总目》卷一百八十四）

国朝马维翰撰。维翰字墨麟,海盐人。康熙辛丑进士,官至四川川东道。其诗以纵横排奡为长,意之所向,不避险阻,然神锋太俊者居多。

---

① 道光《通江县志》卷九,《中国地方志集成·四川府县志辑63》,第216—217页。
② 道光《保宁府志》卷四,《中国地方志集成·四川府县志辑56》,第321页。
③ 道光《通江县志》卷七,《中国地方志集成·四川府县志辑63》,第164页。
④ 沈彤《果堂集》卷六,《文渊阁四库全书》第1328册,第334页。
⑤ 厉鹗《樊榭山房集》卷八,《文渊阁四库全书》第1328册,第106页。
⑥ 《四库全书存目丛书补编》第7册,第88页。
⑦ 民国《宿迁县志》卷十五,《中国地方志集成·江苏府县志辑58》,第543页。

按：撰者仕履误。桑调元《马墨麟传》记载："君讳维翰，字墨麟，号侣仙，姓马氏，海盐之俙浦人。……康熙庚子举于乡，次年成进士。……雍正甲辰，特选为吏部稽勋司主事，转员外郎。试陕西道御史，掌河南京畿道。陟工科给事中，监督仓场。出四川，清丈田亩，先川南，次川东。转户科，留莅建昌道。……乾隆丁巳，起江南常镇道。丁外艰，得中风疾。庚申五月四日卒于家。"①光绪《海盐县志》卷十六"人物志"记载："马维翰，字墨麟。……康熙庚子举于乡。辛丑成进士，授吏部稽勋司主事。……乾隆丁巳，起江南常镇道副使。丁外艰归。年四十八而卒。所著有《墨麟诗》十二卷、《古文》十卷，哀其生平交友之作为《旧雨集》二卷。"②据此，马维翰（1693—1740）官至江南常镇道。《提要》误。

166.《最古园二编》十八卷 （《总目》卷一百八十四）

国朝罗人琮撰。人琮字紫萝，湖南桃源人。康熙辛丑进士，官至监察御史。是集人琮所自定。其云《二编》，以尚有《初刻最古园集》二十四卷也，然其初刻今未之见。此集诗文，则大抵以才气用事，曼衍纵横者。

按：撰者字、科分均误。嘉庆《常德府志》卷四十"列传"记载："罗人琮，字宗玉，桃源人。顺治辛丑进士。初授宁波推官。改朝邑知县。……行取四川道御史。"③光绪《桃源县志》卷八"人物志上·仕绩"记载："罗人琮，行人其鼎子，字宗玉，号紫萝。……顺治十八年辛丑进士。除浙江宁波府推官。康熙丁未，裁各路推官，改人琮陕西朝邑知县。……（康熙）十七年，补四川道监察御史。……（十九年）六月免官。……寿八十八岁卒，祀乡贤祠。著有《最古园集》二十四卷、二编十八卷、三编十卷、《芮政节录》十卷。"④雍正《宁波府志》卷十六"秩官下"记载，罗人琮，桃源进士，康熙六年任（推官），是年裁推官⑤。据此可知，罗人琮（1681—1768），字宗玉，号紫萝，顺治辛丑进士。《提要》误。

167.《随村遗集》六卷 （《总目》卷一百八十四）

国朝施璟撰。璟号随村，宣城人，侍读闰章之孙也。此集为杭世骏

---

① 桑调元《弢甫集》卷十，《清代诗文集汇编》第277册，第343页。
② 光绪《海盐县志》卷十六，《中国地方志集成·浙江府县志辑21》，第877页。
③ 嘉庆《常德府志》卷四十，《中国地方志集成·湖南府县志辑76》，第550页。
④ 光绪《桃源县志》卷八，《中国地方志集成·湖南府县志辑80》，第286页。
⑤ 雍正《宁波府志》卷十六，《中国地方志集成·浙江府县志辑30》，第618页。

所编。其诗酷学其祖,而风骨稍峭,边幅稍狭,则根柢之深厚不及也。

按:撰者名误。嘉庆《宁国府志》卷二十九"人物志·文苑"记载:"施瑮,字质存。岁贡生。侍读闰章孙。"①光绪《宣城县志》卷十八"文苑"记载:"施瑮,字质存。岁贡生。闰章孙。……著有《剩圃集》。"②徐世昌编《晚晴簃诗汇》卷六十三记载:"施瑮,字质存,号随村,宣城人。有《随村先生遗集》。"③据此,撰者名施瑮(1673—?),非"施瑔"。《提要》误。

168.《明史杂咏》四卷 (《总目》卷一百八十五)

国朝严遂成撰。遂成字海珊,乌程人。雍正甲辰进士,官云南知州。

按:撰者字误。程晋芳撰传云:"君讳遂成,字崧瞻,海珊其号,浙之乌程人。"④王昶《湖海诗传》卷三记载:"严遂成,字崧瞻,号海珊,乌程人。雍正二年进士。"⑤戴璐《吴兴诗话》卷五记载:"诏举博学鸿词,浙江首举严明府遂成,字嵩占,号海珊,甲辰进士。"⑥光绪《乌程县志》卷十七记载:"严遂成,字崧瞻,号海珊。震直裔孙。……康熙庚子举人。雍正甲辰九月会试不第,越六日,恩科中式。……试选山西临汾知县,调长垣,历云南嵩明州、镇雄州,卒于官。"⑦据此,严遂成(1694—1758)字崧瞻,号海珊。《提要》误号为字。

总 集 类

169.《柴氏四隐集》三卷 (《总目》卷一百八十七)

宋柴望及其从弟随亨、元亨、元彪之诗文也。望有《丙丁龟鉴》,已著录。随亨字瞻屺,登文天祥榜进士,历知建昌军事。元亨字吉甫,与随亨同举进士,历官朝散大夫、荆湖参制。元彪字炳中,号泽曜居士,尝

---

① 嘉庆《宁国府志》卷二十九,《中国地方志集成·安徽府县志辑44》,第279页。
② 光绪《宣城县志》卷十八,《中国地方志集成·安徽府县志辑45》,第430页。
③ 《续修四库全书》集部第1630册,第379页。
④ 程晋芳《勉行堂文集》卷六,《清代诗文集汇编》第343册,第499页。
⑤ 《续修四库全书》集部第1625册,第561页。
⑥ 《续修四库全书》集部第1705册,第201页。
⑦ 光绪《乌程县志》卷十七,《中国地方志集成·浙江府县志辑26》,第764页。

官察推。宋亡以后,兄弟俱遁迹不仕,时称柴氏四隐。望所著有《道州台衣集》、《咏史诗》、《凉州鼓吹》。元彪所著有《袜线集》。随亨、元亨著作散佚,其集名皆不可考。明万历中,其十一世孙复贞等搜罗遗稿,元亨之作已无复存,因合望与随亨、元彪诗文共为一集,仍以"四隐"为名,因旧称也。

按:万历十六年(1588),柴望十一世孙柴复贞为《柴氏四隐集》撰序云:"四隐公者,宋国史秋堂公、建昌大夫瞻屺公、制参吉甫公、察推泽膧公也,四公仕当革命之际,鹖鴟悲鸣,众芳萎歇,各抱杞国之忧,流涕陈列而为权奸所摈逐,乃相与遁迹林莽,叹时事之已去,悲故宫之寂寞,黍离悠悠之怀每形于伯仲赓咏,人以是称为柴氏四隐云。……万历戊子十一世孙柴复贞序。"① 柴元亨有诗云《送刚中兄之官山阴》。据此,柴随亨(1219—1277),字刚中,号"瞻屺"。《提要》误号为字。

关于柴元彪,柴复贞序作"泽膧",此处《提要》误为"泽曜",盖形近而误。

170.《荆南倡和集》一卷 (《总目》卷一百八十八)

元周砥、马治同撰。砥字履道,无锡人。治字孝常,宜兴人。《明史·文苑传》并附载《陶宗仪传》末。至正癸巳、甲午、乙未三年,砥遭乱,客治家,治馆砥于宜兴荆溪之南,随事倡和,积诗一卷,录成二帙,各怀其一。同时遂昌郑元祐为之序,二人亦自有序。后砥从张士诚死于兵。而治入明为内丘县知县,迁建昌府知府,与高启友善,遂以此集手录本付启。

按:周砥籍里误。《明史·文苑传》记载其为吴人,侨居无锡。光绪《无锡金匮县志》卷二十九"流寓"记载:"周砥,字履道,吴人,寓居无锡。与义兴马治善,因之荆溪。有《荆南倡和集》。"②民国《吴县志》卷七十五记载:"周砥,字履道,号匋溜生。吴郡人,寓无锡。"③马治仕履误。明莫息、潘继芳《锡山遗书》卷三小传记载:"马建昌,名治,字孝常。初为僧,洪武间官至建昌府同知。有《荆南倡和集》。"④正德《建昌府志》卷十二"秩官"记载,洪武间任"同知",非"知府"。钱谦益《列朝诗集小传》甲前集"马孝常治"条

---

① 《文渊阁四库全书》第1364册,第873页。
② 光绪《无锡金匮县志》卷二十九,《中国地方志集成·江苏府县志辑24》,第479页。
③ 民国《吴县志》卷七十五,《中国地方志集成·江苏府县志辑12》,第501页。
④ 《无锡文库》第四辑,第138页。

目记载:"(马)治,字孝常,宜兴人。……洪武初,知内丘县,终建昌府同知。"①《提要》误。

171.《三华集》十八卷 (《总目》卷一百八十九)

明无锡钱子正及弟子义、侄仲益合刻诗也。子正《绿苔轩集》六卷,前有王达《序》。子义《种菊庵集》四卷,前有洪武八年自序。仲益《锦树集》八卷,前有魏骥序。三集初各自为书,正统中,仲益族子公善等始合而刻之。其曰三华者,盖以三者皆钱氏英华也。按子正诗,朱彝尊《明诗综》不载,但附见其名于子义之下。然二人出处始末,均无可考。独仲益以元末进士知华亭县,后为翰林修撰,见于魏骥序中。而《明诗综》载仲益永乐初以翰林编修转周王府长史,与骥序互有异同。又称:"仲益诗格爽朗,惜遗集罕传,予从秦对岩前辈购得,亟录八首,犹未尽其蕴"云云。然则彝尊仅见仲益遗集,未见斯本也,则亦罕觏之笈矣。

按:撰者皆可考。黄虞稷《千顷堂书目》卷十七"别集类"记载:"钱子义《种菊庵诗》六卷。(子正弟,汉府长史。)"②"钱仲益《锦树斋诗》六卷,名允升,以字行,蒙从子。洪武中为太常博士,后官长史,预修《太祖实录》。"③黄佐《翰林记》卷十七记载:"钱仲益,名允升,以字行,直隶无锡人,由荐举永乐初任(修撰)。"凌迪知《万姓统谱》卷二十七记载:"钱仲益,字舜举,号锦树山人,时名尤著,元末举进士,国初为华亭令,擢太常博士、翰林修撰,官至王府长史。"④钱谦益《列朝诗集小传》甲集"钱子义"条记载:"子义犹子仲益,元季进士,国初翰林修撰,出为汉府长史,有《锦树集》八卷。"⑤据成化《重修毗陵志》卷二十二记载:"钱仲益,名允升,无锡人。性嗜学,洪武间举任本县训导,累迁太常博士、翰林修撰。有诗集行世。"⑥据此,朱彝尊《明诗综》载钱仲益为"翰林编修",误。

172.《海岱会集》十二卷 (《总目》卷一百八十九)

明石存礼、蓝田、冯裕、刘澄甫、陈经、黄卿、刘渊甫、杨应奎八人唱

---

① 钱谦益《列朝诗集小传》,第31页。
② 黄虞稷《千顷堂书目》,第473页。
③ 黄虞稷《千顷堂书目》,第473页。《文渊阁四库全书》本作《锦卫斋诗》,误。
④ 凌迪知《万姓统谱》卷二十七,《文渊阁四库全书》第956册,第451页。
⑤ 钱谦益《列朝诗集小传》,第142页。
⑥ 成化《重修毗陵志》卷二十二,《四库全书存目丛书》史部第180册,第135页。

和之诗也。存礼字敬夫，号来山，益都人，弘治庚戌进士，官至知府。田有《北泉集》，已著录。裕字伯顺，号间山，临朐人，正德戊辰进士，官至按察司副使。澄甫字子静，号山泉，寿光人，正德戊辰进士，官至布政司参议。经字伯常，号东渚，益都人，正德甲戌进士，官至兵部尚书。卿字时庸，号海亭，益都人，正德戊辰进士，官至布政司参政。渊甫字子深，号范泉，澄甫之弟，正德戊午举人。应奎字文焕，号滆谷，益都人，官至知府。嘉靖乙未、丙申间，经以礼部侍郎丁忧里居，田除名闲住，渊甫未仕，存礼等五人并致仕，乃结诗社于北郭禅林，后编辑所作成帙，冠以社约、同社姓氏及长至日、五月五日、九月九日、上巳日、七月七日会集序五篇。

按：黄卿仕履有误。黄虞稷《千顷堂书目》卷二十二"别集类"记载："黄卿《编苕集》八卷。（字时庸，益都人，江西左布政使。）"①康熙《益都县志》卷七小传记载："黄卿，字时庸，号海亭。正德戊辰进士。……晋左布政。庚子入觐，中道卒。……有《海岱会稿》、《编苕》诸集藏于家。"②宋弼辑《山左明诗钞》卷六记载："黄卿，字时庸，号海亭，益都人。正德戊辰进士。历官江西左布政使。有《编苕集》。"③据此，黄卿（？—1540）官至"江西左布政使"（从二品），非仅"参政"（从三品）也。

关于刘渊甫，科分误、仕履缺。宋弼《山左明诗钞》卷四记载："刘渊甫，字子宏，号范泉，澄甫弟。正德庚午举人，官汉阳知府。所著有《海岱稿》。"④民国《寿光县志》卷七"贡举表"记载，刘渊甫中正德五年（庚午，1510）举人。十二"文苑"记载："刘渊甫，字子深。大学士珝之孙也。少颖异，通经史。由举人累官至汉阳太守，所在有惠政。"⑤据此可知，刘渊甫为正德庚午举人，非《提要》云"戊午"举人，且正德并无"戊午年"。

关于杨应奎，科分缺、仕履不明，当补。康熙《益都县志》卷七小传记载："杨应奎，字文焕，号滆谷。……正德辛未进士。"⑥《山东通志》卷二十八之三记载："杨应奎，字文焕，益都人，正德辛未进士，知仁和县，历官礼部员外郎。迎世宗藩邸，升临洮知府，尽革其弊政，引洮水灌田，民便之。调南阳知

---

① 黄虞稷《千顷堂书目》，第549页。
② 康熙《益都县志》卷七，（台北）成文出版社1976年影印本，第426—427页。
③ 《四库全书存目丛书》集部第412册，第55页。
④ 《四库全书存目丛书》集部第412册，第35页。
⑤ 民国《寿光县志》卷十二，《中国地方志集成·山东府县志辑34》，第336页。
⑥ 康熙《益都县志》卷七，（台北）成文出版社1976年影印本，第427页。

府,设堤堰,至今赖焉。"①据此,杨应奎(1487—1542),正德辛未(1511)进士,官至南阳知府。

173.《文选尤》十四卷 (《总目》卷一百九十一)

明邹思明编。思明字见吾,归安人。始末未详。前有韩敬序,其私印已称"庚戌会、状两元",则万历后人也。其书取《文选》旧本臆为删削,以三色版印之。凡例谓总评分脉则用朱,细评探意则用绿,释音义、解文词则用墨云。

按:撰者字、籍贯均误,其始末亦可考。崇祯《乌程县志》卷六"科举·嘉靖甲子"记载:"邹思明,字汝诚,号见吾。初令霍山,再令彭泽,两邑具有清明之颂。归而四壁萧然,独嗜赵文敏书法,乞书者履满户外。有《批评文选》行世,年八十七。"②同治《湖州府志》卷十二"选举表·举人·乌程"记载:"邹思明,号见吾。彭泽知县。"③光绪《霍山县志》卷六"秩官志"记载:"邹思明,乌程举人,(万历)十八年任(知县),以清介称。"④据此,邹思明,字汝诚(1533—1619),号见吾,乌程人。嘉靖四十三年(甲子,1564)举人,官至彭泽知县。《提要》误以邹思明号为字,盖因邑人朱国祯撰序称"邹见吾"、韩敬称"吾乡邹见吾"之语⑤,而未考"见吾"乃其号。

174.《柳黄同声集》三卷 (《总目》卷一百九十一)

明杜桓编。桓字宗表,徽州人。是编刻于宣德己酉。以柳贯、黄溍皆其乡人,因采贯延祐庚申以国子监助教分教上都诗三十二首,至治癸亥考试进士于上都时诗九首,溍至顺辛未以翰林应奉扈从上都诗十二首,合为一集。其时溍集未刻,故所载虞集诸人题跋,较贯诗独详云。

按:撰者籍贯误,科分缺。黄虞稷《千顷堂书目》卷十八记载:"杜桓《艮庵集》。(字宗表,金华人,赵府纪善。《金华先民传》、《分省人物考》均作《尚俭斋集》。)"⑥郑柏《金华贤达传》卷十一记载:"杜桓,字宗表,金华人。耽经好学,由郡庠应乡贡入太学。永乐初登进士第,除赵府纪善。王礼遇

---

① 雍正《山东通志》,《文渊阁四库全书》第540册,第800页。
② 崇祯《乌程县志》卷六,《日本藏中国罕见地方志丛刊10》,第332页。
③ 同治《湖州府志》卷十二,(台北)成文出版社1970年影印本,第229页。
④ 光绪《霍山县志》卷六,《中国地方志集成·安徽府县志辑13》,第110页。
⑤ 《四库全书存目丛书》集部第286册,第399页。
⑥ 黄虞稷《千顷堂书目》,第482页。

之。为文典雅,诗尤俊逸,词林推誉之。"①应廷育《金华先民传》卷七记载:"杜桓,字宗表,金华人。……登永乐七年进士。授赵府纪善。……所著有《尚俭斋文集》若干卷。"②万历《金华府志》卷七记载:"杜桓,字宗表。领乡荐,以亲老家居就养,不赴春试。因博极群书,登永乐进士,授纪善。……所著有《尚俭斋文集》。"③朱彝尊《明诗综》卷十八下记载:"杜桓,字宗表,金华人。永乐辛卯进士,官赵府纪善。有《艮庵集》。"④且柳贯、黄溍皆金华人,既云"乡人",何以称杜桓为徽州人?

175.《咏史集解》七卷　(《总目》卷一百九十一)

　　明程敏政编,林乔松注。敏政有《宋遗民录》,已著录。乔松,晋江人,始末未详。其注此书,则官景宁县知县时也。其书取古人咏史之作,依代编次。自三代迄宋末,止七言绝句一体,采辑颇备。然亦有本非咏史而因类编入者,又有改窜原题者,体例颇为冗杂。乔松之注,亦多就事铺叙,依文训义,不足以资考证也。

　　按:关于林乔松籍贯误,其始末亦可考。光绪《处州府志》卷十五"文职三"记载:"林乔松,字贞夫,号澄川,广东澄海人。万历二年由举人任县(承前文景宁县令——引者注)。……升杭州府通判、云南滇州知州,及卸篆去,士民犹移关问候焉。"⑤嘉庆《澄海县志》卷十八"循吏"记载:"林乔松,下外人。嘉靖辛酉举人。两任浙江景宁、杭州通判,俱有惠政。转云南安宁州知州。……以老乞休,归十余年而卒。"⑥据此可知,林乔松实乃"广东澄海人",而非《提要》所云"晋江人",乾隆《晋江县志》亦无林乔松记载。同治《景宁县志》卷七"职官·知县"记载,林乔松于万历二年至万历五年任景宁知县,即其注《咏史集解》为1574至1577年间。

176.《二戴小简》二卷　(《总目》卷一百九十二)

　　不著编辑者名氏。所载一曰《赘言录》,明戴豪撰,一曰《筠溪集》,戴颙撰。豪字师文,台州太平人,成化戊戌进士,官至广东布政司参政。

---

① 郑柏《金华贤达传》,《四库全书存目丛书》史部第88册,第88页。
② 应廷育《金华先民传》,《四库全书存目丛书》史部第91册,第708页。
③ 万历《金华府志》卷七,《中国史学丛书》本,第1202页。
④ 朱彝尊《明诗综》,第892页。
⑤ 光绪《处州府志》卷十五,(台北)成文出版社1974年影印本,第511页。
⑥ 嘉庆《澄海县志》卷十八,(台北)成文出版社1967年影印本,第185页。

颙字师观,豪之弟,正德辛未进士,官至兵科给事中。《万姓统谱》载豪所著有《赘言录》若干卷。

按:戴颙仕履误。嘉靖《太平县志》卷七"人物·文苑"记载:"戴豪,字师文。……所著有《赘言录》若干卷。……从弟颙,字师观。中浙江乡试第一。登进士第,入翰林为庶吉士,拜吏科给事中。劾奏光禄卿冯兰不职,章再上,竟降谪兰。武宗议南巡,百官伏阙谏且哭。大理少卿吴堂喝令毋哭,颙又上章劾之,由是直声著闻,在朝咸惮之,未几,卒于官。所著有《倦歌集》、《筠溪稿》藏于家。"①张弘道、张凝道《皇明三元考》卷九记载:"正德五年庚午科解元:浙江戴颙,太平人,字师观。治《易》。辛未进士。选庶吉士。擢吏科给事中……未几,卒于官。"②据上述文献记载,戴颙(1484—?)官至"吏科给事中",而非"兵科"。戴颙乃戴豪从弟,非其弟。《提要》误。

177.《文翰类选大成》一百六十三卷 (《总目》卷一百九十二)

明李伯玙、冯原同编。伯玙,上海人,官淮王府长史。原,慈溪人,官淮王府纪善。是书即奉淮王之命作也。前有淮王序,自称西江颐仙。按《明史》,仁宗子淮靖王瞻墺,以永乐二十二年封,宣德四年就藩饶州。瞻墺子康王祁铨,以正统十一年嗣封。此书作于成化、弘治间,则所称颐仙者,即祁铨也。

按:撰者李伯玙字缺;冯原名误。

其一,关于李伯玙。正德《松江府志》卷二十九记载:"李伯玙,字君美,上海人。宣德丙午乡荐,历桐庐、山阴训导,秀水、安福教谕。……升淮府左长史。……成化癸巳卒,年六十八。所著有《文翰类选》一百六十三卷行于世。"③嘉靖《嘉兴府图记》卷十一记载:"李伯玙,字君美,上海人。举人,秀水教谕。监司荐其文学,升淮府左长史。集《文翰类选》行于世。"④嘉庆《松江府志》卷五十一"古今人传三"记载与此同⑤。黄虞稷《千顷堂书目》卷三十一记载:"李伯玙《文翰类选大成》一百六十二卷。(字君美,上海人。宣德丙午举人,为淮府长史,与伴读冯厚奉王谕编辑。)"⑥据此可补李伯玙

---

① 嘉靖《太平县志》卷七,《天一阁藏明代方志选刊17》,第348页。
② 《四库全书存目丛书》史部第271册,第145页。
③ 正德《松江府志》卷二十九,《四库全书存目丛书》史部第181册,第790页。
④ 嘉靖《嘉兴府图记》卷十一,《四库全书存目丛书》史部第191册,第441页。
⑤ 嘉庆《松江府志》卷五十一,《续修四库全书》史部688册,第538页。
⑥ 黄虞稷《千顷堂书目》,第757页。

（1406—1473）字。

其二，关于冯原，此处名误。该书有序云："乃命左长史李伯玙、纪善冯厚取古今文章载籍诸书。"①明成化间刻弘治嘉靖递修本卷一题名为"左长史上海李伯屿编辑，伴读慈溪冯厚校正"。嘉靖《宁波府志》卷三十一记载："冯厚，字良载，慈溪人。坦易不设机穽，别号坦庵。生三月而孤，比长，事母至孝，举明经，授学官，历迁淮王府长史。尝集《文翰类选大成》凡一百六十三卷以资启沃。善诗文，多著述，有《洪庵稿》、《中都稿》、《南阳稿》、《测蠡管见》、《春秋卑论》藏于家。"②另，黄虞稷《千顷堂书目》卷二"春秋类"记载："冯厚《春秋卑论》。（字良载，慈溪人。举明经，官淮府长史。与李伯玙同编《文翰类选大成》，学者称坦庵先生。）"③卷十八记载："冯厚《洪庵稿》，又《中都稿》，又《南阳稿》，字良载，慈溪人。"④同治《饶州府志》卷十二"名宦"记载："冯厚，慈溪人。以明经第一授淮府伴读，升纪善，进左史。"⑤据此可知，《提要》误以冯厚为"冯原"，乃形近而误。

178.《古括遗芳》四卷 （《总目》卷一百九十二）

旧本题南山郑宣撰。不著时代，亦无序跋。考书中所录，止于明天顺中，则明人也。其书裒辑处州之文凡三十三家，分序文、奏疏、策论、辨说四门。采摭甚略，似乎抄撮志乘为之，未博考于诸集，其考证亦多舛陋。如著《汉隽》者本林钺，见《书录解题》，而以《青田志》不载钺有著述疑之。至以鲍彪《战国策序》误疑为刘向之文，则更异矣。

按：书名误、撰者失考。黄虞稷《千顷堂书目》共收录郑宣著作三种：一、《纲目愚管》二十卷（第122页，吴骞补）；二、《读史续谈》四卷（第144页）；三、《栝苍郡志补遗》无卷数（第186页）。熊子臣、何镗《栝苍汇纪》卷十二记载："郑宣，字士达。博学娴辞，刚明通练。由弘治癸丑进士，以行人选御史，绰有风裁。抗礼逆瑾，谪兴化推官，历多善政。寻升江西佥事，御寇有功，进阶参议，乞归。著有《宋元纲目愚管》、《郡志补遗》、《古栝遗芳》等集。"⑥同书卷十三"艺文纪"记载："《纲目愚管》二十卷，《郡志补遗》五卷，

---

① 《四库全书存目丛书》集部第293册，第1页。
② 嘉靖《宁波府志》卷三十一，日本早稻田大学藏嘉靖刻本。
③ 黄虞稷《千顷堂书目》，第62页。
④ 黄虞稷《千顷堂书目》，第492页。笔者按：天启《慈溪县志》失载。
⑤ 同治《饶州府志》卷十二，（台北）成文出版社1975年影印本，第1312页。
⑥ 《栝苍汇纪》，《四库全书存目丛书》史部第193册，第640页。

《古栝遗芳》四卷。"①同治《丽水县志》卷十一记载同上。据此,郑宣(1462—?),字士达,处州府丽水县人。弘治六年进士,官至参议。"栝苍"为处州府古称,《提要》将书名误作"《古括遗芳》"。

179.《弘正诗抄》十卷 （《总目》卷一百九十二）

不著编辑者名氏。惟卷首曹忭序谓"二山杨君工于诗,所选弘治、正德间诗抄,正如淘沙见金,非具大金刚目力者不能"云云。不知杨二山者何名。所录凡李梦阳、何景明、康海、薛蕙、徐祯卿、郑继之、王廷相、边贡、孙一元、殷云霄十人之诗。前无目录,亦不知其完否。

按:《四库全书存目丛书》集部第 301 册收录该书,书前有嘉靖三十六年南郡黄鹄居士曹忭所作序②。此曹忭乃江陵曹忭(1512—?),康熙《荆州府志》卷二十五记载:"曹忭,字子诚,江陵人,别号纪山。登嘉靖辛丑进士,选翰林庶吉士,累官云南巡抚,与兄性皆至性孝友,内外无间。著有《翰林集》行世。"③而编辑者"二山杨君"乃海丰杨巍也,《总目》著录杨巍撰《存家诗稿》八卷,《提要》云:"明杨巍撰。巍字伯谦,号梦山,海丰人。嘉靖丁未进士。累官吏部尚书,赠少保,事迹具《明史》本传。巍扬历中外,居官有能声。《自跋》称:'幼习举子业,不知诗。至嘉靖乙卯,补晋臬,提举曹忭始导之为诗。归田后,与山人吕时臣相倡和,得诗六百余篇,属邢侗、邹观光评骘而存之。'"④《总目》不知杨巍另有一号"二山",谢肇淛《明故荣禄大夫柱国少保兼太子太保吏部尚书二山杨公神道碑铭》记载:"公起家武进令,拜黄门给事中,出为山西按察司佥事,备兵口北道。……公讳巍,字伯谦,别号二山。"⑤该神道碑铭未提及杨巍著述,叶向高《荣禄大夫柱国太子太保吏部尚书赠少保梦山杨公墓志铭》云:"公讳某,字伯谦,别号梦山。……所著《诗文》、《杂语》、《谵语》、《檄余录》、《诸家钞》、《近疏漫录》、《四书训略》共若干卷,俱行于世。"⑥民国《无棣县志》卷十"人物·名臣"记载:"杨巍,字伯谦。嘉靖丁未进士。……撰有《四书训略》、《近疏漫录》、《存家诗稿》、《诸

---

① 《栝苍汇纪》,《四库全书存目丛书》史部第 193 册,第 672 页。
② 《四库全书存目丛书》集部第 301 册,第 78 页。
③ 康熙《荆州府志》卷二十五,《中国地方志集成·湖北府县志辑 35》,第 413 页。光绪《荆州府志》卷四十九仍之。
④ 黄虞稷《千顷堂书目》卷二十三,《明史·艺文志》均作《梦山存稿》四卷。
⑤ 谢肇淛《小草斋集》卷十六,《四库全书存目丛书》集部第 176 册,第 133—136 页。
⑥ 叶向高《苍霞续草》卷二,《四库禁毁书丛刊》集部第 125 册,第 134—137 页。

家抄诗选》等书。"①据此可知,杨巍(1516—1607),字伯谦,号梦山,另号二山,海丰人。此两则材料中《诸家抄》当指《弘正诗抄》。

从以上文献可知,杨巍任山西按察司佥事时与时任山西提学副使的曹忭同事②,二者互相诗歌唱答,交往密切。如杨巍《存家诗稿》收录多首作品以记其交往,如《将赴上谷留别纪山二首》、《元夜曹学宪纪山枉过有述》、《酬纪山见寄韵》、《曹学宪书斋谈诗次孟方伯韵》、《春夕饮纪山宅醉后观火花歌用杜韵》、《酬纪山迎春日雪见惠之作》。后曹忭升任江西参政,杨巍赠《寄送曹学宪之任江西参政》诗云:"明时薇省重词臣,南望章江兴转新。天上彩云随去鹢,域中庐岳待高人。滕王阁敞千峰晓,徐孺亭孤万木春。独恨支离荒塞北,未知何日挹清尘。"二人分别后,仍有诗歌往来,其《寄讯纪山》云:"山连巫峡云为馆,花映楼台玉作人。把酒听歌明月夜,还闻世上有风尘。"可谓情谊殷切之作,惜曹忭作品难征,无从参考③。

另,杨巍《存家诗稿》跋文亦详细记载了曹忭对于其诗歌创作之影响,称:"余自幼习举子业,不知为诗。至嘉靖乙卯,外补晋臬,时督学使者为曹君纪山始提挈余为诗,谓以唐人为宗,且辨其体格。余不甚解,及余归田,有四明吕山人者往来海上,相与倡和,共明此道,听其所谈,亦不甚解。平生得诗总之不下千篇,门人李生善楷书,因命收掌。及余宦京师,李生病故,此物亦随化去。子侄辈复随处抄录,无论岁月朝野,得诗六百余篇,亦多矣,乃就正于临邑邢侍御知吾,为更数处,加之评品。今年舍弟岑以公事寓维扬,将此稿再就正于云梦邹君大泽,邹君旧铨部郎,与余有共事之雅,改窜逾多又序之,乃加灾于木。夫唐之诗人抉胃呕心终身焉,方传于世。余疏散人也,况习禅寂,不好苦思,此物徒资后人谈笑耳,顾倡之者曹君纪山也,共艺者吕山人甬东也,改窜且序之者邢君知吾、邹君大泽也。笔迹犹新,未敢遽弃,乃书诸后,存于家以示吾子孙焉。客见之问曰:公登仕籍五十年,刻中不及勋名,何也? 余笑而不答,又问:曰陈思王谓后世谁知窜吾文者,公顾归美于纪山诸君何也? 余亦笑而不答。万历壬寅仲冬梦山翁书于藜苋居中,时年八十有六。纪山名忭;山人名时臣;知吾名侗;大泽名观光。"④杨巍写诗受到曹忭影响而为之,其任山西佥事期间时往过从,其编纂《弘正诗抄》正在山

---

① 民国《无棣县志》卷十,(台北)成文出版社 1968 年影印本,第 807 页。
② 《山西通志》卷七十九记载:"曹汴,进士,嘉靖时任副使,湖广江陵人。"此处记载曹忭名误作"汴"。《浙江通志》卷一百十七记载:"曹汴,字子诚,江陵人,巡盐御史。"同误。
③ 钱谦益《列朝诗集》、朱彝尊《明诗综》均未收录。
④ 王世贞评价其诗云:"海丰杨梦山宫保太宰巍有《存家稿》八卷,五言最简古,得陶体,明人所少。予喜其一绝云:前年视我山中病,落日独骑骢马来。记得任家亭子上,连翘花发共衔杯。予在京师日,曾选订其集为三卷,谢员外方山重辉刻之。"见《池北偶谈》卷十九。

西任职，其目的或许为其创作诗歌作为参考而已，曹忭为之撰序则自然而然的事了。

另，《提要》云："所录凡李梦阳、何景明、康海、薛蕙、徐祯卿、郑继之、王廷相、边贡、孙一元、殷云霄十人之诗。"事实上，除诗歌外，还附录文章，如李梦阳诗后附书二首：《诗集自序》、《驳何氏论文书》；何景明诗后附录书一首：《与空同先生论诗书》；王廷相诗后附录《华阳稿序》、《与郭价夫学士论诗书》。

180.《四明风雅》四卷 （《总目》卷一百九十二）

明宋宏之编，戴鲸增删，张时彻又增删之。宏之仕履未详。鲸字时霖，号南苍，鄞县人，嘉靖癸未进士，官至福建布政司参议。所录明代宁波之诗，自洪武迄嘉靖凡六十五人。

按：黄虞稷《千顷堂书目》卷三十一"总集类"著录，谓戴鲸《四明风雅》四卷，无宋宏之名。沈恺《四明雅集序》云："余尝闻之，入国以问俗，陈诗以观风。往余守明，爰辑吏治，其土风人物多所揽睹。……是集选于少参南江戴公，南江号博洽，平居亢洁，不轻许。与况浔沈子嘉则相与品评，嘉则又才高颖敏，故其所选甚精。集中所载计五十三人，帙分上下，诗计若干首。嗟乎！代不数人，人不数篇，明斤斤止一郡，人与诗并盛如此，噫！此明之所以重于天下也。集成，南江以书谓恺：'子尝刺吾郡，观风采，诗亦子事也，庸无言乎哉？'恺不敢以不文辞，僭为之序。"①沈恺之序亦独称戴鲸与沈明臣（字嘉则，鄞县人）互相品评而纂辑《四明风雅》一书，且收录诗人为五十三人，与《提要》记载不合。

另考，黄虞稷《千顷堂书目》卷三十一"总集类"载："宋恢《四明雅集》四卷。（字弘之，鄞人。）"②而乾隆《鄞县志》卷二十二"艺文下"亦引《甬上耆旧传》记载："宋恢《四明雅集》，李邺嗣曰：'先生尝悯郡中文献失征，因选天顺成化以来诸名士诗，合为一卷。'"③戴鲸条目下记载《四明雅集》四卷，并附戴鲸自序云："余尝慨想乡贤篇什，思搜访而不可得。一日从芝山杨君所见《四明雅集》一编，乃诗人宋宏（此避乾隆弘历讳——引者注）之先已纂辑，因取诸家近诗，增所未备，总得六十人，集成四卷，不惟吾名山之助，其文

---

① 谈恺《环溪集》卷六，《四库全书存目丛书》集部第92册，第108页。
② 黄虞稷《千顷堂书目》，第774页。
③ 乾隆《鄞县志》卷二十二，《续修四库全书》史部第706册，第492页。

献亦有足征者,故乐为邦人道之。"①卷十五"人物"记载:"宋恢,字宏之。精于诗,尝集天顺以来诸名人诗,谓之《四明雅集》。与里中洪常、金湜、周颂、倪光、章珍、张璟等为诗社,布衣藜杖,携酒蔬散步林墅间,人望之如神仙云。"②据此记载,宋恢,字弘之,鄞县人,布衣终身。此亦说明《提要》误将宋恢字作名。

《提要》载戴鲸字、号均误,应为字"时鸣",号"南江"。戴鲸昆季四人,伯,戴鳌,字时镇,弘治十二年进士;仲戴鼇,字时重,正德十二年进士;叔,即戴鲸,字时鸣,嘉靖二年进士;季,戴鳖,字时化,嘉靖十四年进士;兄弟四人同登甲榜,被誉为"同胞四进士"③。余有丁《朝议大夫福建布政司左参议南江戴公墓志铭》记载:"先生讳鲸,字时鸣,别号南江。系出宋戴公后,其裔散处浙东,至讳阳者从其诸父石屏先生学诗,家于鄞。……奉直公生五子,长鳌,寻甸知府;次鲤,宣义郎;次即公;次鼇,都察院副都御史;次鳖,工部主事,皆起家进士,而宣义公独以赀补郎。……(公)以《易》举正德丙子乡荐,登嘉靖癸未进士,授令番禺。……尝搜猎郡乘之遗,辑为成书,名曰《志征》,语具张司马叙中。尤好诗,所编《四明雅音》多折衷于情性之正,华亭沈太仆恺为之叙。……所著有《闽广集》、《东白楼稿》、《郡志征》、《四明文献》、《四明雅集》藏于家。"④据此,戴鲸(1481—1567),字时鸣,别号南江。

181.《浯溪诗文集》二卷 (《总目》卷一百九十二)

明黄焯编。焯自号龙津子,始末未详。是书成于嘉靖戊子,辑元结以下至明代诸人题咏碑铭。前列《浯溪小志》,纪其山水之胜。

按:黄焯始末可考。黄焯友人徐阶《湖广左参政龙津黄君墓志铭》记载:"往予在延平,所与游者两人,君及谏议剑溪郑君是也。……君讳焯,字子昭,龙津其号,延平之南平人。……君生三十年举正德甲戌进士,拜南京礼部精膳主事。……辛巳,迁仪制郎中。……嘉靖癸未,迁知永州。……九疑相传有舜冢,为置祀田,设守者二人。作濂溪先生祠,辟东山书院,聚博士弟子教之。又廪孝子杨成章贡之,州人以是知学。庚寅,迁湖广左参政。……壬辰,遂致其事,葺观物园,奉亲读书其间。……君平生喜为诗文,

---

① 乾隆《鄞县志》卷二十二,《续修四库全书》史部第706册,第494页。
② 乾隆《鄞县志》卷十五,《续修四库全书》史部第706册,第315页。
③ 乾隆《鄞县志》卷十五,《续修四库全书》史部第706册,第326页。
④ 余有丁《余文敏公文集》卷六,《续修四库全书》第1352册,第536—540页。另按:乾隆《鄞县志》卷二十一"艺文志"记载,戴鲸撰《四明志征》、《四明文献考》(《续修四库全书》史部第706册,第471页)。

所著有《尊美堂政录》五卷,《修来编》□卷、《中庸读法》□卷、《贻光堂集》□卷。"①另,作为《明史·艺文志》底本的《千顷堂书目》卷二十二"别集类"亦有黄焯条目记载:"黄焯《贻光堂集》。(字□□,南平人,湖广左参政。)"②文献在在可考。康熙《南平县志》卷十四"人物"记载:"黄焯,字子昭,登正德甲戌进士。由南礼部精膳司主事,历迁湖广永州府知府。……擢湖广布政司左参政。会使入觐,焯摄事三月,百度惟贞。以疾遗归。……所著有《遵美堂政录》、《修来篇》、《论语中庸读法》、《贻光堂集》藏于家。祀乡贤。"③《浯溪诗文集》当为黄焯(1483—1547)知永州(1523—1530)时所编,康熙《永州府志》卷二十三"艺文"收录有黄焯诗四首。

182.《名家表选》八卷 (《总目》卷一百九十二)

明陈垲编。垲,余姚人。嘉靖壬辰进士,官至广东提学副使。是编即在广东所选以训士子者。凡唐表一卷、宋表七卷。

按:编者字缺,仕履误。陈有年《大中大夫湖广右参政紫墩陈公行状》记载:"公讳垲,字山甫,别号宅平,又称紫墩居士。系出宋武功大夫京畿都统领升,居邑开元乡登洪里。……(公)年十八为正德己卯,举乡试第五,上南宫未第。……嘉靖壬辰,会试亦第五。……初授行人。……乙未,选南吏科给事中。……辛丑,升湖广督粮右参议。……甲辰,升山西副使。……调广东提学。……丁未,升湖广右参政。……遂报罢。……所著有《受欤稿》文集若干卷、诗集若干卷,及《四书戴记存疑》行于世。"④黄虞稷《千顷堂书目》卷二十三"别集类"记载:"陈垲《受欤稿》。(字山甫,余姚人,湖广参政。)"⑤《浙江通志》卷一百九十一记载:"陈垲,字山甫,余姚人。嘉靖壬辰进士。由行人转南给事中,劾武定侯郭勋骄恣。严嵩欲见之,不可,出为湖广参议。历广东提学副使。……转湖广参政归,林居四十年,读书如寒士,诗文不为奇崛,有洪、永风。"⑥光绪《余姚县志》卷二十三"人物·十"记载:"陈垲,字山甫。嘉靖十一年进士。由行人转南京给事中。……考满入京,出为湖广参议,历广东提学副使。海瑞、庞尚鹏方为诸生,皆第之高等。……迁湖广参政。(严)嵩修前隙,令私人追论之,遂斥归。……著有《戴

---

① 徐阶《世经堂集》卷十六,《四库全书存目丛书》集部第79册,第694—695页。
② 黄虞稷《千顷堂书目》卷二十二,第553页。
③ 康熙《南平县志》卷十四,《中国地方志集成·福建府县志辑9》,第114页。
④ 陈有年《陈恭介公文集》卷八,《续修四库全书》集部第1353册,第24—26页。
⑤ 黄虞稷《千顷堂书目》,第575页。
⑥ 乾隆《浙江通志》,《文渊阁四库全书》第524册,第260页。

记存疑》《受欤稿》。"①据此,陈垲(1502—1588)任广东提学副使后,升至"湖广参政"。《提要》误。

183.《越望亭诗集》二卷 (《总目》卷一百九十二)

明陈鹤编。鹤有《海樵山人集》,已著录。越望亭在绍兴府城卧龙山巅。前对秦望,初名望海,后更此名。或曰为越地之望,或曰可以望越,未之详也。嘉靖戊戌,绍兴守汤绍恩重创斯亭,一时多为题咏。同知孙令、推官周凤岐因令鹤辑录成编,前绘山川城郭图。诗则溯唐迄明,虽名以诗集,而赋亦缀焉。绍恩号笃斋,安岳人,嘉靖丙戌进士。其治越有惠政,事迹具《明史·循吏传》。

按:《提要》书名误,查验陈鹤著作,《总目》卷一百七十七著录陈鹤作品名为"《海樵先生集》",《提要》云:"明陈鹤撰。鹤字鸣野,山阴人。案《浙江通志》,鹤,嘉靖乙酉举人,年十七,袭荫绍兴卫百户,非其志也,遂弃官称'山人',则亦孤僻之士矣。"此《提要》应予更正为:"鹤有《海樵先生集》,已著录。"

此《提要》汤绍恩字失载。万历《绍兴府志》卷三十八记载:"汤绍恩,字汝承,四川安岳人。"②《明史·循吏传》记载:"汤绍恩,安岳人。……名绍恩,字汝承。"③

184.《蓬莱观海亭集》十卷 (《总目》卷一百九十二)

明潘滋编。滋,婺源人,始末未详。观海亭在登州蓬莱阁,为观海市之地。嘉靖庚戌,滋为登州府推官,承台檄辑古来诗赋碑记之文为一编。

按:潘滋始末可考。戴廷明、程尚宽《新安名族志》记载:"曰滋,号桃谷,嘉靖戊子乡荐亚魁,授登州府推。"④道光《徽州府志》卷十二之六"人物志·附风雅"记载:"潘滋,字汝霖,婺源桃溪人。潢兄。嘉靖戊子举人,授登州推官,调建宁通判。……所著有《桃谷集》、《闻蛩集》行世。"⑤光绪《婺源县志》卷二十四"人物七·文苑一"记载:"潘滋,字汝霖。赠尚书铎

---

① 光绪《余姚县志》卷二十三,《中国地方志集成·浙江府县志辑36》,第834—835页。
② 万历《绍兴府志》卷三十八,《四库全书存目丛书》史部第201册,第222页。
③ 张廷玉等《明史》,第7212—7213页。
④ 《新安名族志》,黄山书社2007年点校本,第644页。
⑤ 道光《徽州府志》卷十二,《中国地方志集成·安徽府县志辑50》,第104页。

子。……戊子乡荐第七。司理登州，有异政。擢建宁别驾。……著有《桃谷集》《闻蜇集》。"①顾廷龙主编《清代朱卷集成》第 357 册潘兆麟履历记载："潘滋，嘉靖戊子乡荐，建宁府通判。"

185.《泰山搜玉》四卷　（《总目》卷一百九十二）

明袁稽撰。稽字玉田，怀远人，官泰安州知州。

按：撰者字误。康熙《泰安州志》卷二记载，袁稽，南直隶怀远县人，由岁贡升授泰安知州②。嘉庆《怀远县志》卷二十记载，袁稽，字大宾，号玉田。以明经荐，宰高苑，倅东昌，治河有功，迁泰安州守，诛锄强暴，吏胥畏服。有以黄金进者，峻拒之。修岱岳十八盘，至今便焉。后以沈府长史致仕③。据此，《提要》或误号为字。

《提要》又云：

是编采泰山碑铭诗文汇为一帙，皆嘉靖乙卯以后之作。

按：该书收录第一篇祭告文为巡按山东监察御史雍焯撰文，附注时间为"嘉靖三十三年"，乃嘉靖甲寅（1554），而嘉靖乙卯乃三十四年（1555），不得谓"皆嘉靖乙卯以后之作"。

186.《荆溪唱和诗》一卷　（《总目》卷一百九十二）

明俞允文编。是编为嘉靖辛酉顾从义、姚昭、董宜阳、冯迁、朱察卿、姚遇、姚遂、沈明臣八人同游荆溪所作，允文为合而刊之。从义字汝和，上海人。昭字如晦，宜阳字子元，迁字子乔，察卿字邦宪，遂字以良，遇字以奇，皆从义之里人。明臣有《通州志》，已著录。

按：姚昭字误。俞允文《荆溪唱和诗序》记载："震泽之西有荆溪焉。……于时与汝和同游属而和者凡七人，沈明臣字嘉则，四明人。姚昭，字汝晦。"④朱察卿作诗《同姚汝晦张玄超唐世具集顾汝和池上楼》《拜姚汝晦墓》⑤。《提要》作字"如海"，盖形似而误。

另，前文编者顺序为姚遇、姚遂。后则当以此为序，因此，"遂字以良，遇

---

① 光绪《婺源县志》，光绪九年刻本。
② 康熙《泰安州志》，《中国地方志集成·山东府县志辑 63》，第 78 页。
③ 嘉庆《怀远县志》卷二十，《中国地方志集成·安徽府县志辑 31》，第 263 页。
④ 俞允文《仲蔚先生集》卷十，《四库全书存目丛书》集部第 140 册，第 717 页。
⑤ 朱察卿《朱邦宪集》卷二，《四库全书存目丛书》集部第 145 册，第 611 页。

字以奇"当前后倒乙为确。

187.《广中五先生诗选》二卷 （《总目》卷一百九十二）

明陈暹编。暹爵里未详。五先生者，孙蕡、王佐、黄哲、李德、赵介也。五人之中，孙、王、黄、李皆仕宦，赵则隐居不出，所谓《临清集》者亦不传。嘉靖丁巳，无锡谈恺刻五先生诗，仅得孙、王、黄、李四家，以汪广洋尝为广东行省参政，因合而刻之，以足五人之数。朱彝尊《诗话》云："伯贞集虽不传，然名在五先生之列。刊诗者去伯贞而冠汪忠勤于卷首，可为失笑。"即指谈刻也。此本乃嘉靖乙丑陈暹重订，谓得旧本《赵临清集》，命工刻之，以补五先生之阙，而以汪右丞诗别自为集，于是五先生之诗始复其旧。五人集前各有小传，爵里行事略具。

按：此陈暹与《总目》卷八十四《两淮盐法志·提要》载陈暹乃同一人，其爵里可考。曹学佺《石仓历代诗选》卷三百二载陈暹《赵临清入五先生集跋》云："太祖平定华夏，归马放牛，聿兴文教。维时海内文人学士彬彬辈出，自江以南尤沾被圣教之先，吴下则有四杰，闽有十才子，广则有五先生，皆一时诗人之选也。《四杰集》、《十才子集》，吴、闽皆有刻或传写之者。《五先生诗选》广有旧刻，岁久朽落，仅人家有藏本而亦弗全。嘉靖丁巳，督府谈公、大参王公咸兴诗教，求《五先生集》于太史泰泉黄公处，仅得黄、李、孙、王，而失其一，乃以《汪右丞集》并刻藩署，足五先生数云。迨甲子岁，余承乏至广，得觐是集而私讶焉。右丞，固淮人也，不当列于广。况先生之称，乃后进目其先哲之辞，右丞帅广于五先生有统摄之分，不当与乡大夫伍而并先生之称耳。虽疑之而未获其人与集。乙丑夏，少参峒峰曹公乃于梁中舍家得其祖父文康公家藏旧本，乃知黄、李、孙、王之外，而有赵临清者，携其本以授余。余喜其疑之得释，命工刻之，以补五先生之缺，而以汪右丞诗别自为集，窃怪赵临清之诗刻厉奇崛，何以失传？岂以孙、王、黄、李皆列于缙绅，而赵布衣士欤？然盛唐时有王、孟、高、岑四作者，孟盖亦布衣也，何嫌于并称？况志称临清性狷，不喜接贵官达士，劝李鞦毋应荐，即其志固轻轩冕而土苴其官爵也，视浩然'不才明主弃'之句犹有不见用之怨，其人品固甚悬绝，得不为广之高士乎？高士而先生固宜，又或以其诗仅五六篇而欲遗之，则赵嘏以'倚楼'一句称，郑谷以《鹧鸪》一篇名，诗之可传，讵在多乎哉？嘉靖乙丑五月朔闽人阛窗陈暹谨识。"①万历《福州府志》卷五十七"人文志五"小传

---

① 曹学佺《石仓历代诗选》卷三百二，《文渊阁四库全书》第1391册，第286—287页。

记载:"陈遇,字德辉。达之弟也。嘉靖乙未进士。历官延尉评,擢守安庆,两淮运使,广西参政,终广东布政使。"①黄虞稷《千顷堂书目》卷二十三记载:"陈遇《掆瓵集》十卷。(字德辉,闽县人。)"②汪森编《粤西文载》卷六十五记载:"陈遇,字德辉,闽县人。嘉靖间广西参政,……寻擢江西按察使。……性喜为诗。又明象纬,制辟谷丸,适大饥,闻者诣遇乞丸,赖以全活甚众。"③综合上述文献可知,陈遇(1503—1566),字德辉,闽县人,嘉靖乙未进士,官至广东布政使。

188.《三忠集》十四卷 (《总目》卷一百九十三)

明郭惟贤撰。惟贤,晋江人。万历甲戌进士,官至左副都御史,以忧归。起户部右侍郎,未上而卒。事迹具《明史》本传。是集乃惟贤官湖广巡抚时所编。

按:撰者字缺,仕履误。黄克缵《通议大夫户部左侍郎赠都察院左都御史谥恭定愚庵郭先生暨配累封恭人赠淑人包氏行状》记载:"恭定公以万历丙午正月卒于家。……公讳惟贤,字哲卿,泉之晋江人,初号希宇,晚乃更为愚庵。……庚午举于乡,甲戌成进士,补清江令。……壬辰,……以佥都御史巡抚湖广。……乙未,以原官召入西台。戊戌,晋左副都御史,协理如故。……庚子,闻母疾,上疏乞归侍奉。……乙巳季冬,诏征公为户部左侍郎。时公已艰于粒食,丙午元日报至,欲具疏辞,以疾革,是月望日卒于家。……赠公都察院右都御史,赐祭葬,谥恭定。"④何乔远《闽书》卷八十七记载:"郭惟贤,字哲卿,登进士,授清江令。……选授南御史。……寻以右佥都御史巡抚湖广。……其他若城黄梅、城通城,请祀周元公父于启圣祠,刻元公及二程之文为《三儒集》,屈大夫、诸葛武侯、岳武穆之文为《三忠集》,贻楚人之安利之业而风之教化之原,则其大者矣。……以丁内艰归。服阕,召起为户部左侍郎,寻卒。"⑤谈迁《国榷》卷八十记载:"万历神宗三十四年正月甲午,前户部左侍郎郭惟贤卒,惟贤字□□,晋江人。万历甲戌进士,知清江,擢河南道御史。……有绥靖功,入左副都御史,忧去,释服,起今官,不数日卒,予祭葬,赠右都御史,荫子入监,谥恭定。"⑥《明史》卷二百二

---

① 万历《福州府志》,海天出版社 2001 年整理本,第 524 页。
② 黄虞稷《千顷堂书目》,第 580 页。
③ 汪森编《粤西文载》卷六十五,《文渊阁四库全书》第 1467 册,第 103 页。
④ 黄克缵《数马集》卷四十六,《四库禁毁书丛刊》集部第 180 册,第 555—559 页。
⑤ 何乔远《闽书》,第 2606—2609 页。
⑥ 谈迁《国榷》,第 4953 页。

十七本传亦记载:"郭惟贤,字哲卿,晋江人。万历二年进士。自清江知县拜南京御史。……惟贤寻迁户部主事,历顺天府丞。二十年,以右佥都御史巡抚湖广。……入为左佥都御史。……寻迁左副都御史。……久之,以忧归。起户部左侍郎,未上卒。赠右都御史。天启初,谥恭定。"①据此可补郭惟贤(1547—1606)字哲卿,"起户部左侍郎"。据此可知,郭惟贤丁忧服阕后起为户部"左"侍郎,非"右侍郎"。《提要》误。

189.《诗宿》二十八卷 (《总目》卷一百九十三)

明刘一相编。一相字惟衡,长山人。万历丁丑进士,官至陕西布政使。是编采周、秦、汉、魏、六朝、三唐之诗,区别差次,为部二十八,子目一百五十有四。陈、隋以上诗体不甚异者都称古诗,惟以时代为序。唐则类以题分,人以诗分,诗以体分,亦张之象《唐诗类苑》之流亚也。

按:撰者、仕履误,应为"陕西清军兵备副使"。周之夔《中宪大夫陕西按察司副使刘惟衡公偕配孟恭人墓表》记载:"国家用兵西南最久,水、蔺、播三土司居黔蜀间,三省八路之师剿之,而公独当合江一面。……公讳一相,字惟衡,初号静所,后更顷阳。先世自宁津迁长山。……公学成进士,任高平令。……升清军兵备副使,经纪屯政、邮传、武阕,井井有法。因念高太安人春秋高,遂以入贺乞休。"②陈济生《启祯遗诗》"刘副使"条目记载:"公讳一相,字惟衡,号顷阳,济南长山人。中万历五年进士,授高平知县。……入为南京吏科给事中。……升刑部河南司员外、四川司郎中。……辛丑大计,得平调,遂归,归四年,兵部覆叙播功,诏赐白金,复职,以原官补高雄道,寻升陕西清军兵备副使。……未几,致仕归。"③据此,刘一相(1542—1624)官至"陕西清军兵备副使",非"布政使"。

190.《频阳四先生集》四卷 (《总目》卷一百九十三)

明刘兑编。兑始末未详。其编此书,则官富平县知县时也。所录为张纮、李宗枢、杨爵、孙丕扬四人诗文。纮有《云南机务抄》,黄爵有《周易辨录》,丕扬有《论学篇》,均已著录。宗枢字子西,号石叠,嘉靖癸未进士,官至右佥都御史,巡抚河南。四人皆富平人。富平古频阳地,故称频阳四先生。是集之编在万历甲申,于时丕扬方以右副都御史

---

① 张廷玉等《明史》,第5968—5969页。
② 周之夔《弃草文集》卷八,《四库禁毁书丛刊》集部第113册,第2—3页。
③ 陈济生辑《启祯遗诗》,《四库禁毁书丛刊》集部第97册,第606页。

家居。兑以丕扬所作为四家之一,殊乖古人盖棺论定之义。明季标榜之习,大率如斯矣。

按:《四库全书存目丛书》影印万历刻本题曰:"新安景泽甫刘兑选,米脂子谦甫杜本益校,郃县宗伊程希洛辑。"因此,《提要》仅云"刘兑编",未确切。

编者刘兑始末亦可考。黄虞稷《千顷堂书目》收录刘兑作品,卷八记载:"刘兑《靖边说》二卷,又《新安考》二卷,保定府新安人,隆庆中举人,陕西肃州兵备参议。"①卷十二记载:"刘兑《淑世谈薮》十卷,直隶新安人,隆庆丁卯举人,陕西布政司参政。"②该书目录上述二书与《频阳四先生集》同列刘兑名下。乾隆《新安县志》卷六"人物志·名贤"记载:"刘兑,字景泽。昭玄孙。中隆庆丁卯乡试。知富平县,升户部主事。……升西边参议。……告病归。……起肃州兵备副使。丁艰归,后数年卒。所著有《百政集》、《廉惠仓议》、《清芦二十二政》、《清芦议》、《淑世谈薮》、《新安考》等书。"③乾隆《富平县志》卷六"名宦"记载:"刘兑,字景泽,号钟所,新安人。举人,万历八年任(知县)。"④据此可知,刘兑,字景泽,号钟所,保定府新安县人⑤。隆庆元年(1567)举人,官至陕西兵备副使⑥。

191.《湛园杂咏》一卷 (《总目》卷一百九十三)

明米万钟撰。万钟字友石,一字仲诏,宛平人。万历乙未进士,官至太仆寺少卿。《明史·文苑传》附见《董其昌传》中。尝构漫园、勺园,又构湛园,标园中佳胜为十八题。因裒辑一时赋咏,类为此编。

按:撰者字误。倪元璐《诰授中大夫太仆寺少卿米友石先生墓志铭》记载:"吾于米友石先生夫妇之节乐得而称之矣。米氏在宋以南宫显,入明曰虎者,由晋阳徙关中,累功官金吾尉,数传为赠公文学,文学生赠公玉,即公父也,并以公贵累赠至中大夫。自公父始由关中徙京师,生三子,公居仲,名万钟,字仲诏,以好奇石,故号友石云。……遂以甲午魁本经。明年成进士,筮令永宁。……服阕,补蜀之铜梁。……旋迁计部。……寻改缮郎。……擢参浙藩,分守金衢道。……擢江西观察,分守江饶。……久之,以资迁山

---

① 黄虞稷《千顷堂书目》,第205页。
② 黄虞稷《千顷堂书目》,第339页。
③ 乾隆《新安县志》卷六,《中国地方志集成·河北府县志辑34》,第451—452页。
④ 乾隆《富平县志校注》卷六,西北大学出版社2016年校注本,第139页。
⑤ 沈津《中国珍稀古籍善本书录》著录《频阳四先生集》,载刘兑籍贯为"安徽新安人"(第677页),误。
⑥ 黄虞稷《千顷堂书目》前后记载不一,盖传写误也。

东右布政。……会上登极。……以廷臣言,起补公太仆寺少卿,理光禄寺寺丞事。"①康熙《宛平县志》卷五记载:"米万钟,字仲诏,宛平人。……万历乙未进士。……公生平嗜石,人称友石先生。"②光绪《顺天府志》卷九十八记载:"米万钟,字仲诏,宛平人。万历二十三年进士。……生平好石,人称为友石先生。……所著有《澄澹堂文集》十二卷、《诗集》十二卷、《易义》四卷、《象纬兵钤》十二卷、《石史》十六卷、《南北史宫词》二卷、《琴史》八卷、《奕史》四卷、《篆隶考讹》二卷。"③据上述文献可知,米万钟(1570—1628),字仲诏,号友石。《提要》误号为字。

192.《国玮集》六十一卷 (《总目》卷一百九十三)

明方岳贡编。岳贡字禹修,谷城人。天启壬戌进士,官至东阁大学士,事迹具《明史》本传。

按:编者字误。张若羲《襄西方夫子行状》记载:"公讳岳贡,字四长,号禹修,先世为浙之金华人,公七世祖讳文俊,洪武间宰谷城,与正学先生为族昆季。正学殉难,族诛。公亦坐死,谷城士民疏吁请,得减等,戍五开卫,卒葬谷城,子孙家焉,故今为谷城人。……(天启)辛酉举乡试。……壬戌捷南宫。甲子,授户部广东司主事。……崇祯元年,出守松江。……升都察院右副都御史,协理院事。……奉旨以原官兼东阁大学士,入内阁,参赞机务。……所集有《古文国玮》、《诸子国玮》、《语录合刻》、《经世文编》、《是政编》行于世。"④《明史》卷二百五十一本传记载:"方岳贡,字四长,谷城人。天启二年进士。授户部主事,进郎中。"⑤据上引文献可知,方岳贡(1589—1644)字四长,号禹修。《提要》误号为字。

193.《古诗解》二十四卷 (《总目》卷一百九十三)

明唐汝谔撰。汝谔有《诗经微言合参》,已著录。其兄汝询有《唐诗解》,故此以古诗配之。

按:唐汝询乃唐汝谔弟,非其"兄"也。唐汝谔(1555—1614后),字士雅,华亭人。天启中以岁贡生官常熟县教谕。万历三十六年二月,唐汝谔为

---

① 倪元璐《倪文贞集》卷九,《文渊阁四库全书》第1297册,第114—115页。
② 康熙《宛平县志》卷五,《中国地方志集成·北京府县志辑5》,第118—119页。
③ 光绪《顺天府志》卷九十八,《中国地方志集成·北京府县志辑3》,第61页。
④ 同治《谷城县志》卷七,《中国地方志集成·湖北府县志辑66》,第184—188页。
⑤ 张廷玉等《明史》,第6504页。

唐汝询(1565—?)撰《仲言〈编蓬集〉后序》云:"昔人谓诗穷则工,诗非能穷人,以诗必穷者而后工也。余弟仲言不幸以盲废业。"署名曰:"万历戊申如月中瀚兄唐汝谔士雅父撰。"①唐汝询《编蓬集》中屡有提及唐汝谔诗作,如《春雨叹忆士雅兄及从子伯安》(卷三)、《对雨忆士雅兄》(卷四)、《士雅兄读书山中聊有此寄》、《寄怀士雅兄》(卷五)、《秋夜忆士雅兄》、《闻士雅兄下第三首》(卷六),均称唐汝谔为兄,兄弟关系明矣。钱谦益《列朝诗集小传》"丁集中·唐瞽者汝询"条记载:"汝询,字仲言,云间人。……仲言之兄汝谔,笃嗜王、李之学。"②黄居中《和可赋亭歌赠唐仲言有引》云:"云间唐仲言,五岁失明,从其兄耳受十三经、二十一史,辄口上如流,精通大义。所纂《编蓬集》、《唐诗解》、《愁赋》价重一时。"③黄虞稷《千顷堂书目》卷二十六"别集类"记载:"唐汝谔《藜丘馆集》。(字士雅,华亭人,汝询兄,安庆府教授。)"④嘉庆《松江府志》卷五十五"古今人物传七"小传记载:"唐汝询,字仲言,华亭人,居白沙里。……兄汝谔,字士雅。"⑤

另,《总目》卷一百八十收录《编蓬集》,解题云:

> 明唐汝询撰。汝询字仲言,华亭人。五岁而瞽。父兄抱膝上,授以《三百篇》及唐诗,无不成诵。旁通经史,尝撰《唐诗解》、《唐诗十集》等书,援据赅博,当时目为异人。惟其兄汝谔,笃嗜王、李之学,故汝询所作,亦演七子流派。

此条目亦云唐汝询乃唐汝谔弟,《总目》没有前后照应,故有此失。

194.《古文正集二编》无卷数 (《总目》卷一百九十三)

旧本题葛鼐、葛鼒评辑。杨廷枢、顾绀二序及鼒自为序,皆不及鼐,文中评语亦止载鼒字。盖鼐为鼒兄,附名其间,实则鼒作也。鼒字端调,吴县人,崇祯庚午举人。

按:评辑者籍贯误。葛鼒从子葛芝《太常府君家传》记载:"先祖太常府君讳锡璠,字中恬,号鲁生,世为昆山县人。……辛丑,登进士第,选入刑曹,出为兖州府知府,旋分守河南道,进山东兖西道参政,疏留不行,升河南按察

---

① 唐汝询《酉阳山人编蓬集》卷首,《四库全书存目丛书》集部第192册,第550—551页。
② 钱谦益《列朝诗集小传》,第527页。
③ 黄居中《千顷堂斋初集》卷三,《续修四库全书》集部第1363册,第446—447页。
④ 黄虞稷《千顷堂书目》,第662页。
⑤ 嘉庆《松江府志》卷五十五,《续修四库全书》史部第688册,第633页。

使,既以终养告归,里居十五年终于家,年五十六。"①道光《昆新两县志》卷二十七记载:"葛鼐字端调,锡璠第四子,兄弟皆力学。鼐与兄鼐齿垺,尤相策励。"②据此,葛鼐(1612—1679)乃昆山人,非"吴县人"。《提要》误。

195.《吴兴艺文补》四十八卷 (《总目》卷一百九十三)

明董斯张、闵元衢、韩千秋同编,而韩昌箕为校录刊刻。斯张有《吴兴备志》,元衢有《欧余漫笔》,皆已著录。

按:《总目》于此《吴兴艺文志》前著录闵元衢三部著作,分别是《罗江东外纪》三卷(卷六十·史部十六)、《欧余漫录》十二卷(卷一百二十八·子部三十八)、《增定玉壶冰》二卷(卷一百三十二·子部四十二)。《总目》最先著录《罗江东外纪》,按例此《提要》当作"元衢有《罗江东外纪》,已著录"。

196.《名媛汇诗》二十卷 (《总目》卷一百九十三)

明郑文昂编。文昂始末未详。闺秀著作,明人喜为编辑,然大抵辗转剿袭,体例略同。此书较《名媛诗归》等书,不过增入杂文,其余皆互相出入,讹谬亦复相沿。鲁、卫之间,固无可优劣也。

按:撰者始末可考。乾隆《古田县志》卷七"艺术"记载:"郑文昂,字季卿,太学生。为泸州判,能诗,善书画。时三殿大工,委昂采木于蜀中,著《采木行》,为时所称。移家秣陵,客死。诗稿散佚,年四十余。"③朱之蕃为《名媛汇诗》撰序云:"闽中郑季卿氏,早弃公车,殚精风雅,学富三冬。往岁乙巳(1605),邂逅都门,未及壮年。……岁历庚申(1620),季卿州倅于巴泸,罄奚囊于采木,家徒壁立。……扁舟东下,揽胜石城,乔寓南中。"④光绪《直隶泸州志》失载。

197.《赋苑》八卷 (《总目》卷一百九十三)

不著编辑者名氏。前有蔡绍襄序,但称曰李君,不著岁月。凡例称

---

① 葛芝《卧龙山人集》卷十三,《四库禁毁书丛刊》集部第33册,第458—459页。
② 道光《昆新两县志》,《中国地方志集成·江苏府县志辑15》,第409页。
③ 乾隆《古田县志》卷七,(台北)成文出版社1967年影印本,第183页。卷七"艺文"著录郑文昂《蜀游草》(第201页)。
④ 《四库全书存目丛书》集部第383册,第2—4页。

甲午岁始辑,亦不署年号。相其板式,是万历以后书也。

按：编辑者当为申时行婿李鸿。黄虞稷《千顷堂书目》卷三十一著录："李鸿《赋苑》八卷。（字渐卿,吴人。）"①朱彝尊《经义考》卷八十九收录申时行著作《申氏书经讲义》十二卷,申时行自序曰："余羁丱受《尚书》,是时,吴中大师治《尚书》者少,乃从书肆中求疏解训义,手自采录,积数年至若干卷。……余甥李渐卿鸿从余邸第得而读之,因与懋、嘉两儿共加裒辑,合余前所采录共为时行一编,于是《尚书》大义论说衍释粲然备矣。"

关于李鸿。乾隆《长洲县志》卷三十四记载："李鸿,字宗仪。万历二十三年进士,授上饶知县。……削职归。上饶民思而祀之。"②黄汝亨《上饶令李君墓志铭》记载："上饶令为溪李君中万历戊子顺天乡试,七年而成进士,明年授江西上饶令。又六年,落职为民,又五年卒。……君讳鸿,字渐卿,一字仪羽,通籍后有味乎知雄守雌之旨,别号为溪云。……丙午忽病痰,及丁未而甚,竟不起,距其生某年月日,得年五十耳。……所著书有《宝笏堂集》□卷、《病中间间语》一卷、《禹贡互释》一卷、《尺牍》二卷。所辑《九章算法》□卷、《脉法指要》一卷、《子平玄理》一卷、《讲义会编》□卷、《赋苑》□卷、《本草纂要》四卷、《嗜蔗编》□卷、《国宪识略》四卷。"③据此记载可知,李鸿生于嘉靖三十七年（戊午,1558）,卒于万历三十五年（丁未,1607）。凡例称甲午岁始辑,此乃万历二十二年（1594）。时为其中进士前一年。

198.《高言集》四卷　（《总目》卷一百九十四）

国朝田茂遇、董俞同编。茂遇字髴渊,顺治戊子举人,俞字苍水,终于布衣,皆华亭人。是书题曰《十五国风高言集》,而别标一"闽"字为子目。据其凡例,乃以一省之诗为一集,此乃十五集中之一也。

按：田茂遇字、籍贯均误。王廷诏撰传云："田茂遇,字楳公,号髴渊,青浦人。顺治丁酉（当为戊子——引者注）举人,授山东新城知县,不赴。荐试鸿博,归筑水西草堂,藏书数万卷,日事觞咏。所选有《高言集》、《清平词》、《燕台文钞》等书。"④嘉庆《松江府志》卷五十六记载："田茂遇,字楳公,青浦人。顺治五年举人。授新城令,不赴。……著有《大雅堂集》、《水西》四

---

① 黄虞稷《千顷堂书目》,第753页。
② 乾隆《长洲县志》卷三十四,《中国地方志集成·江苏府县志辑13》,第293页。
③ 黄汝亨《寓林集》卷十四,《四库禁毁书丛刊》集部第42册,第313—317页。
④ 《国朝耆献类征初编》卷四二五,《清代传记丛刊181》,第769页。

十九卷。"①据此，田茂遇，字楣公，号鼒渊。其为青浦人，非华亭人。《提要》误。

199.《樵川二家诗》四卷 （《总目》卷一百九十四）

国朝朱霞编。案：《浙江通志》载，朱霞，建德人，顺治乙未进士。未知即此人否也。樵川为今邵武县。二家者，宋严羽、元黄镇成也。羽有《沧浪集》，镇成有《秋声集》，皆已著录。是本每集分为二卷，诸杂体为一卷，五七言近体为一卷，而附《沧浪诗话》于其后焉。

按：编者失考。光绪《重纂邵武府志》卷二十一"人物·儒林·建宁县"记载："朱霞，字天锦，号曲庐。庠贡生。好流览载籍，购书充栋，孝友好礼。……采辑《礼经》及先儒之言，折衷朱子《家礼》，斟酌时宜，著《勉致摘述》三卷、《勉致问答》三卷。……所著书自《勉致摘述》、《（勉致）问答》外，有拟《县志稿》十卷，选《闽海风雅》三十卷、《樵川二家诗》四卷、《绥安存雅》四卷、《庙学全书》二卷、《闽海杂记》十六卷、《勉贻集》二卷、《曲庐诗集》二卷。"②民国《建宁县志》卷十四"理学"小传同府志记载。此编者为福建邵武府建宁县人，严羽、黄镇成乃其乡贤，朱霞为保存前贤文献而编纂诗集。非《浙江通志》所载之建德人朱霞。

另，《浙江通志》载："朱霞，建德人，顺治乙未进士。"查阅《浙江通志》卷一百四十二记载："顺治十二年乙未科史大成榜，朱霞，石门人，汀州推官。"③乾隆《汀州府志》卷十八"职官"记载："推官，朱霞，石门，进士。"④据《清史稿·地理志》记载，石门县乃明代崇德县，康熙元年改名。据此，朱霞乃嘉兴府崇德人，非严州府建德人。《提要》征引《浙江通志》记载有误。光绪《严州府志》及乾隆、道光、民国等版本的《建德县志》均无朱霞中顺治十二年进士科记载。

200.《青溪先正诗集》无卷数 （《总目》卷一百九十四）

国朝鲍楷编。楷字觉庭，余杭人。康熙丙子举人，官知县。是编采淳安之诗，合为一编。以淳安古青溪地，故以为名。凡唐一人、宋六人、元五人、明十人、国朝二人。其《总目》所列宋之方夔、元之方道坚、夏

---

① 嘉庆《松江府志》卷五十六，《中国地方志集成·上海府县志辑2》，第310—311页。
② 光绪《重纂邵武府志》卷二十一，《中国地方志集成·福建府县志辑10》，第450页。
③ 乾隆《浙江通志》卷一百四十二，《文渊阁四库全书》第522册，第679页。
④ 乾隆《汀州府志》卷十八，《中国地方志集成·福建府县志辑33》，第240页。

溥、洪震老、徐贯、国朝之徐士讷等七人,《总目补遗》又有宋方有开等六人、元汪云等二人、明余溥等七人,皆有录无书,非完本也。

按:撰者仕履不明。光绪《淳安县志》卷六"职官表"记载,鲍楣,康熙三十四年任训导①。后附"治行"小传云:"鲍楣,字觉庭,余杭人。由康熙乙卯副车,司淳安训。振兴文学,善书法,于诗教尤深。淳邑故多诗人,自唐皇甫湜后不下百余家,然无专汇者。公力事搜罗,得不传者三十九人,辑其遗诗,总题曰《青溪诗集》。复次小传,以冠篇端,捐俸刊布。秀水朱太史竹垞先生亟称之,其选《明诗综》多采掇焉。康熙丙子举于乡,后为江南宜兴令,卒于官。有集若干卷。"②嘉庆《余杭县志》卷二十七"文艺传"记载:"鲍楣,字觉庭。康熙乙卯科副榜,任西安训导,移淳安。领丙子乡荐,知宜兴县。"③据此,《提要》应更正为:鲍楣(?—1724前)官至宜兴知县。

另,《提要》载方道坚应为"方道壑"之误,应属形近而讹。嘉靖《淳安县志》记载:"方道壑,字以愚,号愚泉,蛟峰先生曾孙也。从同里吴朝阳先生游,以《春秋》名当世。登至顺二年进士,授翰林编修官,所撰《后妃》、《功臣》诸列传,笔削大义,独断于心,无能议者。调嘉兴推官。……再调杭州判官,遂引疾归。累转奉政大夫、江西行省员外郎。洪武初被召,俱不赴。著有《春秋集传》十卷、《愚泉诗稿》十卷、《诗说》一卷、《文说》一卷、《选唐诗》一卷见于世。"④卷十七收录有邑人徐尊生赠诗云《贺方道壑被召》一诗。

201.《三诗合编》三卷 (《总目》卷一百九十四)

国朝黄光岳编。光岳字硕庐,上高人。雍正甲辰进士,官金华县知县。是编合刻其乡吴学诗、黄镃、李坚三人之诗。学诗字伯兴,号虚宇,嘉靖乙丑进士,官山西按察使副使。镃字文叔,隆庆庚午举人,官西和县知县,即光岳之从高祖。坚号双江。

按:黄光岳字误。同治《瑞州府志》卷十三"人物·宦迹"记载:"黄光岳,号硕庐,上高人。雍正甲辰进士,授浙江宁海知县,甚得民心。丁内艰,制府李卫奏留。服阕,摄篆兰溪。……有善政,旋补金华。……寻卒于官。

---

① 光绪《淳安县志》卷六,(台北)成文出版社1975年影印本,第567页。
② 光绪《淳安县志》卷六,(台北)成文出版社1975年影印本,第617—618页。
③ 嘉庆《余杭县志》卷二十七,《中国地方志集成·浙江府县志辑5》,第968页。
④ 嘉靖《淳安县志》卷十一,《天一阁藏明代方志选刊16》,第311—312页。

著有《宦越草》、《粤游草》等集,并辑吴、黄、李《三诗合编》。"①据此,"硕庐"乃黄光岳之号,非其字。其卒于金华知县任(1735年),按例当云"官至金华知县"。

诗 文 评 类

202.《诗话》十卷　(《总目》卷一百九十七)

明杨成玉编。成玉始末未详。其汇辑此书时,官扬州府知府。

按:编者始末可考。《提要》载编者名误②。万历《扬州府志》卷八记载,杨成,福建闽县人,进士,成化十四年任知府;冯忠,浙江慈溪人,进士,弘治二年任知府③。正德《福州府志》卷二十四"选举志"记载,天顺八年,杨成,字成玉,终扬州知府④。该府志无杨成传。经查,万历《福州府志》、何乔远《闽书》均无传。《鼓山艺文志》亦仅记载:"杨成,字成玉,福建闽县(今福州市)人。天顺八年(1464)进士,官扬州知府。"⑤据此可知,《诗话》编者名为杨成(1435—?),字成玉,闽县人,天顺八年进士,官至扬州知府。《提要》误以字为名。其误当缘于冯忠撰序。

《提要》又云:"重刊于弘治庚戌,则继任知府马忠也。"按:此处记载知府马忠,名亦误。其实为冯忠。刘春《彰德府知府冯公墓志铭》记载:"公讳忠,字原孝,世家浙之慈溪。……成化戊戌举进士,拜刑部主事。……擢员外郎。寻三原公膺召为冢宰,会扬州宰缺,乃曰:'是非冯员外莫宜,扬州,吾旧治,而冯,吾旧所任也。'既至郡,益惕厉惓惓,兴学爱民,铲削奸蠹。……左迁长芦盐运同知。久之,复擢守彰德。"⑥天启《慈溪县志》卷九记载:"冯忠,字原孝。……第进士,为刑部主事,寻转员外郎,奉使陕西。时三原王公恕罢吏部家居,忠以诗谒见,王公叹赏不已。使回,会公起,复为吏部,乃首

---

① 同治《瑞州府志》卷十三,(台北)成文出版社1970年影印本,第279页。帅念祖撰《三诗合编序》见第433页。
② 杨武泉《四库全书总目辨误》集部第224条,已指出两处名字之误,没有进一步考出其始末。王承斌《四库全书总目"诗文评类存目"考辨》一文,虽论及此条目,却未能对杨成玉始末予以考证。
③ 万历《扬州府志》卷八,《北京图书馆古籍珍本丛刊25》,第129页。
④ 正德《福州府志》下册,海丰出版社2001年整理本,第239页。
⑤ 《鼓山艺文志》,海丰出版社2001年整理本,第72页。
⑥ 刘春《东川刘文简公集》卷十六,《续修四库全书》集部第1332册,第210—211页。

举忠为扬州守。……左迁长芦运同。久之,升彰德知府。……有《松樵集》若干卷藏于家。"①各版本《扬州府志》记载均为冯忠(1438—1502),且冯忠任扬州知府为弘治二年,与杨成之间另有一任知府名吴嵩,字中立,抚州府临川人,成化二十二年任。

203.《铁立文起》二十二卷 (《总目》卷一百九十七)

国朝王之绩撰。之绩字懋功,宣城人。

按:撰者字、籍贯均误。方学成《王铁立先生本传》记载:"王先生之绩,字懋公,旌德之三溪人。名其居曰铁立,因以铁立自号。"②嘉庆《宁国府志》卷二十九"人物志·文苑·旌德县"记载:"王之绩,字懋公,邑诸生。"③嘉庆《旌德县志》卷八"文苑"记载:"王之绩,字懋公,三溪人,邑庠生。名其著书处曰:铁立。……以诸生老。"④《四库全书存目丛书》集部第421册收录该书,题名即云"梅溪 王之绩懋公 集著"。另,康熙四十九年(1710)二月,王之绩曾为同乡后辈方学成撰《留町别集原序》,署名称"琅琊同学弟王之绩懋公拜撰"⑤。据此可知,王之绩(1640—1710)字"懋公",旌德人,非"宣城人"⑥。《提要》误。

---

① 天启《慈溪县志》卷九,(台北)成文出版社1983年影印本,第490—491页。
② 方学成《梅川文衍》卷十,《清代诗文集汇编》第283册,第322页。
③ 嘉庆《宁国府志》卷二十九,《中国地方志集成·安徽府县志辑44》,第285页。
④ 嘉庆《旌德县志》卷八,《中国地方志集成·安徽府县志辑53》,第224—225页。
⑤ 《清代诗文集汇编》第283册,第252页。
⑥ 按:李灵年、杨忠主编《清人别集总目》同误。

人名索引

A

安致远　319
敖英　172

B

鲍楹　360
鲍应鳌　155
毕振姬　144

C

蔡汝楠　44
蔡宗兖　55
曹本荣　89
曹参芳　82
曹璜　308
曹履吉　313
柴随亨　337
柴惟道　315
常伦　276
常棠　118
晁东吴　160
陈柏　295
陈灿　149
陈昌积　288
陈鹤　282
陈衡　264

陈讲　159
陈绛　197
陈垲　348
陈良谟　236
陈鎏　288
陈器　276
陈完　311
陈吾德　298
陈锡　203
陈暹　351
陈尧道　91
陈仪　120
陈翼飞　312
陈益祥（周益祥）　317
陈应芳　118
陈与郊　35
陈禹谟　52
陈瓒　297
陈之遴　318
陈之伸　92
陈贽　260
陈祖范　44
程本立　250
程达　214
程大约　303
程楷　270

程汝继　18
程廷祚　7
程元愈　142
程湛　170
崔铣　1
崔涯　284

D

戴鲸　347
戴璟　126
戴君恩　202
戴羲　117
戴颙　342
戴有孚　217
德清　239
邓伯羔　13
邓来鸾　43
邓以赞　304
邓元锡　36
丁玑　10
董炳文　117
董复亨　309
董榖士　117
董含　325
董良遂（童良）　128
董燧　284
董闻京　328
董沄　279
杜桓　340
杜名齐　97

F

樊得仁　141
樊深　127

樊王家　226
范方（范芳）　34
范槚　165
范景文　108
范光阳　332
范涞　138
范理　69
方道輂（方道坚）　360
方九功　151
方孔炤　21
方鹏　101
方问孝　305
方孝孺　171
方应选　308
方于鲁　190
方岳贡　355
丰坊　11
冯厚（冯原）　343
冯溥　321
冯琦　219
冯渠　201
冯时化　191
冯时可　40
冯愿（冯原）　329
冯忠（马忠）　361
冯孜　181
符验　77
傅履礼　215
傅汝舟　301
傅逊　39

G

甘雨　63
高得旸　262

高世泰　177
高为表　215
高武　184
葛鼐　357
耿橘　17
耿随朝　223
宫梦仁　220
龚辉　124
贡性之　243
顾陈垿　57
顾充　60
顾起纶　300
顾起元　160
顾枢　176
顾养谦　86
顾煜　190
郭棻　322
郭孔延　162
郭汝霖　78
郭惟贤　352
郭宗磐　20

H

韩纯玉　319
韩晃　140
韩世能　188
何东序　296
何栋如（陈栋如）　80
何三畏　226
何思登　163
何涛　294
何宇度　120
贺贻孙　32
贺仲轼　113

洪启初　20
胡衮　197
胡侍　205
胡煦　6
胡彦升　55
胡之太　217
胡作柄　111
滑寿　183
黄秉石　216
黄傅　272
黄庚　242
黄光岳　360
黄洪宪　116
黄溥　203
黄乾行　35
黄卿　339
黄润玉　99
黄省曾　253
黄廷鹄　109
黄希宪　212
黄养蒙　150
黄以升　228
黄应征　314
黄钟　329
黄焯　347

J

纪克扬　26
贾必选　19
江朝宗　246
江旭奇　228
姜清　74
姜虬绿　141
蒋鸣玉　46

蒋以忠	198	李霨	320
焦希程	77	李文察	57
靳辅	84	李仙根	83
		李尧民	305

K

		李晔(李昱)	247
柯暹	263	李邺嗣	326
孔尚典	326	李因	315
寇慎	53	李寅	27
况叔祺	224	李辕	248
		李乐	235

L

		李之素	44
来集之	24	李钟璧	334
来濬	161	栗应宏	299
兰茂(兰廷秀)	62	梁佩兰	332
蓝章	180	梁万方	38
蓝智	245	凌迪知	114
黎久之	195	廖纪	49
黎士宏	323	林弼	244
李本固	16	林烈	39
李伯玙	342	林茂槐	61
李承芳	271	林乔松	341
李重华	47	林希元	2
李充嗣	136	林尧华	323
李登	61	林欲楫	19
李孚青	330	林云铭	240
李光地	5	林增志	90
李袭	207	林祖述	186
李鸿	358	刘迪简	72
李敬	321	刘定之	7
李默	234	刘兑	354
李栻	213	刘怀志	29
李士实	163	刘弘(刘宏)	257
李泰	116	刘鸿训	220
李维樾	90	刘绘	286

刘鳞长　　109
刘然　　329
刘日升　　152
刘三吾　　259
刘锡玄（刘锡元）　　311
刘剡　　49
刘一相　　353
刘荫枢　　27
刘渊甫　　339
刘宗周　　17
刘振　　70
龙体刚　　71
龙正　　179
卢上铭　　156
卢维祯　　303
卢熊　　192
陆简　　268
陆奎勋　　28
陆求可　　324
陆西星　　238
陆振奇　　18
吕邦燿　　153
吕愍　　155
吕不用　　258
吕怀　　12
吕曾见　　210
吕颛　　164
罗洪先　　196
罗人琮　　335
罗汝芳　　43
罗肃　　262
罗为赓　　202
骆日升　　310

M

马权奇　　24
马汝彰　　285
马维翰　　335
马治　　337
梅文鼐（梅文鼎）　　185
毛澄　　272
茅国缙　　70
茅星来　　168
茅瓒　　287
茅溱　　63
冒起宗　　46
米万钟　　354
闵心镜（闵非台）　　31
闵圭（闵珪）　　267
穆孔晖　　51
穆文熙　　71

N

倪璠　　241
倪继宗（倪健宗）　　275
倪士毅　　48

P

潘思榘　　7
潘音　　257
潘滋　　349
彭而述　　318
彭华　　265
彭宁求　　159
彭汝让　　208
彭汝寔（彭汝嘉）　　218
浦南金　　222
浦铉（浦熔）　　124

Q

钱春　88
钱德洪　76
钱棻　25
钱古训　147
钱嘉征　285
钱人麟　65
钱薇　285
钱养廉　236
钱一本　4
钱仲益　338
钱子义　338
乔可聘　176
乔莱　5
乔懋敬　105
仇俊卿　137
秦大夔（陈大夔）　106
瞿景淳　289

R

任仁发　132
阮琳　9

S

邵圭洁　293
佘世亨　280
沈良才　286
沈守正　31
沈思孝　143
沈尧中　215
沈越　67
沈祖惠（李祖惠）　54
慎蒙　144
盛应期　133
施何牧　64
施㻞（施瑮）　336
舒天民　59
史起蛰　157
司马晰　97
宋恢（宋宏之）　346
宋雷（宋鉴）　234
苏濬　14
苏祐　207
苏章　269
孙鏊　302
孙蕡　247
孙光祀　324
孙矿　45
孙仁　141
孙应奎（孙应鳌）　135
孙自务　38

T

谈恺　149
谈伦　93
谭耀　158
唐汝谔　355
唐枢　12
唐胄　147
佟赋伟　210
童承叙　75
童琥　271
童轩　187
陶谐　273
陶滋　59
田嘉谷　27
田茂遇　358
田顼　278

田艺蘅 60
涂伯昌 315
屠叔方 79

W

万民英 186
汪道贯 292
汪佃 277
汪晋征 330
汪舜民 122
汪镗 291
汪文柏 230
汪子祜(汪子祐) 302
汪宗元 150
王弼 100
王承烈 33
王大用 28
王道行 94
王逢 49
王琯 216
王国宾 214
王国瑚 54
王翰 248
王衡 145
王逵 194
王荔 225
王懋德 112
王沛恂 331
王启 122
王侹 156
王同轨 237
王训 131
王宣 22
王一槐 204

王应昌 106
王应辰 139
王永积 316
王元复 210
王曰高 325
王喆生 202
王之绩 362
王周 280
王洙 69
王梓 179
韦调鼎(章调鼎) 32
魏方泰 230
魏濬 4
魏朴如 128
魏裳 294
魏时亮 173
魏文焕 290
魏校 34
温璜 169
文德翼 115
文翔凤 186
吴安国 208
吴伯与 108
吴楚材(吴梦材) 223
吴达可 87
吴皋 242
吴执谦 13
吴极 21
吴暻 159
吴麟征 175
吴梦旸 314
吴讷 182
吴时来 138
吴悌 96

吴彦匡	192
吴与弼	251
吴中行	304
吴仲	132
吴子玉	300
伍让	130

X

夏崇文	95
夏敦仁	167
夏骃	83
项笃寿	86
项真	217
萧崇业	80
萧如松	89
萧彦	151
萧韵	143
谢杰	81
谢晋	251
谢文洊	53
谢诏	130
徐伯龄	194
徐贯	266
徐桂	148
徐阶	95
徐袍	229
徐浦	42
徐三重	166
徐石麒	154
徐栻	137
徐咸	103
徐学诗	290
徐用检	174
徐用锡	334

薛己	184
薛瑄	168
许诰	66
许浩	162
许进	74
许炯	299
许天赠	30
许熙载	211
许珍	56
许自昌	241

Y

严遂成	336
阎士选	256
阎起山(阎秀卿)	101
晏斯盛	6
杨成(杨成玉)	361
杨大鹤	256
杨鼎熙	36
杨东明	88
杨继礼	152
杨爵	3
杨联芳	227
杨起元	199
杨时伟	62
杨思本(杨忍本)	238
杨廷筠	16
杨巍	344
杨寅秋	255
杨应奎	339
杨应魁	98
杨兆鲁	322
姚镆	273
姚汝循	297

姚文蔚	15	张大复	105
姚希孟	146	张鼎思	204
叶秉敬	58	张栋	306
叶矫然	26	张镜心	23
叶夔	103	张䌷	47
叶性	93	张榘(张矩)	157
叶永盛	309	张铁	206
殷士儋	292	张瀚	85
尹昌隆	261	张恒	200
尤时熙	172	张弘代(张宏代)	131
游朴	129	张宁	231
游日章	222	张能鳞	33
于成龙	89	张鹏翼	167
于湛	148	张玭	91
余敷中	42	张芹	100
余光耿	327	张铨	68
俞夔	218	张绅	189
俞汝言	40	张时彻	104
虞淳熙	237	张士佩	59
虞守愚	148	张世则	107
喻均	105	张所望	209
袁稽	350	张泰交	182
袁定远	154	张天复	121
岳伦	283	张庭	95
		张夏	98
Z		张以诚	30
曾朝节	14	张诩	171
曾玙	275	张瑄	73
查魏旭(查旭)	333	张铉	118
翟凤翥	320	张怡	37
詹泮	278	张元祯	266
詹仰庇	158	张远	255
詹在泮	201	张岳	254
张必刚	38	张贞生	146

章嘉桢(秦嘉桢)	153	周金然	331
章金牧	325	周祈	192
章正宸	316	周汝登	107
赵迪	265	周玺	84
赵凤翀	110	周显宗	283
赵吉士	83	周佐	10
赵可与	233	朱锦	82
赵申乔	328	朱经(朱径)	333
赵时春	126	朱天麟	24
赵贤	213	朱文	221
赵钺	198	朱霞	359
赵仲全	175	朱泽沄	177
郑楷	264	朱之俊	23
郑文昂	357	朱祖文	114
郑心材	302	祝萃	269
郑宣	343	祝浧	178
支大纶	67	庄㫤	252
钟芳	41	庄起元	313
钟启晦(钟晦)	243	庄元臣	225
钟羽正	307	卓尔康	20
周镳	110	宗泐	249
周大韶	119	邹泉	164
周砥	337	邹思明	340
周广	124	邹一桂	188
周弘禴(周宏禴)	199		

参 考 文 献

A

《安徽历史名人词典》,安徽历史名人词典编辑委员会编,安徽教育出版社2008年版。

B

《北京石刻艺术博物馆藏石刻拓片编目提要》,北京石刻艺术博物馆编,学苑出版社2014年版。

C

《藏书纪事诗 辛亥以来藏书纪事诗》,叶昌炽、伦明撰,上海古籍出版社1999年版。

《丛书集成续编》,(台北)新文丰出版公司编辑影印本。

D

《道藏书目提要》,潘雨廷撰,上海古籍出版社2017年版。

《读易提要》,潘雨廷撰,上海古籍出版社2017年版。

G

《贡举志五种》,鲁小俊、江俊伟校注,武汉大学出版社2015年版。

《古人名字解诂》,吉常宏、吉发涵撰,语文出版社2003年版。

《故宫珍本丛刊》,故宫博物院编,海南出版社2000年影印本。

《管锥编》,钱钟书撰,生活·读书·新知三联书店2007年版。

《广东历史人物辞典》,管林主编,广东高等教育出版社2001年版。

《国榷》,谈迁撰,中华书局1958年版。

H

《海外中医珍善本古籍丛刊提要》，郑金生、张志斌撰，中华书局2017年版。

《汉学师承记》，江藩纂，漆永祥等笺释，上海古籍出版社2013年版。

《湖北历史人物辞典》，皮明庥主编，湖北人民出版社1984年版。

《湖南古今人物辞典》，王晓天、王国宇主编，湖南人民出版社2013年版。

《黄丕烈藏书题跋集》，黄丕烈撰，余鸣鸿、占旭东点校，上海古籍出版社2013年版。

J

《济南历代著述考》，徐泳撰，济南出版社2014年版。

《简明中国历代职官别名辞典》，龚延明撰，上海辞书出版社2016年版。

《江苏地方文献书目》，江庆柏主编，广陵书社2013年版。

《江苏艺文志》，赵国璋主编，江苏人民出版社1994年版。

《江西历代人物辞典》，陈荣华、陈柏泉、何友良主编，江西人民出版社1990年版。

《经学辞典》，黄开国主编，四川人民出版社1993年版。

《经义考新校》，朱彝尊撰，林庆彰等主编，上海古籍出版社2010年版。

《静嘉堂秘籍志》，河田羆撰，杜泽逊等点校，上海古籍出版社2016年版。

《静志居诗话》，朱彝尊撰，人民文学出版社1990年版。

L

《李东阳全集》，李东阳撰，周寅宾点校，岳麓书社1984年版。

《历代名人生卒年表　历代名人生卒年表补》，梁廷灿、陶容、于士雄编，北京图书馆出版社2002年版。

《历代诗别裁集》，沈德潜等编，浙江古籍出版社1998年影印本。

《历代诗话续编》，丁福保辑，中华书局1983年版。

《列朝诗集小传》，钱谦益撰，上海古籍出版社2008年版。

《柳如是别传》，陈寅恪撰，生活·读书·新知三联书店2015年版。

M

《茅坤集》，茅坤撰，张大芝、张梦新校点，浙江古籍出版社1993年版。

《闽书》，何乔远编撰，厦门大学古籍整理研究所校点，福建人民出版社1994年版。

《明别集版本志》，崔建英辑订，贾卫民、李晓亚参订，中华书局2006年版。

《明别集丛刊》,沈乃文主编,黄山书社2013年影印本。
《明朝分省人物考》,过庭训纂集,广陵书社2015年影印本。
《明代笔记小说大观》,上海古籍出版社编,上海古籍出版社2005年版。
《明代传记丛刊》,周骏富辑,(台北)明文书局影印本。
《明代登科录汇编》,屈万里主编,(台北)台湾学生书局1969年版。
《明代宫廷绘画史》,单国强、赵晶撰,故宫出版社2015年版。
《明代经学学术编年》,甄洪永、孔德凌撰,凤凰出版社2015年版。
《明代科举与文学编年》,陈文新、柯坤翁、赵伯陶主撰,武汉大学出版社2009年版。
《明代士大夫的精神世界》,陈宝良撰,北京师范大学出版社2017年版。
《明代文学还原研究——以〈四库总目〉明人别集提要为中心》,何宗美、刘敬撰,人民出版社2014年版。
《明代文学思想史》,罗宗强撰,中华书局2013年版。
《明代小说史》,陈大康撰,人民文学出版社2007年版。
《明代政治与文化变迁》,郑培凯主编,黄山书社2016年版。
《明代著名诗人书画论著汇编》,张毅、陈翔编,南开大学出版社2016年版。
《明清传奇编年史稿》,程华平撰,齐鲁书社2008年版。
《明清传奇史》,郭英德撰,人民文学出版社2012年版。
《明清江苏文人年表》,张慧剑撰,上海古籍出版社2008年版。
《明清进士题名碑录索引》,朱保炯、谢沛霖编,上海古籍出版社1979年版。
《明清戏曲家考略全编》,邓长风撰,上海古籍出版社2009年版。
《明人谱牒序跋辑略》,吴宣德、宗韵辑,上海古籍出版社2013年版。
《明人室名别称字号索引》,杨廷福、杨同甫编,上海古籍出版社2002年版。
《明儒学案》,黄宗羲撰,沈芝盈点校,中华书局2008年版。
《明诗综》,朱彝尊辑,中华书局2007年版。
《明史》,张廷玉等撰,中华书局1974年版。
《明文海》,黄宗羲辑,中华书局1987年影印本。
《目录学发微 古书通例》,余嘉锡撰,上海古籍出版社2014年版。
《牧斋初学集》,钱谦益撰,钱曾笺注,钱仲联标校,上海古籍出版社2009年版。

N

《宁海丛书提要》,李圣华、陈开勇撰,上海古籍出版社2016年版。

Q

《齐鲁文化大辞典》，车吉心、梁自絜、任孚先主编，山东教育出版社1989年版。
《千顷堂书目》，黄虞稷撰，瞿凤起、潘景郑整理，上海古籍出版社2001年版。
《钦定四库全书总目》（整理本），纪昀等撰，四库全书研究所整理，中华书局1997年版。
《清朝进士题名录》，江庆柏编，中华书局2007年版。
《清词史》，严迪昌撰，人民文学出版社2011年版。
《清代传记丛刊》，周骏富辑，（台北）明文书局影印本。
《清代稿钞本》三编，桑兵主编，广东人民出版社影印本。
《清代孤本方志选》，国家图书馆编，线装书局影印本。
《清代官员履历档案全编》，秦国经主编，华东师范大学出版社1997年版。
《清代科举人物家传资料汇编》，来新夏编，学苑出版社2006年版。
《清代人物生卒年表》，江庆柏撰，人民文学出版社2005年版。
《清代诗文集汇编》，清代诗文集汇编编纂委员会编，上海古籍出版社2010年影印本。
《清代诗文集珍本丛刊》，陈红彦等主编，国家图书馆出版社2017年影印本。
《清代松江府文学世家述考》，徐侠撰，上海三联书店2013年版。
《清代朱卷集成》，顾廷龙主编，（台北）成文出版社1992年影印本。
《清人别集总目》，李灵年、杨忠编，安徽教育出版社2000年版。
《清人诗文集总目提要》，柯愈春撰，北京古籍出版社2001年版。
《清人室名别称字号索引》（增补本），杨廷福、杨同甫编，上海古籍出版社2001年版。
《清诗话考》，蒋寅撰，中华书局2005年版。
《清诗纪事初编》，邓之诚撰，上海古籍出版社2012年版。
《清实录科举史料汇编》，王炜编校，武汉大学出版社2015年版。
《清史稿》，赵尔巽等撰，中华书局1977年版。
《清史列传》，王钟翰点校，中华书局1987年版。
《衢州文献集成提要》，魏俊杰撰，国家图书馆出版社2015年版。
《曲海总目提要》，董康编著，北婴补编，人民文学出版社2014年版。
《全闽诗话》，郑方坤编，陈节、刘大治点校，福建人民出版社2006年版。
《全浙诗话》，陶元藻编，俞志慧点校，中华书局2013年版。

R

《日本藏中国罕见地方志丛刊》，书目文献出版社1991年影印本。

《日本现藏稀见元明文集考证与提要》，黄仁生撰，岳麓书社 2004 年版。

S

《三礼研究论著提要》，王锷撰，甘肃教育出版社 2001 年版。
《山东文献集成》，韩寓群主编，山东大学出版社影印本。
《陕西省图书馆藏稀见方志丛刊》，谢林等主编，北京图书馆出版社影印本。
《上海碑刻资料选辑》，上海博物馆图书资料室编，上海人民出版社 1980 年版。
《上海图书馆善本题跋辑录》，陈先行、郭立暄编，上海辞书出版社 2017 年版。
《十驾斋养新录》，钱大昕撰，杨勇军整理，上海书店出版社 2011 年版。
《四川历代文化名人辞典》，傅平骧等编，四川文艺出版社 1992 年版。
《四库存目标注》，杜泽逊撰，上海古籍出版社 2007 年版。
《四库大辞典》，李学勤、吕文郁主编，吉林大学出版社 1996 年版。
《四库简明目录标注》，邵懿辰撰，邵章续录，上海古籍出版社 1979 年版。
《四库禁毁书丛刊》，四库禁毁书丛刊编纂委员会编，北京出版社 1997 年影印本。
《四库全书存目丛书》，四库全书存目丛书编纂委员会编，齐鲁书社 1997 年影印本。
《四库全书存目丛书补编》，四库全书存目丛书补编编纂委员会编，齐鲁书社 2001 年影印本。
《四库全书馆研究》，张升撰，北京师范大学出版社 2012 年版。
《四库全书著者籍贯问题辨证》，徐亮撰，人民日报出版社 2018 年版。
《四库全书总目辨误》，杨武泉撰，上海古籍出版社 2001 年版。
《四库全书总目汇订》，魏小虎编撰，上海古籍出版社 2012 年版。
《四库全书总目集部研究》，柳燕撰，湖北人民出版社 2013 年版。
《四库全书总目提要补正》，胡玉缙撰，王欣夫辑，上海书店 1998 年版。
《四库全书总目研究》，司马朝军撰，社会科学文献出版社 2004 年版。
《四库全书纂修研究》，黄爱平撰，中国人民大学出版社 1989 年版。
《四库提要辨证》，余嘉锡撰，中华书局 2007 年版。
《四库提要补正》，崔富章撰，杭州大学出版社 1990 年版。
《四库提要订误》（增订本），李裕民撰，中华书局 2005 年版。
《四库未收书辑刊》，四库未收书辑刊编纂委员会编，北京出版社 1997 年影印本。

《四库总目唐集提要会证平议》，张佳撰，中国社会科学出版社2016年版。
《"四库总目学"史研究》，陈晓华撰，商务印书馆2008年版。
《苏州历代人物大辞典》，李峰、汤钰林编，上海辞书出版社2016年版。

T

《天一阁藏明代方志选刊》，上海书店1964年影印本。
《桐城耆旧传》，马其昶撰，彭君华校点，黄山书社2013年版。

W

《晚明史籍考》，谢国桢撰，华东师范大学出版社2010年版。
《皖人诗话八种》，朱卜等撰，黄山书社2014年版。
《皖雅初集》，陈诗辑，孙文光点校，黄山书社2017年版。
《万历野获编》，沈德符撰，中华书局1959年版。
《微湖山堂丛稿》，杜泽逊撰，上海古籍出版社2014年版。
《魏叔子文集》，魏禧撰，胡守仁、姚品文、王能宪校点，中华书局2003年版。
《文溯阁四库全书提要》，金毓黻等编，中华书局2014年版。
《文渊阁四库全书》，纪昀等编，(台北)商务印书馆1986年影印本。
《无锡文库》，王立人主编，凤凰出版社影印本。

X

《歙事闲谭》，许承尧撰，李明回等校点，黄山书社2001年版。
《西湖游览志余》，田汝成撰，浙江人民出版社1980年版。
《郋园读书志》，叶德辉撰，杨洪升点校，上海古籍出版社2010年版。
《小仓山房诗文集》，袁枚撰，周本淳标校，上海古籍出版社1988年版。
《新安名族志》，戴廷明、程尚宽等撰，朱万曙等点校，黄山书社2007年版。
《新中国出土墓志·北京》，中国文物研究所、北京石刻艺术博物馆编，文物出版社2004年版。
《新中国出土墓志·河北》，中国文物研究所、河北省文物研究所编，文物出版社2004年版。
《新中国出土墓志·河南》，中国文物研究所、河南省文物研究所编，文物出版社2004年版。
《新中国出土墓志·江苏·常熟》，中国文物出版社、常熟博物馆编，文物出版社2006年版。
《新中国出土墓志·陕西》，中国文物研究所、陕西省古籍整理办公室编，文物出版社2000年版。
《新中国出土墓志·上海、天津》，中国文化遗产研究院、上海博物馆、天津市文化遗产保护中心编，文物出版社2009年版。
《休宁名族志》，曹嗣轩编撰，胡中生、王夔点校，黄山书社2007年版。
《徐渭集》，徐渭撰，中华书局1983年版。
《续修四库全书》，续修四库全书编纂委员会编，上海古籍出版社2002年影印本。
《续修四库全书总目提要》，中国科学院编，中华书局1993年版。
《续修四库全书总目提要·集部》，续修四库全书总目提要编纂委员会编，上海古籍出版社2014年版。
《续修四库全书总目提要·经部》，续修四库全书总目提要编纂委员会编，上海古籍出版社2015年版。
《续修四库全书总目提要·史部》，续修四库全书总目提要编纂委员会编，上海古籍出版社2015年版。
《续修四库全书总目提要·子部》，续修四库全书总目提要编纂委员会编，上海古籍出版社2015年版。
《学人游幕与清代学术》，尚小明撰，东方出版社2018年版。

Y

《扬州历史人物词典》，王澄主编，江苏古籍出版社2001年版。
《扬州文库总目提要》，卢桂平主编，广陵书社2015年版。
《涌幢小品》，朱国祯撰，王根林校点，上海古籍出版社2012年版。
《元史》，宋濂等撰，中华书局1976年版。
《云南丛书总目提要》，云南省文史研究馆纂集，中华书局2010年版。

Z

《张岱诗文集》，张岱撰，夏咸淳校点，上海古籍出版社1991年版。
《浙江采集遗书总录》，沈初等撰，杜泽逊、何灿点校，上海古籍出版社2010年版。
《浙江古今人物大辞典》，单锦珩主编，江西人民出版社1998年版。
《浙江古今人物大辞典·续编》，单锦珩主编，方志出版社2001年版。
《震川先生集》，归有光撰，周本淳校点，上海古籍出版社1981年版。
《郑堂读书记》，周中孚撰，黄曙辉、印晓峰标校，上海书店2009年版。
《中国地方志集成》，江苏古籍出版社、上海书店出版社、巴蜀书社影印本。

《中国方志丛书》,(台北)成文出版社影印本。
《中国佛寺史志汇刊》第一辑,林洁祥主编,(台北)明文书局影印本。
《中国古籍总目·集部》,中国古籍总目编纂委员会编,中华书局、上海古籍出版社2012年版。
《中国古医籍书目提要》,王瑞祥主编,中医古籍出版社2009年版。
《中国画学著作考录》,谢巍撰,上海书画出版社1998年版。
《中国家谱资料选编·传记卷》,陈建华、王鹤鸣主编,上海古籍出版社2013年版。
《中国家谱资料选编·序跋卷》,陈建华、王鹤鸣主编,上海古籍出版社2013年版。
《中国考试大辞典》,杨学为主编,上海辞书出版社2006年版。
《中国历代画家人名词典》,朱铸禹编,人民美术出版社1997年版。
《中国历代名医碑传集》,方春阳编,人民卫生出版社2009年版。
《中国历史大辞典·明代卷》,中国历史大辞典编纂委员会,上海辞书出版社1995年版。
《中国历史地图集》,谭其骧主编,中国地图出版社1996年版。
《中国名山胜迹志丛刊》第四辑,沈云龙主编,(台北)文海出版社影印本。
《中国善本书提要》,王重民撰,上海古籍出版社1983年版。
《中国善本书提要补编》,王重民撰,北京图书馆出版社1991年版。
《中国史历日和中西历日对照表》,方诗铭、方小芬编著,上海人民出版社2007年版。
《中国史学丛书》,吴相湘主编,(台北)学生书局影印本。
《中国室名大辞典》,孙书安、孙正磊编,中华书局2014年版。
《中国书画家印鉴款识》,上海博物馆编,文物出版社1987年版。
《中国文学家大辞典·清代卷》,钱仲联主编,中华书局1996年版。
《中国野史集成》,中国野史集成编委会、四川大学图书馆编,巴蜀书社1993年版。
《中国珍稀古籍善本书录》,沈津撰,广西师范大学出版社2006年版。
《中医大辞典》,李经纬等主编,人民卫生出版社2004年版。
《重修金华丛书提要》,黄灵庚、陶诚华主编,上海古籍出版社2014年版。
《纂修四库全书档案》,中国第一历史档案馆编,上海古籍出版社1997年版。
《醉经楼集》,唐伯元撰,朱鸿林点校,中华书局2014年版。

后　　记

　　《四库全书总目》乃目录学研究热点，前辈学者的订补、研究，成就斐然。我对《总目》讹误的关注，源自对二〇〇五年新版《鲁迅全集》的校正。该项工作需经常参考《总目》，以及《千顷堂书目》、《明史》、各地方志等文献。在此过程中，我不时发现《总目》所载撰者小传存在舛误。最初我只是随手记录文献记载各异之处，随着笔记的日益丰富，才有了整理成书的想法。

　　憾于学养有限，我于二〇一五年春负笈济南，来到山东大学师从杜泽逊先生。在杜老师的严格指导下，我的研究渐为充实，并在二〇一七年顺利申报国家社科基金后期资助项目。又经过两年多的修改补充，书稿逐渐成型。需要说明的是，本书校正小传发现的讹误，均为我查阅文献时所得，并未掠人之美。

　　本书撰写过程中得到众多师友指点，特别是业师杜泽逊先生。他不仅在专业上予以认真细致的指导，更在精神上予以大力支持与鼓励，其严谨细致的治学品格深深影响了我。在书稿梓行之际，杜师欣然赐序，以为策励，感佩尤深。

　　感谢浙江师范大学慈波教授。在遇见各种疑难问题时，慈教授总是不厌其烦，及时答疑解惑，帮我解决了不少问题。

　　感谢安徽科技学院文学院、科研处、财务处的领导。没有他们的支持和帮助，科研项目的开展是难以想象的。

　　需要感谢的还有我的学生们。李将将博士、汪叠硕士、葛月硕士从全国各地(甚至包括台湾省)复印各种珍贵的文献资料，在此谨致谢忱！

　　最后感谢我的家人。父母对我的关爱难以用言语形容，而去年父亲的离世使我经历了人生从未经历的痛苦。本书的问世，父亲在天之灵一定也会感到欣慰。感谢我的妻子贾中华，在我独坐书房爬梳文献时，是她承担了所有家务,使我能够安心于学术研究。

  本书是我过去十年学术研究的小小总结,自忖学殖浅陋,粗疏讹谬之处在所难免,尚祈大雅之士教正。

峄 阳 李坚怀
于中都凤阳九华山麓寓所
二〇二〇年五月十九日

图书在版编目(CIP)数据

四库提要小传斠补 / 李坚怀著. —上海：上海古籍出版社，2020.5
ISBN 978-7-5325-9634-8

Ⅰ.①四… Ⅱ.①李… Ⅲ.①《四库全书》 Ⅳ.①Z121.5

中国版本图书馆 CIP 数据核字(2020)第 077887 号

四库提要小传斠补
李坚怀 著
上海古籍出版社出版发行
(上海瑞金二路 272 号 邮政编码 200020)
(1) 网址：www.guji.com.cn
(2) E-mail: guji1@guji.com.cn
(3) 易文网网址：www.ewen.co
上海商务联西印刷有限公司印刷
开本 787×1092 1/16 印张 26 插页 2 字数 483,000
2020 年 5 月第 1 版 2020 年 5 月第 1 次印刷
ISBN 978-7-5325-9634-8
K·2842 定价：108.00 元
如有质量问题，请与承印公司联系